黄 藤 主编　张积玉 副主编

七 方 教 育 丛 书

中国民办教育研究

2016

华东师范大学出版社

《中国民办教育研究》(2016)
编辑委员会

顾　问　王佐书　顾明远　潘懋元
委　员　（按姓氏笔画排序）
　　　　万毅平　王日华　王文源　文东茅　卢干奇
　　　　史　朝　史秋衡　任玉玲　邬大光　孙黎明
　　　　李维民　吴　华　张积玉　陆根书　陈时伟
　　　　陈爱民　周海涛　袁振国　黄　藤　阎凤桥
　　　　阎光才　梁克荫　董圣足　蒋国华　曾天山
主　编　黄　藤
副主编　张积玉

目　录

前言 / 001

理论探索

潘懋元先生思考民办高等教育问题的八个基本逻辑 ◎ 范跃进，王　玲，等 / 3
再论教育从均衡走向公平
　　——基于教育政策与中国民办高等教育未来发展的思考 ◎ 黄　藤 / 19
我国民办教育发展的现状特点、问题及未来趋势
　　——基于统计数据和政策文本的比较分析 ◎ 吴　霓 / 32
对我国民办教育政府扶持体系建构路径的分析 ◎ 潘　奇 / 40
财政支持民办高等教育的必要性和可行性分析 ◎ 方　芳 / 48
民办高校法人治理结构初探 ◎ 胡大白 / 56
我国民办高校内部治理的基本类型分析 ◎ 王一涛，冯淑娟 / 63
从"趋同现象"中反思我国民办院校办学特色建设 ◎ 张紫薇 / 71
大学章程与依法治校
　　——以民办高校章程建设为视角 ◎ 冯春萍 / 78
文化自觉是赶世界水平建百年名校的内核
　　——以西安外事学院鱼化龙精神研究为例 ◎ 黄　藤 / 84
我国民办高等教育的需求特征及需求制约因素分析
　　——基于浙江省考生选择的实证研究 ◎ 王旭辉 / 89
民办高校可持续竞争优势定量分析研究 ◎ 盛振文，周志刚 / 100

改革与发展研究

中国民办高等教育未来发展的战略猜想 ◎ 黄　藤 / 113
经济新常态下民办教育发展的新思路 ◎ 单大圣 / 139

民办高校内涵发展的背景、内容与策略 ◎ 刘 尧 / 145
新时期民办高校加强内涵建设的战略思考 ◎ 刘家枢,饶丽娟 / 152
民办高校实施内涵式发展的战略研究 ◎ 胡大白 / 160
民办本科高校转型发展的战略思考 ◎ 余皖生,姜发根,孙维克 / 179
基于实证调查的独立学院转设政策研究 ◎ 阙明坤,阙海宝 / 186
国外私立学校分类管理怎么做
　　——世界主要国家的改革经验与启示 ◎ 李 虔 / 197

教育与教学研究

新教育实验理论及其在民办高校中的应用 ◎ 朱永新 / 207
转型发展中民办高校教学质量评价体系构建研究 ◎ 苏艳红 / 213
混合制民办高等教育办学模式的管理体制与运行机制研究 ◎ 黄詹媛,张 鄂 / 219
民办高校教育质量的价值取向及提升策略 ◎ 陈 静 / 225
通识教育在民办本科院校人才培养中的意蕴及其实践 ◎ 蔡晓鸥 / 231
民办学校教师队伍建设面临的问题及其成因 ◎ 周海涛,景安磊 / 236
民办高校师资队伍的构建
　　——基于转型发展的视野 ◎ 阙海宝,雷承波 / 242
民办高校大学生宗教信仰:问题·原因·对策 ◎ 史迎霞 / 247
中外合作办学"连锁店"现象的问题与对策 ◎ 李 阳 / 251

制度与管理研究

对民办学校分类管理"国家方案"的政策分险分析 ◎ 吴 华,章露红 / 261
民办高校分类管理的地方政策比较分析与建议 ◎ 巩丽霞 / 266
民办高等教育分类管理模式的新思考
　　——基于公益指数视角的探讨 ◎ 沈国琪 / 276
论民办高校社会责任推进中的政府行为 ◎ 潘留仙,陈文联 / 285
民办教育发展政府责任的政策解读
　　——基于浙江省民办教育改革的思考 ◎ 徐建平 / 292
我国民办高等教育投资政策的调试与嬗变 ◎ 秦惠民,杨 程 / 301
如何突破民办高校筹资的困境 ◎ 周海涛,张墨涵 / 311
我国民办高校董事会实际运行及优化路径研究 ◎ 王一涛,刘继安,王 元 / 318
民办高校内部控制权模式形成与变更的影响因素 ◎ 刘曼琴 / 326

教育史与比较教育研究

美、日、德私立高等教育特色比较研究 ◎ 蒋志明 / 337

美国高校捐赠基金管理研究 ◎ 陈爱民 / 353

税收政策与私立高校分类管理
　　——美国经验及其启示 ◎ 李　虔 / 367

论英国私立高校的内部权力结构 ◎ 湛中乐,马梦芸 / 374

英国私立教育及其财税扶持政策 ◎ 匡建江,李国强,等 / 383

日本私立高等教育公益性的维护及对我国的启示 ◎ 陈文联 / 390

日本私立高校政府资助评析
　　——基于四所私立大学的调查 ◎ 李建民 / 397

德国私立大学人才培养模式探析
　　——以海德堡应用科学大学为例 ◎ 姜朝辉 / 405

印度私立高等教育财政政策的改革及借鉴
　　——基于印度"十二五"规划的审视 ◎ 胡茂波,朱梦玫 / 411

地区性私立大学作为世界顶尖大学的可能性
　　——发展中国家可实现的目标 ◎ [美]基思·杰·罗伯茨,谢雪莎 / 419

权力让渡与资源获取:私立南开大学国立化进程中的"府学关系" ◎ 金　国,
　胡金平 / 430

学人社团、校董会与近代中国私立大学的治理机制
　　——以上海大同大学为中心(1912—1949) ◎ 蒋宝麟 / 444

前　言

　　化鱼成龙是一个流传了数千年的美丽传说。坐落于这一传说发生地西安市鱼化寨的西安外事学院，是一所充满朝气活力和探索创新精神的国际化、综合性、应用型民办大学。自1992年建校以来，学院始终秉持"学无长幼、校无大小、教无高下、育无国界"的办学理念，明确非营利性公益办学方向，向着"赶世界水平，创百年名校"的目标，在努力提高教育教学质量、培养符合区域经济社会建设需要的应用型人才、推动我国教育事业由精英型向大众化转型方面做出了突出的成绩。与此同时，学院还高度重视科学研究工作，广泛深入地开展了民办高校办学规律、特点及一系列涉及民办高等教育改革发展的重大理论、实践问题的研究，在推动中国特色社会主义民办教育理论体系建设方面走在了全国民办高校的前列。

　　1996年，学校开风气之先，由董事长黄藤亲任所长，创建了国内首家民办教育研究机构——西安外事学院七方教育研究所，并提出以"汇南北之气，凝东西之髓，顺乾坤之理，立民校之魂"作为办所的指导思想，策划设计课题，投入数量可观的经费，面向海内外组织团队，扎扎实实地开展研究。目前研究所已有专兼职研究人员74名，近5年来承担国家、教育部及陕西省等省级及以上各类研究课题65余项；出版"七方民办教育丛书"，包括《民办教育求索》、《民办教育引论》、《中国民办教育史》、《中国民办教育发展报告》、《中国民办教育政策分析》、《外国私立教育》、《学校教育基本功能研究》、《近代中国私立大学发展史》、《我国民办高校评估指标体系研究》、《美国营利性教育机构制度环境分析》、《中国民办普通高校的办学特色——亚非拉七国私立大学的经验借鉴》、《民办高校大学生学习风格研究》、《民办高校大学生心理健康教育》、《国外高层次应用技术型人才培养模式研究》、《中国民办教育研究》15部；出版"七方人文教育丛书"，包括《鳞爪集》、《文学·美学》、《激情北方》3部以及专著《中国民办教育思考与实践》等，在国内外学术期刊发表论文数百篇。2007年，七方教育研究所被国家教育部、人事部授予"全国教育系统先进集体"称号；同年，被中国高等教育学会确定为"全国民办教育科学研究基地"；2008年，被陕西省教育厅批准为"陕西(高校)哲学社会科学重点研究基地"；2012年被陕西省高等教育学会确定为"民办高等教育科学研究基地"和"高水平民办大学建设研究工作站"；2005年、2008年、2014年先后三次荣获中国高等教育学会授予的"全国高校优秀高等教育研究机构"称号，已成为在国内享有盛誉的专业研究实体和智库机构。

依托学院民办教育研究的雄厚实力,学院于2002年创办了国内最早的民办教育专业学术期刊——《民办教育研究》(双月刊)杂志,并于此后不久,又创办了《西安外事学院学报》(双月刊),作为反映本院教学科研成果及海内外相关学科专业领域创新成果的平台。《民办教育研究》创办十余年来,坚持面向世界,广泛吸纳名家名作,立足学术前沿,积极探索研究民办高校改革、发展中的重大理论与实践问题,组发了一大批有较高水平的研究成果,已在民办教育改革与发展、民办教育政策与管理、中外私立(民办)大学史与比较教育等领域形成研究的重点和鲜明特色,为促进教学、科研,发现、培养人才,推动民办高校办学实践、学科建设和国际学术文化交流发挥了不可替代的重大作用。

《中国民办教育研究(2016)》丛书是从2015年出版的全国各家学术期刊上发表的有关民办教育研究的1 400多篇论文中选精拔萃而编就的。她既是对过去一年中的中国民办教育研究的学术总结,也是对我国民办教育改革与发展面貌从一个侧面的展示。其宗旨在于汇聚优秀研究论作,以便更好地服务教学科研,更扎实地推动未来我国民办高校办学实践和理论研究的繁荣发展。

《中国民办教育研究(2016)》共收入论文50篇,分理论探索、改革与发展、教育教学、制度与管理、教育史与比较教育等五大板块编排。其选文坚持以下原则:

一、均研究民办教育问题。入选文章均为研究民办教育理论与实践问题,或为研究高等教育问题但与民办教育密切相关的学术论文。坚持学术为本,不收非学术文章。

二、论文质量第一。入选论文均应对所研究的问题有独创性见解,且论证充分,文字通畅,写作符合规范,篇幅一般不少于6 000字。

三、均在学术期刊上发表。本辑所收论文均在文末注明原发表期刊及发表年卷期次。

四、尊重原作风貌。所收论文一律不作内容修改,仅对部分论文摘要、关键词或注释与参考文献作了文字性修改或格式的统一处理。

《中国民办教育研究》自2015年起,拟每年编辑出版一辑,如有特殊需要也可一年两辑或两年一辑。

为保证本书质量,在初选稿确定后,西安外事学院七方教育研究所、《民办教育研究》编辑部特聘请陕西师范大学教育学院博士生导师刘新科教授,陕西师范大学教育学院博士生导师张立昌教授,西北政法大学高教研究所所长阎亚林教授,陕西省高等教育学会副会长梁克荫教授,西安外事学院文学院院长、七方教育研究所原常务副所长王冠研究员,西安外事学院期刊中心主任、《民办教育研究》编委会副主任、陕西师范大学新闻与传播学院博士生导师张积玉教授等六位专家对所选文章进行了评审把关。

本书的编辑工作始终得到了西安外事学院党政的关心与重视,以及全国民办教育协会的支持和指导。华东师范大学出版社领导和责任编辑为本书的出版付出了大量心血,给予了大力支持和热情帮助,在此谨表衷心的谢意。

本书编辑委员会
2016年5月26日

理论探索

潘懋元先生思考民办高等教育问题的八个基本逻辑

范跃进　王　玲　刘福才　张继明

摘　要：潘懋元先生在民办高等教育问题研究过程中形成了八个基本逻辑：民办高等教育发展是我国经济社会发展的必然要求；民办高等教育是我国高等教育体系的重要组成部分；民办高等教育与公办高等教育应具有平等的发展权；民办高等教育的公益性与营利性并不对立；促进民办高等教育发展必须树立多元质量观；民办高等教育发展必须大力依靠民间资金；政府应支持并规范民办高等教育的发展；民办高等教育应立足市场经济体制下的就业创业教育。

关键词：潘懋元；民办高等教育；高等教育体系；就业创业教育

潘懋元先生是较早关注民办高等教育发展并致力于相关问题研究的学者。他对民办高等教育的发展不仅给予了高度的肯定，同时也对其发展规律与存在问题进行了深刻的理性思考。综观潘先生有关民办高等教育发展问题的研究成果，笔者发现其相关思想已成体系，而在这一思想体系中有八个基本逻辑十分清晰可见，即民办高等教育发展是我国经济社会发展的必然要求；民办高等教育是我国高等教育体系的重要组成部分；民办高等教育与公办高等教育应具有平等的发展权；民办高等教育的公益性与营利性并不相对立；促进民办高等教育发展必须树立多元质量观；民办高等教育发展必须大力依靠民间资金；政府应支持并规范民办高等教育的发展；民办高等教育应立足市场经济体制下的就业创业教育。从这八个基本逻辑出发，潘先生针对民办高等教育面临的问题与未来发展提出了许多高屋建瓴的、具有前瞻性与科学性的思想与策略，对促进我国民办高等教育发展发挥了重要的作用。

一、民办高等教育的发展是我国社会经济发展的必然要求

早在20世纪80年代我国民办高等教育恢复初期，潘先生就提出了"民办高等教育的发展是我国社会经济发展的必然要求"的基本观点，为人们正确认识民办高等教育的性质与发展趋势奠定了重要的基础。首先，潘先生从办学方针与办学宗旨出发对民办高等教育的性质做了界定，指出"民办学校，同公办学校一样，必须按照国家的方针政策办学，遵守国家的教育法规制度，不存在姓社姓资的问题"[1]，这一方面解除了人们对民办高等教育姓资姓社的疑虑，另一方面也使人们意识到民办高等教育是服务于我国社会发展需求

的,进而为民办高等教育的发展扫除了思想阻碍。其次,潘先生从经济视角出发阐述了民办高等教育发展的必然性。"30多年来,我国不复存在私立高等教育体制,是由经济体制所决定的。长期以来,我国的所有制经济结构基本上只有全民所有制与集体所有制,而集体所有制一般处于生产力水平很低的农村经济,没有办高等学校的财力也没有自办高等教育的要求,私立高等教育体制不可能重新出现",而现在"由于城乡合作经济、个体经济和私营经济的发展,更由于这些经济成分在生产力水平上的提高,民办高等学校的出现与发展就有其必然性"。[2]最后,潘先生依据我国经济体制改革的发展趋势,对民办高等教育的未来发展趋势做出预测,认为其将成为我国教育事业的重要组成部分。"民办高等教育在中国高等教育事业中占有什么样的地位,在以前的一些文件中,民办教育是公办教育的'补充'。我在1999年4月召开的一次民办高教会议上提出.'宪法'修正案的第11条把个体经济与私有经济从原来的提法'是社会主义公有制经济的补充'改为'是社会主义经济的重要组成部分',那么建立在个体经济、私有经济以及其他非公有经济基础上的民办高等教育也必须重新定位为社会主义教育事业的重要组成部分。"[3]

潘先生的这一观点得到了学者们的呼应与共鸣,激发了研究者们对民办高等教育发展意义的探索,而学界的这种探讨对政府的教育政策改革也产生了重要的影响。如1993年由国务院印发的《中国教育改革和发展纲要》中就明确提出了"改变政府包揽办学的格局,逐步建立以政府办学为主体、社会各界共同办学的体制"的教育体制改革任务,并首次确立了"积极鼓励、大力支持、正确引导、加强管理"的民办教育发展方针,表明了政府对民办教育的关注与支持。随着我国市场经济的不断发展及其对大量多类型人才需求的不断增长,民办高等教育正如潘先生所言快速发展起来,其发挥的功能与展现出的优势也让人们从更深层次上认识到了其发展的必然性与重要性——民办高等教育在解决由高等教育规模扩张而引起的政府财政经费不足问题方面起到了非常重要的作用;民办高等教育利用灵活的办学体制,积极面向市场,激活竞争机制,更好地培养了大量适应经济与社会需求的应用型、实用型人才。而这种认识上的深化同样也反映在政策的变革之中——2006年下发的《国务院办公厅关于加强民办高校规范管理引导民办高等教育健康发展的通知》中已明确指出"近年来,我国民办高校发展迅速并取得很大成绩,成为高等教育事业的重要组成部分"。

从潘先生的民办高等教育研究历程中可以看到,"民办高等教育的发展是我国社会经济发展的必然要求"这一观念由最初的"大胆判断"逐步地发展成为其思考、分析民办高等教育发展问题与趋势的一个基本依据。如,当民办高校发展面临公办高校扩招而带来的生源危机时,潘先生果断地指出:"也许有的同志会说,不提大众化,不搞大扩招还好;一提大众化,公办高校大扩招,民办高校的生存空间反而缩小,产生了'生源危机',出现了'生源大战'。这是一种暂时性的现象。大众化总不能只靠政府增加投资,无限地'走内涵式发展'的道路,更不可能大量增办新的公办高校"[4],这种观点坚定了民办高校举办者的信心。再如,《民办教育促进法》于2002年颁布后,潘先生在表达了对该法的充分肯定的同时,也在话语间对没有将民办教育的地位界定为是社会教育事业的重要组成部分方面感到遗憾——"从法律上明确民办教育的性质：'民办教育事业属于公益性事业，是社会主义教育事业的组成部分。'（第3条）虽然同宪法修正案规定的'非公有制经济是社会主义市场经济的重要组成部分'略有不同，但基本性质是一致的。"[5]又如，2009年时，潘先生在一次记者访谈中指出了目前我国民间资金进入高等教育的道路还很不畅通的问题，并提出了非公有制经济的发展必将进一步促进民办高教发展的观点——"不久前，国务院发布了《关于鼓励支持和引导个体私营等非公有制经济发展的若干意见》，使垄断行业、公用事业和基础设施、社会事业、金融服务业、国防科技工业等一些长期以来非公有制企业难以进入的领域，都获得了国家的准入。按照这个文件平等准入、公平待遇，放宽非公有制经济市场准入的精神，无疑会给那些正在寻找机会进入民办高教的民营资本打通道路，这将成为促进民办高教发展的必然趋势。"[6]

总之，潘先生始终是从我国社会经济发展的现实与未来发展趋势为根本出发点，对民办高等教育的发展做出审时度势的分析与判断。这启示我们在研究民办高等教育问题时，必须认清其为我国社会经济发展的必然产物这一事实，坚持从我国社会经济发展的宏观趋势与未来需求来把握、分析民办高等教育的发展问题。目前，我国经济和政治体制改革已进入深化阶段，"加快发展社会主义市场经济、民主政治、先进文化、和谐社会、生态文明，让一切劳动、知识、技术、管理、资本的活力竞相迸发，让一切创造社会财富的源泉充分涌流，让发展成果更多更公平惠及全体人民"[7]已成为党和国家的共识，这意味着市场经济将得到进一步的发展，而这预示着以市场经济为发展基础、以竞争为根本发展模式、以满足大众需求为主要目标的民办高等教育将拥有更为广阔的发展空间。无论是学者还是相关政府管理部门都应看到这种趋势，积极地顺势而为，为民办高等教育发展营造更为良好的发展环境，以使其更好地满足人民和社会发展的需求。

二、民办高等教育是我国高等教育体系的重要组成部分

正如前文所言，潘先生很早就根据我国社会经济发展的形势与趋势提出了"民办高等教育是我国高等教育体系的重要组成部分"的观点。毫无疑问，目前这一观点无论是在学界还到在政界都得到了广泛的认可，并转化为国家层面的思想与政策，其前瞻性与科学性毋庸多言。然而需要我们注意的是，除了我国社会经济发展的宏观背景之外，潘先生还从高等教育大众化的视角论证了"民办高等教育是我国高等教育体系的重要组成部分"这一观点。首先，潘先生基于国际视野，比较分析了美国、西欧、东亚、南亚、拉美、苏联及东欧转型国家的高等教育大众化发展模式，指出"高等教育大众化的发展需要社会力量的参与，私立高等教育在高等教育大众化进程中发挥了重要的作用"[8]。其次，潘先生从高等教育教育经费投入的视角出发，指出随着高等教育大众化步伐的加快，我国政府的教育财政负担将越来越大，多渠道筹集教育资金已成必然，而在扩展教育资金筹集渠道方面，"除了公立高等学校采取多种办法'创收'并酌收一定数量的学费外，应当依靠社会力量，积极主动地而不是消极被动地发展私立（民办）高等教育"[9]。最后，潘先生从民办高等教育的客观作用与贡献出发，指出"发展民办高等教育的积极意义，还在于面向市场需求，激活竞争

机制,调整高教结构,改革管理体制,更好地培养适应经济与社会需求的应用型、实用型(职业型)人才"。[10] 由此可见,民办高等教育的发展不仅是我国社会经济发展的必然结果,而且也是高等教育自身发展的内在要求。这种认识促使潘先生一直密切关注、研究民办高等教育的发展及其面临的问题,并积极探索促进其健康、可持续发展的路径与策略。

潘先生从高等教育大众化视角出发对民办高等教育重要地位的分析与论证,不仅引导人们从我国高等教育自身发展需求来理解发展民办高等教育的作用与意义,而且还启示我们要从我国高等教育大众化乃至普及化的发展目标与现实需求出发思考民办高等教育的未来发展空间、模式、规模、质量等问题。其实在这些方面,潘先生本人已经做了有益的探索,如针对民办高等教育发展空间问题,潘先生认为在高等教育大众化过程中,高等教育必须通向农村,而"民办高校为地方经济与社会发展,为农村现代化,为西部地区大开发培养人才,可以大有作为"[11],进而将民办高等教育的发展引向我国广阔的农村市场。又如,针对民办高等教育发展速度与规模问题,潘先生指出"在精英教育阶段,私立高等学校就已存在,但许多国家政府采取不支持或限制的态度,日本、印尼、泰国都如此;但到接近或已经进入大众化阶段,大多数国家转为采取鼓励、支持态度。因此,私立高等教育的发展往往快于公立高等教育,尤其是亚太地区的日本、韩国、印尼、菲律宾,私立高等学校的学生已达到各该国大学生总数的60%、70%甚至80%以上;原来没有私立高等学校的越南、蒙古和独联体各国,近年来也出现了私立大学,尤以越南的发展较快"[12]。根据这样的分析,潘先生大胆预测在我国高等教育大众化阶段,民办高等教育必将快速发展,并在高等教育体系中占据相当大的规模:"到2020年,多种模式的民办高等学校及其学生,可能达到高等教育总数的三分之二左右;并将有若干所民办高校,成为各自定位的一流院校。"[13]

截止到2013年,我国高等教育毛入学率已达到30%以上,这一方面说明我国高等教育大众化发展已经取得了非常大的成绩,但同时也意味着我们要实现高等教育大众化(高等教育毛入学率达15%—50%)与普及化(高等教育毛入学率达50%以上)的发展目标仍有较长的一段路要走。面对这样的现实,民办高等教育的重要作用确实是不容忽视的,如何充分发挥民办高等教育的作用应成为重要的研究课题。可喜的是,目前我国政府已经充分认识到民办高等教育的重要地位与作用,不仅在相关政策文件中多次将民办高等教育视为高等教育体系的重要组成部分,而且还致力于为民办高等教育发展营造更加有力、宽松的政策环境,如2012年颁发的《教育部关于鼓励和引导民间资金进入教育领域促进民办教育健康发展的实施意见》中再次明确提出"民办教育是社会主义教育事业的重要组成部分"的观点,同时提出"健全以政府投入为主,多渠道筹措经费的教育投入体制……完善民办学校办学许可制度,清理并纠正对民办学校的各类歧视政策,落实民办学校办学自主权,落实民办学校招生自主权,落实民办学校教师待遇,保障民办学校学生权益,完善民办学校税费政策,支持高水平有特色民办学校建设……"等促进民办教育发展的政策改革意见。

政策方面的变化预示着民办高等教育将迎来更好的发展环境与发展机遇。我们完全有理由相信,随着我国高等教育大众化程度的不断加强,甚至当到达高等教育普及化阶段时,民办高等教育的规模将有更大程度的增长,潘先生所预测的"三分之二"规模完全有实现的可能。当然,正如政策的改变不可能一蹴而就一样,民办高等教育的发展也不可能在短时间内完成,而且还有可能有些弯路,但是只要我们坚信"民办高等教育是我国高等教育体系的重要组成部分,它们不再仅仅是公办高等教育的补充,而是与公办高等教育分工合作,共同承担我国高等教育大众化与普及化的任务",那么民办高等教育的发展步伐就不会停止。如果政府能够加快相关制度改革,为民办高等教育发展营造真正宽松、公平的环境,并立足于高等教育大众化与普及化发展目标以及我国高等教育大众化过程中出现的主要问题,对民办高等教育在规模、结构、效益、质量等方面的发展做深入、系统的分析,制定民办高等教育未来发展的整体规划,那么民办高等教育就会更早地迎来又一轮快速发展期。

三、民办高等教育与公办高等教育应具有平等的发展权

在确立了"民办高等教育的发展是我国社会经济发展的必然要求"和"民办高等教育是我国高等教育体系的重要组成部分"两个基本认识的基础之上,潘先生深入研究了我国民办高等教育在发展过程中出现的主要问题,并在研究过程中形成了有关民办高等教育发展的独到见解。其中最为突出的思想是"民办高等教育与公办高等教育应具有平等的发展权"。

这一思想一方面体现于潘先生对民办高等教育发展过程中所遭遇到的一系列不平等与歧视性待遇的批判之中。潘先生认为,我国民办高等教育在发展进程中主要遭遇了四方面的不平等与歧视性待遇:第一,我国民办高校招生是高考招生录取的最后批次,只能招收大量的"落第生",这不仅损害了民办高校的招生自主权,也限制了民办高校的发展。长期以来,我国高校招生录取工作是按计划体制模式来实施的,包括由政府根据不同类型高校在整个高等教育体系中所占的位置来划分"一本""二本"和"三本",进而以此为标准来确定不同层次院校的招生录取批次。一般来说,办学历史长、办学实力强的部属或省属重点高校属于一本院校,如985高校、211高校按政策优先录取高考成绩优秀的考生,因此其生源质量普遍较高;二本高校主要是指具有较长办学历史、办学水平较高的地方教学型院校,按政策在一本招录完毕后招生;而剩余的民办高校、独立学院、高职高专院校则作为三本院校招生,其生源质量相对较低。生源质量不高显然会限制民办高校的发展,而这种由政策或制度造成的不公平成为我国民办高校提高办学水平的主要障碍。第二,在师生待遇方面,民办高校学生在奖助贷金上、在就业岗位竞争上难以获得平等机会,民办高校教师在福利保障、进修、职称晋升、科研项目申报等方面难以获得平等机会。就目前来看,随着我国国家学生资助体系的逐渐完善,民办高校学生在享受交通补贴、奖助学金等方面已经获得了与公立高校学生相同的权利,但在有些方面如教育贷款,民办高校的学生在实际上还面临着来自银行的不公平性政策;在劳动力市场上,民办高校毕业生因为来自用人单位的歧视性招聘而面临的就业困境成为影响民办高校社会声誉的重要原因;从教师角

度来说,民办高校教师与公立高校教师在薪资、福利方面的差异暂且不论,在获得由国家组织和资助的各种访学、进修机会方面,在获得科研立项或科研资助方面,民办高校教师委实落后于公立高校教师,而这显然是不利于民办高校教师队伍的稳定性及其专业水平提高的。第三,在质量评估方面,有关部门没有考虑到民办高校办学时间短、增长快、资金完全靠自筹等特殊性,而是采用精英型公办高校的评估标准来评价民办高校,使得其在生师比、生均用地面积、生均图书设备等方面都无法达标。我国民办高校办学历史较短,办学资源或经费比较匮乏,因此其办学条件包括基础设施、师资力量等方面都难以同公立高校尤其是研究型重点高校相比,这就要求政府必须建立起针对民办高等教育特殊需求的质量保障体系,同时采取符合这种特殊性的高等教育评估体系。用脱离民办高校办学现实的评估体系简单化地对其做出评价,甚至以此作为政府干预民办高校的依据,是不利于民办高校的改革发展的。第四,在管理方面,"婆婆太多""标准不一"等问题给民办高校造成了较大的负担,同时,管理部门的"卡、压、要"等行为也严重制约着民办高等教育的发展。[14]总之,这些不平等与歧视性待遇的存在限制着民办高校的发展,使其难以获得与公办高校同等的发展机会,严重地损害了民办高等教育的发展权。

潘先生对民办高等教育定位与未来发展的分析,是其关于民办高校发展权的思想的另一体现。如潘先生多次提出,"民办高校,是办学主体不同于公办高校的办学体制,而不是层次、类型结构的不同,不应限定于哪一等级哪种类型(特殊类型如军事教育除外)。世界上的私立大学,有国际一流的研究型大学,也有专科水平的社区学院或短期大学;中国解放前的私立大学,既有低层次、职业性的,也有高层次、学术型的"[15]的观点。事实也正是如此,无论是私立高等教育发达的美国,还是国立高等教育卓越的日本,政府都致力于公私立高校公平竞争、共同发展,在政策和制度供给上为私立高校发展创造了一个宽松、适宜的外部环境。显然,潘先生的这一观点在理论上扩大了民办高校发展的空间,也就是说,民办高校与公立高校相比,区别在于办学体制,同时其优势也在于办学体制的灵活性,这种体制优势可以使民办高校依据社会需要和自身办学理念、办学资源来自主选择合适的发展路径。传统的观点将民办高校限定在低层次或职业类办学定位,实际上是对民办高校发展权的一种外在强制性的限制。为此,潘先生以"一批办学理念先进、办学条件较佳、资金雄厚、质量良好、发展前景广阔的优秀民办高校相继涌现"为实证,提出了某些民办高校可能超越部分公办高校,跻身于中国名牌大学行列的观点。

不难看出,潘先生关于"民办高等教育与公办高等教育应具有平等的发展权"的思想是在其认可民办高等教育发展的必然性与重要性基础上的进一步延伸、深化。因为既然民办高等教育是社会经济发展和高等教育自身发展的一种必然要求,那么如何使民办高等教育发挥应有的作用,更好地服务于我国社会经济发展和高等教育发展就是需要进一步思考的问题。显然,保障民办高校享有与公办高校平等的发展权至关重要,否则不仅民办高校的优势难以发挥,已经发展起来的民办高等教育资源也将有被浪费的危险。同时,潘先生的这一思想也启示我们,对民办高等教育的发展应尽量减少人为因素的干扰,也就是减少政府对民办高等教育的过多干预甚至是控制,包括在政策和制度供给上的阻碍或限制,与此同时真正赋予民办高校依据社会需求选择办学方向的权力,发挥市场在民办高等教育资源配置中的决定性作用。发挥市场机制的作用,正是我国民办高校的制度优势所在,相对于民办高校,我国公立高校所面临的制度性障碍之一恰在于计划式管控过多,而高校融入市场、按市场供求来办学的空间相对狭窄。

四、民办高等教育的公益性与营利性并不对立

高等教育的属性是一个备受关注和引发诸多讨论的问题。有学者正是以高等教育的公益性为依据而反对高等教育的市场化或产业化,或者基于高等教育市场化对教育公平带来负面影响来强调高等教育的公益性。这样,高等教育的公益性与营利性常常被视作一种截然对立的关系。受这种观念影响,我国依靠学费"滚动发展"起来的民办高校的公益属性一直备受争议,这种争议不仅影响到了社会对民办高等教育的认识;同时也影响到了国家管理民办高等教育的政策和制度,进而对民办高等教育的发展产生了重要影响。这说明,正确认识民办高等教育的属性,对于当前我国民办高等教育的治理及其发展都有着重大的理论价值和实践指导意义。

从理论上讲,民办高等教育与公办高等教育应具有平等的发展权,但是在我国落实这样的同等发展权却面临着诸多的阻碍,其中有关民办高等教育公益性与营利性之间关系的认识就是一个关键的思想阻碍。由于资本的逐利性,许多人,尤其是政府管理者认为,我国以投资办学模式发展起来的民办高校的公益性是令人质疑的,这也是导致诸多不平等政策与歧视性对待出现的重要原因。例如,正因为政府关于民办高等教育的基本假设是民办高校的投资办学性质是营利性,才导致政府在治理民办高等教育过程中重管控、轻服务,同时也较少提供财政资助。很显然,政府的这种治理方式对民办高校的生存和可持续发展都是极为不利的。因此,我国民办高等教育改革发展所面临的一个核心问题,就是厘清民办高等教育之公益性与营利性之间的关系。针对于此,潘先生在研究民办高等教育发展过程中,重点阐述了民办高等教育的公益性与营利性之间的关系问题,提出"民办高等教育的公益性与营利性并不对立","不能因为投资者的营利而否定民办高校办学以及投资行为的公益性,正如医疗卫生事业和城市公共交通发展中引入民间资本投资,投资者从中营利而并不改变医疗卫生事业和城市公共交通的公益性以及投资行为的公益性一样"。[16] 同时,潘先生还指出,"公益"与"营利"之间的关系是"目的"与"手段"之间的关系,如在论述民办高等教育与资本市场之间的关系时,他强调"营利是手段,公益是目的,不能以营利为目的而有害于公益性事业。进入资本市场,不能以营利为目的而不顾教育的公益性,而应该是为了办好公益性教育事业"。[17] 也就是说,民办高等教育的公益性与营利性并非一对绝对性的矛盾关系,在一定条件下,民办高校通过营利性的经营和管理可以在客观上实现公益性目的,这也反映了教育本身的混合产品属性以及包括民办高等教育在内的教育之外溢效应。从现实角度来说,单纯以教育的公益性而否定民办高等教育的营利性之必要性与合理性,否认现阶段我国民办高校投资办学的动机和目的,否认其在我国高等教育大众化中扮演的重要角色和职能,不符合我国国情,也不利于民办高校在其初

级发展阶段获得必要的环境支持,从长远来看是不利于我国多元化的高等教育体系的构建的,因而也是不利于我国高等教育质量整体提升的。

在"民办高等教育的公益性与营利性并不相对立"的思想基础上,潘先生进一步探讨了"合理回报"和产权两个制约民办高等教育发展的核心问题。有关民办高校投资者的"合理回报",潘先生认为,不应该将投资者要求取得"合理回报"的民办高校划归为营利性高校,其理由有二:第一,以利息形式回报投资者,增强民办大学的对外亲和力、吸引力、推动力和压力,也是合乎情理的,相当于购买债券,其与企业所获得的利润有着本质的区别[18][19];第二,应当将举办者从办学结余中取得合理回报与民办高校的属性明确区分开来,民办高校的属性应当根据其办学的根本目的、办学方式及其所发挥的社会功能来确定,而不是根据举办者是否取得合理回报来确定。[20]有关民办高校产权,潘先生认为目前投资者和举办者基本不享有民办学校财产所有权,也不享有民办学校财产收益权的现状,十分不利于吸引民间资金办学,已构成了民办高等教育进一步发展的瓶颈。因此,潘先生在建议积极开拓民办高校发展的"第三条道路"①的基础上,提出了多元主体共治的民办高校产权制度,即"举办者投资资产的所有权可以由举办者拥有,举办者也可以选择放弃拥有;政府资助形成资产的所有权可由政府国有资产管理部门代管,也可委托学校法人管理;举办者提取合理回报后剩余的办学结余累积形成的资产由学校法人拥有,由此形成举办者、学校法人和政府共同参与治理民办高校产权的机制,保障民办高校的正常运行和持续健康发展"。[20]

显然,潘先生的"民办高等教育的公益性与营利性并不相对立"思想和在此思想基础上对合理回报和产权问题的探讨,是密切结合我国民办高等教育发展实际展开理性思考的成果,显示了其努力为我国民办高等教育发展量身定做一套科学的制度体系的迫切愿望。其有关制度与法律应服务于社会发展实践,而不是让社会发展实践被动适应现有制度与法律的思想更是发人深思。沿着潘先生的思考路径向前展望,笔者仿佛能够看到一幅生机盎然的、具有中国特色的民办高等教育发展图景。总之,无论是对于民办高校营利性的片面界定,还是对于民办高校产权的政策规定,以及关于民办高校是否应该以及如何取得合理回报的争议,都是当前制约我国民办高等教育发展的重大、核心问题,潘先生的相关思想和理论观点具有解放思想、更新观念的重要价值,打破了限制我国民办高等教育发展的沉重思想枷锁。

五、促进民办高等教育发展必须树立多元质量观

要使民办高等教育拥有平等发展权,除了要解决人们对其营利性问题的困扰之外,还需要在民办高等教育质量观上有所突破。我国大批民办高校是在上世纪末期随着高等教

---

① 潘先生及其弟子(邬大光、别敦荣)根据我国民办高等教育的发展现实,提出了"第三条道路"的思想,即捐资举办的民办高校称为第一条道路;营利性民办高校称作第二条道路;将投资举办但不要求取得回报的民办高校和要求取得合理回报但又不是营利性的民办高校称为第三条道路。

育扩招而新建起来的。受精英高等教育阶段的教育质量观影响,人们总是以精英高等教育的质量标准来衡量民办高等教育质量,使得我国私立高校始终遭受着办学水平不高、教学质量较低的负面评价。这种所谓的"社会共识"对民办高校社会声誉的培育是极为不利的,严重影响着民办高校对优秀师资、生源、社会捐助及其他社会资源投入的吸引。因此,我国民办高校的发展要求必须摆脱这种负面的社会评价,正确认识民办高等教育的质量,确立基于其特殊性或者说其特色的质量观。正是在此背景下,潘先生适时提出了"促进民办高等教育发展必须树立多元质量观"的观点。

潘先生的"民办高等教育多元质量观"源自于其对高等教育大众化发展进程中高等教育质量观问题的思考。在我国"大跃进式"的高等教育大众化发展模式下,高等教育的规模扩张引发了人们对高等教育扩招政策的质疑和对大众化高等教育质量的担忧,从而引发了较为广泛的针对高等教育扩招的批判。针对这一情况,潘先生对"大众化进程中高等教育质量下滑"这一命题作了理性的分析。他指出,所谓高等教育质量下降,既有真实下降,也有虚假下降,要具体分析,分别对待。真实下降的原因是:"在条件(资源)不足的情况下,数量增加,势必导致质量下降。扩招以来,学生数量剧增与教育资源增长不平衡,导致高等教育总体质量下降。其中最主要的教育资源问题是教师的数量不足与质量不高";而虚假下降的原因是:"以精英教育的质量观对待大众化高等教育的质量;以精英教育单一的质量标准评估大众化高等教育多样化的质量水平。"[21]在这种分析基础上,潘先生提出了一个重要命题,即大众化的高等教育是一个多元化体系,这决定了衡量高等教育质量的标准同样是多元化的。这种"多元化的高等教育质量观"是潘懋元先生对我国高等教育大众化理论的一大贡献,具有解放思想的重大启蒙意义。根据潘先生对不同类型学校的质量标准的区分,如"研究型大学的质量体现于'研究高深学问',应用型大学,尤其是高职高专的质量标准应是'适销对路'"[21]的以高职高专或应用型高校为办学定位的民办高校,其质量评价标准应是能否适应市场需求和实现人才培养的"适销对路",而若以精英高等教育质量的标准去衡量之,是有失偏颇的,也是不公平的,更为严重的是这种错误的评估导向必将损害民办高校的正常发育和壮大。

在"多元质量观"的基础上,潘先生还进一步阐述了高校分类定位问题,指出美国卡内基的高校分类标准是不适宜于我国的,容易导致办学者对研究型大学的盲目追赶,进一步加重"层层攀高"的问题。确实,目前困扰我国高等教育发展的一个瓶颈性问题正是严重的高校同质化,而导致这一问题产生的重要原因即是人们对研究型大学的"盲目崇拜"和政府以科研为衡量高校办学质量的核心标准。潘先生认为,联合国教科文组织有关第三级教育的分类是值得我们学习、借鉴的。联合国教科文组织的第三级教育的分类方式是:(1)将中学后教育,即第三级教育分为升学预备班或职业培训班;大专、本科、硕士研究生教育;博士研究生教育三大类。(2)将大专、本科、硕士研究生教育这一大类进一步细分为理论型和实用型(技术型)两类。(3)对于大专、本科、硕士研究生教育中的理论型院校虽没有明确的分类,但却有两种指向:一种是按学科分设专业,为进入博士研究生教育做准备;一种是按行业分设专业,培养的是各行各业的高级专门人才。[22]可见,联合国教科文组织的高校分类方式的最突出特点就是根据所培养人才类型的不同,将高等院校分为理论型和实用性两大类。显然,这种分类方式更容易引导我国高等教育打破"千校一面"的状况,朝多元化的方向发展。潘先生的高校分类思想,为阐释民办高校在整个高等教育体系中的地位或作用提供了理论支撑,同时也为民办高等教育发展提供了更广阔的空间。当前,我国政府提出建立现代职业教育体系,以及推动部分地方本科院校向应用科技或技术型大学转变,正体现了分类管理、多元化发展的思路,这实际上为民办高校基于其办学定位及其特色优势加快改革发展提供了良好的契机。

概括来讲,潘先生的"多元质量观"不仅为我国高等教育大众化发展理清了思路、指明了方向,更为民办高等教育"正了名",开辟了广阔的发展空间。众所周知,我国民办高校大部分是以职业教育起家,这些高校虽然在理论研究领域里缺乏建树,但在培养应用型人才方面却发挥了重要作用,而且与传统的公立高校相比,民办高校在应用型人才培养方面还具有较大优势,如,重视实训、实习基地的建设;专业课程设置更加贴近市场需求;聘请大量行业一线的技术人员,等等。因此,潘先生的"多元质量观"十分有助于改变以往我国高等教育领域内的"以尺之长量寸之短""重学术轻应用"的不科学做法,引导人们更多地关注民办高校的优势及其所发挥的作用,给予其客观、公正的评价。按阿什比的遗传与环境决定理论,高校的发育发展既要受其遗传基因影响,更受其所处环境制约。潘先生关于民办高等教育质量评价标准的思想既为我国民办高校发展提供了一个新的观念环境,更将引致在相关政策和制度环境的优化,因此对于我国民办高等教育的特色发展具有至关重要的作用。

六、民办高等教育发展必须大力依靠民间资金

计划经济体制影响下形成的"政府独大"的办学体制和教育投资体制,限制了非政府渠道的资源投入。这种教育资源供给的体制性缺陷直接导致了两个方面的不良后果:一方面政府投入越来越不能满足日益增长的教育需求;另一方面则是非政府的资源难以进入教育市场。对于民办高等教育而言,政府教育投入的不足恰好为其提供了发展空间,但非政府的资源难以进入教育市场却也对民办高等教育的发展形成了较大限制,使得大部分民办高校不得不主要依赖学费艰难前行。而在民办高校逐渐从规模扩张转向质量建设的过程中,经费短缺问题就更加凸显了。面对这种情况,潘先生对民办高等教育发展经费问题进行了深入研究,提出了"民办高等教育发展必须大力依靠民间资金"的观点。潘先生主要从以下两个方面论证了民办高等教育发展必须大力依靠民间资金的必要性:(1)高等教育大众化发展不能仅依靠政府投入,"如果投资体制改革没有取得突破,仍然是只依靠政府投入来办教育,今天我国的高等教育规模,大约只能有当前的一半左右,不但高等教育的快速发展不可能实现,而且设备更新、校舍扩建、待遇提高等,都难以实现";(2)学费的增长空间已经十分有限,"投资体制改革的成功,主要是借助了家庭的力量,全国普通高校学杂费收入达总经费的1/3,地方高校达2/5,民办高校达70%以上,有的竟达100%。而本当作为社会力量办学主要来源的捐资、集资、投资办学则微乎其微……由此导致的学

杂费比例过高,已超出了相当大一部分家庭的承受能力,高等教育公平问题十分突出"。[23]

潘先生这一观点的科学性可从美国的私立高等教育发展中得到验证:美国私立高校办学资金主要有四种来源:学生学费、社会捐赠、政府资助、学校自身的产业开发,这种办学经费来源的多元化不仅有效地解决了经费短缺问题,同时也起到了降低私立高校学费水平,促进教育公平的作用。目前,我国政府也已经认识到吸引民间资金进行教育领域的重要性。2012年颁布的《教育部关于鼓励和引导民间资金进入教育领域促进民办教育健康发展的实施意见》中明确指出,"要充分发挥民间资金的作用,把鼓励和引导民间资金进入教育领域、促进民办教育发展作为各级政府的重要职责",同时也在税收优惠、政府资助以及清理各种歧视性制度等方面提出了重要的改革建议。若在未来的高等教育改革当中,这些改革建议都能被一一落实的话,那么将有效地激发民办资金进入高等教育领域,同时极大地改善民办高等教育的办学经费条件。

其实,潘先生除了从我国的现实国情出发之外,"民办高等教育发展必须大力依靠民间资金"观点的提出也是有法律依据的。如《中华人民共和国高等教育法》第六十条规定:"国家建立以财政拨款为主,其他多种渠道筹措高等教育经费为辅的体制,使高等教育事业的发展同经济、社会发展的水平相适应。……国家鼓励企业事业单位组织、社会团体及其他社会组织和个人向高等教育投入。"《中华人民共和国民办教育促进法》第六条规定:"国家鼓励捐资办学。国家对为发展民办教育事业做出突出贡献的组织和个人,给予鼓励和表彰。"第四十七条规定:"民办学校依照国家有关法律、法规,可以接受公民、个人或者其他组织的捐赠。国家对向民办学校捐赠的公民、法人或者其他组织按照有关规定给予税收优惠,并予以表彰。"基于这些法律规定,潘先生对如何开辟多元化的民办高等教育经费筹措渠道进行了诸多的思考,并提出了许多有价值的建议,如"后勤社会化改革其实已经提出了另一条思路,即吸引民间资本进入高校校园,参与提供服务"[24];"允许营利性资金投资高等教育,允许民间教育投资取得合理回报"[25];改革产权制度,促进民办高等教育与金融、资本市场相对接;完善捐赠优惠政策,引导社会形成捐赠文化,等等。当然,潘先生也指出,"民间资本以什么方式参与高等教育事业,吸引社会捐集资和投资的关键障碍何在,应该如何破解等问题,都还有待下一阶段的努力来解决"。[26]

随着政府对民办高等教育的日益重视,关于政府应加大对民办高校经费支持的呼声也越来越高。诚然,从性质上而言,民办高等教育是社会的公益性事业,是社会主义教育事业的重要组成部分。为此,政府理应承担民办高等教育制度改革的主导责任,合理配置公共教育资源。因此,要求政府加强对民办高等教育的支持,这是无可厚非的,但是政府应该以什么方式来支持民办高校发展却是值得我们深入探讨的。目前,我国教育财政较为紧张,在公办院校办学经费都十分吃紧的情况下,要求政府加大对民办高校的经费支持是不切实际的,反而容易造成政府支持民办高等教育发展的畏难情绪。潘先生的观点启示我们,与其要求政府加大对民办高校的资金投入,不如要求其进一步完善民办高校多渠道融资的政策环境,促进其多元化经费筹措渠道的形成,充分利用民间资金来实现民办高等教育的可持续发展。目前,这种思路已经在相关的政策中有所体现,如2010年颁布的

《国家中长期教育改革和发展规划纲要(2010—2020年)》和2011年颁发的《关于进一步促进民办教育发展的意见》,都明确提出鼓励民办教育多种渠道融资,支持民间资本以多种形式兴办高等教育。2014年11月26日,国务院印发了《关于创新重点领域投融资机制鼓励社会投资的指导意见》,这一重大决策表明了中央政府充分发挥市场在资源配置中起决定性作用的决心,对于激发市场主体活力和发展潜力,加大对民营经济的扶持力度,帮助民办高等教育拓展融资渠道,缓解民办高等教育信贷融资困难,提供了新的政策平台。

总之,民办高等教育改革与发展的主体力量和根基在民间、在地方、在学校。事实上,经过改革开放30多年的发展,目前我国社会正在从生存型消费进入发展型消费阶段,我国教育正面临一个历史性转折,即人民群众从满足基本需求到追求好的、理想的教育,教育从供给导向逐渐转向需求导向。民办高等教育在这样的教育发展变迁中是大有作为的,但前提是它必须采用更加灵活的体制机制、面向市场需求办学。从这个层面上来讲,积极吸引民间资金进入教育领域的意义并不仅仅在于扩展教育经费;对于民办高等教育发展而言,民间资金还意味着社会与市场需求,即只有更好地满足社会发展需求和市场需求的民办高校才可能获得更多的民间资金。

七、政府应支持并规范民办高等教育的发展

民办高等教育属于公益性事业,是我国教育事业的重要组成部分,是教育事业发展的重要增长点,也是促进我国当前教育改革不可忽视的重要力量。同时,民办高等教育也确实起到了满足社会多样化教育需求,最大限度地缓解高等教育的供需矛盾的积极作用。因此,各级政府一定要从全局和战略的高度,解放思想,统一认识,认识到发展民办高等教育的重要性,认识到支持民办高等教育是自己的重要工作职责,充分保障民办高校、学生、教师的合法权益;但同时也要积极规范民办高等教育的发展,并通过科学管理,发挥引导和质量监控的作用。从我国民办高等教育30多年的发展历程中不难看出,政府是影响其发展的重要因素之一,这从目前我国不同省份民办高等教育因地方政策不同而形成的差异化发展中也可见一斑。一般情况下,人们认为政府的政策越宽松,民办高等教育的发展就会越好,这有一定道理,但是单靠"宽松"的政策并不够,政府还应该担负起规范民办高校发展的责任,这样,民办高等教育发展才能拥有一个良性的政策环境。潘先生虽然并没有专门撰文阐述"政府在民办高等教育发展过程中的作用",相关观点都散落在其他主题研究之中,但是潘先生的"政府应支持并规范民办高等教育发展"的辩证观点却清晰可见。

一方面,潘先生主张政府要支持民办高等教育发展,为其创建宽松的政策环境。在我国第一部民办教育法——《中华人民共和国民办教育促进法》出台之后,潘先生在充分肯定了该法的意义与价值之外,就提出了要防止《民办教育促进法》成为一纸空文。后来的发展实践证明潘先生的担忧不无道理。至今,我国仍存在大量的针对民办高校的"显性"和"隐性"的歧视性政策,这十分不利于民办高等教育的发展。因此,潘先生始终在呼吁政府对民办高等教育的发展应"促进、支持、引导、规范,而不是消极的限制、取消"。[27]而面对我国大部分民办高校是投资办学的现实,潘先生更是希望政府能够继续采取"放水养鱼"

的政策,为民办高等教育发展创造更为宽松的政策环境,畅通我国民办高等教育的"第三条道路"。为此,各级人民政府和有关部门应该鼓励多种形式发展民办高等教育事业,把民办高等教育纳入国民经济和社会发展规划,统筹安排,合理布局,积极鼓励企事业单位、社会团体、其他社会组织和个人利用非财政资金依法办学,鼓励境外教育机构按照有关法律法规参与民办高等教育活动,开展合作办学。在具体措施方面,政府支持不能缺位,应该积极作为,建立和完善促进民办高等教育发展的相关法规政策,破解当前制约我国民办高校发展的若干瓶颈问题,如明晰民办高校的法人财产权问题、完善关于加强民办高校教师队伍建设制度、完善民办高等教育社会保险制度、公共财政专项补助制度、落实民办高校优惠政策、民办高校办学水平评估等实施办法,以落实民办高校的办学自主权及其合法权益,促进民办高等教育快速发展。

另一方面,潘先生很早就认识到政府对民办高等教育的规范与管理责任,如在1988年发表的论文中,潘先生就指出:"如果没有严格的管理,则有些私立高等学校的质量,可能达不到最低规格,……一些以赢利为目的的'学店',其质量的确是无法保证的。"[28]但是潘先生也强调:"对于民办高等院校,既要在目标、质量上严格管理,又要在人事、财务上不要干涉过多,以利于民办高等院校的搞活与发展。"[29]可见,潘先生希望政府能够管理、规范民办高校的办学目标与办学质量,但却不要对民办高校的办学过程干预太多。另外,针对我国"独立学院"这种特殊的民办高校类型,潘先生希望政府能够"认真审核,并促使其成为真正的民营独立院校,而不是办假的独立学院。否则不利于民办高等教育的健康发展"。[30]概括来讲,潘先生一方面希望政府能够引导民办高等学校进一步端正办学指导思想,全面贯彻国家教育方针,加强学校内涵建设,全面提高教育质量;另一方面希望政府在进一步规范民办高等教育的同时,加强对民办高校的科学管理,及时出台和优化有关民办高等教育的管理制度与政策,如应尽快制定、出台关于民办高校分类登记管理的实施办法,对民办高校进行分类指导和管理,实质性地推动民办高校实现内涵发展、特色发展,不断提高民办高校办学水平和教育质量,促进民办教育健康发展。

近几年,我国政府已经认识到民办高等教育管理制度与政策方面的不足与弊端,正积极地探索改革的科学理念与方式。在这种形势下,教育研究者应加快、加强对政府责任的研究,全面分析在民办高等教育发展过程中政府应负有的责任,促进政策决策的科学性,防止政府决策的随意性与非系统性,进一步优化民办高等教育发展的政策环境。潘先生的民办高等教育思想给我们的启示是,政府应从"支持"与"规范"两个方面同时着力。一方面政府需要以高等教育未来整体发展为着眼点,引导民办高校合理定位,错位发展,拓展民办高等教育优质资源;并以管理为动力,完善民办高校法人治理结构,建立依法办学、自主管理、民主监督、社会参与的现代学校制度,充分调动全社会对于民办高等教育的办学积极性和主动性,推动我国民办高等教育新一轮的发展。另一方面政府需要从保障高等教育整体质量为着眼点,加强对民办高校办学质量的监控,但在民办高等教育质量监控体系构建上应重点拓展社会高等教育质量评估、认证机构的发展空间;并进一步提升民办高校与公办高校办学信息公开化程度,为构建高等教育质量的社会监督体系创造条件。

八、民办高校应以就业创业教育为核心任务

对于我国高等教育发展,潘先生高屋建瓴地指出:"随着经济体制的转型,区域经济的发展,高等教育区域发展是必然的。"[31]同时,潘先生也指出:"进入大众化阶段,高等学校数量很多,学生数10年增长了6倍,高等学校不可能都去走传统精英大学之路,应该贴近社会实际。"[32]这启示我们,包括民办高等教育在内的高等教育要实现可持续发展,必须要在满足我国社会经济建设的整体需求的同时,重点考虑并满足地方经济发展需求。目前,我国民办高校大多数是应用型院校,因此以满足地方社会经济发展需求为核心任务,培养地方社会经济发展所急需的高层次应用型人才更应成为其首要使命,而在科学研究方面也应以新工艺、新技术的开发和应用为主。事实上,民办高等教育的这种发展取向也是其自身的体制机制优势所决定的。当前包括民办高等教育在内的整个高等职业教育面临的突出问题是:一方面是社会对高技能技术人才的强烈需求,另一方面是高等职业教育难以培养出社会所需要的高层次应用型人才。面对这种需求与供给之间的矛盾,民办高等学校具有"船小好调头"的比较优势,利用其灵活的办学体制机制,更容易满足多样化的社会需求。因此,无论从理论视角,还是从实践路径来看,民办高校都应坚持以就业创业教育为核心任务。而这一核心任务的完成需要民办高校根据行业需求优化学科专业结构与课程内容,大力发展区域社会经济发展所急需的专业;重视实践教学和实习基地的建设,拓展人才培养渠道;提升"双师型"教师队伍建设水平;优化学业评价方式,等等。潘先生围绕着这些方面也做了较多的思考。

首先,关于民办高校人才培养,潘先生认为:"我们培养的学生不光要有技术、技能,还要有职业道德,尤其是诚信的品质。"[33]这启示我们,民办高校要突出学生就业创业综合能力、综合素质(包括职业素养、社会素养和职业竞争力)的训练与培养。为达到这样的培养目标,民办高校应该广泛发动各种社会资源,让学生尽早接触社会,为其提供就业创业教育的多样化平台。可以发动低年级学生利用课余活动到行业一线进行社会实践,推进学生勤工俭学工作的开展;同时通过高年级带动低年级,使学生们的组织、管理能力得到锻炼。

其次,关于民办高校的教师专业建设和成长,潘先生指出:"要改变只以学历高低、学位高低来作为评聘教师的要求。既要有高学历、高学位的教师,也要有'双师型'、有实际经验的教师进入应用型大学来。"[34]这启示我们,相对于学历而言,民办高校更应重视教师的动手能力和实践经验。因此,民办高校应更重视"双师型"教师的培养,具体可采取以下方式:(1)加强与相关企事业单位的联系,根据教育教学的实际需要,定期让教师进行顶岗进修,不断提高"双师型"教师的比例;(2)根据教学实际需要,聘请业界培训师和专家来学校承担课程或讲学。(3)搭建校企合作、校社联合的科研开发平台,促进以科技研发为主要责任的"双师型"教师的成长,促进学生科技研发能力的提升。

第三,关于课程建设与发展机制,潘先生认为,要"根据现代化社会生产和生活需要,调整专业课程,建立适应社会需求的动态课程调整机制"[35]。这启示我们,民办学校应充

分利用体制机制的灵活性,在专业课程开发与建设方面建立能够及时反映社会需求的发展机制。当然,在公共课程与通识课程建设中,民办高校也要紧密结合社会发展对人的基本与普遍要求,重视学生的心理健康、思想道德修养、劳动、礼仪、写作、沟通等方面的教育。这些教育对于提升学生的就业创业综合能力和素质,更好地推进学生高质量就业创业尤为关键。

第四,关于学生学业的考核方式和考试方式,潘先生提出:"多样化的高等教育应该用多样化的教育质量标准衡量,民办高校完全可以建立起信心,树立起素质教育质量观,按照各自的培养目标培养人才,保证人才质量规格,在人才市场竞争中取胜。"[36]这启示我们,要突出民办高校不同于公办高校的办学特色,采用多元标准展开学生学业评价,避免高校学生学业评价同一化现象。民办高校要与其发展规划和整体育人定位相适应,找到适合应用型人才特点的考核和考试方式,适当减少理论考核和卷面考试,坚持知识考查和技能考核并重,特别重视对实践能力和过程的考核。

当前,人们普遍认识到了发展民办高等教育的重要性,但是对于该如何发展民办高等教育仍认识不清。潘先生将就业创业教育作为民办高等教育的核心任务,既是结合我国民办高等教育发展现实的一种判断,也是基于我国高等教育整体发展趋势的一种理性思考。这一思想,为我们思考民办高等教育的未来发展方向与着力点具有重要的指导意义。近些年,我国出台了一系列的教育改革文件,其中一些文件是专门针对民办高等教育的。综观这些文件不难发现,促进高等教育,尤其是民办高等教育适应我国当前经济社会发展需求是其核心的指导思想与改革价值取向。这使我们更加认识到潘先生思想的敏锐及实际价值——对于民办高等教育而言,只有遵循民办高等教育发展规律,坚持改革创新,立足就业创业教育,积极深入开展民办高校人才培养模式创新和教学领域改革,才能全面提升民办高等教育的核心竞争力,实现民办高等教育事业的科学发展、特色发展、优质发展和可持续发展。

结语

潘先生的民办高等教育思想博大精深,这八个基本逻辑有助于研究者们更为准确把握其思想精髓。潘先生思考民办高等教育发展问题时所形成的这八个逻辑,是理论与实践相结合的产物,是对我国民办高等教育发展规律的一种体现。无论是政府决策者,还是民办高等教育研究者都应对其进行深入理解、认真研究,以共同探索出一条符合我国实际的、具有中国特色的民办高等教育发展之路!

参考文献:

[1] 潘懋元. 高等教育改革与社会主义市场经济的关系[J]. 中国高等教育,1992(11).
[2] 潘懋元. 关于民办高等教育体制的探讨[J]. 上海高教研究,1988(3).
[3] 潘懋元. 关于民办教育立法的三个问题[J]. 浙江树人大学学报,2001(7).
[4] 潘懋元. 抓住有利时机实现民办高教可持续发展[J]. 中国高等教育,2001(5).
[5] 潘懋元. 写在《民办教育促进法》即将实施之前[J]. 黄河科技大学学报,2003(9).

[6] 潘懋元.未来民办教育将有较大发展[EB/OL]. http://www. juren. com/news/200908/159785. html.
[7] 中共中央关于全面深化改革若干重大问题的决定[EB/OL]. http://baike. baidu. com/link? url=lW8NUmfs7OiSYG-QPNgldMis4obMhX66TTh_qHVWFoaYFXHWk7HqTg9mD6txwYgFgt7BBct6ALnpy1Rtt5iZIa.
[8] 潘懋元.关于民办高等教育持续发展问题的报告[J].黄河科技大学学报,2007(6).
[9] 潘懋元.21世纪:可持续发展的中国高等教育[J].天津市教科院学报,1999(3).
[10] 潘懋元,罗丹.多国高等教育大众化模式比较研究[J].高等教育研究,2007(3).
[11] 潘懋元.抓住有利时机实现民办高教可持续发展[J].中国高等教育,2001(5).
[12] 潘懋元.21世纪:可持续发展的中国高等教育——兼论中国高等教育大众化问题[J].天津市教科院学报,1999(3).
[13] 潘懋元.二〇二〇中国民办高教前瞻[N].文汇报,2005-04-18.
[14] 潘懋元,姚加惠.民办高等教育发展之困境与前瞻[J].民办教育研究,2006(4).
[15] 潘懋元.抓住有利时机实现民办高教可持续发展[J].中国高等教育,2001(5).
[16] 潘懋元,别敦荣,石猛.论民办高校的公益性与营利性[J].教育研究,2013(3).
[17] 潘懋元.对接资本市场——在民办高等教育与资本市场高级论坛上的发言[J].教育发展研究,2004(3).
[18] 潘懋元,韩延明.关于发展我国民办大学的理性思考[J].中国高教研究,1999(4).
[19] 潘懋元,邬大光.介入资本市场:高等学校融投资体制的一种尝试[J].江汉大学学报(人文科学版),2005(4).
[20] 潘懋元,邬大光,别敦荣.我国民办高等教育发展的第三条道路[J].高等教育研究,2012(4).
[21][22] 潘懋元.分类、定位、特点、质量——当前中国高等教育发展中的若干问题[J].福建工程学院学报,2005(2).
[23][24][26] 潘懋元.民力民智推进高教事业大发展[N].中国教育报,2008-06-02.
[25] 潘懋元.中国高等教育大众化结构与体系变革[J].高等教育研究,2008(5).
[27] 潘懋元.中国当前高等教育发展中的若干问题[J].大学教育科学,2004(4).
[28][29] 潘懋元.关于民办高等教育体制的探讨[J].上海高教研究,1988(3).
[30] 潘懋元.中国当前高等教育发展中的若干问题[J].大学教育科学,2004(4).
[31] 中国大学该如何布局[EB/OL].科学时报. http://news. sciencenet. cn/sbhtmlnews/2010/7/234502. html.
[32][34] 潘懋元.什么是应用型本科[EB/OL]. http://www. ahsdxy. ah. edu. cn/index. php? m=content&c=index&a=show&catid=422&id=12.
[33][35] 潘懋元.独立学院的转型定位和发展[J].西南交通大学学报(社会科学版),2014(9).
[36] 不拘一格塑人才——潘懋元谈民办高校人才培养[EB/OL]. http://zhidao. baidu. com/link? url=aFj3WZAFSSjnSczV4Az8S8AL1ouqWWBTUvBd5NBUpiHGY-fT4mL5Hp0yVWxPChZhO8z_jeqqas0zsVLA5p43F_.

作者:范跃进,济南大学党委书记,教授,博士;王玲,济南大学高等教育研究院副教授,博士。

(原载《山东高等教育》2015年第4期)

再论教育从均衡走向公平
——基于教育政策与中国民办高等教育未来发展的思考

黄 藤

摘 要:对教育政策的分析与思辨有助于理解和诠释其演进与价值的取向,并对教育的发展和社会的进步起到积极的正面影响。中国教育与世界教育共同面对着一个普遍存在的问题,即"教育均衡与教育公平"的问题。其破解之道无外乎分清政府与民间两大实体的职责。教育现代化理论和教育发展的实践证明,一个完整的教育系统应该由公办和民办两大办学主体所构成;没有民办教育,全是公办教育,这样的教育体系是不完整的。让教育最大限度的平均化,应该是政府首当其冲、义不容辞的责任;用民办(私立)教育来协调教育需求差异化的矛盾,应取长补短、有所担当。

关键词:教育政策;教育均衡;教育公平;民办高等教育

教育政策是基于教育意义表达和教育指向规制的主动性的价值选择过程和活动。如果把教育政策理解为国家以至于社会各界对特定教育活动所赋予的意义时,教育政策研究的旨趣在于理解社会特别是世界各国对特定教育政策所给予的诠释,并据此分析其特定政策的演进与价值取向;当教育政策被理解为一个国家与社会发展特定教育活动之上的权威时,相关教育政策研究的目的则旨在于揭示其教育价值的形成,并审视其制度化的教育实践,研判其可能造成的教育及社会层面的影响。

世界各国及西方学者研判教育主要关注三个指标:毛入学率(在校生数占相应学龄人口总数比例)、教育支出比(教育支出占 GDP 比重)和教育水平。按照美国学者马丁·特罗所提出的高等教育毛入学率 15%—50% 为大众化,50% 以上为普及化这一标准,我们先从《国际统计年鉴(2013)》所公布的"2010 年世界部分国家大中小学生入学率(世界银行 WDI 数据库)"中选取世界、高收入国家、中等收入国家平均数值和美国、英国、法国、日本、澳大利亚、荷兰、巴西、马来西亚、韩国和我国等 10 个国家高等教育毛入学率,进行简单的比较,如表 1 所示。

从表 1 中看出,我国高等教育毛入学率相对增速较快。最新数据显示,目前我国的高等教育毛入学率已经达到 37.5%,按照《教育规划纲要》提出的,到 2020 年我国高等教育毛入学率要达到 40%。但这与世界高收入国家还有一定距离,仍不及美国的一半。因此,在高等教育大众化实现后,我国的任务依然艰巨。

表 1 2010 年世界部分国家大学生入学率(世界银行 WDI 数据库) (单位：%)

国家和地区 年份	世界	高收入国家	中等收入国家	美国	英国	法国	日本	澳大利亚	荷兰	巴西	马来西亚	韩国	中国
2010 年	29	72	26	95	60	57	60	80	65	38*	42	79	26
2000 年	19	56	15	69	58	54	50	65	53	16	26	68	8
增幅	+10	+16	+11	+26	+2	+3	+10	+15	+12	+22	+16	+11	+18

注：* 为 2009 年数据。

第二个指标是教育支出比，我们从联合国教科文组织(UNESCO)统计研究所公布的《教育公共开支总额占 GDP 的比例》中依次选取美国、英国、法国、日本、澳大利亚、荷兰、巴西、马来西亚、韩国、芬兰、瑞典、冰岛、古巴等 13 个国家的数据进行比对，如表 2 所示。

表 2 教育公共开支总额占 GDP 的比例 (单位：%)

国家 年份	美国	英国	法国	日本	澳大利亚	荷兰	巴西	马来西亚	韩国	芬兰	瑞典	冰岛	古巴
2009 年	5.4	5.6	5.9	3.4③	5.1	5.9	5.6	6.0	5.0	6.8	7.3	7.6	18.8
2003 年	5.8	5.4	5.9	3.6	4.9②	5.4	4.0①	7.5	4.3	6.4	7.2	7.6	9.9
增幅	−0.4	+0.2	0	−0.2	+0.2	+0.5	+1.6	−1.5	+0.7	+0.4	+0.1	0	+8.9

注：①为 2004 年数据；②为 2005 年数据；③为 2008 年数据。其中，据世界银行 2015 年公布的最新数据，美国 2010 年教育支出比为 5.4%，2011 年为 5.2%。另据 2013 年美国《教育统计文摘》(Digest of Education Statistics 2013)公布的统计数据，美国 2010 年对每一名全日制中小学生的教育支出为 $11,826；在大学阶段对每一名全日制在校生的教育支出已达到 $25,576。如果把这一指标放在经济合作与发展组织(Organization for Economic Co-operation and Development)，简称经合组织(OECD)内进行比较，可以发现前一项高于该组织其他成员国同类平均数额 $8,501 的 39%，后一项几乎是该组织这一平均数额 $13,211 的两倍多。

国家财政性教育经费支出占国内生产总值 4% 的指标是世界衡量教育水平的基础线。1993 年，《中国教育改革和发展规划纲要》提出，国家财政性教育经费支出占 GDP 比例要达到 4%。但由于我国 GDP 增长迅速、财政收入占 GDP 较低等多种原因，直到 2012 年才如愿实现。另据 OECD(经济合作与发展组织)2015 年最新公布的数据显示，近年来，经合组织成员国用于教育领域的公共支出比例持续上升，目前教育支出平均占比为 12.9%。其中，新西兰教育支出占全部公共支出的比例已高达 21.6%，紧接的国家依次是墨西哥 20.5%、巴西 19.2%、韩国 16.5%、瑞士 15.7%、美国 13.6%、英国 12.2%、德国 11.0%、俄罗斯 10.9%、法国 10.2%、日本 9.1% 和意大利 8.6%。

从表1、表2足以看出，世界发达国家的比值远远超过了我们。我国是一个非常重视教育，教育发展速度极高的国家，但在经费投入方面与世界各国还有很大距离。这个数据的背后则是学生人均占有经费支出绝对值和相对值所产生的矛盾,换句话说,也就是对于我们这样一个人口大国,教育方面的投入,无论是从政府,还是从社会,水平都还很低,形势相当严峻。

第三个指标是教育水平,这个是最难考察和精准衡量的,我们只能用一个维度来评判,那就是研究水平,特别是高校的科研水平。科研是高等教育的一项基本功能,高校科研水平的高低决定着一个国家科技水平的高度和这个国家在世界科学技术发展前沿的话语权。国际上,科研水平的衡量标准有一个参考指标即科技文献索引率(SCI、EI、SSCI 的索引概率)。表 3 分别给出了 11 个国家 2006 年 SCI 论文影响系数的列表,以示说明。

表 3 主要国家 2006 年 SCI 论文影响系数的列表

国家	论文引用数(篇)	论文数(篇)	论文未被引用数(篇)	论文影响系数(%)
美国	8,937,644	1,339,136	419,009	6.67
荷兰	693,848	105,968	30,917	6.55
英国	2,158,717	352,340	112,494	6.13
冰岛	133,88	2,053	652	6.52
瑞典	477,786	79,065	23,514	6.04
芬兰	221,417	38,914	12,113	5.64
加拿大	1,028,532	188,856	64,549	5.45
德国	1,955,974	340,727	110,861	5.74
以色列	258,262	49,928	17,091	5.17
法国	1,266,844	242,445	84,447	5.23
中国	196,943	68,602	30,416	2.77

注:2006 年是指 5 年期间计算,为 2002 年至 2006 年。

近年来,我国 SCI 论文发表篇数的排名一直在世界前五六名,仅排在美国、日本、英国和德国之后,与法国不相上下。虽然我国的 SCI 论文数量上有了很大提高,但与发达国家相比,由于我国科学研究的原创性还不够,SCI 论文的影响力较低。

从以上国际通行的研究教育的三个指标中能粗略地感觉到,我国的教育在纵向方面,即发展速度上成就巨大;但横向对比,即与发达国家的距离,差距也很大。

西方人重视数据,注重实证;东方人重视感观,注重思辨。以下我从思辨的角度对我国教育面临的现实问题的解决途径谈一点个人的看法。

如今,大家对我国的教育问题,关注、重视,同时又很困惑。我们普遍感觉到,在经过多年努力,教育发展取得重大突破的辉煌业绩面前,几乎人人都不满意。老百姓不满意、不满足,觉得自己的孩子应该受到更优质、更公平的教育,他们要择校,但难度极大且费用高昂。国家不满意,投了那么多钱,费心劳力,期望能达到世界一流水平,希望学生能够全面发展,渴望能培养出更多的国之栋梁,能与世界发达国家相比拼,但我们的教育部门,或者说是教育的承接者没能做到。再者就是教育者本身不满意,无论是教还是学,教育者本身觉得,自己的付出没有达到预期的结果。在与世界其他国家的比较中,我们觉得,我们还有很多不能逾越的障碍,比如说高考,它是有史以来一直困扰着整个国家、老师和学生,或者说我们整个教育系统的桎梏,如何正视并化解这样一个矛盾,就我国国情而言,该怎么做?就成了我们人人都应该思考的,特别是教育工作者必须深思熟虑的一个话题。

首先是如何正确对待中国教育和世界教育的差别。在国内,我除了完成自己的求学生涯外,还专门在华东师范大学、北京大学、北京师范大学做过访问学者,读过教育学硕士、博士,认真和国内的专家、学者们一起研讨过公立教育和民办教育发展的问题。在国外,我去过美国、英国、澳大利亚、日本和新加坡等几个主要的国家,不是去旅游,而是亲自在这些国家的学校里,和他们共同参与了小学、中学到大学的整个教育过程,为此在这个问题上,我有自己比较直接的认识和理解。

我的孩子小学三年级之前是在上海入的幼儿园和小学,之后在西安高新小学也读过一段时间,三年级和四年级是在英国读的。当时我一直在陪读。在英国上学的第一天,我就问学校有没有统一的书包。老师讲:"有,你可以选择不买。"但我想还是买一个吧。当我把书包拿到手上时,两片红布扎的(像参加会议时发的最简易的资料袋一样),上面印着学校的 logo,这样的书包能装几本书? 这和孩子在国内读书时的书包简直就是天壤之别。结果,这个书包在日后最多的时候只装过一本老师给推荐的从学校借回来的参考书,更多的时候仅仅就是装两页老师批阅过的作业或让家长辅导的作文材料,这让我感受颇深。另一个感同身受的就是第一年暑期学校的暑假作业,老师要求学生广泛收集有关企鹅的科普资料,因为孩子当时分的班叫"企鹅班"(学校所有的班级都是以小动物的名字来命名)。我当时很是诧异,像这样的题目应该是我在华东师大读研究生时才做的课题。更令我惊奇的是,假期结束的时候,孩子竟然整理出厚厚一叠关于企鹅的资料,还头头是道地给我做起了关于企鹅的科普知识讲座,告诉我企鹅分为帝企鹅和小企鹅以及它们的生活习性和种群生态。我的孩子在班上,数学分在 A 组,英语分在 E 组,每组 5—7 人,真正因材施教,让我在感同身受的同时感慨万千。英国的小学生每天早晨九点钟到校,下午三点钟放学,孩子们回家没有作业,可以自由支配剩余的全部时间,而中国的小学生每天都有做不完的由老师规定的固定格式的作业,每天都要很晚才能睡觉。看着大片草坪上熙熙而乐、骑单车、踢足球、玩滑板的英国儿童,我真正感觉到了为什么我们国家的足球总是上不去,为什么我们的孩子思维方式被固化了。

除此之外,我还发现了一个很有意思的事情。过去我一直认为我们的高考是一切教育恶果的诱因。高考束缚着中学教育,中学教育逼迫着小学教育,小学教育压抑着幼儿教育,使得学生课业繁重,应试教育恶性循环。在英国没有高考,本该说就不会存在这样的问题,结果并非如此。在我的孩子即将小学毕业的时候,中国的家长们联合起来搜集了英国重点中学 10 年的考题,装订成册(因为英国不出售这样的辅导资料),拿来给自己的孩子做。目的只有一个,就是为了一定要让孩子考上收费高昂的私立中学。尽管有些家庭的收入并不高,况且英国的公立中学是完全免费,而且条件都很好,但家长就是不愿让孩子就读公立中学。另外,如果一个中国籍的孩子在英国考不进牛津、剑桥、帝国理工大学一类的高校,家长一般都会羞于跟别人讲自己的孩子上了大学。这不得不让我反思,我们教育发展的桎梏可能不能完全归咎于高考。

到了中学,我的孩子回到了国内,先是在西工大附中就读,后来我把他转到了北京大学附中,之后我又送他去了美国一所非常知名的学校——泰伯中学就读。孩子在这三个学校学习期间,我的感受非常深刻。从西工大附中到北大附中课堂上的内容差别不大,课外就差了一大截。北大附中的学习是丰富的,尤其是课外所涉猎的知识面是广博的,而西工大附中比较单一,主要是考试。到了美国,孩子发出的感慨是,国内的学生真的是太幸福了!之所以有这样的感受,是因为在美国读高中,不仅仅要学习拔尖、体育优秀、艺术出色,还必须积极参加社会活动。美国也有高考,即SAT,大学在录取时主要考察的是平时成绩,非常重视课外活动和学生在体育与艺术方面的表现,外国学生还必须参加托福考试,压力远远超过国内的学生,每天的负担也很重。

国外的大学我亲自读过硕士和博士阶段的课程,基本的学习模式是老师不讲课,学生课前必须在没有固定教材的情况下,自修完成所有课程,课堂上主要是讨论和答疑,然后就是完成大量的课后作业和撰写学术论文,结业考试所占的学分比重很少,主要是平时课堂的讨论和课后作业以及出勤率占有绝对的权重,这与国内的大学大相径庭。中国的大多数高校至今仍然沿用中学时传统的灌输式授课方式,以终考成绩为标准评判学分的模式,以至于中国留学生刚到国外时不会学习,必须经历一段时间后方能适应。

在国内,我们的大学很少淘汰学生,学生通过高考顺利进入大学后如释重负,无论哪一级别的大学,都相当容易毕业,这就必然导致了我们的大学生自学能力差,思维面比较窄,缺乏独立创新意识,创造性差。有人说我们和国外的教育刚好形成了一个剪刀差,在幼儿园、小学、中学,我们的填鸭式教育超过了外国,经常一举夺得各项类似数学、物理竞赛的冠军,大学本、专科教育阶段打平,研究生教育阶段开始下滑,到了博士培养阶段出不了成果,学生工作以后独创性严重不足,被远远地甩在了世界发达国家后面。直到今天,这个局面依然没有任何改观。

如果把前面罗列的那些实证数据和现在所描述的这个剪刀差现象结合起来,就不难得出为什么现在会有那么多的中国家长舍近求远,远渡重洋,宁愿支付相当昂贵的学费,也要送孩子去国外读书的缘由所在。在探讨如何化解这样一个尴尬局面的同时不得不引出一个较为棘手的现实问题,那就是"教育均衡和教育公平"。

教育均衡和教育公平不仅仅是我国所面临的教育发展和改革的难题,也是全世界所关注的焦点。那么世界各国在解决这个问题时所采取的应对策略和有利举措又有哪些?我想首先应该分清政府和民间两大实体的职责。

让教育最大限度地均衡,应该是政府首当其冲、义不容辞的责任。也就是说,不论政府的财力高低,作为政府的职责就是平均把这些经费合理地投入教育事业上,那么比较理想的状态就是像麦当劳一样,把各级各类学校的标准统一起来,特别是在义务教育阶段,可以让孩子们就近入学享受惠民普及的教育，这是一种平均化的教育。如果我们真正达到了均衡，家长们就不会舍近求远，为了上一个麦当劳一样的学校而去选择学校。其次，满足社会不同阶层和不同收入群体对各级各类教育的差异化需求，这也应该是政府的职责之一。要解决好这两个看似矛盾实则统一的问题，世界上通常所采取的方法和途径就是以公立教育来解决教育平均化的问题，用私立教育来协调教育需求差异化的矛盾。其实不仅仅是教育，医疗、卫生、体育以及其他领域也是如此。在国外，优质的教育和服务往往主要都是由私立机构来负责管理和承担运营。其实也不是说私立机构就会办学，精通运营管理，而是政府给了一个平台，有意让出一个任其合理发展的空间。简单说，就是老百姓的需求超出了国家所能承受范围内的平均水准，且他们甘愿自行承担额外的费用，享受更加优质的教育、医疗和服务，这部分群体的差异化需求应该由私立机构来满足。这就是国外私立大学、私立中学往往都是好学校的主要原因。然而，我们国家在这一点上恰恰相反，重点大学、中学、小学甚至幼儿园，几乎都是由政府全额出资开办，政府全权包揽民众的差异化需求，同时还要兼顾解决平均化问题，显然自相矛盾，难以实现。我国是一个人口大国，面对有限的优质资源，加之又没有法律的依据，自然也就造成了屡禁不止的特权和乱收费现象。

我们的国情和政府主导的性质决定了可能有一些特殊的教育类别，比如国防大学、重点大学、特殊教育学校等还是需要由政府来兴办的，这也许是中国特色所不可避免的国情，但是绝不能毫无科学依据地把教育公平、均等和平均化混为一谈。面对目前状况，我构想了两条思路，或者说是两种可供选择的路径。

第一，应该力图改变现在我国在教育内容上的不足，可是又不能从高考入手，因为在没有一种更好的方式来取代它的前提下，高考还是必要的。可以考虑从录取方式上着手，也就是不再把高考分数作为大学录取的唯一标准，把扩大高校招生自主权作为解决实质性问题的抓手和突破口，允许高校按照各自的办学和人才培养特色自行制定录取学生的原则和标准。现在教育部已经在全国一些重点大学中进行试点，还可以尝试在两头进行试点，一头是985、211一类的重点高校，另一头则是以培养实用人才为主的应用型大学和高职院校。由这样一个新的指挥棒来引领中、小学教育改革，向着全方位的素质教育方向科学发展，这与世界和我国当前所倡导的全纳教育理念是一致的。在这一点上我们不得不承认美国人走到了世界的最前沿，我有时候开玩笑说："毛主席德、智、体、美、劳全面发展的教育方针被美国人贯彻得最好，而我们自己却不小心丢掉了。"

第二，一定要大力支持民办教育的发展。对民办教育的发展不应看作可有可无，或者是民办教育管理者自己的事情，而是应该由政府出面对教育结构进行调整的一项重要措施。教育现代化理论和教育发展的实践证明，一个完整的教育系统应该由公办和民办两大办学主体所构成，没有民办教育，全是公办教育，这样的教育体系是不完整的。为此，世界各国普遍认为，私立学校（尤其是非营利性私立学校）和公立学校的主要区别在于教育服务的提供主体和提供方式不同，本质上都是社会公共事业的重要组成部分。因此，世界大多数国家的政府都赋予私立与公立学校同等政策待遇，不仅保障其办学自主权，还给予实质性扶持。例如美国联邦政府通过补助金、低息贷款和勤工俭学项目,以资助学生的方式间接资助私立高等学校;以科技开发研究投入的方式,直接资助具有较高科研实力的私立高等学校;对联邦政府确定的高等教育中应该重点发展的方面提供资助。州政府和地方政府对私立高等学校资助的主要方式是减免税收和为私立高等学校学生提供奖助学金。美国政府设立的很多支持大学发展的基金(尤其是科研基金)均对私立大学开放,私立大学可以平等竞争。

无论是从国际经验还是从现实选择来看,民办教育作为我国教育事业发展重要组成部分的地位已牢固确立,政府应站在构建更加充满活力、更加多样化的高等教育体系的高度,大力支持和进一步规范民办教育发展。

作为国内一所民办本科高校的创办人和领导者,多年来我一直未间断过对民办教育的研究,特别高度关注民办高等教育的发展。翻开我国高等教育史我们会发现,中国私学的历史要远远早于公学。远的如两千五百年前孔子设坛讲学不说,自"书院出现于唐代",宋代的白鹿洞书院、岳麓书院,明代河东书院、石门书院,到清末教会学校演变过来的圣约翰大学等,都比公学创办得要早。如果追溯中国大学的起源,应该是起源于私学。新中国成立之初,全国共有私学性质的高等学校69所,其中南开大学、厦门大学、复旦大学、光华大学、辅仁大学等一批私学性质的高等学府校园文化积淀厚重,国际视野开阔,办学质量颇高,在全国享有盛名。这些大学的校长,如张伯苓、林文庆、马相伯、张寿镛等,亦是全国知名的教育家。在1952年的院系调整中,所有私学性质的高等学校都被转为公办院校。此后近30年间,中国再没有私学性质的高等教育机构。中国民办高等教育是在民营经济欠发达、社会资本发育不够成熟的背景下发展起来的。1978年,中国民间悄然兴起的各种文化补习班、职业培训班等,标志着非公立的中学后教育机构开始建立,也标志着私学教育传统得以恢复。进入新世纪以来,为吸引更多非财政渠道资金兴办高等教育,创新高等教育办学体制机制,鼓励高水平公办院校参与举办民办高等教育,国内探索了"普通民办高校和独立学院共同发展"的模式,在短期内便实现了优质高等教育资源的拓展和共享,使得民办教育从对公办教育"拾遗补阙"的地位,上升到社会主义教育事业的重要组成部分,呈现出勃勃的发展态势,成为影响广泛的社会事业。尤其是近年来,随着一系列重要政策文件特别是《教育规划纲要》的颁布实施,大力扶持、依法管理民办教育的力度显著加大,公办教育与民办教育共同发展的格局正在逐步形成。据《2013年全国教育事业发展统计公报》显示,全国民办高校718所(含独立学院292所),比上年增加11所;招生160.19万人,比上年减少949人;在校生557.52万人,比上年增加24.34万人。其中,硕士研究生在校生335人,本科在校生361.64万人,专科在校生195.85万人;另有自考助学班学生、预科生、进修及培训学生25.84万人。民办的非学历高等教育机构802所,各类注册学生87.99万人。另据教育部最新统计数据,截至2015年5月21日,全国高等学校共计2 845所,其中:普通高等学校2 553所(含独立设置民办普通高校447所,独立学院275所,中外合作办学7所),成人高等学校292所,如表4、表5所示。

表4　中国民办高等教育事业发展统计概况(2003—2013年)

类别 年	高等教育毛入学率(%)	高等教育机构(所)						份额(%)
		民办高校				公办高校(不含成人高校)	总数(不含成人高校)	
		民办普通高校	独立学院	合计	增幅			
2003	17.00	173	…	173	…	1,937	2,110	8.20
2004	19.00	228	…	228	55	2,008	2,236	10.20
2005	21.00	252	295	547	319	1,726	2,273	24.07
2006	22.00	278	318	596	49	1,715	2,311	25.79
2007	23.00	297	318	615	19	1,706	2,321	26.50
2008	23.30	318	322	640	25	2,023	2,663	24.03
2009	24.20	336	322	658	18	2,031	2,689	24.47
2010	26.50	353	323	676	18	2,047	2,723	24.82
2011	26.90	389	309	698	22	2,064	2,762	25.27
2012	30.00	404	303	707	9	1,735	2,442	28.95
2013	34.50	426	292	718	11	1,773	2,491	28.82

表4续　中国民办高等教育事业发展统计概况(2003—2013年)

类别 年	民办高校在校生人数(万人)				
	本科	专科	其他①	总数	增幅
2003	…	…	…	81.00	…
2004	…	…	…	139.75	58.75
2005	100.50	112.13	19.51	232.14	92.39
2006	138.99	141.50	22.51	303.00	70.86
2007	186.80	162.88	23.23	372.91	69.92
2008	223.30	178.00	26.70	428.00	55.08
2009	252.48	193.66	19.39	465.53	37.53
2010	280.99	195.70	20.61	497.30	31.76
2011	311.82	193.25	26.00	531.07	33.78
2012	341.23	191.94	22.04	555.21②	24.15
2013	361.64	195.85	25.84	583.33③	28.12

注：①自考助学班学生、预科生、进修生及培训学生；②含硕士研究生155人；③含研究生335人。

表4续　中国民办高等教育事业发展统计概况(2003—2013年)

类别 年	民办非学历高等教育机构(所)		各类注册学生	
	总数	增幅	总数(万人)	增幅
2003	1 104	…	100.4	…
2004	1 187	83	105.33	4.93
2005	1 077	−110	109.15	3.82
2006	994	−83	93.9	−15.25
2007	906	−88	87.34	−6.56
2008	866	−40	92.02	4.68
2009	812	−54	85.22	−6.8
2010	836	24	92.18	6.96
2011	830	−6	88.14	−4.04
2012	823	−7	82.82	−5.32
2013	802	−21	87.99	5.17

数据来源：《2003—2013年全国教育事业发展统计公报》。

事实上，我国民办高等教育发展初期，没有国家投资，社会筹资又很困难。为了解决办学经费不足的问题，大多数举办者都将扩张规模作为院校建设的首要任务。在基本完成原始积累后，国内民办高校纷纷将发展重点从规模扩张转移到内涵发展和提高质量上来。各级各类民办学校办学条件明显改善，教师队伍素质显著提升，办学规范程度大大改进，整体办学水平明显提高。民办教育在吸引社会资金、扩大教育资源、优化教育结构、促进改革发展、创新办学模式、加强内涵建设、提高服务水平、提升教育质量、规范办学行为等方面取得了新的成绩，特别是一批民办本科高校跻身于研究生培养行列。就目前我国民办高等教育发展的现状而言，与世界私立高等教育相比较，我个人感觉与日本的结构更为接近(如表6、表7所示)。当然目前中国像早稻田大学、庆应义塾大学那样国际一流的大学还未出现，但相信不久的将来，在国内高等教育的第一阵营中涌现出几所211水平的民办大学指日可待，但是更多的民办高校也会像日本今天的私立高校一样要为高等教育的大众化、普及化、多元化作出应有的贡献，这也很像美国的文理学院(或社区学院)和澳大利亚的TAFE。

时下，大家在探讨民办教育的发展道路时，普遍认为政府不应再把公办教育和民办教育纳入一个轨道上通盘考虑，特别是地方政府应该专项划拨一部分相当数额的财政经费，来引导和支持民办教育向着公益性的方向发展，大力发展一批私立中小学和幼儿园，让他们逐渐壮大，在条件成熟的情况下，资助一些私立学校或机构和国外合作，使他们有能力整合优质教育资源，以满足社会各阶层对教育差异化的特殊需求。如果谁能够优先制定

表5 2014—2015年全国31个省、市、自治区公、民办高校数量变动情况统计表

省份	高校总数(含1所成人高校)					民办高校数(含1所成人高校,不含7所中外合作办学)															民办占比(%)				
	2015年		2014年		增幅	2015年		2014年		增幅	2015年		2014年		增幅	2015年		2014年		增幅	2015年		2014年		增幅
	总数	排名	总数	排名		本科	排名	本科	排名		高职	排名	高职	排名		独立学院	排名	独立学院	排名		民办占比	排名	民办占比	排名	
江苏	170	1	168	1	+2	4	8	6	6	-2	21	2	21	3	0	25	1	25	1	0	29	7	31	5	-2
广东	157	2	156	2	+1	7	5	9	4	-2	28	1	28	1	0	16	5	16	5	0	32	4	34	3	-2
山东	154	3	152	3	+2	12	1	11	2	+1	15	6	17	5	-2	11	9	11	9	0	25	11	26	9	-1
河南	141	4	142	4	-1	9	3	9	4	0	20	3	20	4	0	8	12	8	9	0	26	10	26	9	0
湖北	137	5	137	5	0	12	1	8	5	+4	10	10	11	10	-1	20	3	24	2	-4	31	5	31	5	0
辽宁	136	6	136	6	0	12	1	12	1	0	10	10	10	11	0	12	8	12	8	0	25	11	25	10	0
湖南	136	6	136	6	0	5	7	6	6	-1	11	9	11	10	0	15	6	15	6	0	23	12	23	12	0
四川	126	7	125	7	+1	6	6	4	8	+1	18	4	17	5	+1	10	10	10	10	0	27	9	26	9	+1
安徽	125	8	124	8	+1	4	8	4	8	0	16	5	16	6	0	11	9	11	11	0	25	11	25	10	0
河北	124	9	124	8	0	6	6	6	6	0	12	8	12	7	0	17	4	17	4	0	28	8	28	8	0
北京	115	10	113	9	+2	2	10	2	10	0	7	13	8	13	-1	6	14	5	15	+1	13	18	14	18	-1
浙江	114	11	113	9	+1	3	9	5	7	-2	9	11	9	12	0	22	2	22	3	0	30	6	32	4	-2
陕西	108	12	108	10	0	11	2	11	2	0	9	11	9	12	0	12	8	12	8	0	28	8	28	8	0
江西	105	13	103	11	+2	2	10	2	10	0	12	8	11	10	+1	13	7	13	7	0	30	6	29	7	+1
黑龙江	102	14	102	12	0	11	2	11	2	0	6	14	6	14	0	1	17	2	16	-1	18	15	18	16	0
山西	91	15	91	13	0	2	10	2	10	0	5	15	5	15	0	8	12	8	12	0	16	16	16	17	0

续表

省份	高校总数（含成人高校）					民办高校数（含1所成人高校，不含7所中外合作办学）															民办占比（%）					
	2015年		2014年		增幅	2015年		2014年		增幅	2015年		2014年		增幅	2015年		2014年		增幅	2015年		2014年		增幅	2015年		2014年		增幅
	总数	排名	总数	排名		总数	排名	总数	排名		本科	排名	本科	排名		高职	排名	高职	排名		独立学院	排名	独立学院	排名		民办占比	排名	民办占比	排名	
福建	91	15	91	13	0	36	6	36	6	0	8	4	4	4	+4	21	2	23	2	−2	7	13	9	11	−2	40	1	40	1	0
上海	82	16	83	14	−1	19	14	20	14	−1	4	8	5	7	−1	13	7	13	8	0	2	16	2	16	0	23	12	24	11	−1
广西	77	17	76	15	+1	22	12	21	13	+1	3	9	3	9	0	10	10	9	12	+1	9	11	9	11	0	29	7	28	8	+1
吉林	72	18	72	16	0	16	16	16	16	0	6	6	6	6	0	4	16	4	16	0	6	14	6	14	0	22	13	22	13	0
云南	71	19	69	17	+2	20	13	20	14	0	2	10	1	10	+1	11	9	11	10	0	7	13	7	13	0	28	8	30	6	−2
天津	69	20	69	17	0	11	18	11	18	0	1	11	1	11	0	0	19	0	18	0	10	10	10	10	0	16	16	16	17	0
重庆	67	21	67	18	0	24	11	23	12	+1	2	10	2	10	0	16	5	15	6	+1	6	14	6	14	0	36	3	34	3	+2
贵州	61	22	59	19	+2	11	18	11	18	0	0	12	0	12	0	3	17	3	17	0	8	12	8	12	0	18	15	19	15	−1
内蒙古	55	23	52	20	+3	10	19	11	19	−1	2	10	2	10	0	8	12	8	16	0	2	16	2	16	0	18	15	19	15	−1
甘肃	51	24	49	22	+2	7	21	7	21	0	0	12	0	12	0	2	18	2	17	0	5	15	5	15	0	14	17	14	18	0
新疆	51	24	51	21	0	9	20	9	20	0	0	12	0	12	0	4	16	4	16	0	5	15	5	15	0	18	15	18	16	0
宁夏	19	25	19	23	0	4	22	4	22	0	2	10	2	10	0	0	19	0	18	0	2	16	2	16	0	21	14	21	14	0
海南	18	26	18	24	0	7	21	7	21	0	0	12	0	12	0	5	15	5	15	0	0	18	1	17	0	39	2	39	2	0
青海	14	27	14	25	0	1	23	1	23	0	0	12	0	12	0	0	19	0	18	0	1	17	0	18	0	7	19	7	19	0
西藏	6	28	6	26	0	0	24	0	24	0	0	12	0	12	0	0	19	0	18	0	0	18	0	18	0	0	20	0	20	0
合计	2845		2825		+20	723		728		−5	140		137		+3	306		308		−2	277		283		−6	25		26		−1

表6 2015年日本大学世界排名

世界排名	学校名称	类型	世界排名	学校名称	类型
30	东京大学	公立	86	名古屋大学	公立
35	京都大学	公立	128	九州大学	公立
50	大阪大学	公立	138	北海道大学	公立
65	东京工业大学	公立	198	早稻田大学	私立
75	东北大学	公立	200	庆应义塾大学	私立

注：资料来源于《泰晤士高等教育》。

表7 2015年日本大学综合实力排名

排名	学校名称	类型	排名	学校名称	类型
01	东京大学	公立	16	横滨国立大学	公立
02	京都大学	公立	17	名古屋工业大学	公立
03	大阪大学	公立	18	九州工业大学	公立
04	东京工业大学	公立	19	金泽大学	公立
05	东北大学	公立	20	东京农工大学	公立
06	名古屋大学	公立	21	御茶水大学	公立
07	九州大学	公立	22	冈山大学	公立
08	北海道大学	公立	23	东京理科大学	私立
09	早稻田大学	私立	24	中央大学	私立
10	庆应义塾大学	私立	25	明治大学	私立
11	神户大学	公立	26	同志社大学	私立
12	筑波大学	公立	27	立命馆大学	私立
13	广岛大学	公立	28	关西大学	私立
14	千叶大学	公立	29	东京外国语大学	公立
15	一桥大学	公立	30	大阪市立大学	公立

注：资料来源于《朝日新闻》

出相应的教育发展规划，完全有理由进入全国民办教育发展的前列。

纵览世界私立高等教育，不仅有研究型、教学型、研究型与教学型并举、应用型私立高校，还有职业教育性质的私立高校。办学层次囊括专科、本科、硕士和博士学位课程及全日制和非全日制、学历教育和非学历教育等。相比而言，我国民办高校几乎都是非营利性民办高校，办学层次只有专科和本科（仅有5所民办高校具备招收专业硕士学位资格），办学模式较为单一。

社会经济发展的需求是多层次、多类型、多样化的。为了适应社会经济发展的需求，满足各类人才的培养需要，高等教育大众化的教育服务也必然是多样化的。民办高校为了满足社会经济的多样化需求,也必须要多样化定位,多元化发展。这里提出的民办高校要多元化发展,实质上就是不同的学校要选择不同的发展道路和发展模式,而不是千校一面、相互模仿。多元化发展的内涵十分丰富,既包括办学性质定位的多元化,又包括学校战略规划的多元化,还包括办学规模、办学层次、办学类型、人才培养和服务面向等诸多方面的多元化。也就是说,只要在国家法律、政策允许的框架内,各民办高校在不同的发展阶段,根据自己的特点,立足于自身的办学资源条件,结合自己的优势,确立不同的办学理念,选择不同学校发展战略定位,然后据此才能设计具有个性特点的学科专业发展规划,并设置不同的专业和课程,采用不同的培养方式和方法,培养出社会需要的特定的人才。

总之,无论属于什么样的类型,选择什么样的定位,只要能够突出自己的优势,展示自己的特色,打造出自己的品牌,促进学校的发展,应该都是科学合理的。也就是我们常说的"适合的就是最好的"。特色和优质的教育是不分层次、不分类别的,每一种类型和层次的教育都可以达到优质教育的水平,都可以办成名校。有重点、有特色的学校,都可以成为知名院校,成为国内或者国际有影响的名校,只要学校定位能够同社会经济发展对教育的多样化需求紧密结合,就能够打造优质教育品牌,培养出高水平人才,这样的定位应该都是准确的科学合理的定位。

尽管有些人对教育的质量不满意,对数量的增长有争议,或是因为生源数量的减少而感到压力倍增,但是按照教育发展的客观规律,高等教育数量的递增是一个不可逆转的必然趋势。那么,这些数量上的增长是调配给公办高校还是民办高校?我想主动权在于政府。我个人认为,应该是把全部或者大多数数量上的增长调配给民办高校。我的理由是现在的重点大学,特别是985、211大学,他们根本就不愿意增加数量,继续扩充办学规模。只有那些完全依靠地方政府财政滋养,只有靠数量递增才能维持存活的,且业绩平平的地方院校,才有增加数量的积极性。他们一边要招生指标,一边要政府拨付经费,而且不大可能在质量上和规模上有所提高,更谈不上在体制和机制上进行创新,只会给社会增加不必要的负担和负面的教育影响。就像前面所阐述的那样,民办高校在数量上的递增,不仅有利于改善我国的教育结构,更有助于高水平民办大学的崛起,而且不会给政府增加财政方面的负担。再者就是在民办高校录取学生的批次上,应该允许那些坚持非营利性办学且办学水平较高、特色鲜明、社会声誉好的民办本科高校(包括独立学院)进入一批、二批录取,引领和带动其他民办高校朝着公益性、社会化办学方向健康发展。

以上是我对中国教育发展和教育结构调整,或者说教育改革方面的一些简单的认识,鉴于教育问题的繁杂,所涉及的面很广,要探讨的话题还有很多,在这里仅就关键性的问题先粗浅地谈一点,倘若有不恰当的地方,希望同仁指正。

作者: 黄藤,教授,博士,西安外事学院董事长。

(原载《民办教育研究》2015年第5期)

我国民办教育发展的现状特点、问题及未来趋势
——基于统计数据和政策文本的比较分析

吴 霓

摘 要：民办教育已经成为我国教育事业的重要组成部分，为我国教育事业的整体发展作出了重要贡献。在统计数据分析的基础上对中国民办教育的发展概况进行总体阐述，对省际各级各类民办教育发展状况进行比较，并对各省（直辖市、自治区）教育规划纲要关于民办教育的论述进行政策文本分析。同时，对照国外民办教育的发展状况，在总结中国民办教育面临问题的基础上，展望我国民办教育的未来发展。

关键词：民办教育；教育发展；教育政策

21世纪以来，中国民办教育进一步得到党和政府的高度重视，国家相继出台一系列促进民办教育发展的政策文件，使得民办教育伴随着经济社会的发展进程不断发展壮大，民办教育也逐渐发展成为我国教育事业的重要组成部分，为我国教育事业的整体发展作出了重要贡献。本文拟对中国民办教育的发展概况进行总体阐述；通过大量公开的统计数据对各省份间各级各类民办教育发展状况进行分析；并在各省（直辖市、自治区）颁布的教育规划纲要文献资料的基础上，对各省（直辖市、自治区）教育规划纲要对民办教育的论述进行政策分析研究；另外，还将结合国外民办教育的发展状况对我国民办教育进行比较分析；在总结中国民办教育面临的问题基础上，对我国民办教育的未来发展进行分析和展望。希望本文能为认识和了解我国民办教育的整体发展状况，以及各省（直辖市、自治区）民办教育发展的实际，提供一个较为全面的视角。

一、中国民办教育的发展已进入法制化管理的轨道，并成为满足民众对教育多样化、选择性需求的重要方面

（一）21世纪以来，在民办教育发展的进程中，政府相继出台了一系列政策，并通过重视和加强法制建设，将民办教育纳入依法管理的轨道

从改革开放至今，我国各级各类民办教育经过了几个相近的发展阶段：改革开放初期的政策赋予了民办教育合法地位；20世纪90年代以后，《社会力量办学条例》的颁布和《中华人民共和国民办教育促进法》的正式实施，标志着国家对民办教育的管理从"加强管理"转变为"依法管理"；2010年，《国家中长期教育改革和发展规划纲要（2010—2020年）》（以下简称"教育规划纲要"）的颁布，以及《国家教育事业发展第十二个五年规划》的发布，使

得各级各类民办教育进入迅速发展阶段。

（二）民办教育作为我国教育体系中的重要组成部分，成为满足人民群众对教育多样化、选择性需求的重要方面

民办学前教育已经成为我国学前教育的办学主体，吸纳幼儿数几乎与公办园持平。2004年以前，民办幼儿园在全国幼儿园总数中的占比尚在50%以下。到2004年，民办幼儿园数量为62 167所，已经超过公办园的数量。截至2011年，全国民办幼儿园总数达到11.5万所，民办幼儿园占幼儿园总数达到69.2%，民办学前教育在园（班）幼儿为1 694.2万人，占全国学前教育在园（班）幼儿总数的49.5%。[1]

民办义务教育阶段学校为社会提供了特色化和选择性的教育服务。截至2011年，全国有民办小学5 186所，民办小学在校生为567.8万人，占全国小学在校生总数的5.7%；全国有民办初中4 282所，民办初中在校生为442.6万人，占全国初中在校生总数的8.7%。[2]民办义务教育阶段学校，成为人民群众择校与选择性教育服务的提供者，满足了社会多样化的、个性化的教育需求。

民办高中促进了我国高中阶段教育的普及发展。截至2011年，全国民办普通高中数为2 394所，全国在民办普通高中就读的学生数为235万人，占全国普通高中在校生总数的9.6%。[3]虽然民办高中占比不高，但在促进我国高中阶段教育的普及以及多样化发展方面，为公办教育提供了可资借鉴的范式与路径。

民办中等职业教育已逐渐从"拾遗补阙"的地位，上升为我国职业教育体系的一个有机组成部分。截至2011年，我国民办中等职业学校数为2 856所，在校生269.3万人，占全国中等职业学校在校生总数的15.2%。[4]民办中等职业教育推进了职业培训的市场化和社会化，形成了多元化办学形式，内涵式发展成为其主要着眼点。

民办高等教育办学规模持续增长，多样化的办学格局初步形成。截至2011年，民办普通高校总数达到698所（含独立学院309所），民办高校招生数达到153.7万人，在校生数达到505.1万人，其中，民办本科高校招生88.3万人，民办本科在校生规模为311.8万人，民办专科高校招生65.4万人，民办专科在校生为193.2万人。2011年，民办普通高校具有研究生学位的专任教师占到了53.3%，具有博士学位的专任教师占到了6.6%。[5]民办高等教育办学条件持续改善，对满足人民群众接受高等教育的需求发挥了积极作用。

民办教育培训机构增长迅速，正在走向品牌化发展格局。截至2011年，民办培训机构为21 403家，计有955万人次接受了培训。[6]中国教育培训市场产值在2009年突破6 800亿元，预计2012年年末将达到9 600亿元，接近1万亿元。[7]同时，民办教育培训机构增长比例还将显著上升。民办培训机构的高速发展为社会提供了广泛的教育培训服务，对促进就业发挥了重要作用。

二、全国各省份间各级各类民办教育的发展既具有相似性，又存在一定的差异

随着《中华人民共和国民办教育促进法》及其实施条例的颁布与实施，各省级政府也积极出台民办教育的地方性法规或相关政策，促进各地民办教育的健康发展。近几年来，

各省份民办学校不仅总体数量不断增长,办学层次与形式也不断丰富。同时,由于区域发展的不均衡,民办教育的发展在省际呈现一定的差异。

(一)大多数省份民办学前教育迅速发展,民办幼儿园已成为学前教育的办学主体;同时,省际民办学前教育发展呈现一定的差异性

在全国31个省(直辖市、自治区)中,大多数省份民办学前教育的幼儿园数、在园幼儿数均呈增长趋势,其中尤以宁夏、云南、湖南、河南等地民办学前教育规模增长较快。2009年,21个省份民办幼儿园占当地学前教育机构的比例超过50%;2011年,海南、江西、湖南、浙江、广东、陕西、辽宁、河南、福建、黑龙江、四川、重庆、湖北等13个省份民办幼儿园在园幼儿数占在园幼儿总数的比例超过50%,[8]可见大多数省份民办幼儿园已在学前教育中发挥着重要的作用。

从民办幼儿园数以及民办幼儿园在园幼儿数上看,其所占比重存在省际差异。民办幼儿园所占比重较小的区域主要分布在东部较发达和西部欠发达的地区,如河北、天津、新疆、西藏等地。此外,各省份学前专任教师中民办教师所占比例也存在较大差异。2009年,江西省在全国31个省份中民办学前专任教师占同级专任教师总数比例最高,达81.93%,而河北、甘肃、北京、山东、江苏、上海、天津、西藏等地民办学前专任教师所占比重不足40%。[9]

(二)各省份民办中小学规模增长趋缓,西部地区民办中小学的规模相对较小

2006—2009年,多数省份民办义务教育学校尽管在校学生数逐渐增长,但学校数却有所减少,其中尤以黑龙江、宁夏、西藏、青海等地民办义务教育学校数的减幅最大。而多数省份民办普通高中的规模逐渐缩小,学校数和在校学生数大多出现不同程度的减少,其中尤以西藏减少得最多。

民办中小学的规模也存在较大的区域差异。2011年,我国西部地区拥有民办小学、初中、普通高中在校生分别约为90.4万人、74.1万人、42万余人,远远低于我国东部和中部地区。同时,西部地区民办小学、初中、普通高中在校生占同级教育在校生的比例分别为3.03%、4.67%、5.97%,[10]也均低于东部和中部地区。在全国31个省份中,上海市民办义务教育规模占同级教育总规模的比重最高,而云南、新疆、甘肃、青海、西藏等西部地区所占比例较低。

(三)多数省份民办中等职业教育规模增长趋缓,民办中职学校的专任教师亟待补充

2006—2010年,我国多数省份民办中等职业教育的学校数与在校生数规模均有所扩大,但增幅逐渐降低,部分省份已从2009年开始呈减少趋势。我国不同区域和不同省份之间的民办中职教育办学规模均存在一定差异。2011年,我国东部地区中职在校生中民办校学生比例仅为11.79%,明显低于中部和西部地区。在全国31个省份中,四川省民办中职学校在校生占同级教育在校生的比例最高,达到31.21%,而仍有11个省份比例不足10%,[11]主要分布在北京、天津、上海、江苏等东部经济较发达地区与甘肃、宁夏、新疆、青海、西藏等西部欠发达地区。

在专任教师配备方面,多数省份民办中职学校中专任教师占教职工的比例未达到全国水平,且生师比有待改善。2009年,在全国31个省份中,除天津、浙江、宁夏、河南、甘肃、江西、江苏、重庆、广东、山东、四川、安徽、上海、山西等14个省份外,其余各省份民办中职学校的专任教师占教职工的比例均未达到全国水平(62.65%)。[12] 多数省份校均专任教师数不足,除天津外,其余各省份民办中职学校的校均专任教师数均未达到国家颁布的《中等职业学校设置标准》中要求的60人,同时民办中职学校的生师比也普遍偏高,专任教师数亟待补充。

(四)民办高等教育在各省份间发展不均衡,东部发展大大超过西部

从学校(机构)数量来看,民办高等学校(包括独立学院)在各省份间数量差异较大,东部发达地区多于西部地区。2009年,民办高等学校数量最多的是江苏、广东、湖北等省,其数量分别达到49所、45所、42所;甘肃、宁夏、青海等地最少,其数量分别为6所、4所、1所。独立学院数量最多的是湖北、江苏、浙江等地,其数量分别为31所、26所、22所;宁夏、海南、青海等地最少,其数量分别为2所、1所、1所。[13]

(五)民办培训机构的分布高度集中于发达地区

从民办培训机构在各地的数量看,2009年,辽宁、河北、北京、广东、江苏、浙江、吉林等地民办培训机构的数量都在1 000所以上,这7省市民办培训机构的数量占全国的60.36%。从民办培训机构学生数量看,2006—2008年上海、广东、江苏、浙江、辽宁等地民办培训机构学生数一直保持在66万人以上,而上海更是一直维持在106万人以上,这5省市民办培训机构学生总和在2007年达到516万人之巨。从民办培训机构专任教师数量看,2009年民办高等学校教职工数量最多的是辽宁、北京、河北等地,其教职工数分别为34 356人、25 743人、23 598人;民办高等学校专任教师数量最多的是辽宁、江苏、北京、广东等地,其专任教师数分别为20 577人、9 836人、9 383人、8 559人。[14]

三、各省(直辖市、自治区)颁布的教育规划纲要对民办教育的论述及其政策既具有相同的内容,又体现出不同的发展思路

随着《国家中长期教育改革和发展规划纲要(2010—2020年)》的出台,各省(直辖市、自治区)也相继出台了本地区的教育规划纲要。比较分析各省(直辖市、自治区)教育规划纲要①对民办教育发展的论述及其相关政策,可以发现如下趋势和特征。

(一)各省(直辖市、自治区)教育规划纲要都涉及民办教育的内容,但从内容的论述、文本编排和关注重点来看各有侧重

各省(直辖市、自治区)教育规划纲要都涉及了民办教育发展的政策以及对各级各类民办教育的论述。同时,各省(直辖市、自治区)对民办教育内容的论述各有侧重,这体现在以下几个方面:(1)一半以上的省份提出了民办教育发展的格局问题;(2)各省(直辖市、自治区)均体现出重视民办学前教育发展的态势;(3)制定政策促进民办教育发展是各省(直辖市、自治区)教育规划纲要的显著特征;(4)注重加强党组织领导是大部分省份采取

---

① 各省(直辖市、自治区)颁布的教育规划纲要均见各省(直辖市、自治区)教育厅(教委)网站,此处不再一一注明。

的重要举措;(5)推行民办教育改革试点和建设重大工程也是很多省份采取的促进民办教育发展的重要的方式。

从各省(直辖市、自治区)教育规划纲要的文本编排上来看,对民办教育内容的编排形式多样,并不完全一致。绝大多数省份没有将民办教育列为一级标题,仅有江西、陕西两省列为一级标题,并专章论述;河南、湖北、天津三省市将民办教育列为二级标题;近一半的省份将民办教育列为三级标题。此外,还有11个省份没有把民办教育列为标题,而是作为标题下面的某部分内容来论述的。

对各级各类民办教育,各省(直辖市、自治区)教育规划纲要均有涉及,然而,侧重点又有所不同,这体现在以下几个方面:(1)所有省份都论及了民办学前教育;(2)单独论及民办义务教育的相对较少;(3)论及民办高等教育的省份比较多,有25个省份;(4)论及民办中职教育的有13个省份;(5)论及民办培训机构的也比较少,仅有11个省份。

(二) 各省(直辖市、自治区)教育规划纲要都包含民办教育发展的政策,但从对民办教育的发展重点安排来看,也呈现区域差异

从民办教育发展的政策目标来看,大部分省份对民办教育发展的目标趋于一致。其中,青海、内蒙古、四川、天津四省份着重强调了民办教育发展的品牌目标。江苏、宁夏、内蒙古三省份提出民办学校加强内涵建设目标;江西、贵州两省提出了民办教育发展的定量目标。

对民办教育的立法政策,各省(直辖市、自治区)的论述参差不齐,工作开展的程度也不一。贵州、海南、河南、湖南、吉林、江西、内蒙古、陕西、新疆、云南、重庆等11个省份明确提出制定或修订地方性民办教育的促进条例或实施办法;安徽、北京、福建、河北、湖北、江苏、上海、浙江等8个省市提到了开展民办教育的立法工作及其法规修订工作;11个省份没有明确提及民办教育发展的立法政策,其中,山西、辽宁、黑龙江、山东、广东、四川等6个省份在其教育规划纲要出台前,曾经制定过有关民办教育发展的实施意见或条例。

从对民办教育的管理和支持来看,各省份扩展了支持的范围和领域,凸显制度化管理,这主要表现在以下几个方面:(1)提出设置专门机构统筹民办教育发展,如青海、云南、四川、贵州四省;(2)提出民办学校的信用登记、学费监管、过程监督;(3)在监督方面,提出内部自律与外部监督;(4)在规范办学方面,提出健全民办学校办学质量监控体系和年检制度;(5)在民办教育财务管理方面,提出探索适合民办教育特点的新方法;(6)在民办学校危机预警与干预机制方面,提出推行民办学校办学风险保证金制度;(7)制度政策,扩展到学校党建、审批、教代会等方面。

四、中国民办教育发展与发达国家相比有较大的差异,中国民办教育的发展应走普及加补充的模式

(一) 我国除民办学前教育外,其他各级各类民办教育在校生数所占比重在总体上均低于OECD国家平均水平

我国民办学前教育在校生数所占比例高于OECD平均水平,从2006年的31%上升为2009年的40%,2010年与OECD平均水平持平,为43%;我国民办小学在校生数所占比

重从 2006 年的 3.6% 上升为 2009 年的 5%,稳中有升,低于 OECD 平均水平,与金砖五国平均水平相当。2006—2010 年我国民办初中在校生数所占初中在校生总数的比例呈上升趋势,从 2006 年的 6% 上升为 2010 年的 8%,该比例相较于 OECD 平均水平来说要低得多,但是总体上高于金砖五国平均水平;我国民办高中在校生数所占高中在校生总数的比例发展平稳,保持在 9.4%—9.8% 之间,该比例低于 OECD 平均水平,但总体上高于金砖五国平均水平;我国民办中职在校生数所占中职在校生总数的比例呈逐年上升趋势,从 2006 年的 10.3% 上升为 2010 年的 15.8%,尽管如此,该比例仍低于 OECD 平均水平,与金砖五国平均水平大体保持一致;2000—2009 年间的数据表明,我国民办高等教育在校生数所占高等教育在校生总数的比例大幅上升,从 2000 年的 1.2% 上升为 2009 年的 20.8%,明显低于 OECD 平均水平和金砖五国平均水平。[15]

(二) 我国民办中小学的班额远高于 OECD 国家的平均水平

OECD 国家 2003—2009 年间民办小学的平均班额基本处于稳定状态,约为每班 20 人,民办初中的平均班额基本稳定在每班 23 人和 24 人。2003—2009 年间,我国民办小学不仅在班额上明显大于 OECD 国家的平均水平,而且平均班额增长态势明显,从 2003 年的约 36 人增长为 2009 年的约 43 人;我国民办初中的班额从 2003 年的每班约 47 人上升为 2009 年的每班约 51 人,均为 OECD 国家的 2 倍多。[16]

(三) 发达国家对各级各类民办教育均进行公共经费投入,而我国对民办教育的公共经费投入很少

在各级各类民办教育中,发达国家对民办中小学教育的生均年度公共支出最高,对民办高等教育的生均年度公共支出最低。以高等教育为例,2008 年,OECD 国家除了芬兰、瑞典、比利时、冰岛以外,各国对民办高等教育的生均年度公共支出均低于 5 000 美元,但多数国家在 2 000 美元以上。2008 年,我国民办高校生均预算内教育经费投入为 67 元,而全国普通高校生均预算内经费投入为 7 578 元。[17]

(四) 中国民办教育的发展模式:普及+补充型

世界各国或地区的民办教育模式可大致分为三种类型:"民办教育普及型模式"、"民办和公办教育双轨型模式"、"民办教育补充型模式"。从我国的情况来看,在学前教育阶段我国已经接近于民办教育普及型模式,民办学前教育机构已经成为学前教育机构的主体力量。而在除学前教育之外的其他各级各类教育阶段,我国民办学校及在校生所占比例偏低,属于民办教育补充型模式。因此,我国民办教育的发展模式,应定位于普及(学前教育)+补充(其他各级各类教育)型模式。

五、中国民办教育的未来发展既要不断破除体制机制的障碍,又要不断改革创新,确立正确的战略发展方向

(一) 虽然我国民办教育事业取得了长足的发展,成为我国教育事业的重要组成部分,但是,目前仍存在以下几个方面的体制机制的障碍

1. 民办教育法律和条例的具体化和程序化严重滞后。一些相关法律和条例规定的具

体化和程序化严重滞后,如,用地优惠、税收优惠、捐赠奖励、信贷优惠、资金扶持、合理回报、表彰奖励、地方制定扶持与奖励措施,还没有出台具体的政策。

2. 民办学校的合法地位没有得到落实。公办学校与民办学校都是中国教育体系的必要组成部分,两者应当在公平竞争原则下优势互补、共同发展。但目前在政策上,两者的界限与功能定位不清楚,相互关系不顺。社会对民办教育的歧视性思维依然存在。民办学校的办学自主权落实不到位,在自主招生权、自主定价权、设置专业和课程权方面受到限制。

3. 民办学校亟须进行分类管理。民办教育在发展中也面临诸多亟待解决的问题,其中核心问题是现有民办教育的法规和政策,未将民办教育的投入严格区分为投资和捐资,未将由此形成的民办教育机构严格区分为营利组织和非营利组织,而是基于捐资办学和非营利组织的假设前提制定的。由于我国现有法规和政策未能对民办教育机构进行分类管理,民办教育的公益性受到损害,社会资金的流入受到限制,同时也影响到政府对民办教育的扶持政策的落实。

4. 民办学校办学质量有待提高,办学特色不鲜明。我国民办学校是需要自筹办学经费的,其主要来源于学生的学费和不稳定的社会捐助,一般只能维持"简单再生产",而难于进一步改善办学条件。受当前体制机制的影响,民办学校很难建立稳定的专职教师队伍。许多民办学校的教师主要来源于退休教师,或者从公办学校聘用兼职教师。民办学校常常是处于"在录取批次上靠后、在录取分数上较低、在生源质量上较差"的状态,生源质量较差。

5. 民办学校内部治理结构不够完善。民办学校中普遍存在着家族化管理现象,缺乏权力制衡机制和风险防范机制,管理粗放、平庸、同质化倾向严重。虽然一些民办学校形式上都实行"董事会或理事会领导下的校长负责制",但因产权关系不清、法人财产权没有真正落实等因素的影响,不少民办学校在内部各类权力主体之间,仍不同程度存在"分工不明、关系不顺、程序不清"的现象。民办学校内部监督机构普遍缺失,未形成有效的权力制衡机制,也导致一些重大决策的盲目性、随意性,内部管理的无序性、低效性。

(二)从面向现代化、面向未来、面向世界的发展方向来看,我国民办教育要获得健康可持续的发展,应采取以下发展战略

1. 完善民办教育立法,保障民办教育的国民待遇。民办学校、公办学校,只是教育资产的两种社会存在形式,其作用都是为社会文明传承和人的发展提供教育服务,不能厚此薄彼,他们理应享有同等的国民待遇。民办教育事业是社会主义教育事业的重要组成部分,明确民办学校的法律地位,保障民办学校学生、教师的合法权益,是政府、举办者、学校、社会的共同责任。

2. 对民办学校按营利性和非营利性分类管理。按照"学校自愿选择、政府分类管理"原则,开展营利性和非营利性民办学校分类管理试点,逐步建立分类管理制度和监管机制。分类管理属于综合性制度建设,需建立相应的配套制度,如法人制度、筹资机制、产权归属、治理方式等方面的建设。

3. 探索政府资助民办教育的新模式,健全公共财政对民办教育的扶持政策。需将政府财政经费资助民办教育作为一项稳定的制度,加强政府对于民办教育的财政干预,解决政府公共财政经费投入后民办学校的产权问题,加强政府公共财政经费投入后的监管,完善促进民办教育发展的税收优惠政策。

4. 促进民办学校规范办学。依法加强对民办学校的管理,需要通过合理的内部和外部机制建构两方面进行完善,内部机制重点在于完善学校法人治理结构,建立健全财务、会计和资产管理制度。外部机制建设包括政府监控、社会监督和行业监管,要加强中介组织建设,实行办学信息公开制度。

5. 完善民办教育体系建设。要深化办学体制改革,健全政府主导、社会参与、办学主体多元、办学形式多样、充满生机活力的办学体制。要加强各级各类民办教育建设,积极扶持民办学前教育大众化发展,促进民办中小学可持续、特色化发展,倡导民办中等职业教育的多元办学形式,促进民办高等教育向提高质量和注重内涵发展,引导民办职业教育机构培养加强与社会力量的联合以培养实用性人才。通过实施以上战略以深化办学体制改革,形成以政府办学为主体、全社会积极参与、公办教育和民办教育共同发展的格局。

参考文献:

[1] 教育部. 2003—2011年全国教育事业发展统计公报[EB/OL]. (2012-08-30)[2012-10-10]. http://www.gov.cn/gzdt/2012-08/30/content_2213875.htm.

[2][3][4][5][6] 教育部. 2011年全国教育事业发展统计公报[EB/OL]. (2012-08-30)[2012-10-10]. http://www.gov.cn/gzdt/2012-08/30/content_2213875.htm.

[7] 邓仲谋. 学企翘楚逐鹿纳斯达克[N]. 广州日报, 2010-11-05(C1).

[8][9]《中国教育年鉴》编辑部. 中国教育年鉴2010[M]. 北京:人民教育出版社,2011;教育部发展规划司. 全国教育事业简明统计分析2011. 内部资料. 北京.

[10][11] 教育部发展规划司. 全国教育事业简明统计分析2011. 内部资料. 北京.

[12]《中国教育年鉴》编辑部. 中国教育年鉴2010[M]. 北京:人民教育出版社,2011.

[13][14]《中国教育年鉴》编辑部. 中国教育年鉴2007—2010[M]. 北京:人民教育出版社,2008—2011.

[15][16][17] UNESCO Institute for Statistics [EB/OL]. [2012-07-15]. http://www.uis.unesco.org/Education/Pages/default.aspx;教育部. 中国教育统计年鉴2003—2010.[M]. 北京:人民教育出版社,2009—2011.

作者:吴霓,中国教育科学研究院教育政策研究中心研究员。

(原载《教育科学研究》2015年第2期)

对我国民办教育政府扶持体系建构路径的分析

潘 奇

摘 要：建构政府扶持体系，推动各种扶持策略发挥最大扶持效果，是国家鼓励社会力量兴办教育、推动教育综合改革的重要举措之一。基于国际比较经验并以解决我国民办教育发展瓶颈问题为导向，民办教育政府扶持体系的建构应注重吸收国际先进理念，注重顶层设计，坚持发挥扶持体系的引领功能。在建构过程中，要坚持系统性建构，要健全民办教育政府扶持体系的各类要素；要坚持层次性推进，完善由基础性策略、支撑性策略以及补充性策略组成的民办教育政府扶持体系；要坚持开放性发展，不断促进民办教育扶持体系的自我更新，来解决民办教育发展中的适切问题等。

关键词：民办教育；政府扶持体系；教育政策

《国家中长期教育改革和发展规划纲要（2010—2020年）》提出要"健全公共财政对民办教育的扶持政策"，大力支持民办教育发展。政府扶持体系是各种扶持政策的运行系统，通过扶持体系的良好运行，使各种扶持政策形成合力，以鼓励社会力量兴办教育。我国民办教育诞生的特殊背景与发展特点决定了直接照搬他国私立教育扶持体系不具有科学性和操作性，但可从"建构"的视角，以解决我国民办教育发展瓶颈问题为导向，有条件地吸取国际上政府扶持体系的建构理念、框架、基本要素及建构路径等，从而加速科学建构我国民办教育政府扶持体系的进程。

一、我国民办教育政府扶持体系建设的现状

截至2013年年底，全国共有各级各类民办学校（教育机构）14.90万所；招生1 494.52万人，在校生达4 078.31万人。各级民办教育学校数和学生数占比连年持续增长，民办教育总量不断提升，为更多适龄儿童提供了教育机会，有力地推动了教育公平进程。[1]民办教育的重要功能凸显出政府建设扶持体系的必要性。近些年来，中央和地方两级政府在构建民办教育扶持体系上做了很多探索和努力，从国家中长期规划纲要到清理民办教育歧视政策，再到2012年发布《教育部关于鼓励和引导民间资金进入教育领域 促进民办教育健康发展的实施意见》（教发〔2012〕10号）及《教育法律一揽子修订草案（征求意见稿）》[2]，旨在解决民办教育中的一些制度瓶颈问题。全国11个地区共有12项涉及民办教育的改革试点项目取得了明显成效，很多省份设立区域民办教育政府专项资金，探索教师

年金制及推动非营利治理等,初步形成了区域民办教育政府扶持体系。[3]

从扶持体系建构的角度看,目前还存在较大的改善空间,主要体现在:一是相比地方探索成果,中央层面扶持体系建设进展相对缓慢,缺乏系统性,如部分省市已经召开过两次民办教育工作会议,但全国范围民办教育会议尚在筹备中,又如中央民办教育扶持专项资金尚未成立,解决教师公平待遇等一些针对性扶持策略还未出台;二是各种扶持策略之间缺乏有效联动,当前中央政府层面突破重点在财政扶持上,虽有其他扶持政策出台,但各扶持政策之间相对独立,尚未形成科学的扶持体系框架;三是从区域探索看,各地探索进展与水平存在较大差异,譬如民办事业单位等扶持举措的科学性和效果尚待进一步检验。总体来说,两级政府建构民办教育扶持体系的任务仍然艰巨,需充分吸收国际先进经验。

二、以科学理念为指导,开展民办教育政府扶持体系建构的顶层设计

国际上一些经过实践检验且富有成效的先进扶持理念对推动我国民办教育政府扶持体系建设具有重要的指导意义,比如与我国当前正在探索民办教育分类管理方向相一致的分类扶持理念。从国际经验看,各国扶持私立教育基于私立学校是公共教育事业的基本判断,其前提是确保私立学校办学的公共性和公益性。我国可以借鉴国际上丰富的保障方式,除传统的立法之外,还可参照法国的合同手段和荷兰的税收调节举措等。[4]当下,各国多从普惠式的财政扶持逐渐转向择优和重点扶持,一般通过竞争性扶持催生优质私立教育。以日本为例,20世纪90年代中期以来,日本公共财政对私立大学的一般性补助停滞不前甚至明显下降,而特别补助的比重却不断增加,一些私立大学通过申请大量政府特别补助提升了学校办学水平(如建立研究生院),但一些规模小、办学实力较弱的学校则无力获得更多的政府资助。[5]在世界经济下行、政府财政紧缩的情况下,不少国家更加强调和注重公共财政对私立学校补助的有效性,既保障公共财政使用安全,又确保有限资金最大程度促进私立学校发展。除要求民办学校坚持公益办学外,一些国家还出台了专门针对私立学校财务管理的相关法案,要求私立学校必须做到财务清晰、透明、合理、规范。在我国上海等省市已经借鉴国际经验成功开发出统一的民办学校财务软件,对民办学校的财务尝试规范化管理,成效良好。然而从整体情况看,已有对民办学校采取财政扶持的地方政府有效扶持的理念相对薄弱。

从国际先进理念看,规范与引导同样是民办教育政府扶持体系的应有之义。注重私立教育的公益性和非营利性是大多数国家建构扶持体系的基本导向。政府通过立法或契约方式向民办学校提出符合公共利益的各种要求,同时注重激发民办学校的机制优势,坚持科学、适度补助的原则,对民办学校最薄弱和最需要扶持的方面给予重点扶持,当然也要避免对民办学校的过度干预而导致民办学校活力丧失。在我国民办教育政府扶持体系的顶层设计时需要关注和借鉴这些理念。

此外,从实践反思来看,我国民办教育政府扶持体系的建构尚处于初步探索阶段,还存在很多挑战,其中最大的挑战来自政府内部。民办教育的发展涉及教育、劳动保障、税

务、国土、物价以及编制办等多个部门,如何在不同部门之间进行有效沟通关系到整个扶持体系建构的进展。因此,这是民办教育政府扶持体系顶层设计最关注的问题,如何形成改革合力将决定扶持体系建设的成败及其运行的效能。

三、丰富扶持策略要素,推动民办教育政府扶持体系系统性建设

如上所述,我国民办教育扶持体系还处于初步探索阶段,扶持策略相对单一,需要突破体制惯性,充分借鉴各国多样的扶持策略,根据现实问题进行扶持策略创新。从国际比较来看,无论是以高质量私立学校著称的美国、英国、荷兰、日本、法国等国,还是以规模庞大为主要特点的韩国、澳大利亚、菲律宾等国,都建立了科学、完善的扶持体系,其首要共性特征体现在扶持策略的多样性上。对上述国家民办教育扶持体系的简要统计分析发现,各种扶持策略多达11项,包括立法、财政直接补贴、税费优惠、学生奖助、教师薪水支付、私立教育发展基金会、科研资助、交通补贴、贷款贴息以及设备和教材购买补贴等,大部分国家的扶持体系所涵盖的策略超过6项(见表1)。

表1 各国私立教育扶持体系中涵盖的扶持策略

扶持策略	私立教育法	补助专门法	经常性补助	税费优惠	基金会	学生奖助	教师薪水	科研资助	交通补贴	贷款利息补贴	设备、教材津贴
澳大利亚			★	★		★			★	★	★
法国			★	★		★	★				
韩国	★	★	★	★		★		★			
荷兰			★	★							
菲律宾		★	★	★	★	★	★	★			
美国				★		★			★		★
日本	★	★	★	★				★		★	★
英国				★	★						

除立法策略外,大部分国家的扶持体系都涵盖中央政府经常性财政补助、税费优惠、学生奖助及科研资助等,一定程度证明了这些策略的不可或缺性和有效性。除了对扶持策略种类的涵盖,各国私立教育政府扶持体系的建构还非常注重实现策略之间的差异性效果和相互配合,以提升扶持策略扶持效果的针对性。对我国现阶段的民办教育发展而言,办学资金是最急需解决的问题。与欧美发达国家以捐赠为主要经费渠道发展起来的私立教育模式不同,我国民办学校多以投资办学、滚动发展为主。除办学初期外,学校举办者在办学过程中追加投资并不多,如2007年至2010年举办者投入总额占省市教育经费总收入比例的均值仅为0.54%。[6]研究表明,当前民办学校的平均负债率在10%左右,但资金来源渠道单一,一旦生源下降、投入停滞、银行信贷不畅就会影响到学校的日常运行。[7]因此,从这个角度讲,在多达11种扶持策略中,财政相关扶持策略最值得借鉴,除直

接财政补助外,像国际上支付教师薪水、给予学生交通补贴、基金会、低息贷款及专门或倾斜式的学生奖助、科研资助及设备教材津贴等都可以考虑。当然,鉴于我国宏观社会制度的限制,一些策略短期难以实现,但可以在构建扶持体系时留足空间,待条件成熟时实施。

四、注重策略建构层次,科学保障民办教育政府扶持体系建设进程

从发展规律角度来看,符合现实情况且具操作性的民办教育政府扶持体系建构方案应根据体系要素的构建优先顺序进行统筹安排,其原则是由各种策略在整个扶持体系中发挥的功能来判断,即体现扶持体系的层次性。各国私立教育政府扶持体系框架基本呈现出三个层次:一是基础型策略,主要指具有奠基功能的立法、财政补助策略;二是支撑性策略,包括税费优惠、学生奖助、教师补助、科研补助等策略;三是补充性策略,包括贷款补贴、交通补贴、设备补贴、教材补贴、基金会等。因此,在民办教育政府扶持体系的建构顺序中,理应优先从立法和制定经常性财政扶持制度开始,通过支撑性策略来实现各种扶持目标,并可根据特殊或临时发展需要创新补充性策略。事实上,在分析中国民办教育瓶颈问题时,我们发现:立法是解决民办学校法人、产权、教师待遇等问题的基本举措;而财政扶持是解决办学资金短缺,促进其提升办学质量的首选策略。

(一)优先建构基础性策略

在立法和财政补助两种基础策略上,根据我国民办教育立法和财政扶持现状,可做以下有效尝试。

1. 制定财政扶持民办教育的专门法。通过立法可以确定民办教育在整个教育体系中的地位和确定政府履行财政补贴民办教育的职责。例如:日本1970年的《私立学校振兴财团法》和1975年的《私立学校振兴助成法》正式确立了政府对私立高校的经费补助金制度;[8]韩国1963年的《私立学校法》第6条中规定中央和地方两级政府应对私立学校提供适当资助。[9]私立教育扶持立法通常有三种路径(见表2):一是在教育法中明确私立学校的定义、地位、功能和扶持态度等,如澳大利亚和法国等;二是专门制定私立学校法,如日本、韩国等国家;三是制定类似私立学校补助法等专门法,如日本和韩国等国家。虽然我

表2 各国私立教育立法情况

国家	确定私立学校地位	确定政府扶持私立教育	颁布政府扶持私立教育细则
日本	1946年《日本国宪法》 1947年《教育基本法》 1949年《私立学校法》	1946年《日本国宪法》 1947年《教育基本法》 1949年《私立学校法》	1970年《私立学校振兴财团法》,1975年《私立学校振兴助成法》
韩国	1963年《私立学校法》	1989年《私学振兴财团法》 2002年《韩国高等教育法》	1989年《私学振兴财团法》
澳大利亚	1990年《教育法》	1990年《教育法》	
法国	1886年《Goblet法》 1850年《Falloux法》 1919年《Astier法》	1959年《德勃雷法》	

国《民办教育促进法》已经明确了民办教育的地位和政府促进民办教育发展的职责,但如何建构扶持体系,如何具体实施扶持政策的程序尚待细化。从国际经验来看,我国可适度借鉴类似私立学校补助法等专门法,进一步明确政府财政补助的方式、额度、原则、要求等。

2. 尽快成立中央层面的民办教育财政补助专项。直接财政补助是政府扶持民办学校发展最直接有效的方式,几乎所有国家都设立民办学校直接财政补助项目。实际上,《民办教育促进法》第四十四条已经为设立民办教育扶持专项扫清了制度障碍。从探索实践来看,上海、浙江、陕西等地方政府设立民办教育扶持专项并取得了良好的扶持效果,这为中央政府层面设立财政扶持专项提供了重要的依据,而国家财政扶持专项的设立可以更好地辐射和带动更多地方政府设立扶持专项。因此,应该加快设立国家民办教育财政扶持专项。在设立财政扶持专项时,可充分借鉴科学财政扶持的国际经验,即在财政扶持民办学校发展的合理比例上,各国政府财政资金占私立学校日常经费的比例多在10%—20%之间。以政府资助私立大学力度为例,2000—2001年美国私立大学从联邦政府获得的间接财政经费约占日常经费的17.6%;[10]日本近十年来对私立高校的年直接财政补贴在320亿日元上下浮动,约占私立高校日常经费的12%。[11]合理的财政扶持比例既能起到扶持发展的作用,又可以避免私立学校产生对政府财政的依赖性,充分发挥私立学校体制机制的办学优势。

(二) 健全支撑性策略

在立法及基本财政扶持策略的基础上,要根据我国民办教育发展的不同阶段特征和发展面临的主要问题,丰富、健全税费优惠、学生奖助、教师补助、科研补助等扶持策略。

1. 继续完善各种税收、捐赠优惠政策。《民办教育促进法》规定民办学校享有国家规定的税收优惠政策和具有接受捐赠的资格,但从实践运行来看,因不同领域法律衔接不利或相关条款模糊,民办学校原本享有的税收、捐赠优惠政策大打折扣。如《民办教育促进法》中"合理回报"条款与非营利组织会计制度中免税资格不适应;又如民办学校鉴于民办非企业法人属性很难被认定为《捐赠法》中捐赠优惠政策中的"社会团体、国家机关"主体。从国际经验来看,虽各国因税法和学校税费优惠政策差异(主要对比公立学校所享权益),私立学校享有的减免条款有所不同,但私立学校的税费优惠基本通过立法实现。税费减免的前提是私立学校坚持公益性办学,并有明确的认定条款。如美国《国内税收法》的第170条、第501条规定,专门以宗教、慈善、科学或教育等活动为目的的组织免交联邦收入税,条件是"其纯收入的任何部分都不能用于增加任何股票持有者和个人的利益";捐赠税费减免的条件也是如此。[12]由此可见,当前我国民办学校的税收、捐赠优惠政策还有较大的完善空间,需要国家在立法和部门协调层面进行努力。

2. 制定向民办学校倾斜的学生奖贷政策。奖贷是所有学生享有的基本权利。与公办学校相比,民办学校学费更为高昂,在民办学校就读的学生更需要奖贷政策的扶持。粗略计算,在民办学校就读的学生占全国学生总数的比例约为15.97%,其中民办高校在校生数比例高达22.59%,这为向民办学校倾斜政策的设立提供理论支撑和现实基础,同时也符合国际通行做法。大部分国家对私立学校学生实行同样的奖贷政策,那些无法直接进行财政补助的国家把奖贷作为政府扶持私立学校的主要方式,一些国家逐渐扩大私立学校学生奖贷的范围和力度来降低私立学校学生高额学费的压力。如美国联邦政府提供的助学金中有35%以上流向私立高校,贷学金中有50%以上流向私立高校,远高于私立学校学生规模所占比例。[13]

3. 探索民办学校教师从教补助制度。长期以来,民办教师诸如接受培训及评奖评优等公平待遇得不到保障,尤其是受我国财政体制的限制。政府财政补助被禁止用于人头费支出,如禁止支付民办教师薪水,但在相关奖励性质的补贴方面可做有益尝试。从国际上看,只有法国是少数例外,其政府财政补助能够支付民办学校教师工资,其1959年的《德勃雷法》规定中央政府可以支付契约制私立学校的教师工资,且支付的教师工资占私立学校运行经费的比例多达85%。[14]其他各国的通行做法则是通过师资培训、学历提升、养老保险补贴等间接补助方式推动私立学校师资队伍的建设。如菲律宾资助私立学校教师攻读硕士和博士学位,资助范围包括全部教师申请更高学位时的学费和其他费用、定期生活补贴、交通补助、书本补助、论文补助、专题学位补助、其他补助及奖励等;[15]又如日本两级政府补贴私立学校教师的保险、福利,其中县一级政府给私立学校教师相当于每月标准工资的0.8%的补贴。[16]

4. 探索设立民办高校专项科研资助体系。我国民办高等教育发展时间短,办学基础薄弱,科研基础尤其薄弱,制约了民办高校长远发展。如开展产学合作、申请专业硕士学位授予权,以及向应用型本科院校转型,都需要民办高校具有良好的应用技术开发能力。因此,可以设立专项课题资助来帮助民办高校提高科研水平。国际上已有成熟做法,如美国私立大学可以从联邦政府资助项目中获得近40%的份额,麻省理工学院每年有70%以上的科研经费来自联邦政府;[17]更具借鉴意义的是日本的做法,为帮助私立高校提升办学层次,从1983年起日本政府建立了私立大学研究生院教学科研仪器设备等补助金制度,很大程度振兴了其私立大学的学术研究以及技术教育。[18]

(三) 有条件创新补充性策略

贷款补贴、交通补贴、设备补贴、教材补贴、基金会等补充性策略也是各国政府扶持体系中重要的组成部分,但并非所有国家都使用了这些策略,如:只有澳大利亚和美国一些州给予私立学校交通补贴和教材补贴;仅有韩国和日本给予私立学校贷款补贴;只有英国给予私立学校设备补贴。这些补充性策略可以扩大扶持体系的丰富性,可以为我国解决特殊、临时、局部发展问题提供借鉴。

同一种策略国别间差异较大,所起的作用也有所不同。下面以私立教育发展基金会为例进行说明(见表3)。在当前财政资金支付基本制度没有根本性突破的情况下,通过引领建立非营利的基金会组织扶持民办学校的发展在某种角度也许是较为折中或更容易落实的举措,可对现有政策进行有效补充。在国家相关文件精神中也明确指出"基金奖励"的方向,在地方实践中,已有省市开始探索与日、韩等国私立教育发展基金会具有类似的功能和特点的民办教育发展基金会,有效地推动了民办教育的发展。因此,如何在全国范围内推广,可以在总结自身探索经验的基础上深度借鉴不同国家的成熟做法。

表3　菲律宾、韩国、日本三国私立教育发展基金会对比

国别	时间	名称	主要资金来源	主要功能
菲律宾	1968	资助私立教育基金组织 Fund for Assistance to Private Education(FAPE)	美国"教育基金会"(Special Fund for Education),2 400万比索	(1)强化私立教育在整个教育体制中作用;(2)给予私立学校资助;(3)下设两个分支机构:私立教育养老金组织(PER-AA)和私立教育评估中心(CEM)
日本	1970	私学振兴财团(1952私立学校振兴会基础上成立)	三分之一来自政府	长期贷款、财政补助、学术研究基金、捐款、助成金等
韩国	2008	私学振兴基金会 Korea Foundation for the Promotion of Private School	政府(每年定期)、捐赠(个人、公司)、政府免息贷款、其他基金会转移	(1)融资,资助私立学校;(2)促进私立学校管理水平;(3)接受私立学校资产管理委托;(4)教育部及其他基金组织委托事项

分析可见,三国的私立教育发展基金会除同样具有半官方半民间性质外,在名称、资金来源、主要功能和运行方式上都具有较大差别。例如:菲律宾的FAPE资金来源主要来自美国的一个基金会[19],而韩国和日本的则来自政府;韩国的私学振兴基金会更多承担政府职能,其运行自主性相对较小;日本的私学振兴事业团发展得最为完善,有专门的法案支撑,而且与私学共济事业团合并在一起,承担的功能也更多,其主要功能有负责私立大学等经常经费扶助金的发放、融资、接受捐款、经营支援(贷款)和情报提供、提供学术研究振兴资金和助成金等。[20]可以说,日本的私立学校振兴·共济事业团在私立教育发展中发挥的作用最大,值得关注。

五、始终以解决实际发展问题为导向,推动民办教育政府扶持体系的不断更新

民办教育扶持体系建构是一个持续的过程,在确保体系的系统性、层次性基础上,还要注重扶持体系的开放性,要根据发展环境与发展目标的变化而不断自我调整和自我更新。整体来说,扶持体系应具备良好的反馈机制和自我更新的功能,使每种扶持策略都能及时解决现实问题,使整个扶持体系达到最大扶持效益。具体而言,扶持体系的更新可以从两个方面努力:一是根据民办教育发展的趋势、阶段特征、诉求的变化情况推动扶持体系的变革。以财政扶持为例,澳大利亚对私立学校的拨款模式先后经历了四次变革,前期注重财政扶持的普适性,后期则加入竞争和区域性因素,注重财政扶持的相对均衡和效率。二是不断推动扶持体系参与者的多元化发展。除了政府作为主要扶持主体外,还要广泛吸收社会组织等民间力量参与到政府的扶持体系中。如日、韩、菲律宾等亚洲国家都发展出半官方半民间性质的私立教育发展基金会,日、韩等国还专门颁布相关法案促进其发展。此外,国际性组织、各种专业组织以及民间慈善组织都可参与到政府扶持体系中,为促进民办教育的发展作出贡献。

参考文献：

[1] 中华人民共和国教育部.2013年教育统计数据[EB/OL].[2015-03-13].http://www.moe.gov.cn/publicfiles/business/htmlfiles/moe/s8493/index.html.

[2] 国务院法制办公室.《教育法律一揽子修订草案（征求意见稿）》征求意见[EB/OL].[2014-09-03].http://www.gov.cn/zwhd/content_2482407.htm.

[3] 董圣足.民办教育改革的喜与忧[N].人民政协报,2013-07-17(C02).

[4] 叶齐炼.荷兰、意大利的私立教育[J].比较教育研究,2001(12):50—53.

[5] 王幡.关于日本私立大学的财政结构研究[J].长春师范学院学报（人文社会科学版）,2009(9):12—15.

[6] 周海涛,钟秉林.中国民办教育发展报告2012[M].北京:北京师范大学出版社,2014:42.

[7] 胡卫,董圣足,方建锋.民办学校资金来源及债务情况调查[J].教育发展研究,2012(13—14):14—19.

[8] 日本文部省.我国的文教施策[M].东京:大藏省印刷局,1996:23.

[9] 王留栓.韩国高等教育的主要特征——兼谈韩国发展私立高等教育的经验[J].当代韩国,1997(1):81—85.

[10] National Center for Education Statistics. Digest of education statistics 2004 [R]. U.S. department of education, 2004.

[11] Higher Education in Japan. Higher Education Bureau, Ministry of Education, Culture, Sports, Science and Technology (MEXT)[EB/OL].[2014-10-24]. http://www.mext.go.jp/english/highered/1302653.htm.

[12] 佚名. 26 U.S. Code § 501 - Exemption from tax on corporations, certain trusts, etc [EB/OL].[2013-01-30]. http://https://www.law.cornell.edu/uscode/text/26/501.

[13] 李文利.美国、加拿大高校学生贷款研究[J].比较教育研究,2004,25(10):44—49.

[14] 王晓辉.法国私立教育的基本特点[J].比较教育研究,2002(9):41—46.

[15] 菲律宾高等教育委员会网站[EB/OL].[2014-10-13]. http://www.ched.gov.ph/projects/Printable_version_FDP_info.pdf.

[16] Private School Mutual Aid Online. The Private School Mutual Aid System [EB/OL].[2014-01-28]. http://www.shigakukyosai.jp/en/about/about01.html.

[17] 王金瑶,来明敏.美国私立高等教育发展的资金支持体系及启示[J].高等工程教育研究,2003(4):71—73.

[18] 张爱华,于洪波.战后日本资助私立高等教育的策略与模式[J].山东师范大学学报（人文社会科学版）,2005(3):141—143.

[19] Wikipedia. Fund for Assistance to Private Education [EB/OL].[2014-01-24] http://en.wikipedia.org/wiki/Fund_for_Assistance_to_Private_Education.

[20] 日本私立学校振兴·共济事业团.私学事业团のご案内[EB/OL].[2014-01-24]. http://www.shigaku.go.jp/g_gaiyo.htm.

作者： 潘奇,上海教育科学研究院民办教育研究所助理研究员,教育学博士。

（原载《复旦教育论坛》2015年第4期）

财政支持民办高等教育的必要性和可行性分析

方 芳

摘 要：为分析民办高等教育财政支持的理论和实践依据，本文首先运用经济学的相关理论，试图从法律视角和属性视角来探讨民办高等教育财政支持的理论依据，从公平视角来探讨民办高等教育财政支持的实践依据；其次，从国民经济发展、社会对民办高等教育的认识，以及民办高校分类管理等角度，分析政府财政支持民办高等教育的可行性。

关键词：民办高等教育；财政支持；高校分类管理

政府是否应当对民办高等教育进行财政支持，目前有部分学者认为鉴于中国经济还处于发展之中，仅就公立高校而言，政府的财政预算占高校教育经费的比例已经越来越少了，如果要求政府给予民办高等教育财政支持则已经超过了政府的财政能力。还有部分学者认为，正是由于国家财政对于高等教育支持的不足，才鼓励利用非财政性经费来支持民办高等教育的发展，民办高校对于缓解高等教育财政紧张起到了一定的作用，如果要求政府为民办高等教育提供财政支持，只会加剧政府的财政困难。

国外发展私立高等教育的成功经验之一是对其进行财政支持。而我国现阶段，民办高等学校的主要经费来源依赖于学费，其他渠道的经费来源也已逐步成熟且趋于稳定，在捐赠尚不能成为民办高校主要经费来源的情况下，依靠政府的财政支持来解决民办高校财政短缺问题，已成为促进民办高等教育健康可持续发展的重要手段。本文将着力分析政府财政支持民办高等教育的必要性和可行性。

一、必要性分析

（一）理论依据

与政府财政资助民办高等教育相关的理论有许多，例如人力资本理论、公共选择理论、自由市场理论以及新公共管理理论等，这些理论分别从宏观或微观的不同层面为政府财政资助民办高等教育提供了独特的理论视角。本文仅从经济学视角的公共产品和外部性理论对此问题进行审视。

1. 法律视角：基于民办高等教育发展的法律依循

《民办教育促进法》第一章第三条明确规定："民办教育事业属于公益性事业，是社会主义教育事业的组成部分。国家对民办教育实行积极鼓励、大力支持、正确引导、依法管理的方针。各级人民政府应当将民办教育事业纳入国民经济和社会发展规划。"《民办高等学校办学管理若干规定》第三条规定:"教育行政部门应当将民办高等教育纳入教育事业发展规划。按照积极鼓励、大力支持、正确引导、依法管理的方针,引导民办高等教育健康发展";"教育行政部门对民办高等教育事业作出突出贡献的集体和个人予以表彰奖励";第四条也规定"国务院教育行政部门负责全国民办教育统筹规划、综合协调和宏观管理工作";第四十四条规定"县级以上各级人民政府可以设立专项资金,用于资助民办学校的发展,奖励和表彰有突出贡献的集体和个人"。《国家中长期教育改革和发展规划纲要(2010—2020年)》第四十三条也提出"健全公共财政对民办教育的扶持政策"。

显然,这些法律规定从国家法律层面上强调了政府在民办高等教育发展中的职责。民办高等教育属于国家公益性事业的性质界定,决定了政府及其教育行政部门应该在民办高等教育领域中有所作为,从资金投入、政策优惠、制度供给等方面统筹规划民办高等教育,促使民办高等教育走上健康、稳定、可持续发展的道路。

2. 属性视角:基于民办高等教育的服务属性

讨论公共财政是否应该支持民办高等教育,首先应明确界定在市场经济中哪些产品和服务应由市场提供,哪些产品和服务应由政府提供,哪些产品和服务应由政府和市场共同提供,进而确定教育服务、民办教育服务的性质和应由谁提供。

由美国经济学家保罗·萨缪尔森(Paul A. Samuelson)和马斯格雷夫(Richard A. Musgrave)等人创立的公共产品理论,为在市场经济中界定政府和市场作用的边界提供了理论依据。公共产品理论以产品或服务在消费上是否具有竞争性和排他性、是否具有外部性为标准,将全部产品或服务分为公共产品、私人产品和准公共产品。在理性经济人的假定下,依据产品或服务的成本与收益是否对称,界定公共产品应由政府提供,成本应由财政负担;私人产品应由市场提供,成本应由消费者私人负担;准公共产品应由政府和市场共同提供,成本由财政和消费者共担。

笔者认为包括高等教育在内的非义务教育是属于有正的外部性的准公共产品。一方面,此种教育服务在消费上有竞争性,在供给有限的条件下,一个人消费了这种教育服务,就会影响他人对这种教育服务的消费,或者说,增加一个人对此种教育服务的消费,其边际成本不为零而为正;另一方面,此类教育服务同时具有排他性,从技术上这种教育服务可以分割从而可以通过招生数量、考试筛选和收取学费将一部分人排除在此种消费之外。同时,教育服务具有正的外部性,如过度排除则造成社会成本太高,因一个人接受了教育,除了本人可以受益之外,其家庭及代际间均可受益,整个社会也受益。高等教育是一国科技进步、社会经济发展的推动力,是一国精神文明和物质文明建设的重要条件保障。[1]

既然高等教育服务属于有正的外部性的准公共产品,理应由政府和市场共同提供,成本应由财政和受教育者共担。笔者认为民办高等教育服务与公办高等教育服务在性质上基本相同,都属于具有正外部性的准公共产品或服务,由此,政府有责任和义务提供两类高等教育服务,财政应予以支持,即教育服务的成本应由财政和受教育者共同负担。两者在属性上也有区别,较之公办高等教育,民办高等教育的私人产品属性更强,该类教育服务具有较强的排他性,通过较高的学费可以将不付费者排除在这一教育服务之外。可见,与公立高等教育有所不同的是,民办高等教育在资源配置中市场的作用更大,因而受教育者在教育服务成本负担中所承担的比重应更大。[2]

(二) 实践依据

结合我国民办高等教育发展的实际情况可以发现,现阶段民办高校在生存及持续发展上面临的根本性问题就是筹资不足、筹资渠道单一。目前大多数民办高等学校经费完全依赖于向学生收取学费,收费成为学校的唯一经费来源,结果由于收费过高影响了较低收入阶层的子女的入学机会,也在很大程度上制约了民办高校的健康可持续发展。因此,政府对民办高校提供财政资助具有深刻的实践依据。

1. 促进高等教育入学机会均等的实现

民办高校的办学经费在很大程度上都是依赖于学杂费,政府财政资助及其他渠道取得的资金非常有限。民办高校在录取学生时主要依据两个标准,一是高考成绩,二是学费。[3]也就是说,只有招收的学生能够缴纳足额的学费,才能保证基本的办学经费,开展正常的教学。通常学习成绩在中等以上者,均有机会进入民办高校或者更好的公办高校学习。然而,进入民办高校或者能否在民办高校接受完所有教育还需具备另外一个必要条件——经济条件,即看学生是否能交付起学费,而学费的承受能力在很大程度上与学生的家庭经济条件相关。因此,民办高校在提供高等教育机会时,具有自愿或者不自愿的排他性,教育公平在不同背景人群中存在着一定的不公平。受教育机会的增多,并不等于接受教育机会的公平。只有交付起学费的人,才有可能选择或者继续在民办高校读书。民办高校的收费问题成为危及教育机会合理分配的瓶颈,限制了民办高校的生源范围,造成选择上排他性的加剧,损害了教育的公共利益。[4]

仅仅依靠民办高校自身及其现有教育政策和社会环境,是很难解决现有困境的。资金的短缺是阻碍民办高校可持续发展的一大障碍,因此需要国家和社会共同支持。国家对民办高校一个百分点的财政支持,就有可能降低学费的标准,降低因为交付不起学费而被排斥在校门之外的学生几率,有助于缓解因学费问题造成的受教育机会不均衡现象的加剧。[5]政府扩展对民办高校学生和教育机构的财政支持力度,能够保证政府和私立部门在教育领域中的互补作用,共同维护和保障人民的基本受教育权利。

2. 提供高等教育领域的"竞争与选择"

公共财政是否应支持民办高等教育还取决于民办高等教育在高等教育中的地位和作用。目前我国民办高校的发展规模,无论是学校数的绝对量和相对量,还是学生数的绝对量和相对量,都在逐年稳步上升,我国民办高等教育经历了从无到有、从小到大的发展历程。现阶段我国高等教育体系已形成民办高校与公办高校相互竞争、相互促进、共同发展的格局。

我国民办高等教育的发展基于两种背景:一是限于政府财力有限,公办高等教育服务供给严重不足,民办高等教育的发展可满足居民对高等教育的巨大需求;二是我国正在进行经济体制和教育管理体制改革,生产资料所有制从单一的公有制逐步转变为以公有制为主体的多种非公有制并存的格局,包括教育、文化、科技等非经济的服务领域,也由单一的政府举办的公立机构转变为政府举办的公立机构和非政府机构举办的民办机构并存的局面。与此同时,教育管理体制也进行了相应的改革,旨在建立与社会主义市场经济相适应的符合教育服务性质和教育发展规律的教育管理体制。各级政府、各级各类公立学校逐步探索教育管理体制改革,而作为与公立教育性质不同的民办教育,成为探索教育体制改革的重要力量和阵地。[6]

因此,民办高等教育无论从我国的高等教育发展或是从高等教育体制改革来说,已不是可有可无,也不是高等教育的补充,而是与公办高校一样,是我国高等教育发展和改革的重要组成部分。随着民办高校越来越多地跨入到高层次的学历教育行列,对家长来说,增加了更多的高等教育选择权,进而使得民办高校在不同层面和不同领域与公办高校存在着激烈的竞争,这样的竞争局面在一定程度上提高了教育效率。因此,政府作为高等教育的受益者,也是国民收入再分配的主体,其资助公办高校的政策完全适用于民办高校。政府财政不仅有必要支持民办高等教育,而且应当把支持民办高等教育发展作为责任和义务。

3. 加强政府对民办高校的控制与管理

政府对民办高校该如何进行管理,该如何协调行政管理与尊重民办高校应有的办学自主权之间的关系,是学者们越来越关注的一个重要课题。如果管得过多、过严,可能抑制了民办高校的生命力,最终导致民办高校教育的萎缩;如果放任自流,民办高校又可能偏离办学的方向,使得学校如公司一般完全按照市场经营。为了避免这两种情形的发生,就需要教育行政部门的管理必须以间接的引导为主,而政策扶持正好符合这一要求。政府如果希望民办高校真正有所作为,进而实现公办高校与民办高校有序竞争的良好局面,就需要变革政府观念,需要从更加理性的和长远的目标规划民办高校的功能与价值,进而通过立法、财政拨款、政策调整等手段对民办高校进行分类管理与引导。

政府对民办高等教育进行公共财政资助,既体现政府对民办高等教育的支持,也是政府对民办高等教育进行管理和控制的一种手段。由于民办高等教育主要通过市场的手段运营,因而具有一定的盲目性和随意性。政府如果放任自流,将有可能导致教育市场的混乱和失控。政府可通过资金的鼓励和诱导来实现有效的管理,如在提供资助时附加一定的条件,要求民办高校按照社会和市场需要办学,这种资助模式对接受资助的学校既是一种激励,也是一种约束,使得民办高校将更多的精力集中在教学上,确保教育教学质量,进而达到质量管理的目标。此外,通过制定获得资助的条件,对民办高校进行必要的管理。在高等教育领域,政府通过某些重要学科和研究的资助,鼓励学校培养适应社会需求的人才,一方面促使民办高校提升研究能力以获取更多的科研收入,另一方面也从整体上提高了国家的综合实力。可见,政府对民办高校提供各种形式的财政资助,不仅可以缓解民办高校经费不足,而且也可以提高民办高校的公共性程度,提高教学科研质量,实现有利于国家利益和社会利益的目的。

二、可行性分析

（一）国家财政支出逐年增加为资助提供了财力保障

政府财政资助的有无、多少取决于政府财政能力的大小，因为政府的财政规模直接影响了教育财政总量供给的规模。通常情况下，各级政府存在着财政预算的约束，因此财政能力强的地区自然更有可能拥有多余的财力为民办高校提供支持。

近年来，我国经济运行总体平稳，经济秩序好转，经济效益保持较高水平。根据国家统计局公布的数据显示，2012年，我国财政收入已经超过11万亿元，税收收入所占比重高达85.81%，可见，税收收入为国家财政收入的增加和各项事业发展提供了强有力的财力保障。在财政收入的来源项目中，中央政府和地方政府的贡献率相当；在税收收入方面，中央政府的比例略高于地方政府；在非税收收入方面，地方政府的贡献率非常高（见表1）。

表1 2012年中央和地方主要财政收入项目　　　　　　　　　　　　单位：亿元

项目	国家财政收入	中央	所占比例	地方	所占比例
合计	117 253.52	56 175.23	47.91	61 078.29	52.09
税收收入	100 614.28	53 295.20	52.97	47 319.08	47.03
非税收入	16 639.24	2 880.03	17.31	13 759.21	82.69

数据来源：根据国家统计局《中国统计年鉴》（2013年）"财政"项统计数据整理而得。

2007—2012年期间，我国财政收入由5万亿元增长到11万亿元，翻了一番有余，而且维持着正速率在逐年增长，尤其是2009—2011年期间，增长速度都在逐年递增，2012年增速才放缓。对于中央和地方政府来说，财政收入所占比例基本持平，但中央政府所占比例在逐年递减，地方政府反之；从绝对值的增长来看，各级政府的财政收入均在逐年增加（见表2）。

表2 2007—2012年中央和地方财政收入及比重　　　　　　　　　　　单位：亿元

年份	财政收入					比上年增加
	合计	中央	所占比例	地方	所占比例	
2007	51 321.78	27 749.16	54.10	23 572.62	45.90	32.4
2008	61 330.35	32 680.56	53.29	28 649.79	46.71	19.5
2009	68 518.30	35 915.71	52.42	32 602.59	47.58	11.7
2010	83 101.51	42 488.47	51.10	40 613.04	48.90	21.3
2011	103 874.4	51 327.32	49.40	52 547.11	50.60	25.0
2012	117 253.52	56 175.23	47.91	61 078.29	52.09	12.9

数据来源：根据国家统计局《中国统计年鉴》（2008—2013年）"财政"项统计数据整理而得。

2007—2012年期间，我国财政支出的变化情况与财政收入的变化情况基本一致。财政支出额由近 5 万亿元增长到 11 万亿元,增长达两倍多,且维持着正速率在逐年增长。与财政收入情况不同的是,对于中央和地方政府来说,从财政支出所占比例来看,地方政府所占比例要远远高出中央政府;从增长情况来看,中央政府的财政支出比例在逐年下降,而地方政府的财政支出比例在逐年增加(见表 3)。

表 3 2007—2012 年中央和地方财政支出及比重   单位:亿元

年份	财政支出					比上年增加
	合计	中央	所占比例	地方	所占比例	
2007	49 781.35	11 442.06	23.00	38 339.29	77.00	23.2
2008	62 592.66	13 344.17	21.32	49 248.49	78.68	25.7
2009	76 299.93	15 255.79	19.99	61 044.14	80.01	21.9
2010	89 874.16	15 989.73	17.80	73 884.43	82.20	17.8
2011	109 247.79	16 514.11	15.10	92 733.68	84.90	21.6
2012	125 952.97	18 764.63	14.90	107 188.34	85.10	15.3

数据来源:同表 2。

比较各年份中央和地方财政收入与支出的数额,不难发现,中央政府的财政支出均小于中央政府的财政收入,地方政府的财政支出均大于地方财政收入。究其原因,由于地方财政支出包括地方本级财政收入和上级转移支付两部分内容,即中央对各地区的财政补助特别是税收返还,是地方政府可支配财政收入的一个重要来源。因此,地方财政支出更能反映出各地区可支配的预算内财政资源,也相对真实地反映了地方政府的财政能力。政府的财政能力是政府集中社会资源的一种体现,也是政府提供公共产品(准公共产品)的一种客观能力。本研究在前面论述过,民办高等教育是属于有正的外部性的准公共产品或服务,因此,政府财政资助的力度自然在一定程度上受到政府财政能力的影响。随着地方政府财政支出水平的逐年提升,在很大程度上为政府财政支持民办高校提供了财力保障。

(二)相关法规政策的建立与完善营造了良好的法律环境

由于我国正处于市场经济不断深化的阶段,政府担任的发展高等教育的责任和权利都非常重大。在发展民办高等教育的过程中,政府的决策至关重要。所谓提高发展民办高等教育的认识,首要的是要解决好政府部门的认识,牢固树立发展经济必须发展高等教育、发展高等教育必须发展民办高等教育的思想,克服民办高校可有可无、最多补充、先过渡再整顿等偏见思想,切实转变观念,顾全大局。从我国的实际国情出发,依据我国教育财政的实际状况,考虑到整个社会不断增长的高等教育需求,以及知识经济发展对人才数量和质量的巨大吸纳能力,各级政府已明确制定出众多相关的法律法规,这些文件和政策为民办高等教育提供了较好的政策环境和发展空间。

伴随着民办高等教育的快速发展,国家对民办高校管理政策也逐渐成熟起来。《民办教育促进法》为民办教育的健康发展提供了基本法律框架,根据《民办教育促进法》及其实施条例的要求,政府应落实民办教育与公办教育同等的法律地位,保障民办学校与公办学校及其相关利益群体的平等权利,合理规范自身行为以充分发挥市场机制在民办教育发展中的作用。同时,《国家中长期教育改革与发展规划纲要(2010—2020年)》中提出,应健全公共财政对民办教育的扶持政策,对此,各地政府还专门出台了一系列相关政策,在征用土地、基建配套、地方税收等方面采取更为宽松的政策,积极鼓励和引导民办高等教育的健康发展。各级政府出台的这些政策提出政府应通过各种方式为民办教育提供资助,一方面体现政府对民办高校的鼓励支持导向,激励民办高校的办学热情;另一方面通过资助,适当降低民办高校的收费标准,体现教育公平,推动了高等教育的大众化进程。这些法规政策为政府资助民办高等教育提供了良好的法律环境,是民办高等教育发展的必要基础和氛围。

(三)国际上政府资助私立大学的成熟经验可供借鉴

在世界私立高等教育发展较快的发达国家,其共同经验是建立了为私立高等院校提供多种形式资助的财政制度。这些国家政府财政投入占私立高校总收入的比重,均高于我国。各国政府除了直接的扶持措施以外,还制定了许多间接支持私立高校发展的政策,最为典型的是美国等国家实施的对教育捐助减免税的规定,大大调动了企业、社会组织和个人向私立高校捐资的积极性。[7]

各国政府的大力扶持对私立高校的持续发展具有至关重要的作用。一方面,财政资助缓解了私立高校的资金压力,使私立高校摆脱了财政困境,社会地位、自身实力得以巩固和加强,为长远发展奠定了物质基础;另一方面,平等地位的扶持措施有利于私立高校获得更优质的生源和教师,有机会参与科学研究、社会建设和国家发展,促进了私立高校教学质量、学术水平、科研实力、服务能力的提升,为将私立高校办成高质量、高水平大学,跻身国家乃至世界强校铺平了道路。

我国民办高校正处于快速发展的上升阶段,如果政府财政支持及时到位,将帮助民办高校突破限制发展的"瓶颈",起到事半功倍的作用。"他山之石,可以攻玉。"借鉴国外私立高校财政支持的有益经验,对我国政府资助民办高等教育发展具有重要的指导意义和促进作用。

(四)民办高校的分类管理为资助奠定了重要基础

公共财政是政府提供公共物品满足公共需要的一种经济行为。民办学校作为生产教育服务,一种准公共物品的重要载体,接受公共财政的支持是历史上和当今世界诸多国家和地区的普遍做法。目前在我国,公共财政支持民办高校几乎成为社会各界的共识,各地也开展了不同程度的政策实践。然而,现有支持政策不仅较为散乱,而且多数没有考虑到不同类型民办高校的教育服务性质并不相同,从而存在支持对象不公平、经费挪用或流失等问题,因此受到人们质疑。

《国家中长期教育改革与发展规划纲要(2010—2020年)》提出了将民办学校进行营利性和非营利性分类管理的改革思路,为基本理清公共财政支持政策奠定了重要的基础。

民办学校分类管理的基本目标是要取消准营利性民办学校,消除灰色地带,从而构建以非营利性民办学校为主导的、营利性与非营利性界限清晰的分类框架。在此基础上,我们可依照财政供给的基本框架,理清针对不同类型民办学校的支持项目,从而构建出更为公平清晰的政策体系。

参考文献:

［1］［2］［6］方芳,王善迈.我国公共财政支持民办高等教育研究[J].北京师范大学学报(社会科学版),2011(5).

［3］阎凤桥.中国民办高等教育能够满足公共利益需求吗[J].探索与争鸣,2008(10).

［4］米红,李小娃.公益性:民办高校发展的现实关照——兼论高等教育的产业属性[J].山西大学学报,2009(3).

［5］黄洪兰,朱云翠.民办高等教育公益性:国家财政扶持的理论与现实基础[J].现代教育科学,2011(1).

［7］王留栓.世界私立高等教育发展模式及其对中国的启示[J].浙江树人大学学报,2005(3).

作者:方芳,北京师范大学教育学部高等教育研究所讲师,博士。

(原载《高教探索》2015年第5期)

民办高校法人治理结构初探

胡大白

摘　要：民办高校构建法人治理结构是可持续发展的需要，是加强民主管理的需要，是坚持社会主义办学方向、全面履行大学职能的需要。在长期办学实践中，黄河科技学院探索形成了"五位一体"的法人治理结构，要使它稳定有序地运行起来，必须注意各组成部分之间的相互协调，并要完善学校章程，为其提供法制保障。

关键词：民办高校；大学制度；法人治理结构

建立现代大学制度是《国家中长期教育改革和发展规划纲要（2010—2020年）》（以下简称《教育规划纲要》）确立的一项重大战略任务，其中的核心问题就是构建法人治理结构。对于民办高校来说，为了保障自身的科学发展，应更加重视法人治理结构的构建，以其为核心，建立起一套依法自主办学、实行科学管理的现代大学制度。根据黄河科技学院在构建法人治理结构上的探索与实践，本文对民办高校法人治理结构的构建进行一些探讨。

一、民办高校构建法人治理结构的必要性

对于民办高校来说，构建法人治理结构不仅是落实《中华人民共和国民办教育促进法》、《教育规划纲要》等法律法规的要求，也是民办高校正确应对各种挑战、保持科学发展的当务之急。

（一）构建法人治理结构是民办高校可持续发展的需要

改革开放以来，民办高等教育得到快速发展，已成为我国高等教育事业发展的重要增长点和促进教育改革的重要力量。2000年以前，靠扩大规模的发展，民办高校完成了原始积累，办学条件不断改善，办学水平不断提高，综合实力稳步提升。面对不断加强内涵建设的实力强大的公办高校，民办高校的发展面临着激烈的竞争和严峻的挑战，那种靠扩大规模的外延式发展的年代已经过去了。只有构建完善的法人治理结构，推进内部管理创新，才能提升管理水平和治理能力，提高办学质量和效益，在激烈的竞争中生存下来，持续健康地发展。

（二）构建法人治理结构是民办高校加强民主管理的需要

民办高校内部法人治理结构是学校内部组织机构设置及其相互之间权力配置、制衡与激励的制度安排。通过董事会、行政、党委、学术委员会和职代会等组织机构之间的权

力制衡,可以使广大师生员工享有参与民办高校管理的权力,公平地享有学校的办学成果和合理的待遇,更有尊严地工作和生活,实现个性的充分发展;通过明确学校的法人财产权属于"学校"这个社会组织,可以使所有的员工都意识到自己是学校的主人,自觉地以主人翁的态度来管理和爱护它,提高参与学校民主管理的积极性、主动性,有利于构建稳定的内部环境,从而实现内部管理的创新,把大学运行稳定在一个高水平的轨道上,更好地应对各种挑战。

(三) 构建法人治理结构是民办高校坚持社会主义办学方向、全面履行大学职能的需要

民办高校作为教育机构,必须坚持社会主义的办学方向。这对于民办高校来说并不是一句空话,而是要时刻牢记并付诸实践的目标。对于民办高校来说,只有坚持社会主义办学方向,全面履行社会职能,才能获得社会各方面的认可与支持,才有生存发展的空间。民办高校要坚持社会主义方向和全面履行大学职能,就需要明确党委在治理结构中的位置,充分发挥党委的政治核心作用和监督保证作用,保证党的大政方针和教育方针的贯彻落实,通过党组织的战斗堡垒作用和党员的先锋模范作用,保证学校的社会主义办学方向和教育公益性原则,从而赢得社会的信任与支持。

二、民办高校法人治理结构的基本架构

民办高校与企业一样,一切资源来源于市场,所有活动也必须面向市场。为了在市场环境中生存发展下去,在内部运营上也必须借鉴现代企业制度,在举办者、决策者、管理者和其他利益相关者之间构建法人治理结构。但从另一方面来看,教育事业的公益性又决定了普通民办高校的非营利性,其目标是培养中国特色社会主义事业合格建设者和可靠接班人,在治理上必须遵循教育的基本规律,突出教师和学生的主体地位,重视维护广大受教育者的利益。因此民办高校在法人治理上,就要处理好教育活动的公益性与运行管理的市场性之间的矛盾,做到两者的协调与平衡。

因此,民办高校要构建法人治理结构,除了要参考企业法人治理结构所要求的独立完整的产权制度、民主科学的决策制度、专业高效的执行制度和灵敏有力的监督制度以外,还必须坚持教育公益性和市场性相统一的原则,处理好教育活动的公益性与经营管理的市场性之间的矛盾,做到两者的协调与平衡。一方面,民办高校在构建法人治理制度时,首先应当确立取之于社会、回报于社会的非营利理念,遵循高等教育的一般规律,坚持走公益性办学的道路;另一方面,在具体办学过程中,又要注重发挥自身在体制机制上的优势,增强市场意识和成本观念,在保证教育教学质量的前提下,尽量降低消耗、减少浪费、提高效率,实现教育资源的优化配置,力求用最经济的投入获得最佳的教育效果[1]。

综上所述,民办高校构建法人治理结构,就不能盲目照搬西方的现代大学制度,而是必须从我国的政治制度、经济发展水平、文化传统出发,必须坚持社会主义方向,坚持我们自己探索出来的行之有效的办学道路与办学特色。归根到底,要以保证学校全面履行各项社会职能和科学发展为根本目标。

在上述指导思想的引领下,经过30多年的发展,黄河科技学院逐渐形成了一套以董事会领导下的校长负责制为主体、党委把握政治方向、学术委员会统领学术事务、职工代表大会参与民主管理的框架结构,我们称之为"五位一体"法人治理结构。图示如下:

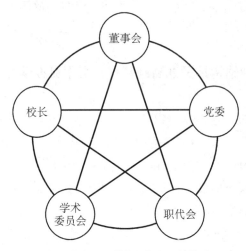

图1 "五位一体"法人治理结构图

在这个治理结构中,校董事会作为学校最高决策机构,确定学校发展方向、发展战略和重大政策。董事会每年至少召开两次会议,研究决定有关事项。董事会制订有议事规则,所有重大事项需经2/3以上的董事会成员通过。校行政是以校长为代表的行政管理系统,执行董事会形成的决议,组织实施教育教学活动和行政管理工作。校长依法、独立、全面行使教育教学管理权和行政管理权,副校长协助校长工作。党委是学校的政治核心,依法监督学校贯彻执行法律法规、政策方针的情况,保证学校的办学方向、办学行为,参与事关学校改革发展重大事项的研究和决策。

在这样一个治理结构之下,黄河科技学院按照学科建设规律和整合教育资源的原则,设置院系及研究所,按照精简、效能的原则,设置行政管理机构和服务部门。学校党、政、工、团组织健全,行政机构设置科学合理,人员配备到位,制度健全,运转高效,保证了教育、教学、科研等各项工作的需要。学校重视发挥学术组织和群众组织在学校管理中的重要作用,建立学术委员会,统筹行使对学术事务的咨询、审议、评定和决策等职权,下设教学指导委员会、学位评定委员会、教师职称评审委员会等学术管理组织和咨询机构,就学校有关学术发展、师生权益等重大问题进行集体决策、民主管理和民主监督。学校坚持全心全意依靠教职工办好学校的理念,建立了"双代会"制度,每年召开"教职工代表大会"和"工会会员代表大会",审议校长工作报告,讨论决定事关教职工切身利益的改革方案,民主评议校级领导干部、机关职能部门负责人,听取教代会和工代会提案落实情况报告等,充分发挥了广大教职工依法参与学校管理和监督职能,保证了学校健康持续发展。

三、构建民办高校法人治理结构需要关注的几个问题

上述"五位一体"的法人治理结构只是一个制度框架,解决了各组成部分之间明确分

工、各负其责的问题,要想使它稳定有序地运行起来,我们还必须注意搞好各组成部分之间的相互协调,既要相互配合,又要互相制衡,从而实现学校的科学治理。为此,我们要特别关注以下几个问题。

(一) 保障党委在法人治理结构中充分发挥政治核心作用

法人治理结构中的一个很重要部分就是党委的作用。我们认为民办高校必须建立党组织,这是民办高校发展的根本需要,也是广大师生健康成长的根本需要。从1984年办学初期,我们就迫切地要求在学校建立党组织,经历了"十年找党"的过程,1994年建立党总支,1997年建立党委,成为全国第一所建立党委的民办高校。虽然民办高校实行的是"董事会领导下的校长负责制",不同于公办高校的"党委领导下的校长负责制",但党组织是学校的政治核心,这是相同的。我们必须保障党委充分发挥政治核心作用。为此,我们建立了四项机制。

一是董事长与党委书记沟通机制。董事长与党委书记每周都要沟通。凡是学校的重大问题和涉及安全稳定的敏感问题,董事长都要与党委书记及时沟通,开诚布公交换意见,在思想上取得共识,行动上取得一致,做到心往一处想,劲往一处使,形成合力[2]。

二是党政领导联席会议机制。学校集体领导的主要形式是党政联席会议。党政联席会由校长和党委书记共同主持,主要讨论通报教育教学、科学研究、学科专业建设、师资队伍建设、学生管理、行政管理等工作情况,并作为例会定期召开[3]。

三是共同负责、分工协作机制。党政领导对学校工作全面负责,凡重要工作和重大活动,校长和书记均为第一责任人,党委成员和行政领导交叉任职。这就使党委直接参与了学校改革发展稳定的工作,保证了党政合力促进学校发展[4]。

四是校领导中心组理论学习机制。把学习理论与改造世界观、与学校的改革发展紧密结合,使科学理论入耳、入脑,使其成为学校工作的指南。

(二) 董事会和党委都要充分支持校长依法独立行使职权

董事会重在谋划和决策;党委则要发挥好在学校改革发展稳定中的政治核心作用;校长重在指挥和管理,发挥好在学校行政工作中的组织领导作用。在这个体制的运行中,要把握好"集体领导、科学决策、党政合作"三个关键点,抓好"沟通、决策、实施、保障"四个环节。重大决策确定下来以后,由校长负责指挥、执行、管理、落实。在此过程中,校长基本上会服从董事会的决策,尊重党委的政治领导,需要注意的倒是董事会和党委要对校长的工作充分信任、避免干扰。董事会要全面支持校长依法办学,党委则要围绕中心,服务大局,为校长开展工作提供政治保障。

(三) 充分发挥学术委员会在学术问题中的规划指导作用

教学工作是学校的中心工作。这个中心工作涉及学术问题,需要有一个学术委员会对全校学术研究进行规划、指导,推动科学研究和学术交流,促进教学质量的提高。学术委员会可下设职称评定委员会、学位评定委员会、教学指导委员会等一系列的学术组织,保证教授能充分发挥作用。董事长、校长和党委书记都不能随便干涉学术上的争议等各类学术事务。

但是，学术自由并不等于教师可以在政治上不拥护社会主义制度，在课堂上可以发表历史虚无主义的言论、反对社会主义的言论。教师可以指责一些丑恶现象，但不能散布历史虚无主义，从根本上动摇对国家的信心；可以批评一些不良风气，但不能从心理上消解对祖国的爱、制造对国家和社会的对抗情绪；可以谈谈对现实问题的切身感受，但不能一叶障目、不见泰山。学术委员会必须是社会主义大学的学术委员会，必须坚持正确的政治方向。

(四) 充分发挥职代会的民主管理与监督作用

学校的发展，关键在于广大教职工的参与。为调动广大教职工的积极性、主动性，黄河科技学院于 1992 年成立了工会，是全国民办高校中成立较早的工会组织。作为董事会、党委和校行政广泛联系教职工的桥梁和纽带，工会在学校民主管理中发展了重要作用。学校每年都要召开"双代会"，听取学校年度工作、学术工作、财务工作及其他专项工作报告，审议学校教代会提案办理情况报告，对学校工作提出意见和建议，监督学校章程、规章制度和决策的落实；学校的重大问题都会提交职代会充分讨论或通过，重大决策的落实也受到广大职工的监督。每个二级学院也都成立了分工会，正常开展活动，职工的民主权利得到了充分行使，在学校发展中发挥了很重要的作用。在充分发挥职代会作用的同时，我们也注意对职代会加强领导。职工代表大会也同样要坚持正确的政治方向，在参与学校管理的过程中，也必须接受党委领导，为学校和谐发展大局提供正能量。

四、学校章程是民办高校构建法人治理结构的法制保障

经过 30 余年的探索，黄河科技学院逐步形成了"五位一体"法人治理结构，保障了学校的稳定发展。要想使其长期稳定地运行下去，我们还必须把它总结出来，形成共识，巩固下来，所以就需要把它们写入学校章程，为法人治理结构的正常运行提供法制保障。

作为现代大学的"宪法"，章程是学校依法自主办学、实施管理和履行公共职能的基本准则。我们学校在创办之初就制订过一部章程，内容相对简单。到 2007 年，又制定了第二部章程，对学校的治理结构进行了规定，但仍然不能适应形势发展的要求。2014 年 8 月，我们启动了学校章程的修订程序，全面深入总结我校 30 年的发展历程，在广泛占有资料、深入开展调查研究的基础上，起草了《章程（修订草案）》，近期即可走完校内程序，报送省教育厅核准备案后公布实施。

在章程修订过程中，我们以中国特色社会主义理论体系为指导，以宪法、法律法规为依据，坚持社会主义办学方向，遵循高等教育规律，围绕人才培养、科学研究、服务社会、推进文化传承创新的任务，依法完善内部法人治理结构，体现和保护学校改革创新的成功经验与制度成果，特别注重完善学校自主管理、自我约束的体制机制，反映我们自己在办学实践中所形成的个性特色。这个章程草案有如下几个特点。

(一) 总结了黄河科技学院 30 多年的发展道路

从 1984 年创办以来，黄河科技学院已经走过了 30 多年的发展历程。30 多年来，在党和政府的亲切关怀和大力支持下，黄科院人以敢为天下先的创新精神，白手起家，开拓拼

搏,审时度势,抢抓机遇,闯出了一条艰苦创业、滚动发展的办学之路。学校既有为国为民、勇于担当的奉献精神,又有始终坚持社会主义办学方向的定力。认真贯彻党的教育方针,始终以提高教育质量为中心,紧紧围绕培养社会主义事业合格建设者和可靠接班人这个根本任务,为社会培养了14万多名"下得去、留得住、干得好"的毕业生,闯出了一条中国特色社会主义民办大学的科学发展之路,也在民办高等教育的理论与实践上进行了有益的探索,构建了"本科学历教育与职业技能培养相结合"的人才培养模式,创立了"以党建为核心,全面加强思想政治工作"的思想政治工作模式。本次章程修订对我们开创的发展道路进行了回顾总结,进一步增强我们对自己探索的这条发展道路的道路自信。

(二)体现了民办高校法人治理结构的特色

章程草案对董事会、校长、党委、学术委员会和职代会的职责进行了界定,根据民办高校自身的实践,建立了一套适应学校自主管理需要的自我约束的体制机制,反映学校的办学特色。

比如在董事会的建设上,章程草案没有照搬《高等学校理事会规程》中规定的"理事会组成人员一般不少于21人"。这很明显是适用于公办高校的规定,目的在于加强社会合作,争取办学资源。由于民办高校实行的是董事会领导下的校长负责制,董事会作为决策机构,就应当精简高效,所以我们就按照《民办教育促进法》中"学校理事会或者董事会由五人以上组成"的规定,规定董事会的组成人员"由五至七人组成"。为了解决加强社会合作、争取办学资源等需要,我们加上一条"学校设立黄河科技学院合作发展联盟"。"黄河科技学院合作发展联盟是以黄河科技学院为依托,有关政府部门、企业、行业协会、高等院校、科研院所等单位自愿参加的开放式合作平台,以'合作、融入、共赢'的原则,实现优势互补、资源共享,积极改善办学条件,拓宽办学途径,提高人才培养质量,推动科技转化,强化社会服务功能,促进各成员单位的共同发展。"

为了适应学校管理的现实需要,草案又增加了实行校院两级管理体制和学校民主管理模式等内容,突出了学生和教师在办学活动中的主体地位。通过对学校自主管理、自我约束的体制机制的完善,进一步增强"五位一体"法人治理结构的制度自信,为法人治理结构的稳定运行提供法制保障。

(三)充分体现了黄科院的办学理念

充分体现学校的办学理念是这部章程草案的主要特色。"五位一体"的法人治理结构是学校治理结构的框架,科学合理的办学理念则是其内在的灵魂,两者相辅相成,缺一不可。特别是办学理念,其品质的高下决定了民办高校的品位,必须高度重视,精心培育。在艰苦创业的过程中,我们精心培育了一套既符合党的教育方针和社会主义现代化事业的需要,又继承了中华文明优秀传统,同时又体现了民办高校特点的办学理念,为学校的稳定发展提供了精神保障。在今后的发展中,也必须进一步坚持这一套办学理念。此次章程修订工作为进一步凝练和培育办学理念提供了一个机遇,我们首先是把办学理念放在显著位置,在第二章第十四条对学校办学理念进行了概述。学校办学理念包括如下内容:

办学宗旨:为国分忧,为民解愁,为社会主义现代化建设服务;

办学愿景:办一所对学生最负责任的大学;

办学方针:以提高教育教学质量为中心,以提高管理水平为手段,以加强思想政治工作为保证;

学校精神:开拓、拼搏、实干、奉献;

校训:厚德博学、砺志图强。

其次是把坚持办学理念的要求渗透到学校管理的各个环节。如对董事会成员的要求中,我们除了写上民办教育促进法实施条例第十九条规定的"民办学校理事会、董事会或者其他形式决策机构的负责人应当品行良好,具有政治权利和完全民事行为能力"以外,还写上了"高度认同、自觉坚持黄河科技学院办学理念"。此外,在校长、党委、教师、学生等各章中,都写上了坚持和践行办学理念的要求。这样强调办学理念的目的,就是进一步确立广大师生员工对学校办学理念的理论自信,自觉培育和践行这一办学理念,为法人治理结构的稳定运行提供内在动力和进一步成长的生命力,为其不断发展与完善提供内在的精神保障。

民办高校法人治理结构的建立、完善与内部管理创新是一个极其复杂的工程。在这个问题上,尽管我们进行了一些探索,但仍然还有大量的工作需要去做,还有很多问题等待我们去探索、去认识、去解决。只要我们始终保持头脑清醒,坚持不懈地推进民办高校法人治理结构的不断完善,就一定能够构建一套决策民主、学术自由、权责分明、管理科学的现代大学制度,营造一个既坚持社会主义办学方向又遵循教育规律,既依法办学、自主管理、安定有序,又开拓创新、充满活力、诚信友爱的文化环境,既保障全体师生员工的自由全面发展,又保障学校全面履行社会职能和敏锐地适应社会主义市场经济环境的各种变化,把学校稳定在科学发展的轨道上。

参考文献:

[1] 杨炜长.完善民办高校法人治理结构的现实思考[J].高等教育研究,2005(8):51—56.

[2][3][4] 程宏,成迎军.民办高校党的建设创新之路研究——以黄河科技学院为例[J].黄河科技大学学报,2009(4):4—6.

作者: 胡大白,教授,黄河科技学院董事长,中国民办教育协会监事会主席。

(原载《黄河科技大学学报》2015年第4期)

我国民办高校内部治理的基本类型分析

王一涛　冯淑娟

摘　要：根据我国民办高校内部治理的差异,我国民办高校可分为四类。个人控制型民办高校是主体,具有决策效率高、改革动力足等优势,但也有举办者过度控制、家族氛围浓厚及内部治理透明度低等弊端。企业办学型民办高校资金充足,人才培养更贴近市场需求,但企业的经营风险也会连累民办高校。国有民办型民办高校办学风险小,但受到较多的政府干预。共同治理型民办高校数量较少,却代表了我国民办高校未来重要的发展方向。

关键词：民办高等教育;民办高校;内部治理;民办学校分类

民办高校内部治理是我国民办高等教育研究领域的重要问题之一。我国民办高校内部治理结构和实际运行存在较大差异,因此对民办高校内部治理进行类型划分,有利于更好地窥视我国民办高校内部治理的全貌,深化对民办高校内部治理规律的认识。

确定分类依据是进行类型划分的基础。本文根据民办高校关键决策权(人事和财务)的占有情况,将我国民办高校分为四类：个人控制型、企业办学型、国有民办型和共同治理型。需要注意的是,这四种类型的边界往往是模糊的,某些治理特征同时体现在多种类型的民办高校中,只不过在部分民办高校中体现得更为明显。根据组织理论的观点,组织处于内部和外部各种力量的动态作用之下,当各种力量达到相对均衡的状态时,组织处于暂时稳定状态中;若各种力量失衡,则组织的结构就会发生改变。因此,本文也将分析每种类型民办高校的组织稳定性和未来发展趋势。

我国民办高校可分为独立学院和独立设置的民办高校两大类。截至2015年5月,我国共有275所独立学院和447所独立设置的民办高校。[1]由于独立学院和独立设置的民办高校在内部治理结构上存在较大差异,本文主要分析独立设置的民办高校(以下简称民办高校)的内部治理结构和运行状况。

一、个人控制型民办高校

个人控制型民办高校是我国民办高校的主体,大约60%的民办高校可归为此类。因此,这类民办高校内部治理的结构和运行特征,在很大程度上代表了我国民办高校内部治理的整体面貌。

(一) 个人控制型民办高校的特征

个人控制型民办高校的举办者是学校的"灵魂"和实际控制者。举办者往往担任民办高校的董事长或理事长,也有的兼任院长或党委书记。举办者拥有人事、财务及后勤基建等方面的重大决策权,有些甚至将教学的决策权也揽在手中。举办者不仅权力大,而且掌权时间长。《民办教育促进法》没有规定民办高校董事长的任期,因此,除非由于年龄或者健康等原因退出学校管理岗位,举办者将一直是学校的最高决策者。

与其他类型民办高校一样,个人控制型民办高校也往往宣称实行"董事会领导下的校长负责制"。从字面意思来看,"校长负责"似乎表明校长的权力较大,而实际上这类民办高校校长的权力十分有限。首先,举办者兼任校长的现象很普遍。[2]在举办者兼任校长的情况下,"校长负责制"只是进一步加强了举办者对民办高校的控制而已。其次,即使举办者从外部聘请校长,外聘校长的职权也有限,一般只具有教学、科研等事务的部分决策权,不具有人事、财务等重大事务的决策权。在笔者调查的N学院中,财务签字权全权掌握在董事长手中,使得校长名义上拥有的教学和科研决策权也大打折扣。

为了加强和延续对民办高校的控制,个人控制型民办高校一般有浓厚的家族管理氛围,主要表现在两个方面:首先,两位及以上家族成员在董事会或学校关键岗位中担任职务。笔者通过分析民办高校的官方网站、访谈民办高校的举办者和校级领导以及其他知情人等方式,获得了我国106所民办高校董事会的成员构成资料。经统计,至少有46所(占43.4%)民办高校董事会中有两人及以上是同一家族成员,这些关系包括夫妻、兄弟(妹)、父子(女)及母子(女)等。此外,很多民办高校的财务负责人也由举办者的家族成员或最信赖的人担任。Q学院在章程中明确提出:校长只能"聘任和解聘除财务负责人和人事负责人以外的学院工作人员,并实施奖惩",即财务和人事负责人只能由举办者来任免。其次,民办高校举办者在退出学校领导岗位之前,培养子(孙)女担任学校重要管理职位。在举办者已经去世或年龄偏大的民办高校中,子(孙)女接班的现象非常普遍。[3]

(二) 个人控制型民办高校的利弊

根据武汉大学邱均平教授发布的"2013—2014年中国民办高校排行榜",前十名分别是江西科技学院、烟台南山学院、黄河科技大学、浙江树人大学、无锡太湖学院、北京城市学院、宁波大红鹰学院、西京学院、三江学院和西安外事学院。这10所民办高校中约有1/3可归为个人控制型,可见个人控制型民办高校的发展水平还是较高的。具体来看,个人控制型民办高校的发展优势表现在以下四个方面。

首先,具有较高的决策效率。我国公办高校实行"党委领导下的校长负责制","党政不分"的现象较为突出,特别是党委书记和校长权责不清、分工不明,有些公办高校校长和党委书记之间的决策分歧大大降低了学校的决策效率和质量。[4]个人控制型民办高校实施一元决策体制,有效地避免了"议而不决"等低效率现象以及各方权力争夺所导致的组织耗损。

其次,能够进行真正的教育创新和改革。改革总是要冒风险,要突破现有的利益格局,往往并不是"少数服从多数"。公办高校和其他类型的民办高校常常表现出"路径依赖"和"组织惰性",而个人控制型民办高校通常改革动力足、效率高。目前我国已经涌现出了一批卓越的民办教育家,他们以人格魅力引领学校改革发展,并取得了不俗的成绩。

再次,能够保障学校战略规划的长期贯彻实施。举办者在相当长的时间内担任学校的实际决策者,因此可以保证学校战略规划"一张蓝图绘到底",不会发生方向上的动摇或偏离。萨尔米在提交给世界银行的一份报告中指出,强有力的领导和清晰的战略规划是大学发展的重要因素。[5]萨莫斯也指出,哈佛大学之所以成为世界上最优秀的大学,原因之一就是校长长期任职制,颇具魅力的领导长期任职,能使学校在现有体制的基础上不断更新和改进。[6]我国公办高校的党委书记和校长任期普遍较短,而且每届领导都有不同的办学理念和思路。相比之下,民办高校除非发生举办者变更等重大情况,一般来说举办者任期较长,尤其是个人控制型民办高校,其举办者在任时间更为充裕,能为学校平稳发展奠定重要基础。

最后,举办者全身心投入学校的发展。个人控制型民办高校举办者更容易对学校倾注全部的心血和感情,以校为家。笔者访谈的T学院的创办者几乎没有休息时间,全身心投入到学校的各项工作;Q学院的创办者接班人也表示,"像对待自己的眼睛一样对待学校,像对待自己的兄弟姐妹一样对待学生"。学校管理者如此深厚的情感投入,无疑是学校发展的巨大动力。

但是,个人控制型民办高校也存在着举办者过度控制、家族氛围浓厚和内部运作透明度低等问题,可能会严重影响到我国民办高等教育的可持续发展。举办者对民办高校的过度控制导致民办高校的发展严重依赖于举办者的办学动机、办学境界和管理能力等个人因素。当举办者具备卓越的管理能力和良好的办学意愿时,学校就会稳定快速发展;若举办者管理能力不足、办学动机不纯,学校就会面临巨大的风险。由于缺乏现代大学制度的保障,一些民办高校的发展缺乏持续性和稳定性,在举办者去世或变更后,学校便会在短期内由盛转衰。Y学院曾经是我国最优秀的民办高校之一,创办者捐献了大笔资金办学,学校的教学质量和社会声誉一度达到非常高的水平。遗憾的是,在举办者去世后,由于接班的子女不具备高校管理的经验,致使学校教育质量急剧下滑。

(三)个人控制型民办高校的稳定性及发展趋势

极少数民办高校可能通过多次(代)子女接班的方式,在较长时期(比如未来50年或更长)内延续创办者家族对学校的控制,从而形成菲利普·G.阿尔特巴赫所言的"家族化大学"。"家族化大学"在东南亚国家和我国台湾地区较为普遍,很多已经有几十年的办学历史。[7]

整体而言,个人控制型民办高校的组织稳定性较低,面临的风险也较大。尤其是在举办者子女接班的关键过程中,接班子女往往因为不具备接班能力而使学校的决策出现重大失误,导致学校发展遭受重大挫折。一些民办高校为了避免家族化接班对学校可持续发展可能造成的冲击,主动采取了各种防范措施。比如,西安外事学院开始实施董事会和领导机构亲属回避制度,且尝试在全球范围内招聘校长。[8]吉林华桥外国语学院院长秦和及江西科技学院院长于果等人也以"遗嘱"的形式宣布,在举办者去世后,学校将被捐献给国家和社会。[9][10]

从今后转型的方向看,个人控制型民办高校最有可能转变为国有民办型民办高校。当学校出现重大风险迫使个人控制型的治理结构作出改变时,政府往往作为最后的"兜底者"而接管学校,从而使学校变成国有民办型。另外,个人控制型民办高校也有可能向公共治理型民办高校转变,即当民办高校举办者以主动或被动的方式让更多的利益相关者分享学校的管理权限时,就可能发生这种转变。此外,当个人控制型民办高校遭遇资金问题时,可能会采取有偿或无偿的方式,将学校的主要控制权转让给企业,从而成为企业办学型民办高校,比如浙江越秀外国语学院。

二、企业办学型民办高校

我国约有30%的民办高校可以归为企业办学型。大部分企业办学型民办高校的投资方是私营企业,少数是国有企业。有些民办高校是由我国著名企业投资的,比如湖南三一工业职业技术学院的投资方是三一重工集团,三亚学院、北京吉利大学、浙江汽车职业技术学院和湖南吉利汽车职业技术学院的投资方是吉利集团,三亚航空旅游职业技术学院和南方都市职业技术学院的投资方是海南航空公司;国有企业投资的民办高校如宁波大红鹰学院(投资方是大红鹰集团)和浙江东方职业技术学院(投资方是温州市现代服务业投资集团)。

(一)企业办学型民办高校的特征

大多数私营企业在投资民办高校后,投资方的董事长兼任所投资的民办高校的董事长,作为民办高校名义上的最高管理者。比如,南山集团董事长担任南山学院董事长,天狮集团董事长担任天狮学院董事长。此外,私营企业往往安排多位企业高管进入民办高校董事会或担任民办高校关键岗位(如财务部门)的负责人。

与个人控制型民办高校不同,企业办学型民办高校的董事长一般不兼任校长或党委书记,也不参加学校的日常决策。因为母体企业的规模普遍很大,董事长没有精力管理民办高校,也缺乏管理高校的经验。民办高校从外部聘任校长(一般是退休的公办高校领导),并赋予其包括部分财务权在内的重要权力。浙江越秀外国语学院的院长在正常的预算范围内都具有财务审批权,这极大地提高了学校决策的效率。

因为校长的权力较大,所以这种民办高校最接近于"校长负责制"。一些企业对所投资的民办高校实行"指标化"管理。比如,N学院的母体企业曾提出"招生递增"指标要求,只要达到了这个指标要求,院长就可以较自由地配置学校资源。

(二)企业办学型民办高校的利弊

个人控制型民办高校的所有经费都来自学费,而企业办学型民办高校的经费既有企业投资,也有学费,所以其发展速度较快。此外,企业作为人才的需求方,熟悉人才培养规格,可以对民办高校的专业设置、课程安排和教学方法等方面进行有效的指导。我国大多数民办高校定位于应用型人才培养,与劳动力市场保持紧密联系是保障教学质量的重要条件,因此企业办学型民办高校在这方面具有天然的优势。

企业办学型民办高校还具有校企合作的优势。校企合作在培养应用型人才过程中发挥着非常重要的作用,一些民办高校往往找不到有实力的合作企业,而企业办学型民办高校在校企合作中具有优势。比如三亚航空旅游职业技术学院很多实践导师是海航公司的资深员工,且拥有数台航行模拟器(单台价值约1亿元人民币)。这些航行模拟器既用于学生的实训,也用于海航公司的员工培训。若非企业投资的民办高校,显然很难拥有单价上亿元的实训设备。

从内部治理上来看,一些民办高校投资方对学校持"无为而治"的态度,给民办高校的发展提供了宽松的环境。如此,外聘校长就能够遵从教育规律"大展拳脚",从而使学校在短时间内获得快速发展。宁波大红鹰学院就是典型的案例。该校成立于2001年,2008年升本,成立时间和升本时间都不算早,但是该校在较短的办学时间内跻身于我国发展实力最强、发展潜力最大的民办高校队伍,在我国多个民办高校排行榜上都名列前茅。[11]

企业办学型民办高校当然也存在特殊的风险:投资方一旦遭遇经营风险,可能会"连累"民办高校。目前大多数民办高校和投资方之间都没有建立有效的风险分割机制,一荣俱荣、一损俱损。近年来,由于企业经营风险导致企业所投资的学校倒闭的事件很多。比如,安徽某民办本科高校去年由于投资方资金链断裂而面临较大的办学风险。

(三)企业办学型民办高校的稳定性及发展趋势

任何组织都有一定的生命周期,企业和学校也是如此。通常企业面临的风险大于学校,所以企业的寿命远远短于大学的寿命。企业的寿命短而大学的寿命长,这就为企业举办的民办高校带来了特殊的挑战。企业若发生经营风险,其所投资的民办高校可能会受到影响,甚至被迫终止办学。所以,在民办高校和投资企业之间建立风险防范和分割机制十分重要。这样,当企业蓬勃发展时,可以为学校提供经费支撑,而当企业出现风险甚至倒闭时,学校又可以少受其影响。遗憾的是,我国大部分民办高校尚未建立起与投资企业之间的风险分割机制,因此,一旦投资方出现重大经营风险,若缺乏政府的干预和扶持,民办高校就可能陷入重大困境。比如,2008年广东华茂集团倒闭引发华茂学校倒闭。[12]

从今后转型的方向看,企业办学型民办高校可能会向国有民办型民办高校转型。一旦企业无力继续举办民办高校,政府会主动或被动地成为最后的接手者。当然,政府也可能安排国有企业托管投资方出现重大经营风险的民办高校,比如齐鲁医药学院(曾名山东万杰医学院)的投资方由民营的山东万杰集团转变为国有的鲁商集团。还有的企业办学型民办高校可能会向共同治理型民办高校转型。比如,浙江越秀外国语学院和C学院目前都在积极探索建立民办高校和投资方之间的风险分割机制,并都提出了建设"百年名校"的目标,其中C学院的举办者表示,不管企业今后的经营状况如何,在他60岁以后就会把全部精力转移到民办高校,全心全意地办好学校。

三、国有民办型民办高校

所谓国有民办型民办高校,即学校的全部或部分资产属于国有资产,举办者是政府,但是采取民营机制。该种类型的民办高校并不多,占我国民办高校的比例极小。据调查,有17所民办高校可归为此类：浙江树人大学、湖南九嶷职业技术学院、北京城市学院、南京三江学院、厦门华夏学院、南宁学院（原广西邕江大学）、潍坊科技学院、宁夏理工学院、杭州万向职业技术学院、德州科技学院、潍坊工商职业学院、枣庄科技职业学院、山东海事职业学院、江海职业技术学院、苏州高博软件技术职业学院、宿迁学院和上海视觉艺术学院。

（一）国有民办型民办高校的特征

尽管国有民办型民办高校的国有资产占总资产的比例各不相同，且此类民办高校的形成原因迥异，但仍具有如下共同特征。

首先，具有明显的非营利性。由于学校的全部或部分资产属于国有资产，这类民办高校普遍不要求获得合理回报，全部收入用于学校的发展，因此这类民办高校发展平稳、风险小、可持续性强，浙江树人大学、北京城市学院和厦门华夏学院等都属于我国民办高校中的"第一梯队"，教学和科研水平较高，社会声誉较好。

其次，内部管理公开透明。此类民办高校不求回报，不涉及财产分配、关联交易等"秘密"，因此学校的决策具有较高的公开性和透明度。笔者查阅了我国444所民办高校的官方网站，发现只有16所在官网上公布了董事会成员名单，且大部分属于国有民办型民办高校。

最后，政府在管理中发挥重要作用。第一，作为学校最高的决策机构，董事会中的部分成员是政府官员，这在浙江树人大学中表现得尤为明显。浙江树人大学历届董事会的主要成员都是在任的政府官员。[①] 部分民办高校的校长和书记也是在任官员，比如潍坊工商职业学院院长是诸城市教育局党委委员。第二，政府在这些民办高校的董事长、校长和书记等重要人事任命中发挥重要作用。比如，浙江树人大学校长的任命首先由浙江省政协和教育厅组成的联合考察组对候选人进行考察，通过考察的候选者被报送至浙江树人大学董事会，然后由董事会聘任。在这个过程中，浙江省政协和教育厅发挥了重要作用。[②] 上海市教委也在上海视觉艺术学院的领导遴选、任命等环节中扮演重要的角色。[③]

（二）国有民办型民办高校的利弊

国有民办型民办高校具有明显的优势：首先，这类民办高校一般可以得到部分财政资助，且所有的学费收入都可以投入到教学，因此学校办学经费较为充足，发展趋于平稳。比如，浙江省财政按照生均4 000元的标准向浙江树人大学拨付经费，为该校的发展提供了一定的财力支持。该校科研水平在我国民办高校中位于前列，也与财政支持密不可分。其次，国有民办型民办高校既不存在家族化管理的弊端，也不存在举办者子女接班带给学校的震荡和冲击，从而降低了办学风险。

当然，该类民办高校也存在一些问题。首先，受到的政府干预高于其他类型的民办高

---

① 浙江树人大学董事会［N/OL］.［2015-08-15］. http://www.zjsru.edu.cn/news/sdgk/dsh/.
② 基于作者2015年5月对浙江树人大学校长的访谈。
③ 基于作者2015年4月对该校知情人士的访谈。

校,特别是在经费开支方面。有校长表示,学校所有的开支都纳入政府采购范围,增加了学校的运行成本且降低了效率。其次,这些学校的领导都有一定的任期,任期结束后则从学校领导岗位退出,可能会影响学校长期战略规划的制定和实施。

(三) 国有民办型民办高校的稳定性及发展趋势

国有民办型民办高校的组织稳定性较高:首先,由于学校所有的结余都投入到办学中,且内部治理较为规范,大大降低了该类民办高校的办学风险。其次,该类民办高校一般可以获得比其他民办高校更多的资金扶持和优惠政策。最后,从政策导向来看,国家目前正在大力倡导"混合所有制"办学形式,因此这种民办高校未来的发展空间较为广阔。

从转型方向看,部分国有民办型民办高校的政府色彩可能会越来越浓厚,将来越来越接近于公办高校。当然,也有一些民办高校会朝相反的方向变化。政府可能会通过"改制"等方式从这些学校中退出,淡化这些学校的政府色彩,从而使它们转变为纯粹的民办高校。

四、共同治理型民办高校

共同治理型民办高校的数量非常少,仅有上海杉达学院和黑龙江东方学院两个案例。不过,该类民办高校代表了我国民办高校重要的发展方向。

(一) 共同治理型民办高校的特征和优势

首先,坚持公益性办学。共同治理型民办高校的举办者既不追求经济回报,也不要求取得学校的所有权。该类民办高校举办者办学的唯一动机就是为社会培养人才,属于公益性办学。

其次,不存在长期控制。谁能够带领学校前进,谁就应该成为民办高校的领导者,从而杜绝了家族化管理的可能性。上海杉达学院和黑龙江东方学院都在学校章程中注明实行亲属回避制度,学校主要创办者均没有安排子女在学校担任重要职务。

最后,政府干预和控制较少,具有自我组织、自我管理的特征。比如,上海杉达学院现任董事会是由上一届董事会选出,政府并没有参与董事会的遴选过程。在现任董事会的14位成员中,2位具有行政管理经验,5位具有高校管理经验,4位具有学术威望,2位系教师代表,1位具有商界经验。[13]这种董事会结构既具有很高的"专业性",又具有较高的"代表性",能够保证各利益相关者的话语权(特别是为学校早期重要捐赠者之子保留了董事席位),从而在最大程度上提高了学校决策的效率。

(二) 共同治理型民办高校代表我国民办高校重要的发展趋势

虽然目前共同治理型民办高校数量很少,但是该类民办高校与美国成熟的私立高校内部治理模式最为接近,代表了我国民办高校今后重要的发展方向,未来我国会有越来越多的民办高校演变为这种类型的民办高校。

首先,个人治理型民办高校会向共同治理型民办高校发展。在我国民办高校发展早期,很多民办高校的创办者具有较浓厚的投资动机,但随着学校规模的扩大,创办者的办学动机逐渐发生了变化。比如G学院的创办者就表示:"我创办的学校不仅教育了学生,也教育了我自己。"所以,民办高校的举办者在办学初期往往强调对学校的控制,但随后会放松对学校的控制而逐渐采取共同治理的方式。

其次,企业办学型民办高校会向共同治理型民办高校过渡。当前,企业办学型民办高校的举办方对民办高校具有很大的控制权。今后会有更多的企业出于建设"百年名校"的考虑而主动构建企业和民办高校之间的"防火墙"。在内部治理上,越来越多的企业办学型民办高校会借鉴先进的大学制度,减少对民办高校的干预和控制,完善董事会治理结构,向共同治理型民办高校过渡。

最后,国有民办型民办高校会向共同治理型民办高校过渡。国有民办型民办高校和共同治理型民办高校的区别并不显著,只是政府在前者的治理中发挥更重要的作用。当前很多民办高校之所以愿意成为国有民办型民办高校,很重要的原因在于政府可以帮助他们争取到资源和优惠政策。今后,随着政府干预的减少,高校将拥有越来越多的自主权,很多民办高校可能会选择共同治理型而非国有民办型。

参考文献:

[1] 2015年全国高等学校名单. 2015-05-21, http://www.moe.edu.cn/srcsite/A03/moe_634/201505/t20150521_189479.html.
[2] 王一涛. 我国民办高校创办者群体特征及其政策启示[J]. 高等教育研究,2014(10):56—62.
[3] 王一涛. 民办高校创办者子女接班:一个值得关注的现象[J]. 高等教育研究,2012(7):79—85.
[4] 周光礼. 中国高等教育治理现代化:现状、问题与对策[J]. 中国高教研究,2014(9):16—25.
[5] Jamil Salmi, *The Challenge of Establishing World-Class Universities*, World bank, 2008, p. 35.
[6] 萨莫斯. 21世纪大学面临的挑战——在北京大学的演讲[J]. 中国大学教学,2002(7):4—7.
[7] Philip G Altbach, Universities:Family Style, *International Higher Education*, 2006, No. 2, pp. 10-12.
[8] 西安外事学院. 民办高校首次全球招校长[N/OL]. [2015-08-15]. http://learning.sohu.com/20150419/n411510778.shtml.
[9] 秦和. 民办高校的持续发展从科学定位开始——吉林华桥外国语学院新时期办学定位研究[J]. 现代教育科学,2011(3):22—24.
[10] 周文水. 民办教育擎起一片蓝天——记全国人大代表、中国十大杰出青年于果[N/OL]. [2015-08-15]. http://www.people.com.cn/GB/paper83/2938/402793.html.
[11] 2013—2014年中国民办院校排名:中国民办院校竞争力排行榜[N/OL]. [2015-08-15]. http://www.nseac.com/html/263/292239.html.
[12] 王一涛. 民办学校财务风险及其防范——由华茂学校资金链断裂所引发的思考[J]. 教育发展研究,2008(24):40—43.
[13] 上海杉达学院领导介绍[N/OL]. [2015-10-12]. http://www.sandau.edu.cn/19/list.htm.

作者:王一涛,博士,浙江树人大学中国民办高等教育研究院副研究员。

(原载《浙江树人大学学报》2015年第6期)

从"趋同现象"中反思我国民办院校办学特色建设

张紫薇

摘　要：民办院校应有自己的特色，不应千校一面。民办院校办学特色趋同从"类特色"和模仿性两个角度分析具有合理性，但同时由于恶性的生源竞争、薄弱的师资力量、学校规划急功近利等原因造成趋同现象背后的盲目性，以品牌专业建设为突破口，重视培养毕业生的可雇佣性为理念，以"双师型"教师梯队为保障是消除民办高校办学特色中不合理性趋同的重要策略。

关键词：趋同现象；民办院校；办学特色

我国民办高等教育已经由作为高等教育的边缘地位发展到成高等教育的重要构成部分，民办院校开始逐渐迈向主流。民办高校进入高等教育主流竞争后，意味着其不能局限于仅仅追逐于规模效应，而应进入到内涵提升、追求个性、重视特色及创建品牌阶段。在我国，对受教育者而言，民办教育是一种选择性较强的教育形式，其最大优势是可以提供个性化的教育服务和满足多样化的教育需求。因此从理论上讲，民办院校应该形成不同风格，为学生提供更广泛的选择。但在实际发展过程中，民办院校往往受教育发展规律和外部环境等多种因素的影响，呈现出"相互间平均化或一致化的动态行为过程"[1]，导致民办院校无论在外在形式还是在内在机构上的特征越来越趋同的现象。

一、民办院校特色建设中合理性趋同

（一）民办院校发展中的"类特色"

特色是"共性与个性的统一，是建立在共性基础上的个性"[2]，并非一定要"人无我有"，但要以共性为基础。刘献君提出了"类特色"这一概念，每一种类型的大学，均与其他类型大学不同，本应具有自身特有的办学特色等，但如果同种类型的大学由于相似的办学性质等原因，而呈现出大致相同的"相对持久稳定的发展方式及独特的办学特征"[3]，这种共同特征即为"类特色"。教育发展的最终追求是分别"向不同教育需求的受教育者提供适合他们发展的教育"[4]，但现实中，为每个学生提供适合的教育是十分奢侈的，因此，以学校为单位，以学校"类特色"满足某类有特定需要的学生，将是一个规模化且节约教育资源的折中的发展道路。

依据高等学校的投资主体，我国高校可以分成公办大学和民办大学两大类，其中民办高校可以进一步分为民办本科院校、民办高职院校、公办院校的独立学院,这三种形式的民办院校在发展定位、办学理念等层面存在较大差异,但这三种形式的民办院校同为我国民办教育的一部分,因此它们具有民办教育共同特点,存在"类特色"。我国的民办院校大多属于教学型高校或者教学服务型学校,此类学院主要侧重于教学,培养应用型人才,为地方经济发展服务,相近的办学定位决定了民办院校在人才培养模式、科学研究等方面不同于公办高校,具有此类院校共同特征。

"类特色"之一:教学层面"注重实践教学,侧重订单式培养"。培养应用型人才作为民办院校办学的根本出发点,因此,民办院校对学生的理论知识要求较低,对其操作技能有很高的要求,重点致力于技能型人才的培养。以浙江树人学院为例,依据各个学科特点等特征,分别采用预制相对应的教育教学模式,如"专业职业化"、"3+1服务外包"等教学方式,各具特色的教学模式专业针对性强,有助于提升人才培养质量。再以湖南外国语职业学院为例,其人才培养虽然以"订单式培养"模式为主,但不同专业与不同单位分别成立"青苹果班"、"皇廷班"、"SWL国际服务外包班"等,在每个特色班级中,学校和企业可以开展零距离合作办学,学校和不同企业的具体合作模式可以各有不同,学校依据各个企业的不同需求和自身教学条件,实施具有针对性和差异性的教育理念和教学标准,以增强学生的不可替代性,提升民办院校学生的就业率。

类特色之二:科研层面"侧重自身研究"。受我国当前大学制度建设以及大学经费拨款方式的影响,民办院校从仅仅侧重教学,已逐渐开始重视科研对其发展的重要作用。科研不仅会为民办院校的可持续发展带来更多的教育经费,还可以为其内涵式发展提供原动力。由民办院校的科研现状特征可以看出:首先,民办院校科研机构逐渐增多,科研成果逐年增加。其次,民办院校的科研成果的针对性逐渐增强,民办院校的科研侧重对民办教育制度建设、民办院校教学实践现状等问题的探讨,尝试试图通过科研进一步提高民办院校自身的教学水平,或者力图通过科研成果对民办教育制度政策等产生影响,以促进我国民办教育的发展。如南昌理工学院在教学和科研相互关系的处理中,坚持"以教学质量求生存,靠科研创新促发展"为宗旨,将科研视为制约院校建设与发展的瓶颈。

(二)民办院校发展中的"模仿性"趋同

民办院校特色存在"模仿性",这是民办教育发展过程中一种阶段性结果,符合高等教育发展的内在规律。美国教育社会学家马丁·特罗认为竞争是高等教育出现多元化趋势和院校特色趋同的主要原因:首先,不同院校虽然均在同一高度教育体制下,但它们在激烈的市场竞争中获取的成果不是完全相同的,地位相对比较低的学校或部门,往往采用"边际差别"的策略以求在激烈的竞争市场获取最大优势,因此造成不同学校间的特征和差别更具多元化。其次,高等院校之间互相竞争,也会引起地位相对较低学校对较高学校的效仿,盲目地模仿一流大学的办学特色和教学模式等,实践结果中造成"第二流及第三流院校、新建院校和教育部门逐渐向尖子院校的学术形成及风格、课程以及办学标准方向发展"[5]的现象,因此高等院校之间的竞争又致使不同层次、不同类型院校之间的差别逐渐缩小。在我国,民办教育起步较晚,发展尚不完善,社会认可度不高,民办院校在人才培养的数量和质量上,均不如公办院校,特别是"985工程"或"211工程"等重点院校。为了获得政府和社会的认可,实现自身合法化,争取更多的财政和社会资源,减少不确定性导致的风险,民办高校在发展起之初会向着国内外知名高校办学风格、理念甚至是校园建筑风格靠近,努力提供类似于公立院校的教学条件、教学模式等等值教育,办学特色自然趋同于公立院校。独立学院在这方面更为明显,它们以重点大学为依托,其教学风格、管理体制等个性特色往往直接模仿母体高校体制特点,并借母体高校的声誉迅速提升本校社会地位及影响力,为自身进入良性发展提供得天独厚的优势。

二、民办院校特色建设中盲目性趋同

(一)盲目性趋同现象

创立文化层面兼具差异性和特异性院校,具有办学特色的学校"在文化的各个层面——精神、制度、行为及物质设备上"[6],均需区别于与其他层次或类型的学校。基于此观点,具有办学特色的民办院校需要在办学理念、管理体制、教学方式等层面表现出鲜明个性化和异质性特征。在学术研究领域,各个研究者从民办院校办学特色的不同视角和侧重点出发展开探究;在实践办学领域,各个民办院校管理实践者也从不同维度建设发展院校特色,民办教育研究者或实践者对办学特色的理论认识和实际操作可能存有差异,但他们普遍将"独特性"作为评价某个院校办学特色突出与否的首要标准。民办院校在特色形成过程需要借鉴、模仿其他高校,学习模仿最终应形成自己独特风格,但我国民办院校特色发展却往往仅仅停留在模仿阶段,造成的结果是:不但同层次或同类型院校之间办学特色大致类似,甚至连不同层次或类型(如本科与专科层次等)院校之间办学特色也几近相同,[7]民办院校逐渐失去了大学个性与特色,形成"千校一面"的局面,这种盲目性趋同使民办高校面临逐步被公立大学"同化"的危险。

第一,办学理念层面,当下高等教育市场竞争异常激烈,民办教育本身处于劣势地位,为了克服不利因素对自身发展的影响,进一步提升社会声望,民办院校往往盲目跟风、避实就虚,采取不遗余力、名不副实的宣传策略,如强调以市场为导向,注重"英语+计算机"模式,重视提高受教育者应用技能和创新能力等,这些特色通常仅仅成为一种口号,但实践中并没有真正实现院校的教育基本特征和内涵。第二,专业设置层面,为了适应市场经济发展和地方性职业需求,民办院校往往依照某一特定区域的发展水平和经济建设状况设置相对应的专业,如计算机、外语、经管专业等,以致绝大多数院校盲目将外语、计算机及经管类专业设置成自身"特色"专业,有时为了适应新形势,有些学校甚至会时常更替传统的专业或科目,开设适应市场和人才发展变化的新专业,并为此投入过多的人力、财力、物力等到"流动性"专业的建设中,以致特色没有真正落实,反而因专业重复建设引起教育资源的大量浪费。第三,学校管理体制层面,民办院校由非政府机构或个人投资建设而成,办学主权属于社会组织或个人,因此民办院校的管理模式主要为"董事会领导下的校长全面负责制",这种体制相比公办高校更为灵活、更为自主,但这种体制会因赋予校长过多权力、用人机制太过灵活等特点而引起诸多问题：民办院校在师资管理方面，因人才引进、师资薪酬管理等不足，会导致兼职教师数量过多、教师年龄层次分布不均等现象，因此师资队伍呈现流动性强、稳定性不够等整体特点；民办院校可以将企业中先进管理理念引进高校，但过于追求效率以致忽视了学校的育人本质。如部分民办高校实施封闭式管理方式，缺乏灵活自由的学习氛围，抑制了学生积极主动性的养成。学校和企业具有根本性的差异，企业通常以追求利益为首要目标，而学校教育需要以人为本，如若我们盲目地将仅适用于企业的机械化或模式化管理理念和方式引入学校，可能并不会有效提高学校教书育人的质量，不利于民办院校教育特色的形成。

（二）盲目性趋同现象归因分析

第一，民办院校恶性生源竞争。生源对民办院校的发展起着决定性的作用，对生源数量和质量的争夺是民办院校每年的工作难点和重点。与公办学校不同，民办院校在生源质量上的竞争上很难占有优势，所以民办院校必须采用多渠道、多层次的招生策略，通过各种手段扩大招生范围，力求在能够保证生源数量的同时，还可以相对提升生源质量。民办院校盲目致力于生源数量的竞争导致生源质量相对较差，部分学生的学习基础相对薄弱，个性化特征反而更为突出，个性张扬的学生对教育的需求体现出多元化倾向[8]，他们通常不愿把自己仅仅当作一名受教育者，更愿意将自己当成独立的"消费者"，他们将学校不仅仅只是当作为接受教育的场所，而是当成提供教育服务以满足自身教育需求的地方。民办院校为在生源竞争中获胜，不断开拓一些所谓的"特色课程或者项目"等，以满足学生的个性要求吸引生源，因此，"计算机＋英语"、"校企合作"等先进的办学理念、办学模式等争相成为民办院校办学"特色"。这些"特色"在民办院校办学中通常是一种招生宣传噱头，民办院校的教师和管理者在教学和管理中并没有落实或实施，民办院校的学生也没有受益于诸多形式化和口号化的办学特色。

第二，薄弱的师资力量。管理者和任课教师作为实施办学特色的主要实践者，师资队伍为教育特色建设的重要环节。而绝大多数的民办院校管理者、任课教师采用兼职聘任的方式从公立高校引进而来，他们大多是一些退休老教师和刚刚入职的青年教师，从而造成民办院校的管理者、任课教师中来自公立高校兼职教师过多，而能够胜任民办院校教学和管理的"双师型"教师数量严重不足，这样的师资队伍往往不能接受或主动落实民办院校的特色理念，他们在教学和管理中依然仅仅注重对学生理论知识的传输，忽视对学生实践操作能力的培养。过多的兼职教师不利于民办院校办学特色的形成，反而容易引起民办院校特色与公立高校的趋同；而数量相对有限的专职教师往往因教学压力和评价体制等问题，不能很好地实施民办院校独特的教育教学模式，切实实现民办院校的办学特色等。

第三，特色建设急功近利，忽视长远规划。我国民办院校特色建设往往基于学校主要领导者对民办教育的片面认识及模糊定位，在特色建设中不是从院校整体发展过程中分阶段逐步地设置短期目标，而是盲目追逐国内外流行的教育思潮，片面追求与国际接轨，复制、照搬名校培养模式，这与特色形成规律是相违背的。在办学特色建设过程中，很多民办院校仅仅看重短时效益,往往侧重建设一些急功近利的特色项目,忽视整体发展趋势和特点,再加上民办院校经费来源渠道单一,资源配置不充足,民办院校投入某一特色建设后,已无力关注其他办学特色的建设和发展,导致民办院校办学特色整体特点被替换或流失。如很多民办院校投资大量经费致力于校园环境规划、广告宣传与招生代理机构管理后,很难再投入充足经费到师资的引进以及学生培养等特色建设层面,更无暇关注长期的教学和科研规划特色建设,久而久之则很不利于民办院校稳定、有序地发展。

三、民办院校"趋同"中的特色建设

(一) 特色专业中突出品牌,以品牌专业建设为突破口

特色专业不是一蹴而就的,是民办院校在建设发展过程中逐渐形成的,可以反映出一所学校的特色优势。教育部在《关于加强"质量工程"本科特色专业建设的指导性意见》中,将"特色专业"这一概念明确界定为"充分体现学校办学定位,在教育目标、师资队伍、课程体系、教学条件和培养质量等方面,具有较高的办学水平和鲜明的办学特色,获得社会认同并有较高社会声誉的专业"。可见,特色专业如同各个院校的"名片"一般,特色专业的数量愈多,质量愈高,则其整体实力愈强。特色专业作为学校形象的象征性符号,亦成为学校提高社会认可度的重中之重,因此很多学校将特色专业作为办学特色建设的关键策略。[9]但特色专业不是一蹴而就的,是有自身形成规律的,是一所高校根据办学定位和市场需求,在师资队伍、教学资源等方面保障的前提下长期建设的结果。针对我国的民办院校大多数属于教学型院校,肩负着为某一特定地域经济建设输送应用型人才的使命,因此减少专业重复设置,逐渐调整及优化学科结构,不断加强特色专业建设,为民办院校发展办学特色的主要渠道。

针对当下民办高校特色专业趋同问题,笔者认为,民办高校应一方面继续开展特色专业建设,另一方面则需不断增强特色专业的不可替代性,逐渐形成本校品牌专业。所谓品牌专业,是指"专业条件、改革成果、建设和管理水平、人才培养质量和社会声誉等达到一流水平的专业"[10]。不同于特色专业,名牌专业主要特征为:品牌专业在层次上稍高,一所高校的特色专业数量不限,可以为一个或多个,但其品牌专业数量有限,通常为一个;"从商业营销角度看,品牌专业是能够占据更多消费者的、具有良好社会声誉的专业"[11]。如钟山职业技术学院,该学院针对江苏社会老龄化的趋势,设置老年服务与管理等有关科目,重点建设老年服务特色品牌专业,并以此专业的建设带动学院综合快速发展。综上,品牌专业蕴含学校办学理念和文化,把品牌作为一种标志,以品牌专业建设为突破口,增强自身的不可替代性,将是民办院校在"趋同"中建"特色"的关键。

(二) 实践能力中重视可雇佣性技能,培养毕业生的不可替代性

毕业生就业状况是评价民办院校办学水平的关键参考标准,考生个体及社会大众对民办院校毕业生数量及就业质量情况尤为关心。民办院校办学者尽一切努力培养毕业生的就业能力,并将就业率和就业质量当作招生宣传以获得公众认可度的重点指标。提升毕业生就业能力关键在于侧重学生的实践能力的形成,重视英语、计算机教学,增加实际

训练机会,校企合作办学为民办院校提高学生实践能力的主要途径。如同为计算机专业,民办院校采取减少理论知识讲授时间,增长实验实训时间,受教育者在校期间的学习和训练,可以提升他们实际动手操作能力,有利于提升其在日后就业市场上的竞争优势。不同于公立高校,民办院校更突出强调实践能力培养特色,致使民办院校学生尤其是职业学院学生,更受用人单位的青睐。

重视实践技能的培养已是绝大多数高校意识到的问题,笔者认为,在实践能力培养中重视可雇佣性技能,增强毕业生的不可替代性将是民办院校在趋同中"存异"的重要战略。可雇佣性技能"是一个比就业能力更丰富的概念,它不仅指一个人获得就业所需的技能,还指他在一个繁荣的、动态的劳动力市场维持和发展职业,获取新职业所需要的长期能力"[12]。英国、澳大利亚、加拿大、美国等国家在20世纪90年代对提升大学生的可雇佣性进行了积极的探索,研究出大学生可雇佣性技能模型的建立与评价等指标体系,与国外高等教育相比,我国高校忽视对大学生可雇佣性技能培养,这为民办院校特色建设提供了良好的契机[13],哪所民办院校能够积极学习国外可雇佣性教学理念与经验,通过改革人才培养模式和教学策略,切切实实将学生的可雇佣性技能培养融入课堂之中而不是流于各种口号化的办学理念,那么哪所院校在激烈的市场竞争中就会脱颖而出。

(三)教师队伍建设中重视"双师型"教师梯队建设,为办学特色落到实处提供人力保障

教师是民办院校办学特色的实践者,没有雄厚的教师队伍,再新异的办学特色也只是空谈,教师是民办院校办学特色"同中存异"的保障。针对当前民办高校不断被公立高校"同化"的风险,民办院校应努力建设一支稳定的"双师型"教师队伍。在我国"双师型"教师大量缺乏的状况下,民办院校可以在全校范围内的专业教师队伍中,将"理论型"教师、"技能型"教师、"双素质"教师三者的数量控制在合适的范围内,教师队伍在整体上具备双师能力,不必奢望每位教师均是"双师型"教师。民办院校可以采取引进具备"双师"素质的专业技术骨干或管理人员到学校兼职等措施,加强建设本校"双师型"教师梯队,保障本校办学特色切实落实。

参考文献:

[1] 张清.高校趋同化发展缘由的组织社会学透视[J].教育评论,2006(5):7—10.
[2] 李立国.关于高校办学特色的几点认识[J].中国大学教学,2006(10):22—23.
[3] 刘献君.论大学办学特色的创建[J].高等教育研究,2012(1):51—56.
[4] 秦玉友.教育发展浪潮与中国教育政策的多层设计[J].教育发展研究,2012(Z1):1—7.
[5] [美]伯顿·克拉克.高等教育新论——多学科的研究[M].王承绪,等译.杭州:浙江教育出版社,2001:145.
[6] 李泽彧.关于大学办学特色的一点探讨[J].辽宁教育研究,2002(1):22—24.
[7] 张紫薇.我国民办院校特色现状调查分析及思考[J].现代教育管理,2014(8):91—96.
[8] 魏治国.民办高校学生现状分析与对策思考[J].中国科教创新导刊,2007(14):14.
[9] 王保华,张婕.关于特色专业建设的几个理论问题[J].中国大学教学,2012(5):30—34.
[10] 张金贵,宁宣熙.论品牌(特色)专业与高校核心竞争力[J].经济师,2005(8):8—9.

[11] 王保华,张婕.关于特色专业建设的几个理论问题[J].中国大学教学,2012(5):30—34.
[12] 钱铭,汪霞.澳大利亚高校可雇佣性技能的培养——以墨尔本大学为例[J].高教探索,2012(3):52—56.
[13] 孙巍,韩伟,李美旭.中外合作办学现状、问题及改进策略[J].现代教育管理,2014(8):98.

作者: 张紫薇,北京大学教育学院博士后研究人员。

(原载《现代教育管理》2015年第12期)

大学章程与依法治校
——以民办高校章程建设为视角

冯春萍

摘　要：近几十年来，我国高等教育事业不断发展壮大，由单一的公办高等院校扩大到目前公办高等院校与民办高等院校共存的局面，在教学方式、管理制度、生源类别等方面都有创新和扩张。可以说，民办院校的出现为我国高等教育事业注入了澎湃的活力，不仅有利于我国高等教育事业的长期发展，同时也满足了社会大众对于高等教育的迫切需要。因此，民办高等院校更应该注重自身建设，落实依法治校，借鉴国内外高校的先进经验制定自己的大学章程，完善民办高校的教育形式，创造独具特色的校院文化和大学精神。

关键词：大学章程；民办大学；依法治校；学术自由

一、引言

大学章程是一所高校成为现代大学的标志之一，凝练了大学的管理制度和办学理念。一部优秀的大学章程既可以理顺大学内部管理架构和组织制度模式，又能够形成高校自身的文化特色。2010年，《国家中长期教育改革和发展规划纲要（2010—2020年）》正式全文发布，明确提出要重点推进中国特色现代大学制度。[①] 我国高等教育体系分为民办和公办两类，两者各有特点，共同为社会不同人群提供所需的高等教育服务。近年来，随着我国民办高等教育逐渐扩大规模走向成熟，民办高校创立时间较短、组织管理制度不严等问题也日益突出，严重阻碍了我国民办高等院校朝着一流大学迈进的步伐，急需对内部的管理制度和未来的办学目标重新定位。由此，大学章程的建设受到了民办高校的重点关注，如何制定科学和严谨的大学章程成为我国民办高等院校进行大学现代化改革的重点之一。目前，全国已有47所高校的章程通过了教育部的审核。在这个大趋势下，海南各民办高校制定自己的大学章程的工作刻不容缓，本文拟通过对大学章程的分析和研究，为海南民办高等院校制定章程提供参考。

---

① 《国家中长期教育改革和发展规划纲要》指出，要完善政校分开、依法办学、自主管理的改革试点工作，其中制定科学、合法、有利于高等教育发展的大学章程成为重中之重。

二、大学章程的概念与作用

章程,是组织为了规范自己的管理架构和活动规则,由国家法律授权,通过一定的程序制定的内部文件,它具有法律效力,是组织活动的依据。[①]

高等学校章程是高等学校办学自主权的产物,体现了一所学校的特色和办学理念,关系着民办高校举办者、学校、教师、学生的利益,界定了大学组成成员的权利与义务,同时体现了不同大学应该有的独特的办学特点,促进学校依法自主办学。[②] 其主要作用体现在以下几个方面:(1)明确学校的性质、功能和地位,强调大学依法律授权自主办学的权利;(2)推动中国高等院校现代化改革步伐,提高人们对现代大学制度的认识,统一改革思想,在高校内部制定系统化改革方式;(3)通过大学章程,规定学校基本的管理制度和办事准则,明确大学内各主体的权责范围,完善内部治理机构,实现多元主体共治;(4)依法保护学校教职工、学生等共同体成员的权利义务以及相关救济机制;(5)通过章程,理顺大学内部行政管理结构、执行监督机制和重大问题的决策议事程序等规定,提高办学效益,降低决策风险,保障决策的执行力;(6)促进学校转变发展方式,帮助大学重新定位发展目标和办学理念,形成具有自身特色的校园文化,满足国家对高等教育的需求。

三、民办高校章程的特点与内容

(一)民办高校的特点

我国高等院校有公办院校和民办院校之分,导致两者在各方面有一系列的不同。在管理制度方面,两者拥有各自不同的管理体制[③];在人事任用方面,公办院校的人事任免受政府教育行政主管部门影响很大,民办院校对学校招聘的人事任免和薪资待遇等方面可以自主规定,拥有更大的自主权;在学科设置方面,政府行政权力对民办高校的干预力度弱于公办高校,民办高等院校拥有更大的灵活性。所以民办院校和公办院校的章程应该有所区别,民办院校在制订章程时应该注重突出自己的特点,以适应自身发展的实际需求。

(二)民办高校章程的内容

民办高校章程的内容构成包括法律规定的必须记载的事项和学校自主决定添加的事项。法律规定必须记载的事项必须全部写进章程,不得有遗漏和修改,若其中的内容不合法,则会影响整个章程的法律效力。此外,民办高校还可以根据自身的需要,在不违反相关法律规定的情况下,自主添加一些有必要的事项,如学校的招生办法、学生学习成绩的

[①] 大学章程是为了保障大学依法自主管理,由国家法律授权,按照特定的制定程序,由高校制定的规范学校内部管理制度和办学管理活动等事项的规范性文件。
[②] 高校章程被誉为高等院校的"宪法",是现代大学管理制度的重要基础。高校章程的效力在高校内具有最高效力,高校的教育和管理活动必须依章程而行,不得违反章程的规定。
[③] 根据《高等教育法》规定,公办高等院校举办者是政府教育主管部门,资金来源是政府财政性拨款;《民办教育促进法》规定,民办高等院校的举办者和出资人是国家机构以外的社会组织或者个人,资金来源必须是非国家财政性经费,由举办人自筹。

考核程序和奖惩制度等。

　　章程可以按照内容结构来划分①：总则一般涉及章程制定的依据和作用，包括学校名称、住所地、法人属性、举办主体和主管部门、办学理念、基本职能、发展愿景、培养目标、根本制度等；分则是大学章程的主体部分，是对总则内容的具体化规范；附则则是一些不适合列入总则和分则的内容，包括章程术语的定义、效力范围和具体实施时间等。

　　具体来说，章程应该依法载明以下内容：（1）学校登记的中英文名称，住所地、办学地点；（2）学校的性质、大学理念、发展方向；（3）经过核准后的办学层次和规模；（4）学校的学科设置、类别和管理原则；（5）学校实施的教育形式和办学模式；（6）学校的领导体制、组织机构、法人设置、监督措施等；（7）学校发展经费的筹集办法、来源、使用原则和管理制度；（8）举办者和学校负责人的权利与义务，学校负责人的选聘制度，学校的管理考核方式；（9）章程的修改程序和解释权的归属；（10）学校分立、合并等重大变化的事由，学校校徽和其他学校认为必要的事项。

四、国内民办高校章程的创新

　　目前，我国民办高校的管理主要采取三种模式：（1）家族企业管理模式；（2）小团体集权管理模式；（3）沿用公办高校的管理模式。上述三种管理模式都具有不同的弊端，在民办高校初创时尚可使用，但如今在我国民办高校快速发展的新时期，这些管理模式的弊端已经逐渐显现，已经不适应民办高校的发展需求，需要更科学、系统的新型管理模式为民办高校未来的发展提供支持和保障。[1]

　　以山东烟台南山学院为例。烟台南山学院是山东省一所普通的民办高等院校，在创立之初模仿公办院校的校院制管理方式，由学校采取统一的、格式化的方式管理各个学院。由于管理模式僵化，各二级学院都有自己的特点和需求，这种方式显然无法满足发展学院特色的需求。由此，烟台南山学院决定转变自己的管理方式，在章程中确立了校院二级管理模式，使学院拥有更大的自主权，可以根据学院的需要自己决定发展方式和目标，发挥学科特长打造自身特色。现在，烟台南山学院已经全面推行校院二级管理体制，并建立了配套的管理程序和监督考核机制。其立足于"依法自治，教授治学"的管理理念，在章程中确立了"与真理为伍，与时代同步"的大学精神，以建设现代大学制度为目标，对内进行管理创新，提出了四项制度改革：（1）以自主自由为管理核心的"学院制"校院二级管理模式；（2）以学生个性发展为教育目标的"学分制"学生培养制度；（3）以学以致用、产学研结合为方向的"双元制"校企合作模式；（4）以廉洁自律、民主公开为特征的"监视制"内部监督机制。[2]

　　上海天华学院也是著名的民办高校。其以明确学校内部权责划分与监督体制为重点，确立了内部改革的四项基本原则，以此为依据在大学章程中订立相关制度：（1）权力制

---

① 民办高校章程的结构由总则、分则和附则三部分组成。其中，总则最为重要，它对整个大学章程主要内容做出了纲领性的规定。

衡原则。划分了代表高校校长行政权力的行政管理系统,代表高校党委的党务工作系统,代表董事会的检查监督系统,制定改革计划,明确了三者之间的权力界限,使三套管理系统各自独立,配合工作,有效避免了管理混乱和权力滥用的发生。(2)决策公开原则。成立校务委员会和专项事务委员会,对涉及学校人事、财产、招生等专项问题的决策,设立专门的事务委员会,进行专家审议,对学校的重大工作决策,采取民主、公开的方式广泛征求意见,由委员会成员投票表决。(3)有效监督原则。建立新的干部选拔和考核制度,对于领导干部的工作严格监督,如果干部在任期内出现重大过错,可由专门建立的监督委员会启动弹劾程序;同时,在干部就职时会进行宣誓仪式,以此来提高所就职岗位的责任和神圣性,加固防止腐败和渎职的精神防线。

五、民办高校章程存在的现实问题与改进建议

(一) 民办高校章程中存在的问题

1. 章程规定的内容不全面。部分民办高校对于章程的规定不够细化,遗漏了必须写明的内容。如没有就学校的规模和学校的教育层级做出规定;没有建立学校法定代表人的产生及罢免制度和程序;没有对学科门类的设置和变更程序、事由等做出规定。这些内容不明确,会使得大学的管理和教育活动产生混乱,学校的发展方向不明确。从法理上讲,法律规定章程应当记载的事项而没有记载,会影响章程的法律效力,降低章程的实际效用。

2. 照搬公办高校的大学章程。有的民办院校制订的章程与公办院校的章程几乎一样。由于公办院校的举办人是国家教育主管部门,在先天上受政府行政行为的干预较大,其办学自主权没有民办院校的大,由此造成公办高等院校与民办高等院校在机构设置和法律规范等方面有所不同,公办高校的章程内容并不完全适合民办高校。这会导致民办高校的章程内容和实际办学情况出现矛盾,无法按章操作,导致大学章程的威信降低。

3. 章程内容不合法。[①] 在实际生活中,有些民办高校在制订大学章程时并没有严格按照法律的规定,导致一些条款不仅没有法律依据,而且还与现行法律规定相冲突。如随意设定学校的法定代表人制度,有较大的随意性;或者组成董事会的成员身份不符合要求,缺少重要的成员代表;还有不遵守法律规定,自行规定章程生效的要素和时间条件等。这种大学章程里面的重要条款明显与国家的相关法律规定相冲突,实际上并不具备法律效力。这反映出大学章程的制定者在思想上对大学章程的重要性认识不足,对订立章程的要求和意义不够重视。制定章程不是为了应对上级检查,而是为了大学的更好发展和教育学生,因此应该制定一个长远规范的发展制度。

4. 权利与义务划分不清。[②] 有的民办高校在章程中对于教师和学生的利益保护不够

[①] 我国《高等教育法》、《民办教育促进法》和《高等学校章程制定暂行办法》等对于民办高等学校的章程内容、制定方式和内部管理架构等方面都有详细规定。
[②] 按照我国相关法律的规定,大学章程应该对学校的举办者、教授、学生和行政人员等高校各成员的权利与义务划分清楚,要保障和尊重高校师生的学术自由。

重视,权利与义务的规定比较笼统或者干脆没有,导致出现侵犯教师和学生利益的情况屡见不鲜而又申诉无门。再者,一些民办高校的章程对管理构架内各主体的权利与义务没有进行明确规定,董事或董事会越权插手学校的教学、科研和行政管理等工作,这明显违反我国法律关于民办高校校长职责的规定,实质上压缩了校长的权力,使大学校长在其位不能谋其政,无法充分发挥自己的才干,不仅浪费了人力资源,更会导致权力结构与责任规定混乱,章程成为学校的"恶法"。

5. 没有突出自己的特色。现有民办院校的大学章程互相之间多有相似之处,没有体现出发展特色。而高等院校章程的重要作用之一,应该体现出高等院校的办学理念,使其具有各自的特色而非千校一面。高等院校想要在激烈的竞争中脱颖而出,成为世界一流的大学,必须发展出自己的校园文化与办学特色,只有通过不同的理念和文化熏陶,才能培养出别具一格的人才。目前,在这一方面,我国民办高校与国外民办高校相比,存在很大的差距。

(二) 民办高校章程建设中的几点思考

1. 明确大学理念,体现学校特色。大学理念将决定一所大学通往何处,一个明确的大学理念会坚定学校未来的前进方向,并将自己的办学路径和校园文化渗透进去,独具自己的大学特色。民办高校由于成立时间较短,其历史和文化积累无法与公办院校相比,更要在章程建设的过程中注重大学理念的树立,凝练民办高校独有的办学特色和文化价值,为学生指明学习方向、拓展未来道路,增强学校师生的凝聚力,为建设一流的大学提供支持和帮助。

2. 明确学校各成员主体的职权。民办高校在自己的章程中应该明确董事会和校长的职权负责范围,区分董事会和校长各自管理的具体事务,健全监督机构和决策程序,制定规范各机构中成员身份的制度,避免某一人身兼多重身份,导致利益交叉的情况发生,保障大学管理制度中各部门能够各司其职,使其法定权力能够有效落实。

3. 执行董事会领导下的校长负责制[①]。高校董事会履行为学校筹集发展资金,监督学校运行,对学校的重大人事、财政事项进行管理等职责。校长主要负责高校科研、行政、教学等管理工作。由于民办高校章程对于学校董事会和校长的职权划分不清,导致董事会干涉校长工作的情况时有发生,校长的职权被压缩,导致学校管理制度产生混乱,校长的工作不能正常展开。所以,民办大学应该在章程中着重完善董事会领导下的校长负责制,处理好双方的职务关系与权力划分,选聘有管理经验和资质的人担任高校校长,建立配套的任期、考核制度,细化并完善高校董事会和校长对学校重大事项的决策程序。

4. 注重章程"法"的权威性。大学章程受国家法律授权,被视为大学里的"宪法",具有最高的法律效力。民办高等院校应该在学校内部树立章程至上的观念,使高校董事会、行政管理人员、师生等大学各成员自觉遵守章程的规定,在管理学校事务时依章程而行,严

---

① 与公立高等院校有所区别,我国民办高校采用的管理制度是董事会领导下的校长负责制,校长不受政府领导,只对学校董事会负责。

禁做出违反章程规定的行为。强调起章程"法"的权威性,落实依章程治校,推进依法治校。

5. 鼓励和保障学术自由。学术自由是高校发展的根基,如果民办高校的学术自由得不到保障,也就不可能发展为国内一流大学。由于民办高校的营利性质,其在创立的前期为了稳固自身的发展,通常会较多以行政权力干预学校管理,导致忽视对学术自由的保障,影响学术研究成果的发展,受惯性影响,这一管理方式在之后可能会成为常态。为了学校的长远发展,创造良好的学术环境,民办高校应该在大学章程中着重鼓励学术发展,设立专业学术研究机构,以制度保障大学学术自由。

六、结语

大学制度不仅是国家对高等院校的管理政策和法律规定,也是高等院校内部的管理架构和运行机制。随着国家"减政放权"政策的推进,建立新型的政校关系,给予高校更大的办学自主权,已经迈出了坚定的步伐。与此同时,依法治校的落实还要靠高等院校自身由内到外的改革,高等院校应该着重进行章程建设,以大学章程为改革依据和前进导向,抓紧完善自身管理制度。民办高校作为近年来蓬勃发展的办学形式,要紧跟改革的潮流和趋势,利用民办院校相比公办院校拥有更大办学自主权的先天优势,大胆进行大学制度现代化改革的试点工作,推进依法治校,倡导学术自由,努力把自身建设成对社会有益、与时代同步、充满活力的大学。海南各民办高校在制定章程的过程中要借鉴国内外高校的成功经验,利用国际旅游岛的区位优势,吸引优秀人才,以开放、自由的精神面向世界,开拓未来。

参考文献:

[1] 建立章程 依法治校 民办高校可持续发展的必由之路[EB/OL].文汇报,(2014-04-22)[2014-04-23].http://news.hexun.com/2014-04-22/164133702.html,2014-04-22.
[2] 王晚春.建设现代大学制度,推动民办高校科学发展[EB/OL].(2011-03-17)[2014-01-25].http://paper.dzwww.com/dzrb/content/20110317/ArticelA08002MT.htm.

作者:冯春萍,海南师范大学政法学院教授,海南经济特区法治战略研究基地常务副主任。

(原载《海南师范大学学报》(社会科学版)2015年第5期)

文化自觉是赶世界水平建百年名校的内核
——以西安外事学院鱼化龙精神研究为例

黄 藤

摘 要：文化大发展大繁荣环境下高校文化自觉的有关问题，是当前高校发展探讨的热点问题，弘扬中华文化成为大学的重要历史使命。西安外事学院在此背景下，以鱼化龙精神研究为突破口，构建自己的特色大学文化体系。这种做法有利于确立大学文化自觉，实现特色发展，走内涵式发展道路，早日赶上世界水平，建成百年名校。

关键词：大学功能；西安外事学院；鱼化龙精神；文化自觉；特色发展

文化大发展大繁荣环境下高校文化自觉的有关问题，是21世纪多元化的高等教育价值观和多样化的大学理念的一个显著特征，必然是当前高校发展探讨的热点问题。处于西部地区的西安外事学院以鱼化龙精神研究为突破口，对大学文化和百年发展等基本问题进行深入探讨，把自身大学文化建设看成建设中华民族共同精神家园的基础，构建自己的特色大学文化体系。这种做法不仅有利于确立大学文化自觉，强调坚守自身特点，实现特色发展，走内涵式发展道路，早日赶上世界水平，建成百年名校，而且对于其他高校进一步培养文化自觉具有重要意义。

一、研究鱼化龙精神凸显大学的文化自立和高度自觉

在我国，校园文化建设和研究起步于20世纪90年代市场经济的建立和高等教育快速发展的时期，但当时主要是作为加强德育，更多属于党的建设和学校精神文明建设的领域。随着素质教育观念的不断拓展，一批教育界著名人士开始深入思考高等教育在变革时代面临的挑战，分析现代大学与社会的密切关系，倡导实施全面的文化素质教育。

文化的本体与实质在许多方面应该说是相同的，但受一定的地域性传统习惯势力和物质水平的影响，在存在方式或表现形式上却是千差万别、大不相同的，所以我国许多高校的文化建设以校史整理和文化研究为内容，对大学传统进行挖掘、保护和宣传，这在客观上推动了大学文化整理、传承等建设工作。进入21世纪以来，随着科学技术的进步，大学迅速成为传承和发展科技文化的最重要载体，推动着科学文化与人文文化的融合，引领着社会文化的发展，2007年党的十七大报告提出"解放和发展文化生产力，是繁荣文化的必由之路"。在教育领域，许多高校领导以及一大批专家学者、媒体和社会人士，纷纷对大学精神衰微与重塑发表看法，"'文化的力量'也正成为推动教育进步与发展的动力，这使

得人们对高校文化的认识层次不断深入,之后'大学文化'的话题讨论骤然升温"。[1]

众所周知,大学当然定位在文化领域之中,是文化组织,大学的使命之一就是文化使命,而文化是反映人类在社会实践过程中形成的创造性的精神成果,大学文化是指大学在核心价值观支配下创造、传播和应用知识的过程中所展现出来的特色、制度、行为、环境等,广义上的大学文化是包括了大学精神、大学环境、大学制度等方方面面的整个大学教育。而狭义上主要指大学精神,它是大学文化的灵魂,是大学凝聚力的核心,是大学生命力的象征,也是大学影响力的关键,表征和引导着大学的理想和价值追求。相对于普遍文化而言,大学文化是一种只有"大学人"参与的区域文化,是学校精神、学校传统和学校作风的综合体现,是具有大学个性的文化结构,广泛渗透在办学的各个环节。它不等同于各高校普遍开展的校园文化,不完全是学生的课外文化活动,它与校园文化既有联系,又有区别。广义的校园文化常指学校存在方式的总和,狭义的校园文化常指以学生为主体,以校园为主要空间,以课外文化活动为主要内容的文化氛围和精神。

西安外事学院历经20年从无到有、从小到大的跨越式发展,有着高度的文化自觉。1996年新校址奠基,1997年学院迁址鱼化寨,学院创办人将学院所在地"化鱼成龙"的传说和中华民族"望子成龙"的美好愿望融入到自己的办学理想,提出了"处鱼化龙之地,为鱼化龙之事,寄鱼化龙之望"的办学诉求,第一次提出鱼化龙精神。2006年高职评估时,把"鱼化龙精神"第一次体系化,选编出版了《鱼化龙文化精要》,使师生员工有了关于化鱼成龙的校园文化读本。2013年学院通过了本科教学工作合格评估,鱼化龙精神进一步得到了提炼。这一现实情况促使人们必须不断总结可持续发展的理念,包括办学实践应该培养什么样的人、如何处理大学与社会的关系、树立何种价值导向等,更加重视大学文化建设对提升人性、健全人格的意义。因此学院便把鱼化龙精神研究和实践提到了学院的发展战略层面,由校园文化提升为大学文化。

高校自身的人文精神是大学文化长期发展的产物,不只是理论知识层面的东西,更是师生共同参与的大学文化建设、文化研究和文化创造的实践活动,上接传统,下接地气,这决定了高校始终的是文化领域和文化市场的重要主体。"鱼化龙精神"即西安外事学院人的价值观和社会心态在近年来所形成的微观转变,已内化为特有的校风、教风、学风和人格特征,是外事人书写的文化传奇,影响和支配着大学的发展方向、发展质量和发展特色。多年来外事秉承"汇南北之气,凝东西之髓,顺乾坤之理,立民校之魂"的文化研究理念,实现了自身文化的传承与创新。完全可以这样认为,只有内生于高校自身的文化,才真正具有广泛影响力和永久的生命力。以外事学院为代表的高校对"鱼化龙精神"这个自身文化属性的长期实践探索,是对当前高校人才培养中存在的文化素质教育狭隘化和文化使命淡化倾向的克服,他们从文化建设的角度思考学校的整体发展。20多年来积累的工作经验和大学文化建设的理论成果,有助于把大学做大、做特、做强、做久,达到我们为之奋斗的是一项与人类共存亡的伟大事业的目标,有助于建构关于大学文化的理论,反映大学对文化发展规律的深刻认识,使该校对大学文化乃至新形势下学校思想政治工作的探索在全国具有样本作用。

二、以鱼化龙精神提升建设百年名校的文化力

大学的本质到底是什么？历来许多教育家和理论家都进行了研究，提出了许多具有代表性的观点，也有不同的认识，但对于"大学引领创新文化是大学的主要功能之一"则没有任何异义，并认为，在长期的办学实践中大学形成的"大学文化所具有的凝聚力、教育力、创造力和影响力是大学核心竞争力之所在"。[2]大学的本体活动就是"以文化人"，我们认识到，建设百年名校面临的问题不仅仅是科学研究和学术水平的差距，而是如何创造一所大学的文化和精神。这要求每所大学都要自觉传承文化，铸造大学精神。学校精神是学校的灵魂，靠精神站立起来的教育充满力量。一旦形成，就能够把全校师生员工都调动起来，形成统一意志，积极认真地把本职工作与大学的使命结合起来，能使群体的每个成员产生一种精神的认同感和归宿感，所以"与其每年花上千万元用于招生宣传，不如花百八万元作研究经费。这样一笔经费，足够资助若干研究课题，出版几本专著，其受益面不只是一所高校，而是惠及全国民办高等教育事业"。[3]

文化自觉就是生活在一定文化历史圈子的人对其文化有自知之明，并对其发展历程和未来有充分的认识，不仅是对文化地位作用的深刻认识、对文化发展规律的正确把握、对发展文化历史责任的主动担当，更是大学生存发展、办出特色和获得赞扬的根本。2015年外事学院提出赶上世界水平建成百年名校的奋斗目标，而要做到这一点，一定要有自身鲜明的文化诉求。大学精神在每个学校都是具体的，而不是抽象的。本土性是高校大学文化特色建设和发展的基础。对于新建本科院校尤其是要建成百年名校的大学来说，必须要寻找自己办学的文化根基，培育自己的文化土壤，形成自己独有的价值观念和文化品格，以大学精神培育大学人，以此提升师生素质和大学形象，支撑学校建设的长远发展。

人类文明演进真正需要深化、推动的是加强文化素质教育，引导学生完善自我。大学教育不是单纯的技能或知识，而是心灵教育。要超越功利主义，教育的目的不是以"知识教育"代替"文化素质教育"，而是帮助学生形成一种高尚的人文意识和人文责任，献身于其个人道德和思想上的完善。外事人认为，鱼化龙精神具有地域特色，是一种大学文化，是体现大学意志的客观精神。一是文化素质教育就是融文化特别是优秀的传统文化于素质教育之中，以优秀的文化培育、塑造人才的教育。大学文化教育就是与社会主义市场经济相适应，与社会主义法律规范相协调，与中华民族传统美德相承接的社会主义核心价值观的教育；二是外事的迅速发展及在此过程中形成的鱼化龙精神，是在特定的地域人文环境和大学自身文化建设背景下的产物，但它与其他各种社会亚文化形态一样，是对大学自身发展的特殊性和文化个性的一种反映，具有自身的特征；三是每一所大学都有自己的大学精神，它体现了大学强大的凝聚力。由此关注、研究鱼化龙精神就不再是一种简单的校园行为，高校被赋予了建设先进文化和引领社会文化建设的重任。正如胡锦涛在清华大学百年校庆讲话中提出："高等教育是优秀文化传承的重要载体和思想文化创新的重要源泉。要积极发挥文化育人作用，加强社会主义核心价值体系建设，掌握前人积累的文化成果，扬弃旧义，创立新知，并传播到社会、延续至后代，不断培育崇尚科学、追求真理的思想

观念,推动社会主义文化建设。"[4]这表明,高校的文化功能定位被前所未有地提高,我们要从增强我国文化软实力和中华文化的国际影响力上来加强大学文化建设。

从外事学院对鱼化龙精神研究可以看出,大学功能拓展和文化强校目标的再造,表明许多高校从落实党和国家要求并服务于社会文化建设的自觉使命的高度,开始在文化自强上下功夫。主要表现在:第一,一大批高校和高校领导专题研究本校文化建设问题。许多高校领导在重要报刊纷纷发表文章,或出台规划文件,着手制定学校开展文化建设的意见。第二,有的大学特别是新建本科院校把大学文化建设作为提升办学实力的重要举措。如有的大学提出,"以大学文化建设为中心,着力提升学院品位"的办学方略,培育和建设学院的大学文化。第三,有些大学积极探索学校转型发展的问题,普遍认为大学文化研究是确保特色的根本。有的高校从"文化引领战略"制定本校章程,将"文化传承与创新"确定为学校的基本使命。第四,许多高校还成立专门的文化建设领导机构。由于大学文化深刻地反映着大学的历史、现实和未来,所以他们专门研究大学文化在继承和变化中贯穿的主线。

三、以鱼化龙精神研究为范式自觉弘扬大学文化

从人类发展的视角,文化代表着人对自然认识、改造的能力和水平,大学文化作为一种客观存在,更是这种能力和水平的体现。但客观而言,由大学本身的职责和功能所决定的传承文化"只是处于一种自发状态,主动性、自觉性、责任感还不强。当前中国大学的批判精神和社会影响力明显不足"。[5]西安外事学院率先以高度的文化自觉来研究鱼化龙精神,采取多种措施自觉弘扬大学文化,在全国具有率先垂范作用。

1. 鱼化龙精神的内涵和思想体系已经形成。高校历来是多元文化的汇聚、融合之所。到目前为止,外事学院在董事长的主导下,具有外事特质的大学人文精神架构已经成型,文化素质教育已经全面展开。鱼化龙精神奠基大学文化核心理念,是全体师生的共同理想和美好愿景;校训"多元集纳,自强创新"是鱼化龙精神的具体体现,是全体师生的行动标尺;"爱岗敬业,感恩奉献"是全体师生最基本的人文素养;创业精神是外事学子最闪亮的人文符号。因此,要始终用中国特色社会主义的先进文化指导大学文化建设,用它主导大学文化发展的大方向、主旋律,同时,需要特别注意把普遍性的东西具体化,使之接地气,获得更多的本土元素。

2. 优化研究团队和凝聚研究力量。从某种意义上讲,大学文化从根本上表征了大学之所以为大学的独有禀赋,是现代大学教育内在本质的表现形式和生存方式,是学校的精神环境和文化氛围,倡导自由探索、不断超越的科学精神和追求真理、关怀人文的价值理想。鱼化龙精神作为外事学院大学文化建设的重心,要建设一支学术思想活跃,年龄结构、知识结构、学历结构合理,懂得办学规律,具有团结合作,尊重知识、尊重人才和创新精神的团队。目前学院上下正结合学院特点,找准基点,打牢支点,集中主要精力研究以鱼化龙精神为主要内涵的具有外事特色的大学文化,凝练和描述学校品格,诠释和解读教育的内涵和教育目标,体现出高校具体办学理念和学风教风校风传统。

3. 拓宽科学研究和学术交流。大学文化建设能够真正做到"校无大小、教无高下、学

无长幼、育无国界"。高等教育要顺应世界潮流,其大学文化建设也要跟踪世界一流大学,瞄准国家目标,集聚研究力量,要取得一批突破性的研究成果。一是鼓励源头创新,大力加强基础研究工作,重点评述影响世界的著名高校的大学文化建设和办学思想,把其精华拿来为我所用。二是保持并发展外事学院在鱼化龙精神研究方面的特色,发挥"样本"的作用。三是重点和优先资助追踪大学人才培养、社会对人才素质的要求等前沿研究课题、重大理论与实践创新项目等。四是继续开展国际合作,发展多渠道、多层次、多类型、全方位的对外开放合作格局,把鱼化龙精神研究国际化,努力形成一批标志性的成果。

4. 充分发挥大学文化的引领性作用。大学文化处于社会文化发展的前沿,体现的是大学人的思维方式、行为习惯和对大学的认同感。实践经验表明,从本校文化传统提炼和概括大学文化的精神符号,对本校现实大学文化进行反思和批判,以及宣传学校内部师生员工践行大学文化的典型事迹,是最具影响力和最容易被接受的。因此,大学文化建设一定要结合学校自身实际,协调好文化建设与各个方面的关系,不仅做好服务地方经济、社会、人文等发展的大文章,使高校自身的文化色彩充分展现,而且要从社会价值和发展战略的层面上对特色问题形成高度的文化自觉,把大学建设成辐射社会的文化高地。

5. 设计和落实大学文化建设的时间表和路线图。要让鱼化龙精神成为外事人的文化基因,植根在外事人内心,潜移默化地影响着外事人的思想方式和行为方式。一是制定高校文化建设规划,统筹考虑大学文化建设,把它与党建工作、学生素质教育等各方面结合起来,形成学校建设、管理和发展的独特品格和风姿。二是培植现代学校文化,促进学校可持续发展。采取多种措施,把它同本校的大学精神结合起来,把社会主义核心价值观教育在本校转化深化,使之化成为师生的精神力量。三是要明确目标,构建以鱼化龙精神为核心的具有外事特色的德育体系,从而使外事的德育工作形成特点,成为全国高校乃至百年名校的一大亮点。

总之,鱼化龙精神研究强调大学文化基础的内生性特质,注重对自身大学文化建设的历程与大学理念进行梳理,体现了高度的文化自觉。只有着眼于高校文化建设,不断增强文化自觉、自信、自立,坚持育人为本,建设好自有精神家园,引导大学生学会做人,才能早日建成百年名校。

参考文献:

[1] 张彦. 新时期高校文化自觉问题的查考与思索[J]. 学校党建与思想教育,2015(1):4—6.
[2] 王冀生. 大学的科学内涵[J]. 高等教育研究,2005(10):5—10.
[3] 黄藤. 中国民办教育思考与实践[M]. 西安:西安交通大学出版社,2012:2.
[4] 胡锦涛. 在清华大学百年校庆大会上的讲话[R]. 人民日报,2011-04-25.
[5] 钱佩忠,宜勇. 论大学的文化自觉[J]. 教育发展研究,2012(21):93—98.

作者: 黄藤,西安外事学院董事长,教授,教育学博士。

(原载《西安文理学院学报》(社会科学版)2015年第6期)

我国民办高等教育的需求特征及需求制约因素分析
——基于浙江省考生选择的实证研究

王旭辉

摘　要：民办高等教育已逐渐成为我国高等教育发展的重要增长点。本文对我国民办高等教育的需求特征进行了实证分析，并从理论上探讨了民办高等教育的需求制约因素。研究发现：我国民办高等教育的需求来源主要为过度需求，且当前考生对民办高等教育的需求明显不足。造成民办高等教育需求不足的内在成因来自于我国特定阶段的经济、政治、社会和文化背景中的某些特定方面，从中反映出我国民办高等教育发展的特殊性和阶段性。据此，本文从整体削弱民办高等教育的需求制约以及以市场为导向的单项措施两个层面提出若干对策建议。

关键词：民办高等教育；需求制约；过度需求；差异性需求

一、问题提出

虽然我国高等教育的毛入学率仍处于持续增长的阶段，高等教育资源供不应求，总体上具有明显的卖方市场特征。然而，在公办高等教育的垄断局面尚未被打破的不完全竞争市场中，我国民办高等教育因生源危机而处于局部的买方市场。为了实现民办高等教育的供求均衡，避免资源浪费，亟需从学生需求的角度探索我国的民办高等教育。

本文以2009—2013年浙江省文理科第二批高考生志愿填报结果为依据，对民办普通高等教育的个人需求进行研究。考生填报志愿是一种"公共选择"行为，市场机制可以充分发挥作用，能准确反映广大"客户"对不同类型高等教育的真实需求，且填报结果一旦确定，就达到了一种相对均衡的状态，相当于市场出清。最后，每个院校的投档线相当于经济学意义上的价格。在微观经济学中，价格是资源在需求和供给之间分配的重要变数，是供求关系变化的指示器，尤其与市场需求量的变化密切相关。同理，院校投档线是高等教育实际招生供给与考生需求相结合的产物，是高等教育资源供求关系的指示器，因而在某种程度上与经济学所说的价格意义相当。以微观经济学中的价格理论为基础来研究高等教育资源配置，特别是民办高等教育发展具有重要的意义。

二、实证检验与理论探讨

(一) 我国民办高等教育需求特征的实证分析

1. 数据说明

本文研究的主要数据为浙江省文理科第二批平行志愿投档线,时间跨度为2009—2013年,分析的单元是参与浙江省文理科第二批招生的全体本科院校。这些院校分布在我国所有省区,样本总量约为700多所高校,其中参与2013年文科招生的院校共有618所,参与2013年理科招生的院校共有709所。每所高校投档线的数据来自浙江省教育考试院公布的数据,其他所需经济数据和教育数据分别来自各个年份的《中国统计年鉴》、《中国人口和就业统计年鉴》、《中国教育统计年鉴》和《中国教育经费统计年鉴》。特别需要说明的是,选用浙江省文理科第二批平行志愿投档线作为本文分析的对象具有多重意义。

首先,以计量为手段的"大数据"分析是实证研究的重要方法和硬技术。自2009年至2013年五年来浙江省的第二批平行志愿投档信息为本文提供了一个庞大的数据库,样本涉及700多所本科院校。这些院校投档线的形成是十几万参加第二批志愿填报的考生联合博弈的结果,巨大的信息量为本文的计量分析提供了稳健的基础平台,使本文的结论拥有了可靠的数据支撑;其次,院校投档线是广大考生"公共选择"的结果,是高校与考生相互选择和考生间相互博弈的结果,是考生思维、心理和行为的最终体现,可以充分反映社会成员对高等教育的需求状况。这样的数据产生于市场机制,每个人根据自己的筹码和利益做出似然最优选择,是真实决策的结果。而且当前的"公共选择"是在多年的经验积累中不断试错和调整而得到的,具有较高的稳健性;再次,自2009年起,浙江省将非重点公办本科院校和民办本科院校合并为一个批次进行招生,即文理科第二批。这打破了以前公办院校和民办院校市场分割、不在一个层次上竞争的状况,使二者可以充分争夺生源,从政策层面为差异性需求的释放铺平了道路。正是由于浙江省文理科第二批投档数据存在上述特征,才成为本文对民办院校和公办院校进行比较需求研究的不二选择,以此来判断我国民办高等教育的总体需求特征。

2. 描述性分析

描述性分析主要通过直观比较公办院校和民办院校在浙江省投档线的状况来说明两类院校的生源状况,并进一步分析民办高等教育的需求特征。图1为2009至2013年五年平均的各公办院校投档线高出第二批最低控制线的分值(以下简称相对投档线),左图为文科的情况,右图为理科的情况(下同)。横坐标表示不同省市的公办院校,除浙江本省的院校排在最前外,从左往右按中国行政区划中的省市顺序排列;纵坐标表示各院校的相对投档线。如图所示,公办院校的文科相对投档线集中在20—100分之间,理科相对投档线集中于20—120分之间,且两者都呈现出一定的地域差异,但并不十分显著。在近五年平均的文理科投档线中,压线的公办院校(即投档线正好处于第二批最低控制线的院校)几乎没有,表明公办院校的"价格"整体较高,考生需求旺盛。

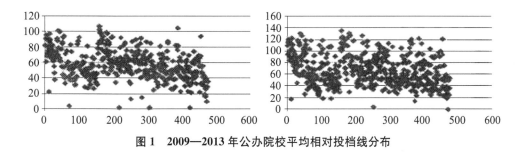

图1 2009—2013年公办院校平均相对投档线分布

图2为2009年至2013年五年平均的各民办院校①文理科相对投档线,横坐标和纵坐标的含义与图1一致。图2显示,民办院校的文科相对投档线集中在0—40分之间,理科相对投档线集中在0—50分之间。五年平均的文理科投档线中,压线的情况比较普遍,且投档线接近第二批最低控制线的院校数量庞大,表明民办院校的"价格"整体偏低,需求相对不足,且存在供过于求的倾向。同时,民办院校"价格"的地域差异较公办院校更为明显,表明考生对民办院校的区位敏感度及其折射出的需求挑剔性较公办院校要高。

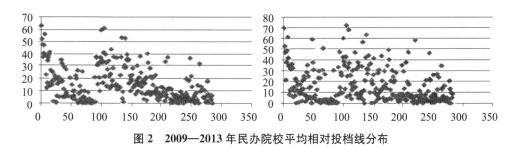

图2 2009—2013年民办院校平均相对投档线分布

为了便于比较,将民办院校和公办院校的相对投档线分布图合并在一个图表中,如图3所示,横坐标上竖线左侧为公办院校,竖线右侧为民办院校。不难看出,不论文科还是理科,民办院校和公办院校之间存在明显的"断层",民办院校的相对投档线相对于公办院校呈现出"塌陷"的状态,表明虽然民办院校和公办院校在政策上已被放在同一批次招生、公平竞争,但它们在招生市场上的"市场价"仍然是冰火两重天。

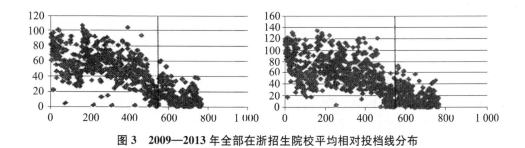

图3 2009—2013年全部在浙招生院校平均相对投档线分布

---

① 此处的民办院校包含了独立学院。

价格是供求关系的指示器,民办院校和公办院校近五年在平均相对投档线的显著差异是供给差异造成的还是需求差异造成的呢？由于我们无法获得填报每所院校的考生数量及其考分,故无法直接测度民办院校和公办院校的需求差异。但统计近两年的招生计划数发现:2012年公办院校文科招生计划数13 086人,理科招生计划数36 363人,民办院校文科招生计划数15 336人,理科招生计划数38 550人;2013年公办院校文科招生计划数12 484人,理科招生计划数36 118人,民办院校文科招生计划数19 855人,理科招生计划数36 442人。① 由这些数据可知,公办院校和民办院校在招生供给量上不存在很大差距,民办院校稍高于公办院校。当供给数量差距不大而"价格"差异显著时,至少可以推测需求差异是造成民办院校的相对投档线大幅低于公办院校的主要原因。

为了进一步挖掘需求特征,笔者将民办院校拆分为狭义的民办院校和独立学院两类,并去除空间因素,将各类院校的相对投档线关系显示在图4中。纵坐标表示学校类型,1为公办院校,2为独立学院,3为民办院校;横坐标为各院校平均相对投档线的投影。调研显示,无论是文科还是理科,平均相对投档线均大致表现为公办院校高于独立学院再高于民办院校,但独立学院与公办院校甚至民办院校与公办院校的相对投档线存在一定的"交集",一方面说明目前考生及其家长对民办高等教育的需求以过度需求为主;另一方面也说明已有一小部分考生及家长不再将进入民办院校当作接受高等教育的替补方案,而开始将其作为替代选择,有意识地放弃某些公办院校而选择某些民办院校来接受高等教育,差异性需求的态势有所显现。

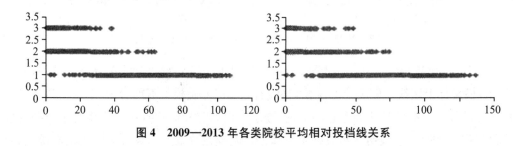

图4　2009—2013年各类院校平均相对投档线关系

以上分析是将2009年至2013年的数据进行平均处理后得出的结论,反映了"态"的问题。为了便于观察五年来的变化,还需要进行"势"的分析。图5为不同类型高等教育机构的平均相对投档线变化趋势图。如图5所示,公办院校的历年平均相对投档线均高于独立学院,独立学院则高于民办院校,并未出现交叉现象。在文理科对应的两个图表中,各类院校的平均相对投档线的变化步调基本一致,无明显发散或收敛迹象。这表明,从趋势上看,公办院校、独立学院和民办院校间的相对价格关系处于稳定状态,考生对民办院校和独立学院的需求在近期内仍然与公办院校存在较大差距。

最后,通过2009至2013年的变化趋势来观察各类院校的供求关系。如图6所示,纵

---

① 文理科公办院校和民办院校的总招生计划数是笔者根据浙江省教育考试院公布的每所高校的当年招生计划数整理加总得到。

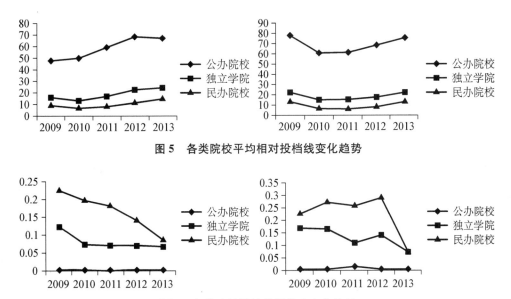

图 5 各类院校平均相对投档线变化趋势

图 6 各类院校投档线压线率变化趋势

坐标表示各类院校的压线率,即各类院校中投档线与第二批最低控制线相重合的院校占所有院校的比重,院校压线即说明生源不足。不难发现,公办院校投档线的压线率均保持在一个很低的水平,而民办院校则较高,独立学院居中。2012 年民办院校在理科招生中压线率达到了 28.58%,即有 28.58% 的民办院校生源不足,无法完成招生计划,文科的情况也没有好太多。由此可见,处于招生市场中最劣势位阶的民办院校,其个人需求不仅完全来源于过度需求,而且需求明显不足,呈现出供过于求的态势。而公办院校基本上不存在这种情况。从趋势上看,民办院校和独立学院的压线率有降低的迹象,供需不平衡的局面正在改善。尤其是到了 2013 年,文理科民办院校的压线率均降到 10% 以下,但由于数据的时间跨度较短,需要观察以后更长时间的变化才能得出相对客观的结论。

通过以上描述性分析可以得出以下推论:自招生批次合并以来,公办院校的投档线仍然普遍高于民办院校,且近几年两者没有明显的收敛趋势,而考生需求则是院校投档线的主要影响因素。这表明目前我国民办高等教育的需求总体不足,甚至在部分院校中,供过于求的现象长期存在。从需求性质看,我国民办高等教育的需求来源主要为过度需求,但也出现了少量差异性需求的迹象。

3. 模型设定、变量定义及实证结果讨论

为了使描述性分析得出的结论得到进一步的证实,还需考察在多种因素共同作用下的情况。多元回归分析旨在从统计学意义上论证以下两个假设:一是院校投档线目前主要受需求而非供给的影响;二是个人对我国民办高等教育的需求主要表现为过度需求,差异性需求的成分仍较少。这些假设检验有助于我们充分把握民办高等教育现阶段的需求特征及其对民办高校招生的影响。多元回归基本模型设定如下:

$$Y_i = a + \delta C_i + \lambda P_i + \alpha S_i + \beta E_i + \gamma K_i + \varepsilon_i$$

上述公式中,Y为被解释变量,用每所院校的相对投档线表示;C为每所院校的院校类型,是本文的关键解释变量,用于分析不同类型高等学校的相对投档线差异,进而判断民办高等教育的需求性质。本文将所有院校分为东部公办院校、中部公办院校、西部公办院校、东部民办院校、中部民办院校、西部民办院校六类,以西部公办院校为基准组设置五个虚拟变量;①ε表示随机误差项。除了院校类型,在回归方程中控制了前期决策P、实际供给S、经济因素E和教育经费条件K等可能影响院校"价格"的变量,对控制变量的解释如下:P为每所院校的前一期相对投档线,用于说明考生在做决策时受上一期决策结果的影响程度;S为每所院校的当年实际供给量,用招生计划数表示;E表示院校所在地的经济发展水平,用人均GDP表示,用于反映不同院校的经济区位带来的需求影响;K表示院校所在地的高等教育经费水平,用生均高等教育经费支出表示,用于反映院校所在地区高等教育经费条件对不同院校生源的影响。由于本文的关键解释变量是院校类型,院校类型不随时间变化而相对外生,因此采用截面数据OLS估计方法。变量的定义与统计性描述如表1所示。

表1 变量的基本特征描述

变量名称	变量含义及其赋值	样本数	均值	最大值	最小值
相对投档线(Y)	各院校当年相对投档线分值	709	56	140	0
院校类型(C1)	东部公办院校=1,其他=0	764	0.28	1	0
院校类型(C2)	中部公办院校=1,其他=0	764	0.22	1	0
院校类型(C3)	东部民办院校=1,其他=0	764	0.18	1	0
院校类型(C4)	中部民办院校=1,其他=0	764	0.12	1	0
院校类型(C5)	西部民办院校=1,其他=0	764	0.07	1	0
前期决策(P)	各院校上一年相对投档线分值	703	49	137	0
实际供给(S)	各院校招生计划数(人)	717	101	2269	1
院校所在地经济发展水平(E)	院校所在地区的人均GDP(元)	764	49 440	99 607	22 922
院校所在地高等教育经费水平(K)	院校所在地区的生均高等教育经费支出(元)	764	24 624	56 995	16 697

根据上述模型设定和变量定义,以在浙江省文理科第二批招生的院校为样本,分别对2012年、2013年理科的数据进行截面数据OLS分析,分析结果如表2所示。表中的回归1—4分别对应上述四组数据的分析结果,每个回归方程中的解释变量和被解释变量保持不变。对回归结果总结如下:

---

① 为避免设置过多虚拟变量,此处将独立学院归入到民办院校中,不再单独设置成一类。

表 2　院校相对投档线的多元回归结果

解释变量	标准化系数及 t 检验结果			
	回归 1	回归 2	回归 3	回归 4
东部公办院校	0.086** (2.364)	0.113*** (3.030)	0.097*** (2.576)	0.068** (2.056)
中部公办院校	0.030 (1.054)	0.082*** (2.786)	0.046 (1.611)	0.046* (1.783)
东部民办院校	−0.180*** (−4.708)	−0.134*** (−3.329)	−0.247*** (−6.721)	−0.045 (−1.332)
中部民办院校	−0.162*** (−5.948)	−0.093*** (−3.165)	−0.207*** (−7.758)	−0.042* (−1.684)
西部民办院校	−0.197*** (−7.931)	−0.087*** (−3.257)	−0.192*** (−8.053)	−0.057** (−2.528)
前期相对投档线	0.635*** (22.031)	0.666*** (20.965)	0.559*** (21.688)	0.802*** (30.555)
实际招生供给量	−0.003 (−0.163)	0.004 (0.227)	−0.002 (−0.081)	0.013 (0.772)
院校所在地经济发展水平	−0.063 (−1.414)	0.093** (2.066)	0.041 (0.902)	−0.038 (−0.967)
院校所在地高等教育经费水平	0.096*** (2.773)	−0.018 (−0.519)	0.023 (0.652)	0.057* (1.867)
R^2/R^3 纠正	0.826/0.823	0.803/0.800	0.781/0.778	0.820/0.817
F 检验	292.727***	260.716***	258.910***	341.799***
N	565	587	662	687

注：括号中的数值是 t 统计值的绝对量，*、**和***分别表示 0.1、0.05 和 0.01 的显著性水平。

关于本文的核心解释变量，除了中部公办院校以外，其余变量基本上都能通过双尾检验，显著度较高，且较为稳健。东部公办院校的系数为正，民办院校的系数均为负，表明相对于基准组即西部公办院校，东部公办院校的投档线相对偏高，民办院校的投档线整体偏低，中部公办院校则表现不显著，从而从统计意义上证实了考生及家长对高等教育的需求仍以公办高等教育为主，对民办高等教育的需求仍停留在过度需求上的假设。需要注意的是，模型 4 中东部民办院校并未通过双尾检验，说明该模型中东部民办院校的投档线并不表现为显著低于西部公办院校，这可能意味着西部公办院校的生源和东部民办院校的生源大致相仿。但由于这种情况仅在 2013 年理科志愿填报中出现，在其他模型中均表现为东部民办院校投档线低于西部公办院校，因而笔者更倾向于认为我国民办高等教育的差异性需求目前仍不明确，过度需求仍是其主要的需求来源。其他控制变量的前期相对投档线的显著度始终很高，表明考生择校时各类院校的历史投档情况是参考的主要依据，前期均衡结果是影响当期实际需求的重要因素。院校所在地经济发展水平和高等教育经费水平的回归结果并不稳健,部分模型表现为与院校相对投档线呈现正相关,表明具有某种外部优势的院校对考生的吸引力可能较大,这符合通常的判断。但是这种外部条件带来的影响相对于院校本身的性质对考生需求和最终投档线的影响显然更为模糊和不确定,毕竟这种影响是间接的。最后,院校的实际招生量与相对投档线之间无明显关系的回归结果证实了投档线更多地受需求方面的影响而非每所院校实际供给的影响这一假设。经检验,以上模型均能通过异方差检验和多重共线性检验。

综上所述,我国民办高等教育的需求特征已基本明确:一方面,过度需求是其主要的需求来源,差异性需求虽初现苗头,但尚无统计意义上的显著性;另一方面,民办高等教育需求的相对不足也在一定程度上得到了反映,而高校在招生市场中的"价格"又恰恰主要受到需求影响,这将给民办高校的发展造成较大的压力。

(二)我国民办高等教育需求制约因素的理论探讨

笔者认为,民办院校高昂的学费、当前的非正式制度环境、民办院校自身的办学现状和需求方的有限理性是制约我国民办高等教育需求的根本因素,它们根植于我国特定时期的经济、政治、社会和文化背景中,深刻影响着个人对高等教育的期望和选择,在某种意义上是我国民办高等教育发展中的特殊性和阶段性表现。

首先,高昂的学费限制了部分考生及其家庭对民办院校的选择,且进入民办院校接受高等教育的个人收益率较公办院校存在比较劣势。若再考虑到我国城乡收入差异和区域差异等因素,该问题就更为突出。图7为我国各省市民办院校的覆盖水平和居民平均支付能力的关系,横坐标为各省市居民的平均消费水平,纵坐标为各省市民办院校的覆盖水平,以亿人拥有民办院校数量来表示。由图7可知,两者呈对数正相关,表明一个地区民办高等教育的发展密度与该地区的平均支付能力密切相关。从2013年《中国统计年鉴》中统计的我国各省市每人每年平均教育支出的数据看,支出水平最高的浙江省为1 457元,而支出水平最低的西藏仅有225元,由此可见我国当前的教育消费仍处于较低水平,加上结构性问题突出,中低收入群体的比重偏高,从而制约了购买民办高等教育的需求。笔者通过观察浙江省高考志愿填报的数据发现,某些公办院校中的中外合作专业的录取平均分往往明显低于普通专业,而中外合作专业的学费也往往较高,有的甚至高于民办院校,这说明考生对学校和专业的选择和"钱"密切相关。不仅仅是针对民办院校,公办院校

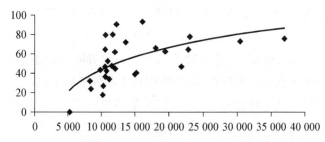

图7 我国各省市居民平均消费水平和民办院校发展密度关系

也存在同样的情况。这一问题在西方发达国家显然已经不是主要矛盾,而是我国经济发展的阶段性问题,也是我国民办高等教育需求发展的阶段性问题。

其次,我国长期形成的非正式制度环境使人们对民办高等教育的接受程度难以迅速提升,很多家长在思想上仍然对民办高等教育存在疑虑和偏见。这种观念是计划经济思维方式的影响,也是对高等教育的市场化尚未形成正确的认识。事实上,市场化趋向几乎渗透到了高等教育的方方面面,民营化只是高等教育市场化的一个方面,可以说市场化的行为、机制甚至价值正在不断地重塑着公共领域,对大学的经营、管理及评价等方面均产生了深远的影响,这些看似缓慢的变化是理念的变化,这些变化背后隐含着我国高等教育正式制度和体制的深刻变革。民办高等教育的发展恰恰对"大学—市场—政府"三者关系的调适起到了积极作用。然而,非正式制度的变迁往往滞后于正式制度的改革,因为观念的改变是一个长期的过程,有时甚至需要经历几代人的共同努力。就目前而言,很多考生家长认为民办高校的主要目的是营利而非公益。从委托—代理的关系来看,在"用人单位—民办院校"和"家庭—民办院校"的双重委托代理关系中,社会和家庭都不太信任民办院校,两者的不信任互为理由、相互强化。更何况由于"官尊民卑"传统偏见对考生及其家庭的消极影响,民办高等教育对求学者进一步失去吸引力,导致民办高等教育需求不足的问题长期存在。这归根结底与我国非正式制度变迁相对滞后有关。这种背景下的我国民办高等教育的需求抑制具有鲜明的特殊性和阶段性,它根植于我国大的制度文化环境中。

再次,民办院校自身的办学现状也倾向于抑制考生的需求。一方面,考生之所以对非公立高等教育存在差异性需求,关键在于"差异"二字。而目前,我国民办高等教育在规模扩张的同时,差异性没有得到充分体现,在办学目标与定位、人才培养模式、专业设置、教学模式、质量评价与管理、激励机制等方面大同小异,无论在民办院校内部还是与公办院校之间都是如此。高等教育机构的分化如果不能带来多样化的结果,分化的意义就会被削弱,差异性需求也无法释放;另一方面,优质的民办院校只占少数,更多民办院校的办学现状并不理想。甚至在部分民办高校中出现了一些不规范的办学行为。学者担心的"经济逻辑取代了教育逻辑、企业逻辑取代了大学逻辑、资本逻辑取代了学术逻辑、责任与自主失衡"等市场化的负面效应一定程度上在一些民办院校办学过程中体现出来。这些民办院校产生的一系列问题被反馈到社会后影响了民办院校的整体声誉,进而放大了人们对民办高等教育的偏见,不仅使民办高等教育长期停留在过度需求阶段,而且还造成了需求的严重不足。可见,民办高等教育自身的不成熟也是我国现阶段较为突出的阶段性问题。

另外,需求方的有限理性和意识缺乏造成了我国民办高校生源不足的马太效应。多元回归结果表明,每所高校既已形成的历史"身价"决定了当前人们对它的期望和需求。浙江省之所以自2009年起将非重点公办院校和民办院校合并为一个批次招生,就是为了给民办院校提供一个公平竞争的环境,打破公办院校在招生市场中的垄断局面。而考生填报志愿时以历史事实作为参考依据则是在客观上充当了"历史捍卫者"的角色,其结果是决策的路径依赖和招生市场中的马太效应,公办院校"价位"高于民办院校的历史情境及其引致的民办高等教育需求不足的状态在考生的这种决策模式中被"锁定",使需求无法过渡,从而使民办院校市场地位的提升滞后于其真实办学水平的提升。

综上,我国民办高等教育需求现状的背后,隐含着来自外部宏观环境、内部办学特征、个体思维方式及由此产生的"公共选择"逻辑等多种因子错综复杂的相互关系,这些关系又存在于我国特殊的经济、政治、社会、文化多维时空中,既有特殊性,也有阶段性。因此,要从根本上影响我国民办高等教育的供求关系,使之趋于合理化、优化资源配置,就必须改变上述根本制约因素,理顺各要素间复杂的内在联系和相互作用机制,从而提出有效的解决问题的办法。

三、对策建议

针对上述分析结论,本文从整体削弱民办高等教育的需求制约以及以市场为导向的单项措施两个层面提出以下建议:

(一)整体削弱民办高等教育需求制约

首先,正确认识高等教育市场化,加快推动高等教育民营化进程,以更快、更到位的正式制度变革倒逼高等教育逻辑、观念的改变。高等教育民营化是在我国高等教育的发展中不断摸索出来的一条发展道路,它是可以进行战略规划和顶层设计的,同时也是本土的。就高等教育而言,通过自上而下地变革政府和大学的关系,从政策上扫除民办院校和公办院校之间的不公平竞争现象,确保市场机制在高等教育资源配置中日渐起主导作用,加快消除长期存在于公民社会中对"国"字号盲目追随的思想偏见,从价值观念上弱化人们对民办高等教育的疑虑和不信任,通过国家引导使选择接受民办高等教育常态化。

其次,民办院校自身应科学定位,面向市场,走差异化发展之路,全面开展提升办学质量的系统工程建设,通过自下而上的实践确立"多元一本"的基本方针。一方面,人才培养质量是民办院校的生存之本。质量不高、办学不规范是当前制约民办高等教育需求的重要内因。在敲响警钟之时,民办院校应充分运用民办机制优势培养出质量过硬的毕业生以赢得用人单位的广泛认可,通过"用人单位—民办院校"委托—代理关系的巩固促进"家庭—民办院校"委托—代理关系的发展,从而释放更多个人需求。更重要的是,民办院校要走"创新驱动"的道路,通过培育自身的前瞻功能并引领产业发展,逐渐形成品牌效应;另一方面,异质化的发展导向是民办院校的活力之源。民办高等教育的发展在很多方面都无法和老牌公办院校相比,民办院校无法也没有必要走老牌公办院校的老路,完全可以对人才培养目标和方式重新谋划,大胆探索独特的办学模式,寻求差异化发展的新突破,使民办高等教育的需求从过度需求加速向差异性需求过渡。

(二)以市场为导向的单项措施

首先,国家和政府可以运用某些市场化政策工具促进民办院校和公办院校公平竞争,增加考生选择自主性,从而改善民办高等教育的供需状况。例如,国家可以将政策从资助院校改变为资助学生,如凭单制在高等教育领域的合理运用。凭单制是新颖的市场化政策工具,它是围绕特定公共物品对特定消费者群体实施补贴的制度安排,它直接补贴消费者而非生产者,可以从消费者的角度强化其选择权,从而巧妙地将市场竞争机制植入公共领域中来。将凭单制运用于高等教育领域中不仅可以改变国家和大学间的关系,还可以增强考生的教育选择权,尤其可以使贫困大学生和弱势群体受益。同时,凭单制的引入也可以为民办高校创造更加公平的竞争环境。当然,凭单制也非万能的工具,其积极效应的发挥需要一系列配套措施的支持,因而此类政策工具在高等教育领域的运用需要国家和地方政府的积极探索。

其次,国家和政府可以通过改革招生考生制度实现高等教育资源配置的"帕累托改进"。缓解局部性供求矛盾的关键在于改变当前高等教育考试和招生市场省域分割的现状,使其尽可能在全国范围内统一。任何高校都不需要制定分省招生计划,全国考生可以自由选择大学,除了每所院校的总招生计划数以外不受其他条件的限定,让要素最大限度地自由流动。这样,在促进教育公平的同时可以使教育资源的浪费程度降到最低,投档线压线率也会被控制在最低水平,即使民办高等教育的需求来源仍为过度需求,也可以极大地改善目前局部供过于求的现状。这是因为局部性需求不足在很大程度上是招生市场分割所导致的。一个更加大胆的政策设想则是建立院校间或区域间招生指标的市场交易机制,生源不足的院校或地区可以将多余的指标出售给生源旺盛的一方,同时配套设计让教师自由流动等一系列支撑政策,从而最大限度地发挥市场调节作用,实现以市场为导向的高等教育供求均衡机制的完善,从而为民办高等教育发展创造适宜的土壤。

再次,民办高校自身应推进招生的科学化和经费管理的精细化。在招生方面,民办高校应根据实际市场需求设置招生专业和招生计划,采取顾客导向战略。特别要指出的是,笔者曾在多元回归模型中加入院校离考生生源地距离这一解释变量,结果表明,考生填报志愿具有显著的"距离衰减效应",且对民办高等教育需求的"距离衰减效应"高于公办高等教育。在经费方面,民办高校应寻求经费筹措的多元化,降低学杂费在经费收入中的比重,并为经济困难的学生开拓更多补助渠道,努力提高民办院校学生的个人收益率,通过消解考生经济上的后顾之忧来释放更多需求。

最后,本文认为以上整体性战略谋划和单项措施如果运用得当,可以在一定程度上削弱我国民办高等教育的需求制约,并使差异性需求加快释放。但人们对民办高等教育需求根本性的改变是一个长期的过程,需要经济的发展、社会文化环境的变迁、民办院校自身的成长、个人理性决策能力和意识的变化等。面对这样的现状,虽不可急于求成,但也应有所作为,缩短我国民办高等教育需求的过渡期。

作者:王旭辉,厦门大学公共政策研究院博士研究生。

(原载《教育发展研究》2015年第13—14期)

民办高校可持续竞争优势定量分析研究

盛振文　周志刚

摘　要：本文基于可持续竞争优势理论，采用德尔菲法构建民办高校可持续竞争优势动态系统模型和可持续竞争优势指标体系。同时，利用层次分析法确定指标权重、给出定量分析算法，并运用构建的指标体系和定量分析算法对相关民办高校开展实证研究，对其可持续竞争优势构建状况进行定量分析，定量分析结果验证了动态模型及其指标体系的实用性和有效性。

关键词：民办高校；可持续竞争优势；指标体系；定量分析

一、引言

在激烈复杂的高等教育竞争环境中，民办高校面临着巨大的挑战和机遇，实现可持续发展自然成为民办高校最高的战略目标，而这一战略目标的基本前提在于获得可持续竞争优势。为此，本文从民办高校办学实际出发，借鉴企业可持续竞争优势理论[1]，尝试构建民办高校可持续竞争优势动态系统模型（以下简称"动态系统模型"），探究民办高校获取可持续竞争优势的变迁过程和发展路径。同时，还拟设计研制可进行定量分析的指标体系，民办高校可借此对其创建自身可持续竞争优势进行比较准确及时的判断，进而有针对性地完善相关措施和策略，以保障可持续发展战略目标的实现。

二、民办高校可持续竞争优势动态系统模型

动态系统模型由三个模块构成。第一个模块是基础平台模块，由环境基础、资源基础、能力基础和制度基础四个要素组成。环境是竞争优势产生的条件，资源是竞争优势产生的基础，能力是竞争优势产生的表现，制度是竞争优势产生的保障，这四个要素有机结合、协调互补，形成一种合力，奠定竞争优势生成的基础。第二个模块是跃迁动力模块，包含组织学习、举办者精神、高校文化和动态能力四个要素，这些要素相互作用、相互影响，共同为竞争优势跃迁为可持续竞争优势提供动力。第三个模块是跃迁路径模块，保证民办高校竞争优势依托基础平台、凭借跃迁动力、沿着诚信办学—持续创新—顾客价值路径发展，从而动态生成可持续竞争优势。

动态系统模型中的各个模块、模块中的各个要素之间呈现为耦合关系，形成一个有机

整体。各部分之间的相互作用在模型中可形象地表现为横向的叠加和纵向的拉伸,在这种交互作用下民办高校得以获得可持续竞争优势,实现可持续发展。如图1所示为民办高校可持续竞争优势动态系统模型图。

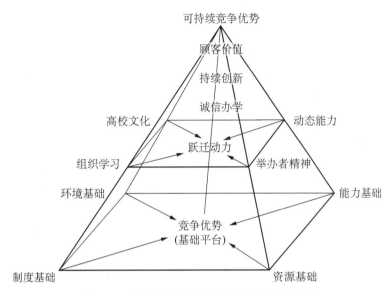

图1　民办高校可持续竞争优势动态系统模型

三、民办高校可持续竞争优势指标体系

　　动态系统模型是民办高校获取可持续竞争优势进而实现可持续发展所依据的概念模型。要使理论模型能够实际运用、发挥效用,引导民办高校建立、评价自身的可持续竞争优势,就需在此基础上设计相应的指标体系。这就意味着,可以通过指标体系定量分析民办高校可持续竞争优势构建情况,诊断存在的问题,为有针对性地改进和发展提供依据。

　　由动态系统模型可知:第一,民办高校获得可持续竞争优势是以竞争优势的产生为基本前提的,如果没有显著的竞争优势,可持续竞争优势就无从谈起;第二,如果跃迁动力不足,竞争优势也无法成功跃迁为可持续竞争优势;第三,如果没有沿着竞争优势—诚信办学—持续创新—顾客价值—可持续竞争优势这样的路径,竞争优势跃迁的时候很可能偏离正常的轨道,也无法获得可持续竞争优势。由于诚信办学、持续创新、顾客价值是跃迁路径模块的三个过程要素,其始终贯穿于民办高校发展的整个过程。在动态复杂环境中,民办高校自办学起便要一直遵循诚信办学、持续创新、顾客价值至上的原则。也就是说,这三个要素难以用某一个或某几个静态的指标来衡量,而是综合体现在基础平台和跃迁动力的多个指标上。因此,从动态系统模型出发构建的指标体系可从这两个维度观测民办高校可持续竞争优势构建状况,即列为两个一级指标。第一个维度是基础平台指标,分析民办高校的竞争优势情况,故也可称为竞争优势指标,包含环境基础、资源基础、能力基础和制度基础4个二级指标;第二个维度是跃迁动力指标,分析民办高校的跃迁动力情

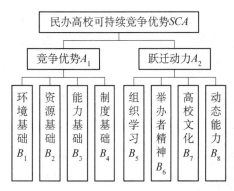

图2 民办高校可持续竞争优势指标体系层次结构

况,包含组织学习、举办者精神、高校文化和动态能力4个二级指标。指标体系共包含8个二级指标。由此形成的民办高校可持续竞争优势指标体系层次结构如图2所示。

(一) 构建指标体系

由动态系统模型可知,在民办高校可持续竞争优势指标体系层次结构中的8个二级指标的主要内涵如下:

1. 环境基础。民办高校面临的是一个动态复杂变化的环境,与外界环境之间无时无刻不在进行着物质、能量和信息的交换。环境是民办高校生存与发展的前提条件,包括产业环境、政策环境和人文环境。在竞争优势产生过程中,地理区位、所在地区行业竞争强度等因素起着较大的决定作用。

2. 资源基础。资源是民办高校赖以生存和发展的重要基础。民办高校是一个资源的集合体,主要包括人力资源、物力资源、财力资源和无形资源。人力资源水平体现在师资队伍结构、高层次人才数量等方面;物力资源水平体现在教学生活设备设施的建设水平上;财力资源体现在办学规模和各种财务比率上;民办高校要想获得可持续竞争优势,除拥有上述资源外,还必须掌握有价值的、稀缺的、不易被模仿和替代的特质性资源,比如,良好的声誉、稳固的关系资源等,它综合体现在新生的录取报到率和学校获表彰数量上。

3. 能力基础。民办高校的正常运营需要多种能力,从不同的角度有很多分类方式。按民办高校的主要职能来分,包括人才培养能力、科学研究能力和社会服务能力。人才培养是民办高校的核心职能,人才培养能力是民办高校的核心能力。

4. 制度基础。民办高校是建立在一定的规章制度和行为准则上的,是被制度所规制的一个组织。规范的制度安排能够保证学校优化资源配置,有效防止学校经营中的非理性行为,帮助学校最大限度地发挥各项能力,使民办高校效益最大化。

5. 组织学习。知识是民办高校在未来获得成功的根本保障,知识的创造是民办高校在未来竞争中保持竞争优势的必要条件。组织学习贯穿于民办高校办学的始终,是实现知识的吸收、积累、共享和创造的主要手段,是开拓新的竞争优势的根本力量。

6. 举办者精神。举办者是民办高校可持续发展的引领者,也是学校各项工作的推动者。举办者精神是推动民办高校变革的原始动力;能够帮助民办高校敏锐地感知外部环境变化,抓住发展机遇;能够预测并解决学校发展危机,承担办学风险。举办者精神是民办高校举办者素质和能力的综合体现,主要包括创新精神、社会责任精神、开拓进取精神、合作精神、人文精神和奉献精神等,体现为举办者的个人能力和所获得的社会声望。

7. 高校文化。民办高校文化能够为民办高校的发展创造良好的外部环境并提供内部精神动力。精神文化渗透在全校师生的头脑中,外化为环境文化和行为文化,体现在学校的环境、学术活动等方面。

8. 动态能力。动态能力是指民办高校在发展过程中不断地调整以适应环境变化,对内外部资源进行整合、配置,通过开拓性创新实现与时俱进的能力,表现为学校根据环境变化实施教学改革的能力和整合资源的能力。

明确二级指标内涵后,就可在图 2 所示指标体系层次结构的基础上,确定三级指标和四级指标。三级指标是对二级指标内涵的深入分析和解读,四级指标则是遵循可操作性、可比性、易测量性等原则对三级指标的细化。

具体讲,首先,以动态系统模型的内涵为依据,通过查阅有关民办高校核心竞争力、可持续发展及其评估指标体系等方面的文献资料[2][3][4][5],在反复分析、整理、归纳的基础上,遵循可操作性和可比性等原则,初步选取可以作为三级指标和四级指标的因素纳入指标体系。

其次,为提高指标体系的科学性、有效性和实用性,采用德尔菲法进行指标的修整,以完善指标体系。在这一过程中,专门邀请 20 位在高等教育、民办高等教育研究和管理方面卓有建树的专家、教授作为咨询专家群进行了两轮专家咨询,征求其对初步指标体系的看法和建议。第一轮问卷请专家对指标进行筛选、补充与修改;第二轮则请专家对形成的指标重要程度进行评分,据此进一步优化指标。最后,在综合两轮专家咨询意见的基础上确定三级指标和四级指标,建立如表 1 所示包含 2 个一级指标、8 个二级指标、20 个三级指标、71 个四级指标的民办高校可持续竞争优势指标体系。

表 1 民办高校可持续竞争优势指标体系

一级指标	二级指标	三级指标	四级指标
竞争优势 A_1	环境基础 B_1	地理区位 C_1	地区生产总值 D_1 人均地区生产总值 D_2
		所在地区行业竞争强度 C_2	与公办高校竞争 D_3 与民办高校竞争 D_4
	资源基础 B_2	人力资源 C_3	生师比 D_5 专任教师中中青年教师比例 D_6 专任教师中硕士学位及以上教师比例 D_7 专任教师中副高职称及以上教师比例 D_8 双师型教师比例 D_9 专兼职教师比例 D_{10} 获省部级及以上表彰教职工数量 D_{11} 国家级、省级教学名师数量 D_{12} 国家级、省级教学团队数量 D_{13}
		物力资源 C_4	生均校园面积 D_{14} 生均教学行政用房面积 D_{15} 生均实验室面积 D_{16} 生均宿舍面积 D_{17} 生均体育场馆面积 D_{18} 生均图书馆藏书量 D_{19}

续表

一级指标	二级指标	三级指标	四级指标
			生均教学科研仪器设备值 D_{20} 校内外实习实训基地数量 D_{21} 百名学生配教学用计算机台数 D_{22} 百名学生配多媒体教室和语音实验室座
		财力资源 C_5	办学规模 D_{24} 市场占有率 D_{25} 资产负债率 D_{26} 生均年教育经费 D_{27} 收入支出比 D_{28}
		无形资源 C_6	第一志愿录取率 D_{29} 录取新生报到率 D_{30} 省部级及以上表彰数量 D_{31}
	能力基础 B_3	人才培养能力 C_7	应届毕业生初次就业率 D_{32} 近3年毕业生年底平均就业率 D_{33} 用人单位满意度 D_{34} 国家级、省级特色专业数量 D_{35} 国家级、省级精品课程数量 D_{36} 与企业合作建立实验室数量 D_{37} 考取职业资格证书学生比例 D_{38}
		科学研究能力 C_8	近3年省部级及以上科研立项数量 D_{39} 近3年省部级及以上科研成果获奖数量 D_{40} 近3年发表中文核心期刊及以上级别论 D_{41} 近3年出版学术专著和教材数量 D_{42} 专任教师人均发表论文数量 D_{43}
		社会服务能力 C_9	累计向社会输送毕业生数量 D_{44} 近3年为社会培训各类人才数量 D_{45}
	制度基础 B_4	教学管理制度 C_{10}	学生对课程设置满意度 C_{46} 学生对教学管理满意度 C_{47}
		人事管理制度 C_{11}	教职工报酬满意度 D_{48} 教职工离职率 D_{49}
		学生管理制度 C_{12}	学生对学生管理满意度 D_{50} 百名学生配备管理人员数量 D_{51}
跃迁动力 A_2	组织学习 B_5	学习人员 C_{13}	近3年参加学习培训的中层及以上领导 近3年参加进修培训的教职工比例 D_{53} 近3年参加学历提升教育的教职工比例
		学习机制 C_{14}	近3年教育培训的经费投入比例 D_{55}

续表

一级指标	二级指标	三级指标	四级指标
	举办者精神 B_6	社会声望 C_{15}	社会兼任职务数量 D_{56}
		个人能力 C_{16}	省部级及以上获奖数量 D_{57}
			省部级及以上荣誉称号数量 D_{58}
	高校文化 B_7	环境文化 C_{17}	教职工工作条件及环境满意度 D_{59}
		行为文化 C_{18}	近3年与校外文化交流活动数量 D_{60}
			近3年学术活动数量 D_{61}
	动态能力 B_8	教学改革能力 C_{19}	近3年教学改革研究课题立项数量 D_{62}
			近3年教学改革研究课题结题数量 D_{63}
			近3年国家级、省级优秀教学成果奖数量 D_{64}
		整合资源能力 C_{20}	教育经费中学费比例 D_{65}
			校地合作伙伴数量 D_{66}
			校企合作伙伴数量 D_{67}
			校校合作伙伴数量 D_{68}
			国际交流与合作伙伴数量 D_{69}
			社会捐赠数额 D_{70}
			校友捐赠数额 D_{71}

(二) 确定指标权重

确定指标后,为辨清各指标的相对重要程度,又采用层次分析法确定指标体系中各指标的权重。其中,指标体系中四级指标均为量化指标,专家们认为相互之间的相对重要程度基本上差别不大,故默认同属于一个三级指标的所有四级指标具有相同的权重。论文仍然邀请前述20位专家展开第三轮问卷调查以获得11个判断矩阵的原始数据并计算出权重值。由此得出的各个指标最终权重值如表2所示。

(三) 定量分析算法

民办高校可持续竞争优势构建的基础是以竞争优势的产生为基本前提的,如果竞争优势不显著,即基础平台不够稳固,可持续竞争优势就无从谈起。民办高校可持续竞争优势的构建还需要跃迁动力的推动,如果跃迁动力不足,当跃迁时机来临时,也无法实现由竞争优势向可持续竞争优势跃迁,仍然无法实现可持续。也就是说,民办高校可持续竞争优势的获得是竞争优势和跃迁动力两者协同作用的结果。民办高校可持续竞争优势定量分析计算公式如下:

$$SCA = 0.6044A_1 + 0.3956A_2 \qquad 公式(1)$$

$$A_1 = 0.0800B_1 + 0.2464B_2 + 0.5295B_3 + 0.1441B_4 \qquad 公式(2)$$

其中,

$B_1 = 0.7291C_1 + 0.2709C_2 = 0.7291 \times 0.5000(D_1 + D_2) + 0.2709 \times 0.5000(D_3 + D_4)$,

$B_2 = 0.5269C_3 + 0.0758C_4 + 0.1453C_5 + 0.2521C_6 = 0.5269 \times 0.1111(D_5 + D_6 + \cdots + D_{13}) + 0.0758 \times 0.1000(D_{14} + D_{15} + \cdots + D_{23}) + 0.1453 \times 0.2000(D_{24} +$

$D_{25}+\cdots+D_{28})+0.2521\times0.3333(D_{29}+D_{30}+D_{31})$,

$B_3=0.6440C_7+0.1257C_8+0.2302C_9=0.6440\times0.1429(D_{32}+D_{33}+\cdots+D_{38})+0.1257\times0.2000(D_{39}+D_{40}+\cdots+D_{43})+0.2302\times0.5000(D_{44}+D_{45})$,

$B_4=0.6543C_{10}+0.1269C_{11}+0.2187C_{12}=0.6543\times0.5000(D_{46}+D_{47})+0.1269\times0.5000(D_{48}+D_{49})+0.2187\times0.5000(D_{50}+D_{51})$。

$A_2=0.1344B_5+0.0809B_6+0.2355B_7+0.5492B_8$ 公式(3)

其中,

$B_5=0.7053C_{13}+0.2947C_{14}=0.7053\times0.3333(D_{52}+D_{53}+D_{54})+0.2947D_{55}$,

$B_6=0.7338C_{15}+0.2662C_{16}=0.7338D_{56}+0.2662\times0.5000(D_{57}+D_{58})$,

$B_7=0.2927C_{17}+0.7073C_{18}=0.2927D_{59}+0.7073\times0.5000(D_{60}+D_{61})$,

$B_8=0.2830C_{19}+0.7170C_{20}=0.2830\times0.3333(D_{62}+D_{63}+D_{64})+0.7170\times0.1429(D_{65}+D_{66}+\cdots+D_{71})$。

表2 民办高校可持续竞争优势指标体系权重

目标层	一级指标及权重	二级指标及权重	三级指标及权重		四级指标及权重	
SCA	A_1 0.6044	B_1 0.0800	C_1	0.7291	D_1, D_2	0.5000
			C_2	0.2709	D_3, D_4	0.5000
		B_2 0.2464	C_3	0.5269	$D_5, D_6, \cdots, D_{13}$	0.1111
			C_4	0.0758	$D_{14}, D_{15}, \cdots, D_{23}$	0.1000
			C_5	0.1453	$D_{24}, D_{25}, \cdots, D_{28}$	0.2000
			C_6	0.2521	D_{29}, D_{30}, D_{31}	0.3333
		B_3 0.5295	C_7	0.6440	$D_{32}, D_{33}, \cdots, D_{38}$	0.1429
			C_8	0.1257	$D_{39}, D_{40}, \cdots, D_{43}$	0.2000
			C_9	0.2302	D_{44}, D_{45}	0.5000
		B_4 0.1441	C_{10}	0.6543	D_{46}, D_{47}	0.5000
			C_{11}	0.1269	D_{48}, D_{49}	0.5000
			C_{12}	0.2187	D_{50}, D_{51}	0.5000
	A_2 0.3956	B_5 0.1344	C_{13}	0.7053	D_{52}, D_{53}, D_{54}	0.3333
			C_{14}	0.2947	D_{55}	1.0000
		B_6 0.0809	C_{15}	0.7338	D_{56}	1.0000
			C_{16}	0.2662	D_{57}, D_{58}	0.5000
		B_7 0.2355	C_{17}	0.2927	D_{59}	1.0000
			C_{18}	0.7073	D_{60}, D_{61}	0.5000
		B_8 0.5492	C_{19}	0.2830	D_{62}, D_{63}, D_{64}	0.3333
			C_{20}	0.7170	$D_{65}, D_{66}, \cdots, D_{71}$	0.1429

现假设对两所民办高校 X、Y 进行定量分析。首先,分别比较各个指标数值,可以发现两种民办高校在哪些指标上位于优势、哪些指标上位于劣势,进而有针对性地进行改进和完善;其次,通过算法计算可持续竞争优势的大小,以 SCAX 和 SCAY 分别表示学校 X、学校 Y 的可持续竞争优势状况。从理论角度推算会出现如表 3 所示 3 种结果。

表3　定量结果分析

序号	两校构建可持续竞争优势情况比较	定量分析结果释义
1	SCAX=SCAY	Y、Y 情况相同
2	SCAX>SCAY	X 情况比 Y 好
3	SCAX<SCAY	Y 情况比 X 好

四、民办高校可持续竞争优势定量分析算例

据《2013 年山东省教育事业发展统计公报》,截止 2013 年,山东省共有民办普通高等学校 38 所,在校本专科生 31.13 万人,占全省普通本专科在校生总数的 18.33%。可见,山东省民办高等教育已经成为山东省高等教育事业的重要组成部分,对山东省民办高校进行可持续发展研究是十分必要的。论文选取了山东省内五所具有代表性的民办高校作为研究对象,进行可持续竞争优势的定量分析。一方面验证指标体系的合理性,另一方面从理论角度解读分析这五所学校构建可持续竞争优势。为了研究的方便,本论文分别以 U_A、U_B、U_C、U_D、U_E 代表这五所民办高校。其中,U_A、U_B、U_D、U_E 四所学校为本科高校,U_C 尚不具备颁发本科学历文凭资格;U_A 和 U_E 位于青岛市,U_B 和 U_C 位于济南市,U_D 位于德州市。

(一)获取指标数值

所构建指标体系中的指标均为定量指标,具体数值主要通过如下两个渠道获得:一是教育主管部门公开出版的教育年鉴或教育事业统计报告;二是教育部官方网站及各大学官方网站公布的数据报表。

(二)数值标准化处理

表4　定量分析结果

指标		U_A	U_B	U_C	U_D	U_E
三级指标	C_1	0.6311	−0.0624	−0.0624	−1.1373	0.6311
	C_2	−0.0687	0.2610	0.2610	−0.3845	−0.0687
	C_3	0.0514	0.2345	−0.4325	0.3017	−0.1551
	C_4	−0.0447	0.0117	−0.0480	0.0325	0.0484
	C_5	0.0620	0.0565	−0.0926	0.0897	−0.1155
	C_6	0.0996	0.3044	−0.1957	−0.1093	−0.0990

续表

指标		U_A	U_B	U_C	U_D	U_E
	C_7	−0.0174	0.4039	−0.5190	0.2807	−0.1483
	C_8	0.2709	0.1046	−0.1644	−0.1332	−0.0778
	C_9	0.0767	0.1002	−0.0556	−0.0527	−0.0686
	C_{10}	0.3914	0.5351	−1.0032	−0.2792	0.3559
	C_{11}	−0.0086	−0.0091	−0.0039	0.0104	0.0112
	C_{12}	0.0965	0.2271	−0.2817	0.0109	−0.0529
	C_{13}	−0.0325	0.4865	−0.5885	0.0819	0.0526
	C_{14}	−0.2432	0.0508	−0.2731	0.4594	0.0060
	C_{15}	0.2903	0.2903	−1.1612	0.7742	−0.1935
	C_{16}	−0.0925	0.3751	−0.3289	0.0827	−0.0364
	C_{17}	−0.0248	0.0372	−0.2727	0.4711	−0.2107
	C_{18}	0.7664	0.5957	−0.6218	−0.0398	−0.7004
	C_{19}	0.0779	0.4130	−0.2286	−0.0180	−0.2443
	C_{20}	0.2273	0.4290	−0.4201	−0.1818	−0.0544
二级指标	B_1	0.5623	0.1986	0.1986	−1.5218	0.5623
	B_2	0.1683	0.6072	−0.7689	0.3146	−0.3212
	B_3	0.3302	0.6087	−0.7390	0.0949	−0.2947
	B_4	0.4793	0.7532	−1.2887	−0.2579	0.3142
	B_5	−0.2757	0.5373	−0.8616	0.5414	0.0586
	B_6	0.1978	0.6655	−1.4901	0.8568	−0.2299
	B_7	0.7416	0.6329	−0.8946	0.4313	−0.9112
	B_8	0.3052	0.8420	−0.6487	−0.1998	−0.2988
一级指标	A_1	0.3304	0.5963	−0.7506	−0.0312	−0.1449
	A_2	0.3212	0.7375	−0.8033	0.1339	−0.3894
可持续竞争优势	SCA	0.3274	0.6360	−0.7507	0.0229	−0.2357

71个四级指标具体数值的度量单位并不相同,即量纲不一致,所以不能直接进行定量分析,需要首先进行数值标准化处理以消除指标量纲的影响。论文运用Excel对初始数值进行Z-score标准化处理,即先求出每个指标对应5个数据的算术平均值和标准差,然后用原指标值减去算术平均值,再除以其标准差,即得到标准化后的指标数值。

(三) 结果分析

将计算出的标准化数据代入公式(1)、(2)、(3)可分别得到如表 4 所示可持续竞争优势比较情况。

首先,由表 4 最后一行的 SCA 数值可以看出,五所民办高校的可持续竞争优势构建情况排名是 $U_B > U_A > U_D > U_E > U_C$。通过查阅多个社会评价给出的高校排名,如 2014 年山东省大学排名一览表(含民办高校)、山东省民办大学排名等,发现定量分析得出的如上排名与这些社会评价结果基本相符,即研究结果与实际情况基本相符,从一定程度上验证了本文所构建指标体系和定量分析算法的有效性和实用性。

其次,通过分析各个指标的初始数值,可以看出这五所学校具体在哪些方面处于优势或劣势,哪些指标比较强,哪些指标比较弱,从而找到出现如上排名结果的原因。进而,通过开展可持续竞争优势定量分析,这五所学校能够较为清晰地找出其可持续竞争优势构建过程中取得的成绩和存在的问题,并可以有针对性地制订措施,完善和改进相应指标,努力构建可持续竞争优势。

五、总结

本文在民办高校可持续竞争优势动态系统模型的基础上,运用德尔菲法构建了民办高校可持续竞争优势指标体系。并以山东省内五所具有代表性的民办高校为研究对象,运用此指标体系开展了实证研究。实证研究结果证实了指标体系的实用性和合理性。因此,民办高校可运用本文构建的指标体系定量分析其可持续竞争优势构建情况,进而促进其可持续发展战略目标的实现。

参考文献:

[1] 霍春辉,芮明杰.可持续竞争优势理论的反思与整合[J].学术月刊,2008(2).
[2] 方勇.我国民办高校可持续发展评价指标研究[J].大学(研究与评价),2008(7).
[3] 黄俭,等.民办高校可持续发展评价指标体系的构建[J].江西师范大学学报(哲学社会科学版),2014(2).
[4] 李晓娟,高鹏,吴志功.我国研究型大学核心竞争力的评价指标体系研究[J].管理评论,2010(3).
[5] 戴开富.高等学校核心竞争力研究[D].武汉:武汉理工大学,2007.

作者: 盛振文,山东协和学院董事长,天津大学管理与经济学部博士研究生;周志刚,天津大学教育学院教授,博士生导师。

(原载《东岳论丛》2015 年第 4 期)

改革与发展研究

中国民办高等教育未来发展的战略猜想

黄 藤

摘 要：教育现代化的理论和高等教育发展的实践告诉我们，一个完整的教育系统应该由公办、民办两大主体构成，没有民办教育，全是公办教育，这样的教育体系是不完整的。改革开放30多年来，民办高等教育作为我国高等教育的重要组成部分，作为我国高等教育大众化的重要推动力量，在满足人民群众多样化、特色化教育的需求方面作出了历史性贡献。目前，伴随着教育总体规模的迅速扩张，难上学的问题已基本解决，但上好学的问题却成为主要矛盾。如何保持民办高校的可持续发展，这既是中国民办高等教育发展中面临的新课题，又是一项必须破解的难题。

关键词：民办高等教育；教育现代化；教育可持续发展

探索中国民办高等教育的可持续发展路径，需要以全球化的视角，站在全球私立高等教育发展的背景下进行解析。因为，促进我国民办高等教育的可持续发展，既是中国社会经济发展的客观需要，同时也要符合世界私立高等教育的发展潮流。作为中国民办高等教育的工作者，应该清醒地认识并迎接这一挑战，树立科学的高等教育发展观，强化质量立校意识，推动高等教育从规模扩张为特征的外延式发展向质量提升为核心的内涵式发展转变，从关注硬指标的显性增长，向致力于软实力的内在提升转变，走出一条具有中国特色、与世界高等教育发展潮流对接的民办高等教育发展道路，走出一条富有长久生命力的可持续发展的道路。

一、全球私立高等教育发展概况

就全世界范围而言，20世纪是私立教育，特别是私立高等教育的迅速发展时期，它不仅规模迅速壮大，而且出现了多层次化，在各国的社会发展中展示了它的独特作用。

高等教育从精英教育走向大众化教育的过程，为私立高等教育的发展提供了良好的发展契机。20世纪80年代以来，许多国家均采取了大力发展私立大学的政策，私立高等教育规模不断扩大，招生人数显著增加，私立高等教育逐渐处于本国高等教育体系的主体地位，这已成为国际私立高等教育发展的共同趋势。据估计，在世界高等教育总规模中，私立高等教育部分约占30%，如表1所示。也就是说，世界上接受第三级教育的1.5亿学生中，大约4 500万学生是在私立高等教育机构接受教育的。

表1 世界70个国家私立高等教育事业发展统计概况（截至2009年）

国家	年	机构数(所) 私立	机构数(所) 总数	份额(%)	排名	年	学生数(人) 私立	学生数(人) 总数	份额(%)	排名
马来西亚	2004	559	576	97.00	01	2004	322,891	634,033	50.90	11
塞内加尔	2003	48	50	96.00	02	2003	4,140	38,040	10.90	55
印度尼西亚	2007	2,766	2,897	95.90	03	2007	2,392,417	3,371,156	71.00	05
智利	2005	205	221	92.80	04	2007	584,722	753,543	77.60	02
危地马拉	2009	11	12	91.70	05	2003	105,082	218,466	48.10	14
加纳	2004	28	31	90.30	06	2004	8,000	71,600	11.20	55
日本	2007	4,199	4,689	89.60	07	2007	2,924,022	3,776,623	77.40	03
菲律宾	2005	1,431	1,599	89.50	08	2005	1,589,866	2,438,855	65.20	07
巴西	2007	2,281	20,132	89.10	09	2007	3,639,413	4,880,381	74.60	04
多米尼加	2005	38	43	88.40	10	2005	160,603	323,439	49.70	12
韩国	2002	280	322	87.00	11	2006	2,565,888	3,204,036	80.10	01
博兹瓦纳	2007	6	7	85.70	12	2007	6,000	21,000	28.60	25
新西兰	2007	172	201	85.60	13	2006	23,763	256,468	9.30	60
格鲁吉亚	2003	150	176	85.20	14	2003	29,400	15,300	19.20	26
乌干达	2003	23	27	85.20	15	2003	17,060	113,000	15.10	45
巴拿马	2004	59	71	83.10	16	2003	24,187	132,167	18.30	38
南非	2003	96	119	80.70	17	2004	30,000	730,000	4.10	68
塞浦路斯	2005	29	36	80.60	18	2005	13,712	20,587	66.60	06
老挝	2005	31	29	79.50	19	2004	14,371	44,289	32.40	20
亚美尼亚	2004	68	88	77.30	20	2004	22,600	85,100	26.60	26
墨西哥	2007	1,175	1,617	72.70	21	2007	745,018	2,232,189	33.40	19
哈萨克斯坦	2004	130	181	71.80	22	2004	347,100	747,100	46.50	16
波兰	2005	315	445	70.80	23	2007	660,464	1,937,401	34.10	17
哥伦比亚	2007	197	279	70.60	24	2005	600,731	1,212,035	49.60	13
葡萄牙	2004	110	165	66.70	25	2004	98,664	380,937	25.90	28
坦桑尼亚	2006	21	32	65.60	26	2006	12,400	64,052	19.40	35
柬埔寨	2006	40	62	64.50	27	2006	56,363	97,524	58.00	09

续表

国家	年	机构数(所)		份额(%)	排名	年	学生数(人)		份额(%)	排名
		私立	总数				私立	总数		
埃及	2005	109	174	62.60	28	2003	447,000	2,325,000	19.20	37
马其顿	2004	5	8	62.50	29	2007	11,509	64,254	17.90	40
美国	2007	2,667	4,352	61.30	30	2007	4,757,348	18,248,128	26.10	27
洪都拉斯	2002	9	15	60.00	31	2002	22,018	111,766	19.70	34
厄瓜多尔	2004	236	402	58.70	32	2004	90,278	314,496	28.70	24
尼加拉瓜	2003	69	118	58.50	33	2005	65,000	136,960	47.50	15
克罗地亚	2008	28	49	57.10	34	2008	16,000	141,000	11.30	53
匈牙利	2006	40	71	56.30	35	2006	56,590	416,348	13.60	49
罗马尼亚	2003	37	67	55.20	36	2007	265,234	785,506	33.80	18
中国香港	2007	12	22	54.50	37	2007	127,256	215,637	59.00	08
阿根廷	2003	1,327	2,480	53.50	38	2005	4,890,039	2,048,876	23.90	30
爱沙尼亚	2004	24	46	52.20	39	2008	12,315	68,399	18.00	39
莫桑比克	2004	6	12	50.00	40	2004	7,143	22,256	32.10	21
孟加拉	2005	54	111	48.60	41	2003	61,108	423,236	14.40	47
哥斯达黎加	2004	57	121	47.10	42	2004	93,730	171,792	54.60	10
泰国	2007	70	149	47.00	43	2007	173,007	1,750,777	9.90	58
巴基斯坦	2007	57	124	46.00	44	2007	103,466	435,130	23.80	31
挪威	2006	32	70	45.70	45	2006	28,434	211,559	13.40	50
斯洛伐克	2006	9	20	45.00	46	2006	20,098	204,082	9.80	59
摩尔多瓦	2003	48	108	44.50	47	2003	26,500	10,200	24.00	29
印度	2005	7,720	17,973	43.00	48	2005	3,219,000	10,481,000	30.70	23
津巴布韦	2003	5	12	41.70	49	2003	1,797	39,797	4.50	67
捷克	2004	95	237	40.10	50	2004	29,201	427,955	8.90	61
瑞典	2005	24	60	40.00	51	2003	30,476	414,657	7.30	63
立陶宛	2005	19	49	38.80	52	2005	16,438	193,928	8.50	62
俄罗斯	2004	409	1,071	38.20	53	2004	1,024,000	6,884,000	14.90	44
冰岛	2006	3	8	37.50	54	2005	3,853	16,853	22.90	32
拉脱维亚	2007	22	60	36.70	55	2007	40,713	127,760	31.90	22
尼日利亚	2006	32	89	36.00	56	2006	37,636	1,108,199	3.40	69

续表

国家	年	机构数(所) 私立	机构数(所) 总数	份额(%)	排名	年	学生数(人) 私立	学生数(人) 总数	份额(%)	排名
阿塞拜疆	2003	15	42	35.70	57	2003	17,500	121,500	14.40	48
德国	2008	122	356	34.30	58	2008	94,285	1,920,102	4.90	66
吉尔吉斯斯坦	2004	16	49	32.70	59	2004	15,800	218,300	7.20	64
保加利亚	2008	16	53	30.20	60	2008	58,380	332,654	17.60	42
中国	2008	640	2,263	28.30	61	2008	4,013,010	20,210,249	19.90	33
斯洛文尼亚	2007	8	29	27.60	62	2007	3,552	136,990	2.60	70
乌拉圭	2003	14	63	22.20	63	2007	14,426	123,139	11.70	52
白俄罗斯	2005	12	55	21.80	64	2005	58,300	383,400	15.20	44
意大利	2006	17	83	20.50	65	2006	146,796	2,029,023	7.20	65
乌克兰	2003	175	997	17.60	66	2003	237,100	2,264,767	10.50	56
肯尼亚	2004	17	130	13.10	67	2008	21,132	118,239	17.90	41
以色列	2005	8	61	13.10	68	2005	26,860	205,149	13.10	51
越南	2005	29	230	12.60	69	2005	137,760	1,319,754	10.40	57
法国	2005	147	3,500	4.20	70	2006	364,783	2,201,201	16.60	43

备注：统计数据中学生人数包括全日制和非全日制在校生。
数据来源：OECD公布"2002—2009"年教育统计数据。

从表1中可以看出，亚洲是目前世界上私立高等教育发展最具活力的地区，日本、韩国、菲律宾、马来西亚、印度尼西亚的私立高等教育机构数都占到了高等教育机构总数的80%以上；在校生数的比例也都在60%以上，有的接近80%，特别是日本。

众所周知，日本高等教育的大众化，并非仅仅靠培养精英的传统公立大学，而是通过借助民间力量发展私立高等教育而实现的。2004年，日本私立大学在校生2 947 075人，占全部大学在校生数的77.6%。截至2009年日本私立高校总数为4 094所，占日本大学总数的89.50%，如表2所示。根据《泰晤士高等教育》最新公布的"世界大学排名"和《朝日新闻》发布的"日本大学综合实力排名"显示，被誉为"日本私学双雄"的早稻田大学和庆应义塾大学均位居前列。

表2 日本私立高等教育事业发展统计概况(一) （截至2009年）

年 \ 类别	高等教育机构数(所) 公立	高等教育机构数(所) 私立	高等教育机构数(所) 总数	私立占总数百分比(%)
2000	661	4,173	4,834	86.30
2001	634	4,151	4,785	86.80

续表

年\类别	高等教育机构数(所)			私立占总数百分比(%)
	公立	私立	总数	
2002	613	4,143	4,756	87.10
2003	596	4,133	4,729	87.40
2004	500	4,224	4,724	89.40
2005	499	4,217	4,716	89.40
2006	495	4,222	4,717	89.50
2007	490	4,199	4,689	89.60
2008	485	4,162	4,647	89.60
2009	482	4,094	4,576	89.50

表3　日本私立高等教育事业发展统计概况(二)

年\类别	在校生人数(人)			私立占总数百分比(%)
	公立	私立	总数	
1995	824,440	2,941,521	3,765,961	78.10
1996	839,223	2,946,176	3,785,399	77.80
1997	845,560	2,943,346	3,788,906	77.70
1998	849,889	2,925,615	3,775,504	77.50
1999	855,174	2,915,587	3,770,761	77.30
2000	860,764	2,900,961	3,761,725	77.10
2001	860,891	2,893,922	3,754,813	77.10
2002	861,159	2,909,088	3,770,247	77.20
2003	862,256	2,935,011	3,797,267	77.30
2004	851,884	2,947,075	3,798,959	77.60

表4　日本私立高等教育事业发展统计概况(三)

年\类别	教师数(人)			私立占总数百分比(%)
	公立	私立	总数	
1998	79,547	119,788	199,335	60.10
1999	80,654	121,375	202,029	60.10

续表

年 \ 类别	教师数(人)			私立占总数百分比(%)
	公立	私立	总数	
2000	81,447	122,597	204,044	60.10
2001	81,731	123,404	205,135	60.20
2002	81,638	126,391	208,029	60.80
2003	81,382	127,651	209,033	61.10
2004	80,700	131,149	211,849	61.90
2005	80,846	134,358	215,204	62.40
2006	80,598	137,336	217,934	63.00
2007	80,846	140,062	220,908	63.40

数据来源：日本文部科技省(MEXT)。

表5给出2013—2014年日本大学世界排名情况，表6给出2013—2014年日本大学综合实力排名情况。

表5 2013—2014年日本大学世界排名　　　　　　　　《泰晤士高等教育》

世界排名	学校名称	类型	世界排名	学校名称	类型
30	东京大学	公立	86	名古屋大学	公立
35	京都大学	公立	128	九州大学	公立
50	大阪大学	公立	138	北海道大学	公立
65	东京工业大学	公立	198	早稻田大学	私立
75	东北大学	公立	200	庆应义塾大学	私立

表6 2013—2014年日本大学综合实力排名　　　　　　　　《朝日新闻》

排名	学校名称	类型	排名	学校名称	类型
01	东京大学	公立	09	早稻田大学	私立
02	京都大学	公立	10	庆应义塾大学	私立
03	大阪大学	公立	11	神户大学	公立
04	东京工业大学	公立	12	筑波大学	公立
05	东北大学	公立	13	广岛大学	公立
06	名古屋大学	公立	14	千叶大学	公立
07	九州大学	公立	15	一桥大学	公立
08	北海道大学	公立	16	横滨国立大学	公立

续表

排名	学校名称	类型	排名	学校名称	类型
17	名古屋工业大学	公立	24	中央大学	私立
18	九州工业大学	公立	25	明治大学	私立
19	金泽大学	公立	26	同志社大学	私立
20	东京农工大学	公立	27	立命馆大学	私立
21	御茶水大学	公立	28	关西大学	私立
22	冈山大学	公立	29	东京外国语大学	公立
23	东京理科大学	私立	30	大阪市立大学	公立

相对亚洲,美国则是世界上私立高等教育最发达的国家之一,其私立高等学校占高校总数的一半以上,代表美国高等教育最高水平的学校,绝大多数是私立大学。据统计,2000年,美国私立高校为2 484所,占高校总数的59.40%,截至2010年,这个比例上升到62.80%。1980年,美国高等教育适龄青年入学率为56%。1995年为81%,是高等教育大众化和普及化最先进的国家。2010年美国高等教育毛入学率已达到95%,如表7所示。

表7 美国私立高等教育事业发展统计概况(一)

年\类别	高等教育机构(所)				总数	私立占总数百分比(%)
	公立	私立				
		非营利性	营利性	合计		
2000	1,698	1,695	789	2,484	4,182	59.40
2001—2002	1,713	1,676	808	2,484	4,197	59.20
2002—2003	1,712	1,665	791	2,456	4,168	58.90
2003—2004	1,720	1,664	852	2,516	4,236	59.40
2004—2005	1,700	1,637	879	2,516	4,216	59.70
2005—2006	1,693	1,647	936	2,583	4,276	60.40
2006—2007	1,688	1,640	986	2,626	4,314	60.90
2007—2008	1,685	1,624	1,043	2,667	4,352	61.30
2008—2009	1,676	1,629	1,104	2,733	4,409	62.00
2009—2010	1,672	1,624	1,199	2,823	4,495	62.80

年 \ 类别	全日制在校生人数(人)				总数	私立占总数百分比(%)
	公立	私立				
		非营利性	营利性	合计		
1998	6,100,816	2,162,158	300,364	2,462,522	8,563,338	17.00
1999	6,224,114	2,207,401	354,979	2,562,380	8,786,494	17.30
2000	6,371,226	2,272,698	365,676	2,638,374	9,009,600	17.20
2001	6,687,705	2,322,260	437,537	2,759,797	9,447,502	17.30
2002	7,057,368	2,400,362	488,629	2,888,991	9,946,359	17.40
2003	7,270,397	2,473,291	582,445	3,055,736	10,326,133	18.10
2004	7,369,432	2,522,993	717,752	3,240,745	10,610,177	18.80
2005	7,408,761	2,563,732	824,518	3,388,250	10,797,011	19.40
2006	7,495,563	2,615,559	846,183	3,461,742	10,957,305	19.50
2007	7,686,981	2,664,502	918,409	3,582,911	11,269,892	19.60

年 \ 类别	教师数(人)			私立占总数百分比(%)
	公立	私立	总数	
1996	672,000	282,000	954,000	29.60
1997	694,560	295,253	989,813	29.80
1998	698,000	303,000	1,001,000	30.30
1999	713,325	314,505	1,027,830	30.60
2000	741,000	322,000	1,063,000	30.30
2001	771,124	342,059	1,113,183	30.70
2003	791,766	381,827	1,173,593	32.50
2005	841,188	449,238	1,290,426	34.80
2007	877,146	494,244	1,371,390	36.00
2009	913,679	525,465	1,439,144	36.50

数据来源：美国国家教育统计中心(NCES)，统计时间截至于2010年。

表8 美国私立高等教育事业发展统计概况(二)

2007—2021年高校招生人数及预测(人)					
	2007年	2008年	2009年	2010年	2011年
公立	13,490,790	13,972,150	14,810,640	15,142,810	15,110,200
私立	4,757,350	5,130,660	5,617,070	5,873,320	5,883,920

续表

2007—2021年高校招生人数及预测（人）					
	2012年	2013年	2014年	2015年	2016年
公立	15,530,000	15,694,000	15,871,000	16,020,000	16,203,000
私立	6,027,000	6,098,000	6,171,000	6,233,000	6,307,000
	2017年	2018年	2019年	2020年	2021年
公立	16,441,000	16,712,000	16,965,000	17,183,000	17,345,000
私立	6,401,000	6,508,000	6,604,000	6,685,000	6,747,000

数据来源：美国国家教育统计中心（NCES）。

以上这些都得益于美国建立了较为完善的私立高等教育体制，尤其美国在高等教育发展中充分发挥了市场机制的作用，私立高等学校具有较好的生存和发展空间。

表9给出2013—2014年美国大学世界排名情况。

表9　2013—2014年美国大学世界排名（QS世界大学排行榜）

排名		学校名称	类型	排名		学校名称	类型
美国	世界			美国	世界		
01	01	麻省理工学院	私立非营利	16	37	威斯康星大学麦迪逊分校	公立
02	02	哈佛大学	私立非营利	17	40	加州大学洛杉矶分校	公立
03	07	斯坦福大学	私立非营利	18	44	纽约大学	私立非营利
04	08	耶鲁大学	私立非营利	19	47	布朗大学	私立非营利
05	09	芝加哥大学	私立营利	20	54	北卡罗来纳大学教堂山分校	公立
06	10	加州理工学院	私立非营利	21	56	伊利诺伊大学香槟分校	公立
07	10	普林斯顿大学	私立非营利	22	57	卡内基梅隆大学	私立非营利
08	13	宾夕法尼亚大学	私立非营利	23	59	华盛顿大学	公立
09	14	哥伦比亚大学	私立非营利	24	63	加州大学圣地亚哥分校	公立
10	15	康奈尔大学	私立非营利	25	71	得克萨斯大学奥斯丁分校	公立
11	16	约翰·霍普金斯大学	私立非营利	26	79	波士顿大学	私立营利
12	22	密歇根大学	公立	27	85	加州大学戴维斯分校	公立
13	23	杜克大学	私立非营利	28	86	圣路易斯华盛顿大学	私立营利
14	25	加州大学伯克利分校	公立	29	99	佐治亚理工学院	公立
15	29	西北大学	私立非营利	30	99	普渡大学	公立

当世界范围内的私立高等教育获得迅速发展时,欧洲私立高等教育的发展则略显逊色,如表10所示。西欧是世界上公立大学占主导地位的地区,私立高等教育相对较少,且主流的、地位较高的大学基本上都是公立大学。中东欧地区由于政治上的巨变,人们容易接受新的事物,从而使私立高等教育获得迅猛发展,但各国发展并不均衡,如表11、12所示。罗马尼亚公立高等教育的私有化改革,使得公、私立高等教育之间关系"对立",两者的竞争步入新的阶段;俄罗斯私立高校的创办与公立成分密不可分,私立高校与国营机构、公共资源之间存在持续性关系,如表13、14、15所示。乌克兰私立高校因国家认证要求较高,通过认证的数量不多,且受未来生源减少的影响,前景堪忧;中欧的天主教大学作为一种小型的私立高校,其未来如何发展,需要认真考量。

表10 欧盟27国私立高等教育事业发展统计概况(截至2009年)

国家	总数	公立	私立			私立占总数百分比(%)
			非营利性	营利性	合计	
欧盟(27国)	19,186,568	16,202,024	684,343	2,300,201	2,984,544	15.60
拉脱维亚	125,360	6,783	77,719	40,858	118,577	94.60
爱沙尼亚	68,399	10,795	45,289	12,315	57,604	84.20
塞浦路斯	30,986	8,776	0	22,210	22,210	71.70
比利时	425,219	182,682	242,537	0	242,537	57.00
斯洛伐克	234,997	203,613	374	31,010	31,384	43.40
罗马尼亚	1,098,188	633,425	0	464,763	464,763	42.30
波兰	2,149,998	1,432,711	0	717,287	717,287	33.40
葡萄牙	373,002	282,438	0	90,564	90,564	24.30
保加利亚	274,247	215,867	0	58,380	58,380	21.30
法国	2,172,855	1,763,806	60,074	348,975	409,049	18.80
奥地利	308,150	256,721	51,429	0	51,429	16.70
芬兰	296,691	248,298	48,393	0	48,393	16.30
匈牙利	397,679	333,042	64,637	0	64,637	16.30
捷克	416,847	356,681	9,883	50,283	60,166	14.40
立陶宛	211,389	185,861	0	25,528	25,528	12.10
斯洛文尼亚	114,391	100,673	5,476	8,242	13,718	12.00
西班牙	1,800,834	1,590,025	36,810	173,999	210,809	11.70
瑞典	422,580	384,714	37,866	0	37,866	9.00
意大利	2,011,713	1,857,961	0	153,752	153,752	7.60

续表

国家	总数	公立	私立			私立占总数百分比(%)
			非营利性	营利性	合计	
德国	2,119,500	2,023,400	0	96,100	96,100	4.50
爱尔兰	182,609	176,894	0	5,715	5,715	3.10
丹麦	244,574	240,498	3,856	220	4,076	1.70
希腊	672,284	672,284	0	0	0	0.00
马耳他	10,352	10,352	0	0	0	0.00
荷兰	618,502	618,502	0	0	0	0.00
英国	2,415,222	2,415,222	0	0	0	0.00
卢森堡①	…	…	…	…	…	…

备注：①数据库中无该国数据。

表 11 2000—2009 年欧盟 27 国营利性私立高等教育机构与学生人数变动情况对比(一)

国家	2000 年			2009 年			变动率(%)
	私立学生总数(人)	营利性学生数(人)	营利性数(%)	私立学生总数(人)	营利性学生数(人)	营利性数(%)	
欧盟	15,207,955	1,225,549	8.10	18,088,380	1,835,438	10.10	2.10
拉脱维亚	91,237	11,353	12.40	125,360	40,858	32.60	20.10
塞浦路斯	10,414	5,855	56.20	30,986	22,210	71.70	15.50
斯洛伐克	135,914	0	0.00	234,997	31,010	13.20	13.20
捷克	253,695	0	0.00	416,847	50,283	12.10	12.10
保加利亚	261,321	27,426	10.50	274,247	58,380	21.30	10.80
立陶宛	121,904	4,803	3.90	221,389	25,528	12.10	8.10
斯洛文尼亚	83,816	787	0.90	114,391	8,242	7.20	6.30
波兰	1,579,571	434,435	27.50	2,149,998	717,287	33.40	5.90
法国	2,015,344	235,356	11.70	2,172,855	348,975	16.10	4.40
德国	1,799,300	50,453	2.80	2,199,500	96,100	4.50	1.70
意大利	1,770,002	112,692	6.40	2,011,713	153,752	7.60	1.30
丹麦	184,514	0	0.00	234,574	220	0.10	0.10
奥地利	261,229	0	0.00	308,150	0	0.00	0.00
比利时	355,748	0	0.00	425,219	0	0.00	0.00

表 12 2000—2009 年欧盟 27 国营利性私立高等教育机构与学生人数变动情况对比(二)

国家	2000 年			2009 年			变动率(%)
	私立学生总数(人)	营利性学生数(人)	营利性数(%)	私立学生总数(人)	营利性学生数(人)	营利性数(%)	
芬兰	270,185	0	0.00	296,691	0	0.00	0.00
希腊	422,317	0	0.00	672,284	0	0.00	0.00
匈牙利	307,071	0	0.00	397,679	0	0.00	0.00
马耳他	6,315	0	0.00	10,352	0	0.00	0.00
荷兰	487,649	0	0.00	618,502	0	0.00	0.00
英国	2,024,138	0	0.00	2,415,222	0	0.00	0.00
瑞典	346,878	3,752	1.10	422,580	0	0.00	−1.10
西班牙	1,828,987	198,666	10.90	1,800,834	173,999	9.70	−1.20
爱尔兰	160,611	8,225	5.10	182,609	5,715	3.10	−2.00
爱沙尼亚	53,613	13,009	24.30	68,399	12,315	18.00	−6.30
葡萄牙	373,745	118,737	31.80	373,002	90,564	24.30	−7.50
卢森堡②	2,437	0	0.00	…	…	…	…
罗马尼亚③	…	…	…	…	…	…	…

备注:②③中所在国别统计数据不完整,故对比中 2009 年欧盟合计数据略有偏差。
数据来源:欧盟统计局(EUROSTAT)。

表 13 俄罗斯私立高等教育事业发展统计概况(一)

年 \ 类别	高等教育机构数(所)			私立占总数百分比(%)
	公立	私立	总数	
1999	3 166	422	3 588	11.80
2000	3 196	472	3 668	12.90
2001	3 213	476	3 689	12.90
2002	3 281	574	3 855	14.90
2003	3 282	574	3 856	14.90
2004	3 299	577	3 876	14.90
2005	3 343	630	3 973	15.90
2006	3 291	646	3 937	16.40
2007	3 224	683	3 907	17.50
2008	3 195	723	3 918	18.50

表14 俄罗斯私立高等教育事业发展统计概况(二)

类别 年	在校生人数(人)			私立占总数百分比(%)
	公立	私立	总数	
1999	3,728,100	344,900	4,073,000	8.50
2000	6,579,400	522,800	7,102,200	7.40
2001	7,206,800	690,400	7,897,200	8.70
2002	7,717,200	815,800	8,533,000	9.60
2003	8,097,800	970,000	9,067,800	10.70
2004	8,363,700	1,120,100	9,483,800	11.80
2005	8,458,300	1,197,000	9,655,300	12.40
2006	8,522,000	1,302,000	9,824,000	13.30
2007	8,496,900	1,372,600	9,869,500	13.90
2008	8,350,900	1,406,300	9,757,200	14.40

表15 俄罗斯私立高等教育事业发展统计概况(三)

类别 年	教师数(人)			私立占总数百分比(%)
	公立	私立	总数	
1995	240,226	13,010	253,236	5.14
1996	243,035	17,800	260,835	6.82
1997	247,505	23,609	271,114	8.71
1998	249,602	32,789	282,391	11.61
1999	255,933	42,113	298,046	14.13
2000	265,186	42,204	307,390	13.73

数据来源：俄罗斯联邦教育部(The Ministry of Education of the Russian Federation)。

世界各国私立高等教育的发展,虽然不同的地区和国家之间都存在着一定的差异,但全球范围内迅速扩张的趋势则是显而易见的,具体可归纳为以下三点：

第一,全民教育运动使得具有接受高等教育资格的人数迅速扩大,提高了对高等教育的需求。但是,各个国家普遍地存在着公共经费短缺的问题,如表16所示。

从表16中可以看出,2006年与1990年相比,无论是在高收入国家还是中高收入国家,高等教育生均经费指数都有较大幅度的降低。因而,无法通过扩大传统公立高等教育系统的方式来满足入学需求,建立和发展私立高等教育体系就是解决问题的措施之一。

表16 全球高等教育生均经费指数变动情况 单位：%

	1990—1991	2006	变化
高收入国家	47.1	29.0	-18.1
中高收入国家	61.8	23.3	-38.5

资料来源：World Development Indicators 2004 and 2008(Washington DC：World Bank)。
引自：Sjur Beryan, Rafael Guarga, Eva Egron Polak, Jose Dias Sobrinho, Rajesh Tandon, and Jandhyala B. G. Tilak, Public Responsibility for Higher Education, A Report Prepared for the UNESCO 2009 World Conference on Higher Education, p.26.
注释：高等教育生均经费指数的含义是：高等教育生均经费支出/人均GDP。

第二，一些国家采取了自由主义的经济政策，质疑公有部门的效率，弱化政府的作用，在经济领域进行私有化改革，降低社会福利水平，重视发挥市场机制在经济活动甚至公共事业中的调节作用。私立高等教育的发展，直接受到了这种思潮的影响。

第三，高等教育全球化发展加速了私立高等教育全球范围内的迅速扩张。经济全球化将高等教育纳入了WTO服务贸易的框架，早在1998年，全球高等教育国际贸易额就已达到300亿美元，占全球服务贸易的3%。

不难发现，由于历史文化传统、政治制度、经济社会发展阶段、教育整体发展水平等存在着差异，不同国家和地区的私立高等教育发展呈现出多样化、非均衡的特征。

从发展历史看，有的国家私立高等教育历史悠久，如美国第一所私立大学——哈佛大学成立于1636年，至今已有近380年历史；有的国家私立高等教育历史很短，如俄罗斯私立高等教育自20世纪90年代以来才得以发展。

从发展规模看，有的国家私立高等教育规模很大，如日本2008年私立高等教育在校生数所占比例就已经超过70%；有的国家私立高等教育规模较小，仅是公立高等教育的补充，如截至2008年澳大利亚私立高等教育在校生数所占比例仅为5%。

表17中给出了私立高等教育规模比例的区域分布情况。

表17 私立高等教育规模比例的区域分布

高	中	低
东亚 拉美 美国	中欧和东欧 非洲英语区	西欧 英联邦 非洲法语区 阿拉伯

资料来源：Svava Bjarnason, Kaiming Cheng, John Fielden, Maria-Jose Lemaitre, Daniel Levy, and N. V. Varghese, A New Dynamic: Private Higher Education, A Report Prepared for the UNESCO 2009 World Conference on Higher Education, p.28.

在表17中，从区域分布看，首先是东亚和拉美国家位居前列，其次是北美（主要指美国）、中欧、东欧以及非洲英语区国家，最后是西欧、英联邦、非洲法语区国家和阿拉伯国家。

从发展模式看,既有完全依靠非公共资源办学的学校,也有从公共渠道获得办学资源的学校;既有营利性的学校,也有非营利性的学校;既有所有者或投资者创办的学校,也有采取基金会方式管理的学校;既有受政府严格管制的学校,也有完全自由运行的学校。根据学校的质量、特点以及属性等因素,在2009年世界高等教育大会发布的《联合公报》中,将私立高等教育划分为四种主要形式:精英/准精英型、宗教/文化型、非精英/需求吸纳型、营利型。

从发展速度看,私立高等教育的快速扩张主要出现在发展中国家,原因在于发展中国家公立高等教育系统无法满足日益增长的入学需求。随着中欧和东欧一些国家政治体制的转变,私立高等教育在20世纪80年代末迅速发展起来,到90年代初达到了高峰,之后发展速度减慢,甚至出现了下降趋势。

二、中国民办高等教育发展历程

翻开中国高等教育史,我们会发现私立大学的历史要远远早于公办大学。远的如两千五百年前孔子设坛讲学不说,自"书院出现于唐代",宋代的白鹿洞书院、岳麓书院,明代的河东书院、石门书院,到清末教会学校演变过来的圣约翰大学等,都比公办大学创办得要早。如果追溯中国大学的起源,应该是起源于私立大学。中国民办高等教育大致经历了先秦、汉唐、宋明、近现代、当代五个基本阶段。

第一阶段:先秦时期的私家学派及教学活动。先秦时期,民办教育的办学方式主要表现为私家学派的讲学活动。当时,官学衰落和学术下移,私人养士和讲学之风盛行。所谓的诸子百家,都是私人讲学团体孕育出的重要思想和学术流派。作为这些私家学派的代表人物有孔子、老子、孟子、庄子、荀子、墨子等,他们都对中国的教育理论有原创性的贡献,而且这些重要人物基本上都有教学实践活动,可以说,他们也是中国私立教育的奠基人物。

第二阶段:汉唐时期的私人讲学。汉朝时太学(即官学)兴盛,但民间的办学力量依然在不断发展,民间的学术势力和办学活动俨然可与官方的学术势力和太学系统形成对峙。当时私学大师讲学活动影响很大,私学教育的环境也相当自由宽松,尤其是汉初之际,私学的内容也比较丰富:儒、道、法、刑名等各种学问都有私人传授,自然科学知识也有人研习。当时有的名儒硕学一面做官,一面讲学,被称为"居官教授";而终身不仕专事授徒者则称为"隐居教授"。到东汉时期,已经出现了"精舍""精庐"等学舍,也就是固定的讲学场所,从而改变了以往私学游讲居无定址的状况。

唐朝的私学教育活动也很发达,尤其是唐朝建立并推广科举制度后,对学校教育产生重大影响,又使民间教育价值观发生转变。学校的经学教育转而变为民间的文艺教育,居家自学和寻师访友成为官学之外又一种重要的私学方式。中唐以后,随着科举重诗赋的加强,私学的影响力也更加扩大。

当时的中国私学方式还影响到国外,如日本留学中国的僧侣和学者归国后,纷纷开办私学,宣传儒家经典,而日本政府也对私学持鼓励态度,推动其更加广泛地展开,政府以各种方式录用官学之外的人才,从而刺激私学兴盛。

第三阶段:宋元明清时期的私学教育。宋以下的私学以书院为代表。书院最初产生于唐朝,分为官方和私人两种。官方的书院功能在于收藏、校勘、整理图书,而私人举办的书院则是用来聚徒讲学或隐身读书的。所以,作为教育机构的书院主要是以私人开办的为代表。

书院是中国私学教育在新的历史、文化、社会条件下发展到较高阶段的产物。从文化物质基础而言,它与唐时书院抄写、复制、流传经本的有利条件有关;从历史传统而言,它与先秦以后悠久深厚的民间办学、私人讲学的精神力量在新时期的发展相关;从外来文化影响而言,它与佛教东来后禅林精舍中的坐禅修道、讲学佛经关系密切。同时,书院的兴盛,与宋以后渐次形成的理学、实学、心学等众多学派的学术活动也分不开,而学派性书院往往成为学术大师教育思想和主张的实验学校。

书院注重培养学生的自觉钻研精神,促使其努力进修与自学,在方法上注重讨论、质疑、问难、启导,而且注重人格感化和精神陶冶。另外,书院的组织机构简单而富有效率,学生也参与管理,培养了学生组织管理、协助教学等能力。

第四阶段:近现代中国民办高等教育的发展。中国近代民办教育是在面对西方工业社会的强大压力背景下曲折发展的。在1840年至1949年的一百多年间,中国民办教育既有传统民办教育的延续与改造,也有新式民办学校包括教会学校、私立学校的初创、发展与兴盛,最终汇聚为西式教育制度在中国背景下的生成与发展,并由此奠定了中国近代教育赖以发展的基础。当时组成民办教育的基本力量为三种:

第一,传统书院、私塾等旧式民办教育机构。为了适应时代和社会需求,逐渐转变为新式的学堂,并将西方的教育内容引入其中。

第二,传教士在华开办的教会学校。其课程内容包括宗教、儒学、自然科学以及日常生活实用知识等,学校也从最初小学程度的布道辅助机构发展为小学、中学、大学程度的教会学校系统。

第三,中国官僚、士绅、商人自办的新式学堂。其中尤以初等新式小学堂居多,并渐次增设各类中等、高等新式学堂,新式学堂的课程内容注重中西结合,并表现出由传统向近代的过渡。

近代民办教育机构的管理随着新学制的颁布而得以加强,民国初期改变了清末对私学教育放任的态度,注重从法规建设来实施对私立学校的监督与管理,从而保证私学得以健康、有序地发展。

第五阶段:当代民办高等教育的历史发展。新中国成立之初,全国共有私立高等学校69所,其中南开大学、厦门大学、复旦大学、光华大学、辅仁大学等一批私立大学的校园文化积淀厚重,国际视野开阔,办学质量颇高,在全国享有盛名。这些大学的校长,如张伯苓、林文庆、马相伯、张寿镛等,亦是全国知名的教育家。在1952年的院系调整中,所有私立大学都被转为公办院校。此后近30年间,中国没有民办高等教育机构。

中国当代民办高等教育是在民营经济欠发达、社会资本发育不够成熟的背景下发展起来的。1978年,中国民间悄然兴起的各种文化补习班、职业培训班等,标志着非公立的中学后教育机构开始建立,也标志着私立(民办)教育传统得以恢复。进入新世纪以来,为吸引更多非财政渠道资金兴办高等教育,创新高等教育办学体制机制,鼓励高水平公办院校参与举办民办高等教育,探索了"普通民办高校和独立学院共同发展"的模式,在短期内便实现了优质高等教育资源的拓展和共享,使得民办教育从对公办教育"拾遗补阙"的地位,上升到社会主义教育事业的重要组成部分,呈现出蓬勃的发展态势,成为影响广泛的社会事业。近年来,随着一系列重要政策文件特别是《教育规划纲要》的颁布实施,大力扶持、依法管理民办教育的力度显著加大,公办教育与民办教育共同发展的格局正在逐步形成。

(一)办学规模持续增长

《2013年全国教育事业发展统计公报》显示,全国民办高校718所(含独立学院292所),比上年增加11所;招生160.19万人,比上年减少949人;在校生557.52万人,比上年增加24.34万人。其中,硕士在校生335人,本科在校生361.64万人,专科在校生195.85万人,另有自考助学班学生、预科生、进修及培训学生25.84万人。民办非学历高等教育机构802所,各类注册学生87.99万人,如表18所示。

表18 中国民办高等教育事业发展统计概况(一)

年 \ 类别	高等教育毛入学率(%)	高等教育机构(所)				公办高校(不含成人高校)	总数(不含成人高校)	份额(%)
		民办高校						
		民办普通高校	独立学院	合计	增幅			
2003	17.00	173	…	173	…	1,937	2,110	8.20
2004	19.00	228	…	228	55	2,008	2,236	10.20
2005	21.00	252	295	547	319	1,726	2,273	24.07
2006	22.00	278	318	596	49	1,715	2,311	25.79
2007	23.00	297	318	615	19	1,706	2,321	26.50
2008	23.30	318	322	640	25	2,023	2,663	24.03
2009	24.20	336	322	658	18	2,031	2,689	24.47
2010	26.50	353	323	676	18	2,047	2,723	24.82
2011	26.90	389	309	698	22	2,064	2,762	25.27
2012	30.00	404	303	707	9	1,735	2,442	28.95
2013	34.50	426	292	718	11	1,773	2,491	28.82

年\类别	民办高校在校生人数(万人)				
	本科	专科	其他①	总数	增幅
2003	…	…	…	81.00	…
2004	…	…	…	139.75	58.75
2005	100.50	112.13	19.51	232.14	92.39
2006	138.99	141.50	22.51	303.00	70.86
2007	186.80	162.88	23.23	372.91	69.92
2008	223.30	178.00	26.70	428.00	55.08
2009	252.48	193.66	19.39	465.53	37.53
2010	280.99	195.70	20.61	497.30	31.76
2011	311.82	193.25	26.00	531.07	33.78
2012	341.23	191.94	22.04	555.21②	24.15
2013	361.64	195.85	25.84	583.33③	28.12

备注：①自考助学班学生、预科生、进修生及培训学生；②含硕士研究生155人；③含研究生335人。统计时间截止2013年。

表19　中国民办高等教育事业发展统计概况(二)

年\类别	民办非学历高等教育机构(所)		各类注册学生	
	总数	增幅	总数(万人)	增幅
2003	1 104	…	100.4	…
2004	1 187	83	105.33	4.93
2005	1 077	−110	109.15	3.82
2006	994	−83	93.9	−15.25
2007	906	−88	87.34	−6.56
2008	866	−40	92.02	4.68
2009	812	−54	85.22	−6.8
2010	836	24	92.18	6.96
2011	830	−6	88.14	−4.04
2012	823	−7	82.82	−5.32
2013	802	−21	87.99	5.17

数据来源：《2003—2013年全国教育事业发展统计公报》。

(二) 办学质量显著提高

我国民办高等教育发展初期,没有国家投资,社会筹资又很困难。为了解决办学经费不足的问题,大多数举办者都将扩张规模作为院校建设的首要任务。在基本完成原始积累后,民办高校逐步将发展重点从规模扩张转移到内涵发展和提高质量上来。各级各类民办学校办学条件明显改善,教师队伍素质显著提升,办学规范程度大大改进,整体办学水平明显提高。民办教育在吸引社会资金、扩大教育资源、优化教育结构、促进改革发展、创新办学模式、加强内涵建设、提高服务水平、提升教育质量、规范办学行为等方面取得新的成绩,特别是一批民办本科高校进入了培养研究生行列。

(三) 办学行为更加规范

近几年,是按照《民办教育促进法》及其实施条例鼓励和规范民办教育发展,取得重要进展的时期。2007、2008年教育部分别颁布《民办高等学校办学管理若干规定》和《独立学院设置与管理办法》,明确要求改善民办高等教育发展环境,促进独立学院健康、持续发展;2010年国家教育发展规划纲要提出大力支持民办教育。2012年6月制定印发的《关于鼓励和引导民间资金进入教育领域促进民办教育健康发展的实施意见》(22条),是教育部贯彻落实《国务院关于鼓励和引导民间投资健康发展的若干意见》(新36条)、《教育规划纲要》,鼓励和引导民间资金参与发展教育和培训事业,促进民办教育健康发展工作进程中的一项重要工作。

民办教育法律、法规和政策的密集出台,促使各级政府及相关职能部门增强依法履行职责意识,提高规范管理服务水平;督促民办学校规范办学行为,落实健全内部治理结构,保障师生合法权益,建立监督管理和风险防范机制,引导民办学校提高质量,办出特色,为民办教育健康发展,奠定了坚实的制度基础。

(四) 办学环境不断优化

十八大报告提出,要"深化教育领域的综合改革"。办学体制改革,是教育规划纲要提出的10大改革试点任务之一。425项国家教育体制改革试点中,涉及民办教育有10多项,都在稳步推进。此外,各省教育规划纲要中也都把民办教育改革发展作为重要内容。21个省市已经出台了鼓励民办教育发展的法规和政策性文件,17个地方在公共财政支持民办教育发展、购买教育服务、规范办学行为等方面出台了有力措施。

为深化落实教育规划纲要,国家教育体制改革领导小组进行了任务分解,明确了责任分工,确定了牵头部门和配合部门,制定了总体目标和阶段性目标。安排《教育规划纲要》确定的10个重大发展项目时,要求各地方、各部门把民办教育纳入通盘考虑。两年来,教育部与国务院其他部委加强沟通协作,与地方政府通力合作,在改善民办教育发展环境方面取得了重大进展。2013年《中共中央关于全面深化改革若干重大问题的决定》中在有关深化教育领域综合改革方面提出,"健全政府补贴、政府购买服务、助学贷款、基金奖励、捐资激励等制度,鼓励社会力量兴办教育",为进一步促进中国民办教育的发展,开辟了许多新途径。

三、中国民办高等教育的未来发展

20世纪80年代以来,世界上许多发达国家在研究和制定本国长远发展战略时,更加重视教育发展,纷纷制定切实有效的政策,增加对教育的投入,加快教育改革与发展的步伐。2008年底我国总人口已经达到13.28亿人,人口发展进入"低出生、低死亡、低增长"的新发展阶段。

根据统计预测:2008—2050年我国各层次学历教育适龄人口将呈现不断下降的趋势,详见表20所示。

表20 中国教育适龄人口统计数据概况及预测

年份	早教适龄人口（0—2岁）	幼教适龄人口（3—5岁）	小学适龄人口（6—11岁）	初中教育适龄人口（12—14岁）	高中教育适龄人口（15—17岁）	大学教育适龄人口（18—22岁）
2008	5 053	4 961	10 979	6 091	6 455	11 518
2009	5 139	4 991	10 556	6 073	6 141	11 736
2010	5 247	4 919	10 296	6 024	6 092	11 393
2011	5 362	4 989	10 006	5 904	6 082	11 016
2012	5 465	5 073	9 847	5 670	6 063	10 754
2013	5 541	5 180	9 864	5 332	6 015	10 485
2014	5 578	5 292	9 916	5 051	5 894	10 149
2015	5 577	5 399	10 036	4 863	5 664	10 104
2016	5 543	5 479	10 077	4 944	5 329	10 063
2017	5 490	5 520	10 267	4 939	5 050	9 924
2018	5 430	5 520	10 460	4 972	4 862	9 694
2019	5 367	5 487	10 650	4 903	4 944	9 323
2020	5 301	5 435	10 809	4 975	4 938	8 919
2025	4 799	5 086	10 796	5 476	5 172	8 227
2030	4 575	4 536	10 048	5 372	5 516	8 802
2035	4 481	4 530	9 007	4 982	5 424	9 116
2040	4 683	4 572	8 910	4 435	4 761	8 601
2045	4 789	4 657	9 158	4 336	4 535	7 745
2050	4 303	4 485	9 463	4 610	4 453	7 409

数据来源:《国家人口发展战略研究总报告——人口发展预测》。

高等教育适龄人口规模经历了1.5次波动。第一次波动由2009年的11 736万减少到2024年的8 189万,随后增加到2034年的9 156万;半次波动为由2034年的9 156万减少到2050年的7 409万。2009年峰值为11 736万,2050年谷值为7 409万,相差4 327万,详见图1给出的中国高等教育适龄人口及在校生变动趋势及预测图。虽然适龄人口下降给我国民办高等教育发展带来了新的挑战,但中国民办高等教育仍然有很大的发展空间。按照私立高等教育全球扩张的趋势以及相关统计数据的表现,足以反映出扩大高等教育的规模和入学机会,仍然是未来各国高等教育发展的一个重要内容。

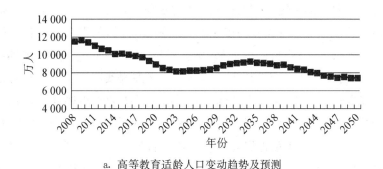

a. 高等教育适龄人口变动趋势及预测

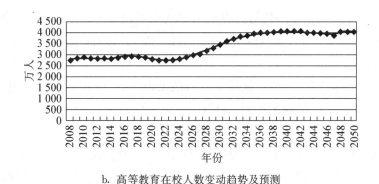

b. 高等教育在校人数变动趋势及预测

图1　中国高等教育适龄人口及在校生变动趋势及预测图(2008—2050年)

数据来源:《国家人口发展战略研究总报告——人口发展预测》

根据最新统计,目前我国高等教育毛入学率已达到37.5%,按照教育规划纲要提出的,到2020年我国高等教育毛入学率要达到40%。要达到高等教育毛入学率40%,大约要增加240万在校大学生。根据《国家人口发展战略研究总报告——人口发展预测》,到2050年高等教育适龄人口将达到7 409万人,在校生人口将突破4 000万。教育规划纲要也提出,"大力支持民办教育,民办教育是教育事业的重要增长点"。作为重要增长点,我国应该更大地发挥民办高等教育在高等教育增长方面的作用。今后,高等教育增量部分很大程度上要靠民办高等教育来完成。试想一下,未来35年高等教育增量的50%由民办高等教育来承担,也就是民办高等院校增加600万在校大学生,平均每年增加15万,这无疑为中国民办高等教育的发展提供了广阔的空间。

（一）科学合理地确定学校发展的战略定位，走多元化发展道路

纵览世界私立高等教育，不仅有研究型、教学型、研究型与教学型并举、应用型私立高校，还有职业教育性质的私立高校。办学层次囊括专科、本科、硕士和博士学位课程及全日制和非全日制、学历教育和非学历教育等。相比而言，我国民办高校几乎都是非营利性民办高校，办学层次只有专科和本科（仅有五所具备招收专业硕士学位资格），办学模式较为单一。社会经济发展的需求是多层次、多类型、多样化的。为了适应社会经济发展的需求，满足各类人才的培养需要，高等教育大众化的教育服务也必然是多样化的。民办高校为了满足社会经济的多样化需求，也必须多样化定位、多元化发展。也就是说，只要在国家法律、政策允许的框架内，各民办高校在不同的发展阶段，一定要根据自己的特点，立足于自身的办学资源条件，结合自己的优势，确立不同的办学理念，选择不同学校发展战略定位，然后据此才能设计具有个性特点的学科专业发展规划，并设置不同的专业和课程，采用不同的培养方式和方法，培养出社会需要的特定的人才。毋庸讳言，中国民办高校目前还处于较低的发展阶段，与公办高校的发展水平，特别是与公办重点大学的发展水平尚存很大差距，需要经过若干年艰苦努力才能达到知名公办大学的现有水平。与此同时，公办高校在政府的强力推动和较雄厚财力支持下，办学水平的提升速度还将进一步加快。这种情况进一步拉开了民办高校与公办高校的发展差距，加大了民办高校追赶公办高校的难度，也增强了民办大学生存与发展的危机性。因此，如何进行科学合理的战略定位，就是至关重要的顶层设计。

所谓大学的办学定位，就是学校根据自身的发展条件、发展优势和特色，按照社会经济发展的需要，依据学生的需求和学校自身的实际，准确选择学校发展方向、工作重点、发展目标所进行的带有前瞻性战略思考和发展规划的一系列活动。从教育服务的观念来看，高校的定位就是高等学校向社会提供教育服务的数量、品种、类型、档次和质量的综合。我们提出民办大学要多元化发展，就是不同的学校要选择不同的发展道路和发展模式，而不是千校一面、相互模仿。多元化发展的内涵十分丰富，既包括办学性质定位的多元化，又包括学校战略规划的多元化，还包括办学规模、办学层次、办学类型、人才培养和服务面向等诸多方面的多元化。

总之，无论属于什么样的类型，选择什么样的定位，只要能够突出自己的优势，展示自己的特色，打造出自己的品牌，促进学校的发展，都是科学合理的。"适合的就是最好的。"特色和优质的教育是不分层次、不分类别的，每一种类型和层次的教育都可以达到优质教育的水平，都可以办成名校。重点高校可以成为知名院校，成为国内或国际有影响的名校。只要学校定位能够同社会经济发展对教育的多样化需求紧密结合，就能够打造优质教育品牌，培养出高水平人才，这样的定位应该都是准确的科学合理的定位。

（二）提高教育质量，强化内涵建设，走特色化发展道路

质量是高等教育的生命，提高教育质量是永恒的主题。过去10年来，高等教育质量保证计划已经在世界各地得到了普遍实施。下一个阶段的趋势是制订具有国际参考作用的高等教育质量标准。换言之，不同国家的质量保证体系需要进一步相互认可和信任，以使各国的质量保证体系具有国际有效性。世界各地都已举行为解决这一挑战的区域会议和高峰会议。博洛尼亚进程正带领欧洲走向共同的基准和标准,并将使所有参与国颁发的文凭和证书具有可比性。

教育规划纲要提出"提高高等教育质量是我国未来10年要着力解决的问题"。教育部也已明确表态,在新的历史起点上,中国高等教育要把提高质量作为核心任务,坚持走有特色、高水平的科学发展之路,更加重视发展理念的战略性转变,更加重视人才培养模式的创新和体制机制的改革,更加重视高等教育在促进区域经济社会发展中的"助推器"作用。

目前,从规模上看,我国已经跻身高等教育大国,但就质量而言,与世界高等教育强国相比还存在明显的差距。特别是民办高等教育,经过30多年的发展,已经取得了辉煌的成绩,但应该承认,我国民办高校的整体办学水平与质量还比较低,仍然存在着诸如定位不准确、特色不鲜明现象,未能正确处理好规模与质量的关系。民办高等教育的课程与教学改革滞后、师资结构不合理、教师队伍不稳定等问题亟待解决。为此,民办高校应该从五个方面努力提高教育教学质量。

1. 深化教育教学改革,提高人才培养水平

人才培养水平是衡量高等教育质量的首要标准。因此,提高高等教育质量,最根本的是提高人才培养水平。首先,主动适应社会需求,及时拓展学科专业,推进学科体系的多元化。民办高校应在保障自身优势学科的基础上,协调传统学科和现代学科之间的关系,积极拓宽自身的学科体系,积极鼓励新学科的建设,改革自己的科类结构和专业结构体系。促进学科的交叉、融合,培植新的学科增长点,设置新兴专业,以适应社会多元化和经济多元化的需求。其次,适时调整培养目标与规格,对课程教材、教学方法、组织形式与实践环节进行改革,实现从学校办学理念、教学观念到组织实施方面的整体性转变。同时,要加强社会实践能力的培养,使学生摆脱"实践操作薄弱"甚至"教育内容空白化"的状况。第三,建立与完善严格的内部质量保障体系,建立起相应的教育质量标准,形成民办高校内部的质量评估和监控机制,促进民办高校的自律发展。

2. 推进协同创新,提升科学研究水平

开展科学研究对提高教师业务素质、教学水平,对推动学生创新活动具有重要的现实意义。通过科学研究,可以有力促进民办高校向高水平民办高校的发展。

3. 注重产学研结合,增强社会服务能力

社会服务是提升大学影响力的重要途径。民办高校多属区域性、地方性高校,区域经济发展水平和区域产业、技术结构决定了民办高等教育的专业、层次结构、就业状况。因此,民办高校只有服务区域发展,积极融入本地经济社会,才能找到出路、形成特色。

4. 加强教师队伍建设,打造高水平师资队伍

提高人才培养水平,教师是关键。没有高水平的教师队伍,就没有高质量的教育。因此,民办高校要切实把师资队伍建设作为学校最重要的基础性工作来抓。

5. 加强国际合作，提高高等教育国际化水平

一所大学的开放程度如何，深刻影响着办学水平和发展空间。当今世界，高等教育国际化已成为重要趋势。建设高水平大学，一定要站在全球大舞台上谋划未来，把提高国际化水平作为质量建设的重要抓手和新的增长点，以开放促改革、促发展。

（三）创新机制，推进高等教育国际化，走开放式发展道路

教育规划纲要序言中写道："当今世界正处在大发展大改革大调整时期。……工业化、信息化、城镇化、市场化、国际化深入发展……"国际化或者说全球化已经成为当今世界的重要特征之一。

全球化作为21世纪的一个重要特征，已经大大地影响到高等教育。美国高等教育学家菲利普·阿特巴赫认为，全球化是指一个由更加一体化的世界经济、信息及通信技术、国际知识网络的出现、英语所起的作用以及学术机构控制之外的其他力量共同塑造的现实。而国际化则是指大学和政府为了应对全球化而制定的政策和各种项目的种类。高等教育国际化的发展趋势包括人、项目和机构的流动，合作研究越来越重要，课程、教学方式和学习方式的改进，全球高等教育事业内部互联意识的不断提高，以及高等教育机构和体制的国际化现象日益普遍。

事实上，早在1983年邓小平同志在关于"教育要面向现代化，面向世界，面向未来"的指示中，已经做出了明确而肯定的回答。近年来，中国经济的迅猛发展、国际地位的急速提升，以及越来越多的国家期望中国在国际事务中发挥更加积极的作用，都对中国高等教育国际化提出了紧迫的要求。我国要在世界经济一体化浪潮中赢得主动，推进高等教育国际化进程，培养大批在国内外具有一定竞争力的高科技、应用型、技术型、创新型人才，已成为高等教育发展的战略目标和重要任务。

数据显示，2012年来华留学的国际学生达到328,330人，其中亚洲学生占到了63.22%（207,555人），这一数字比2011年上升了10.48%。这些国际学生的三大主要来源国分别是韩国（63,488人）、美国（24,583人）和日本（21,126人）。特别要提及的是，来自印度（10,237人）、巴基斯坦（9,565人）和哈萨克斯坦（9,565人）学生的增速超过了原来较占优势地位的马来西亚、新加坡、法国和德国等国学生，这说明加强与周边国家的交往关系是中国国际教育政策的一个侧重点。目前，国际学生分布在中国31个省（直辖市、自治区），但主要集中在北京、上海、广东、天津、浙江、江苏、辽宁、山东、湖北和福建等10个经济比较发达的省市，在这些国际学生中，有27,257人攻读硕士学位，80,303人攻读博士学位，其中28,768人获得政府奖学金资助，占总数8.76%，而299,562人（91.24%）是自费来华留学。根据教育规划纲要的要求，2012年的政府奖学金计划是达到24,392人，显然计划已经提前完成。这也说明，随着经济实力的增长，中国的国际影响力也在增长。

中国高等教育国际化不仅意味着高等学校更加开放，更代表着不同地区、国家和社会制度的文化、思想、观点、信息的交流、交汇将显著提升。高等学校师生和管理人员不单单要在这种交流、交汇中具备鉴别、鉴赏的能力，而且应当有信心承担起维护民族文化特征的责任。这既是挑战，又是在世界高等教育国际化进程中，也只有在这个进程中，才能实

现的目标。

据教育部统计数据显示,截至2013年4月,全国共有本科层次中外合作办学机构和项目667个,其中机构38个、项目629个,覆盖了全国27个省、自治区、直辖市,但分布呈高度不均衡状态。经济、文化相对发达的大中城市及东部沿海省份拥有的中外合作办学机构和项目的数量较多,中外合作办学机构数量居前10位的省市有:上海(7个)、辽宁(7个)、北京(3个)、重庆(3个)、江苏(3个)、广东(3个)、山东(3个)、河南(2个)、山西(2个)、吉林(2个)。中外合作办学机构项目数量居前10位的省市有:黑龙江(167个)、河南(62个)、上海(61个)、江苏(59个)、山东(50个)、浙江(32个)、北京(29个)、湖北(29个)、辽宁(25个)、吉林(23个)。合作对象主要来自经济发达、科技及教育先进的国家和地区。在全国现有的667个中外合作办学机构和项目中,合作国家排名前10位的有:英国(175个)、美国(106个)、俄罗斯(97个)、澳大利亚(91个)、加拿大(45个)、德国(35个)、韩国(23个)、法国(21个)、爱尔兰(16个)、日本(13个)、新西兰(12个)。在全国629个本科层次中外合作办学项目中,涉及工学类专业的项目237个,占全部项目数的37.7%;管理学类128个,占20.3%;经济学类78个,占12.4%;艺术类50个,占7.9%;理学类40个,占6.4%;文学类37个,占5.9%;医学类31个,占4.9%;教育学类13个,占2.1%;农学类8个,占1.3%;法学类7个,占1.1%。

从上述统计数据可以看出,我国中外合作办学的数量增长迅速,但民办高校中外合作院校的层次和质量还有待进一步提高。尽管合作办学的对象来源于教育实力雄厚的国家,但合作学校水平不高,国外名校所占的份额偏低。另外,中外合作办学的专业设置过于集中。像工商管理、国际经济与贸易、会计学、国际商务、市场营销、经济学、财务管理等市场热门的专业,有重复引进和过度竞争的倾向。而社会急需专业和国家急需、薄弱、空白的前沿专业,却存在引进资源不足的问题。再者就是,政府对中外合作办学的审批过于注重办学机构的性质、内部管理体制等形式上的审核,而对于合作院校的资质、教学质量、课程标准等实质性内容疏于审核。审批标准与工作重点的错位,无法有效地保证合作办学教育教学能力和服务质量功能的发挥,中外合作办学与引进国外优质教育资源没有真正地画上等号。在中外合作办学的监管中存在着"重审批、轻管理"的现象,对办学过程监管不到位,导致在中外合作办学的具体课程实施和教学行为等方面缺乏相应的管理和评估办法,使得中外合作办学出现的问题无法得到及时、有效的关注和解决。还有就是,中外合作办学是在国际化就业背景下培养国际化、复合型人才,因此中外合作办学对教师也提出了更高的要求。但现实是教师队伍年轻化、部分专业教师和优秀的双语教师紧缺、教师实践能力较弱等问题是中外合作办学教师队伍建设的普遍问题。外籍师资水平的高低也直接影响了中外合作办学的质量,很多的外方合作院校并没有严格按照要求选派学校的优秀教师来中国参与合作教学。在很多的中外合作办学机构中,外籍教师只有很少一部分来自合作学校,大部分是从社会中临时招聘来的,有的甚至以前根本没有教育教学经验,外籍教师水平的参差不齐使得中外合作办学的教学质量和课程建设受到较大影响。

为此,一方面政府要积极"介入"并推动高等教育国际化,自上而下为高等教育国际化的发展起到积极倡导、资助和促进的作用。另一方面,发挥高校自主权,推动高等教育国际化,高等院校成为独立的办学实体,自主地开展国际交流,成为自下而上推动高等教育国际化的重要力量。这里有必要强调的是,可以通过探索"中外教育股份合作制"的形式来举办民办的中外合作大学,即学校的投资主体包括国内外投资者。这种新的教育投资形式是吸引国内外资金流向投资办学的一种有效途径。中外教育股份合作制办学,旨在实质性引进国外优质教育资源(诸如知名大学的品牌注入,师资的引进,课程体系、教学内容和管理模式的引入等隐性资产投入)的同时,也可以引进国外资金投入办学。此外,我们还可以借鉴国外"一校两制"的办学模式(如美国的康奈尔大学),实现公立和私立资源共享,共同发展。

(四) 支持和规范民办高等教育发展,需要政府义不容辞的责任与担当

世界各国普遍认为,私立高校(尤其是非营利性私立高校)和公立高校的主要区别在于高等教育服务的提供主体和提供方式不同,本质上都是社会公共事业的重要组成部分。因此,政府都赋予私立高校与公立高校同等政策待遇,不仅保障其办学自主权,还给予实质性扶持。例如美国联邦政府通过补助金、低息贷款和勤工俭学项目,以资助学生的方式,间接资助私立高等学校;以科技开发研究投入的方式,直接资助具有较高科研实力的私立高等学校;对联邦政府确定的高等教育中应该重点发展的方面提供资助。州政府和地方政府对私立高等学校资助的主要方式是减免税收和为私立高等学校学生提供奖助学金。美国政府设立的很多支持大学发展的基金(尤其是科研基金)均对私立大学开放,私立大学可以平等竞争。

无论是从国际经验还是从现实选择来看,民办高等教育作为我国高等教育重要组成部分的地位已牢固确立,政府应站在构建更加充满活力、更加多样化的高等教育体系的高度,大力支持和进一步规范民办高等教育的发展。

作者: 黄藤,教授,博士,西安外事学院董事长。

(原载《民办教育研究》2015年第4期)

经济新常态下民办教育发展的新思路

单大圣

摘 要：当前中国经济正逐步进入新常态，呈现出一些新变化、新特征，这将对民办教育的地位、作用和发展模式产生重要影响。相较国外而言，我国民办教育还存在发展不够充分、发展方式粗放、基本制度不健全、政府监管和自我发展不到位、主动适应市场需求功能不强以及促进教育公平的作用有待加强等问题。在新形势下，民办教育要转变发展观念和发展方式，适应新常态、引领新常态，抓紧完善对民办教育发展具有决定性作用的制度，完善治理机制，积极提供普惠性服务。

关键词：民办教育发展；民办学校；经济新常态；教育制度

在2014年中央经济工作会议上，习近平总书记对我国经济发展进入新常态作了系统阐述，强调认识新常态、适应新常态、引领新常态是当前和今后一个时期我国经济发展的大逻辑。[1]中央关于经济新常态的重大判断，深刻地刻画了当前我国发展的阶段性特征，也对包括教育事业在内的各项社会事业提出了新的要求。民办教育事业作为教育事业的重要组成部分，也要主动创新改革发展思路，适应新常态、引领新常态，为经济社会发展和民生改善作出积极贡献。

一、经济新常态的特征及对民办教育的影响

关于经济新常态的内涵，一般来说表现在以下四个方面：一是速度下降。即从先前的高速增长转为中高速增长，这是由现阶段的潜在经济增长率决定的。二是结构优化。从产业结构看，2013年第三产业比重首次超过第二产业，达到了46.1%，[2]这种趋势将会一直持续，使产业结构趋向"高级化"；从需求结构看，基础设施、房地产和出口这三只"靴子"将要落地，消费比重将超过投资比重，内需比重会逐步上升；从要素投入结构看，劳动力总量开始减少，资源环境约束加大，经济增长将更多依靠生产率提升和创新驱动；从城乡结构和区域结构看，城镇化已经进入"下半场"，中西部地区仍保持着较高的经济增长速度，为促进区域协调发展、实现可持续的经济增长提供了广阔空间。三是质量提升。逐步实现"就业可充分、企业可盈利、财政可增收、民生可改善、风险可控制、资源环境可持续"。[3]四是风险挑战增多。在经济增长阶段转换期，不确定、不稳定因素增多，矛盾和风险开始集中显露或释放，如日趋严峻的老龄化、人口红利消失及城镇化带来的人口流动等。[4]

这些新变化、新特征对经济社会发展的影响是全面的,许多与民办教育事业密切相关,大致体现在如下五个方面。

第一,新常态下的财政收入。财政收入由高速增长转为中低速增长,使一些地区财政收入出现波动,但财政支出呈刚性增长,导致有的地方承受较大压力。十八届三中全会《中共中央关于全面深化改革若干重大问题的决定》提出:清理规范重点支出同财政收支增幅或生产总值挂钩事项,一般不采取挂钩方式。这就要求教育资源配置实现从"小投入"到"大投入"的转变,既要用好财政教育投入,又要引导好全社会资源向教育配置的积极性,在体制上要求进一步科学界定公共教育服务的边界,处理好政府与市场、社会的关系,创新公共教育服务的提供方式,探索教育公益性实现形式的多样化,从而对民办教育的角色提出新的要求。

第二,新常态下的产业结构。要改变在低收入发展阶段高速增长形成的产业结构,推动产业向价值链高端环节攀升,必须高度重视提升人力资本素质。但在经济全球化背景下,高素质劳动者和专业技术人才供给只能立足本国,因此教育对于人力资源开发具有不可替代的重要作用。[5]在这方面,必须密切关注教育与经济的关系,既要大力推进公办教育改革创新,又要充分发挥民办教育与行业企业结合紧密的优势,进一步加强民办教育内涵建设,优化人才培养结构,强化办学特色,特别是紧紧围绕中高端制造业、现代服务业的紧迫需求,着力培养技术技能型人才、应用型人才和创新型人才,实现与经济社会的深度融合。

第三,新常态下的经济结构。推进经济结构调整,要求进一步发挥市场在资源配置中的决定性作用,推进权利平等、机会平等、规则平等,打破社会事业领域中的行业垄断和市场壁垒,鼓励社会投资,扩大教育公共产品有效供给。同时,我国公办教育办学形式单一、机制僵化,亟须引入社会力量激发活力,这些都为民办教育发展提供了良好的环境。2010年《国务院关于鼓励和引导民间投资健康发展的若干意见》提出,鼓励和引导民间资本进入社会事业领域;2014年《国务院关于创新重点领域投融资机制鼓励社会投资的指导意见》提出,鼓励社会资本加大教育事业投资力度;2015年国家启动了"机关事业单位退休保障制度改革",在公办学校教师和民办学校教师养老保险制度并轨方面迈出了实质性步伐。这些文件针对性强,政策含金量高,向民办教育释放了积极的信号。

第四,新常态下的发展动力。新常态到来后,需将消费需求作为主要发展动力。一方面,随着消费结构转型升级的加快,人民群众对高质量、选择性和个性化的教育需求持续增加,比如岗前资质培训、课外教育及出国留学预备教育等,但我国现有教育服务能力还不能很好地适应这些变化,迫切需要扩大多样化的教育服务供给。另一方面,相当数量人口的受教育层次还较低,在农民工的工资决定中,工作经验起着更为重要的作用,技能增长主要通过干中学和熟练程度提高来实现,[6]城市失业、待业人员也难以转移成有效的工业劳动力供给,迫切要求扩大教育资源,促进机会公平,进一步畅通社会成员纵向流动的渠道。总之,不管是满足个性化教育需求,还是提高教育整体层次,民办教育都将大有用武之地。

第五,新常态下的风险防范。要切实防范全局性、系统性风险,必须树立底线思维。当前,我国经济仍处在增长阶段转换期"探底"过程中,[7]为防止增长速度过快回落可能带来的严重冲击,促进经济向新常态平稳过渡,必须发挥好社会政策的托底功能。但是,在快速变化的国情下,我国教育事业自身也面临着很多的挑战,最鲜明的特征就是不稳定,按照属地管理原则、依托行政体系建立起来的公办教育体系,面对人口结构快速变化导致的学校布局调整、流动人口子女入学等问题时明显不适应,迫切要求更好地发挥民办教育机构办学形式灵活、回应性强的优势,解决好教育难点问题。

二、经济新常态下民办教育面临的挑战

我国经济发展进入新常态,从表面上看是数量的变化,实质上是发展内涵的变化,触及了经济社会发展领域的一些深层次问题。从该背景下看我国民办教育的发展,仍存在许多不足,面临着一些风险挑战,对此要有清晰的认识和准确的把握。

一是发展不够充分。改革开放三十多年来,我国民办教育事业从无到有,快速发展,成为教育事业发展的重要增长点,逐步形成了公办教育与民办教育共同发展的格局。但从总体上看,社会力量举办民办教育事业特别是捐资办学的潜力还没有完全发挥出来,导致民办教育普遍规模较小、层次较低、质量不高、影响不大,其原因是复杂的。首先是认识不到位,在民办教育的定位、功能及活动范围等方面,还有不同的认识。不少民办教育政策存在冲突,既抑制了民间的捐资办学热情,也不利于民办教育优惠政策的落实。此外,公办教育免费和各种针对教师、学生的补贴政策,也进一步冲击着民办学校的正常运营。

二是发展方式粗放。改革开放初期,在经济发展水平较低和教育极端落后的国情下,民办学校将事业发展重点集中在改善办学条件,走以数量增长和规模扩张为特征的外延式发展道路,极大地扩大了教育资源,为提高教育普及水平作出了巨大贡献。但随着居民消费结构升级、财政教育经费投入不断增加以及公办教育办学水平快速提升,中国教育事业正步入新的发展阶段,现有的公办教育发展方式越来越背离人才成长规律和素质教育的要求。比如在义务教育阶段,由于升学考试竞争压力大,加上缺少客观的标准和测量手段对中小学的办学绩效进行评价,而主要依据学生的分数和升学情况作为评价指标,导致生源竞争、师资竞争和彻底的应试教育模式,[8]进一步破坏了教育生态。可以预见,在新形势下,原先依靠低成本扩张、与公办教育具有很强同质性的民办教育机构如果不转型,发展余地将极为有限,相反那些提供个性化的教育服务、管理更加现代化、以质量与特色满足社会多元需求的民办学校,将会有大的发展机遇。[9]

三是基本制度不健全。在法理上,我国民办教育一直是在捐资办学的制度环境下发展起来的,具有公益性、非营利性特征。[10]但我国民办学校恢复办学时间不长,缺少持续稳定的办学支撑,许多依靠借贷或办学结余滚动发展,处在低成本扩张的初级阶段。为调动举办者的办学积极性,2002年《民办教育促进法》规定民办学校出资人可从办学结余中取得合理回报,从而在事实上产生了四类民办学校:一是捐资举办的民办学校,二是举办者要求所有权但不要求合理回报的民办学校,三是举办者不放弃所有权同时要求取得合理

回报的民办学校,四是经营性的民办培训机构。这种复杂的局面隐含着许多深层次矛盾,反映到政策上,就是既使民办学校拥有了灵活的制度空间,又产生了较大的政策风险,导致一些民办学校采取短期行为和投机行为,干扰了办学秩序,损害了师生权利,影响了民办教育的健康发展,成为近年来民办教育政策反复调整的诱因。

四是政府监管和自我发展不到位。一方面,政府仍然习惯以管理公办学校的方式来管理民办学校,直接干预民办学校的微观管理,使民办学校在招生、专业设置和收费等方面受到较多限制,在法人属性、产权归属、税费优惠及教师保障等方面仍存在不少政策和法律障碍,导致民办教育歧视现象的客观存在。由于受到各种主客观因素的制约,当前在民办教育体制改革和机制创新问题上,一些地区和学校对改革存在畏难情绪,缺少勇气和担当,不敢改,有的出于"多一事不如少一事"的心态,安于现状,不愿改,"改革疲劳症"逐步显现。另一方面,尽管民办学校在内部管理体制、教师聘用、薪酬分配、教育教学和招生自主等方面相比公办学校具有独特的优势,但许多学校仍遗留着传统学校管理制度的某些弊端,如内部法人治理结构不健全,理(董)事会组成结构不合理,权力过于集中,运行程序不规范,过多干预学校的教育教学和招生工作,家族化色彩浓厚,内部制衡和外部参与机制不完善等。

五是主动适应市场需求和服务经济社会发展的机制尚未形成。在经济新常态背景下,人才培养目标应更加注重市场需求,更加注重对区域经济社会发展的支撑,更加注重增强学生就业创业能力,实现教育与经济社会发展的深度融合。笔者认为,这应该是当前教育工作的大逻辑,也是提高民办教育核心竞争力、实现可持续发展的必由之路,其实也对民办教育提出了非常高的转型要求。当前,在职业教育和高等教育阶段,普遍存在低水平重复建设的现象,学科专业(或课程)缺乏特色,教育教学质量不高,没有形成比较优势,在高等教育大众化的背景下,已经显现出了生源危机。面对严峻形势,许多民办学校仍将主要精力放在要政策和招生指标上,忽视提升学校内涵、凝练学校特色、主动对接行业产业需求、优化人才培养结构、加强创新创业教育和职业引导等方面的工作,这是非常危险的。

六是改善教育民生和促进教育公平的作用有待加强。在经济新常态下,民办学校可以填补因公办学校不足导致的需求缺口。在基础教育阶段,尽管在"公办不择校、择校找民办"的发展格局下,就读民办学校是家庭的自主选择,但民众接受民办教育主要在于民办教育服务好、质量高,且民众自身经济能力较强,这就对教育公平造成了一定的影响。比如,流动人口子女特别是农民工子女求学成本过高,受教育机会有限,教育质量较差,面临着一系列学习、心理等压力,进而导致就业技能差。这些已经成为制约他们在城镇寻找稳定工作、长期扎根城市、实现市民化的重要因素。[11]相反,高收入家庭的子女更多享受优质民办教育资源。在高等教育阶段,尽管农村学生入学机会大幅增加,但主要分布在教育质量较弱的地方院校和专科院校,其中有相当数量集中在民办高校。由于财政投入严重不足、融资难等原因,民办高校主要依靠学费实现滚动发展。根据国务院发展研究中心"中国民生指数研究"课题组2014年对全国8省(市)近万户居民进行的入户问卷调查,高中以上学段就读民办学校的家庭负担较重,不利于农村和贫困地区学子纵向流动。[12]

三、创新发展思路,适应与引领新常态

我国经济发展进入新常态不是自动实现的,主要取决于国家的战略和政策选择,关键在改革——"能不能适应新常态,关键在于全面深化改革的力度。"[13]在这方面,民办教育要主动作为,创新发展思路,适应新常态、引领新常态,为促进经济社会发展作出新贡献。

一是转变发展观念,全面把握民办教育的历史方位。要明确民办教育事业也是教育事业的主要组成部分,推进办学主体和投资主体的多元化,落实民办学校与公办学校的平等地位,继续保持公办教育与民办教育共同发展格局。要根据形势的变化,找准民办教育发展的着眼点:改革开放初期,发展民办教育主要是弥补财政教育投入不足,当前发展民办教育则主要是在政府提供公共教育产品的基础上,满足人民群众对高质量、特色化、个性化的教育需求,同时扩大教育体系竞争和促进公办教育变革。要对各级各类民办教育的功能、重点、类型、层次、结构及比例等进行合理定位,从整体上规划民办教育事业的发展。基础教育阶段重在发展选择性、高质量的民办中小学;职业教育阶段重在发展实用性强、特色鲜明的民办职业学校;高等教育阶段鼓励发展多层次、有特色的民办高校;非学历教育方面,要引导发展各类紧缺型、实用型非学历民办教育机构。

二是转变发展方式,更加注重内涵建设和质量提升。从办学导向看,要充分发挥民办教育风险意识强、机制灵活、快速反映市场需求的特殊优势,更多引导民办学校根据市场和社会的需求来办学,建立基于需求驱动的内在发展机制,要从过去注重拼规模、拼数量、升格、"戴帽"转到更加注重特色发展,合理定位、错位发展,从而在激烈的学校竞争中找到适合自身的发展道路,赢得更广阔的发展空间。从工作重点看,要把工作重心进一步聚集到学校的人才培养上来,加大教育教学投入,加强教师队伍建设,改革人才培养模式、学科专业设置,遵循教育教学规律和人才成长规律,全面提高教育质量。要重点建设一批高水平的民办学校,发挥示范、引领作用。"有为才能有位",只有民办教育自身定位找准了,内涵提升了,才能真正拓展民办教育在教育事业中的广度和深度。

三是抓紧完善对民办教育事业发展具有决定性作用的制度。要抓紧解决民办学校的法律属性、产权界定、分类管理、财务管理、教师身份及社会保障等一系列重大问题,最关键的是建立对民办学校实行分类管理的制度。2015年1月,国务院常务会议审议通过了对《民办教育促进法》进行修改的修正案草案,决定提请全国人大常委会审议,明确对民办学校实行分类管理,允许兴办营利性民办学校,在民办教育基本制度建设上迈出了关键一步。其实,对于民办学校分类的标准,在理论上并没有太大的争议,只是在旧制度下形成的模糊认识和权宜之计,造成了既有的利益格局,难以认定和处理。其中,关键是要在尊重民办学校举办者历史贡献的前提下,选择务实、灵活的改革策略,统筹兼顾各方面的利益关系,向新的制度平稳过渡。

四是转变政府职能,推动民办学校建立现代学校制度。教育行政部门要转变对民办学校的管理职能,放松对民办学校招生计划、招生方式、专业设置与调整的管制,强化行业

自律管理,落实民办学校办学自主权;政府则集中精力做好宏观指导、政策促进和行业管理,主要是严格执行民办学校准入和办学许可制度,对民办学校教育教学实行业务指导和宏观管理。民办学校要完善自身治理机制,实行理(董)事会领导下的校长负责制,理(董)事会作为学校的决策机构,应由社会贤达、教育专业管理人员、举办者代表、学生(家长)代表、教职工代表及社区代表等组成,以体现社会公益性和代表性。理(董)事会定期商议学校发展的重大事项,确定校长人选,但不得随意干涉校长工作。建立健全监事会、工会、党团和教职工代表大会等组织机制。[14]要培育一批具有崇高教育理想、真正懂教育的教育工作者,推动教育家办民办教育。

五是积极引导民办学校提供普惠性服务。要更多鼓励捐赠办学,完善税收优惠政策,在尊重捐赠者、出资者意愿的前提下,允许引入公益信托机构,依法通过基金运作筹集办学经费。选择一部分民办教育服务,比如流动人口教育、学前教育,由公共财政通过拨款进行资助、补贴或选择重点购买,保持低收费水平,引导民办学校提供普惠性服务。完善政府服务民办教育的体系,确保民办学校的受教育者享有与同级同类公办学校受教育者的同等权利。

参考文献:

[1] 贾华强.当前和今后一个时期我国经济发展的大逻辑[N].文汇报,2014-12-12(5).
[2] 国家统计局.2013年国民经济和社会发展统计公报[EB/OL].2014-02-24,http://www.stats.gov.cn/tjsj/zxfb/201402/t20140224_514970.html.
[3] 刘世锦.新常态下应树立提高发展质量导向[N].人民日报,2014-12-09(7).
[4] 葛延风.新常态发展需社会政策支撑[N].人民日报,2015-02-16(7).
[5] 闵维方.教育在转变经济增长方式中的作用[J].北京大学教育评论,2013(2):17—26.
[6] 国家统计局住户调查办公室.新生代农民工的数量、结构和特点[EB/OL].2011-03-11,http://www.stats.gov.cn/ztjc/ztfx/fxbg/201103/t20110310_16148.html.
[7] 刘世锦,余斌,吴振宇.促进经济向新常态平稳过渡——当前经济形势分析与展望[N].人民日报,2014-09-09(7).
[8] 阎凤桥.我国农村民办教育发展的政治逻辑——基于北方某县的调查[J].北京大学教育评论,2012(2):64—79.
[9] 王烽.谈营利性与非营利性民办学校分类管理问题[J].广西师范大学学报(哲学社会科学版),2010(3):6—8.
[10] 王建.民办学校分类管理——从"四分法"到"二分法"[J].北京大学教育评论,2012(2):22—24.
[11] 王延中.中国社会福利制度的发展及其对城市化的影响(下)[J].中国社会科学院研究生院学报,2010(3):64—71.
[12] 佘宇.城乡家庭子女接受民办教育情况调查报告(内部报告).
[13] 本刊评论员.把新常态下的新要求落实到发展改革工作中[J].中国经贸导刊,2015(3):1.
[14] 单大圣.非营利性民办学校的困境与出路[J].现代教育管理,2013(12):68—71.

作者: 单大圣,国务院发展研究中心副研究员,博士。

(原载《浙江树人大学学报》2015年第3期)

民办高校内涵发展的背景、内容与策略

刘 尧

摘 要：民办高校内涵发展以质量和结构优化为标志，注重学校核心竞争力与综合实力的增长。从20世纪70年代末以来，民办高校走过了非学历教育、高等教育自学考试、高等教育"国家学历文凭考试"、高等职业技术教育、普通本科教育到专业研究生教育的外延发展历程。我国高等教育实现了从精英教育到大众化教育的历史性跨越，以规模扩张为核心的外延发展时代缓缓落下了帷幕。党的十八大明确提出，"推动高等教育内涵发展"，至此，民办高校进入从外延发展向内涵发展的转型期。民办高校内涵发展的基础在人才培养，龙头在学科专业建设，关键在科学研究，核心在师资队伍建设。民办高校可以采取合理定位、竞争优势、错位发展、人才强校、制度创新等有效策略推进内涵发展。

关键词：民办高校；内涵发展；外延发展；高等教育发展

内涵发展是民办高校发展的必然趋势，也是社会对民办高校的一种期待。1978年，新中国第一所民办高校湖南长沙中山业余大学成立以来，民办高校已经走过了30余年的历程。我国民办高校从无到有、从小到大，不仅在数量上达到了相当的规模，质量也慢慢被社会认同，已经成为我国高等教育的重要组成部分。2010年，中共中央、国务院印发的《国家中长期教育改革和发展规划纲要（2010—2020）》（以下简称《纲要》）提出，"支持民办高校创新体制机制和育人模式，提高质量，办出特色，办好一批高水平民办学校"。《纲要》不仅把民办高校的重要性提升到前所未有的高度，也对民办高校提出了更高的要求。党的十八大明确提出，"推动高等教育内涵发展"，走以质量提升为核心的内涵发展道路。就是说，在以规模扩张为核心的外延发展时代即将结束之时，如何从外延发展向内涵发展转型，是民办高校必须面对的重大发展战略问题。

一、民办高校外延发展的历史进程

民办高校外延发展主要是以数量和速度增长为显性标志，比较偏重学科专业、学士硕士授权点的数量增加，以及学校升格与开辟新校区，等等。与外延发展相对的内涵发展主要是以质量和结构优化为隐性标志，更加注重发展的质量与发展的效益，以及学校核心竞争力与综合实力的增长，等等。从这个意义上讲，我国民办高校从20世纪70年代末举办非学历教育与"国家学历文凭考试"到高等职业技术教育、从高等职业技术教育到普通本科教育乃至专业研究生教育的外延发展历程,已经进入从外延发展向内涵发展的转型期。

(一) 从高等教育自学考试到高等教育"国家学历文凭考试"(1978—1993)

以1978年湖南长沙中山业余大学成立为标志,我国民办高校开始了孕育与发展历程。这一时期,民办高校具有自发性和演进性,办学最初的以非学历教育和短期培训为主,发展到以"助学"和"助考"为主。1982年,第五届全国人大第五次会议通过并颁布的《中华人民共和国宪法》,为民办高校的举办奠定了法律基础。1985年,全国包括学历教育和非学历教育的民办高校与高等教育机构已发展到170所,在校生与注册生达100余万人。1993年,我国着手在部分省市进行高等教育"国家学历文凭考试"的试点工作,民办高校与高等教育机构以"试点"为契机,逐渐由非学历进入学历教育领域,办学规模得以迅速扩大。有统计显示,到1996年底,全国具有颁发学历文凭的民办高校达到21所,在校学生1.4万人;高等教育"国家学历文凭考试"试点机构有89所,在校学生5.1万人;其他不具有颁发学历文凭资格的民办高等教育机构1 109所,在校学生108万人。

(二) 从高等教育"国家学历文凭考试"到高等职业技术教育(1994—2002)

随着自学助考与"国家学历文凭考试"的迅速增长以及民办学历教育的发展,民办高校进入了相对规范的发展时期,少数具有颁发学历文凭资格的学校,高等教育"国家学历文凭考试"试点学校,以及大量的高等教育自学助考学校和其他高等教育机构并存的格局已经形成。不仅民办高校与高等教育的数量迅速增加,而且办学层次与质量也不断提升。1994年,教育部首次受理和审批了(民办)黄河科技学院、上海杉达学院等6所民办高校具备颁发学历证书资格。1997年,国务院颁布了《社会力量办学条例》。2002年,《中华人民共和国民办教育促进法》出台。这些都标志着我国民办高校进入了新的发展时期。2002年,全国有民办高校133所,在校生达到31.98万人;民办高等教育机构有1 202所,注册学生达到140.35万人。

(三) 从高等职业技术教育到普通本科与专业研究生教育(2003—2012)

我国民办高等教育进入规范提高时期后,无论是民办高校数量、办学层次、办学条件,还是在校人数、教职工人数,均逐年增长,学历教育得到较大发展并且达到了历史新水平。2000年,经教育部批准,黄河科技学院升格为普通本科高校。2003年,经教育批准,西安培华等9所民办高校第二批升格为普通本科院校。2012年,经教育部批准,北京城市学院等5所民办高校首批获得国家专业学位研究生招生资格。这些都标志着民办高校不仅在办学水平上有了质的飞跃,而且已经成为我国高等教育的重要组成部分。《2012年全国教育事业发展统计公报》显示,全国民办高校达到707所(含独立学院303所),在校生有533.18万人。其中,在校硕士研究生有155人,在校本科生有341.23万人,在校专科生有191.94万人;另外,还有自考助学班学生、预科生、进修及培训学生22.04万人。

二、民办高校内涵发展的现实背景

民办高校走外延发展道路,还是走内涵发展道路,要根据社会发展需求和高等教育供给关系来确定。事实上,民办高校无论处在什么发展时期,内涵建设都不曾缺失过。即使在外延发展时期,民办高校也强调规模与质量并重,强调内涵建设,但此时的发展重心更多偏向规模扩张。今天,之所以说民办高校处于从外延发展向内涵发展的转型期,主要是基于1999高校扩招为标志发展至今,我国高等教育实现了从精英教育到大众化教育的历史性跨越,在规模扩张基本完成的情况下,民办高校向以内涵发展为主转型则是必然趋势。

(一)我国高校内涵发展时代到来

我们要清醒地看到,在高校以规模扩张为核心的外延发展时期,确实存在一些需要冷静思考的问题。比如,入学人数的大幅增长与入学门槛的降低,使得学校内部的专业、师生、软硬件诸方面的结构性矛盾日益突出,导致教学质量有下滑的趋势,人才培养结构与质量也不能很好地满足社会需求,大学生就业陷入了日益困难的境地。对此,2012年,教育部召开"全面提高高等教育质量工作会议",并颁布了《关于全面提高高等教育质量的若干意见》。《意见》明确指出,"稳定规模,保持公办普通高校本科招生规模相对稳定,高等教育规模增量主要用于发展高等职业教育、继续教育、专业学位硕士研究生教育,以及扩大民办教育和合作办学"。同年,党的十八大又明确提出,"推动高等教育内涵发展"。至此,连续13年的高校扩招画上了句号,以规模扩张为核心的外延发展时代缓缓落下了帷幕,工作重心转向以提高质量为核心的内涵发展。

(二)民办高校转型是必然趋势

经过30余年的发展,民办高校不仅初具规模,而且在办学条件、专业建设、师资队伍建设、科研水平、管理水平与教学质量等方面也取得较大的提升。尽管如此,民办高校也必须清醒认识与扩招伴随的质量、就业问题,以及与此相关的热门专业过剩的专业结构问题,教育思想、教学观念、培养模式有待转变的问题等等。伴随着高等教育以规模扩张为核心的外延发展时代的结束,那些不尽快从外延发展向内涵发展转型的民办高校,会面临被淘汰困境。因此,民办高校要从依靠广告宣传竞争向依靠实力竞争转变;从一种规模扩张向打造特色品牌转变;从"摸着石头过河"向注重科学发展转变;从"家族式"管理向现代大学制度转变……从外延发展向内涵发展转型是民办高校从规模扩张到品质提升的历史性跨越,也是民办高校从主要遵循市场规律到主要遵循教育规律的必然回归。

(三)民办高校有先天不足

虽然,民办高校已经不全是10年、20年前的校舍靠租赁、教师靠借聘、资金靠收费的"三靠"状态。但是,民办高校有着先天的不足,比如,办学目的与办学理念、师资队伍建设、人才培养理念与方法、发展资金投入等诸多方面都存在有待探讨的问题。目前,在内涵发展时期,这些问题在大多数民办高校依然突出,尤为突出的是依靠收取学费以学养学。民办高校如果不能在多渠道筹措经费方面走出一条全新的道路,经费不足问题将成为制约其内涵发展的瓶颈。另外,由于传统习惯思维的作用,使民办高校的办学自觉不自觉地向公办高校的办学模式靠拢,逐步失去了民办高校的自身特色[1]。比如,目前,少数取得国家教师名师、国家本科教学团队、国家精品课程、国家自然基金项目等的民办高校,就成为同行追捧的对象。很多民办高校以争取这些"国字头"为追求目标,对其真正的符合自身实际的内涵发展认识与重视不够。

(四) 内涵发展是系统工程

近年来,面临招生难和学生就业难的双重压力,倒逼民办高校由追求大而全到追求专而精的转变。尽管一些民办高校根据自身特色推进内涵发展,建设特色鲜明的应用型高校,但是还有诸多现实矛盾和困扰亟待破解。比如,学校教学、科研与社会服务功能不完善与地方社会经济发展对人才的需求、科技服务多样性的矛盾,学校教育资源短缺、经费明显不足与稳定办学规模、提高教学质量的矛盾,学校品牌不亮、教师待遇偏低与人才引进、队伍稳定的矛盾,学校"家族式"管理与民主管理增强办学活力的矛盾,学校生源质量偏低与学生家长、社会各界对培养目标期望较高的矛盾……这些矛盾仅靠民办高校自力更生是难以解决的,需要政府、学校、社会的协同配合,更需要民办高校把内涵发展作为系统工程,自觉地深化与政府和社会的协同合作,不断推进学校的内涵发展。

三、民办高校内涵发展的主要内容

按照《民办教育促进法》及相关规定要求,民办高校应该坚持社会主义办学方向、坚持办学的公益性、完善办学条件、完善法人治理结构、加强师资队伍建设、以培养应用型人才为目标、不断提高教育质量、依法规范办学行为等方面,力求做实做强。按照《纲要》的要求,民办高校与公办院校一样,应该在全面提高教育质量、提升科学研究水平、增强社会服务能力、办出特色等方面,不断优化提升。基于此,民办高校内涵发展的主要内容应该是:基础在人才培养,龙头在学科专业建设,关键在科学研究,核心在师资队伍建设。

(一) 人才培养要立德树人

十八届三中全会的决定指出,全面贯彻党的教育方针,坚持立德树人,加强社会主义核心价值体系教育,完善中华优秀传统文化教育,形成爱学习、爱劳动、爱祖国活动的有效形式和长效机制,增强学生社会责任感、创新精神、实践能力。坚持立德树人基本导向,要求民办高校以育人为本、能力为重、全面发展,尽力为每个学生提供适合的教育,让每个学生都能成为德智体全面发展的社会主义建设者和接班人。为此,民办高校要积极为多样化、个性化、创新型人才成长提供良好的环境和机制。首先,要强化四个概念:以人才培养为中心理念;以适应社会需要为检验标准的理念;以学生发展为本的理念;以学生评价为先的理念。其次,要把握三个着力点:着力培养学生的社会责任感;着力培养学生的创新精神;着力培养学生的实践能力。人才培养不仅关乎学生的人生发展与国家的前途命运,也直接影响学校的兴衰存亡。所以说,人才培养是民办高校内涵发展的基础。

(二) 学科专业一体化建设

学科专业建设水平是民办高校综合实力的标志,并决定着学校的学术水平、办学特色、社会地位以及社会服务能力。长期以来,由于民办高校以专业建设为主,学科建设相对滞后。著名科学家、上海大学原校长钱伟长说,"教学没有科研做底蕴,就是一种没有观点的教育,没有灵魂的教育"。因此,民办高校要高度重视学科专业的互补性,弄清学科专业建设的内涵和任务,制定切实可行的学科专业一体化建设规划,依据专业建设的传统优势,集中人力、财力、物力,建设一批适应地方经济发展需要的特色学科,走学科专业一体化建设道路。另外,民办高校的学科专业建设,不仅要避免一味追求门类的覆盖率,而且更要明确建设方向,非均衡配置教育资源,集中力量在优势学科专业建设上实现突破,以带动其他学科专业的发展。民办高校要深刻认识学科建设的重要性,有了高水平的学科,才有高水平的专业,才能培养出高水平的人才。所以说,学科专业建设是民办高校内涵发展的龙头。

(三) 科学研究要突出特色

对于民办高校来说,科学研究要结合自身积淀和社会发展需求,处理好五个关系:一是教育教学和科学研究的关系。教育教学和科学研究如车之两轮必须协调发展,科学研究对提高教学水平和社会服务能力具有重要意义;二是基础研究与应用研究的关系。要深入理解和理顺基础研究与应用研究的关系,自觉选择本地社会经济发展需要研究的课题,努力走以应用研究为主的科学研究发展道路;三是学术导向与社会导向的关系。要在学术研究的基础上,增强为本地社会经济发展服务的意识,积极参与本地科技与社会发展决策咨询,充分发挥智囊团与思想库作用;四是突出特色和整体推进的关系。办学资源总是有限的,不可能在各个方面做到齐头并进,一定要在突出特色的基础上整体推进;五是近期目标与长远发展的关系。如果不顾科学研究的长远发展,只看重当前利益和近期目标的实现,难免会出现片面追求速度的功利化现象。所以说,科学研究是民办高校内涵发展的关键。

(四) 师资队伍建设要突出重点

哈佛大学前校长科南特曾说过,"大学的声誉不在于它的校舍和人数,而在于它一代一代教师的质量。一所学校要站得住,教师一定要出色"。在美国大学中,美国得州奥斯汀大学原来并不出色,但其新校长采取超常规办法,引进了一些顶尖人才,带动了若干个学科的发展,使得奥斯汀大学成为美国的名校。梅贻琦说,"大学者,非大楼之谓也,乃大师之谓也",正是对于教师之于高校发展重要性的最佳注解。然而,我国民办高校不仅师资数量少、学历低、职称低、不稳定,而且围绕培养应用型人才所需的"双师型"师资匮乏。因此,民办高校师资队伍建设的重点,就是围绕培养应用型人才的需要,依据学科专业建设的特色,建设一支高素质的"双师型"师资队伍,为本地社会经济发展培养应用型人才和努力提供智力支持。民办高校有了高水平的教师,就能建设高水平的学科、创造高水平的科研成果,培养高水平的人才。所以说,师资队伍建设是民办高校内涵发展的核心。

四、民办高校内涵发展的有效策略

《纲要》指出,"树立以提高质量为核心的教育发展观,注重教育内涵发展,鼓励学校办学特色、办学水平、出名师、育英才"。民办高校如何实施内涵发展呢?笔者认为,可以采取的有效策略主要是:合理定位策略、竞争优势策略、错位发展策略、人才强校策略、制度创新策略。

（一）合理定位策略

《纲要》指出，要"引导高校合理定位，克服同质化倾向，形成各自的办学理念和风格，在不同层次、不同领域办出特色，争创一流"。民办高校以"质量"为核心的发展理念，首先要准确定位，然后才能考虑质量，定位与质量是紧密相关的。然而，目前我国民办高校定位有三个倾向：一是"综合性"，无论是本科还是高职院校，都想办成学科齐全的综合性高校；二是"高层次"，高职想升本科，本科想上硕士单位，硕士单位想上博士单位；三是"学术性"，许多学校有宏大的报负，提出要建成东方的"哈佛"或"剑桥"。其实，在这种不切实际的定位下，内涵发展无从谈起。民办高校应该立足本地，以社会需求为导向，确定人才培养的规格和要求，强化学科建设对专业建设的支撑作用，促进学科研究与人才培养的紧密结合，构建与自身定位相适应的人才培养、科学研究与社会服务模式。

（二）竞争优势策略

事实上，规模扩张的外延发展，并非永远是民办高校发展的最佳策略。在高等教育供不应求、公办高校改革又十分滞后的情况下，民办高校利用教育市场信息的不对称和求学者的盲目，通过以市场为导向的规模扩张等商业模式运作化"危"为"机"，凸显了自身的比较优势，实现了外延发展。但是，随着高等教育内涵发展时代的到来，民办高校不再处于一种"拾遗补缺"的地位，而是我国高等教育的重要组成部分，民办高校凭借比公办高校灵活的比较优势，寻求最适宜的发展方向和发展途径的时代已经过去。伴随着发展环境的变化，发展方式自然需要转变。就是说，在内涵发展时期，民办高校既不能趋同于公办高校，更不能固守原有的比较优势，而需要通过建立核心竞争力以增强自己的竞争优势。所谓竞争优势，就是一个组织实施一种同类组织无法复制，或难以模仿的价值创造战略时形成的优势[2]。为此，民办高校要通过调整资源配置、优化学科专业结构，实现从比较优势向竞争优势的转变。

（三）错位发展策略

社会对人才需求的多元化，决定了高校发展的多样性。在我国，学术型高校的主体是由国家重点建设的"985工程""211工程"等高校，他们服务于国家发展战略，以精英高等教育为主，重点培养学术型人才，以提高技术水平为核心任务[3]。鉴于此，民办高校应该充分考虑高等教育发展的宏观环境，立足自身办学的历史传统，走与公办高校不同的特色发展道路，实施错位发展策略。实践证明，只有形成了学校发展的特色，才能在竞争中凸显自身的价值，保持永不衰竭的生机与活力。为此，民办高校要努力彰显自身的办学特色，坚持以特色立校，以特色强校，以特色取胜，在如何确定特色、发展特色、强化特色上下功夫。比如，可以依据自身的特点，建设社会急需的学科专业，逐步形成自己的品牌特色，在错位发展中不断壮大自己。

（四）人才强校战略

民办高校之间的竞争，归根结底是人才的竞争。"人才强校"包括两个方面：一是建设一支素质高、结构合理、充满活力的师资队伍，以提高学习竞争力；二是培养具有创新精神和实践能力的高级专门人才，使学校立于不败之地。在这两者中，人才培养是内涵发展的基础,而对人才培养起核心作用的是教师。因此,"人才强校"的根本是造就一支高素质教师队伍。为此,学校要做好以下工作:第一,切实树立尊重人才、尊重知识的观念,激发人才的创新精神和工作积极性。第二,搞好师资队伍的组织与领导,公正公开地开展人才管理工作,营造和谐的人才培养和成长氛围,为人才的成长与发展做好服务工作。第三,构建富有人文情怀的人才制度,实现人才的理性管理和人性化管理的结合,达到人才与学校的和谐发展。第四,建立实现人才自我价值的平台,在教学、科研、政治参与和服务管理等各方面发挥人才的主体意识和创新能力,多方面、多层次地为提高人才成长与发展提供良好环境[4]。

(五) 管理创新策略

民办高校与公办高校相比,在内部管理方面更具有自主灵活性,更有市场意识、效率效益意识和经营观念,更具有内部管理创新的条件和优势。但是,民办高校没有很好利用这些特点和优势,而是简单模仿公办高校,致使内部管理的活力没有充分激发出来。为此,民办高校必须从管理理念、管理体制和管理机制创新入手。管理理念创新就是要从"经营者"的角度树立全新的"经营"管理理念,建立起比公办高校更具有竞争力的管理体制、人事制度、教育制度和更高效、更务实的运行机制;管理体制创新就是要把市场经营管理体制与高效管理体制结合起来,既充分体现市场经营管理的效能,又很好地融合高校管理的要求,实现教育资源利用最大化;管理机制创新就是要充分运用竞争机制和教育机制,解决各个管理组织之间及组织内部管理的责权利运行与分配问题,达到调动各方面的积极性和创造性、提高高校办学效率效益、创建办学特色与创立品牌的目的[5]。

参考文献:

[1] 刘尧. 我国民办高等教育现状、问题与发展趋势[J]. 教育研究,2004(9):71—76.
[2] 刘莉莉. 民办本科院校的转型:从比较优势到竞争优势[J]. 新华文摘,2012(15):126—128.
[3] 刘尧. 地方大学外延发展向内涵发展转变漫谈[J]. 高校教育管理,2014(4):2—5.
[4] 柏连阳. 内涵发展:地方本科院校办学理念的价值诉求[N]. 湖南日报,201-12-28.
[5] 沈云慈. 内部管理创新:民办高校体制优势增发的现实选择[DB/OL]. http://blog.sina.com.

作者: 刘尧,教授,浙江师范大学教育评论研究所所长。

(原载《民办教育研究》2015年第1期)

新时期民办高校加强内涵建设的战略思考

刘家枢　饶丽娟

摘　要：提高质量是高等教育发展的战略任务,是建设高等教育强国的基本要求。民办高校必须认识新时期的新形势与新任务,冲破政策环境、资源环境、竞争环境的制约,解决内涵建设中缺乏战略意识、战略管理不力等一系列问题,走战略创新之路,通过加强民办高校内涵建设战略发展的推动力量、强化体制机制的战略创新、突破制约民办高校内涵建设发展战略的瓶颈、建设推动民办高校战略发展的"以人为本"的特色文化、建设推进民办高校差异化战略特色发展的新模式与新路径等措施,完成新时期提高民办高校人才培养质量和内涵建设的历史使命。

关键词：民办高校；内涵建设；战略发展；战略创新

提高质量是高等教育发展的战略任务,是建设高等教育强国的基本要求。中国高等教育进入新世纪第二个十年,也进入到一个新的发展时期。这个新时期的突出特征表现为:内涵建设成为国家发展高等教育的战略,提高教育质量成为战略发展的核心目标,国际国内高等院校竞争加剧,各类高校必须走特色发展之路。为了更好地实现新时期中国高等教育的战略性持续发展,从最高决策层开始,国务院及教育行政部门举全国之力对中国高等教育未来发展进行科学规划,发布了《国家中长期教育改革和发展规划纲要(2010—2020年)》(以下简称《教育规划纲要》)。为了有序推进这一战略发展规划,教育部制定了《教育部关于全面提高高等教育质量的若干意见》(教高[2012]4号,以下简称《若干意见》)。民办高校在这一时代背景下,走内涵发展之路成为必然选择。科学规划并有效实施战略管理,是中国民办高校新时期乃至今后长时期生存与可持续发展的有效举措。在开始编制高校"十三五"战略发展规划之际,高度重视这一战略重点领域意义重大。

一、新时期民办高校加强内涵建设的战略任务

1.《教育规划纲要》提出了高等教育战略发展的任务

《教育规划纲要》提出了2010—2020年高等教育战略发展的一般任务,即对所有高校来说都需要解决的五个方面的任务。一是全面提高高等教育质量,使高等教育结构更加合理,特色更加鲜明,人才培养、科学研究和社会服务整体水平实现全面提升,建成一批国际知名、有特色、高水平的高等学校,使我国高等教育的国际竞争力显著增强。二是提高

人才培养质量，着力培养信念执着、品德优良、知识丰富、本领过硬的高素质专门人才和拔尖创新人才。三是提升科学研究水平。促进高校、科研院所、企业科技教育资源共享，推动高校创新组织模式，培育跨学科、跨领域的科研与教学相结合的团队，促进科研与教学互动、与创新人才培养相结合。四是增强社会服务能力。要求高校牢固树立主动为社会服务的意识，全方位开展服务。五是优化结构，办出特色。重点扩大应用型、复合型、技能型人才培养规模，促进高校办出特色，改进管理模式，引入竞争机制，实行绩效评估，进行动态管理[1]。

2.《若干意见》对民办高校全面提高教育质量战略任务的表述

《若干意见》有关民办高校全面提高教育质量战略任务的表述有三处：一是高等教育规模增量主要用于发展高等职业教育、继续教育、专业学位硕士研究生教育以及扩大民办教育和合作办学；二是加强民办高校内涵建设，办好一批高水平民办高校；三是依法落实民办高校教师与公办高校教师平等法律地位。

由上可见，全面提高高等教育质量内涵建设的战略目标，既是面向全部高等教育的普遍任务，也有对民办高校的特殊政策和特殊要求。从《教育规划纲要》到《若干意见》，是内涵建设政策具体化的过程。内涵建设是新时期民办高等教育实现战略发展的紧迫任务，也是极其难得的战略机遇。

3. 新时期高等教育内涵建设的含义

高等教育内涵建设就是走内涵式发展之路。《若干意见》明确提出：坚持内涵式发展就是"牢固确立人才培养的中心地位，树立科学的高等教育发展观，坚持稳定规模、优化结构、强化特色、注重创新，走以质量提升为核心的内涵式发展道路"[2]。那么，如何理解高等教育内涵建设的含义呢？一是稳定规模政策。保持公办普通高校本科招生规模相对稳定，高等教育规模增量主要用于发展高等职业教育、继续教育、专业学位硕士研究生教育以及扩大民办教育和合作办学。二是优化结构政策。调整学科专业、类型、层次和区域布局结构，适应国家和区域经济社会发展需要，满足人民群众接受高等教育的多样化需求。三是强化特色政策。促进高校合理定位、各展所长，在不同层次、不同领域办出特色，争创一流。四是注重创新政策。以体制机制改革为重点，鼓励地方和高校大胆探索试验，加快重要领域和关键环节的改革步伐。

二、新时期民办高校加强内涵建设的战略性障碍

战略发展关系民办高校全局性、整体性、长远性发展，影响深远，关乎未来。按照战略管理理论，战略发展必须通过实施战略管理才能实现。按照这一理论去分析民办高校，阻碍其实现战略发展的，一不是师资队伍的弱或强问题[3]，二不是民办高校管理制度水平[4]，三不是课程设置与课程实施模式问题[5]，四不是教育行政部门对民办高校评价不公问题[6]，五不是资金困难问题[7]。这些都是未实现民办高校战略管理的后果，在与国外高校竞争中处于劣势的，是民办高校在现今制度条件和发展过程中制约战略发展的一系列战略性障碍，具体表现为八个方面的问题。

1. 战略领导不利

民办高校由于体制上的先天不足,缺乏对高端人才的制度性保障,在最重要的战略领导力配置上,难以吸引一流高端管理人才。对国内排名在前二十名的民办高校校长调查显示,80%以上超过60岁,个别已届70岁,仅有极少数民办高校校长年龄在50岁左右,不足20%,但这些人大都是投资人、投资人子女或直系亲属。这些高龄领导人多数是公办高校退休领导,有较丰富的管理经验,也不乏战略管理能力。但是,由于本身处于职业生涯终结期、身体健康原因等,很少能做满一任五年或更长时间,民办高校被迫频繁更换学校最高管理人,导致管理方针与发展模式的频繁调整,使学校不可能实行稳定有效的战略管理。南方一所民办本科院校五年六任校长即是典型一例。投资人或投资人直系亲属直接参与办学,给民办高校带来不良后果。资本的逐利性与教育的公益性冲突,使教育成为赤裸裸的牟利工具。这种办、管不分的管理模式严重扼杀了民办高校战略发展的可能。这一背景下,尽管有一些年富力强的高端管理人才尝试进入民办高校,却因无法立足而浅尝辄止,很快退出。

2. 战略发展意识不强

由于民办高校大都由董事会直接控制,甚至董事会或主要投资人直接干预办学,加之高龄领导的过渡性从业意识,民办高校在管理过程中战略发展意识很弱,更多关注能尽快带来经济收入的办学项目、收益高的办学项目,而不会深入思考对民办高校有长远影响但短期内没有回报或回报很低的项目,集中体现在对于中长期发展规划编制工作的不重视。按照《民办教育促进法》的规定,民办高校董事会承担"制定发展规划,批准年度工作计划"任务,校长组织实施。但调查的十余家民办高校"十二五"发展规划都是由校长牵头组织编写,通过董事会审核。这种功能错位制定出来的战略发展规划必然是一纸空文。

3. 战略发展视野不广

民办高校管理过程中存在部门间缺乏联系、学校与政府缺乏联系、民办高校之间缺乏联系、民办高校与产业界及国外高等教育机构缺乏联系的问题,学校管理封闭、落后。一些民办高校不顾高校的特殊功能,完全实行企业管理制度,久而久之,使高校严重隔离于社会系统、教育系统之外,在设计发展出路、建设相关管理制度时,视野狭窄,缺乏应有的比较研究后的辨析能力,也缺乏对先进经验的了解、借鉴能力,逐步丧失了主动发展意识和创新意识,没有强烈的危机意识,最后将会丧失发展机遇。

4. 战略发展定位不准

战略发展的一个核心问题就是要有对自己的准确定位。定位一般包括办学规模定位、办学层次定位、办学类型定位。我们看到,几乎所有民办高校"十二五"规划都把扩大办学规模作为重要目标。其中不少由于对办学规模定位偏差,导致超越办学条件,盲目扩大规模,在办学条件检查时受到教育部红、黄牌处理,造成恶劣社会影响,严重阻碍了学校的可持续发展。再就是有的民办高校对办学类型是面对地方的应用型,还是办成"国内一流"不能准确把握,定位于"国内一流"目标的不少。事实是,迄今为止,国内民办高校排名靠前的二三十所院校,办学影响力较低,不可能通过一个五年计划就成为"国内一流"。

5. 战略发展目标不当

管理理论认为,目标是引导组织行动的方向动力,具有引导组织行动和评价组织绩效的双重功能。适当的目标将引导组织一步步走向成功,不当的目标将给组织带来灾难性后果,甚至破坏组织的持续发展动力。许多民办高校战略目标脱离学校发展的实际,脱离地方经济社会发展现实,脱离国家教育政策的实际。如一些民办高校在国家明确发出控制高等教育招生规模、生源逐年递减、民办高校竞争加剧的背景下,还在想着加大投入新校区,并将之列为学校"十二五"重要战略目标,将有限的资金及教育资源投放到扩大校区建设上,将使学校陷于非常危险的战略困境。

6. 战略发展模式不适

战略发展模式是实现战略发展目标的路径,即通过什么样的道路趋近并实现目标。许多民办高校照搬公办学校的发展模式,不考虑自身的体制、机制与环境特点,在模式选择上表现出明显的盲目性。如在国际化发展方面,缺乏民办高校自身特色内涵的国际化,其国际化呈现出"三低"特点。一是低级的国际化,即仅仅停留在聘几个外教、领导出境参观考察、接待国外高校访问等方面,没有办学的国际化发展。二是低效的国际化,即仅仅在在校生中组织生源,输出给发达国家的高校,如同输出低附加值的原材料,始终处于高等教育国际化产业的低端。三是低水平影响的国际化。这种国际化模式无助于民办高校整体人才培养质量的提升和内涵建设的加强,国际化的路也走不远。"2011年,全年在华学习的外国留学人员总数首次突破29万人,共有来自194个国家和地区的292 611名各类来华留学人员,分布在全国31个省、自治区、直辖市(不含台湾省、香港特别行政区和澳门特别行政区)的660所高等院校、科研院所和其他教学机构中。来华留学生总人数、生源国家和地区数、我国接收留学生单位数及中国政府奖学金生人数四项均创新中国成立以来新高。"[8]在这660所教育机构中,民办高校的数量绝少。这与几乎占了高等教育总规模1/4的民办高等教育是不相称的。

7. 战略发展特色不彰

战略发展一定要追求彰显自身的特色,或是在发展过程中逐步形成自己差异化的特色,以便使大学在持续竞争中较长时间处于优势。国内民办高校普遍的问题是没有自己的特色,在近十年或十余年的持续发展过程中一味扩张办学规模,不注重追求和发展自身的办学特色、专业特色以及人才培养特色。美国排在前几位的大学多是私立大学,根本原因就是每一所私立大学都长期坚持自己的战略定位和特色追求。如美国哈佛大学就是要"培养社会精英人才","20世纪30年代,哈佛大学提出建立一所前所未有的精英型大学"[9]。麻省理工学院就是"美国一所培养高级科技人才及管理人才,并从事科学与技术研究的世界一流大学","获得了世界理工大学之最的美名"[10]。创办于1986年的韩国浦项科技大学是一所年轻的精品理工大学,快速发展成为一所研究型大学,1999年被韩国教育部授予杰出理工大学称号以表彰其在企业和大学合作办学方面的业绩,1999年被韩国教育部选为"面向21世纪智力韩国"计划(KB21)重点建设14所大学之一[11]。反观我国排名前20名的民办高校,无论民办高校自身或社会都无法以特色区别它们。这种同质化、平庸化办学的状况是没有战略前途可言的。

8. 战略发展保障不足

作为大学,实现战略可持续发展光有理论与灵活的体制机制远远不够,必须有足够质量与数量的一系列战略资源作为保障,支持并推动战略发展。对于民办高校来说,存在严重的战略资源制约。一是政策资源不足。如教育行政部门歧视性招生计划政策、物价部门的限制性收费政策、公共财政与公益性教育的很少资助、科研部门歧视性立项及评估政策,都存在着严重的显性与隐性歧视。二是人力资源保障不足。由于民办高校教师保障不全面、低水平、市场风险高,导致民办高校教师流动性较大,平均每年流动量占到学校人力资源的20%—50%之间。这是战略持续发展的致命障碍。三是持续投入不足。民办高校持续规模扩张,多数投资人倾尽全力,由于教育资源不可抵押,融资难度大,仅依靠学费收入,经费来源单一,增长乏力,无法对民办高校战略发展构成有力支持。四是民办高校办学条件已达到极限,教学设施、科研设施、实践条件无法充分满足持续提高人才培养质量的内涵战略建设的发展战略要求。

三、新时期民办高校加强内涵建设的战略对策

当前,我国民办高校缺乏先天的政策优势、资源优势、发展基础优势,但拥有特殊的政策创新优势、大学制度创新空间优势、市场开放机会优势、特色大学文化创造优势、国际化发展后发优势。将这些优势转化为战略管理与战略创新的实际行动,走特色发展之路,民办高校才有可能完成内涵建设的战略任务。

1. 加强民办高校内涵建设战略发展推动力量的建设

战略发展推动力量从方向上往往是自上而下的,所以强化组织的战略领导力量建设是实现组织战略持续发展的首要条件。民办高校首先要选择符合高等教育法、民办教育促进法规定条件的校长,起码要符合以下条件:一是遵纪守法,有良好的道德修养;二是年富力强,身心健康;三是最少可以完成一届以上任期的领导任务;四是有较强的专业管理能力与较丰富的管理经验;五是具有发展民办教育的较强使命感与人生追求;六是具有战略发展意识与战略推动能力;七是具有制度创新与开发新发展资源的全面能力。"美国公立大学招聘校长的条件中往往也明确要求遵循本州法律中的相关条款,有些私立大学在新校长任职条件中还提出,新任校长必须有能力代表学校,有信心、有意愿、有魄力向外界陈述学校的需求,并给学校带来新的资源。"[12]再者,由具有战略发展能力的校长根据需要去遴选副手,组建战略发展团队,按照民办高校组织战略管理的特殊规律计划、推动、实施、检查、改进这一持续发展的战略管理进程,实现内涵建设战略目标。

战略推动既需要有强有力的领导力量,还要建立专门化的战略发展机构,承担民办高校战略发展规划的调研制定,论证分解,年度计划编制,战略管理过程的检查、指导、反馈及新计划的制定,直接对董事会和最高行政领导负责。这是战略管理的实施细节。战略领导与战略实施专门机构共同作用才能有效发挥战略推动作用。目前,各民办高校的高教所、评鉴中心、办公室、发展规划处等机构从机构设置、人力资源配置、机构功能设置等

方面都无法胜任这样的战略推动使命,必须创新民办高校现有的战略管理理念与组织模式。

2. 强化体制机制的战略创新

按照制度经济学的理论,组织间的竞争归根到底是制度间的竞争,制度先进的组织将战胜制度落后的组织。民办高校缺乏公办高校相应的政策、财政及人员保障的制度优势,必须通过自身的体制与机制创新,发挥民办高校创新的空间优势,才能在内涵建设的战略竞争中处于不败之地。一是创新办学体制。现在民办高校多是个人投资,风险高,筹资能力不足,应借鉴企业资本运作的先进经验,吸纳更多的投资人和发展资金,增强筹资能力。二是变个人私有为管理层持股,既可稳定核心领导力量,也可增加对高端优质人才的吸引力。三是建立商业性补偿保障制度,对管理骨干、教学骨干、服务期较长的教职工,通过补充购买商业保险的方式建立起与公办高校一样,甚至超过公办高校保障水平的保障制度,来吸引高水平人才,稳定教职工队伍。四是创新资源整合模式,既可以通过市场整合资源,也可以像浙江万里学院那样整合公办教育资源。五是创新民办高校分配制度,向内涵建设重点领域和关键环节倾斜,争取通过制度创新获得内部更强大的战略发展动力。

3. 突破制约民办高校内涵建设发展战略的瓶颈

一是加强对民办高等教育的研究,特别是借鉴发达国家私立高校发展经验,探索民办高校的战略创新之路。二是加强民办高校间的联合,开展民办高校间的广泛合作,建立民办高校共享资源平台,改变单个学校发展的弱势地位。三是加强消除歧视民办教育政策的研究和实践,争取更有利的政策环境与政策支持。四是建立民办高校争取办学资源的新模式,走开放办学、开放发展之路,广泛争取政府、企业、社会组织、成功校友乃至公办教育机构的项目合作及服务合作条件下的资源支持。五是投资方要加大投入力度,保证必要的办学投入和发展投入,为民办高校内涵建设提供重要保障。六是创新民办高校国际化发展之路,放弃与公办学校同质化的国际化模式,开展实质性的国际合作办学、国际专门化人才培养与专业化认证,培养复合型、实用型、国际化急需人才,增强学生国际市场就业竞争力等。七是自觉加强对民办高等教育所做贡献的宣传,为支持民办教育的政策鼓与呼,借鉴发达国家发展私立高等教育的成功经验,积极提出政策建议。

4. 建设推动民办高校战略发展的"以人为本"的特色文化

民办高校由于体制的特殊原因,普遍存在着成本意识和绩效观念,极易出现管理与决策上的趋利行为和逐利的短期行为,也容易忽视高等学校区别于企业组织的基本特征与基本规律,具体表现为学校利益至上、对教师的人文关怀严重不足、教师尊严不受尊重,这是民办高校人员不稳定的重要原因。民办高校在内涵建设的战略发展中,一是要牢固树立"人力资源是第一资源"的发展理念,高度重视队伍的稳定与持续建设问题。二是自上而下建立一种"关心"文化,弱化甚至要消除教职工的"打工"心理,不仅是收入上应适当高于同类公办院校水平,更重要的是在生活中、工作细节中、环境建设中体现高校对教师的真正关心与尊重。三是以帮助教师制定并实施有效的职业生涯规划为载体,支持教师持续的职业与人生发展。四是经常开展人性化的"关心"活动,增加教职工的归属感和对组织的情感关注,以获得学校最重要、最持续的战略支持。

5. 建设推进民办高校差异化战略特色发展的新模式与新路径

国际国内的实践证明,走同质化发展、竞争性发展之路的民办高校都必然走向失败。只有走符合高等教育规律、符合社会经济发展要求、符合学生与家长要求的特色化战略发展之路,才能保证民办高校持续、快速、高质量的战略发展。这方面,浙江万里学院和广东白云学院是一个成功的典型。前者集团化、开放式办学和专家化管理推动其发展成为层次多、体系衔接、国际化的高质量教育集团,其战略规划与战略实施非常成功。后者由于有董事会的持续战略发展能力,在集团化和人才培养的特色化上取得了显著成就,实现了办学层次的不断提升。这已经呈现出两种模式与不同的战略路径,证明民办院校的战略生命在于找准自己的定位,实现错位发展。一是根据实际制定科学的、特色化人才培养方案,要与自己的资源条件和办学理念相结合,通过不断完善人才培养方案落实内涵建设战略。二是创新人才培养模式,加大应用型、复合型、技术技能型人才培养力度。民办高校要定好位、安其位,不要盲目提什么"一流"人才目标,要积极争取参与到国家教育改革的实验与项目之中,争取到宣传自己和获得政策支持的机遇。三是强化育人实践环节和细节上的特色创新,要把创新落到人才培养的实处。四是推进教学、科研、社会服务、文化传承的协同创新,取得特色成绩。五是鼓励民办院校内部二级学院及各机构的局部特色发展,以局部特色支持整体特色或升华为整体特色。六是实现教育服务的多样化与特色化,改变依赖学费的生存模式与发展模式。七是必须加强面向本校、服务本校战略发展的研究,以科学研究为学校的战略创新设计路径与模式,增强民办高校发展的内生动力。

"在21世纪,许多国家特别是发展中国家和中等收入国家的私立高等教育的规模、范围和重要性将会得到发展。""私立高等教育复杂多样,需要对之进行仔细的研究分析。迄今为止,对新的私立高等教育部门的多重角色的考察尚不充分,这在某种程度上使得市场还在决定私立高等教育的性质和方向。"[13]提高教育质量是高等教育的永恒主题,无论国际国内,都是要依赖战略发展去实现。民办高校要在战略发展进程中将内涵建设作为发展使命与长期目标,紧紧把握这一战略核心,承担起建设中国特色高等教育的历史使命,在不断创新中国民办高等教育的过程中实现自身的战略性可持续发展。高度重视内涵建设这一战略重点领域,必须将相关工作落实到民办高校"十三五"战略发展规划之中。

参考文献:

[1] 国家中长期教育改革和发展规划纲要(2010—2020年)[EB/OL].(2010-09-20)[2015-02-08]. http://www.bvtc.edu.cn/xxgg/sjwj/201009/2435.html.

[2] 教育部关于全面提高高等教育质量的若干意见[EB/OL].(2012-04-20)[2015-02-08].http://www.gov.cn/zwgk/2012-04/20/content_2118168.htm.

[3] 徐宏高.安徽民办高校人力资源管理现状研究[J].长江大学学报(社会科学版),2012(1):138—139.

[4] 李钊.制度建设:民办高校内涵式发展的关键[J].现代教育管理,2009(6):93—95.

[5] 李景信.“质”的转化:民办高校提高教学质量的关键[J].广东培正学院学报,2005(1):67—70.
[6] 罗之仁,李钊.民办高校评估迫切需要分类指导[J].湖南涉外经济学院学报,2008(9):29—30.
[7] 周书灵,徐公伟.制约民办高校发展的原因[J].社会经纬,2009(3):31—32.
[8] 2011年全国来华留学生数据统计[EB/OL].(2012-02-28)[2015-02-08]. http://www.moe.edu.cn/publicfiles/business/htmlfiles/moe/s5987/201202/131117.html.
[9] 别敦荣,贾杰静.哈佛大学的发展历程、教育理念及启示[J].大学教育科学,2011(6):76—81.
[10] 别敦荣,李晓婷,麻省理工学院的发展历程、教育理念及其启示[J].高等理科教育,2011(2):52—60.
[11] 王留栓.我国普通民办高校的国际化——韩国九所著名私立大学的经验借鉴[J].民办教育研究,2003(5):94—98.
[12] 李延保.完善大学校长遴选办法 构建现代大学制度[N].中国教育报,2012-04-20.
[13] 阿特巴赫.高等教育变革的国际趋势[M].蒋凯,等译.北京:北京大学出版社,2009:69.

作者：刘家枢,沈阳职业技术学院教授,南京师范大学教育领导与管理专业博士研究生;饶丽娟,广州白云学院教师发展中心副主任,讲师。

(原载《黄河科技大学学报》2015年第4期)

民办高校实施内涵式发展的战略研究

胡大白

摘 要：民办高校由外延式发展向内涵式发展转型是增强实力、办人民满意的教育、办好一批高水平民办学校的需要。科学定位是民办高校实施内涵式发展战略的前提和基础。质量立校、人才强校、特色兴校，是民办高校实施内涵式发展战略"由大到强"的必然选择。外部政策环境的保障和内在大学组织结构的调整是民办高校实施内涵式发展战略的重大保障要素。民办高校内涵式发展战略包括品牌塑造战略、差异化竞争战略、规模效益战略、多元化发展战略、融资办学战略、雁阵效应战略、集群联盟战略和 SIS（学校识别系统）的校园文化战略等。民办高校应以科学发展观为指导，走优质、特色、高效的内涵式发展之路。

关键词：民办高校；内涵式发展；战略研究

一、引言

改革开放 30 多年来，中国民办高等教育从无到有，从小到大，从大到强，迅速崛起。2013 年，全国共有普通高等学校和成人高等学校 2 788 所。其中，普通高等学校 2 491 所，在校生 2 468.07 万人。民办高校已从 1996 年的 21 所增加到 2013 年的 718 所（含独立学院 292 所），民办高校占普通高校数量的 28.78%。民办高校在校生 557.52 万人，占普通高校在校生的 22.60%，其中硕士研究生 335 人，本科生 361.64 万人，专科生 195.85 万人[1]。2011 年后已有五所民办院校获得了专业硕士研究生教育资格。在我国高等教育由精英教育迈向大众化的进程中，一批办学理念先进、教学条件良好、发展前景广阔的优秀民办高校已脱颖而出。但是，在充分肯定民办高等教育发展主流的同时，也不应忽视其发展中出现的问题。

一是民办高校规模扩张过快，资金来源单一，发展后劲不足。我国多数民办高校走的是以学养学、滚动发展的道路。中国民办高校 2000 年后已出现了一批万人大学、数万人规模的巨型大学。民办高校的发展过度依赖于学费的积累。由于部分学校投入跟不上规模发展，进而导致生均经费投入不足，使学校的教学质量难以保证。

二是经济效益至上的原则导致民办高校管理粗放，质量管理意识不强。由于校均规模的过快增长，已超越了一些学校的办学能力和管理能力。一些规模扩张过快的院校为了归还借款、贷款,就必须保持扩张后的规模,采取经济效益至上的原则。为了争夺生源,一些学校甚至出现违章招生和不负责任的承诺等现象。承诺一旦难于兑现,就会引发社会事端,成为影响社会稳定的因素。

三是和公办高校相比,我国民办高等教育处于弱势的局面并未改变。从生源来看,民办高校处于录取的最末端。从办学层次来看,本科高校仅占民办高校总数的20%,仅有五所民办高校举办专业硕士研究生教育。从科研和学科建设来看,大多数民办高校仍处于"二无一少状态"(无科研项目,无科研经费,论文少)。由于民办高校教师不属于国家事业单位编制,多数民办高校教师队伍结构不合理,高层次、高学历教师严重匮乏[2]。

四是生源萎缩导致民办高校的发展已面临着举步维艰的"高原现象"①。这种现象具体表现为民办高校的生源急剧萎缩、财力日趋拮据、教育质量迟滞不前、社会声誉提升缓慢等"症状"。据教育部有关调查统计,由于人口出生率的下降,生源呈现全面下降趋势。仅2008年至2011年四年,全国民办院校自考生源就下降了近50%[3]。

五是五类不同的矛盾困扰着民办高校的深化发展和质量提升。五类矛盾包括：公益性办学与市场功利性之间的矛盾;高等教育原有体制与民办高等教育新体制之间的矛盾;民办高校内部投资者与办学者之间的矛盾;民办高校提升教育质量与资金投入不足和师资队伍建设薄弱的矛盾;高等教育办学的规范性和民办高校办学的创新性之间的矛盾。五类矛盾困扰着民办高校的可持续发展。

综上所述,我国民办高等教育在经历了高等教育大众化初期的外延式快速发展之后,已进入发展滞缓的"高原期"。《国家中长期教育改革和发展规划纲要(2010—2020年)》(以下简称《纲要》)的颁布,表明我国民办高等教育的发展已处于从规模扩张向内涵式发展的转型期。引导民办高校由外延式发展向内涵式发展转型刻不容缓。转型不仅仅是为了民办高等教育健康发展、办人民满意的教育、"办好一批高水平民办学校"的需要,也是我国民办高校走出办学初级阶段、增强实力、进入国家高等教育体系核心、实施品牌发展战略的需要。

二、民办高校实施内涵式发展的理论研究

(一) 发展理论和发展战略理论是构建民办高校内涵式发展战略理论框架的基础

1. 发展理论和高等教育科学发展观的内涵

"发展"是经济、自然、社会和人的相互关系的进步过程。发展观是发展实践的产物,是发展理论研究的核心问题。

高等教育科学发展观是科学发展观关于高等教育发展的本质、目的、内涵与要求的总体看法和根本观点。新中国成立以来,中国高等教育发展观经历了从强调教育的意识形态功能到单纯强调数量、急功近利转变为追求可持续发展、科学发展理念的三阶段演变过程,从而促进中国高等教育在"规模、结构、质量、效益"等方面协调发展。

---

① "高原现象"是心理学术语,指的是个体在学习过程或技能的形成过程中出现的发展停顿、迟滞或者下降的现象。

2. 发展战略与民办高校发展战略的内涵

战略泛指决定全局的策略[4]。民办高校发展战略是指民办高校为了生存发展,迎接各方面的挑战而制订的行动方案。民办高校的发展战略系统包括战略理念、战略目标、战略手段、战略规划等[5]。

3. 民办高校内涵式发展战略的内涵

内涵式发展是以事物的内部因素作为动力和资源的发展模式。民办高校内涵式发展战略是一种重视以师生身心发展为基础的教育质量、效益的全面进步的发展战略,是民办高校为了生存发展,迎接新的环境等各方面的挑战而制订的行动方案,并在实施过程中构建相应的动态调节机制的总体谋划。

4. 民办高校内涵式发展战略的特征

民办高校内涵式发展战略具有全局性、层次性、长远性、客观性、时代性、竞争性特征。民办高校发展战略还具有可调性特征,既要保持其稳定性,又必须具备适度弹性。一个完整的民办高校发展战略应当由民办高校外部环境与内部条件分析,明确的战略使命、愿景和目标,战略原则、方针与途径,战略行为方式、对策与措施几部分内容构成。

(二)以科学发展观指导发展战略规划,进一步构建民办高校内涵式发展战略的理论框架

1. 民办高校实施内涵式发展战略重在从三方面制定发展战略规划

民办高校实施内涵式发展战略的过程就是从确定战略到制定战略规划,再到战略管理的过程。民办高校内涵式发展战略规划要从三个要素入手:一是战略规划内容应包括历史回顾、愿景与使命、战略背景、战略定位、战略目标、战略选择、战略举措等。二是愿景、使命、存在价值等在民办高校内涵式发展的战略规划中可以起到目标和精神引领作用。三是大学对发展战略规划的需要程度是以高校办学自主权大小为前提的。高校办学自主权越大,对发展战略规划的需要就越大,发展战略规划就越能得到重视[6]。相对于公办高校,民办高校具有较大的办学自主权,因此,民办高校更应重视以科学发展观指导发展战略规划的制定。

2. 民办高校制定内涵式发展战略规划重在战略规划管理的实施

基于民办高校和高等教育组织的特征,民办高校的战略规划管理又具有两方面的特征:一是民办高校的战略管理更为复杂,但又十分强调其灵活性。二是由于民办高校的历史传统不同,不同学校之间的战略规划管理具有较大的差异性。

3. 制定发展战略规划的核心是构建民办高校内涵式发展战略框架

民办高校内涵式发展战略是一个整体的体系和有序的系统。制定发展战略规划的核心是构建民办高校内涵式发展战略框架。具体而言,民办高校内涵式发展战略框架由五大结构要素构成。

一是指导思想。战略指导思想是制定和实施发展战略必须遵循的根本原则和理论基础。民办高校战略指导思想更具有市场化的特征,其内容可概括为如下几点:满足市场需要的思想;系统化思想;未来思想。

二是战略目标。民办高校战略目标一般包括五个方面的具体指标：资产利用的效率；管理效率；社会和市场竞争地位；教学、科研和管理创新；其他社会责任[7]。民办高校应当结合国家和地方建设的需要、高等教育和科技发展的趋势、自身已有的办学条件三个方面的因素来考虑自身的发展战略目标，确定战略目标的步骤见图1。民办高校在制定战略目标时首先要考虑水平定位，其次就是特色定位。

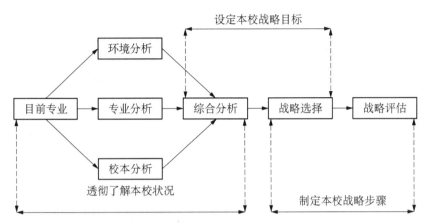

图1　确定民办高校战略目标的步骤

三是战略重点。第一，强调突出民办高校发展战略的重点，同时还不可忽视战略中那些非重点组成部分。第二，全面了解和密切掌控那些实施民办高校发展战略的重点单位，包括先进单位、落后单位，以及为了验证发展战略的科学性和可行性而选择的试点单位。

四是战略步骤。制定民办高校战略实施步骤就要遵循先小后大、先易后难、局部为先、为发展铺垫和可衡量的原则。为了实现民办高校内涵式发展的战略目标，必须将一定时期的发展战略划分成既相互关联又各有重点的若干步骤和发展阶段，并规定每个阶段应实现的具体目标，再通过规划及计划，分别实施分阶段的战略目标。

五是战略措施。战略措施，也称战略手段，就是民办高校为了实现战略目标，特别是为了实现各个战略步骤的具体目标而采取的各种策略、对策、手段、途径和办法等。因此，战略措施是任何一个具体战略都不可缺少的重要组成部分。

综上所述，民办高校内涵式发展战略框架的五个构成部分既相互联系，又各自在全局中具有其独特的地位。战略指导思想是确定其他战略要素的依据，是整个发展战略的灵魂，直接关系到战略实施的成败。战略目标是战略的轴心或主干，没有战略目标，就不可能制定战略重点，划分战略步骤，确定战略措施。战略重点、战略措施和战略步骤则是战略指导思想得以落实、战略目标得以实现的必要条件。

三、民办高校实施内涵式发展的战略研究

民办高校通过制定战略规划，如何实施内涵式发展战略？本文从五个方面对民办高校内涵式发展战略进行系统的研究。

(一) 从中国民办(私立)高等教育的五次转型发展中总结梳理中国民办高等教育发展的基本经验和主要特征

1. 从孔子私学到民办大学——中国古代、近代到当代民办(私立)高等教育的历史沿革和五次转型

与西欧国家私立大学起源不同,中国的私立大学是在官学衰落、文化下移的官学废墟上建立起来的。其一,从春秋时期私学到战国时期学宫的转型改变了孔子时代的"游学"办学模式。如达到万人规模并具有教学和学术研究性质的齐国稷下学宫就是我国古代第一所"民办公助"的私立大学。其二,由战国时期的学宫到两汉时期精舍的转型形成了讲评为辅、自学为主的办学模式。其三,由精舍到两宋时期书院的转型使书院承担起文化传承、学术发展的主导作用。其四,由中国古代的书院到清末民初时期私立大学的转型奠定了具有现代大学特征的基础。其五,清末民初时期的私立大学到当代民办大学的转型使民办(私立)大学得以复苏和发展。

2. 社会变革转型时期我国民办高等教育发展的基本经验和主要特征

其一,社会变革转型时期我国民办高等教育发展的基本经验。一是"积极鼓励、大力支持、正确引导、依法管理"的十六字方针是指导民办高校可持续发展的重要指南。二是创办者常常可以决定民办高校的成败兴衰,而先进的办学理念则是指引学校前进方向的旗帜。三是运用市场机制办学是民办高校可持续发展的社会基础。四是提高教育质量是民办高校可持续发展的重要前提,提高教育质量的关键是强化教师队伍的建设。五是党建思想政治工作是民办高校坚持社会主义办学方向、维护校园稳定和谐的导向保证。

其二,社会变革转型时期我国民办高等教育发展的主要特征。以学费为主要来源,艰苦创业、滚动发展是民办高等教育恢复起步阶段的主要特征;多元化办学是民办高等教育探索发展阶段的基本特征;规模扩张、投资办学是民办高等教育繁荣发展阶段的本质特征;区域布局不均衡是民办高等教育发展的区域特征(表1)。注重专业的应用性,从外延式发展转入内涵式发展,从数量发展转入质量发展,更新办学理念则是民办高等教育转型发展时期的重要特征。

表1 2013年民办普通高校(不含独立学院)全国区域分布

省(市、自治区)	在全国的排列位序	民办普通高校数(所)			省(市、自治区)	在全国的排列位序	民办普通高校数(所)		
		本科	专科	合计			本科	专科	合计
广东	1	4	29	33	浙江	17	4	9	13
河南	2	7	20	27	云南	18	1	12	13
山东	3	8	18	26	广西	19	2	10	12
福建	4	3	23	26	吉林	20	5	5	10
江苏	5	3	21	24	北京	21	1	9	10
辽宁	6	10	10	20	内蒙古	22	0	8	8

续表

省(市、自治区)	在全国的排列位序	民办普通高校数(所)			省(市、自治区)	在全国的排列位序	民办普通高校数(所)		
		本科	专科	合计			本科	专科	合计
四川	7	2	18	20	海南	23	2	5	7
安徽	8	4	15	19	山西	24	1	6	7
陕西	9	8	10	18	宁夏	25	2	0	2
河北	10	5	13	18	新疆	26	0	3	3
上海	11	4	13	17	贵州	26	0	3	3
黑龙江	12	9	7	16	天津	27	1	0	1
湖北	13	6	10	16	甘肃	28	0	1	1
湖南	14	2	14	16	西藏	29	0	0	0
重庆	15	1	15	16	青海	29	0	0	0
江西	16	4	10	14	合计		99	317	416

数据来源：根据教育部发展规划司统计数据整理，截止日期为2013年6月27日。

(二) 民办高校实施内涵式发展战略的借鉴：国外高校和我国台湾地区私立高校实施内涵式发展战略的经验和启示

内涵式发展战略的核心是制定大学的发展战略规划，动员、吸收大学每一分子思考并落实战略规划是校长的重要任务[8]。如何对国外高校和我国台湾地区私立高校内涵式发展战略的成功经验进行有选择的借鉴，对我国民办高校实施内涵式发展战略将具有非同寻常的意义。

1. 美国制定高等教育宏观和微观战略发展规划、实施内涵式发展战略的经验

其一，1862年美国签署了《莫雷尔赠地法》，引入德国高等教育思想和大学的先进经验并结合实践加以创新，使美国高等教育实现了跨越式发展，建立了一批为国家和地方经济服务的农工大学[9]。其二，《军人权利法案》的出台，国民对1958年苏联人造卫星发射成功的反思，促成了《1960年加州高等教育总体规划》，建立起了加州对不同高等教育机构功能分化有指导性和约束力的规则与秩序[10]。其三，"加强高等教育，使之在21世纪继续保持竞争力"的全国大讨论，促进了《美国高等教育行动计划》的颁布与实施。其四，美国高校内涵式发展战略规划的制定和实施，成就了一批私立和公立大学跨入了世界一流高水平大学的行列。

2. 英国制定高等教育宏观和微观战略发展规划、实施内涵式发展战略的经验

英国是世界高等教育最发达的国家之一，也是现代大学的主要发源地。其一，英国制定高等教育内涵式发展战略，改变了高等教育的固定模式，使高等教育呈现出多元化发展的新局面。在《1944年教育法》、《帕西报告》、《巴洛报告》和《技术教育白皮书》的推动下，英国又产生了一批满足大众需求的应用型大学[11]。其二，《罗宾斯报告》是英国高等教育从传统教育模式走向现代教育模式、从精英型走向大众型教育的转型宣言书。其三，由

《迪尔英报告》到《英国高校发展规划指南》的宏观发展战略规划奠定了世界高校战略规划发展史上的里程碑。其四,1965年建校的华威大学经过短短30多年的发展,已跻身于英国大学的前列[12]。"亲工商界"的政策使为工商界服务成为华威大学的特色和发展方向。学术与企业结合的发展战略使华威大学创造了在短时间内跨入世界一流大学的奇迹。

3. 日本私立高校制定宏观和微观战略发展规划、实施内涵式发展战略的经验

日本私立高等教育的起步较早,十分重视对私立学校立法并不断加大资金资助[13],使私立高校高速发展,成为日本步入高等教育大众化和普及化的主力军[14]。1918年日本政府发布《大学令》后,仅在4年时间就有早稻田大学、庆应义塾大学等16所私立大学得到了批准认可[15]。1949年日本颁布《私立学校法》,确保了私立高校的自主权。但是,日本政府长期以来对私立高校过度注重规模扩张,导致私立高校师资力量不足、教学质量在低水平徘徊。1975年《私立学校振兴助成法》颁布以后,日本政府不断加大对私立高校补助金的金额[15]。这一举措为私立高校走上持续、健康的内涵式发展道路创造了必要条件。2008年7月,日本内阁通过了第一个《教育振兴基本计划》,构建能够培养支撑和带动社会发展并能够引领国际社会之人才的高等教育。《教育振兴基本计划》进一步确立了日本新世纪的教育理想。

4. 韩国私立高校制定宏观和微观的战略发展规划、实施内涵式发展战略的经验

韩国实施高等教育发展战略的历程也是私立高校大发展、不断提高办学质量的过程。韩国政府历来重视教育立法。1963年6月通过《私立学校法》,还颁布了《私立学校教师退休实施法》,鼓励私立学校教师安心教育事业[16]。私立教育的专项法律还有《私立学校教师健康保险法》(1977年)等[17]。社会捐赠也是韩国私立大学经费的重要来源。这主要得益于韩国政府对于捐赠款项的免税政策。美国、日本在高等教育阶段的社会和私人投入比例在50%以上,而韩国则高达83.3%。目前,韩国私立高校不仅有较高的办学层次,而且具有较高的办学质量和办学水平。2008学年韩国获得研究生学位情况显示,由私立大学培养的研究生数为211 728人,已超过韩国研究生全年总数的70%[18]。

5. 德国、法国、俄罗斯等国家高校制定战略发展规划、实施内涵式发展战略的经验

其一,"职业教育高移化"和"高等教育职业化"是德国高校实施内涵式发展的特色。其二,由培养精英式应用型人才的大学到具有职业化趋势的新大学是法国高校实施内涵式发展的特点。如闻名遐迩的世界一流大学巴黎高等师范学校,目的是为政府机构训练和教育高水平的官员和工程师[19]。其三,政府推进由国立、市立教育机构向"私有化"的民办高校转型是俄罗斯私立高校实施内涵式发展战略的特色。据统计,俄高校在2005年已达到1 071所,而在苏联时期全国只有约690所[20]。2005年私立高校已达693所[21]。经过多年的经验积累,俄罗斯的一些非国立大学不但建立了自己的科研机构,还创办了国家认可的学术出版社,在社会上树立了良好的形象。

6. 我国台湾地区私立高校制定宏观和微观的战略发展规划、实施内涵式发展战略的经验

私立高校约占台湾地区高校总数的67%,大部分附设有研究所,研究所培养硕士和博士的人数占全台湾地区研究生数的40%。台湾地区私立大学不仅发展规模大,也具有较

高的学术水平。在台湾地区有 5 到 6 所私立高校跻身于台湾地区高校的前 20 名。1954 年,台湾当局修订了 1929 年国民政府教育部颁布的《私立学校规程》,1955 年颁布了《私立学校奖助办法》,又陆续颁发了《补助私立专科以上学校充实重要仪器设备配给款要点》《私立学校施行法细则》,《各级各类私立学校设立标准草案》等规章,逐年提高对私立大专院校的奖助,指导私立院校健全发展计划。1974 年,台湾当局公布的《私立学校法》取代原有的《私立学校规程》,作为私立学校设立的法律依据。这是台湾私立高等教育发展速度进入了快车道的重要原因[22]。

(三) 民办高校实施内涵式发展战略的基础和必然选择

1. "科学定位"是民办高校明确办学目标、建设重点、办学特色、适应外部环境的过程,也是实施内涵式发展战略的前提和基础

其一,民办高校实施内涵式发展战略,科学定位必须突出区域特色。多数民办高校适合培养有较强实践能力的应用型人才。我国地方经济发展必然要求建立一个与其相适应的区域性高等教育体系。因此,民办高校应主动承担服务区域经济发展的历史使命,并在这个服务过程中获取自身可持续发展的巨大动力。

其二,做好分类定位是民办高校实施内涵式发展战略的前提和基础。民办高校分类定位的主要内容应包括办学层次、类型、目标、主体、规模、特色,人才培养的规格,社会服务面向的定位。民办高校的分类定位与公办院校不同,以培养服务于区域经济建设的应用型人才为主。我国民办高校在高等教育中的分类定位概况[23]见表 2。

表 2　我国民办高校在高等教育中的分类定位

学术水平	研究型大学	教学研究型高校	教学型高校	
			技术应用教学型	技能教学型
办学层次	进入 985 工程的大学以研究生教育为主	211 工程大学、国家重点大学(研究生教育和本科生教育并重)	一般本科高校(本科教育为主体和一定的研究生教育)	高职高专院校(高职教育、专科教育为主)
培养目标	精英型:复合型、创新型人才	精英-大众并存型:技术应用型专门人才、创新型人才	大众型:技术应用型高级专业人才	大众型:技能型、高技能型人才
科技贡献	技术创新研究和基础理论原创性研究为主	技术的应用研究和技术创新研究为主	技术的应用研究为主	技术和技能的应用为主
服务社会	培养精英人才和高素质技术创新人才;技术创新贡献和理论原创	培养高级技术应用和技术创新人才;技术应用和技术创新贡献	培养生产、服务和管理的各类技术应用型人才;一定的科技贡献	培养在第一线从事生产、服务和管理的各类技能型人才
民办高校定位分析	高等教育大众化初期、中期均无研究型大学(2025 年之前)	高等教育大众化中期会有少部分民办高校进入教学研究型大学序列(2020 年之后)	黄河科技学院等民办本科高校	民办高职高专院校(78%左右的民办高校)

2. 质量立校、人才强校、特色兴校,是民办高校实施内涵式发展战略"由大到强"的必然选择

其一,质量是立校之本,生存之基,发展之源。"质量立校"要求民办高校必须转变办学理念,以教学质量为主,适当考虑科研和社会服务等方面的质量,从机会规模效益向质量规模效益办学思路转变[24]。"质量立校"要求民办高校必须构建创新的人才培养体系,成为培养和造就高素质创新型人才的基地。此外,"质量立校"还需要现代化办学条件和优良的学风作保证。

其二,人才问题也是困扰民办高校内涵式发展的瓶颈问题。强化师资队伍建设是"人才强校"、大学治学特点的根本要求。"人才强校"的关键是优化教师人力资本配置结构。教学型本科民办高校,具有研究生学历教师的比例应达到60%以上[25]。理想的教师年龄结构应该是30岁以下的比例小于20%,30—50岁的比例在60%,50岁以上的比例在20%左右。优化学缘结构要从多类型高校、多门学科、多层次类别专业中引进人才。"人才强校"还需要创新与完善"人本化"管理理念,确立"教师本位"思想,坚持人才的科学发展观,注重人才整体效应的充分发挥,树立科学的人才评价标准。

其三,"特色兴校"是民办高校遵循教育规律、建设特色学科,实施内涵式发展战略、增强核心竞争力的必然选择。《纲要》明确指出:高等教育的发展要合理定位,克服同质化倾向,形成各自的办学理念和风格,在不同层次、不同领域办出特色,争创一流。科学定位是"特色兴校"首先要解决好的问题,也是"特色兴校"的立足点。实现民办高校"特色兴校"的关键是尊重传统,其本质是遵循教育规律,作为凝练办学特色的切入点可从建设特色学科入手。凝练和提升办学特色是民办高校走内涵式发展之路、由大到强、增强核心竞争力的可行路径。

(四) 民办高校内涵式发展战略的构建

1. 品牌塑造战略、差异化竞争战略、规模效益战略和多元化发展战略是构建民办高校内涵式发展的基础战略

其一,基于"质量立校"的品牌塑造战略的构建。民办高校品牌内涵有四个层次:一是学生品牌;二是专业品牌;三是师资品牌;四是学校品牌。民办高校品牌塑造具有持久性和可行性特征。世界品牌500强中最古老的10个品牌,大学就有5个(表3)[26]。塑造民办高校品牌大学有四个要素:理念、定位、制度与策略。拥有一个科学性、前瞻性和持久性的大学理念是大学品牌形成的核心。定位准确,大学品牌水到渠成。制度是品牌大学能否建成的保障,策略是品牌形成的重要手段。"质量立校"则是民办高校实施特色品牌战略的重要途径。

表3 世界品牌500强中最古老的10个品牌

品　　牌	品牌"年龄"	总部所在地	总排名
牛津大学(University of Oxford)	914	英国	57
剑桥大学(University of Cambridge)	801	英国	50

续表

品　　牌	品牌"年龄"	总部所在地	总排名
海德堡大学(Heidelberg University)	624	德国	433
哈佛大学(Harvard University)	374	美国	4
圣戈班(Saint-Gobain)	345	法国	325
巴克莱银行(BARCLAYS)	320	英国	374
耶鲁大学(Yale University)	309	美国	238
马爹利(Martell)	295	法国	396
人头马(Remy Martin)	286	法国	330
苏格兰皇家银行（The Royal Bank of Scotland	283	英国	344

其二,基于办学特色的差异化竞争战略的构建。差异化战略是指企业向用户提供与众不同的产品和服务的竞争战略[27]。差异性决定了民办高校办学的特色和个性化,民办高校应该在差异中形成自身独特的竞争力[28]。民办高校差异化战略的实施包括组织文化的差异化、学科专业建设的差异化、大学品牌形象的差异化、人才内部激励的差异化、经营管理的差异化、办学路径的差异化,但其核心是学科建设的差异化战略。民办高校实行差异化发展,要因校制宜,根据自身的基础选择最具本校优势的领域、项目加以重点培育,尽快形成比较优势。

其三,基于适度扩大发展的规模效益战略的构建。保持一定的办学规模是民办高校生存和发展的内动力。生存是前提,规模是保障,质量是稳固发展的保证。民办高校既要做大又要做强,就要处理好规模、质量与效益的关系。钟卫东教授计算了 2002 年我国 27 所不同类型高校的生均成本,绘制出我国部分高校生均成本与学生规模 U 型的曲线图。U 型曲线底部对应高校规模为 1.4 万人至 2.6 万人左右[29]。这一区间不仅是我国高校最优办学经济规模区域,也对民办高校寻求"最优办学经济规模"战略具有一定的参考价值。

其四,基于体制创新的多元化发展战略的构建。高等教育的多元化就是将其组成体系的各种要素进行协调发展与合理配置,从而实现其整体的综合增长和集约提高的过程[30]。民办高校实施多元化发展战略,一是指办学层次的多元化、办学模式的多元化、办学内容的多元化,以使民办高校具有最强的渗透力和灵活性。二是指举办体制、管理体制、运行机制、融资渠道和产权关系的多样化。多元化发展战略有利于民办高校充分利用现有资源优势,发挥社会功能,扩大办学规模,增强竞争力,培育新的增长点,使其更具发展潜力。管理体制多元化、办学主体的多元化、办学层次的多元化、办学内容的多元化是民办高校实施多元化发展战略的主要途径。进一步推进民办高校办学主体的多元化发展战略,就要不断拓展创新办学模式、人才培养模式,以适应社会经济建设多元化的需求。

2. 融资办学战略、雁阵效应战略、集群联盟战略和 SIS 学校识别系统的校园文化战略是创办地方高水平大学的必由之路

其一,基于拓宽引资渠道的融资办学战略的构建。我国民办高校按照办学资金来源

和运作方式的不同,可归纳为四种主要模式:一是注入发展模式。二是改制运作模式。三是附属运行模式。四是滚动发展模式,即靠学杂费节余滚动发展的模式,是一种依靠学费、以生养学、艰苦奋斗、逐步积累的发展模式[31]。民办高校最主要的经济收入还是学费部分,占全部收入的将近80%,参与社会的校办产业方面的收入只占0.8%。民办高校突出的资金困境,阻碍着民办高校的进一步发展壮大。因此,构建多元化筹资机制战略,已成为促进我国民办高校可持续发展的重要途径[32]。拓宽资金投入渠道应从三方面入手:一是修订法规政策,完善融资中的政府功能,搭建有利于民办高校的投资、融资平台。二是适度开放资本市场,鼓励民办高校通过发行教育债券和多种经营等方式,实现融资多元化。三是加强制度建设,树立强烈的市场竞争意识,充分挖掘民办高校的投融资能力。

其二,基于凝聚团队精神的雁阵效应战略的构建。团队精神的核心是协同合作,最高境界是全体成员的向心力、凝聚力。雁阵结构效应则是团队精神的最佳体现。凝聚团队精神的雁阵效应战略的培育和形成可以从以下几个方面进行[33]:一是确立明确而深入人心的团队发展目标。二是选拔有力的民办高校团队负责人。三是以人为本,组建合理的民办高校团队。四是增强民办高校团队凝聚力。五是建立健全有效的民办高校管理制度和激励机制。民办高校塑造雁阵效应战略过程中应采取四项措施:一是定期回顾团队目标,对团队目标进行适时微调。二是为教职员工提供深造的机会,创建学习型团队。三是听取成员建议,增强其使命感和责任感。四是加强分工与合作,营造团队氛围。

其三,基于合作办学的集群联盟战略的构建。民办高校相对于公办高校而言,仍然处于竞争中的劣势位置。因此,拓展形式多样的联合办学方式,形成专业化、多样化办学体系是民办高校实施集群联盟战略的重要途径。一是民办高校与著名大学或实力强的大学联盟的名校带动策略。这是民办高校发展的一条捷径。二是在竞争中实现双赢的同类学校集群联盟战略。三是与企业及科研院所合作的产学研集群联盟战略。四是与国际教育机构合作的国际教育联盟战略。五是注意走出去联合办孔子学院、汉语学院,让世界了解中国过去和现在,特别注重到非洲国家和地区联合办学[34]。

其四,基于学校识别系统(School Idenity System,SIS)的校园文化战略的构建。优秀的校园文化是提高民办高校核心竞争力的有效途径。它是将业已成熟的企业识别系统(Corporate Identity System,CIS)战略合理有效地移植于高校校园文化土壤并参与高校管理的一种模式。SIS主要包括:校园文化的理念识别系统(MI)、校园文化的行为识别系统(BI)、校园文化的视觉识别系统(VI)、校园文化的环境识别系统(EI)。图2是学校识别系统(SIS)的图解。

在民办高校中导入SIS是整体规划校园文化的一种较好的战略方案。在民办高校中引入SIS可分为提案阶段、调研阶段、规划设计阶段和实施管理阶段。民办高校校园文化要素的规划设计包括:基本理念提炼;学校标志设计;走廊展板设计;环境规划设计。在民办高校中导入SIS,实施校园文化战略工程,就必须以科学发展观为指导,创新民办高校校园文化建设途径,凝聚民办高校的办学理念和大学精神,推进民办高校的组织文化建设,进一步构建校园文化建设的科学机制。

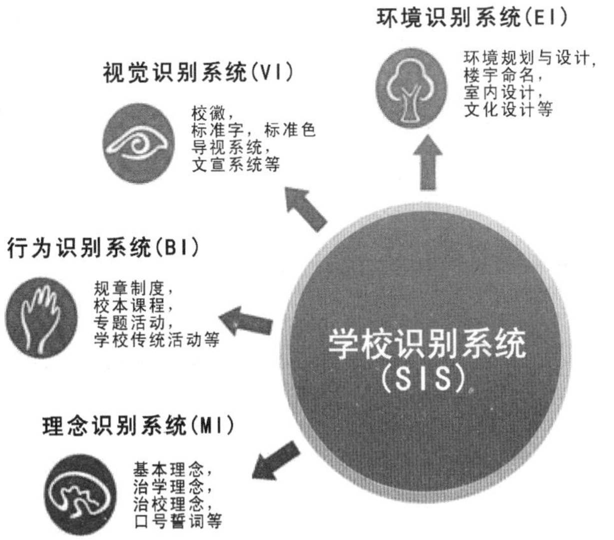

图 2　学校识别系统(SIS)

(五)外部政策环境的保障和内在大学组织结构的调整是民办高校实施内涵式发展战略的重大保障要素

民办高校实施内涵式发展战略,营造一个有利于自身可持续发展的宽松环境固然很重要,但这仅仅是外部环境条件的优化,更重要的是民办高校要在内部管理上下功夫,外因只有通过内因才起决定性作用。

1. 完善法律法规和政策,营造有利于民办高校可持续发展的宽松环境

其一,借鉴国外经验,健全民办高等教育法律体系,落实优惠政策,制定有可操作性的《民办学校法》《民办学校教师退休实施法》。一是清理并纠正对民办学校的歧视政策,在新制定的《民办学校法》中,对"合理回报"作出明确的、有法律依据的具体解释并健全产权制度,落实优惠政策。二是落实民办高校与公办高校的平等法律地位,尤其是应借鉴韩国经验,解决民办高校教师退休后的待遇与公办高校教师"同工不同酬"的问题。三是把民办高等教育的发展作为价值导向,给予民办高校充分的办学自主权。

其二,政府要切实转变职能,创建公共服务型政府,健全组织建设,构筑政府与民办高校的和谐关系。要促进我国民办高校的内涵式发展,政府就要切实转变职能,在管理和支持、规制和促进之间寻求平衡点和切入点。一是从民办教育的公共服务的内容、工作目标、服务标准、服务程序等方面创新服务理念。二是建立与市场经济体制相适应的教育服务体系。政府部门要加强宏观协调,制定政策,完善机制,提供公共教育服务。三是协调相关职能部门,为民办高校内涵式发展营造良好的社会环境。

其三,建立资金投入机制,制订《民办学校资金资助细则》,并由政府落实金融扶持政策。一是政府扶持民办高等教育应明确经济支持的主体,规定资助形式,选择扶持和资助的对象。二是政府应设立民办高等教育发展基金。基金来源主要由政府出资,运行成熟以后,可借助国内外社会团体和其他组织及个人自愿捐赠的资金。政府要完善捐款税收

优惠机制,给予税收和土地优惠政策,减少民办高校的经费支出。

其四,完善质量评价体系,建立民办高校社会评价机制,进一步提高社会对民办高校的关注和支持力度。建立民办高校社会评价机制有利于提高社会的关注和支持力度,有利于完善质量评价体系,有利于政府主管部门更好地实现职能的转变。开展社会评价能够帮助政府主管部门从评价具体烦琐的事务中解放出来,提高管理和调控教育的民主化和科学化水平。要从社会评价的制度和法规、评价发展性指标和个性化方案、构建社会评价组织三方面建立和完善民办高校的社会评价机制,并建立专业、稳定、独立的民办高校社会评价机构或组织。

其五,优化布局结构,由政府倡导并促进民办高校与其他院校建立协同创新中心,提升民办高校服务区域经济的能力。政府应优化布局结构,助推协同创新,进一步提升民办高校服务区域经济的能力[35]。一是从区域结构而言,逐步形成以省会民办高校聚集地为中心,其他省辖市民办高校合理布局的结构。二是从层级结构来言,变"千校一面"为个性化办学。三是从科类结构来言,面向区域经济,构筑与支柱产业链融合的学科链。此外,建立高校、企业与地方协同创新机制,由政府倡导并促进民办高校与其他院校建立协同创新中心,由重点高校与民办高校结对子,并推动有条件的民办高校向创业型大学转型。

2. 创新民办高校的科学决策机制和内部管理体制,增强内涵式发展的生机与活力,提高民办高校教学科研水平,建立多渠道筹资的保障制度

其一,更新观念,完善民办高校的科学决策机制,科学制定民办高校的发展战略规划。建立和完善科学的决策机制,就要更新内部管理理念,实现办学理念、治理方式、发展重点的三个转变;坚持决策的程序化,健全和完善学校领导体制,以市场需求为导向,构建高效科学的组织机构和运行机制。科学制定发展战略规划是民办高校建立和完善科学决策机制的重要环节。科学制定发展战略规划要坚持用科学发展的目标和战略指导办学行为。一是民办高校的发展规划应顺应时代发展的潮流,适应国家和社会经济发展的需求。二是发展规划应立足于校情,体现民办高校的办学特色和办学优势。三是发展规划的观念要有所创新,既具有总结性,又具有一定的前瞻性。四是发展规划的目标要切实可行,措施要得力,要具有一定的可操作性。

其二,深化改革,增强民办高校发展的生机与活力,造就民办高校高素质的教师和管理队伍。深化改革就要科学定位战略目标,转变办学理念,进一步深化人才培养模式的改革,进一步创新人才培养模式,构建适应地方区域经济建设的应用型人才培养体系。民办高校的根本危机是人才危机,李维民教授一针见血地指出:"怕用能人。"一些民办高校存在"武大郎开店"的用人标准,唯恐别人高过自己[36]。民办高校属于创业者组织结构,这种组织结构的特征是一种个人魅力型的组织结构。深化改革就要进一步探索现代大学制度,转变管理观念,由个人魅力型的创业者组织结构逐步向大众化组织结构转型。

如何造就民办高校高素质的教师和管理队伍?一要制定民办高校教师培养规划。二要提高民办高校教师工资待遇,开辟绿色通道,实施高层次人才引进计划。三要努力造就民办高校高素质的管理队伍,选聘一批教育名家担任民办高校校长、副校长。建立民办高

校校长公开招聘、竞争上岗机制,逐步实行民办高校校长、院系主任、重点学科带头人国内外公开招聘制度。

其三,进一步提高民办高校的学术科研水平和教育教学质量。由浙江树人大学中国民办高等教育研究院和武汉大学中国科学评价研究中心共同研制的《2012 中国民办本科院校科研竞争力评价研究报告》从论文、课题、专利、奖励等四个考察维度,对全国 84 所民办本科院校 2010—2011 年科研发展状况进行了定量分析(表 4、表 5、表 6)[37]。

表 4　84 所民办本科院校在 CNKI 数据库发表论文统计

篇数	学校数	篇数	学校数
500 以上	5	100—199	21
400—499	1	50—99	21
300—399	3	10—50	19
200—299	11	10 以下	3

表 5　84 所民办本科院校在 CSSCI 数据库发表论文统计

篇数	学校数	篇数	学校数
30 以上	2	2—4	13
11—29	0	1	13
5—10	6	0	50

表 6　84 所民办本科院校获得发明专利统计

项数	学校数	项数	学校数
3	1	2	2
1	7	0	74

民办院校的科研发展还处于比较低的水平,主要表现为"五个偏少":一是论文发表数量偏少。二是高层次的课题偏少。三是发明专利偏少。四是高层次的科技奖项偏少,除少数学校外基本上处于空白。五是课题经费少。科研滞后不仅严重制约民办高校教师队伍的成长和教学质量的提高,也影响着高水平民办高校建设。提高民办高校的学术科研水平,首先是提高领导对科研工作的认识。其次是创新民办高校科研管理体制,营造良好的学术研究环境,促进科研学术团队建设。第三,创新科研管理要有整体理念,注意科研与教学结合、科研与学科建设结合、科研与应用型人才培养相结合、科研基地与教学基地建设相结合、科研与地方区域经济社会发展相结合。在提高学术科研水平的同时,还要切实加强民办高校的教学工作:提高教学质量,把教学质量作为教师职务聘任的重要标准;切实加强校风、教风、学风建设,应用现代教育技术提升教学水平;注重学生创新精神和实践能力的培养,建立"三级四方"教学质量评估体系。

其四,推进民办高校与国际教育的交流与合作,建立民办高校多渠道筹资的保障制度。一是大力推进高层次科研合作与学术交流,积极吸引优秀的海外留学人员为民办高等教育发展服务。二是积极发展中外合作办学。民办高校要开拓办学思路,积极引进国外优质高等教育资源,探索与国外高水平大学及其他高等教育机构联合办学的途径,强化与国际劳务市场接轨的职业教育培训。三是进一步拓宽民办高等教育经费筹措渠道,建立民间资本投资民办高等教育的激励机制;充分运用财政、金融、信贷等手段强化民办高校的融资能力,逐步优化民办高校学费占教育成本的比例。

四、民办高校实施内涵式发展战略的探索与实践

民办高校要站在新的历史起点上,面对新挑战、新考验,以科学发展观为指导,实施内涵式发展战略,创建高水平的地方名牌大学。

(一)以科学发展观指导民办高校的内涵式发展战略,指导民办高校大学制度建设,走优质、特色、高效的内涵式发展之路

1. 以科学发展观指导民办高校战略发展规划,增强"三个理念",做好"三个选择",做到"三个促进",推动民办高校全面、协调、可持续发展

其一,增强"三个理念",转变制定发展战略规划的传统思维方式。一是制定发展战略规划要增强科学发展的理念。二是制定发展战略规划要增强服务社会的理念,育人工作是民办高校的根本任务、中心工作。三是制定发展战略规划要增强办学特色的理念。

其二,做好"三个选择",确立民办高校发展战略规划的战略重点。一是做好民办高校重大发展项目的选择。二是做好民办高校体制改革战略重点的选择,提高人才资源层次,建立一支高水平、高层次的师资队伍,形成使用、培养、激励与保障并存的新型政策体系。三是制定发展战略规划要以科学发展观为指导,做好民办高校学科建设战略重点的选择。

其三,做到"三个促进",推动民办高校全面、协调、可持续发展。一是促进民办高校教学与科研的协调发展,建成一支结构合理、能力较强的教学和科研队伍。二是促进民办高校建设规模与教职工利益协调发展,提高教职工物质待遇,为教职工提供更多的人文关怀。三是促进民办高校思想政治教育与专业素质教育的协调发展,把学生的思想政治教育工作放在首位,培养国家需要和社会认可的新型人才。

2. 以科学发展观指导民办高校大学制度建设,建立健全法人治理结构、人事管理制度、法人财产与财务管理制度、教学管理与质量监控制度

其一,建立健全法人治理结构。一是明确董事会或理事会等决策机构的组成人员的资格、任期、产生办法、审批(或备案)手续等。二是明确民办高校聘任校长的具体条件、程序、手续及核准办法等。三是建立董事长(理事长)、校长、书记三者之间权责明确、互有制约、团结协作的搭档关系。四是明确教职工代表的条件、任期、选举办法、职权和活动方式等。

其二,科学优化民办高校人才队伍结构,建立健全人事管理与人才引进制度。民办高校要实施人才强校战略,就要以科学发展观为指导,科学优化人才队伍结构,实施"高层次

人才工程",将高层次人才作为人才队伍建设的重点,构筑人才凝聚平台,营造有利于人才脱颖而出、健康发展的氛围。

其三,建立健全法人财产与财务管理制度,建立健全教学管理与质量监控制度。法人财产管理与内部财务管理,是部分民办高校管理中的薄弱环节。学校要在每个会计年度结束时制作财务会计报告,送董事会、监事会和上级主管部门,以提高财务管理的科学性、透明度和可监督性。学校要通过规范化、制度化管理来控制和监管教学工作的各环节,从根本上改变放任自流的状况。学校要有重点地建立健全教学质量监督制度,为科学有效地监控质量奠定可靠基础。这是实现科学发展的必由之路。

(二)以科学发展观指导实施内涵式发展战略,制定民办高校的中长期教育改革发展战略规划,创建具有中国特色社会主义的高水平地方名牌大学

1. 从历史沿革到顶层设计:黄河科技学院实施内涵式发展战略的办学实践和办学指导思想的探索

其一,历史沿革:黄河科技学院由外延式发展到转向内涵式发展、可持续发展的三个阶段。黄河科技学院创建于1984年10月,其办学实践历经了三个发展阶段:一是1984—1993年,从胡大白校长1984年创建的郑州高等教育自学考试辅导班,发展到1993年全日制在校生万人以上的规模。这是以高等教育自学考试为主、以规模发展为主的外延式发展阶段。二是1994—1999年,以缩减限制高等教育自学考试的规模,发展计划内普通专科学历教育为主的内涵式发展阶段。三是2000年至今,以计划内普通本科学历教育为主的可持续发展阶段。这一阶段大力发展本科学历教育,适度开办专科学历教育。

其二,顶层设计:黄河科技学院实施内涵式发展战略三个阶段办学理念的演进和实践。黄河科技学院十分重视办学理念的顶层设计。一是在办学初期确立了"为国分忧,为民解愁,为社会主义现代化建设服务"("三为")的办学宗旨,明确凸显办学方向和大学的服务职能。二是在第二阶段的1995年,提出了"以提高教学质量为中心,以提高管理水平为手段,以加强思想政治工作为保证"的"三以"办学方针。"三以"办学方针深刻阐明了学校的教学、管理和思想政治工作之间的辩证关系,体现了黄河科技学院的治学方略。三是2000年后,进一步明确办学系统定位,确立了应用型技术大学的层次定位——"培养德、智、体、美全面发展,知识、能力、素质相协调的应用型高级专门人才"的人才培养目标定位。四是确立了"办一所对学生最负责任的大学"的愿景目标和"2020年把黄河科技学院建设成为全国名牌地方普通高校"的中长期发展规划目标。

其三,从历史沿革到顶层设计:黄河科技学院由办学宗旨、办学方针到办学指导思想的升华。黄河科技学院在30多年的办学历程中,坚持解放思想,实事求是,与时俱进,从历史沿革到优化顶层设计,由办学宗旨、办学方针和大学精神凝练升华,逐步形成了系统的办学指导思想:"全面贯彻党和国家的教育方针,坚持社会主义办学方向,秉承'为国分忧,为民解愁,为社会主义现代化建设服务'的办学宗旨;坚持"以提高教学质量为中心,以提高管理水平为手段,以加强思想政治工作为保证"的办学方针;发扬'开拓、拼搏、实干、奉献'的精神,坚持走内涵发展和改革创新之路,努力把学校建设成为一所立足河南、辐射全国,适应地方经济建设和社会发展需要,学科专业优势更加突出、育人模式更加先进、办学特色更加鲜明的地方名牌普通高校。"这一办学指导思想可以概括为"一项宗旨、两个服务、'三以'方针、四大精神、一项愿景和系统定位"。

2. 从文化积淀到育人模式:黄河科技学院创办中国特色社会主义民办高校发展之路的探索和实践

其一,文化积淀:由"开拓、拼搏、实干、奉献"的黄河科技学院大学精神到"厚德博学,砺志图强"校训的凝练。1989年,学校总结办学经验,在"敢为天下先"理念的基础上,归纳出"开拓、拼搏、实干、奉献"的黄河科技学院精神,即"清醒敏锐的开拓精神,勇往直前的拼搏精神,坚韧不拔的实干精神,大公无私的奉献精神"。2007年,为进一步塑造独特的大学文化,学校经过广泛征集意见和讨论,在"四大精神"的基础上形成了黄河科技学院"厚德博学,砺志图强"的校训。大学精神和校训不仅是学校办学指导思想的精神核心层面,也是一所大学文化品位的凝练和积淀[38]。

其二,育人模式:探索和实施"本科学历教育与职业技能培养相结合",向具有服务区域经济职能的应用技术大学转型。黄河科技学院着力构建了"本科学历教育与职业技能培养相结合"的育人模式。一是明确了培养目标,制订了科学合理的人才培养方案。二是加强了实践教学,注重"基本技能训练与职业素质教育"相结合。三是强化了"双师型"教师队伍,注重"教学与实践"相结合。这一育人模式经过多年办学实践的完善和验证。2013年1月,黄河科技学院获批教育部"应用技术大学改革试点战略研究单位";2014年8月,郑州市政府批准同意认定黄河科技学院建立郑州市首批大学科技园(仅两所);2014年9月10日,校长杨雪梅教授主持的教学成果《民办高校应用型人才培养模式创新与实践——以黄河科技学院为例》荣获国家级教学成果奖二等奖。这一育人模式为学院向应用技术大学转型奠定了坚实的基础。

其三,从文化积淀到育人模式:实施内涵式发展战略,走出具有中国特色社会主义民办高校的发展之路。黄河科技学院的发展历程,也是以办学宗旨、大学精神和校训为核心的大学文化不断凝聚积淀的过程。从文化积淀到"本科学历教育与职业技能培养相结合"的育人模式,学院实施内涵式发展战略,实现了质量、规模、结构、效益的协调发展,闯出一条独具中国特色社会主义民办高校的发展之路。学校以教学工作为中心,坚持不懈地提高教学质量,依靠优良的教学质量获取社会信誉,并靠良好的社会信誉吸引求学青年,实现了质量、规模、结构、效益的可持续发展。学校实施内涵式发展战略,艰苦创业,滚动发展,严格内部管理,走出了一条具有中国特色社会主义民办高校的发展之路。

3. 以科学发展观指导民办高校中长期战略发展规划,创建为区域经济建设服务的高水平地方名牌大学

其一,正确定位:以科学发展观指导实施内涵式发展战略,制定民办高校的中长期教育改革发展战略规划。2010年,黄河科技学院在构建完善顶层设计、确立办学指导思想的基础上,以科学发展观指导实施内涵式发展战略,制定了《黄河科技学院中长期改革和发展规划纲要(2011—2020)》。力求以国家和河南省中长期教育改革和发展规划纲要为指

导,贯彻先进的教育思想及学校核心办学理念,承接历史,展望未来,描绘学校今后十年的美好蓝图;力求充分表达黄科大人的梦想与追求,体现学校的教育主张,理清学校科学发展和跨越式发展的基本思路,促进学校"申硕"近期目标、"地方名牌大学建设"中长期目标的实现;力求进一步阐述学校所追求的地方名牌大学的内涵和特征,并充分践行"三为"办学宗旨和"办一所对学生最负责任的大学"共同愿景,是践行"办人民满意的教育"的庄严使命而作出的重大决策。

其二,运筹帷幄:以科学发展观指导实施内涵式发展战略,创建为区域经济建设服务的高水平地方名牌大学。"地方名牌大学"应有三个显著特性:第一,服务地方,应用为本。第二,质量上乘,品牌优异。第三,追求卓越,在地方大学中具有较高水平。实施内涵式发展战略,构建高水平地方名牌大学:一是能保证坚持正确的办学方向,坚持办学的公益性。二是能进一步完善办学条件,保障经费来源。三是能完善法人治理结构。四是能促进建设一支专兼结合、以专为主的师资队伍。五是能进一步全面提高教育质量。六是能进一步提高人才培养质量。七是能进一步提升科学研究水平。八是能进一步增强为社会服务能力。九是能进一步优化结构,办出特色。高水平地方名牌大学的主要特征是学科专业优势突出,育人模式先进,办学特色鲜明。构建高水平地方名牌大学的主要举措:一是要提高认识,增强创建高水平民办大学的责任感。二是突出重点,抓紧解决民办高校发展中的薄弱环节。三是深化改革,完善民办高校体制机制。四是凝聚合力,努力实现发展目标。五是突出特色,不断提高教育质量。

改革开放30多年来的中国民办大学如雨后春笋般地出现与发展,是新中国高等教育的一次重大改革和突破。抚今追昔,民办高等教育从1978年的长沙中山业余大学的前身——韭菜园青年文化补习班、1980年的湖南永州舜源峰下的九嶷山学院点燃的星星之火已经燎原。我们相信中国民办高等教育一定能够适应知识经济时代的要求而不断地可持续发展,不久的将来会涌现出一批高水平、高质量、让人民满意的民办大学。

参考文献:

[1] 教育部. 2013年全国教育事业发展统计公报[EB/OL].[2014-08-05]. http://www.moe.edu.cn/publicfiles/business/htmlfiles/moe/moe_633/201407/171144.html.
[2] 徐绪卿. 论科学发展观视野下的民办高校发展转型[J]. 浙江树人大学学报,2008(1):4—9.
[3] 王晓阳,郭妍. 陕西民办高校:在"寒流"和"春风"中何去何从?[N]. 陕西日报,2012-05-22.
[4] 中国社会科学院语言研究所词典编辑室. 现代汉语词典[M]. 北京:商务印书馆,2012:1637.
[5] 杨树兵. 民办高校发展战略和政策需求研究——基于核心竞争力理论之视角[M]. 苏州:江苏大学出版社,2009:106.
[6] 刘小勇. 关于制定高校发展战略规划的理论探讨[J]. 黄河科技大学学报,2006(3):21—24.
[7] 百度百科. 战略规划[EB/OL].[2014-08-05]. http://baike.baidu.com/view/1027203.htm.
[8] 蔡克勇. 高等学校制定战略规划的几个问题[EB/OL].[2014-08-05]. http://www.docin.com/p-69927662.html#documentinfo.
[9] 王英杰. 美国高等教育的发展与改革[M]. 北京:人民教育出版社,2002:22.
[10] 克尔. 高等教育不能回避历史——21世纪的问题[M]. 杭州:浙江教育出版社,2001:130—153.
[11] SCOTT P. The meanings of mass higher education [M]. Buckinggham. Open University Press,

1995：169.
- [12] 徐同文. 大学品牌战略[M]. 北京：高等教育出版社，2008：3.
- [13] 胡成功. 日本推进高等教育大众化经验探析[J]. 安徽工业大学学报（社会科学版），2001(9)：147—149.
- [14] 陈武元. 从高等教育政策的视角看日本高等教育大众化[J]. 外国教育研究，1999(1)：14—18.
- [15] 杜作润. 高等教育的民办和私立——比较研究[M]. 上海：上海科学技术文献出版社，1993：23.
- [16] 周满生. 日本、韩国、台湾私立教育发展比较及其启示[EB/OL]. [2014-09-22]. http://www.4oa.com/bggw/sort02910/sort03087/sort03143/229303.html.
- [17] 朱云翠，黄洪兰. 美、日、韩对私立（民办）高等教育的扶持策略及其启示[J]. 现代教育科学，2010(9)：38.
- [18] 靳希斌，等. 民办高校发展与策略研究[M]. 石家庄：河北教育出版社，2010：193.
- [19] 范富格特. 国际高等教育政策比较研究[M]. 王承绪，等，译. 杭州：浙江教育出版社，2001：134—136.
- [20] 江燕. 俄罗斯民办高校迅猛发展[N]. 人民日报，2006-11-09.
- [21] 夏人青，吕济峰. 俄罗斯非国立高校发展的现状与展望[J]. 外国教育研究，2007(1)：38—41.
- [22] 陈德华. 台湾高等教育过去二十年数量的扩充与结构的转变[J]. 高等教育（台湾），2007(2)：69.
- [23] 樊继轩. 高等教育大众化时期我国民办高校的定位[J]. 黄河科技大学学报，2005(1)：62.
- [24] 陈上仁. 民办高等教育质量观演进的路径、动因和对策[J]. 浙江树人大学学报，2007(4)：7—12.
- [25] 矫萍. 民办高校人力资源管理的现状及对策初探[J]. 黑龙江教育，2009(7)：109—111.
- [26] 杨雪梅. 民办高校品牌战略研究[M]. 郑州：河南人民出版社，2010：50.
- [27] 郭秀兰，吴蔚青. 波特竞争战略与地方院校差异化生存[J]. 理论月刊，2006(7)：98.
- [28] 刘新荣. 差异化战略与大学竞争优势[J]. 教育发展研究，2007(Z1)：27.
- [29] 钟卫东. 我国高等院校经济规模研究[J]. 中国高教研究，2004(12)：16—18.
- [30] 谈传生，杨建军. 高等教育的多元化发展战略[J]. 当代教育论坛，2005(4上)：38—42.
- [31] 张辉. 中国民办高校筹资问题探析[J]. 北京城市学院学报，2007(5)：25—31.
- [32] 张士军，于桂花. 民办高校多元化筹资中的投资渠道研究[J]. 职业技术教育，2009(7)：63—66.
- [33] 张日颖. 浅析高校行政管理中团队精神的作用及培养[J]. 学园，2011(8)：9.
- [34] 胡大白. 民办高等教育可持续发展战略研究[J]. 黄河科技大学学报，2011(5)：1—8.
- [35] 周丽华，王琳玮. 鼓励引导民办高校健康发展的政府保障机制研究[J]. 经济研究导刊，2013(5)：187—188.
- [36] 李维民. 民办高校的根本危机是怕用"能人"[EB/OL]. [2014-08-03]. http://blog.sina.com.cn/s/blog_485cb360010006ub.html.
- [37] 徐绪卿. 科研工作：高水平民办高校建设的重要着力点[J]. 黄河科技大学学报，2013(3)：1—3.
- [38] 郑永扣. 大学发展战略：理念、目标与管理[M]. 北京：人民出版社，2006：46.

作者：胡大白，教授，黄河科技学院董事长，中国民办教育协会监事会主席。

（原载《黄河科技大学学报》2015年第2期）

民办本科高校转型发展的战略思考

余皖生　姜发根　孙维克

摘　要：民办高等教育已经成为我国高等教育的一支重要力量。在地方本科高校转型发展的时代背景下,民办本科高校能否顺应形势需要适时转型发展,将会极大地影响其生存和发展。在转型发展的过程中,民办本科高校应以地方性、应用型、合作式和职业化为目标定位,立足于地方经济的发展需要,找准自身的位置,实现错位发展,不断调整优化学科专业结构,改革创新人才培养模式,培养"双师型"师资队伍,理顺内部管理体制,最终实现成功转型。

关键词：民办高校；高校转型发展；发展战略

我国高等教育大众化的快速推进使得高校毕业生逐年增加,2014年高校毕业生数量达到727万人,就业形势日益严峻。高校毕业生的结构性失业客观上促使国家提出了实施推动地方本科高校转型发展战略,引导一批地方普通本科高校向应用技术型高校转型。这不仅是推动中国高等教育结构调整的一项重大举措,也是建设现代职业教育体系的重点任务之一。

一、民办本科高校转型发展的必要性

(一) 民办本科高校转型发展是经济发展方式转变的需要

我国的经济发展主要依靠低成本、低附加值和高耗能的经济增长模式。这种增长方式难以实现经济的可持续发展,再加上土地、劳动力和物流成本等快速上升,使得我国在低端制造业上的成本优势逐渐丧失。我国要实现经济的良性可持续发展,需要走出一条依靠科技进步和自主创新实现产业结构优化升级的道路,不仅要加快推进传统产业技术改造,还要加快培育和发展战略性新兴产业,增强自主发展能力。然而,产业结构的升级和新兴产业的发展需要高层次应用技术型人才的支撑。如：信息化和工业化的深度融合,客观上需要培养具备新知识和应用新技术的应用技术型人才；文化创意和设计产业的迅猛发展需要兼有创业能力、创意能力和动手能力的技术技能人才；高技能高附加值制造业的发展则需要既掌握现代科学技术又接受过系统技能训练的应用技术型人才。这一切都需要高等教育提供强有力的应用型人才支撑[1]。民办本科高校是高等教育的重要组成部分,承担着为地方经济发展转型培养应用技术技能型人才的重任。因此,民办本科高校的此次转型发展是经济发展方式转型的必然要求。

（二）民办本科高校转型发展是高等教育结构调整的需要

近年来，企业用工荒和毕业生就业难的结构性矛盾日益突出，而矛盾的根源在于高校的人才培养难以适应经济社会发展的需要。就我国内地高等教育体系的大框架来看，现代职业教育体系并不完整，高等教育未能承担起培养本科及以上层次应用技术和技能人才的责任，单一、传统的学术型人才层次结构已无法满足我国产业转型升级和新型工业化道路对技术技能人才的旺盛需求，高等教育结构的不断完善要求在传统层次结构之外不断完善职业教育结构。推进地方民办本科高校转型发展，建立应用技术大学，加快应用技术技能型人才的培养步伐，建立完善的现代职业教育体系，就成为高等教育结构完善的必然要求。在传统学术型人才培养体系之外建立完整的应用型人才培养体系，进而建立传统学术型和现代应用型人才培养的"双元结构"，既是经济社会发展的要求，也是高等教育结构的不断完善对民办本科高校转型发展提出的要求。

（三）民办本科高校转型发展是高等教育分类体系建设的需要

20世纪90年代以来，我国高等教育大众化的进程不断加快，高等学校的数量和规模都实现了较快增长，其类型、层次、规模和特色等也越来越多样化。高等教育的大众化发展使高等教育模式由精英教育阶段单一的学术型逐步分化成学术型和应用型两大高等教育体系。学术型高等教育侧重基础科学研究的探索与发现；应用型高等教育主要培养从事应用科学研究和技术研发的高级专门人才，侧重在应用科学研究中创造与发明，不断解决社会生产实际问题。不同类型的科学研究必然要求高等教育分成相应的学术型和应用型高等教育体系，如果对不同的科学研究采用统一的评价体系和分类标准，势必阻碍高等教育的进一步发展。因而，无论是高等教育发展类型的多样性还是不同科学研究的客观要求，都需要不断完善高等教育分类体系，而高等教育分类体系的构建有赖于各高校对自身所属类型及办学的清晰定位。民办本科高校只有抓住此次转型机遇，明确自身的转型目标，才能在高等教育分类体系中找到自己合适的位置，自身的发展也会在相应体系的评价指标和标准范围内。这有利于其健康可持续发展。

（四）民办本科高校转型发展是民办高校自身发展的需要

民办高校已经成为高等教育的一支重要力量。2011—2013年，全国高校数量分别为2 762所、2 790所、2 788所，其中民办高校占全国高校数量的比重分别为25.27%、25.34%和25.75%。除数量不断增长之外，民办本科高校的招生人数和在校生数也大致呈逐年增长的态势。民办本科高校近三年的发展概况可通过下表体现。

2011—2013年民办本科高校的数量、招生人数、在校生数

指标＼时间	2011年	2012年	2013年
民办本科高校（含独立学院）数（所）	698	707	718
招生人数（万人）	153.73	160.28	160.19
在校生数（万人）	505.07	533.18	557.52

从以上数据不难发现,民办本科高校正呈现不断发展的上升趋势,当前如何寻求转型发展之路是民办本科高校实现跨越发展的关键一步。但是,民办本科高校在发展过程中还面临着一系列突出的问题。其具体表现为:专业结构不够合理,与地方产业结构脱节;师资队伍实力不强,教师专业实践能力低;人才培养模式单一且培养体系不完善;产学研合作教育不够深入。如果仍遵循传统的思维方式和办学模式发展,必将与社会经济发展渐行渐远。因此,民办本科高校必须在主动、深入地为地方经济社会发展的服务中,合理定位,赢得并拓展学校自身的发展空间。这是民办本科院校获得持续发展的条件和机遇所在。

二、民办本科高校转型发展的目标定位

(一) 地方性

民办本科高校根植于地方发展需要,其成长和发展壮大本身就有很强的地方性特点,在地方经济社会发展中具有十分重要的地位。民办本科高校的转型发展要以服务地方为目标定位,要牢固树立以地方发展为中心的办学理念。首先,围绕地方经济社会发展的需求,为地方经济建设与社会发展培养大批下得去、留得住、用得上的高层次应用型人才;其次,为地方经济建设与社会发展提供高新实用技术,提升地方企业的科技含量,通过科研成果的转移和技术服务的提升更好地服务于地方;最后,在转型过程中还要根据自身历史、科技实力、教育资源和发展前景等做好战略性和前瞻性的评估,找准自己在地方经济社会发展中的位置,为自身的发展及地方发展把好脉。这样才能既有利于自身的科学发展,也能更好地服务于地方经济社会发展。

(二) 应用型

应用型本科人才的"应用型"是指通过不断地学习新知识、新技术和新方法,创造性地分析新情况,解决新问题。实践能力是应用型人才培养的关键,它要求学生在教师指导下掌握胜任职业岗位(群)的基本能力所必需的基本经验技术和动作技能,要求应用型人才具备相应领域的综合职业能力和全面素质,具有较强的创新意识和创新能力且在专业理论知识和实践技术技能各方面具有应用性和复合性。此外,应用型的目标定位还体现在应用项目研究能力的培养上,主要强调运用有关的知识、技术、技能,创造性地完成符合生产实际要求的相关任务,并在研究过程中能够在理论知识指导下,综合运用相关职业技能和实际材料解决实际过程中遇到的问题。

(三) 合作式

民办本科高校转型发展的合作式目标定位主要涵盖以下三个层面:宏观层面上,民办本科高校在办学层面要深度融入区域经济社会发展,行业组织要为民办本科高校的应用型人才培养提供产业人才需求信息;中观层面上,职业院校专业群要对接产业群(链),行业要搭建好产业及其企业与职业院校交流合作的平台;微观层面上,学校要根据行业规范、技术标准和准入资格等实施专业建设,行业参与学校的专业建设和人才培养模式改革[2]。民办本科高校应着力加强与企事业单位在人才培养、科学研究和社会服务等方面

的合作,将企事业单位作为教学和科研工作的课堂和实习基地,密切合作关系,拓展合作领域,细化合作内容。通过合作,民办本科高校可以实现理论学习和实践能力培养之间的互补互生,为学校培养适应经济社会发展需要的人才,使学生的职业能力得到不断提高,并逐步形成学校应用型本科教育的比较优势和自身独特的竞争力。

(四) 职业化

民办本科高校的教学标准要集中体现其职业性的本质属性,在人才培养目标、课程体系设计、实践教学平台、师资队伍建设、教学质量监控和教学持续改进等方面形成定型化范式,从教学大纲、教材、自主学习和课外实践等方面对应用本科教学内容体系进行重组和优化,使人、财、物、信息都为人才职业化培养而互相配合,并在实施过程中不断改进完善[3]。人才职业化培养既不能忽视通用性职业能力的培养,又要突出特定职业资质,重视学生的专业技能培养。在课程设计上,应与职业能力相对接:可开设职业概况方面的课程,使学生能够了解和明确今后的职业指向;可安排学生学习基础类课程和工具类课程,奠定其职业理论基础;可以探索个性化的培养方式来拓展学生的知识面;也可以进行研讨式、案例式等教学方法的改革,努力探索职业实践教学方法,提高课堂教学效果,强化培养学生的实际动手能力。

三、民办本科高校转型发展的路径选择

(一) 立足地方发展需求

立足地方发展需求,要求民办本科高校深化教育改革,优化学科结构,在专业设置和学科建设方面有针对性地加强与地方经济社会发展相关的内容,根据地方经济社会的发展战略调整学科专业设置,建立动态的教学计划机制。立足地方发展需求,还要求民办本科高校利用自己的办学资源,通过培养区域社会发展的各类人才、转化科研成果、促进产学研合作等途径为地方经济发展输送人才。立足地方发展需求,也需要民办本科高校结合学校的自身发展现实对接地方经济社会发展,把校内专业技术人员的科研攻关项目及发明成果及时推向社会和企业,使科技成果能较快地转化为现实生产力,以提高地方科技创新层次,促进科技成果转化,为地方经济的发展提供科研和技术支撑。

(二) 实现独具特色的错位发展

民办本科高校在转型发展的过程中,要结合学校的实际,找准自己的定位,打造自己的特色和品牌,以特色立校、特色强校、特色取胜,实行错位发展,坚持在学科建设过程中"有所先为,有所后为"的策略和思想。公办高校一般实力雄厚,在科技创新能力和学校教育实力方面具有明显的优势,因而民办本科高校要确立不同于老牌的研究型、学术型公办本科高校的培养目标,根据社会人才需求和自身的优势,科学定位,把职业技术教育融于本科学历教育中,培养出既具有理论基础又具有较强实践能力和创新精神的实用型、复合型人才,从而实现与传统教学型或教学研究型公办高校的精英型培养目标"错位"。此外,民办本科高校还要坚持"有所为,有所不为"的策略和思想,可以在公办高校不愿做和高职院校做不到的空白地带,确定自身独具特色的培养目标和人才培养规格,培养具有较强职

业适应性和就业竞争力的人才。

(三) 构建与产业发展相适应的专业体系

战略性新兴产业是知识密集型产业,对知识条件具有高度的敏感性,存在较强的人才资源依赖性,客观上要求高校培养出具有思维清晰、独立分析和创新能力强的人才,还要求人才具有良好的教育背景与知识储备。近年来,在国家产业政策带动下,战略性新兴产业的数量与规模不断扩大。这从外部促进了专业结构的重组与改革,而专业结构的改革又反过来促进了产业结构的发展与优化。两者之间平衡的根本在于人才市场供求规律的调节,客观上要求民办本科高校以市场化为导向,调整专业设置,且要在专业设置时进行必要的人才需求评估,找准自身与战略性新兴产业的切入点,充分整合原有专业课程条件,构建本校的品牌特色专业。

(四) 改革创新应用型人才培养模式

民办本科高校在转型发展过程中,应不断优化人才培养方案,以产学研合作平台为载体,改革创新应用型人才培养模式,探索人才培养新途径。首先,学校和企业共同制订人才培养方案。学校成立由教授和企业人士组成的专业指导委员会,共同参与人才培养方案的制订。其次,校企共建实验室。学校要积极为企业提供场地,出台优惠政策,吸引企业来学校。再次,要建立校企合作伙伴关系。建立校企合作规划和合作培养机制,探索学校和企业互建实训基地,尝试引校进厂、引厂进校、前店后校等校企一体化的合作形式,使学生在企业一线经验丰富的技术人员指导下,参与生产或技术项目,培养学生的实践能力。最后,可以充分依托职教集团平台,加强与成员单位的深度合作,形成"共建共赢、共通共享、共管共育"的人才培养机制,实现人才共育的立体化办学体系,推进民办本科高校向应用技术大学的快速转型[4]。

(五) 建立"双师型"师资队伍

应用型人才的培养,要求教师不仅要善于给学生讲授学科理论和专业知识,还要善于指导学生如何运用这些理论知识去解决实际问题。民办本科高校要实现长久的可持续发展,就必须加大人力资源的投入,建立"双师型"师资队伍。一方面要培养自身"双师型"师资。学校可以建立专任教师到相关行业和领域学习交流、接受培训的长效机制,选派中青年教师到企业挂职锻炼、调研、参与项目研究开发,让教师了解生产技术,熟悉岗位技能,在实际工作中提高实践能力,进而改变教师队伍中存在的"重理论、轻实践"的现象。另一方面要聘任业界"双师型"师资。学校可以"柔性"聘用企业界人士充实教师队伍,加强对应用型学科和专业高层次人才的引进,积极从企业引进富有实践经验和高水平的专兼职教师。同时,还可以聘请校外实习基地的优秀专业技术人员和专家工程师作为兼职教师,指导学生的生产实习,强化学生的工程实际意识,培养学生的实践动手能力。

(六) 理顺内部管理体制

如何理顺民办高校内部的权力关系,对促进民办高校的健康、稳定和可持续发展具有十分重要的意义。民办本科高校应从高校的管理规律和育人规律出发,不断完善董事会、监事会、学术委员会和教职工代表大会四位一体的内部治理结构。在民办本科高校的内部治理结构中,董事会主要负责决策,落实办学经费,构架组织领导体制,不断加强和健全董事会组织建设,制定完善的章程、议事规则和回避制度。监事会负责对董事会成员及学校其他高级管理人员进行监察,防止其滥用职权,侵犯学校和教职工的合法权益,以保证学校内部稳定和教学质量的提高。学术委员会是学校最高的学术审议、评定和咨询机构,民办本科高校可以建立兼有教学指导委员会职能的学术委员会。此外,还应建立和完善以教师为主体的教职工代表大会制度,促进学校内部管理和谐,依法规范学校决策权力、行政管理权力、民主管理权力和学术权力之间的关系,实现各种权力的相互支持、合理配置和相互协调。

四、安徽三联学院转型发展的战略思考

(一)改革创新内部管理体制

高校内部管理体制与运行机制的改革,首先要从学校的实际出发,根据学校规模、教区设置、管理队伍素质、信息化程度等实际需要,确定合理的管理层级和管理幅度,实行分层分级管理,同时兼顾管理层级和管理幅度,合理调整权力配置。其次要建立精简高效的行政管理制度,以精简高效为目标,深化高校内部机构改革,建立扁平化的高校内部行政管理组织。最后通过理顺校内管理组织的关系,形成科学决策、规范管理、有效监督的机制,提高学校教学科研组织的规模效益和整体管理水平。

(二)深化应用型人才培养模式改革

产学合作教育,可以使人才培养方案、教学内容和实践环节更加贴近社会发展的需求,促进学生实践能力和整体素质的提高,达到培养应用型人才的目的。民办本科高校应坚持产学研合作培养应用型人才,探索学校和企业零距离对接的新模式,构建并实践地方本科院校"产学研"合作人才培养模式。首先要找准"产学研"合作切入点,深入了解"产学研"合作单位,通过多种途径争取灵活多样的合作方式。其次要充分发挥企业办学的优势,建立多形式和多渠道的立体办学模式。最后要建立专业建设指导委员会,结合地方经济发展和产业需要,建立特色专业和品牌专业,突出自身优势,从而带动学校相关专业建设,为地方产业发展培养人才。

(三)加强专业建设

民办本科高校专业布局结构的优化,要根据本校的办学目标定位和区域发展的实际需要,突出重点,不断优化专业结构:对于新建本科专业的设置要进行论证和规划,既要适应市场需求,又要充分考虑自身的现实条件,注重效益和效率;对于不具备办学条件和比较优势的专业,可以考虑精简。在加强专业建设的过程中,民办本科高校还应充分认识到课程体系建设在人才培养中的重要地位,通过课程的整合和重组,不断深化教学内容革新,建立与经济社会发展以及应用型本科教育相适应的课程体系。

(四)持续加强师资队伍建设

民办本科高校师资队伍的培养,必须瞄准本科性和应用型。一是引进一些既有深厚理论功底,又有丰富实践经验的一线人员到学校从事教学工作;二是有计划地开展教师教

学技能培训、教师教学经验交流、教师教学效果评价等活动,引导教师到企业等社会一线去提升实践教学能力;三是打造以应用型学科为核心的人才小高地,加强教师实践技能的培养和开发,依托重点学科、重点项目、重点实验室,吸引、聚集和培养一批高层次拔尖科研与教学创新人才,推进学校应用型学科教师资源的培养和开发[5]。加强应用型师资队伍建设,学科和专业带头人的引进培养是重中之重。学校可以紧密围绕办学目标建立灵活的机制,加强学科带头人的引进培养。

(五) 完善质量保障体系建设

民办本科高校在转型发展的过程中应高度重视质量保障体系的建设,形成既有外部监督,又有学校内部保障,职责权限相互协调、相互促进的质量管理有机整体。一方面要建立健全内部质量监控的相关制度和管理体系,发挥学术(教学)委员会和教学督导组的质量监督职能。另一方面要建立健全外部质量监控体系,重视学校外部的政府、社会公众、用人单位等在保障教学质量方面的重要作用。在完善质量保障体系建设的过程中,其质量标准应与应用型本科人才培养定位切实相符。学校要考虑专业设置是否与地方经济发展对人才的需求相契合;课程设置是否体现人才培养的学术性与应用性知识体系的协调;实践教学体系是否对学生的实践能力培养进行了系统的整体设计;是否形成稳定而有效的校外产学研合作教育基地等。

参考文献:

[1] 地方本科院校转型发展实践与政策研究报告[R]. 天津职业技术师范大学地方高校转型发展研究中心,2013.
[2] 李璐. 融合之惑如何破解[N]. 中国教育报,2014-04-18.
[3] 白景永. 构建与行业标准相衔接的教学内容与课程体系研究[J]. 山东外语教学,2011(3):3—7.
[4] 刘萌,薛兵旺. 组建职业教育集团 实现校企深度合作与校企双赢——以武汉商学院牵头组建酒店职业教育集团为例[C]. 驻马店产教融合发展战略国际论坛,2014.
[5] 李翠芬,苏瑞琨. 地方高校应用型人才培养师资队伍建设研究——以梧州学院为例[J]. 梧州学院学报,2013(1):67—70.

作者: 余皖生,安徽三联学院董事长;姜发根,安徽三联学院副院长,河海大学博士研究生。

(原载《黄河科技大学学报》2015年第1期)

基于实证调查的独立学院转设政策研究

阙明坤　阙海宝

摘　要： 独立学院转设是国家重要的政策导向,是发展民办高等教育的有效途径,也是地方经济社会转型升级的需要和其自身持续发展的需要。2008—2015 年,全国共有 52 所独立学院转设为普通民办本科高校。通过对这 52 所高校的调查发现,独立学院转设比例偏小,转设区域分布不均,转设后发展基本平稳。基于此,本文提出完善我国独立学院转设政策的建议:根据国情适当修改完善转设标准;加大对独立学院转设的扶持力度;健全独立学院转设相关法律法规;加强独立学院转设后发展的指导。

关键词： 民办高校;独立学院;转设政策;分类发展

一、引言

独立学院是高等教育大众化和投资主体多元化背景下我国办学体制改革的产物,充分嫁接了公办高校与民营机制的双重优势,解决了高等教育发展中资金和质量两大难题。根据教育部发展规划司统计数据显示,截至 2014 年 6 月 18 日,全国共有独立学院 283 所,占全国 2 491 所普通高等学校的 11.36%,占全国 718 所民办高校的 39.42%,占全国 390 所民办本科院校的 72.56%,独立学院的学生占全国民办高校学生的 50% 以上。从中不难看出,独立学院已成为我国高等教育中的一支重要力量。

2006 年,国务院办公厅下发《关于加强民办高校规范管理引导民办高等教育健康发展的通知》,明确提出"把民办高校发展的重点转移到稳定规模、规范管理、提高质量的轨道上来"。根据这一精神,教育部从 2006 年开始调研起草促进独立学院规范发展的文件,历时两年多,几易其稿,最终于 2008 年 4 月正式颁布实施教育部第 26 号令《独立学院设置与管理办法》(以下简称《办法》)。《办法》对已设独立学院给予了 5 年的过渡期,明确提出"符合普通本科高等学校设置标准的,可申请转设民办高等学校,颁发民办教育办学许可证"。自此,独立学院转设问题就成为社会各界关注的一个热点话题。

《办法》颁布实施 7 年多以来,独立学院转设现状到底如何?笔者通过 5 年多的跟踪调查,对辽宁、江苏、湖北、山西、重庆、云南等地 20 多所独立学院进行了实地考察,对部分独立学院董事长、院长进行了访谈。基于对全国已转设独立学院的实证调查①,本文拟对我国独立学院转设的历史背景、现实状况、原因及对策进行探讨。

二、独立学院转设的背景分析

(一) 独立学院转设是国家重要的政策导向

独立学院随着我国市场经济浪潮和高等教育扩招应运而生,其发展轨迹体现了鲜明的政策导向,国家意志在其发展中发挥了决定性作用。20世纪90年代中期,我国高等教育入学率仅为2%—3%。面对经济社会发展的需要和人民群众日趋旺盛的教育需求,国家教育行政部门对于国有民办二级学院这一新生事物采取尊重群众首创、允许摸索试错的默许态度。当独立学院规模快速扩张,出现鱼龙混杂、泥沙俱下的情况,影响到教育公平和社会稳定时,教育部于2003年开始进行清理整顿,要求做到"七个独立"。随着高等教育大众化的实现和高考生源的减少,群众的教育需求逐渐从"有学上"变为"上好学",面对独立学院快速发展长期积累的体制机制问题,教育部出台"26号令",从此独立学院步入了法制化、规范化发展轨道。从2006年教育部提出"独立学院视需要和条件按普通高等学校设置程序可以逐步转设为独立建制的民办普通高等学校",到"26号令"提出"符合普通本科高等学校设置标准的,可申请转设民办高等学校",再到2009年《教育部办公厅关于编报省级〈独立学院五年过渡期工作方案〉的通知》提出"转设为民办本科高校"等出路,从中可以清晰地看到国家积极鼓励、支持独立学院转设。"以'26号令'为核心的政策出台,对独立学院办学模式进行规范的同时,打开了独立学院转设的合法性闸门,为独立学院的不确定未来提供了一个发展方向。"[1]

(二) 独立学院转设是发展民办高等教育的有效途径

从世界高等教育发展轨迹来看,采取政府投入与社会投入相结合的双轨驱动模式是发达国家发展高等教育的共同经验。OECD统计数据表明,教育最发达的美国和韩国,重视教育发展的转型国家智利,2009年其社会与私人教育投入分别占到GDP的2.1%、3.0%和2.6%,而我国非财政性多渠道教育经费占GDP的比例到2011年仅为1.12%。十八届三中全会提出:"健全政府补贴、政府购买服务、助学贷款、基金奖励、捐资激励等制度,鼓励社会力量兴办教育。"《国务院关于创新重点领域投融资机制鼓励社会投资的指导意见》强调,鼓励社会资本参与教育设施建设,为新时期民办教育发展指明了方向。长期以来,我国民办高校是"次等教育"和"高学费"的代名词,与昔日历史上著名的私立南开大学、复旦大学不可同日而语,也与世界一流私立大学相去甚远。因此,探索一条发展壮大优质民办高等教育资源的新路径,成为我国教育改革进程中一项艰巨任务。《办法》将独立学院列入民办高等教育的重要组成部分,支持符合条件的独立学院转设为民办本科院校,既符合中央深化办学体制改革,形成公办民办教育共同发展格局的大政方针,又合乎我国优质民办本科高校短缺、急需快速发展的现实需求。

---

① 本研究所有数据源于教育部官方统计、独立学院网站信息、访谈调研,数据收集时间到2015年3月31日截止。

(三) 独立学院转设是自身持续发展的需要

建立独立学院是在世纪之交我国教育经费投入滞后、优质教育资源短缺的背景下，为促进高等教育改革与发展的一项重大举措。"优、独、民"是独立学院的重要特征。根据组织生命周期理论，组织的发展具有明显的生命特征和固定的生命周期。独立学院作为一个社会组织，也像一个生物有机体一样要经历生命的各个阶段。诞生初期，独立学院比较羸弱，必须在母体高校的羽翼呵护下成长，借助公办高校的品牌资源、教学优势、管理经验获得发展。这一阶段独立学院紧紧依靠母体高校，有着很强的"依附性"。随着办学时间的推移，经过五至八年的发展，独立学院逐渐发展壮大，办学规模不断扩大，办学经验不断积累，社会影响不断提升，办学水平不断提高，这时独立学院拥有了独立教学、独立招生、独立财务、独立校园等，"独立性"逐渐增强。在经过初创阶段、成长阶段后，独立学院在发展过程中遇到一些问题，例如办学责任不清、产权归属不明、办学理念不合等，"独立性"与"依附性"之间的矛盾逐渐增大。"学校各项工作在经历了成长、成熟之后，会面临着一系列的问题，组织发展可能出现停滞、波动甚至倒退，此时发展进入了高原期；此后，学校为了突破高原现状需要确立新的目标，或建立新的发展模式，或运用新的发展策略，以实现组织的再生，而非死亡。"[2]脱离母体，走向转设，正是独立学院增强活力、扩大办学自主权的一条新路径。当独立学院在国家政策鼓励和母体高校哺育下成长壮大时，就应该允许其独自飞翔。

三、全国独立学院转设现状调查

(一) 独立学院转设比例偏小

2006年，辽宁省政府向教育部提交申请，将沈阳师范大学渤海学院转设为辽宁财贸学院，这是全国独立学院转设的开端。2008年9月，教育部发文同意黑龙江、辽宁、吉林三省4所独立学院转设，从此拉开了独立学院转设的序幕。东北地区独立学院的率先转设在全国发挥了很好的示范作用，产生了广泛影响，一大批独立学院从全国各地争相涌到已转设学校学习取经，了解转设申报程序。2010年，在国家的政策引导和已转设学校的示范引领下，武汉大学东湖学院等15所独立学院申请转设，列入教育部高评委专家考察对象。2011年1月，教育部专家组进校开展考察，4月发文批准14所独立学院转设，海南大学三亚学院因资产过户事宜暂时未通过，后于2012年通过评估。2011年12月下发的《教育部关于"十二五"期间普通高等学校设置工作的意见》专门对独立学院转设时间制定了优惠政策："2014年以前每年均可按照高等学校设置工作要求开展独立学院转设的审批工作。"从2011年开始每年都有不同数量的独立学院申请转设，截至2015年3月底，教育部先后受理了52所独立学院转设申请，批准设立了51所民办本科院校(有两所独立学院合并)，占全国独立学院总数(含已转设独立学院)的15.9%，转设的比例偏小。其中，2008年4所、2009年1所、2011年14所、2012年6所、2013年10所、2014年8所、2015年8所(详见表1)。

表1 全国已转设独立学院设置进程一览表

时间	数量	新转设民办本科院校名称	
		转设后名称	转设前名称
2008	4	大连东软信息学院	东北大学东软信息学院
		辽宁财贸学院	沈阳师范大学渤海学院
		吉林动画学院	吉林艺术学院动画学院
		哈尔滨德强商务学院	哈尔滨商业大学德强商务学院
2009	1	大连艺术学院	东北大学大连艺术学院
2011	14	大连科技学院	大连交通大学信息工程学院
		长春建筑学院	吉林建筑工程学院建筑装饰学院
		哈尔滨华德学院	哈尔滨工业大学华德应用技术学院
		黑龙江外国语学院	哈尔滨师范大学恒星学院
		哈尔滨剑桥学院	黑龙江大学剑桥学院
		无锡太湖学院	江南大学太湖学院
		青岛工学院	中国海洋大学青岛学院
		郑州升达经贸管理学院	郑州大学升达经贸管理学院
		商丘学院	河南农业大学华豫学院
		武汉东湖学院	武汉大学东湖分校
		武汉工商学院	中南民族大学工商学院
		汉口学院	华中师范大学汉口分校
		武昌理工学院	武汉科技大学中南分校
		辽宁何氏医学院	沈阳医学院何氏视觉科学学院
2012	6	哈尔滨石油学院	东北石油大学华瑞学院
		哈尔滨远东理工学院	哈尔滨理工大学远东学院
		哈尔滨广厦学院	哈尔滨商业大学广厦学院
		郑州成功财经学院	河南财经政法大学成功学院
		武昌工学院	武汉工业学院工商学院
		三亚学院	湖南大学三亚学院
2013	10	燕京理工学院	北京化工大学北方学院
		沈阳工学院	沈阳理工大学应用技术学院 沈阳农业大学科学技术学院
		大连财经学院	东北财经大学津桥商学院
		沈阳城市学院	沈阳大学科技工程学院
		沈阳城市建设学院	沈阳建筑大学城市建设学院

续表

时间	数量	新转设民办本科院校名称	
		转设后名称	转设前名称
		长春科技学院	吉林农业大学发展学院
		长春光华学院	长春大学光华学院
		上海视觉艺术学院	复旦大学上海视觉艺术学院
		重庆人文科技学院	西南大学育才学院
		四川传媒学院	成都理工大学广播影视学院
2014	8	辽宁理工学院	渤海大学文理学院
		长春财经学院	吉林财经大学信息经济学院
		齐鲁理工学院	曲阜师范大学杏坛学院
		文华学院	华中科技大学文华学院
		武昌科技学院	中国地质大学江城学院
		广州商学院	华南师范大学增城学院
		成都文理学院	四川师范大学文理学院
		四川文化艺术学院	四川音乐学院绵阳艺术学院
2015	8	武汉设计工程学院	华中农业大学楚天学院
		厦门工学院	华侨大学厦门工学院
		阳光学院	福州大学阳光学院
		武汉财经科技学院	中南财经政法大学武汉学院
		黑龙江工商学院	东北农业大学成栋学院
		湖北商贸学院	湖北工业大学商贸学院
		武昌首义学院	华中科技大学武昌分校
		四川工商学院	四川师范大学成都学院

(二) 独立学院转设区域分布不均

目前独立学院分布在我国大陆行政区域内的 23 个省、4 个直辖市和 4 个自治区(西藏自治区除外)。根据对全国已转设独立学院省域分布格局梳理,发现省域布局上呈现发展不平衡的态势,地区之间差异很大。东北独立学院转设最多,中部地区次之,东部和南部沿海地区紧随其后,西部地区独立学院转设偏少。[3]具体而言,如表 2 所示,东北地区是我国独立学院转设的先行区:黑龙江省 9 所独立学院中已有 8 所转设,转设比例高达 88.89%;辽宁省 22 所独立学院中有 11 所转设,比例为 50%;吉林省 11 所独立学院中有 5 所转设,比例为 45.45%。湖北省 31 所独立学院中有 11 所转设,是全国独立学院数和转设数最多的省份,转设比例达 35.43%。四川、山东、河南、福建 4 省稳步推进,分别有 4 所、2 所、3 所、2 所独立学院转设。同时,重庆、上海、广东、河北、海南、江苏初见成效,各有

1所独立学院转设。浙江省作为东部发达地区,拥有22所独立学院,但是没有一所转设。此外,还有16个省份设有独立学院(湖南15所、江西13所、陕西12所、安徽11所、天津10所、福建9所、广西9所、贵州8所、山西8所、云南7所、北京5所、甘肃5所、新疆5所、宁夏2所、内蒙古2所、青海1所),均未取得突破,至今无一所独立学院转设。

表2 全国已转设独立学院区域分布表

省份	转设学校数	独立学院总数 (含已转设独立学院)	已转设学校占该省 (市)独立学院比例
辽宁	11	22	50%
吉林	5	11	45.45%
黑龙江	8	9	88.89%
湖北	11	31	35.43%
四川	4	13	30.77%
河南	3	11	27.27%
福建	2	9	22.22%
山东	2	13	15.38%
海南	1	1	100%
江苏	1	26	3.85%
重庆	1	7	14.29%
河北	1	18	5.56%
上海	1	3	33.33%
广东	1	17	5.88%

(三)独立学院转设后发展基本平稳

1. 生源情况良好。独立学院摘掉公办高校的帽子,各界对招生情况一直广为关注。从调查情况来看,有少量独立学院在转设当年因校名变更遭遇一定的招生波动,例如:曲阜师范大学杏坛学院转设后文科计划仅完成一半;海南大学三亚学院转设当年在福建、广东、广西等省区踩线完成招生计划。其他学校整体平稳,招生分数甚至有所上升,例如湖北省2011年4所转设的独立学院有3所学校招生分数线提升或与往年持平。在招生层次上,部分独立学院转设后上升,生源质量提高,如湖北省汉口学院、武昌首义学院等4所学校从三本调整到二本招生。

2. 办学规模扩大。根据统计(见表3),独立学院转设后在校生人数均有所增长。截至2015年3月,燕京理工学院等3所新转设民办本科高校在校生人数超过20 000人,占转设学校的5.88%;武昌工学院等7所学校在校生人数在15 000—20 000人之间,占13.73%;广州商学院等34所学校在校生人数在8 000—15 000人之间,这一比例最高,达66.67%;只有辽宁何氏医学院等7所学校在校生人数在8 000人以下,集中于医学类、艺术类、语言类学校。从校园占地面积来看,大多数新转设独立学院在1 000亩以上(见表4)。

表3 全国已转设独立学院在校生规模状况表

在校生人数	学校数	百分比	累计百分比
8 000以下	7	13.73%	13.73%
8 000—15 000	34	66.67%	80.4%
15 000—20 000	7	13.73%	94.13%
20 000及以上	3	5.88%	100.01%

表4 全国已转设独立学院校园占地面积一览表

校园占地面积	学校数	占已转设独立学院百分比	累计百分比
500—1 000亩	19	37.25%	37.25%
1 000—2 000亩	27	52.94%	90.19%
2 000—3 000亩	4	7.84%	98.03%
3 000亩及以上	1	1.96%	99.99%

3. 内涵建设增强。独立学院转设后办学自主权更大,每年不必上交两千多万元管理费,办学经费可以更好地用于内涵建设。统计显示,51所已转设学校中有武汉工商学院等6所在科研建设上取得突破,获得过国家社科基金项目或自然科学基金项目。在办学方向和发展定位上,转设后目标更加明确,有11所提出建设应用技术大学的办学目标,占21.6%,如武昌工学院提出"建设以工为主、特色显著、省内一流、国内知名的应用技术型大学"。

4. 综合排名稳中有升。据统计,少数独立学院转设后排名下降,多数呈上升趋势。这主要是独立学院脱离母体高校后短时间内社会知名度还未树立起来,但随着学校成为独立办学实体,其发展后劲日趋凸显,社会影响逐渐增强。例如,在中国管理科学研究院发布的中国独立学院综合实力排行榜中,华中科技大学文华学院2013年排名第36位,2014年转设当年排名第40位,2015年排名升至第27位。

四、独立学院转设现状的原因分析

(一)利益错综复杂,多方艰难博弈

独立学院转设比例偏小,主要是因为在政策执行过程中,国家教育主管部门、省级政府、地方教育主管部门、公办高校、社会力量投资方、独立学院等利益主体均站在不同的角度,从自身利益出发,对转设持有不同的态度。从母体公办高校来看,每年从举办独立学院中收取少则15%多则70%的学费收入,这对于改善办学条件、增加办学收入、提高教师福利具有重要的促进作用,将独立学院剥离出去意味着产权转移和放弃既得利益,公办高

校显然不愿意放弃巨额管理费收益。特别是许多"校中校"模式独立学院通过收取高于公办高校三四倍甚至四五倍的学费以改善母体学校的办学条件,独立学院实际上成为母体学校的"摇钱树"。"目前独立学院由母体学校全额投资收益全额回报,要把这块'肥肉'强行割掉,没有谁会愿意。"[4]从投资方来看,我国约有68.8%的独立学院由房地产及各类企业投资举办,部分民营企业和投资个人不愿失去母体高校这块"金字招牌",并不希望脱离公办高校。在访谈中,江苏某民营企业投资举办的独立学院董事长表示,他们愿意维持现状,与母体高校继续合作;陕西一独立学院院长则表示,西安民办本科高校林立,办学历史较长,如果盲目转设,可能竞争不过。从政府部门来看,有的主管部门出于规避改革风险、减轻教育财政投入压力的考虑,往往会干预政策执行,不希望独立学院转设;财税部门为避免减少财政收入,要求按政策文件征收税费,种种限制影响了独立学院转设的进程。利益博弈还有一个焦点,即独立学院"分手费",母体高校与投资方对此存在巨大争议。湖北省独立学院转设向母体高校上缴的分手费平均为一亿元。

(二)各地政策不一,态度立场迥异

"自《民办教育促进法》颁布实施以来,我国民办教育发展的政策主导模式已从中央主导转变为地方主导,这是我国民办教育发展的一个重要特征。"[5]地方政府及各地教育主管部门作为重要的政策供给者,对于独立学院发展趋势和转设政策所持态度不尽相同。从实践来看,凡转设数量较多的省份均是地方政府大力支持的,凡转设缓慢的区域省级政府均未出台扶持政策。东北地区严格遵照国家政策文件要求发展独立学院,整顿取缔了一批不符合条件的公有民办二级学院,"26号令"颁布后积极支持独立学院转设。如:辽宁省教育厅要求,力争2015年前完成所有独立学院的转设工作;吉林省2001年就下发文件规范普通高校与社会力量合作举办新制二级学院的行为,提出社会力量合作方主要负责教学、生活设施、教学仪器、设备等办学条件建设,普通高校主要负责招生、教学及学生工作的管理,这与《办法》的要求不谋而合,"26号令"颁布后,该省提出"适时、稳步推进有关独立学院转设为独立设置的民办普通本科高校";黑龙江省人大常委会通过地方立法,出台《黑龙江省民办教育促进条例》,规定不动产过户到民办学校名下只收取证照工本费,统一了财政、税务、建设、国土、教育等部门的意见,大大减轻了独立学院转设经济压力。反观其他转设进展缓慢的省份,则对转设有着不同的认识。例如,浙江省教育行政部门根据公办高校与民营企业合作举办独立学院曾对簿公堂的前车之鉴,对独立学院转设的第一步——引进社会资金参与办学持怀疑态度,认为"企业的投资与向学生收取学费,实质上是相同的,因为企业的投资最终也将从学生的学费中进行偿还。如果独立学院是母体高校自办的,学校就会把从学生收来的学费部分地反馈给学生,学生就能够享受到更多的教育资源。"[6]

(三)历史背景不同,办学形式各异

独立学院的发展是不断探索办学新模式的过程,其办学形式多种多样。根据办学主体大致可分为六种模式:一是公办高校独家举办模式,包括与校友会、校办企业、校基金会合作,如南京大学金陵学院;二是公办高校与地方政府合作模式,如浙江大学宁波理工学

院,由宁波市政府投资8.4亿元建设,占地1 200多亩,属于全民事业单位性质;三是公办高校与地方政府、国有企业合作举办模式,浙江大学城市学院是典型代表;四是公办高校与民营企业合作模式,例如华南理工大学广州汽车学院由华南理工大学与三家企业合作举办,协议约定合作期内企业总体筹资投入资金6亿元;五是公办高校与个人合作模式,如郑州大学升达经贸管理学院就是由台湾人士投资创办;六是公办高校收编民办高校模式,例如东北大学东软信息学院原有的基础是大连东软信息技术职业学院。根据举办主体的资产性质,上述前三种主要利用国有资产创办,可以称为"公办型"独立学院;后三种主要利用民营资本创办,属于"民办型"独立学院。调查发现,转设集中的省份独立学院多由民营企业投资创办,属于"民办型"独立学院。它们具有独立校园、独立教学、独立财务等,合作双方以契约的形式规定各自的责权利,母体高校只需收取管理费,投资方负责学校的日常运行,两者在某种程度上是借用品牌的关系。转设较少的省份多数独立学院属于"公办型"独立学院,没有真正独立的社会投资方,大多由母体高校利用自身资源或通过银行贷款举办,是"国有民办"性质,长期以来在母体高校的荫庇下成长。一些公办高校"对于没有独立校园的独立学院,在校本部以绿篱隔离等方式相隔,形成单独的办学空间"[7]。显然,这类独立学院办学条件难以达到普通高等学校设置标准,遑论转设。

五、完善独立学院转设政策的对策建议

(一)根据国情适当修改完善转设标准

独立学院转设评审依据的是教育部2006年颁发的《普通本科学校设置暂行规定》,其中最大拦路虎即校园占地面积应达到500亩以上,生均占地面积应达到60平方米。2003年独立学院发展之初教育部曾规定其校园规划面积不少于300亩,大部分独立学院据此规划校园,这就造成许多独立学院转设不能达标。许多独立学院投资方、办学者表示质疑,认为生均面积与教学质量没有必然联系,呼吁适当降低用地标准。浙江省的独立学院反映:现在的占地面积虽然达不到500亩,但是并没有影响正常的教学活动的开展和学生的生活;况且,若学校搬离杭州市区,对于吸引生源将产生不利的影响。[8]从世界范围来看,世界许多著名高校的生均占地并不高,如:剑桥大学校园占地435亩,有学生16 500人,生均17.5平方米;加拿大布鲁克大学校园占地400亩,有学生11 000人,生均24.2平方米;香港理工大学校园占地140亩,有学生22 000人,生均4.3平方米。[9]从我国国情来看,国家提出节约集约利用土地,高校显然不应该攀比校园面积,而应该把有限的资金用于提高教学质量。对于独立学院这一办学历史短暂的特殊群体,应该既有统一的指导原则和标准,又要从实际出发,突出针对性,体现差异性,因地制宜,分类指导。对此,教育部可以对独立学院转设评审标准进行适当修订,根据不同办学类型、办学规模、办学区域,适当调整设置标准,对医学类、艺术类和"小而精"独立学院可以适当降低标准。

(二)加大对独立学院转设的扶持力度

资产过户是独立学院转设的前提条件。按照国家现行规定,土地、房舍等资产过户要缴纳营业税、交易管理费、价格调节基金、契税、房屋维修基金等总计相当于房地产价值约

9％的税费。独立学院经过这些年的发展一般累积形成了少则数亿、多则几十亿的资产，这些房地产过户需缴纳上千万元的税费，无疑加重了独立学院的经济负担；同时资产过户后不能抵押和贷款，降低了资产的流动性，也影响了出资者的积极性。要解决这一难题，迫切需要通过人大立法或省级政府统筹协调出台相关规定，对独立学院资产过户中产生的费用给予税费减免。目前，黑龙江、重庆、上海、贵州等地已出台相关规定。同时，鉴于许多独立学院借用公办高校老校区、国有企业闲置资产或政府划拨用地办学，只有使用权没有产权，过户涉及国有资产转移，难度较大，可以考虑采取独立学院与资产所有方签订长期租赁合同的形式，确保办学不受影响。不少独立学院反映，公办高校可以与行业、企业、科研院所共享资源，为什么不能与独立学院共享资源？公办高校的校舍、土地、设施可以向外租赁，为什么不能租赁给独立学院？[10]另外，独立学院转设对师资队伍提出了较高要求，规定具有副高级职称以上的专任教师人数不低于专任教师的30％。当前独立学院教师福利保障与公办高校教师存在很大差距，退休后工资只有公办高校教师的三分之一，导致难以引进和留住高层次人才。对此，政府部门应通过设立民办教育专项资金、建立年金制度、购买补充养老保险、建立公民办学校教师统一管理平台等措施，逐步提高独立学院教师待遇。

（三）健全独立学院转设相关法律法规

一是建立独立学院退出机制。独立学院转设意味着公办高校与社会投资方原始协议的解除，存在母体高校退出、投资方转让、合作方变更、投资方重组等多种退出形式，现实中发生过不同程度的纠纷和矛盾，甚至出现企业在媒体上发布通告，敦请公办高校公开拒不提交独立学院转设申请理由的现象，引发社会广泛关注。独立学院在创办之初一般并未在协议中明确终止合作的具体条款，应该探索出台独立学院转设退出管理办法，在教育行政部门的指导下，委托会计师事务所，"对学校资产状况及举办者所有权内的资产进行清算，按照'谁出资，谁所有'的原则，对学校资产作出合理评估和界定，并向教育行政部门提交学校的资产组成清单及拟转让的资产情况"[11]。可以根据合作协议和无形资产价值，适当考虑母体高校在独立学院转设时获得补偿的诉求。"分手费问题涉及评价机制问题，国有资产在独立学院这样一个合作过程当中所占的价值需要第三方更为科学的评估。"[12]二是完善民办教育法律体系。当前民办教育法律体系不够健全，存在法人属性模糊不清、合理回报无法落实、法律地位不平等、政府扶持不到位、剩余资产处置不明确等瓶颈难题，严重制约了独立学院的发展。亟需修订完善《民办教育促进法》等一揽子教育法律法规，以法治思维和手段推进独立学院转设。三是试点探索营利性、非营利性独立学院分类管理办法。根据投资者的办学动机和实际情况，可以在国家正在探索的民办教育分类管理大框架下，对独立学院进行分类管理、分类扶持，为每一所独立学院发展创造适合的空间。

（四）加强独立学院转设后发展的指导

独立学院曾被视为中国高等教育改革的试验田，肩负为教育改革探路的重要使命，这支重要的生力军转设后该怎样发展，如何适应经济产业结构转型升级对本科层次应用技术型人才的旺盛需求，是必须深思的重要课题。根据《国务院关于加快发展现代职业教育的决定》精神,学习借鉴欧洲应用技术大学的经验,打破传统思维方式和办学模式,建设具有中国特色的应用技术大学,在高等教育结构调整中抢抓机遇,实现弯道超越,正是新转设独立学院转型发展的战略选择。新转设独立学院向应用技术类型高等学校转型,具有得天独厚的优势:其办学伊始就定位于培养应用型人才,与国外应用技术大学具有相似的办学定位;转设的独立学院一般是由企业投资创办的,具有鲜明的行业企业背景,这一点与国外应用技术大学不谋而合。同时,独立学院转设后,办学机制更灵活、市场反应更灵敏,具有体制机制优势,这也为转型奠定了基础。目前,已有哈尔滨华德学院、大连东软信息学院等新转设学校加入了中国应用技术大学联盟。教育主管部门应加强顶层设计,建立政府主导、行业指导、企业参与的办学制度,探索高校分类管理体系,实行分类设置、分类评价,在招生、拨款、项目等方面加大对独立学院转设后向应用技术型高校转型的政策支持。

(本文写作过程中得到了北京大学教育学院阎凤桥教授的帮助,在此表示感谢。)

参考文献:

[1] 于光辉.独立学院转设倾向的新制度经济学分析——基于三个案例的调查研究[J].教育发展研究,2015(05):47—54.
[2] 王薇.学校发展阶段评价解释模型的建立及应用——基于组织生命周期理论[J].教育科学研究,2012(3):38.
[3] 阙明坤.我国独立学院转设区域分布现象、归因及对策[J].教育发展研究,2015(07):11.
[4] 周游.独立学院产权设计的若干问题分析[J].教育研究,2012(12):42.
[5] 吴华.我国民办教育发展的地方政策主导模式分析[J].教育发展研究,2009(8):11.
[6] 陈汉聪,陈学飞.规范与变通——国家独立学院政策在浙江省的实施案例研究[J].高校教育管理,2009(03):18.
[7] 浙江省教育厅.关于我省独立学院发展有关问题的报告[Z].浙教计[2006]179,2006-11-28.
[8] 陈学飞,王富伟,阎凤桥,陈汉聪,蓝汉林,贺武华.独立学院地方性发展实践的政策启示——基于浙江省独立学院的实地调查[J].复旦教育论坛,2011(1):59.
[9] 陈志胜.高校生均用地标准需适当调整[N].中国产经新闻报,2008-03-17.
[10] 李延保,李小梅,屈琼斐.中国独立学院调查报告[M].广州:中山大学出版社,2013:87.
[11] 贺春兰.独立学院转设高昂"分手费"拦路[N].人民政协报,2014-02-26.
[12] 董圣足,忻福良.民办高校重组与退出路径探讨[J].教育发展研究,2007(10):3.

作者: 阙明坤,无锡太湖学院高教研究所所长,江苏省民办教育协会副秘书长;阙海宝,四川师范大学教育科学研究院教授,浙江大学公共管理学院博士后。

(原载《复旦教育论坛》2015年第4期)

国外私立学校分类管理怎么做
——世界主要国家的改革经验与启示

李 虔

摘 要：各国国情和传统不同，私立教育法律体系、治理框架和政策设计存在明显区别。但在区分营利性和非营利性私立学校基础上进行制度构建，是营造私立教育蓬勃发展环境的普遍做法，是提高教育软实力和国际影响力的重要举措。主要做法包括：确立统一清晰的国家标准、健全差别化支持政策、完善涵盖营利性和非营利性学校的教育资助政策、建立低门槛的政策普惠机制、健全购买服务制度、强化以第三方为主的监管机制。国外私立学校分类管理的经验能够为我国民办教育分类管理改革提供借鉴。

关键词：私立学校；分类管理；国外教育改革经验

2011年，我国提出"积极探索营利性与非营利性私立学校分类管理"，开启了民办学校分类管理改革序幕。"分类管理"并非我国教育改革所独创，但很难找到与之严格对接的国际通用术语。究其原因，第一，西方发达国家法律体系对营利性与非营利性组织的划分，早于教育系统中营利性与非营利性学校的分野。且绝大多数营利性学校不是在传统私立教育内部与非营利性学校分流产生，而是由外围的培训类机构升级形成。第二，分类管理不是一个既定的理论概念，而是由财政、税收、土地等相关政策有机组成的综合性概念。因此，本文所指的国外私立学校"分类管理"取其实践含义，即国外对私立学校进行营利性和非营利性的区别，并予以相应制度安排的实际做法。

一、确立统一、清晰的国家分类标准

各国对私立学校非营利性或营利性身份的界定主要取决于两点：一是本国法律对非营利部门的一般定义。二战后，非营利部门在世界范围内迅速发展，在不同国家存在规模、结构、分布领域、运行机制方面的差异，但各层次教育和研究机构在非营利部门中占据举足轻重的作用。[1]"组织性"（Organized）、"私营性"（Private）、"利益非分配性"（Not profit-distributing）、"自治性"（Self-governing）和"自发性"（Voluntary）是非营利性组织的基本特征。[2]二是教育法规体系对非营利性私立学校的特别定义。美国、俄罗斯、英国、德国、墨西哥、波兰等国没有对私立学校进行专门立法，但在教育的有关法律法规中对私立学校的性质、资金使用、外部监管、法律责任等均予以规定。法国、日本、韩国、新加坡、马来西亚、泰国、菲律宾等国家通过《私立教育法》、《私立学校法》等专门法，对私立学校的非营利性或营利性问题做出规定。一般而言,"是否进行利益分配"被作为鉴别私立学校"是否营利性"的最主要标准。

美国具有世界上最成熟的私立教育系统和最清晰的分类管理顶层设计。美国法律以"再分配约束"为统一和唯一的标准,对非营利性和营利性组织进行明确划分,即根据详尽的行为规范对非营利性组织进行界定,并依据所在行业执行不同程度的优惠制度,而不符合此标准的组织通过自动排除法归为营利性组织。在此基础上形成的营利性学校和非营利性学校两大阵营,根据各州法律,实行有差别的财会税务、风险控制和师生权益保障。加拿大、澳大利亚、英国等国家的私立教育较之公立教育并不发达,但参照美国经验,将对非营利性和营利性私立学校的区分用法律形式固定下来,配以不同的行为规则,使之发挥不同的社会作用。法国、日本等国法律框架虽然禁止营利性教育,但仍然在非营利性私立学校系统内部将纯公益性私立学校与其他私立学校进行区分。法国法律规定,(非营利性)私立学校的性质可以是一般性商业组织(Société)、协会(Association)或基金会(Foundation),但为了彰显其纯公益性而获得政府资助,绝大多数的私立学校举办人选择将学校注册为协会。[3]巴西、马来西亚等发展中国家已经通过法律允许举办营利性教育,但现阶段对非营利性和营利性私立学校的区分标准不统一,正在探索分类政策。近年来,多数国家的私立教育管理呈现由模糊分类向清晰分类过渡的改革方向,在吸纳国际非营利性组织普适范式的同时,根据本国国情对非营利性私立学校予以规范,各国私立学校分类管理模式也随之同中有别。

二、健全差别化的支持政策

现代意义上的非营利性私立学校属于非营利性组织中的服务型组织,它们与公立学校一样,承担着满足部分公众教育需求的目标和使命,且不以创造利润为根本目的。新世纪以来,世界各国普遍将非营利私立教育纳入广义的公共教育的组成部分,[4]一方面模糊了学校性质的公、私立之分,增加了对非营利性私立学校的政策支持;另一方面明确了学校身份的非营利性、营利性之别,加强了对营利性私立学校的管理。这一举措使得私立学校因"是(否)营利性"而得到的政策待遇差异化日益明显。

一些国家将这种差异化政策上升为法律、法规,构成政府管理私立学校的基本制度。以美国为例。私立学校的组织行为严格遵守非营利性与营利性的二元划分,并配以精细设计的差异性制度,主要涉及学校组织税收、政府奖助、慈善捐赠、教育活动和设施融资、土地使用等方面。在学校组织税收方面,非营利性与营利性私立学校又被称为"免税学校"和"纳税学校";在政府奖助方面,非营利私立学校可获得低息贷款或贷款担保等非直接资助,而营利性学校则不获得此类优惠;在慈善捐助方面,非营利性私立学校可向捐赠个人或机构开具优于一般性商业组织捐赠的税收抵免单,而营利性学校的捐赠方不获得此类优惠;在教育融资方面,非营利性私立学校可通过发行政府认可的低息或无息债券,吸引社会办学资金,而银行信用优良的营利性私立学校也可通过发行债券筹集发展资金,但债券发行资格、类型和利息方面有更多限制;在土地使用方面,部分非营利性私立学校有机会获得政府赠予土地,而营利性学校暂没有获得赠地的先例。对于利益相关者(出资方、学校高级管理层、高薪聘用人员)薪酬、回报的金额设定及其合理性,也根据是(否)营利性实行截然不同的约束机制。营利性私立学校可自行设定合理回报的报酬结构与涨幅,而非营利性私立学校则受到政府部门的严密监管。

美国以外的大部分国家通过相关政策文件,明确非营利性和营利性私立学校的差别化待遇。不禁止私立学校营利的国家,普遍将"税收减免"和"照章纳税"作为非营利性和营利性私立学校分类管理的最主要举措。在马来西亚,营利性学校的税收在参照一般商业组织税收标准上予以优惠,一般不超过应税收入的20%;[5]在巴西,营利性学校须缴纳的所得税、职工社会保障税等各类税收,占学费收入的35%左右;[6]在荷兰,营利性学校40%的办学收入需以税款形式上交政府;[7]在墨西哥,营利性学校须缴纳税额为50%的营业税和增值税。[8]此外,各国对营利性学校的管理主要基于《公司法》的规定,零散出台针对营利性学校注册登记、土地征用、投资回报、股份集资、会计审计等方面的特别规定。

三、完善涵盖所有私立学校的教育资助政策

政府是否对非营利性和营利性私立学校提供教育资助,是私立教育发展战略和政策的重要内容。政府对(非营利性)私立学校的资助可分为四种主要类型:(1)无常规资助(no systematic subsidy),如希腊、意大利、尼日利亚、雅典、坦桑尼亚等国对私立学校的资助没有固定的常规性项目,只有偶尔的临时性补贴;(2)间接资助(indirect subsidy only),如美国、英国、韩国向私立学校学生和家长提供的低息贷款和奖学金,虽然直接受益人是学生和家长,但私立学校通过稳定的生源和市场认可的教育质量而间接获益;(3)部分资助(partial subsidy),如日本、巴西、巴基斯坦、利比亚、秘鲁、肯尼亚、印度尼西亚、菲律宾等国政府除了资助教材、教学仪器、低租金校舍外,还资助非营利性私立学校在职教师进修和培训;(4)大部分资助(almost complete subsidy),如比利时、丹麦、德国、法国、卢森堡、新西兰、挪威等国,国家财政负责支付非营利性私立学校的教师工资,并根据学校招生情况对学校经营性开支给予补贴。[9]可以看出,将非营利性私立学校师生群体纳入国家资助,已经成为世界主要国家促进私立教育发展的最主要方式。

那么,这种"惠师生"的理念是否同样适用于营利性学校?在巴西,营利性私立学校教师被视为商业组织雇员,不享有教育机构养老保险金。在波兰、捷克和印度,营利性私立学校学生被视为一般消费者,不享有学生奖助和贷款方面的基本国家保障。但是,早在上世纪40年代,美国退伍军人管理局(Vet-erans Administration)通过《1944年退伍军人法案》,给予复员军人免费接受高等教育的机会,而将每人每年500美元的教育费用直接拨付其就读高校。[10]由于退伍军人管理局并未限制营利性大学招收复员军人,一部分营利性大学率先进入政府资助计划。1965年出台的《高等教育法》第四条(Title IV)确立了联邦政府向高等教育院校学生提供资助的立法基础;该法在1972年修订,正式将营利性院校纳入联邦学生资助计划。[11]自此,美国政府对私立学校的资助方式从资助大学转向直接资助学生,非营利性和营利性私立学校展开激烈竞争,以获得受资助学生所带来的补助款。

2005年,澳大利亚以美国模式为蓝本,开启高等教育"学费援助"贷款计划(FEE-Help),为符合条件的全额付费的非营利性与营利性学校大学学生提供部分或全部学费贷款。随着对"营利性教育也具有公益性"这一认识的深化,对多元化教育需求的尊重,完善涵盖非营利性和营利性私立学校的教育资助政策,已成为分类管理改革的重要趋势。

四、建立低门槛、便捷化的政策普惠机制

欧美发达国家分类管理主要依托长期性普惠政策,节制短期性激励政策。美国、加拿大等国家的分类体系,不设置过于复杂的分类标准,而主要通过政府拨款和税收优惠两大政策工具引导市场主体的自主选择。政府直接拨款和税收优惠都属政府支出,具有同质性和可替代性。但近年来有学者指出,通过税收优惠而进行的间接支出具有"配置"性质(alloca-tive),对所有社会资源产生影响;而通过政府拨款给予的直接支出具有"分配"性质(distributional),对具体受益人产生影响(who has what)。[12]因此,差别化的税收待遇被视为最重要也是最有效的分类政策。为了对税收优惠总量和结构进行总体控制和监督,美国和大多数欧盟成员国将对非营利性私立学校税收优惠产生的税收支出纳入政府公共预算,实行预算、实施、监管和评估的规范化管理流程。这一方式将相关税收优惠固定下来,并根据国情每年确定下一个财政年度的税式支出目标、范围和形式。与直接拨款对具体受益学校的影响更为直接相比,税式支出由于仅通过税收优惠就可以完成财政收支过程,具有更强的时效性。但是,大多数实施分类管理的国家(尤其是海湾国家和拉美国家)鼓励非营利性教育发展的税收优惠政策,多通过相关法律、条例和实施细则中规定,没有实施预算管理模式和实际支出程序,较之欧美国家带有一定的随意性。

另外,发展中国家对短期性、局部性激励政策较为依赖。例如,越南营利性学校向政府和公众证明其公益性后可获政府鼓励性基金,而如何证明其公益性、如何评判其公益性程度高低、何时审核相关政策待遇,都没有统一的规定;墨西哥私立高校可在政府授权下销售高等教育彩票,以获得更多的办学经费,但由于资格申请、授权标准、评审过程不明确,只有极少数高校获准彩票销售;印度、马来西亚、新加坡等国家都曾给予非营利性和营利性私立学校相应的优惠政策,但大多数临时性的,或面向有限的学校群体。由于刺激性政策较为不稳定,且难以将政策利好均衡地传递到每一所私立学校,建立起低门槛、便捷性的政策普惠机制将是分类管理改革的重难点。

五、建立健全政府购买服务制度

随着现代教育制度的建立和完善,政府购买私立教育已经成为发达国家私立教育改革的重要思路。与以上提到的土地、税收、融资政策优惠和奖补金激励不同,政府购买体现了政府与私立学校间的平等的契约关系。就国际经验看,政府购买私立教育的类型和内容已经较为丰富,主要包括政府购买教育管理或专业服务、政府购买私立学校"学位"(place)、政府购买基建设施、政府购买私立学校运行服务,等等。[13]由此引申的政府对私立教育的财政责任多寡,体现出私立学校在整个教育系统中的角色和地位。荷兰早在1917

年就由国家承担初等私立学校的全部办学经费,现在已实现所有学段公、私立学校在经费使用上的完全平等;瑞典主要由地方政府与私立学校签订协议,并参照同级、同类公立学校标准,向私立学校发放综合补贴;丹麦根据私立学校招生人数,财政承担80%—85%的办学经费;而奥地利对签约私立学校的财政责任相对较小,只提供40年期限的建筑贷款,而不提供任何运营费用资助。[14][15]日本、韩国尤为重视私立高等教育,两国都以购买教育服务为据,出台专门的补助法案,为私立高校提供包括学校发展基金、经常性补助、特别补助、教学和科研补助、学生奖助、设备与教材津贴等等的公共财政支持。总体而言,无论公共财政是部分支付,或是全部支付私立学校教育服务成本,以上案例都符合政府购买的基本特征,有利于增进教育服务供给的效率和效益。

然而,并非所有的私立学校都进入政府购买行列。一是出于部分私立学校的自主选择。最典型的是法国的"合同外私立学校"。法国《国家与私立学校关系法》规定,由私立学校在自愿基础上选择与政府签订合同,从而形成"合同内私立学校"和"合同外私立学校"。与政府签约的私立学校参照公立学校办学标准,接受政府和公众监督,由政府每年划拨办学费用、支付教师工资;不与政府签约的私立学校作为一种营利性学校存在,学校财务、教学、人事等实行基于商业法原则的完全自理,国家不购买其教育服务。二是出于对政府购买营利性教育之合理性的质疑。压倒性观点认为,政府购买私立教育属于政府购买公共服务范畴,但营利性学校提供的教育服务不是真正意义上的公共服务。目前,只有美国延续其一贯的"政府—社会—市场"教育治理模式,将营利性学校有限纳入政府购买服务系统。联邦层面通过基础教育(K-12)"教育券"和高等教育学生资助项目,购买私立学校学生就读名额,即"学位"。州政府层面与私立学校签署特定领域(如高成本的应用研究或职业教育)的人才培养计划,或要求部分私立学校增加弱势学生支持项目,旨在通过购买服务在公立教育系统外扩充招生容量;[16]向私立学校外包技术领域的研究项目,或财政分担私立学校某项设施的费用,旨在以公私合作的方式提高科研产出效率。与其他建立了政府购买机制的国家不同,美国模式的鼓励扶持力度较强,行政干预色彩较淡,政府对学费标准、专业设置、课程安排、校长任命等学术相关问题充分放权,避免直接干预学校发展。

六、强化以第三方为主的监管机制

政府不断增加对非营利性私立学校资助强度的同时,也在加强对私立教育领域的管理和监督。从国际范围看,大多数国家政府正在改变传统以行政和法律手段为主的管理方式,越来越多地间接介入私立学校发展。这种情况下,私立学校势必要让渡一定程度的经营自由,以换取更多的资助或优惠待遇。在一些国家,教育行政部门是政府监督私立学校的主体,甚至私立学校与公立学校处于同样的监管体系之下,代表性国家包括西班牙、卢森堡、希腊和荷兰。在另外一些国家,政府对私立学校的监管主要通过教育中介组织实现。例如,在丹麦,政府不直接检查私立学校,而由家长组成的委员会或民选团检查学校工作;在日本,《私立学校法》规定各都道府县设立10—20人的私立学校审议会,就私立学校审批、认可、停办等重要事项向地方政府提出建议,同时设立私立大学审议会,就私立高校办学质量、证书资格、停办停招、规章制度修订等问题进行审查和评议;在巴西,外部评估委员会接受教育部和校长委员会委托,作为中介组织就有关教育质量、证书资格、师资水平等问题开展调查和评估。[17]

在英美国家,第三方组织的介入主要集中在高等教育阶段。英国通过专门设立政府与私立大学间的中介机构进行审查和监管。其中,学术标准工作小组、学术审计机构和高等教育质量保证局(Quality Assurance Authority,QAA)为私立高等教育提供以评估为核心的质量保障体系;英格兰高等教育拨款委员会(Higher Education Funding Council For England,HEFCE)以非政府部门公共机构的身份,利用社会和市场的力量,确保学校发展需求为政府所获悉、政府政策为学校所接纳。美国则采取公私伙伴关系的方式,将政府权力部分让渡给市场化的第三方认证机构。在美联邦政府为私立大学提供经济援助之前,大学认证是一个自愿性过程。1952年《退伍军人法案》以及1965年《高等教育法案》实施以来,获得认证成为获得联邦资助的前提条件。为成为联邦资助的"合规学校",非营利性和营利性私立高校开始积极主动参与评估,接受政府的质量监管。

本文系教育部哲学社会科学研究重大课题攻关项目"民办学校分类管理政策研究"(11JZD043)和"中国民办教育发展报告"(13JBGP042)的部分成果。

参考文献：

[1] Salamon L. M. & Helmut K. A. The International Classification of Nonprofit Organizations [M]. Johns Hopkins University Institute for Policy Studies, 1996: 7.

[2] Salamon L. M. & Anheier H. K. The Emerging Nonprofit Sector: an Overview (Vol. 1) [M]. Manchester University Press, 1996.

[3] Archambault E. The Nonprofit Sector in France (Vol. 3) [M]. Manchester University Press, 1997: 58 - 153.

[4] 国家教育发展研究中心. 教育产业化不是教育政策的方向[J]. 求是, 2006(7).

[5] Malaysia tax guide 2013[EB/OL]. [2015-07-23]. http://www.pkf.com/media/1960332/malaysia%20pkf%20tax%20guide%202013.pdf.

[6] 官欣荣. 创新民办教育的营利模式——一个现代商行为的法律规制视角[J]. 学术研究, 2007, 12: 72—76; 159—160.

[7] 教育部发展规划司, 上海市教育科学研究院. 2002年中国民办教育绿皮书[M]. 上海: 上海教育出版社, 2003: 336.

[8] 汪明. 墨西哥、巴西私立教育发展状况及其启示[J]. 国家教育行政学院学报, 2007(4): 88—91.

[9] James E. Private Finance and Management of Education in Developing Countries: Major Policy and Research Issues. Issues and Methodologies in Educational Development: An IIEP Series for Orientation and Training, No. 5 [R]. Paris: International Institute for Educational Planning (UNESCO), 1991.

[10] Smole D. P. & Loane S. S. A Brief History of Veterans' Education Benefits and Their Value, CRS Report for Congress [R]. Congressional Research Service, 2008.

[11] Jones J. H. Proprietary Schools as a National Resource[A]// Vermile D. W. (ed.) The Future in the making. San Francisco: Jossey-Bass, 177 - 181. Bennett D. L., Lucchesi A. R. & Vedder R. K. For-profit higher education: growth, innovation and regulation [C][EB/OL]. http://www.

heartland.org/sites/all/modules/custom/heartland_migration/files/pdfs/29010.pdf

[12] Shaviro D. N. Rethinking Tax Expenditures and Fiscal Language[J]. Tax Law Review, 2003, 57: 187.

[13] 陶西平,王佐书. 中国民办教育发展报告(2003—2009)[M]. 上海:上海人民出版社,2010:429.

[14] Tooley J. Private Education in the European Union[J]. Economic Affairs, 2002,22(02): 54.

[15] Private Education in the European Union: organization, administration and the public authorities' role[R]. Eurydice, European Unit, 2000.

[16] 鲍尔森,舒马特. 高等教育财政:理论、研究、政策与实践[M]. 北京:北京师范大学出版社,2008:409.

[17] Brock C. & Simon S. (ed.). The Challenges of Education in Brazil[M]. Symposium Books Ltd, 2004.

作者：李虔，国家教育行政学院助教,博士。

(原载《教育发展研究》2015 年第 13—14 期)

教育与教学研究

新教育实验理论及其在民办高校中的应用

朱永新

摘　要：新教育实验自 2000 年启动,主要是以中小学为主的一项教育改革试验。新教育书院的学生应学会做好阅读、写日记、讲演、写家书、自我管理、自主活动等几件事。新教育书院的模式与传统教育管理模式相比较,关键是从过去简单的规则方式转变成学生自己成长的方式。未来的大学生学习中心不再是传统地按照规定时间上课、下课,实操课程由学生预约时间,教师更多的是答题、解惑。西安外事学院可以想得更远一些,给未来的学习中心来重新设计大学的结构和整合大学的发展思路。

关键词：新教育实验理论；民办高校；书院教育

一、新教育书院的理念及其实践

(一) 新教育实验的现状

我所倡导的新教育实验是从 2000 年启动的,主要是以中小学教育为主的一个教育改革实验。这个改革从一所学校已经发展到现在全国 2 246 所学校、50 个实验区,遍布了整个中国所有行政区域,除港澳台以外,大陆本土的所有区域都已经拥有新教育实验学校,去年它也被卡特尔基金会评选为世界教育创新奖。它的一些理念我一直很期待在大学里延伸,所以前年我在北京华夏管理学院进行了初步的探索,从初步探索情况来看还是有一些成效的。

(二) 选择华夏管理学院的缘由及华夏管理学院的办院理念

书院的建立,实际上是在探索中国高等教育的一条新路,探索大学生自主管理的一个新模式。华夏管理学院是一所民办非学历教育、招考高考落榜生的纯公益性大学。这个书院以新教育理念为指导,过一种幸福、完整的教育生活为宗旨。过一种幸福完整的教育生活,是我们所有的新教育学校都共同遵循的价值追求。所谓幸福,就是我们的校园生活能够带来幸福的、愉快的、积极的体验；所谓完整,就是让人成为他自己,让他成为他自己,首先要让学校生活是完整的生活,学校要成为汇聚伟大事物的中心,让学生在学校里发现自己、找到自己、成就自己。

(三) 关于新教育书院活动

我倡导新教育书院的学生应该学会做好以下几件事：

1. 阅读

我曾经写过一本书叫《我的读书观》，在这本书里表述了我对阅读的一些看法。一个人的精神发育史，就是他的阅读史。这是从一个个体的成长历程来说的，从一个人的身体发育能看得很清楚跟遗传有很大关系，和每天的食物有很大关系。但是，我们的精神怎么成长，事实上和我们阅读生活紧密联系。费尔巴哈曾说过，你吃什么就会成为什么。我觉得，这不仅是对身体说的，更重要是对精神说的，所以一定程度上人的精神世界的锻造历程和他的阅读生活是很有关系的。人类最伟大的智慧、思想来自哪里？毫无疑问就是那些最伟大的书。最伟大的书在你家的书架上或者图书馆里，它事实上跟你没有关系，它是它，你是你。在没有被阅读时它是一堆废纸，所以图书馆里的书再多，如果没有学生阅读，那这个图书馆就是废纸仓库。书的生命是通过阅读激活的，学生阅读对他的精神世界成长起着关键作用。

一个民族的精神境界取决于这个民族的阅读水平。民族的核心竞争力在哪里？精神力量在哪里？在很大程度上取决于这个民族的阅读力量，我们每个人的阅读构成了民族的高度。人来到这个世界上，在很大程度上是为了看风景。来到又要离开这个世界，唯一能带走的就是你的精神财富。风景有两种：一种是自然的风景；一种是精神的风景。看自然的风景如山水名胜等，要受到很大的限制，要有金钱、闲暇等等；而精神的风景，一本书就够了。人类已经创造了很多精神的风景，但大部分人并没有真正看到人世间精神的风景。精神的风景都悄悄地藏在最伟大的书里，和它对话的过程就是精神不断升华的过程。这些风景永远是你的，和你不会分离。

阅读可以让我们每个人变得聪明起来。我们看俞敏洪的书，他的成长历程、他的人生态度，对今后自己的人生会有很大的帮助。人生就是一本书，你的人生就是一个故事。那么，你怎样去书写你的故事？你这本书，你是作者，你也是主人公。你的故事由你自己书写。你的故事能不能精彩，取决于你这位作者。有的人能够把自己的故事变成一个伟大的传奇，比如说俞敏洪，比如说乔布斯，比如说《巨人三传》里面的那些英雄。为什么有些人能做到，有些人做不到呢？取决于作者是否用心去写。与此同时，作为一个作者，在写自己的生命故事时一般来说是会有原型的。你为自己找一个什么样的生命原型，为自己寻找一个什么样的人生榜样，在心理学上叫做"自我的镜像"。这一点非常重要。

实际上，阅读的过程就是和伟大的人物对话的过程。这学期所有推荐的名人传记每个人必须把它读完。最近有一本新出版的书《曼德拉传》，讲述的是曼德拉在监狱里度过了27年，但他从来没有放弃他的梦想。不放弃梦想，就会产生强大的力量。所以，给自己寻找一个人生的榜样，既然来到这个世界，与其平庸地活着，还不如努力地拼一把，让自己活得更精彩。往这个方向去走，是我对新教育书院的学生们的期待。

爱因斯坦曾经讲过，所谓教育，就是当一个人把在学校所学全部忘光之后剩下的东西。那么我们新教育书院做的这些事情，恰恰就是在把所有知识全部忘掉以后你不会忘记的这些东西。就如读书的习惯你会忘记吗？如果你真正按照要求去读了，真的读进去了，相信经过一年的训练，你们一定都会喜欢上读书，会养成读书的习惯，永远不会忘记。因为我们选书是用了一定心思，选了一些大家能够接受的好书，因为书里展示的风景实在太丰富了、太有趣了。

2. 写日记

谈到写日记，有人问我：为什么让大家写日记？写日记有什么作用？我认为，营造书香校园是新教育的第一个行动，师生共写随笔是新教育的第二个行动。这不是一个简单的日记的概念，因为我们新教育讲的是师生共写随笔的概念，共读、共写、共同生活的概念。当然，一个基本的形式是通过每天记录自己生活的方式。从我的期待来说，我希望大家每天都能坚持。哪怕就是一句话，哪怕今天实在没时间，明天把它补上，你总能做得到。我的日记就从十九岁一直写到今天早上。有人说不写流水账，其实流水账也可以写，记录下来之后，会发现天天这样的确没意思。于是，为了写得精彩，你就会去活得精彩，做得精彩；只有做得精彩、活得精彩，才能写得精彩。怎样活得精彩？这就要阅读，就要和别人交往，就要有故事。有的时候很忙，就先记一些线索，等有时间了，比如寒假、暑假的时候再把它扩充成文。

我经常讲，日记不是要你写长篇大论、写很多。但是它不仅仅是记录生活，同时也是锻炼意志力。做一件事情，要么不做，要做就决不放弃，它培养的是一种坚持。

我曾经跟大家讲过，我开了一个"朱永新保险公司"，对一线的老师们说，每天坚持写一千字，保证你成功。很多一线的老师就是因为这样做了，后来成为全国的名师，因为写作是真正思考的开始。每天要写一千字，每天就要很用心地去生活，与孩子们交往，与孩子们交流，每天的教学就不一样。我一直说，很多老师都是拿着教育的一张旧船票，每天重复昨天的故事。其实，很多人的人生又何尝不是这样呢？如果没有日记、没有写作、没有思考，很可能天天就是这样重复，日复一日，月复一月，一生就这样过去了。但是，思考就不一样了。思考就要不断地改进自己，提升自己，把事情能够不断地做好，然后又会不断地提醒自己：我的目标在哪里？我为什么没有达到这样一个目标？我自己给自己规定的事情为什么没做？就要这样不断地给自己提出要求。

日记是自己和自己的对话。人有"几个我"，按照弗洛伊德的说法，人分为本我、自我和超我，人的这"三个我"不断地对话，会帮助我们不断地用超我战胜本我，不断地让自我超越，不断地去战胜自己。日记是一种道德的长跑，是一种历练的长跑。

写日记对我们来说是一件非常重要的事情、非常有用的东西，养成了这个好习惯会受用一生。我一直认为写不是简单地写，写是思考的真正的开始。大部分的人生是没有经过认真思考的人生，当一个人真正开始记录自己的生活，和自己对话的时候他就不一样。要写得精彩，首先要活得精彩、做得精彩。要活得精彩、做得精彩，才能写得精彩。所以说，在写作里表面上看来是自己任性，实际上是培养他的一个良好的人生惯，解剖自己、思考自己这样的一个能力。这不仅是个人的生活史，是我们这个社会的历史，也是我们这个民族的历史。大到这个角度来看，写日记就更有意义了。所以，每一件小事情都不要小看它。

我们深圳有一个高三的语文老师,做新教育实验刚开始都不知道怎么做,担心写日记这样做会影响考试,但是做了以后发现还是很有好处。这个老师第一年教语文,后来做班主任,他在我们网站开了一个主题帖叫"守望高三的日子",把他自己每一天的教学生活记录下来,一年之后出了一本书。第二年校长给了他一个全校最差的班,他急了,给我打电话。我说你只有上升的空间没有下跌的可能,怀揣着希望上路。他后来又开了一个主题帖就叫"怀揣着希望上路",把自己每天的生活记录下来。一年后教育科学出版社主动要出版他这一主题的书。所以他每一年就这样写作,就这样出版,现在已成为全国著名的班主任专家。

3. 每月一次的讲演

我们知道,中国的教育不太注重学生的表达能力和沟通能力。在美国,基础教育是把学生的交往、沟通、表达作为第一能力来培养的,所以口才是美国教育的一个非常重要的基础,美国人曾经宣称自己的三大法宝嘛,叫金钱、口才、原子弹。各行各业的竞争中,口才很重要。实际上不要说竞争,因为人和人之间的沟通,口才也是很重要的。他们研究过人和人之间交往的误会,绝大部分的产生都是因为沟通不畅造成的。

怎么样让人有一个比较好的口才呢,口才是要训练的,而且你要说得好,这和你的自信心有很大的关系。人生是多彩的、多元的,现在我们考试的办法只是用学科来衡量,实际上你的才华表现在方方面面。未来走上社会以后不是看你这个考试成绩,所以最优秀的人不是考试最好的人,这是毫无疑问的。口才训练是训练一个人自信心的很重要的前提,让他讲,让他表达。

4. 写家书

我认为写家书不仅仅是一种感恩,实际上也是一种对话。作为大学生今后也要为人父、为人母,把自己的所学和父母亲做一个分享,多去交流,让父母亲能够对我们放心。这对于改进我们的亲子关系、家庭关系,培养我们一种感恩的情怀,是一件非常重要的事情。

5. 学生自我管理、自主活动

我们一开始就提出,凡是加入"新教育书院"的大学生都要参加一个社团,或者自己组建一个社团。我们要求所有的人在自己的团队里都承担一定的责任,所有的人都一定要把自己的职责做好。

大学是训练人的社会交往能力的一个非常重要的舞台,因为今后的社会,它是一个全方位的特别需要人的组织、活动、工作能力的舞台。表面来看,牺牲了很多精力,牺牲了很多时间,但事实上,得到的也是最多的,因为这是一个锻炼的机会。希望所有的大学生都能够主动抓住这样的锻炼机会。实际上所有的付出都不会白付出。我们常说"舍得",为什么叫"舍得"?舍得舍得,只有舍才会有得。所以多承担工作、多为别人服务,在这个过程中,实际上是培养了一种能力,建立了一种信誉,养成了一种习惯。

(四)新教育书院今后的发展

我觉得未来的大学在一定的程度上更应该是学习中心,而不是我们传统意义上的学校。实行完全学分制,大部分的课程可以选用国际课程、网络课程、资源课程,学生完全可以通过这些资源来学习,老师也随之发生变化,不再是传统的讲授而是指导学生,与学生对话。现在还是以学院为主导的方式,未来大学 24 小时都在运作,它不再是传统地按照规定时间上课、下课,实操课程由学生自己预约时间。未来的大学是学习中心,更多的是答疑、解惑。

二、新教育书院的理念在民办高校中的应用

(一)关于新教育书院的模式与传统教育管理模式的比较

刚才,咱们西安外事学院文学院的老师向我提到,新教育书院的模式与传统教育管理模式相比较存在哪些优点?

我觉得,最关键的是从过去简单的规训方式转变成学生自己成长的方式。过去我们师生之间是不平等的,辅导员、专业导师更多的是以长者的身份跟学生交往,现在是学生自己管理自己,我们协助他们成长,这是最根本的。因为学生终究是要离开我们的,学生走向工作岗位以后,走向社会以后,他需要不断地成长,所以我们做的这些事情就是帮助他形成良好的习惯,形成他自我成长的内在力量。一个人的良好习惯对其成长很重要,读书对人是最有用的东西。

对于学生,应培养他的自我成长的习惯。因为未来的大学是往学习中心的方向过渡,我们现在的改革还是有一些保守的,现在网络资源课程很多,学生完全可以通过这些资源来学习,老师也应随之发生变化,不再是传统的讲授而是指导学生,与学生进行对话。现在还是以学院为主导的方式,未来大学 24 小时都是在运作的,它不再是传统的按照规定时间上课、下课。大部分的课程已经取消了这个概念。未来的学分制是真正的学分制,未来的大学是学习中心,更多的是答疑、解惑。今天,咱们西安外事学院的院长也在,我觉得我们可以走得更激进一点、想得更远一点,往未来的学习中心来重新设计我们大学的结构、我们整个大学的发展思路。那样来说,我觉得我们的张力会更大,也更有意思。

(二)共同施教和因材施教问题

有的老师向我提到,书院教育应共同施教还是因材施教的问题。

我刚刚去了咱们外事学院的雨花书院,觉得真正意义上的书院不应是以传统的专业为单位,而是应该打破学科、打破年级。这样做的好处在于它是一个更生态的、更加多元化的环境,便于学生更自主地开展活动。我主张我们学校也走这一种模式,鼓励所有的书院走自己的路,创造自己的特色和模式,取长补短,来形成书院各自的特色。

(三)书院是否有物理空间问题

刚才,文学院院长向我提到,书院是否具有物理空间。

我认为书院是有物理空间的,这一栋楼或者这一层楼,比如雨花书院、鱼化龙书院。书院是在这个空间里面的,书院的学生住在一起,共同生活。共同阅读、共同写作、共同生活是我们新教育最重要的地方。在书院里面有学习空间,比如图书室、谈话室。

至于书院导师由谁来担任,我们主张书院尽可能往专业化方向发展,所有的导师都是

单一的导师,这是最终的一个方向。但目前情况是不太可能,因为大量辅导员存在。但是我建议未来的学校辅导员向两个方向分流:一是分流到行政管理岗位;二是往专业的方向去分流。今后书院所有都是专业人员,书院主要解决人生发展的问题。书院至少要有一至两个脱产导师,这跟我们辅导员有相似的地方,但不是终身这样。书院的导师组长更多的时间、精力可以根据书院的规模、书院特点进行调节,最好有20%的时间去从事教学。书院最理想的方式是双向选择,师生互选。如果有资源,我们完全可以聘请社会知名人士,也可以充分利用校友资源。校友的教育力量是很强的,可以重点发挥一下。

(四) 关于学生的行为养成问题

刚才,继续教育学院的辅导员向我提到,继续教育学院学生中有高考落榜生,对他们入校之初在书院的行为养成如何进行管理。

我觉得在教育上,所有教育都是指向个人的,过去我们讲"一段分数一段人"。但我们现在却是偏偏要用一个方法去对待所有的学生,往往打不开他们的心灵之门。

一个好的老师,他真的应该是一个心理学家,他真的走进每一个孩子,懂得每一个孩子。西安外事学院以后也要逐步形成学校的基本规矩,比如规定外事学生的必读书目,因为只有共同阅读了那些书才有共同的语言和对话。一个家庭、一个社区、一个学校、一个国家,都应该有一些共同必读书目。共同读过的书构成了我们共同的语言、共同的密码、共同的价值。虽然不同的书院有不同的教育模式,我很期待我们西安外事学院形成基础书目,所有学生必须要读,这对塑造一个人的价值观是很有必要的。包括今后校友见面都有话好谈。除了校园的建筑、校园的老师,让我们曾经阅读的那些书也成为共同的话题。

作者: 朱永新,苏州大学教授,博士生导师,博士,中国民主促进会副主席兼秘书长。

(原载《民办教育研究》2015年第3期)

转型发展中民办高校教学质量评价体系构建研究

苏艳红

摘　要：转型发展中民办高校教学质量评价体系构建要坚持系统性原则、开放性原则、循环性原则和发展性原则。以注重学生能力培养和服务学生高质量就业为导向的教学质量评价体系构建路径为：确立三维评价目标、设计评价体系框架、明确多元评价主体、制定规范评价标准、严格评价操作程序、选择评价工具平台，还应在观念认识、制度建设等方面提供实施保障。

关键词：民办高校；转型发展；教学质量评价体系

一、研究背景概述

随着民办高校转型发展的推进，深入探讨和研究民办高校教学质量评价体系成为一个迫在眉睫的重要问题。目前，民办高校转型发展正处于起步阶段，已有的研究多把转型发展和教学质量评价体系作为两个问题，从转型发展的视域研究教学质量评价体系构建的成果还不多，且对评价体系构建集中在学理性研究，在实践层面的操作性不强。已有研究成果有如下特点。

（1）教学质量的监控与评价体系整体上处于一种相对封闭的、静止的状态，没有形成开放的、动态的评价系统[1]，不能体现强调学生能力培养和服务就业的导向，与转型发展中产教融合、校企合作、工学结合、知行合一的教学及人才培养要求不相适应。传统评价经常出现评价目标与社会对人才培养规格的要求不对接、评价功能更多局限于甄别和选拔、评价标准比较单一、评价主体不能多元等问题，在教育教学评价实践中依然存在[2]。

（2）对企业行业等参与的第三方评价界定趋同性较高，但对其内涵和外延的界定还不够深入，不够明确[3]。不少研究成果把大量的篇幅放在强调开放评价对于高校发展的重要性上，但在相关理论深化、制度建设及路径探索上的分析不够，对工学结合模式的评价研究积极性较高，对于以应用型人才培养为定位的民办高校评价研究较少[4]。

（3）学科专业课程考核仍是目前民办高校教学质量评价的一个重要组成部分。针对学业课程考核的研究，主要集中在考核方式方法的改革等操作层面，而对考试文化和制度建设等层面却涉及较少[5]。此外，关于课程考核的组织、管理论述较多，而对考核改革实施的有效性等后续跟踪研究、分析却相对较少[6]。

（4）综合素质测评是部分高校引入的一种新的测评方式，以测评学生的综合素养为主，主要是借助测评软件平台实施[7]。当前对其研究主要集中在测评软件的选择、数据分析方面，而对指标编制的有效性、实际操作性与指标模糊性的矛盾等却鲜有关注[8]。

二、转型发展中民办高校教学质量评价体系构建的基本原则

1. 系统性原则

坚持以系统性原则构建教学质量评价体系基于两个方面的原因。其一，学校的人才培养是个系统性工程，对教育教学质量的评价只是该系统工程中的一个方面，因此，教学质量评价体系的构建应考虑和兼顾学校的人才培养体系，在明确的人才培养目标定位下规划评价体系的建设思路和框架。其二，教学质量评价虽是人才培养体系的一个分支，但其自身也是一个相对完整的系统。系统论指出，任何对象都是一个"系统"，任何系统都是由相互作用、彼此依赖的若干部分组合成的有特定功能的有机整体。从系统论的角度看，体系构建甚至单项评价改革推进时，务必要考虑到评价目标、政策支持、组织机构、操作方式、实施工具或平台、信息反馈、制度跟进等方面[9]。否则，即使评价指标体系科学有效、评价标准明确合理，评价改革也只能是孤立前行。这样的改革势必走不远。

2. 开放性原则

教学质量评价体系构建的开放性原则是文化的包容性和教育的开放性决定的。教育具有相对的独立性。一方面，教育受制于社会的政治、经济、文化发展状况；另一方面，教育又具有变迁和流动功能，它也可以能动地反作用于社会。教育的对象最终要走向社会，要依靠社会的认可程度来评判学校的教育教学质量。因此，教育、办学、教学必须是一个开放的系统，必须积极接纳社会的意见与测评，让社会参与到人才的培养和评价过程中。教学质量评价体系的开放性，具体可体现在评价主体多元、测评项目多样等方面。

3. 循环性原则

坚持循环性原则主要基于两个方面的原因。一是基于教学质量评价体系自身建设而言，循环性是体系自身良性发展的需要。循环性的体系是动态的，通过依靠执行系统回归的信息作出分析判断，对计划指令的再输出发生影响，起到调控作用，既有利于达到预期目标，又有助于让体系具有活力、生命力和张力，避免了体系因封闭和静止导致的枯萎与腐朽。二是基于评价的功能而言。服务与改进是评价的重要功能之一。循环性的评价体系有利于评价功能的多角度体现，既便于研究教学质量发展变化的方向、方式和途径，探索其发展变化的动力、原因和规律，又便于测评信息反馈、回溯至课程建设、人才培养等，提高评价工作成效。

4. 发展性原则

坚持发展性原则是基于评价目的提出的。评价是以促进学校提高教学质量为目

标,以促进学校发展与师生发展为核心的。通过开展教学质量评价活动,学校、学生、家长、社会等不同教育利益主体了解学生的发展状况,发现学生培养中存在的问题,诊断教师教学中存在的不足,并以此为基础确定教学及其管理的改革方向。同时,发展性原则还反映在评价的组织管理、评价方式与标准、评价内容与方法、评价结果与利用等多方面。

三、转型发展中民办高校教学质量评价体系构建的路径选择

民办高校教学质量评价体系构建应以服务学生高质量就业为导向,根据学校办学和人才培养目标定位,结合学科专业特点,围绕学生职业生涯规划,完善学生成长记录,建立科学、多样的评价标准,形成多元评价体系。通过综合素质测评、课业综合考核、第三方评价等多种形式,构建一套从学生入学、教学过程到学生毕业的全程跟踪、评价、反馈体系,形成完善的评价网络和顺畅的评价反馈机制。

1. 确立三维评价目标

美国著名的教育评价学者斯皮尔伯格曾说过,评价的目的是为改进而非证明。旨在以改进为目的的教学质量评价体系构建把促进学生发展和高质量就业作为最终目标。在这个总目标下,具体又分为综合发展目标、学科专业学习目标、职业发展目标。综合素养是大学生从事各项活动的基础,也是大学生创新精神和创业意识的前提;学科专业学习是有效获取学科专业知识、理论、技能的便捷途径,既能让学生获得宽厚的学科基础,为以后的发展提供土壤,又能扎实掌握专业知识理论、技能技巧,为当下的就业增添竞争砝码;职业发展侧重于职业意识、职业精神及职业技能等方面的培养和锻炼。

2. 设计评价体系框架

以促进学生发展和高质量就业为导向的评价体系设计,要以实现评价目标为起始点和落脚点,以综合素质测评、学业课程考核、企业行业测评等为实施手段和方式,以学生职业生涯规划为线索,在各类测评信息归纳、梳理、补充到学生职业生涯规划档案的往复过程中,实现评价体系的良性循环。

评价体系框架的设计应特别注意以下三点。一是评价体系要契合学校人才培养目标定位。评价是对人才培养质量和教育教学质量的检测,不能脱离学校实际。二是评价体系必须是一个闭环。在这个评价体系中,评价结果能反馈和回溯到教育教学、学科专业建设和课程建设等方面,评价信息才能有效,评价的改进功能才能得以体现。三是评价体系要注意发展的因素,细化学生职业生涯规划,进行分类指导,分类管理[10]。转型发展中民办高校教学质量评价体系构建的初步框架见图1。

3. 明确多元评价主体

在民办高校转型发展期,服务学生高质量就业是人才培养的重要导向之一。2014年6月23至24日,在全国职业教育工作会议上,习近平总书记强调,要牢牢把握服务发展、促进就业的办学方向,要坚持产教融合、校企合作,坚持工学结合、知行合一。因此,与教育利益相关的主体,尤其是企事业用人单位、行业协会组织要参与到高校教学质量的评价

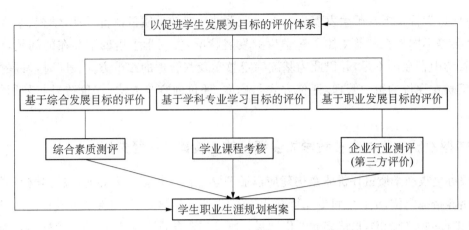

图 1　民办高校教学质量评价体系

中。评价主体可以分为两大类,即校内的评价主体、校外的评价主体。校内的评价主体包括教师、学生、教学督导等;校外的评价主体又可分为三类,即教育主管部门、专业评估机构、以用人单位为代表的第三方。多元评价主体可以用图2表示。

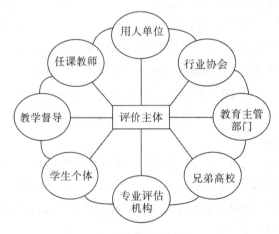

图 2　多元评价主体

4. 制定规范评价标准

评价标准在一定程度上可以说是评价的灵魂和尺度。评价标准的制定应坚持以下三个基本原则。首先,评价标准要与动态化的学校发展同步,不能静止或固化,应因时调整,适合学校发展的需要。其次,评价标准要与多样化的学生发展适应。不同学科专业、不同生源层次的学生发展情况不同,评价标准不能一个模式一刀切,应有区别地对待。最后,评价标准应兼顾教育教学实际及评价对象所处的真实情景,否则容易出现评价标准与评价对象情境上的错位。此外,评价标准还应注重评价对象的主体价值、独立思考意识和创新精神等。

5. 严格评价操作程序

组织实施是评价的关键环节,以促进学生发展为目标的评价在操作程序上有不同的理解。从时间维度看,教学质量评价主要从入校把脉、在校诊断、出校跟踪等三种目的或功能开展。入校把脉是一种诊断性评价,为高中毕业学生进入大学后准确自我定位、规划职业生涯等提供参考信息;在校诊断汇集了多种评价形式,通过不同测评信息反馈,帮助学生调整目标、明晰规划,促进学生的全面发展;出校跟踪是一种延迟性评价,通过对毕业学生发展状况评价和毕业生对学校教育教学的评价,为学校的人才培养和教育教学改革提供参考信息,促进学校更好地发展。从组织方式看,教学质量评价分为校内自我评估、第三方评价、教育主管部门评估等,其中以自我评估和第三方评估为主。从单一的评价形式来看,操作程序是具体评价的组织实施流程。

6. 选择评价工具平台

评价工作的开展离不开一定的工具和平台,针对不同的测评目的,可以选择不同的评价工具和平台。对综合发展目标的评价,可以采用综合素质测评软件或标准化的测评试题;对学科专业学习目标的评价,可以运用纸笔考试、大作业、综合答辩、设计创作、汇报演出等形式,并借助教育考试数据平台对考核数据进行统计分析;对职业发展目标的评价可以由企业行业等第三方,通过模拟招聘、情景测试、综合考评等形式进行,把企业行业的用人标准引入到评价工作中。

四、转型发展中民办高校教学质量评价体系实施的保障机制

1. 加大宣传力度,达成转型发展共识

一是学校可以围绕顶层设计、办学指导思想等核心问题,开展教育思想观念大讨论活动,让广大教职工明确学校发展思路和方向。二是学校举办"产业发展与教育服务"论坛,邀请区域经济专家、区域产业主管部门领导、行业专家、重点企业专家、科技部门和教育部门领导、教育专家等,针对产业转型升级、科研服务、校企合作等开展讲座和指导。三是建立专题网站,校报和学报开辟专栏,开展系列讨论,促进广大中青年骨干教师和干部更新教育理念。同时,也要清楚地意识到转型发展不是物理变化,而是化学反应;转型发展不是各种量的堆积,而是学校在人才培养等方面质的转变;转型发展不要盲目跟风,而要改革、创新、构建、完善。

2. 积极探索实践,促进评价观念转变

学校通过学习宣传和积极实践,让广大师生对考试和评价有个较为理性的认识。首先,考试不等于评价。考试是教育教学评价的方式之一,是评价的一种工具和手段,不能把考试作为教育教学的目的。其次,对教学质量的评价涉及多方面内容,可以采取多种形式,考试的成绩或排名只是为评价提供了一个方面的分析基础,而科学的评价结论需要多渠道的数据信息支撑。最后,评价的目的是为了改进教育教学,应强化过程性评价、淡化终结性评价,更好地发挥评价的诊断、激励、导向及调控等功能。

3. 改革考核体系,完善教学管理制度

改革课程考核体系,把课程考核改革作为人才培养模式创新的一项重要内容,从理论研究、制度建设、实践探索等多层次多维度开展工作。此外,课程考核要突出对学生能力

的考查,要加大平时成绩的比例,要关注考核后的分析与结果利用,要注意考核改革实施的有效性等。

完善教学管理制度,规范校企合作管理。企业等用人单位在应用型人才培养和评价中是一个重要主体,需有相应的管理制度,规范和引导企业与学校共同培养和评价人才。基于此,学校需建立健全企业参与建设教学质量保障工作制度,校企共同评价教学质量制度,建立和完善生产实习、毕业实习、毕业设计质量评价标准等教学管理、监控与评价制度,形成校企共管的人才培养与评价制度保障体系。

参考文献:

[1] 张典兵.高校教学质量评价存在的问题与对策[J].继续教育研究,2006(2):126.
[2] 王伟,许红晴.地方高校转型发展背景下多维教学评价系统构建研究[J].高教论坛,2014(11):77.
[3] 王艳.高职教学质量监控:第三方评价[J].武汉商业服务学院学报,2011(2):87—89.
[4] 刘志峰.高职教育实施第三方评价的主要问题与改进策略[J].职业技术教育,2012(19):49—54.
[5] 熊涛.地方应用型高校课程考试改革探索[J].现代企业教育,2014(14):165.
[6] 张红梅.我国高校课程考试存在的问题与改革思考[J].乐山师范学院学报,2010(11):126—127.
[7] 金艺.大学生综合素质评价系统的设计与实现[J].阜阳职业技术学院学报,2015(1):35—37.
[8] 张素敏,李伟.高校学生综合素质评价存在的问题及改进措施[J].考试周刊,2008(46):145—146.
[9] 王利明,刘鹏飞,周国烛,等.高等职业教育教学评价理论、评价体系与评价技术[M].北京:中国轻工业出版社,2011:75—79.
[10] 阮曙芬.地方高校教学质量评价体系的研究[J].教育与职业,2014(3):96.

作者:苏艳红,黄河科技学院讲师。

(原载《黄河科技大学学报》2015年第4期)

混合制民办高等教育办学模式的管理体制与运行机制研究

黄詹媛　张　鄂

摘　要："混合制民办院校"是我国改革开放以来出现的一种新型办学模式,它对促进我国高等教育的发展发挥了重要作用。"混合制院校"在办学体制上兼具公办教育与民办教育的双重资源和特点,在管理体制、运作机制和资源品牌等方面,拥有比公办院校和民办院校更多的优势,但也存在诸多问题与困难。如何促进混合制民办高等教育办学模式以及"混合制院校"的科学、可持续发展,加强其管理体制与运行机制研究,则是中国民办高等教育发展过程中需要探索的一个新课题。

关键词：混合制民办院校；民办高等教育；办学模式；管理体制；运行机制

改革开放以来,随着社会主义市场经济体制的建立和以公有制经济为主体、多种所有制经济的共同发展,在我国经济领域中,一种由国有资本、集体资本和非公有资本等多种经济成分并存、交融、重组而产生的新型"混合经济"发展模式已经形成,并对我国教育领域产生了重大影响。近年来,各地通过国有民办、公助民办等多种途径,公办教育与民办教育相互融通,在高等教育办学体制上逐步发展出一种新型体制的院校——"混合制院校"[1]。2003年9月1日试行的《中华人民共和国民办教育促进法》规定："民办教育事业属于公益事业,是社会教育事业的组成部分。国家对民办教育实行积极鼓励、大力支持、正确引导、依法管理的方针。各级人民政府应当将民办教育事业纳入国民经济和社会发展规划。"该法有力地促进了"混合制民办院校"的"多元办学体制"的发展。

一、"混合制民办院校"的类型及其优势

(一)"混合制民办院校"的类型

改革开放以来,我国民办高等教育得到了恢复和长足发展。我国逐渐发展起来的"混合制民办院校",大致可以分为三类。第一类是由民间资本投资的民办高校,学校属于非企业法人性质,但教师编制放到人才交流中心,纳入事业管理,教师可以与公办学校教师一样参加事业养老保险。这种不同于普通民办学校的人事制度,稳定了学校的骨干教师队伍。第二类是以民间资本为投资主体,政府给予适当的经费扶持,但学校属于事业法人性质(民办院校为非营利性质),教师管理体制纳入事业单位管理。学校属于自收自支的全民事业单位,引入市场经济的成本概念,按教育成本进行收费。这种教育经济一体化办

学的模式,既不同于公办学校,也不同于民办学校,是"一种第三部门高等学校的范例"。第三类是由公办院校吸引民间资本,与公司、企业合作举办的民办院校(现称"独立学院"),院校资产国有,进行民办非企业法人登记,按民办机制运作,但学校教师保留公办教师身份,并被纳入公办编制管理。

(二)"混合制民办院校"的优势

总结我国"混合制民办院校"的优势,主要体现在管理体制和运作机制两个方面。

1. 管理体制

由公办与民办两种类型相协调组成的混合型教育体制,是通过"嫁接"而成的一种新的教育体制模式,其突出特点是体现新型政校关系的现代学校管理制度。众所周知,公办院校的主要负责人由上级主管部门任命,管理体制按照行政体制组织。而"混合制民办院校"管理结构与民办学校相似,通常由校董事会作为学校的决策机构,实行董事会领导下的校长负责制,校长由董事会聘任,对董事会负责,校内各级领导、教师和其他职员由校长聘任,对校长负责。在管理体制上,实行学校资产所有者的所有权与办学承办者的管理权相分离,学校依法享有对财产的占有、使用及收益的管理与支配,通过市场化运作,实现教育资源的优化配置和协调运转。相对于公办院校,"混合制民办院校"的办学主体独立性强。

2. 运作机制

"混合制民办院校"具有民办学校运作机制灵活的优势和特点,主要体现在如下两个方面:一是在用人机制方面,改革人事制度和分配制度,实行真正意义上的教师聘任制和岗位责任制。在岗位聘任、任职考核的基础上实行结构工资制,按照多劳多得、优质优酬的合理分配原则,自主确定工资、福利、津贴标准和分配办法,合理拉开收入档次,并向骨干教师倾斜。教职员工收入分配与办学效益挂钩,风险共担,利益共享,岗位津贴和奖金以业绩考核为主要依据,极大地调动了教师的工作积极性,教师的敬业意识、责任意识、竞争意识和危机意识大大增强。二是"混合制民办院校"多实行自收自支、竞争择优的运行机制和管理体制,在办学理念方面,比公办院校更注重办学的市场取向和服务性。因此,"混合制民办院校"较之公办院校具有更高的办学效益和创新动力,能积极地引入新的教育理念和教育方式,更加注重提高服务能力和质量,满足学生、家长的个性化需求。

二、"混合制民办院校"发展中存在的问题

当前,我国"混合制民办院校"在其发展中所反映出的问题,主要表现在如下四个方面。

(一)产权关系不明

众所周知,在产权关系界定上,公办院校与纯民办院校的产权归属是清楚的,但"混合制民办院校"的情况比较复杂。特别是公办教育机构转制院校,或者公办院校参与举办的民办院校,往往成为成分复杂的联合体,其中资产来源除了国有资产部分外,可能还有企

业投资、个人投资、公办母体院校自筹的投资等,在现实操作中容易造成公私混合、产权不清的局面。

(二) 政策界限不清

目前,我国对不同性质和类型的学校采取不同的管理政策。如民办院校在办学、收费等方面享有较为自主的优惠政策;而公办院校则在教师编制、资金扶持等方面享受到国家的倾斜政策。"混合制院校"不明晰的性质导致了政府对其适用政策的模糊不清,容易混淆公办教育与民办教育两种体制之间应有的政策界限,这也是"混合制院校"发展的难点,长此以往,将影响整个社会的办学秩序。

(三) 影响教育公平

公办院校改制或参与举办的"混合制民办院校"享受双重优惠政策,既可以从"计划"中得到好处,又可以从"市场"获利,占尽了优势,也造成了它与公办薄弱校和现有普通民办院校不公平的办学竞争,导致了教育的不公平现象。

(四) 冲击民办院校发展

公办名校有长期教育实践的积累,以及政府财政和教育行政部门的政策支持,教育质量高,社会声誉好,优质生源多。以公办名校名义举办的民办院校(即独立学院)借助名校资源,挤占民办院校的市场份额,使真正意义上的纯民办院校往往在竞争中处于弱势地位,生源日趋萎缩。

三、促进高等教育"多元办学体制"可持续发展的思考

(一) 多元办学体制下的制度设计

目前中国高等教育的现实情况是教育办学模式的多样化已经是一个不争的现实,正确看待和认识"混合制民办院校"这一新生事物,继续推进我国教育体制的改革,合理协调各类体制学校的发展,是值得深入思考的问题。因此,在办学多元化背景下,如何进行科学有序、扎实有效的制度设计,就成为了深化现代学校制度改革的一个重要课题[2]。

1. 多元办学体制的制度设计基本原则

进行多元办学体制的制度设计时,必须遵循如下原则:

(1) 以民为本原则。多元化的办学体制产生于市场经济和社会对多样化教育的现实和潜在需要的双重背景之下。民办教育在其发展进程中最显著的特征是供给和需求双方通过教育服务市场进行的自由交易。因此,教育的"消费者"的多样化选择是多元化办学体制产生的一个现实基础。"以民为本"原则是进行多元化办学体制的制度设计时所要首先遵循的一个基本原则。失去了这一原则,多元化的办学体制也就失去了生存的基础。

(2) 市场优先原则。市场优先原则的内涵就是发挥市场机制在资源配置中的基础性作用和优先地位。多元化的办学体制打破了传统教育体制中的单一性,体现市场需求的多样化。充分遵循市场经济规律,积极鼓励民间资金投资教育事业,是多元化办学体制得以进行的必要前提[3]。

(3) 制度公平原则。在多元化的办学体制背景下,如何有效规范各种体制之间公平竞

争,营造公平、公正、合理、透明的市场竞争环境,是各类学校发展所面临的首要问题。政府通过行使宏观调控职能,在政策和法律法规层面保证各类学校的教师、学生具有同等的法律地位和享有平等的权利,是区域内多元化办学体制得以顺利实施的必要条件。其中教师待遇问题、规范国有民办学校的合理竞争以及学生的财政资助问题是其中的关键问题。

(4)公益性原则。无论是什么形式的办学模式,都必须服从于公益性这一基本要求。我们既要鼓励社会力量参与办学,为公众提供多样化的教育选择机会;同时,又要加强政府的统筹力度,严格保证各类办学者规范办学行为,体现教育的公益性,严禁以"营利"为目的。"混合制民办院校"在其发展过程中,只有遵循上述原则,不断改革、创新管理体制和运行机制,才能逐步建立"产权明晰、利益共享、学校自治、服务社会"的现代大学制度。

2. 多元办学体制的制度框架设计

促进办学体制的多元化的基本目的是吸引社会资金投资教育,解决教育发展中的资金瓶颈,为教育消费者提供在基本质量标准以上的多样化的教育选择。从影响因素角度分析,办学体制的有效运行,无非包括两个层面:一是从政策因素方面建立和完善有利于体制有效运行的外部环境,包括政府、社会与学校的互动关系的顺畅、市场参与教育的运行机制的建立、公平竞争环境的创设等;二是建立有利于各种办学体制有效运行的学校内生机制,包括学校产权的清晰、内部自主发展和自主办学权利的保障等。因此,由此形成的办学体制多元化的制度框架设计基本思路如下:

(1)构建市场机制,鼓励社会参与。多元化办学体制是市场经济的产物,市场经济的基本特征就是通过市场来配置资源。因此,市场为主体,鼓励社会参与就要求做到尊重市场需求,在政策体制和观念导向上认可多样化的民办教育的合法性和合理性,通过政策优惠及政府"引导、扶持"等多方面积极吸引社会资金参与教育投资,打开民间资金进入教育领域的通道,这是多元化办学体制得以建立和运行的第一步。

(2)政府宏观管理,创设公平环境。在多元化办学体制的制度设计中,政府的责任是构建教育服务体系,并予以监管和调控,建立规则、标准和法规,以此指导和监管管理过程。政府应专注于教育制度环境建设、市场秩序维护、公共教育产品提供和宏观调控,从一切具体的管理事务中逐步退出。凡是学校能够办好的事情都让学校办,凡是市场能解决的问题都尽可能发挥市场机制的积极作用。政府的宏观调控职能具体表现为两个方面:一是制定符合地区实际的政策、法规,保证社会办学的合理与合法;二是制定教育市场行为准则,改善市场竞争环境。

(3)学校自主办学,提升教育质量。一种体制的有效运行,必须保证主体的充分自主权利,充分发挥体制的内在优势。在我国现实背景下,建立健全以校本管理为基础的现代学校制度即是建立这种新的权力模式的有益尝试。这种模式下的学校自主办学,需要建立在三个层面的制度基础上。

第一,现代学校法人制度。学校处于纷繁复杂的社会关系之中。既包括学校内部的社会关系,也包括学校外部的社会组织和个人之间的关系。随着我国社会主义市场经济体制的不断完善和发展,学校与外部社会组织和个人的关系也日益丰富和发展起来,学校面临的社会环境问题也变得更为复杂多样。学校在处理这些复杂多样的社会关系的时候,就需要明确其法律关系主体地位,才能更好地履行学校的法律义务,更好调整与其他法律关系主体的关系,学校也才能在法制轨道上健康发展。尽管早在1995年颁布的《中华人民共和国教育法》就明确规定了学校法人地位,然而,从目前我国的教育改革实践来看,学校法人制度的建设任务仍然艰巨。一方面,现有的法律对学校与政府、学校与社会等学校与外部诸要素的法律关系界定仍不清晰;另一方面,学校的内部法人治理结构尚不完善。

第二,清晰的现代学校产权制度。产权是指社会生活中的个人或组织按照法律对财产(有形的与无形的)的权利,它包括资产的所有权或归属权、使用权、支配权、收益权等在内的一系列权利。学校是一个独立的以提供各种形态的教育产品为特征的社会组织,作为一个独立的社会组织,学校必须是独立的财产主体,即拥有独立的产权。所谓产权清晰,至少要包含几方面内容:产权数量清晰,产权构成比例清晰,产权的登记手续与归属清晰,产权流转程序清晰,产权的增值或减值程序清晰等[4]。

第三,健全的学校自主发展制度。从发展主体来看,学校发展包括三个层面,即学生的全面发展、教师的专业发展和学校的可持续发展。建立以校本管理为基础的学校自主发展制度,主要包括四个方面:一是学校自主。包括财政自主、人事自主和课程自主。二是参与管理与共同决策。三是权力制衡。教育管理权从教育行政部门下放到学校层面,需要对学校权力进行有效的制衡,以保证学校权力的有效使用。四是绩效责任。学校教育绩效责任制,以学校为责任主体,从学校所要协调的责任关系角度,分为内部和外部绩效责任制。前者是学校必须建立起学生、教师和管理人员之间的内部责任关系;而后者指学校对学校外部组织和个人负责,这些外部组织或个人能给学校提供政治支持、资金支持、办学咨询以及其他服务等。

(二)混合制民办院校办学体制探讨

所谓混合制民办院校办学体制,指的是一种适应大众化教育和社会主义市场经济体制、政治体制、科技体制改革的内在要求,以学校产权制度改革为核心,以学校法人治理制度为主体,以教育管理专家经营为表征,以学校组织制度和管理制度以及新型的政校关系为主要内容的新型混合制民办院校体制[5]。作为一个独立办学主体,学校的内部治理结构可借鉴现代企业治理的经验,即建立股东会、董事会、监事会、校长、教代会及学生家长会等组织结构,实行董事会领导下的校长负责制,各机构之间既能各司其职、各负其责,又能相互联系、相互制约,各自的职能如下:

1. 股东会

是学校的最高决策和权力机构,负责对学校的生存和发展、教育思想、教育规划、经营战略、利益分配、董事会人选、监事会人选、学校章程以及其他重大问题做出正确决策。

2. 董事会

由股东会选出的董事组成,是股东会领导下的学校决策和管理的中枢机构,是股东会闭会期间的最高权力机构和行使股东会职权的常设权力机关,对学校的发展经营计划、校长的聘任与解聘等进行决策。

3. 学校党委

由省委教育工委派驻学校行使政治领导与监督的政治核心组织。

4. 董事长

根据在不同的办学主体与模式中投入的资金多少,由占比重最大的个人或团体担任。

5. 监事会

是由股东会选出的学校监督机构,与董事会并立,代表股东会对学校的董事、经营管理者履行职务时的行为进行监督,以及监督教育教学行为是否符合社会主义办学方向等。

6. 教代会

是全校教职工民主选举产生的民主与监督机构,对学校董事及董事会、校长及校长机构的全体成员进行民主监督,以及维护自身的合法权益。

7. 学生家长会

有权参与股东会、董事会及监事会,行使自己的权力,并保障自己的合法权益。

8. 校长

由董事会选举任命产生,是学校的行政总长,代表学校行使学校法人的权利,行使对学校法人财产的经营管理权,并对董事会负责。

参考文献:

[1] 沈剑光. 对"混合制学校"有关问题的思考[J]. 教育研究,2007(9).
[2] 浙江省台州市椒州区教研课题组. 多元办学体制下的制度设计与运行研究[EB/OL]. http//www.jjedu.net/? a=4314.
[3] 谈松华. 民办教育发展模式与制度选择[J]. http//www.people.com.cn/GB/kejiao/39/20030407/964824.html.
[4] 康永久,吴开华. 多元办学体制的现实问题及其应对[J]. 红旗文稿,2003(16).
[5] 张鄂."混合制民办院校"的特点、优势、现存问题及可持续发展研究[J]. 教育教学论坛,2015(6).

作者:黄詹媛,西安外事学院讲师,教育学博士;张鄂,西安外事学院教授,西安汽车工程学会副理事长。

(原载《民办教育研究》2015 年第 5 期)

民办高校教育质量的价值取向及提升策略

陈 静

摘　要：经过30余年扩张式发展,民办高校站在了新的起点上,提高教育质量是持续发展的唯一路径。近年来,高等教育改革的不断深化和生源的逐步减少,对民办高校教育质量提出了不小挑战。社会、政府和民办高校自身这三个主体对教育质量有不同的价值取向,关键是要在三者之间找到平衡点。只有树立辩证统一的质量观、坚持非营利性办学、构建以师生共同发展为中心的质量保障体系,才能有效提升民办高校的教育质量。

关键词：民办高等教育；民办高校；教育质量；价值取向；质量管理

民办高校经过30余年的扩张式发展,从规模发展转向内涵发展,其中人才培养质量的重要性愈发凸显。面对社会公众对高等教育质量越来越强的诉求,民办高校若想获得可持续发展,必须加强核心竞争力,努力提升教育质量。近年来,随着高等教育改革的不断深化和生源的逐步减少,社会、政府和高校自身都对教育质量提出了新的要求。

一、基本概念的界定

(一) 高等教育质量

《教育大辞典》将教育质量诠释为："教育水平高低和效果优劣的程度……最终体现在培养对象的质量上……衡量的标准是教育目的和各级各类学校的培养目标。前者规定受教育者的一般质量要求,亦是教育的根本质量要求；后者规定受教育者的具体质量要求,是衡量人才是否合格的质量规格。"[1]1998年首届世界高等教育会议通过的《21世纪高等教育展望和行动宣言》指出,要"考虑多样性和避免用一个统一的尺度来衡量高等教育质量"。① 国际标准组织(ISO)对高等教育质量定义为"明确有价值的学习目标并使学生达到这些目标"。[2]高等教育大众化的发展前提是多样化,多样化的高等教育应有各自的培养目标和规格,从而也应有多样化的教育质量标准。[3]可以说,高等教育质量指"高等教育的属性是否满足高等教育主体的需要及其满足程度"。[4]高校的教育教学活动就是人才培养活动,而高校是面向社会办学的,因此高等教育质量是高校在特定的教育环境下,其过程

---

① 《21世纪高等教育展望和行动宣言》第11条。

和结果满足社会需求、学生发展以及高等教育自身有序运作的明确或蕴涵需要能力的特性的总和。[5]

（二）民办高等教育质量

对民办高校而言，其质量取决于民办高校人才培养目标对于各利益相关者的适切性，即目标的适应性；学校如何并多大程度上达成了目标，即对目标的适应性。正如《阿拉伯国家宣言》所指出的："没有适切性的质量毫无意义。"[6]

因此，民办高校的教育质量标准包含以下因素：民办高校所处的特定环境，即政府、市场、学生等利益相关者对民办高等教育的要求和期待；民办高校的培养目标，即民办高校科学定位、设定的人才培养目标；民办高校为实现人才培养目标所实施的教育教学活动；民办高校人才培养目标的实现程度。

二、国家政策和生源危机倒逼民办高校提高教育质量

《国家中长期教育改革和发展规划纲要（2010—2020 年）》第二十二条提出，"促进高校办出特色，建立高校分类体系，实行分类管理"，明确高校要办出特色、提高质量。2012 年教育部《关于全面提高高等教育质量的若干意见》从高等教育内涵发展出发，要求高校合理定位、各展所长，在不同层次和不同领域办出特色、争创一流。2014 年教育部《关于地方本科高校转型发展的指导意见（征求意见稿）》明确，要"引导和推动部分地方本科高校向应用技术类型高校转型发展"，提高质量，提升服务区域经济社会发展的能力和水平。

生源是民办高校生存的命脉，只有依靠质量才能保障生源数量，才能从高等教育适龄人口总数持续下降的困境中突围，实现可持续发展。目前，我国高等教育适龄人口呈现下降趋势，高校生源也出现多向分流的状况。一是国内生源的减少。据教育部《全国教育事业发展统计公报》数据显示，从 1999 年到 2008 年，全国高考报名人数逐年增加，自 2008 年以后，虽然在 2014 年全国高考报名人数略有回升，但总体上逐年降低，然而高考录取率基本上保持持续上升态势，这对民办高校来说无疑是雪上加霜。① 同时，大部分民办高校不能享有公办高校的政府补贴，学费比公办高校高得多，使得民办高校招生陷入艰难境地。二是国际或地区生源的争夺。经济全球化带来的高等教育全球化加剧了高等教育的市场竞争：我国港澳台地区的高校分别自 1998 年、2008 年和 2011 年起在大陆招生；受金融危机的影响，国外高校也纷纷涌入中国，通过海外招生来摆脱困境。在此背景下，我国民办高校只有不断提高教育质量，才能避免在生源抢夺大战中惨遭失败。

三、民办高校教育质量的价值取向

随着高等教育大众化，现代大学走出"象牙塔"，从社会边缘走到社会中心，[7]与师生成长、社会进步以及国家建设之间的联系越来越紧密。民办高校面对不同的主体，表现出不同的价值取向。

---

① 根据中华人民共和国教育部历年的《全国教育事业发展统计公报》整理而成。

(一) 社会为主体的"市场"价值取向

民办高校在市场经济的背景下孕育而生,因此对市场具有较高的灵敏度。它以市场需求为依据,以就业为导向,着眼于地方经济和区域经济社会发展,突出发挥着"服务社会"的功能,努力提高学生和社会的认可度。与公办高校相比,民办高校的运行机制表现出更明显的市场化,民办高校教育资源的配置主要依据市场,教育产品的价格基本由办学成本和产品(学生)在市场上的供求状况来决定。然而,我国的市场经济仍处于逐步完善的过程中,民办高校依赖的市场机制不完善,并且市场机制自身存在着固有的缺陷,市场调节民办高校的过程中会存在市场失灵现象。[8]美国著名经济学家萨缪尔森就曾指出:"市场不是理想的,存在着市场失灵。"[9]而且由于教育产品的公共性、外部性、服务规模效应以及信息的不对称性等特点,市场在调节民办高等教育的经营过程中必然会存在失灵现象。[10]一方面,一些民办高校片面理解面向市场办学,被动地跟在市场后面跑,设置社会急需且收益高的热门专业,如外语类、经贸类、管理类、信息与计算机类等,出现了一些问题:一是专业设置重复,同构化现象普遍,没有办学特色;低投入的专业布点过多,市场需求趋于饱和。二是追逐实用主义,短期行为严重,缺乏长期规划,且培养的学生理论基础薄、知识面窄,缺少发展后劲。另一方面,部分民办高校存在虚假宣传、违规招生和就业率高但就业质量低等问题。因此,民办高校要将市场规律和教育规律有机结合起来,充分发挥市场的调节作用,同时通过政府干预弥补市场缺陷,纠正市场失灵,避免人才的结构性失调和教育资源的浪费,有效保障民办高校教育质量。

(二) 政府为主体的"权力"价值取向

一方面,由于办学起点低、办学历史短,加上受传统的"等级"制度和"身份"标签的影响,民办高校社会影响力不大,而高等教育消费者对民办高校所能提供的服务质量的评价主要来自于政府的官方信息,因此政府只有认可了民办高校,才能通过媒体等公共平台发布更多的关于民办高校教育质量的信息。另一方面,目前能够获得政府经费资助的民办高校并不多,且资助金额与公办高校相比甚微;民办高校教师没有享受到与公办高校教师相同的权利和福利待遇。因此,民办高校只有提升办学质量,增强为社会服务的能力,才能扩大影响力,提升社会地位,得到政府更大的支持,从而实现可持续发展。组织认同相关研究表明,处于不利位置或者底层的组织,会更加倾向于采纳和接受组织外部的规范,从而获得外界认可。[11]《教育法》和《民办教育促进法》等相关法律都明确规定了政府对民办高等教育行使教育管理职能。为此,中央和地方政府通过各种法律、法规、条例来鼓励和扶持民办高校的发展,同时也注重对民办高校办学规范和质量的监督。

2012年1月,教育部办公厅印发了《关于开展普通高等学校本科教学工作合格评估的通知》,将民办高校正式纳入评估范围。该通知的出台和实施,无疑会促进民办高校教学条件的改善和教学水平的提高。随着评估的牵引和政策的助推,民办高校将逐渐主动向政府规则靠拢。然而,政府对民办高校的干预体系还不健全,存在干预过度、干预缺乏和干预不足的问题。[12]首先,由于政府是公办高校的举办者、管理者和办学者,对民办高校难免存在歧视,过度干预会造成对民办高校的束缚。其次,政府对民办教育第三方组织培育不够,得到政府审批和认可的民办高等教育第三方组织数量少,且缺乏权威性和凝聚力,无法对民办高校实施监督,也不能公开、公正地对民办高校教育质量进行发布。对于民办高校教育服务的消费者来说,民办高校教育质量信息还是缺失的。最后,虽然政府越来越注重对民办高校的扶持,但相比公办高校仍显示出扶持力度不足、政策和法规落实不到位等问题。因此,政府应利用好"权力"指挥棒,对民办高校进行适时、适事、适度的干预,加强对民办高校的政策扶持,扩大他们的办学自主权,使其充分发挥机制优势,走特色办学道路,提升教育质量。

(三)学校为主体的"效益"价值取向

与公办高校不同,我国民办高校目前主要依靠学费办学,经费来源渠道单一,只有少数民办高校有政府少量经费资助,民办高校要持续发展,不得不追求效率和经济利益。这种自筹经费、自负盈亏、自主办学的办学模式,决定了不少民办高校办学者的趋利性,力求用最低的投入获得最好的教育效果。在办学过程中,有的民办高校过于追求经济效益,忽视、淡化社会效益,把学校资金集中在招生、硬件设施等方面,在师资队伍建设、专业建设和教学管理等方面投入不足,导致教育行为失范、教育质量无法保障。事实上,民办高校的社会效益和经济效益并不是不可调和的一对矛盾。良好的社会效益能吸引充足的优质生源,获得政府的政策支持,取得良好的经济效益;同时,通过提高资金使用效率实现经济效益,可以进一步加大教学投入,提升教育质量,实现社会效益。因此,民办高校应走内涵发展的道路,苦练内功,增强软实力,通过提高教育质量和社会声誉,争取获得政府资助和社会捐资。同时,应注意开源节流,通过科学管理实现学校的高效运作,使民办高校在实现社会效益的同时兼顾经济效益。

市场、权力和效益是影响民办高校教育质量的主要力量,表现了民办高校教育质量标准的外适性。民办高校教育质量提升的过程是外部因素博弈的过程,关键是寻找到市场、权力和效益之间的平衡点。

四、提高民办高校教育质量的建议

(一)树立辩证统一的质量观

首先,民办高校的教育质量应该是具有特色的质量。特色办学是民办高校符合教育发展规律、适应社会发展需要、满足各利益相关者需求的必然路径,只有提供有特色的教育服务,民办高校才能生存和发展。因此,不能简单地用一个标准来评价民办高校的教育质量。其次,民办高校教育质量具有一般性。不能片面地理解民办高校教育质量的特色化而忽视学生基本素质的培养,造成人才培养质量的缺陷。正如潘懋元先生对教育质量标准的理解:"教育质量标准分成两个层次,一个是一般的基本质量要求,另一个是具体的人才合格标准。对高等教育来说,前者所指的是一切高等教育,都要依据我国教育目的和高等教育一般培养目标,培养德智体美全面发展,人文素质和科学素质结合,具有创新精神和实践能力的专业人才;后者所指的是依据各级各类高等教育的培养目标所规定的质量要求,是衡量所培养的人才是否合格的质量规格。"[13]因此,民办高校必须树立一般性和特色化辩证统一的民办高校教育质量观,在符合高等教育一般质量的基础上,发挥体制优势,办出特色,提升民办高校教育质量,促进民办高校的持续、健康发展。

(二)坚持非营利性办学

以美国"常青藤盟校"为首的哈佛大学、耶鲁大学、斯坦福大学等8所私立高校,无一不是非营利性的,他们必须遵守"剩余约束",即教育教学、科研以及其他活动获得的利润只能用于学校的发展,在一定程度上保证了教育教学的经费投入和教育质量。与国外私立高校相比,我国民办高校具有特殊性,即相较于国外私立高校的捐资办学为主,我国民办高校以投资办学为主。虽然一些投资者希望既从事公益性事业,又能够获取一定的合理回报,但应鼓励更多的民办高校以高尚的情怀和公益精神,坚持公益性办学,将办学盈余全部投入到学校的发展上去。相关政府部门和越来越多的民办高校办学者意识到非营利性办学的重要性,于2013年12月成立了"教育部非营利性民办高校联盟"。[14]至2015年4月联盟召开第二次工作会议时,成员单位已扩大至74所高校。[15]可见,越来越多的民办高校加入到了非营利性办学的队伍中,追求更高的教育质量。

(三)构建以师生共同发展为中心的质量保障体系

在高校内部,教育教学质量归根到底是两个主体的质量,即学生和教师的质量。民办高校在两个主体上更具特殊性:一是生源质量。民办高校生源在高考录取批次中一直靠后,对其人才培养质量的判断可通过毕业生反馈来体现。毕业生反馈是学生学业成果、能力和素质水平的客观反映,直接影响着民办高校的社会声誉以及生源数量和质量。民办高校生源的特殊性决定了它要更加关注学生的价值取向,倾听学生的诉求,关注学生的发展,注重学生的学习过程和学习成果。二是教师质量。研究表明,教师的教学质量与学生的学业成果具有直接关系。[16]作为教学活动的主体,教师发展是民办高校教育质量提升的动力源。因此,要关注教师的专业发展,将教师发展和质量提升统一起来,使二者形成良性循环。为此,民办高校要围绕师生发展建立内部质量保障体系,形成教师、学生和学校共同发展的格局,促进教育质量的提升。

在地方高校转型和生源危机的"倒逼"下,民办高校教育质量不仅是政府、社会、家长和学生对民办高校的诉求和期待,更是民办高校生存的唯一出路和实现可持续发展的决定性因素。民办高校教育质量提升的关键在于民办高校自身,要真正转变思想,树立科学的质量观,坚持非营利性办学,建立以两个主体为中心的质量保障体系,才能提升教育质量。同时,民办高校作为高等教育体系的重要力量,迎合了我国高等教育大众化的需求,满足了高等教育选择的需要。政府应扶持能够提供高质量教育的民办高校,优化公办、民办高校共同发展的高等教育生态环境,以实现高等教育强国的目标。

参考文献:

[1] 顾明远.教育大辞典[Z].上海:上海教育出版社,1998:29.
[2] Gola M M, Premises to Accreditation: A Minimum Set of Accreditation Requirements, in: Accreditation Models in Higher Education Experiences and Perspectives, in: ENQA Workshop Report 3,

European Network for Quality Assurance in Higher Education,Helsinki,2003,pp. 25 - 31.
[3] 潘懋元.高等教育大众化的教育质量观[J].中国高教研究,2000(1):10.
[4] 史秋衡,王爱萍.高等教育质量观:从认识论向价值论转变[J].厦门大学学报(哲学社会科学版),2010(2):72.
[5] 熊志翔.高等教育质量保障概念辨析[J].佛山科学技术学院学报(社会科学版),2009(4):42—43.
[6] UNESCO. Higher Education in the Arab Region(1998—2003)[M]. Documents Prepared by UNESCO Regional Bureau for the Arab States,Paris,UNESCO,2003a.
[7] 提升大学竞争力,促进区域经济发展[G].科学发展观和中国高等教育——2005年高等教育国际论坛论文汇编(2005年).
[8] 李钊.论民办高校办学风险防范中的政府责任[J].中南大学学报(社会科学版),2006(6):420.
[9] 萨廖尔森,诺德豪斯.经济学[M].北京:首都经济贸易大学出版社,1997:20.
[10] 刘岩岩.论民办高等教育市场失灵与政府干预[J].湖南涉外经济学院学报,2013(2):13.
[11] Hsu G,Hannan M T,Identities,Genres,and Organizational Forms,*Frontiers of Organization Science*,*Laguna Beach*,2003,No. 11,pp. 7 - 9.
[12] 周宇凯.政府监管民办高校中的法律问题研究[J].法律与社会,2011(5):156.
[13] 潘懋元.高等教育大众化的教育质量观[J].江苏高教,2000(1):7.
[14] 非营利性民办高校联盟成立大会举行　鲁昕出席[N].2013 - 12 - 13,http://www. jyb. cn/high/gdjyxw/201312/t20131213_563285. html.
[15] 非营利性民办高校联盟扩大至74所[N].2015 - 04 - 10,http://jl. people. com. cn/n/2015/0410/c349771-24450853. html.
[16] Kember D,A Reconceptualization of the Research into University Academics' Conception of Teaching,*Learning and Instruction*,1997,No. 7,pp. 255 - 275.

作者：陈静,吉林华侨外国语学院文学院副教授,东北师范大学博士研究生。

（原载《浙江树人大学学报》2015年第6期）

通识教育在民办本科院校人才培养中的意蕴及其实践

蔡晓鸥

摘 要：基于民办本科院校的生源特点及其培养目标，分析通识教育对民办本科院校人才培养的作用，并提出通过设置科学的通识教育课程，落实各门通识课程在实现有效通识教育中的角色。同时，强调通识教育应贯穿于整个大学期间，以推进民办本科院校人才培养目标的实现。

关键词：民办高等教育；民办本科院校；通识教育；应用型人才；办学定位

通识教育就其本质而言，是一种促使人的主体性与客体情境建立互为主体性关系的教育，也就是一种完成人之觉醒的教育。[1]本文基于民办本科院校的生源特点以及人才培养的目标，研究通识教育对民办本科院校人才培养目标的作用以及以通识教育课程建设为核心贯穿于整个大学期间的通识教育实践。

一、通识教育的概念和意义

通识教育是"General Education"的译名，也有学者译为"普通教育""通才教育"或"一般教育"等。自19世纪初美国博德学院（Bowdoin College）的帕卡德（Parkard）教授第一次将它与大学教育联系起来之后，越来越多的人对它产生了浓厚的兴趣并进行了深入研究，但其教育理念在过去一个半世纪中始终未达成共识。直到哈佛大学《自由社会的通识教育》这一著名报告的出现，才给出了具有现代意义的美国大学通识教育的阐释。该报告提出，通识教育旨在把学生培养成健全的个人和负责任的公民，并明确其目标为：一要教育学生为承担公民职责做好准备；二要让学生能够从道德伦理维度理解自己的言行；三要教育学生能够批判性地和建设性地回应变革；四要让学生明白他们既是传统艺术、观念和价值的产物，也是其参与者。[2]

可以看出，通识教育不但是大学的一种教育理念，更是一种人才培养模式。具体而言，它包括学校的人才培养目标、专业设置、教与学的方式、学业评估以及学生管理等一系列内容，旨在对学生进行价值观的引导、思维方式的训练、历史意识及科学素养的培育、人文关怀的养成等。它是建立人的主体性、整合性的教育，是使人成为一个"人"的教育过程，这种对"人"的教育涉及知识、价值和行为三个层面。[3]通过通识教育，加强文理渗透，扩大学生的知识面，帮助学生形成整体的知识观，在面对复杂问题时能打开思路，进行多角度、全方位的分析与判断。同时,有助于学生将在校所学的知识与毕业后的生活进行连接,了解世界的复杂性及个人在其中的角色,使学生在态度、情感及价值观方面得到和谐、全面的发展,从而促进健全人格的培养。实现通识教育的目标要着眼于一种先进的教育理念,并落实于具体有效的教育实践。

二、通识教育对实现民办本科院校人才培养目标的作用

在高校生源竞争日益激烈以及就业趋势愈发严峻的现实背景下,大学本科教育出现了过度"专业化"等问题。通识教育被引入到中国,旨在改善人才培养质量以及素质教育成效。为了真正实现通识教育的目标,必须结合我国国情,从大学发展状况及目标定位出发,研究与自身办学思想、办学特色和办学定位相一致的通识教育。以高级应用型人才培养为目标的民办本科院校的通识教育,应立足于生源特点及学生的发展方向,汲取市场经验与社会需求,在高校系统内部和外部同步配套落实,确立个性鲜明的办学理念并形成自身的办学特色。

(一) 符合民办本科院校的生源特点

民办高校是我国教育体制改革的全新产物。随着大众化教育的不断深入,民办高等教育已名副其实地成为教育事业发展的重要增长点和促进教育改革的重要力量。截至2015年5月,我国民办高校已有722所,分布在全国30个省(市、自治区)。[4]这无疑为更多人提供了接受高等教育的机会,为国家储备了一定的专业人才。同时,这一由"更多人"组成的民办高校生源相较于公办高校是独具特色的。

1. 录取批次靠后,录取分数低。相比同层次的公办本科院校,民办本科院校学生的录取批次靠后,录取分数相对较低,因而他们的综合素质相对偏差,给教学和学生工作带来了更多的挑战。民办本科院校有必要通过通识教育对学生进行"补习",尤其要注意写作表达、知识广度以及探索思考等方面能力与素质的"补习",因为这对学生专业课程的学习以及就业后能力的拓展至关重要。就高考成绩而言,它不能完全代表学生的智力水平,更多的与学生在高中期间学习的努力程度与学习方法有关,而这正是民办本科院校实施通识教育首先要解决的问题。精心选择通识课程的教学内容与教学方式并进行有针对性的教学,有利于建立良好的班风和学风,也有利于激发学生的学习热情和培养持之以恒的探索精神。

2. 家庭收入高,就业压力小。民办本科院校实行成本收费制,学费相对较高,所以绝大多数学生来自于经济条件较好的家庭。这些学生往往缺乏吃苦耐劳的精神,学习不认真,责任感较弱。不过,相对优越的经济条件也为学生提供了更多的就业选择或是更好的创业条件及创业机会。如何利用这一有利条件?可通过让学生在更多的知识体验上了解自身的优缺点,寻找兴趣点并加以培养,激发潜在的学习能力,培养吃苦耐劳的精神以及责任感,而这些均需要通过通识教育加以解决。

3. 活动参与度高,自我中心意识强。民办本科院校学生普遍喜欢参加各种活动,其中不乏艺术、体育等特长生,他们颇具主见,表现出较强的社交能力和协调能力,但心理素质

相对较差。作为独生子女一代的大学生,特别是家庭经济条件相对较好的,大多具有自我中心意识强、自律意识差等个性特征。他们不愿意听别人指挥,服从性不强,自理和自控能力相对较差。因此,要鼓励学生参与各种活动,并在各种活动中加强学生的集体意识、团队精神,这是通识教育极力主张的一个方面。

综上所述,针对民办本科院校高层次应用型人才培养的目标及其生源特点,要培养出高层次应用型人才,有必要实施通识教育。首先,通识教育有助于弥补民办本科院校学生的知识短板,提高他们写作表达、探索思考等能力,为大学的学习以及今后的发展打下坚实的基础。其次,通过通识教育,加强文理渗透,扩大学生的知识面,使知识融会贯通,并有意识地将教育内容与学生的生活经验联系起来,使学生具备"应用型人才"所必须具有的基本素养。最后,通过通识教育,学生的道德观和价值观得以升华,独立思考和继续学习的能力得以培养,人格得以全面发展。

(二) 有利于形成民办本科院校的办学特色

随着我国高等教育大众化程度的进一步提高、生源数量的不断减少,加上产业升级、社会转型等一系列外部因素的影响,特色办学成为民办本科院校得以持续发展的一大法宝。办学特色是办学实力的一种体现,更是办学质量的另一种解读。民办本科院校只有找准定位,树立品牌意识,扬长避短,彰显办学特色,才能在激烈的高校竞争中占据一席之地。

从民办本科院校的生源特点来看,培养高级应用型人才已成为民办本科院校的普遍选择。但是,何为应用型人才,何为高级应用型人才,如何培养高级应用型人才?这一系列问题是每一个民办高校教育工作者必须弄清楚的。周远清等认为:"所谓应用型人才,是相对于高精尖理论型人才、学术型人才而言的,是指掌握直接应用型知识和具有更具体实践能力的人才。以培养这样的人才为使命的教育体系,就是高等教育应用型人才培养体系。"[5]在产业不断升级的过程中,知识更新、技术刷新的周期越来越短,各学科之间相互合作、渗透、分化和共鸣的程度也随之提高,对于未来的应用型人才的要求一定是全方位的。所以,本科学历及以上的高级应用型人才不仅要有广博的视野、相当的理论知识与创新应用能力,而且要有很好的沟通、协调与合作能力,从而彰显个人的人格与能力特质。尽管民办本科院校生源质量逊于公办本科院校,但也有其自身优势,通识教育就有利于发挥这些优势。此外,在大学专业日益趋同、专业技能基本一致的情况下,民办本科院校除了汲取市场经验、优化师资队伍建设从而提升专业培养质量外,必须扎根于生源基础,通过通识教育培养有异于其他学校特质的高级应用型人才,或"认真务实",或"灵活创新",或"坚忍勤勉",并让这种特质在毕业生身上打下"烙印",由此树立学校品牌,形成良好的社会口碑。

三、基于民办本科院校人才培养目标的通识教育实践

通识教育的目标可简要归纳为:培养交流能力,扩展知识面,形成文化道德意识和独立判断力。以高级应用型人才为培养目标的民办本科院校要想真正实现这一目标,必须

从自身的实际出发,围绕生源特点、培养目标以及力求实现的办学特色等形成完备的通识教育体系,积极发挥通识教育在人才培养过程中的作用。

(一) 科学的课程设置是关键

为实现通识教育对应用型人才培养的特定目标,设置科学的课程是实施通识教育最为关键的载体。根据民办本科院校学生的认知规律、实际认知水平及学习能力,通识课程的设置需要有一定的广度、适当的深度并形成一个科学的有机整体,逐步实现既定的学习目标。所以,这一课程体系的设置需要有制度保障。比如,学校可成立专门的通识教育管理及实施机构,由学校高层管理者直接参与领导,成员可由教务处、担任通识课程的教师、其他专业的教师代表和部分学生代表组成。组织具有教学实践经验的一线教师负责课程设置、内容编排并加以深入研究,研究成果经由通识教育管理及实施机构充分讨论后加以落实。一般而言,课程体系的构建不仅涉及课程内容的选择、课程标准的制定、教材的编写以及课程评价指标的确定等环节,更要对各门通识课程进行整体规划,明确各个课程在系统规划中的作用,建立不同领域知识之间的内在联系,制作课程地图,引导学生开展有效学习,从而打破学科壁垒,使学生得到系统的心智训练。

(二) 落实通识课程的角色与定位

通识课程的具体内容区别于专业教育,它力求使学生在人文科学、自然科学和社会科学三大领域得到相对均衡的学习,从而统领学生在本科教育的所有方面,包括学术基础、社会适应性、伦理道德价值观的形成和发展。但是这并不意味着开设哪方面的课程,学生就能直接获取相应的素质和能力。为真正落实各门课程,首先要努力增强通识教育的师资力量,根据民办本科院校学生的学习特点,改革教学方法,做到因材施教。正如哈佛大学前校长德瑞克·博克所呼吁的,要不遗余力地增强通识课程的师资力量。他认为:"如果有大批才华横溢的教师加入,那么自然科学课程、历史课程或文学课程将成为学生大学生涯中最难忘的课程之一。"[6]其次,以课程目的为主线,注重培养过程,开展培养过程分析,并设置以课程角色为导向的针对性考核机制。从各门通识课程的教学目标出发,制定通识课程教学评价标准,这一评价标准倾向于对学生自我学习能力、独立思考能力、理性分析能力、广泛兴趣和高尚人格形成的评价。因为从本质上来讲,培养学生良好的推理能力、表达能力、组织能力、创新能力、审美能力以及优秀的道德品质,是通识教育的终极目标。把握学生的学习动态,科学评价各门课程在实施通识教育过程中的效果,以期在教学方法上不断精进,进而提高教学效果。只有真正落实了各门通识课程在整个通识教育系统中的角色与地位,才能真正实现通识教育的目标。

(三) 通识教育应贯穿于整个大学期间

作为一种人才培养模式,通识教育不仅要求学生学习本专业之外的知识和技能,而且应具有相对宽泛的专业教育。特别是对于高级应用型人才的培养而言,狭窄的专业教育远不能满足学生对专业知识深入理解与灵活运用的要求,专业能力的培养和专业素质的养成更是需要适度的跨界教育。在学生具备一定的专业能力后,开展相应的专业拓展课对于学生的专业学习能起到事半功倍的效果。所以不能人为地把通识教育与专业教育割裂开来,比如通识教育在大学前两年结束,后两年安排专业课程。通识教育既要自成体系,又要与专业教育相互补充。没有通识教育的专业教育是苍白无力的,没有专业教育的通识教育则是空洞无物的,因此通识教育应贯穿于整个大学期间。

参考文献:

[1] 黄海.当前我国通识教育的困境与突破[J].现代教育管理,2014(4):34.
[2] Report of the Task Force on General Education [R/OL].2007-02-07.http://www.fas.harvard.edu/~secfas/General_Education_Final_Report.pdf.
[3] 黄俊杰.大学通识教育探索:台湾经验与启示[J].台湾地区通识教育学会,2002.
[4] 中商情报网.2015年中国民办高校最新盘点[R/OL].2015-05-23.http://www.askci.com/edu/2015/05/23/2259570iy4.shtml.
[5] 周远清.迈向新世纪的高等教育[M].北京:高等教育出版社,2003:84.
[6] 博克.回归大学之道[M].上海:华东师范大学出版社,2008:52.

作者: 蔡晓鸥,女,浙江瑞安人,教授,浙江树人大学基础部教研室主任。

(原载《浙江树人大学学报》2015年第6期)

民办学校教师队伍建设面临的问题及其成因

周海涛 景安磊

摘　要：分析民办学校教师的社会地位不高、待遇保障不足、职称评聘不畅、参与管理不够等问题，把握其适用依据不一、规范问责乏力、发展空间受限、制度机制不全等原因，有助于采取根本措施，加强民办学校教师队伍建设，推进民办教育健康发展。

关键词：民办学校教师；教师地位；教师待遇；教师队伍建设

教师队伍是民办学校健康发展的关键力量。近年来，面对教育领域全面深化改革的新形势，很多地方政府和不少民办学校出台了有关教师队伍的新政策新措施，不断加强教师队伍建设投入力度，在推动民办学校教师发展上取得了新进展，但仍未从根本上解决民办学校教师社会地位不高、待遇保障不足、职称评聘不畅、参与管理不够等问题。究其原因，不乏民办学校教师权益适用法规依据不明，利益相关者不敢担当，遇到矛盾和问题选择性地绕道走；应对新挑战的办法不当，用公办学校教师的办法解决民办学校教师的问题；民办学校教师权益的制度机制不健全，政策长期得不到落实。

一、社会地位不高，适用依据不一

当前，有些民办学校不是人们接受的优先选择，尤其是一些民办高校，大多是没有希望考入质量更高的公办高校或重点高校的考生的一种无奈选择，很多高校毕业生也不愿意去民办高校工作。无庸置辩的是，民办学校教师社会地位较低，与公办学校教师相比，法律身份不平等。有些民办学校教师表示："当走出校园到社会上，我还是感到被差别对待，不被认可或被歧视，自己和公办学校教师站一起，也没有太足的底气，总感觉'低人一等'。"

其一，政府对民办学校教师队伍建设和权益保障扶持力度不足，举办者（出资人）和学校管理者对教师的重要作用和地位认识不到位，社会和民众对教师地位的认识也有待提高。一些地方政府和教育行政管理部门对民办学校教师队伍建设和权益保障的重要意义认识不足，思想观念上仍存在"民办教育是权宜过渡、拾遗补缺，民办学校相当于20世纪80年代的个体户，民办学校教师相当于企业员工，可多可少"的观点。社会和民众对民办学校的管理体制、运行机制、收费标准等理解不够，把民办学校视为举办者（出资人）的私人产业，因此也戴着"有色眼镜"看民办学校教师，视其为"老板和企业的员工"。

其二，民办学校法人属性不清，影响教师的身份地位。引发民办学校教师身份地位权益不能实现的根本原因在于民办学校"民办非企业单位法人"的模糊性质，以及现有相关法律法规之间的互相冲突。我国《民法通则》将法人属性分为四类：企业法人、机关法人、事业单位法人和社会团体法人（第六届全国人民代表大会第四次会议通过中华人民共和国民法通则，1986）。其中，事业单位，是我国特有的社会组织称谓，指"国家为了社会公益目的，由国家机关举办或者其他组织利用国有资产举办的，从事教育、科技、文化、卫生等活动的社会服务组织"（国务院令252号事业单位登记管理暂行条例，1998）。我国事业单位主要分为三类：承担行政职能的事业单位、从事生产经营活动的事业单位和从事公益服务的事业单位。从法人性质上看，我国公办学校显然属于事业单位法人。因此，公办学校正式聘任的教师享有"事业编制"，即成为"编制内"的人，属于"干部身份"。"编制"也是我国特有的名词，指组织机构的设置及其人员数量的定额和职务的分配，有财政拨款的编制数额由各级机构编制管理部门确定，政府各级财政部门根据编制拨款，组织人事部门根据编制调配人员，主要分为行政编制（公务员）和事业编制。因此，"编制"是财政预算的重要概念，是财政预算能提供的公共岗位。公办学校教师属于事业单位编制的职工，其薪酬待遇、社会保险等由政府财政全额或差额拨款，保障性更强，相当于"铁饭碗"，"编制"实质上意味着资源的配置。

相比较而言，民办学校属于哪种类型的法人，相关法律法规并没有做出明确规定。根据对"事业单位"和《民法通则》四类法人的界定，民办学校显然不属于机关法人、事业单位法人和社团法人，《民办教育促进法》把民办教育定性为公益事业，不得以营利为目的，因此在实际操作过程中也不能简单将民办学校登记为企业法人。目前，多数从事学历教育的民办学校（包括有一定营利性质的学校），在民政部门登记为"民办非企业单位"。实际上，该条例并没有和其上位法《民法通则》对接，由此造成民办学校的法人属性不能得到明确的法律认定，也致使民办学校教师与公办学校教师具有"同等法律地位"无法落实。因此，引发民办学校教师身份地位权益不能实现的根本原因在于民办学校"民办非企业单位法人"的模糊性质，以及现有相关法律法规之间的互相碰撞。

此外，民办学校教师身份地位权益实现牵扯利益众多，涉及多个部门，在缺乏有效统筹的情况下，难以真正实现。

二、待遇保障不足，规范问责乏力

随着教育优先发展战略的逐步实施，一方面，民办学校教师薪酬待遇与公办学校教师的薪酬待遇差距在加大。民办学校在发展之初，凭借灵活的市场机制和充足的民间资本，可以保证教师较高的薪酬待遇，但伴随国家财政性教育经费的不断增长，公办学校得到的财政性教育经费不断增加，公办学校教师绩效工资明显增长。民办学校教师原有的薪酬优势被逐步拉平，普遍低于公办学校教师工资收入，公办学校和民办学校教师的薪酬待遇差距不断加大。另一方面，民办学校教师薪酬设计存在缺陷，与新形势新要求不相适应。有研究者通过案例分析了民办高校教师薪酬制度后提出："我国当前民办高校教师薪酬制度设计不合理,随意性、人为性较大;福利薪酬体系缺乏科学性、可操作性和可持续性;民办学校间和学校内部不同教师群体间差异较大,同工不同酬的现象比较严重;薪酬激励水平较低,缺乏外部竞争力,工作量大、任务重但工资水平却较低。"[1]显见的是,民办学校教师薪酬待遇和社会保障不足,教师普遍缺乏职业安全感。当前,民办学校教师已成为我国教师队伍中越来越重要的部分,但是他们在付出辛勤劳动的同时,得到的却是与同级同类公办学校教师或与其教育背景和专业训练极不相称的薪酬待遇和社会保障。

其一,在民办教育发展实践中,民办学校举办者办学目的多样,对教师重视程度不一,部分举办者对教师队伍建设尤其是提高教师待遇缺乏实质性的举措,教师队伍存在不稳定、不安全因素。尽管现行法律对民办教育"营利性"目的是禁止的,但我们不能否认民办教育"营利性"行为的客观存在。有些民办学校的营利性办学行为或有营利性办学目的,有些举办者(出资人)想获得更多收益的利润最大化追求,致使教师福利待遇失去保障。同时,有的民办学校举办者(出资人)的办学启动资金和后续办学经费不能保证,学校缺少运行经费,囊中羞涩,没有能力再为教师待遇保障贡献力量,甚至有学校不能按时足额发放教师工资,为教师缴纳的各种社会保险按照最低标准执行,教师待遇保障受损严重。

其二,公办学校教师和民办学校教师参加社会保险采用"双轨制",始终是困扰民办教育发展的"老大难"瓶颈问题。目前,我国社会保险主要有五大险种:养老保险、医疗保险、失业保险、工伤保险和生育保险。养老保险是社会保险体系中最重要的险种,最能引起社会关注。从现有资料分析看,民办学校教师最关注退休后的养老金问题。目前,公办学校教师属事业编制,缴纳事业单位养老保险,民办学校教师则属于或等同于企业员工,购买的是企业社会保险,比公办学校教师缴费高且退休后领取工资差别很大。那么,公办学校教师缴纳和民办学校教师缴纳的养老保险到底有哪些差别呢?有分析认为,"民办学校登记为民办非企业单位后,其教师按照企业的标准参加社会保险,与同级同类公办学校教师相比,退休后的收入相差一倍以上"。这个观点也得到了民办教育研究学者的赞同。浙江大学吴华教授认为,"民办高校教师如果参加企业养老保险,企业职工缴纳的基本养老保险标准是上年度职工个人平均工资,个人缴纳标准是平均工资的8%,企业为职工缴纳职工平均工资的20%,参保缴费满20年后退休,养老金仅仅能拿到其退休前工资的36%,即使缴纳满30年后再退休,养老金也就只能拿到其退休前工资的44%;但是,民办高校教师如果参照同级同类公办高校教师参加事业单位养老保险,同为20年后退休,养老金便能拿到其退休前工资的70%以上,若是缴纳30年后退休,几乎可以拿到退休前工资的100%。因此,从比较中可以看到,公办高校、民办高校两种不同的养老保险参保体系,教师退休后的养老金领取额相差一倍以上"。

其三,由于缺乏监督问责机制,民办学校教师聘任违法违规现象时有发生,变相增加教师工作时间的行为普遍存在,教师的薪酬待遇和社会保险体系有待完善。例如,上海市民办高校教师队伍存在"学历低、职称低、收入低"的"三低"问题,而公办高校的经费投入不断增加,教师待遇尤其是退休后待遇远远高于民办高校。中小学实施绩效工资制度之后,民办中小学原本的在职收入优势也逐渐拉平,这直接影响到广大教师工作的积极性,影响到师资队伍的稳定。尽管上海实施了教师年金制度等相关措施,并督促举办者加大投入,改善教师待遇,但并未从根本上解决由于法人属性问题带来的教师保障体系问题(2014上海市教育委员会的上海推进民办教育分类管理情况汇报)。

此外,公共财政支持民办学校缺乏有效渠道也是造成民办学校教师薪酬待遇和社保权益受损的重要因素之一。近年来,中央和地方政府对民办学校的支持力度虽有加强,但由于公共财政预算中没有专门设立民办教育相关科目,公共财政缺乏有效渠道支持民办学校发展及其教师权益实现。

三、职称评聘不畅,发展空间受限

由于历史和发展的客观原因,有些民办学校自有专任教师学历和职称严重偏低,中高级职称比例较少,专业发展空间严重受限。

其一,与公办学校教师相比,民办学校教师在职称职务评聘、表彰奖励、申请科研项目、交流培训等方面,存在渠道不畅或者明显歧视的情况,尤其是民办学校校长及教师培训机会较少。很多民办学校的校长及教师获得培训的机会较少,教师专业知识和教学理念得不到及时更新,学校管理及教学水平跟不上社会发展的需求,在很大程度上限制了民办学校的发展。教师培养培训、科研项目申请、交流访学等专业发展过程是民办学校教师职称评聘的基础,没有这些辅助教师专业发展的条件,职称评聘就无法实现。但现行针对民办学校教师专业发展的歧视性做法时有发生。有研究者对上海19所民办高校教师调查显示,近两年来,有31.5%的民办本科高校教师和47.1%的民办专科高校教师没有承担任何科研项目;40.2%的民办本科高校教师和50.7%的民办专科高校教师没有发表过论文,发表过3篇以上论文的民办本专科高校教师均只有4.3%;43.5%的民办本科高校教师和58.0%的民办专科高校教师没有参加过任何学术交流活动,71.5%的民办专科高校教师没有参加或只参加过一次培训。[2]由此可见,民办学校教师在承担科研项目机会少、发表论文数量少、学术活动和培训次数少的情况下,职称评聘权益不能实现是客观存在的。因此,民办学校教师在职称评审方面与公办学校教师条件同等,实质上是造成了新的不平等,从政策结果看,民办学校教师职称评聘难度相对于公办学校教师难度更大。

其二,职称评聘资质、评审标准等影响民办学校教师职称评聘和专业发展。一方面,民办学校缺少教师职称评审权。在高等教育领域,截至2012年12月,具有教授、副教授评审权的高校有175所,具有副教授评审权的高校有123所,全部为公办高校,没有一所民办高校具有职称评审权。[3]另一方面,职称评审标准单一。比如,在职称评审标准方面,民办高校教师职称评聘要求同公办高校类似:政治条件、任职时间、教学课时及质量、外语及计算机操作水平、学术论文或专著数量及刊物等级和承担科研课题的数量、级别及经费等。[4]职称评审标准统一,没有体现民办学校及其民办学校教师的特殊性。

其三,民办学校师资培训经费有限,仅靠一己之力,教师专业发展受限。一方面,民办学校教师培训机会少,培训内容没有针对性;另一方面,教师培训经费多由民办学校自掏腰包,公共财政几乎没有支持。因此,培养培训、科研经费配套和交流访学等有助于教师专业发展的工作仅能靠民办学校一己之力。在办学经费过度依赖学费的情况下,依靠学校自身的经济能力为教师提供培训机会,对于很多民办学校来说,缺乏能力和动力,影响教师的专业发展。

四、参与管理不够,制度机制不全

当前,民办学校教师参与学校民主管理权益的实现程度较低,相当一部分教师认为学校管理过程中人文关怀不够,自身组织认同感不强,民办管理参与机制不健全,参与渠道不畅通。有的民办学校的教师表示:"作为基层教师,我的主要任务是教学,参与学校管理事务的机会很少,学校只开过一次教代会,这些也都是走形式,没有起到实质性作用,教师的发言权很小。"从现有法规政策的规定看,与其他权益相比,关于民办学校教师参与民主管理权益的论述内容最少,这也可能是造成教师民主管理权益没有全面实现的原因。

其一,民主决策和民主管理体制机制不健全。一方面,学校内部民主决策机构不健全。关于民办学校内部决策机构问题,《民办教育促进法》第十九、二十条及其《实施条例》第九、十六条多是原则性规定,很难在实际操作中落地。许多民办学校决策机构不健全,学校网站也没有董事会的相关介绍,甚至连实际的负责人都难以找到。有的民办学校虽建立了董事会,但是董事会的组成不规范、职责不明确、决策程序不完善、活动不正常,有的董事因种种原因不能履行职务,影响民办学校民主管理,教师参与学校民主管理的渠道受阻。另一方面,教师参与学校民主管理机制不健全,参与机会少且参与意愿不高。此外,办学过程中,教师对于教职工代表大会和工会的作用不了解,教代会等制度没有发挥实质性作用。有研究者调查了湖南省5所民办高校教师,有50%的教师认为自己没有参与学校民主管理的机会,另有50%的教师认为偶尔有机会参与学校的民主管理。同时,约有70%的教师认为学校管理不够民主,约60%的教师认为学校民主管理流于形式。[5]2012年,有统计显示,我国98%的公办学校都建立了教代会制度,但仅有约40%的民办学校有工会制度。

其二,举办者办学理念和内部管理制度不科学。有些举办者(出资人)认为学校是私人产业,家族化管理、家长制作风、企业式经营比较普遍,有的民办学校举办者甚至将学校视为集团公司的子公司,忽视民办教育发展规律。因此,直接受聘于董事会的学校管理者不能切实落实管理职权,教师话语权和参与权也不能得到充分尊重。我国民办学校办学主体较为复杂,相关法律法规对举办者(出资人)和办学者(管理者)责权关系规定不明,学校内部领导体制缺乏合理的规章制度来保证、约束举办者或办学者的行为。因此,家族出资办学校,实行家族化管理、家长制作风的现象普遍,因此"民办"成"家办"。家族化管理类似早期的民营企业,严重影响民办学校健康发展。

此外,民办学校教师参与学校民主管理的意愿和学校归属感影响其权益实现。有民办学校管理者表示:"我们觉得民办学校办学过程中还有一个比较难处理问题,就是如何才能培养教师的归属感,这方面我们学校也做了很多的努力,包括提高教师福利待遇,丰富教师校内外文体活动,目的就是要让教师参与学校的管理,但是收到的效果微乎其微,教师没有归属感和责任感,就不会真心参与,真心付出。"

无需赘言,清醒直面民办学校教师队伍的核心问题,深入分析其根本原因,有助于采取切实措施,真正实现民办学校教师与同级同类公办学校教师享有同等的地位和待遇,有利于增强民办学校教师的获得感,凝聚民办教育改革和发展的正能量。

参考文献:

[1] 刘翠兰.民办高校教师薪酬制度与薪酬激励研究[M].济南:山东大学出版社,2011.
[2] 徐雄伟,高耀明.民办高校学术职业现状的调查分析[J].高等教育研究,2013(1):62—69.
[3] 教育部.具有教授或者副教授评审权的高等学校名单[EB/OL]. http:// www. moe. edu. cn/public-files/business/htmlfiles/moe/moe_686/201012/113172.html.
[4] 赵和平.学术水平才是职称评审的核心[N].中国社会科学报,2012 - 12 - 28(398).
[5] 张文妹.我国民办高校教师权益维护研究[D].长沙:湖南师范大学,2011.

作者: 周海涛,北京师范大学教育学部教授,中国教育政策研究院副院长;景安磊,博士,教育部考试中心助理研究员。

(原载《当代教师教育》2015 年第 3 期)

民办高校师资队伍的构建
——基于转型发展的视野

阙海宝　雷承波

摘　要：经过十多个春秋的发展，民办高校的师资队伍已由过去的规模扩张和空间拓展为特征的外延式发展模式，进入以追求高素质、高水平为核心的内涵式发展模式阶段。在转型发展的今天，由于国家制度不健全、学校激励制度匮乏、教师"三感"缺失等因素影响，如何构建高水平、高素质、爱岗敬业、有创新意识的师资队伍并长期服务于民办高校是所有民办高校都必须面对的共同难题。因此，探索民办高校转型过程中师资队伍构建，具有较大的价值意义和现实意义。

关键词：民办高校；教师队伍；转型发展；激励机制

2015年是中国全面深化改革的关键之年，是"十二五"规划收官和"十三五"规划纲要编制之年，也是中国高等教育领域转型发展全面升级之年。作为高等教育系统生力军的民办高校，为我国高等教育快步进入大众化作出了杰出贡献。它选择什么样的道路，采用什么样的发展模式，不仅对民办高校的生存和发展产生直接影响，还会战略性地影响到我国高等教育大众化的发展格局和走势。因此，积极引导民办高校转型是我国实现制造大国向人力资源强国转型的重要举措，也是实现"中国制造2025"强国之梦的必由之路。

一、转型发展的内涵

教育转型发展，作为一个专业术语，主要受"社会转型"（social transformation）提法的启迪。教育转型发展是教育从一种形态向另一种形态的转变，这种转变是整体的、根本性的变化。转型不是粗略的规模"变化"，也不是单纯的形式"转变"，而是彻底地从教育价值、教育观念、教育目的、教育理念、教育结构、教育规模、教育组织、课程与教学方式方法等方面进行全方位的变革。正如刘振天所说："地方本科院校转型发展不是单纯的制度变迁与技术革新，更涉及深层次的观念变革，即涉及对高等教育认识论与方法论的新诉求。"[1]教育转型发展是一种整体性的变换，决定整体性变换的主导因素是教育目的，在所有教育教学工作中，一切工作和任务展开都必须围绕着教育目的而确立和实施。教育转型发展可以有不同的层面，既可以是宏观上的教育系统转型，也可以是中观上的学校转型，还可以是微观上的教学活动转型，但无论哪个层面上的教育转型，最根本、最关键的仍然是教育目的。教育目的是一切教育工作的出发点，也是教育活动的最终归宿点。教育目的是教学工作的主体。教育目的能否得以实现在很大程度上取决于教师的专业水平。尤其是在转型发展的今天,教师专业水平的高低直接决定着学生质量的优劣,正如日本教育社会学者永井道雄所说:"办好教育的关键,第一在教师,第二还在教师。"简而言之,教育转型发展是指教育从一种形态向另一种形态整体的、彻底的转变,以教育目的为核心的教育诸要素在不同的教育形态之间所发生的量变和质变的过程和结果。

二、转型发展视野下民办高校教师队伍构建影响因素的分析

(一)宏观视野下分析民办高校转型发展过程中影响师资队伍构建的因素

从宏观层次来看,民办高校法人属性及法人身份不明确是制约民办高校转型过程中师资队伍建设的最重要因素。毫不夸张地说,民办高校法人属性及法人身份不明确是诸多不平等权益的逻辑起点,也是造成民办高校教师身份差异的根源。

1998年10月施行的《民办非企业单位登记管理暂行条例》将民办高校定性为民办非企业单位法人,要求在民政部门登记,明确规定不能以国有资产举办民办非企业单位,但在2002年12月颁布的《民办教育促进法》却没有禁止以国有资产出资举办民办学校,而在2002年12月实施的《〈民办教育促进法〉实施条例》中却明确规定可以以国有资产参与举办民办学校。教育政策执行主体颁布实施的法律法规前后不一致,导致民办高校法人属性及法人身份不明确、不清晰。在我国现行的法律体系中,遵循上位法优于下位法的原则,大部分省、直辖市直接将民办高校定性为"民办非企业单位"。从表面看无不妥之处,但实际上这种分类既与《民法通则》相违背,又事实上造成了民办高校与公办高校在法人属性和身份上的差别。具体表现在民办教师在人事制度、教师身份保障等方面难以享受与公办教师同等的法律权益。一是人事制度的差异。"民办非企业单位"属于民营企业,具有企业的性质。在我国现行的社会保险制度下,事业单位和民营企业的社会保险与住房公积金计算方法和购买基数是完全不同的,同等条件下民办高校教师的养老保险、住房公积金和医疗保险与公办教师相比是存在较大差距的。二是教师身份差异。由于民办高校的企业性质,导致民办高校的教师没有事业编制,在人事档案管理、职称评定、校际流动、业务进修等与公办教师存在较大的差异。这些差异直接导致民办高校的教师不能安心工作、晋升渠道狭窄,也是民办学校普遍难以吸引和留住优秀人才的主要原因。

(二)中观视野下分析民办高校转型发展过程中影响师资队伍构建的因素

从中观层次来,民办高校激励机制流于形式是制约民办高校转型过程中师资队伍建设重要因素之一。激励(Motivate)最初来源于管理学,"从组织的角度看,激励是通过满足人的各种需要,激发、培养、加强和维持人的行为并引导行为指向组织目标的过程"。

民办高等教育是我国高等教育领域一种重要的补充形式,首先,民办高校教师聘任流于形式。在教师的聘用上,大部分民办高校的教师都实行合同聘用制,从表面看是给予与公办教师同等的待遇和机会,但实际上在这种聘任制度中,聘任是实,教师的身份却被企业化的人事管理方式所掩盖,产生的是直接的委托—代理关系和买卖关系。这种刚性的制度安排对教师的教学与研究形成制约[2]。其次,流于形式的考核制度。在民办教师工

资体系中,奖金和绩效所占比重是比较大的,也是民办高校最吸引人的地方,也是所有民办高校教师最寄予厚望之处。然而,伴随我国计划生育的初见成效,新生人口逐年减少,学龄人口总量处于下滑趋势,高考生源数量急剧下降,而公办高校扩招的比例却在不断攀升,民办高校的招生可谓举步维艰。迫于生计压力,一些民办高校将招生纳入任课教师年度的绩效和奖金中,根据教师的教龄严格规定招生人数,并制定了严厉的奖惩制度,招生人数的多少直接决定着教师本年度绩效和奖金的高低。这种不合理的考核制度严重打击了任课教师的教学积极性,既不利于教师队伍的稳定,也不利于任课教师专心教学。即使有合理的考核制度,考核结果也与晋升、奖惩等挂钩,但给谁涨工资、给谁晋级,往往取决于领导的主观臆断,严重挫伤了民办教师的工作积极性。

(三)微观视野下分析民办高校转型发展过程中影响师资队伍构建的因素

从微观层次来看,"三感"的缺失是制约民办高校转型过程中师资队伍建设的因素之一。所谓"三感",即指教师的归宿感、教师的成就感、教师的尊重感。首先,教师归宿感的缺失。教师是个光辉而神圣的职业,"高校教师",一个时下里越来越为社会所尊重和推崇,越来越为高学历人才所首选的热门职业。但一旦在它的前面加上"民办"二字,那么形势就会立即发生逆转——因为这实在是一个与"流动性大"、"缺乏社会保障"、"游离于体制之外"等字眼紧密联系在一起的尴尬的称谓[3]。虽然近年来国家出台一系列保护政策来提高民办教师的地位,但是在实施的过程中,身份地位和福利待遇仍然遭受各个层面的不公平待遇,教师难以找到归宿感。从民办高校自身看,由于其自筹经费、自负盈亏的特殊运行方式,使得民办高校教师随时都有可能因为生源或资金的断链而面临失业,在一定程度上使他们缺乏保障。其次,教师成就感的缺失。在普通高校中,教学和科研是教师工作中的重中之重;而对民办高校来说,往往教学工作是教师的重头戏,而科研仅仅成为一种摆设,流于形式,"教而不思,教而不研"的现象普遍存在。长此以往,教师成为一台上课机器,教师为了生计而上课,学生为考试而上课,不利于教师的培养与长远发展,缺乏满足感与成就感。再次,教师尊重感的缺失。众所周知,民办高校招收的学生质量偏低,学习热情不高,动力不足,世界观、人生观和价值观不明确,自我约束能力较弱。在课堂上,听音乐、看小说新闻、发微信、打电话的现象时有发生,任课教师不情愿甚至也不敢用约束、惩罚、管教的教育方式制止这些违规现象,担心影响期末的考核和绩效。这些问题导致许多民办教师备受压力,缺乏尊重感。

三、基于转型发展视野下民办高校教师队伍构建的建议

(一)民间办学主体参与,建立统一管理平台

为了促进民办高等教育更好更快更省地发展,实现"中国制造 2025"强国之梦,政府相关部门必须进行变革,赋予民间办学主体一定的权利,充分保证他们的切身利益。一是积极调动民间办学主体参与并完善民办办学制度。作为民办教育政策制定主体的政府部门,在制定办学规则时一定要兼顾民间办学主体的利益,广泛采纳民间办学主体的建议。只有让民间办学主体有更多的精力、更多的时间用于学校和师资队伍的建设和管理,才能

吸引更多民间办学主体来投资民办教育。在制定政策时,为兼顾公平,民办教育政策的决策者可以委托第三方具有资质的全日制民办学校和公益性教育中介机构登记为事业法人,全面搜集政府和民间办学主体的建议和意见,将他们的建议和意见汇总,制定出合理可行的办学规则,切实维护双方的共同利益。对于与《教育法》、《民办教育促进法》、《民法通则》及其《实施条例》不一致的条款,要及时地做出修订。二是建立公、民办学校教师统一管理平台。政府部门主导,建立公、民办学校教师管理平台,统一管理公、民办学校教师。所有教师的编制、人事档案管理、职称评定、校际流动、业务进修、教龄工龄计算、表彰奖励、科研立项、职业技能鉴定等方面同等对待。具有国家规定任职资格的民办学校教师,其基本社会保险、住房公积金可按照事业单位(公办学校)的有关规定执行,也可以额外签订养老保险补充合同,提高基本社会保险、住房公积金的比例,甚至购买企业年金。

(二) 完善教师激励机制,构建多元的薪资结构

对于民办高校来说,要建设一支教学和学术水平高、结构合理、爱岗敬业的创新型师资队伍,就必须制定完善的激励机制。一是构建合理的薪资结构。从目前民办高校教师的薪资来看,结构较为单一,尚不能满足不同层级结构教师的需求。因此,应构建多种形式的薪资结构以区别对待不同类型的人才,同时要做到待遇从优,建设一流的薪酬来吸引一流的人才。工资的级别应与教师的岗位要求、教学工作量、教学质量相匹配。不断完善奖惩激励措施,使教师工资在稳定中上升,激发教师的良好工作动机。二是建立科学合理的绩效考核评价机制。民办高校教师绩效考核评价机制应以能力和业绩为导向,以公正合理为标准,多劳多得,少劳少得,建立以效率优先、兼顾公平为依据的评价体系。三是建立系统完备的培训机制。由于我国民办高校发展史较短,师资队伍主要以青年教师居多。青年教师是学校教育发展和未来的希望,是学校文化基因的继承者。因此,学校应为他们提供良好的发展平台,提供更多的培训机会来提升学历、专业技能和教学水平等综合素质,充分发挥他们干劲足、创新意识强、学历层次高的优势,使他们尽快成为学校的中坚力量。四是建立完善的人才引进机制。对民办高校来说,由于经费的匮乏,在高层次人才的引进方面存在困境。面对困境,民办高校应采取有的放矢的策略,结合学校实际情况,引进学校强势、特色专业方面的高层次教师和专家。明确专项经费,推进学科带头人、学术带头人工程建设。也可以根据学校实际需要外聘教学、科研业绩突出的教授作为特聘教授。

(三) 构建和谐校园环境,加强教师内涵建设

教师作为阳光下最灿烂的职业,它的价值是很难用金钱和时间来衡量的。因此,我们应充分尊重教师的人格,相信他们的能力,肯定他们的价值,让他们的才华和价值充分展现。作为民办高校的管理者更应为教师创造一个宽松、自由的外部环境和公平、公正的竞争环境,构建"事业吸引人,制度管理人,感情凝聚人,待遇留住人"的愿景。首先,要为教师创造一个安定、舒适、祥和的校园硬件环境。改善教师教学办公工作环境,在满足一桌一椅一电脑的办公环境状况下,为每间办公室添置花卉、植被和试衣镜,使办公室更加舒适和温馨。教师可以在闲暇时修剪花草,在上课之前整理一下着装,在情趣与优雅中,为

繁忙的教学工作增添一分闲情与自信。同时为教职员工提供必要的休息室和图书室,以供教职员工课间休息和资料的查阅。其次,要为教师营造良好的软环境氛围。民办高校要有明确的办学定位,凝练办学特色,以教师为本,以教学为中心,将学校利益与教师的个人利益充分结合,将学校的奋斗目标与个人目标充分吻合,建立共同的学校文化基因,共筑学校特色,使学校朝着"人无我有,人有我优,人优我新"的方向发展。进一步强化创新意识,加大教改科研力度,积极鼓励教师参与教改研究,确保经费投入。再次,加强教师自身内涵建设。一方面,当今世界是一个高速发展的时代,科学技术日益更新,这就要求教师要及时适应社会需要,不断更新知识,不断学习才能跟上时代的大潮流,满足学生对新知识的渴望。正如古人云:"问渠那得清如许,为有源头活水来。"教师只有不断地学习,不断地拓展视野,不断地补充新知识,才能给学生更多、更新、更活的知识,才能有源源不断的活水,才有更多的学生主动进入课堂。另一方面,对课堂内容进行删减整合。教师应将理论与实际相结合,根据社会发展需要,学校拟定的学生培养目标,按"必需、够用为度"的原则来选定教学内容,删掉过去"陈、旧、难、偏"的理论知识,及时将实际生产中的最新理论、最新技术引入教学内容中。

参考文献:

[1] 刘振天.地方本科院校转型发展与高等教育认识论及方法论诉求[J].中国高教研究,2014(6):11—17.
[2] 李碧虹.关于民办高校教师人力资本产权的思考[J].高教探索,2004(3):72—74.
[3] 王艳.民办高校教师:谁为我们铺设未来发展之路[J].教育与职业,2005(25):44—45.

作者: 阙海宝,浙江大学公共管理学院博士后,四川师范大学教育科学学院教授;雷承波,四川师范大学教育科学学院硕士研究生。

(原载《继续教育研究》2015年第12期)

民办高校大学生宗教信仰：
问题·原因·对策

史迎霞

摘　要：以辽宁对外经贸学院2014级本科生为样本，用实证研究方法，调查分析了民办高校大学生的宗教信仰问题。研究表明：在多种因素的综合影响下，民办高校存在部分信仰宗教和有信仰宗教倾向的大学生。分析了信仰宗教的原因，并从高校教育和服务的视角提出了科学的应对策略。

关键词：民办高校；大学生思想政治工作；宗教信仰

我国是一个多民族的国家，有多种宗教同时并行流传，特别是近年来随着宗教升温，信仰宗教的人数呈上升趋势。在此背景下，担负着培养社会主义合格建设者和接班人重任的民办高校，也面临大学生的宗教信仰问题。为全面了解问题、剖析原因，科学有效地开展思想政治教育工作，课题组以辽宁对外经贸学院2014级本科生为样本，进行了深入细致的调查研究。

一、当前民办高校大学生的宗教信仰问题

（一）部分学生具有宗教信仰和信仰倾向

由于宗教信仰这一话题本身的敏感性，为尽可能准确地了解民办高校大学生的宗教信仰现状，课题组采取了精准数据统计和模糊事实认定的方法。调查显示，明确表态有宗教信仰的学生有65人，占学生总人数的2.32%。所信仰的宗教涵盖了中国五大宗教，其中以佛教最多，占信教学生的33.8%，其余为伊斯兰教30.8%、道教12.4%、基督教1.5%、天主教1.5%。另外，课题组设计了三个问题了解学生是否有宗教信仰倾向，分别是"如果有机会，你是否会尝试接受宗教信仰"、"当你对人生有困惑或者迷茫的时候，你会首先选择什么样的途径寻求帮助"、"你是否了解某个宗教的教义"。调查结果显示，有33.7%的学生表示如果有机会会尝试接受宗教信仰，有1%的学生遇到人生困惑或迷茫会首先寻求宗教途径帮助，有11.2%的学生了解某个宗教的教义。这部分学生很可能存在宗教信仰倾向。

（二）部分学生对宗教信仰呈现认同趋向

大学生对宗教信仰表示理解、包容甚至呈现认同的趋势。在问及"你认为人是否需要宗教信仰"时，有14.3%的学生认为人是需要宗教信仰的。在回答"你对宗教的看法"这一

问题时,有12.8%的学生选择有益,4.8%的学生选择无害,39.2%的学生选择有益也有害看情况,只有7.2%的学生认为是有害的。在"大学生宗教信仰是否有积极意义"这个问题上,64.1%的学生认为有积极意义,只有35.9%的学生认为宗教信仰对大学生没有积极意义。对于"你是否相信有神/上帝/真主/或其他任何超自然的存在"这一问题,有13.9%的学生选择相信,17.5%的学生选择在某种特定情况下会相信。可见,民办高校中确有部分学生对宗教信仰表示认同。

(三)部分学生存在双重信仰

唯一性是信仰的重要特征,但民办高校部分学生存在双重信仰。在对持有宗教信仰的学生进行分类统计时发现,有46.7%的学生有入党的意愿。在问及"信仰宗教的同时,你也信仰社会主义核心价值观吗",选择"信"的占78.6%。这一结果体现了大学生宗教信仰的特殊性。

二、民办高校大学生信仰宗教的原因分析

(一)学生受家庭环境影响根深蒂固

调查发现,在信仰宗教的学生中有30.8%是伊斯兰教信仰者,其中超过80%的学生是回族,学生的宗教信仰与其家庭环境密切相关。在对有宗教信仰的学生调研统计中发现,问及"你信仰宗教的原因"时,60.7%的学生选择受家庭环境影响。这一点通过另一个问题也得到了验证,有超过60%的学生是从小学开始就信仰宗教。而从家人对信仰宗教的学生态度上来看,有74%的家长持支持态度,另有26%的家长既不支持也不反对,没有家长持反对态度。

(二)大学生内心缺乏归属感和精神寄托

调查发现,缺乏归属感和精神寄托是大学生信仰宗教的重要原因。在"你信仰宗教的原因"这一问题的回答上,除了"家庭环境"这个最大的影响因素外,其次是"在宗教信仰中找到了人生的意义和归属感",再次是寻求心灵的寄托。而在问及"维持和鼓励你在宗教信仰的道路上一路走来的主要因素"这一问题时,16.7%的学生选择宗教信仰群体友爱的关系和氛围。在看待"你觉得大学生信仰宗教是否有积极意义"这个问题时,认为能帮助大学生摆脱心理上的困境,减轻压力的占26.5%,认为有助于更好地处理与周围人之间的关系是一种精神寄托的占37.6%。在问及"与那些没有信仰宗教的学生相比,你认为宗教信仰带给你哪些特别的东西"时,33.3%的学生选择"人生有了目标,生命有了寄托,感觉充实",另有16.7%的学生选择人生充满了更多的喜悦和欢乐。可见,由于缺少归属感所导致的心理孤独和学生心理脆弱不能够正确排解压力和困惑,使部分学生被宗教吸引,从而走上了信仰宗教的道路。

(三)学生缺少对宗教本质的正确认识

大学生缺乏对宗教本质的正确认识,宗教所宣扬的神灵、真主、上帝都是基于唯心主义为出发点,与马克思的辩证唯物主义是完全相悖的。在有宗教信仰学生选答的问题"你对你所信仰的宗教教义清楚吗",只有25.9%的学生选择十分清楚,超过一半的学生是十

分模糊的,甚至还有7.4%的学生是完全不清楚的。因为对宗教教义的不清楚、本质认识不深刻,部分学生错把宗教所倡导的"向善"等准则当成其核心教义。事实上,社会主义核心价值观中也明确提出了"友善"这一社会标尺,"向善"是全人类繁衍和持续生存的基本法则。而对宗教本质的认识缺乏,也容易导致某些邪教组织打着"向善"的幌子,吸引和欺骗充满好奇心的大学生信奉。

(四)国外宗教势力在国内的渗透和传播

世界宗教已经培育了具有巨大权力和资源的宗教精英和政治精英,他们有能力动员军队和人民,能够形成跨文化认同感和效忠感,或者能够提供根深蒂固的神学基础和合法的社会基础。在这些方面,世界宗教毫无疑问构成了前现代时期最强有力和最重要的文化全球化形式[1]。当前借助网络宗教文化和宗教理想的传播更为快速和广泛。习惯于网络生活、求知欲旺盛的大学生很容易被吸引。加之目前简化的宗教仪式和宗教活动,为信众提供的寻求心灵慰藉和友爱互助的平台,对大学生具有一定的吸引力。

三、引导民办高校大学生宗教信仰的对策

(一)用马克思主义宗教观正确引领大学生

对民办高校中持有宗教信仰和有宗教信仰倾向的大学生,要对他们进行科学引导,使他们树立马克思主义的宗教观。民办高校的教育管理者,一方面应树立和深入学习马克思主义的宗教观,使其内容简单化、大众化,从而更接地气、更易于被大学生所接受。要充分挖掘我国传统文化中的精髓,坚持理论与实践相结合,教育学生树立马克思主义的宗教观。另一方面应该充分尊重学生个人的宗教信仰,对于信教和不信教的学生要一视同仁,排斥和否定往往会适得其反。事实上,信仰宗教的学生绝大部分是爱国、爱党的,他们也很有可能成长为各个专业的人才。对于这部分学生不能强迫他们放弃宗教信仰,不能伤害他们的情感,要用马克思主义宗教观对他们进行正确的引导。

(二)加强理想信念和社会主义核心价值观教育

理想和信念在价值观念中居于支配、核心地位,是价值观的集中体现,因而必须把理想信念教育放在对大学生进行价值观教育的首要位置[2]。很多大学生选择信仰宗教是因为缺乏理想信念、没有目标,在空虚和迷茫状态下才走近宗教的。只有加强理想信念教育,使大学生树立为建设有中国特色社会社会主义事业而奋斗的共同理想,切合个人实际和社会现实树立自己的成长成才理想,实现个人理想与共同理想的统一,并坚定信念为之奋斗。与此同时,民办高校的大学生是否有信仰,信仰什么,也直接关系到社会主义建设事业的成败。自党的十七大要求把核心价值观教育融入到国民教育过程中后,整个社会对信仰教育日益重视起来,尤其是作为社会主义事业后备力量和接班人的大学生的信仰更是受到关注和重视[3]。创新形式和方法,务求实效地在大学生中开展社会主义核心价值观教育至关重要。

(三)加强大学生的心理健康教育和疏导服务

精神空虚迷茫和缺少归属感是大学生信仰宗教的心理基础,而心理困扰得不到有效

排解，是除家庭环境外大学生信仰宗教的又一个重要原因。因此，高校要通过加强心理健康教育和服务来消除学生对宗教的依赖，帮助大学生形成健康的宗教心理意识，改变其盲目信教的从众心理，从而扭转错误的宗教观念[4]。一方面高校要加强心理健康教育队伍建设，构建由心理咨询教师、辅导员、班导师及学生心理委员等组成的多级辅导体系，及时了解学生的思想动态和心理问题，通过有效的心理疏导帮助他们及时有效地解决学习、生活甚至情感上的困惑，避免学生对现实世界失望而把希望转寄于宗教。另一方面，要构建完善的科学运行的心理健康教育和服务体系，依托课堂教学和校园文化活动开展一般心理健康教育，依托专业心理教育咨询机构，通过面对面、一对一的专业咨询和服务，运用科学的方法有针对性地解决个别学生的心理问题，给予他们人文关怀和情感慰藉，要让他们的心灵有所依托，而不是一味地通过宗教信仰来寻求心灵安慰[5]。

参考文献：

[1] 赫尔德.全球大变革：全球化时代的政治、经济与文化[M].杨雪冬，等译.北京：社会科学文献出版社，2001：465.

[2] 梁广成.用核心价值体系引领大学生信仰教育：以大学生宗教信仰传播与引导为视角[J].重庆理工大学学报（社会科学版），2014(5).

[3] 李生.以社会主义核心价值体系引领高校校园思潮[J].重庆三峡学院学报，2012(1).

[4] 刘晓玲，梁丹.大学生宗教信仰问题的调查与对策研究[J].求索，2007(12).

[5] 杨显平.高校大学生宗教信仰问题的心理成因分析[J].前沿，2007(3).

作者：史迎霞，辽宁对外经贸学院思想政治理论教研部主任，教授。

（原载《重庆科技学院学报》（社会科学版）2015年第7期）

中外合作办学"连锁店"现象的问题及对策

李 阳

摘 要：当前政府部门严格控制外方高校来我国举办中外合作办学"连锁店"，但是对中方高校举办"连锁店"的行为暂无相关政策限制。无论外方高校还是中方高校的"连锁店"办学行为，都会对中外合作办学质量造成一定程度的影响。在今后的发展中，应当把中方高校举办中外合作办学"连锁店"纳入监管体系，制定具有一定灵活性的"连锁店"上限标准，鼓励中方高校与多所外方高校共同合作办学。

关键词：民办高等教育；中外合作办学；办学连锁店现象

中外合作办学"连锁店"是指一所外方院校与多个国内院校在同一专业举办多个项目，或与国内众多院校举办不同项目，或同时在本科、专科层次举办多个项目。[1]当前，中外合作办学"连锁店"现象出现了新形式，即一所中方高校与多所外方高校合作举办多个中外合作办学项目。质量建设是中外合作办学发展的鲜明主题，"连锁店"的办学行为影响到中外合作办学的质量。本文以当前"连锁店"的现状为出发点，分析其对合作办学质量的影响，并提出相应的对策建议。

一、中外合作办学"连锁店"概况

我国中外合作办学项目自20世纪80年代开始出现，至今有30多年的发展历史。近年来，随着教育领域对外开放速度的不断加快，中外合作办学的数量不断增加。截至2015年3月，经教育部审批通过的实施本科层次中外合作办学项目有1 052个，①但经统计发现，很多项目属于"连锁店"式办学。

（一）外方高校来华举办中外合作办学"连锁店"

外方高校来华举办中外合作办学"连锁店"较早进入人们的研究视野。一些外方高校以获取利益为出发点，来华举办中外合作办学"连锁店"，已经影响到合作办学质量。对此，教育部国际司于2013年发布了《关于近期高等学校中外合作办学有关情况的通报》，对高等学校中外合作办学存在的突出问题予以通报，其中包括"外国高校'连锁店'办学"。

根据教育部涉外监管信息平台提供的信息，笔者统计了外方高校来华举办中外合作

---

① 本文统计数据，若无其他说明，均来自教育部涉外监管信息平台公布的信息。

办学项目的情况。截至2015年3月,共有503所外方高校来华举办本科及以上层次中外合作办学项目。其中,有42所(占8.3%)外方高校来华举办了5个及以上中外合作办学项目(见表1)。

表1 外方高校来华举办中外合作办学项目数量分布

在办项目数量/个	外方高校数量/所	百分比
1	287	57.0
2	91	18.1
3	52	10.3
4	31	6.2
5	11	2.2
6	11	2.2
7	7	1.4
8	3	0.6
9	5	1.0
10	1	0.2
12	2	0.4
15	1	0.2
23	1	0.2

对来华举办多个中外合作办学项目的外方高校开设的专业进行分析后发现,有48所外方高校与2所以上中方高校举办了相同专业的中外合作办学项目。对合作数量超过5个项目的外方高校世界排名情况进行分析,[①]进入世界前500名的高校有9所,可见,开办"连锁店"的外方高校并非多为世界名校,而多为国外一般高校。

笔者对2011年—2014年中外合作办学外方高校合作项目数量进行统计,发现仅4年时间,有13所外方高校来华举办了5个以上中外合作办学项目。由此可知,尽管国家对外方高校"连锁店"办学行为明令禁止,但由于历史积淀等原因,这种"连锁店"办学现象目前没有得到根本解决。

(二)中方高校举办中外合作办学"连锁店"

随着中外合作办学的深入,另一种"连锁店"形式也逐渐发展起来,即一所中方高校与众多外方高校合作举办中外合作办学项目的办学行为。这种中方高校"连锁店"的办学形式,当前国家暂无相关政策、文件管理的规定和限制,但应当引起注意。

在全国本科及以上中外合作办学中,一些中方高校举办了数量较多的中外合作办学项目。其中,举办3个项目的高校有50所,占全国中外合作办学项目总数的12.3%;举办

---

① 本文参考的是上海交通大学公布的2014年世界大学学术排名。

4个项目的高校有38所,占全国总数的9.8%;举办5个及以上项目的高校有57所,占全国总数的14.0%(见表2)。

表2 中方高校举办中外合作办学项目数量分布

在办项目数量/个	外方高校数量/所	百分比
1	181	44.4
2	82	20.1
3	50	12.3
4	38	9.3
5	17	4.2
6	12	2.9
7	10	2.5
8	4	1.0
9	5	1.2
10	4	1.0
11	1	0.2
12	2	0.5
15	2	0.5
15	1	0.2
19	1	0.2

对拥有多个中外合作办学项目的高校所开设的专业进行分析后发现,有27所中方高校与2所以上不同外方高校合作,分别举办了相同专业的中外合作办学项目。对举办5个及以上中外合作办学项目的高校层次进行分析,有19所属于国家"985、211工程"重点高校,多数属于地方普通本科院校。

据统计,2011年—2014年间,有9所高校新增中外合作办学项目数量达到5个及以上,中方高校"连锁店"数量的增多,需要引起研究领域和管理部门的重视。

二、中外合作办学"连锁店"产生的问题

在商品市场中,"连锁店"往往能够为经营者带来更大的利润。然而教育与商品不同,中外合作办学属于公益性事业,不能以纯粹追求盈利为目的,应以培养高质量的人才为目标。当前中外合作办学"连锁店"对办学质量造成的影响,会产生一系列问题。

(一)外方高校"连锁店"对办学质量的影响

外方高校举办中外合作办学"连锁店",尤其是举办相同专业的"连锁店",将对合作办学质量造成如下影响。

1. 难以保证"因材施教"的教学原则。在实践中,出现了一所外方高校与中国多所不

同层次、类型的高校合作举办中外合作办学项目的行为,中方高校既有"211、985 工程"重点高校,也有地方普通高校、应用型本科高校等,中方合作高校之间层次、类型差距明显,各校定位和培养目标不同,学生学习基础、群体特点也不尽相同,但是外方高校派遣的教师在不同的项目间"巡回授课",因材施教的难度可想而知。

2. 难以保障师资队伍的质量。一些外方合作高校来华与不同的高校举办了多个相同专业的中外合作办学项目。这些项目在地理位置上相距甚远,外方派遣的教师每周需花费大量的时间用在"巡回上课"的路途上,精力和体力无法保证教学需求,更无法满足科研工作的需求。一些外方合作高校为了满足"外国教育机构教师担负的专业核心课程的门数和教学时数占中外合作办学项目全部课程和全部教学时数的三分之一以上"[2]的要求,在我国境内"就地取材",寻找"外国脸"滥竽充数。[3]这些师资没有经过专业培训,更多的是充当语言教师,不能满足核心课程的授课需求,教学质量亦无法保证。

3. 难以保障课程与教学质量。中外合作办学的核心是引进国外优质教育资源,优质教育资源需要在实质性合作中才能够充分内化,达到"为我所用"。在具体实践中,中外双方教师需要在培养目标、课程设置、教材编写及教学方法等方面合作完成。但是外方教师奔波于多个项目之间,没有过多的时间与中方高校就这些方面进行有效沟通与合作。中外合作办学强调的是通过合作,汲取中外双方营养,达到"1+1>2"的目的,但是"连锁店"的办学形式与预期目的相差甚远。"飞行教学"与高等学校教育教学过程的规律和学生的认知特点相违背,其教学效果可想而知。

4. 违背教育的公益性原则。中外合作办学属于我国教育事业的组成部分,《中外合作办学条例实施办法》、《关于进一步规范中外合作办学秩序的通知》等相关政策、文件都强调了中外合作办学的公益性。但是外方高校实施"连锁店"办学,不顾办学质量和学生的切身利益,目的是为获取办学盈利,实质是教育倾销,无法保障优质教育资源的引进,也无益于提高办学质量和水平。[4]

针对外方高校举办中外合作办学"连锁店"的现象,在今后的审批中应当严格限制,从源头上加以控制。

(二) 中方高校举办"连锁店"的潜在问题

在对中方高校举办中外合作办学"连锁店"进行分析后发现,许多高校都在一定程度上存在着重复举办相同专业项目的情况。这些高校与不同国家或地区的高校合作办学,且设立了相同办学层次的相同(相近)专业。虽然中方高校是与不同的外方高校合作举办项目,但是就合作过程而言,这样的做法难免会对合作办学的质量造成影响。

1. 师资配置难度大。中方高校举办中外合作办学"连锁店",在办学实践中常会出现中外双方教师磨合、沟通的问题。按照当前一些项目出现的一所中方高校与多所外方高校合作设立相同层次、相同专业的合作办学项目,中方教师如何配置?如果是同一批教师参与合作,这些教师需要同时对多所外方高校的教育、教学进行了解;另外,教师的时间、精力和能力能否胜任也是值得怀疑的。如果是两批或多批教师分别与外方高校开展教学合作,对于当前本已紧缺的教师资源,中方高校是否有足够的教师配置也让人深感担忧。

2. 吸收、引进教学和课程任务重。中方高校"连锁店"办学,同样在引进外方课程上面临问题。中外双方要集中力量共同对课程、教材等进行研究,如果外方有若干所不同的合作院校,在课程设置、教材编写及办学特色上也会有所差别,需要中方举办者对每个项目引进的课程、教材分别进行研究。事实上,中方高校是否有这样的教育教学能力值得深思。同时与多所外方高校合作开办"连锁店"式的中外合作办学项目,也稀释了原本有限的教育资源,难以保证办学质量,更无助于高等学校体制机制改革的推进和学科的建设。

3. 培养目标不明确。中方高校举办中外合作办学"连锁店",有些虽然举办的专业相同,但是不同外方合作高校的学术水平存在差距。这就衍生出一些问题:首先,中方高校在与不同学术水平的外方高校开展相同层次、相同专业的合作项目是出于何种目的?其次,外方合作高校水平存在差距,那么在合作上如何对这些不同项目的学生进行培养目标定位,培养目标是一刀切还是有所区别?最后,对学生而言,虽然专业相同,但是外方合作高校资质、水平不一,最终他们所获得学位证书、毕业证书的效力是否相同?

4. 对教育主权带来挑战。当前国家对引进国外教师、课程及教学时数等方面规定了四个"三分之一"的标准,此标准是对引进国外教育资源的下限要求,但是没有对上限进行规定。这就导致了当前一些中外合作办学项目在教师、课程方面全部靠外方引进的现象。中方高校在"连锁店"办学中,也有可能出现这种现象,项目所有教学、课程全部由外籍教师包办,丧失了对教育主权的把控,对这种现象必须加以警惕。

综上所述,无论是中方高校举办中外合作办学"连锁店"的做法还是外方高校来华举办中外合作办学"连锁店"的做法,都会对中外合作办学的办学质量构成隐患。

三、对中外合作办学"连锁店"的建议

当前中外合作办学已经步入质量提升的新阶段,对中外合作办学"连锁店"进行严格控制、监督和管理刻不容缓。在今后发展中,需要在以下方面做出努力。

(一)将中方高校举办中外合作办学"连锁店"纳入监管体系

当前,国家教育行政部门严令禁止外方高校来华举办中外合作办学"连锁店",但是对中方高校举办"连锁店"的办学行为目前并没有加以关注和控制。

党的十八大提出,要推动高等教育内涵式发展。近年来,中外合作办学数量发展迅速,已经具备了一定的规模,今后的发展需要由外延式、数量的发展转向内涵、质量的发展。在中外合作办学的实践中,一切工作都应落实到提高中外合作办学质量和提高人才培养质量上。[5]因此,有必要把控制中方高校举办中外合作办学"连锁店"的行为纳入监管体系,以控制每所中方高校举办中外合作办学的规模,尤其是相同专业中外合作办学项目的数量,杜绝低层次的重复办学行为。中外合作办学的未来发展,不能只靠量的增长,更要靠质的提升。

(二)对中外合作办学"连锁店"制定灵活的上限标准

目前,国家教育行政部门所发布的各项文件、通知中,仅对中外合作办学外方高校"连锁店"的现象提出控制的要求,对办学数量超过多少就定性为"连锁店"并没有具体说明,

导致尽管国家要求控制但实际上没有得到有效遏制的现象。因此,需要对"连锁店"的数量设定上限标准。上限标准应当具有一定的灵活性,不能一刀切,对不同层次和类型的合作高校应有所不同。

对于外方合作高校而言,世界名校来华举办合作办学项目的数量上限应适度放宽。世界名校拥有先进的教育理念与办学模式、严格的管理制度、一流的教师队伍、卓越的课程计划、优质的教材、良好的学风和较高的学术声誉,[6]国内高校与这些名校合作,不仅能够获得较高的学术交流平台,提升中外合作办学的世界影响力,提高办学声誉,而且对我国高等教育体制改革有着重要的刺激作用。世界名校对在海外开展合作办学持谨慎态度,其目的主要是提升世界影响力,因此对教育的质量格外重视。正如杜克大学选择武汉大学合作创立昆山杜克大学,其目的是"希望借助国际化进程,弥补在本土难以打败哈佛的遗憾"。[7]而对于外方其他普通高校,上限标准则应严格管控,防止中外合作办学成为外方高校兜售文凭、教育倾销的工具。

对于中方合作高校而言,"211、985 工程"重点高校在学科、师资和硬件条件等方面拥有雄厚的实力,可以在"连锁店"上限标准方面适度放宽,鼓励这些高校与世界名校合作,举办硕士、博士高层次的合作办学项目,在中外合作办学质量提升中发挥引领、示范的作用,推动我国高等教育国际化发展。地方普通高校则资源相对有限,同时举办多个中外合作办学项目更会加剧有限教育资源的稀释,办学质量难以保证,因此在上限标准方面应严格管控。

此外,在制定中外合作办学"连锁店"的上限标准时,还要考虑不同的专业和学科,因此要具有灵活性。当前我国中外合作办学的专业、学科布局不均衡,截至 2015 年 3 月,全国本科中外合作办学项目中,工学、管理学、艺术学和经济学相关专业占近 80%,而法学、农学等相关专业不足 2%。经统计,2011 年—2014 年新增的本科中外合作办学项目中,有 71 个项目的专业属于 2014 年教育部公布的就业率较低的本科专业,[8]说明部分办学者盲目跟风,不考虑市场需求随意开设专业的现象依然严峻。在今后"连锁店"的上限标准制定中,对举办所谓"热门专业"学科项目的高校,上限标准应严格控制;对举办国家急需的、新兴的以及前沿学科、交叉学科的合作办学项目,上限标准则可以适度放宽。

(三)鼓励中方高校与多所外方高校共同合作一个办学项目

当前中外合作办学项目的主要形式为一所中方高校与一所外方高校合作举办一个专业的合作项目,而实践中出现了一所中方高校与多所外方高校合作举办多个相同专业的项目,这种重复建设的办学行为,对教育资源造成了一定的浪费。

针对这一现象,可以整合三方及以上资源,即改变以往传统的合作方式,鼓励一所中方高校与多所外方高校共同合作举办一个项目,充分利用、融合中外各方的教育资源。这种办学形式尽管在合作洽谈时会比较困难,但是能带来诸多益处。将多个相同专业的项目整合成一个项目,能够有效改善当前中外合作办学低水平、重复建设的现象,有利于监管和质量的提升;能够在一个项目中吸收多所外方合作高校的教育资源,博采众长、为我所用;能够充分发挥中外合作办学在文化、教育交流与合作中的"桥梁"作用,把中外合作办学作为中外多所高校交流与合作的平台,互通有无;各高校教师在共同实施教学时能够带动科研合作,实现共赢。此外,通过这种方式,毕业证书效力不平等的问题也将迎刃而解,学生可以获得各方高校共同签署的学历、学位证书,更具市场竞争力。

参考文献:

[1] 中外合作办学教育网.教育部国际司关于近期高等学校中外合作办学有关情况的通报[ED/OL].2013-09-10.http://www.cfce.cn/a/jianguan/gonggao/2013/1121/2176.html.

[2] 教育部.关于当前中外合作办学若干问题的意见[ED/OL].2006-02-07.http://www.moe.edu.cn/publicfiles/business/htmlfiles/moe/moe_174/201006/89021.html.

[3] 林金辉,刘梦今.高校中外合作办学项目内部教学质量保障基本要素及路径[J].中国大学教育,2014(5):63.

[4] 教育部国际司.关于近期高等学校中外合作办学有关情况的通报[ED/OL].2013-07-31.http://www.cfce.cn/a/jianguan/gonggao/2013/1121/2176.html.

[5] 林金辉,刘梦今.论中外合作办学的质量建设[J].教育研究,2013(10):73.

[6] 孙清萍.国外优质教育资源的引进与转化[J].山东师范大学学报(人文社会科学版),2006(4):159.

[7] 林金辉.别样留学需要别样保护——对提高中外合作办学质量的思考[N].中国教育报,2013-03-15(08).

[8] 晋浩天.教育部公布就业率较低本科专业名单[N].光明日报,2014-10-16(06).

作者: 李阳,厦门大学教育研究院博士研究生。

(原载《浙江树人大学学报》2015年第6期)

制度与管理研究

对民办学校分类管理"国家方案"的政策风险分析*

吴 华 章露红

摘 要：拟议中的对民办学校进行分类管理的"国家方案"，在非营利性民办学校认定上采取了完全不同于民办教育综合改革试点省"温州方案"的分类标准，由此对民办学校举办者产生的制度激励和行为改变，使"温州试点"对分类管理政策风险的评估意义降低，按"国家方案"对民办学校实施分类管理的政策风险需要重新评估。可以通过吸纳"温州试点"的实践成果，适当放宽对举办者出资所有权的限制，开展一定范围内的调研论证，制定配套政策，以促进民办学校健康发展。

关键词：民办学校；分类管理；政策风险

对民办学校按"营利性和非营利性"进行分类管理[1]是《民办教育促进法》颁布以后民办教育领域一次重大的制度变革，也是关乎中国民办教育发展的一次新的顶层设计。为慎重起见，国家在浙江、上海、深圳和吉林华侨外国语学院开展了分类管理试点。近5年来，目前真正按"营利性和非营利性"进行试点的只有浙江省的温州试验区，各项工作有序展开并取得了积极进展。但是，随着国家关于"营利性和非营利性民办学校"分类标准在一定范围内的披露，"国家方案"①和"温州方案"②③在分类标准上的重大差异引起学界和相关决策部门的关切，按"国家方案"进行分类管理的政策风险需要重新评估。

---

① 根据"30条"讨论稿，国家对非营利性民办学校的产权归属提出了如下意见：非营利性民办学校的举办者不取得办学收益，办学结余继续投入学校，形成的资产归学校法人所有；其他非营利性民办学校终止时，依照国家有关规定清偿债务后有剩余资产的，综合考虑原始出资和办学效益等因素，给予出资者相应的补偿或奖励，其余资产继续用于教育事业。
② 根据温州的试点方案（俗称"1+14"），政府对非营利性民办学校的产权归属提出了如下意见：年奖励金额不超过出资人累积出资额为基数的银行一年期贷款基准利率两倍的利息；民办学校清算后的剩余资产，按下列顺序处置：第一，返还投资人在学校存续期间的投资财产；第二，若有结余，经同级政府批准可给予一定比例的奖励；第三，其他剩余财产，全部归民办学校所有，由同级政府统筹安排用于教育事业发展。
③ 《浙江省人民政府关于促进民办教育健康发展的若干意见》第六条规定：明晰学校所有者权益。对非营利性学校，凡"捐资举办的学校"，所有净资产归社会所有，终止办学后，由学校审批部门负责统筹，继续用于教育事业；其余非营利性学校，出资者拥有实际出资额（含学校存续期间追加投资额）的财产所有权。营利性民办学校，学校所有者权益归投资者所有。

一、政策风险的基本含义

"政策风险"一般用于企业或其他社会组织(机构)的经营决策分析,指国家政策变化对企业或其他社会组织(机构)的投资和其他经营活动可能产生的不利影响,是企业或其他社会组织(机构)经营决策的微观分析工具。事实上,这种对单个企业或其他社会组织(机构)进行风险分析和风险管理的思想,同样可用于国家(政府)等行为主体。在这个意义上,"政策风险"作为公共政策的宏观分析工具,是指某项公共政策的实施或变化对国家(政府)、社会、行业等社会主体可能产生的不利影响。本文即在这个意义上使用"政策风险"的概念。

就民办学校分类管理而言,"政策风险"为不可分散的系统性风险,其有可能产生的不利影响在程度和范围上与相应的政策对应,政策层级越高,政策风险越大。对理性的决策者而言,国家重大政策选择其风险和预期效益应该相当,即只有在预期政策实施或变化有可能产生较大(巨大)的效益时,承担较大的政策风险才是合理的。

二、分类管理对民办教育的影响

对民办学校按"营利性和非营利性"实施分类管理(以下简称分类管理)的政策风险,指由于实施该项政策对民办教育健康发展有可能产生的不利影响,它们是分类管理对民办教育整体影响的组成部分。

1. 对民办学校举办者的影响。按拟议中的"国家方案"对民办学校进行分类管理,要求举办者在办学期间不取得办学收益,并且在学校终止办学时放弃对出资的所有权,这将使选择非营利性民办学校的举办者完全丧失经济利益的激励。与目前《民办教育促进法》对民办学校按"要求取得合理回报与不要求取得合理回报"的分类体系比较,分类管理的"国家方案"将使民间资金举办非营利性民办学校的积极性受到严重抑制。与此同时,对于营利性民办学校,拟议中的"国家方案"不但使举办者的财产权利得到保障,而且还在一定程度上使民办学校的办学自主权(主要是定价权、招生权和其他办学自主权)得到扩张。此消彼长的结果,分类管理的"国家方案"如果得到实施,民间资金将更倾向于选择营利性民办学校。

在浙江省温州试验区的民办学校分类管理试点中,前后两批试点学校共400多所,其中约100所选择营利性民办学校,但绝大多数为培训机构,学前和中小学只有20所。需要特别说明的是,这个结果是举办者在"温州方案"制度环境中的选择。"温州方案"的具体制度安排包括举办者在学校存续期间可以取得合理回报,清算后如果有资产结余,学校可以收回原始出资并以奖励形式分享部分办学结余。在"国家方案"取消了上述所有激励因素后,举办者会如何选择,目前还没有针对性的调查。但在浙江省试点方案制定过程中的调查结果表明,没有民办学校实际出资的举办者愿意放弃对出资的所有权。

2. 分类管理对民办学校教师和校长的影响。按照"国家方案"对营利性和非营利性民办学校实施区别扶持的政策思路,非营利性民办学校将得到更多公共财政支持和享有更多公共资源,学校运行的政策环境更加确定,教师的工作环境也更加稳定。因此,如果没有其他激励因素,教师在营利性和非营利性民办学校之间将会倾向于选择非营利性民办学校。同理,由于非营利性民办学校对举办者缺乏经济利益的激励,也使校长更有可能不受举办者干预地行使办学自主权,如果没有其他激励因素,校长也会倾向于选择非营利性民办学校。但是,按照同样的逻辑,教师和校长更应该选择公办学校而不是非营利性的民办学校。这个推理事实上已经被近年来民办学校教师向公办学校回流的普遍现象证实或部分证实。另一方面,营利性民办学校因纳税增加了办学成本,又因与非营利性民办学校竞争公共资源时处于相对劣势地位而减少了收入,很难为教师提供更高的薪酬水平。因此,如果非营利性民办学校不能为教师和校长提供相对公办学校更高的薪酬水平,或者为校长提供更大的办学自主权,无论是营利性还是非营利性民办学校,实施分类管理以后将更难吸引有竞争力的教师和校长。

3. 分类管理对民办学校学生的影响。根据拟议中的"国家方案",实施分类管理后的非营利性民办学校在政策环境和办学行为上都更接近公办学校,而营利性民办学校在法人属性和办学行为上都更接近企业,由此导致在营利性民办学校就读的学生在权利保障和学籍管理等诸多问题上存在很大的不确定性。在相关配套政策出台并被认可之前,就读营利性民办学校的学生身份在社会认同方面将面临心理压力,这种不确定性会在一定程度上使学生(家长)更倾向于选择非营利性民办学校。

4. 分类管理对不同阶段民办学校的影响。从学前教育到高等教育,不同阶段的民办学校虽然具有同样的法律身份,但由于投资规模、投资主体和学校运行方式的差异,分类管理将对它们产生不同的影响。

在学前教育阶段。2014年我国民办幼儿园的平均规模为152人,据不完全调查,该规模的幼儿园全年结余在10万~20万元人民币之间,规模再小的幼儿园全年结余甚至少于10万元,举办者通常将其视为家庭生活来源。规模越小的幼儿园,作为举办者生活来源的属性就越明显。在分类管理中,这一类小规模幼儿园如果选择成为非营利性民办学校,不但在资产归属上将陷于僵局,而且无法承担作为举办者生活来源的职能,因此,实施"国家方案"结果必定导致小规模民办幼儿园大部分将会选择营利性民办学校,其他幼儿园为规避资产归属的不确定性也更倾向于选择营利性民办学校。

在义务教育阶段。民办学校在义务教育阶段的相对优势在民办教育各阶段中最为明显,特别是初中学校,作为当地优质教育资源的代表已经成为全国性的普遍现象。2014年,全国民办小学5 681所,在校学生674.14万人,校均规模1 187人,是全国小学校均规模平均水平469人的2.5倍;全国民办初中4 743所,在校学生487万人,校均规模1 027人,高于全国初中校均规模平均水平834人的23%[2]。自1994年有民办教育统计数据以来,义务教育阶段的民办学校总体发展态势良好,规模扩大,质量提升,在校学生人数持续增长,近十年来,义务教育阶段的民办学校在校学生更是在全国义务教育阶段学龄人口大幅减少30%的背景下,逆势增长120%。但是,在义务教育阶段,随着公办学校教师工资的持续上涨,民办学校正面临巨大的挑战。相对而言,选择非营利性民办学校更有利于保持竞争优势,但按"国家方案",举办者必须放弃对学校出资的财产所有权;选择营利性民办学校,举办者虽然可以避免丧失对学校出资的财产所有权并有可能获得更大的办学自主权,但扶持政策的减弱,税负的增加和社会的观念抵制等影响都将削弱民办学校的竞争优势。典型调查显示[3],民办学校的举办者在面临上述两难选择时,很有可能选择终止办学。

在高中教育阶段。由于资源约束和政策限制,民办学校总体竞争力不如公办学校。单纯从保持学校竞争力而言,举办者应选择非营利性民办学校,但放弃对学校出资所有权的代价将使举办者面临两难选择。中等职业学校在整体上是民办教育中办学最艰难的群体。2014年,全国民办中等职业学校2 343所,比2008年高点时的学校数3 234所减少891所,减幅为28%;学生数189.57万人,比2009年高点时的学生数318.1万人减少128.53万人,减幅为39%,是民办教育中唯一的学校数和学生数双下降的学校群体。在分类管理中,中等职业学校面临与普通高中一样的选择难题,但由于中等职业教育本身需要更多地适应市场的信号,因此,如果他们无法从政府获得更多的政策扶持,举办者将更倾向于选择营利性民办学校。

在高等教育阶段。无论是办学实力还是学校品牌,民办高校整体上与公办高校相比差距明显。与其他各个阶段的民办学校相比,民办高校的一个显著特征是学校总资产数额庞大,根据教育部《普通本科学校设置暂行规定》和相关统计数据推算,民办普通高校校均总资产在五个亿以上[4]。在分类管理中,举办者选择非营利性民办学校,意味着要放弃巨额财产所有权,但如果选择营利性民办学校,不但教师和学生是否能接受学校的企业法人身份是一个未知数,而且还将面临补缴土地出让金的巨额支出和大幅增加纳税成本。这对举办者来说,无论如何选择都是个难题。

在目前的制度环境中,按"国家方案"实施分类管理,影响相对确定的对象是非学历培训机构。他们目前已经充分市场化,并且也没有因为自己的民办学校身份而获得政策优惠,分类管理的实施可以使他们名正言顺地提供市场化的教育服务并谋求经济利益。

三、分类管理对民办教育发展的风险

根据上面的分析,"国家方案"在制度设计上的非营利倾向,虽然符合理论的纯洁性与所谓非营利组织认定标准的"国际惯例",但却与我国社会发展阶段、现实国情以及民办教育发展的历史背景脱节,由此必然面临以下三大问题与挑战:第一,民办学校举办者的"两难"选择与超预期退出风险;第二,营利性民办学校的制度建设空白与发展环境恶化风险;第三,地方试点与"国家方案"冲突风险。在"国家方案"实施以前,如果对以上问题没有系统的政策设计与制度安排,我国民办教育发展将面临巨大的系统性风险。

四、政策建议

国家实施民办学校分类管理的用意在于"促进民办教育健康发展",使民办教育真正发挥"教育事业发展的重要增长点和促进教育改革的重要力量"的战略作用[1]。为实现上述战略意图,通过分类管理需要具体实现以下政策目标:第一,吸引更多社会资金兴办教育;第二,全面提升民办学校办学质量;第三,更好地保障民办学校办学自主权。

基于上面的分析,由于除非学历培训机构以外的各级各类民办学校无论选择营利性还是非营利性民办学校,都将面临明确的利益减损的困扰,如果在"国家方案"的实施中得不到合理、有效的政策引导,国家希望吸引更多社会资金兴办教育的愿望极有可能落空;同时,由于缺乏产权激励的政策环境,举办者改善办学条件的动力会下降,办学自主权也难以充分发挥其积极作用,进而影响到学校教育质量的持续提升;最后,极有可能出现"有市场活力的学校得不到政府扶持和获得政府支持的学校缺乏市场活力"的尴尬局面,导致分类管理走向事与愿违的结局。

为防止和控制上述不利结果的发生,建议进行以下的政策调整:

(1) 调整"国家方案"中关于非营利性民办学校的界定标准,充分吸纳"温州试点"的实践成果,为民办学校出资人(举办者)选择非营利性民办学校提供合理与合适的产权激励,最低限度应允许举办者在学校终止时拥有收回对民办学校原始出资的权利(在学校清算后尚有结余资产的前提下)。

(2) 如果决策机构坚持非营利组织界定的"国际惯例",建议放宽对举办者转让学校办学权时的对价限制,构建使举办者经济利益与学校教育质量和品牌影响力一荣俱荣(一损俱损)的"激励相容"机制。

(3) 在浙江或其他合适区域开展以"国家方案"为基本政策框架的分类管理试点,至少在全国范围内对"国家方案"的合理性与可接受性开展广泛的调研,避免发生重大决策失误。

(4) 抓紧制定营利性民办学校的配套政策,特别是在教师与学生权利保障、资产清算与过户、税收优惠等方面制定优惠政策,增强分类管理政策在实施中的可行性。

参考文献:

[1] 国家中长期教育改革和发展规划纲要(2010—2020年)[Z/OL]. 2010-03-01. http://www.china.com.cn/policy/txt/2010-03/01/content_19492625.htm.
[2] 中华人民共和国教育部. 2014年全国教育事业发展统计公报[EB/OL]. [2015-10-01] http://www.moe.edu.cn/srcsite/A03/s180/moe_633/201508/t20150811_199589.html.
[3] 方建锋. 民办学校营利性和非营利性分类管理的实证分析[J]. 教育发展研究,2011(24).
[4] 中华人民共和国教育部. 2014年教育统计数据[EB/OL]. [2015-10-01]. http://www.moe.gov.cn/s78/A03/moe_560/jytjsj_2014/.

作者: 吴华,浙江大学民办教育研究中心主任、教授;章露红,浙江大学教育学院博士研究生。

(原载《中国高教研究》2015年第11期)

民办高校分类管理的地方政策比较分析与建议

巩丽霞

摘 要: 由地方政策推动民办高校分类管理的路径正在形成并逐步清晰,民办高等教育发展的制度性障碍在逐渐消解。但传统思维方式的束缚依然存在,尚有一些由路径依赖所导致的矛盾未能解决。构建分类管理制度的目的是健全高等教育公共性的法治化保障机制,通过规则重构,在结构上引导民办高校多元化发展。

关键词: 民办高校;分类管理;地方政策;民办事业单位;社会企业

"积极探索营利性和非营利性民办学校分类管理"①是我国民办高等教育管理体制改革的重要举措,已成政策定局。但分类管理不仅涉及多方利益,与法律、政策等显性因素相关,而且还与思想观念、社会认知等隐性因素相关,可谓敏感、复杂。

近几年来,关于民办学校的分类管理,不少省市业已从理论探索推进到实践"试水",其中,浙江为改革试点省份。那么,这些地方性实践有何经验教训,又有何问题乃至困境,该如何应对或者破解,民办高校分类管理作为一项必然由点到面、由地方到全国推开的制度创新,值得认真探讨[1]。

一、地方性制度的比较:创新与守旧并存

截至 2013 年 6 月全国民办高校有 707 所,占全国高校总数的 29%;在校生 533 万人,占全国在校生总数的 22%,这些民办高校分布在全国各省市,其发展态势与地方制度环境直接相关。近 3 年,全国有 23 个省份出台了促进民办教育发展的地方性规范,其中多数涉及民办高校的分类管理。这些地方性规范以落实教育规划纲要精神为指向,大胆探索,既有不少共性,也具有明显的区域特点。以下就目前有较大影响的地方性民办高校分类管理规范作一简要对比分析。

(一) 地方性制度的共同性特点

1. 地方性制度探索与当地经济社会发展程度无关

从已经出台政策的省市及政策内容来看,走在前列的既有较为发达的浙江、上海,也有中部省份陕西、河南和东部的黑龙江,还有相对落后的广西壮族自治区。积极实践的动

---

① 《国家中长期教育改革和发展规划纲要(2010~2020 年)》。

因是地方主政者对民办教育的理解。研读各地政策,无一例外地将促进民办教育发展视为政府的重要职责。促进民办高等教育发展有益于地方经济社会的进步,因此,较之于中央政府,地方政府具有更强烈的制度创新动机和更大的积极性。

2. 地方性制度的形式多为政策性文件,而鲜有地方性法规

从目前各地已颁行的相关规范性文件来看,其制定主体绝大多数为政府,多采用"意见"的形式,如浙江、陕西、福建等地均为省政府制定,只有云南以地方立法的形式,出台的是"条例"。这种现象可谓是我国"国情"的折射,其原因很多,概其要者是由于重政策轻法律的传统思维惯性所致,行政主体更习惯也更愿意选择自由裁量权比较大的政策形式来解决社会问题。

(二) 地方性制度在主要问题上的差异

民办高校分类管理政策,关键点在于如何划定营利性和非营利性民办高校的边界,进而如何认定民办高校的法人属性,又如何对待"合理回报"制度,如何对待民办高校非捐赠性出资人的权益。在这些主要问题上,各地的政策文件存在着明显差异。

1. 关于分类标准与种类

对民办高校分类管理,概而言之,就是将民办高校分为营利性和非营利性两类,分别施以不同的管理制度。就分类管理的首要问题即分类标准来看,各省市出台的政策尚有不同,主要体现在对非营利性的认定上。第一种分类标准将民办高校分为两类四种,以浙江、陕西、福建为代表。如陕西规定,"民办高校、高等教育助学机构分为非营利性和营利性两类,其中非营利性包括捐资举办的学校、出资举办不要求取得合理回报的学校,以及出资举办要求取得合理回报的学校"[①]。据此,非营利性民办高校分为三种。浙江的规定[②]也基本相同;第二种分类标准亦为非营利和营利性两类,但非营利性的类别中排除了要求取得合理回报的学校,以新疆、广西为代表,如广西壮族自治区的有关文件规定"捐资举办的民办学校以及出资人不要求取得合理回报的民办学校,依法享受与公办学校同等的税收及其他优惠政策"[③]。还有的地方政策则回避了合理回报的问题,如四川规定:非营利性学校为举办者不取得办学收益、学校的办学结余继续投入教育,形成的资产为学校法人所有。可以说,"合理回报"是划定分类界限的焦点。在立法本意上作为"扶持与奖励"的"合理回报",之所以被人质疑,乃至"变性"为营利,既与《民办教育促进法》立法粗疏有关,更与该法颁行后10年中有关行政部门对该法律规定的认可、执行有关。换言之,执法者因传统思维惯性漠视并"误读"了"合理回报"[2]。

2. 关于民办高校的法人属性及登记机关

从笔者目前搜集到的地方政策来看,就法人属性的认识,各地依然有明显差异。与各自分类标准相对应,对于非营利性学校,温州等地规定"非营利性的全日制民办学校按照

---

① 《陕西省人民政府关于进一步支持和规范民办高等教育发展的意见》(陕政发〔2011〕78号)。
② 《浙江省人民政府关于促进民办教育健康发展的意见》(浙政发〔2013〕47号)。
③ 《广西壮族自治区人民政府办公厅关于促进民办教育发展的意见》(桂政办发〔2011〕84号)。

民办事业单位法人进行登记管理"①，不再区分捐资和出资；而陕西、福建等地则进而区分为事业单位法人与民办非企业单位法人，如陕西规定："捐资举办、出资举办不要求取得合理回报的学校，登记为民办自收自支事业单位法人；出资举办要求取得合理回报的学校登记为民办非企业法人。"②相对于陕西将民办高校、高等教育助学机构一并予以规定，温州和新疆对于全日制和非全日制区别对待的规定更值得借鉴，如温州规定："非全日制的民办学校按照企业法人进行登记管理，确属非营利性的，也可以登记为民办事业单位法人。"[3]这里，还值得一提的是湖南省，早在2008年该省就行文率先定性"民办学校是民办事业单位"③，在全国首次打破了对民办学校只能是"民办非企业单位"法人属性的认定。不过，各地在法人登记机关问题上倒是不约而同的一致，即民政部门负责非营利性学校的法人登记，工商部门负责营利性学校的法人登记工作。究其实，认真研读我国相关制度规范，民办高校被划归为"民办非企业单位法人"实质并无法律层面依据，仅是行政偏好或偏见的结果而已[4]。

3. 关于民办高校的产权归属

产权归属是民办高校分类管理的重要内容，集中体现在如何对待非捐赠性出资人的权益问题上。概言之，举办者是否具有办学结余和剩余资产的索取权是营利和非营利分野的基准：有，为营利性；反之，则为非营利性。由于对这一基准的认识和把握不同，各地在民办高校产权归属问题上的政策亦有所差别。在产权问题上，浙江有两大亮点：一是提出了社会所有的概念，明确了捐资举办的学校，所有净资产归社会所有；二是建立了产权流转制度，明确了非营利性学校"所有者权益（股权）可以增设、释股、转让、继承、赠予，""在产权流转过程中，一律按账面原值计价，对营利性学校按市场规则操作"④。在近3年来省级出台的同类文件中，笔者首次看到上述提法。作为国家分类管理试点省份，浙江虽然政策出台较晚，却自有其把脉切中之处，只是该省与多数地方性政策一样，在产权归属问题上的规定尚欠完善，对于非捐赠性出资的非营利性高校办学结余归属的规定缺乏，而且在所有者权益问题上使用了股权的概念，值得商榷。

4. 关于奖励政策

近年来，不少省市出台了公共财政专项资金政策，用于奖励民办高校及举办者，但本文在此分析的只是包括"合理回报"在内的办学结余奖励，而并非公共财政资金奖励。就办学结余奖励，浙江、陕西等地都明确给予肯定，弥补了国家层面规定的空缺，如浙江规定，非营利性学校在办学有结余的前提下，可按规定比例计提，用于奖励出资人；陕西规定，非营利性学校出资人要求取得合理回报的，允许从办学结余中按年度取得合理回报，作为对出资人的奖励，合理回报额可占到办学结余的40%；黑龙江大胆创新，早在2005年就规定滚动发展型的民办学校，办学积累达到一定规模但没有明确出资比例的举办者，可

---

① 《关于实施国家民办教育综合改革试点　加快教育改革与发展的若干意见》（温委〔2011〕8号）。
② 《陕西省人民政府关于进一步支持和规范民办高等教育发展的意见》（陕政发〔2011〕78号）。
③ 《湖南省人民政府关于促进民办教育发展的决定》（湘政办发〔2011〕38号）。
④ 《浙江省人民政府关于促进民办教育健康发展的意见》（浙政发〔2013〕47号）。

以一次性给予举办者相当于学校净资产（扣除国有资产和社会捐赠部分）15％的奖励,作为举办者的初始出资额①。黑龙江的规定说明了该省主政者是认真研究了民办高校发展实际的,理清了公共政策所要解决的政策问题。湖北、陕西作为"后来者",也做了类似规定。而具有示范效应的温州,其新政从"1＋9"到"1＋14"再到"1＋14"升级版,规定明确具体,可操作性很强,在合理回报方面,比例确定得甚是"合理",为不超过贷款利率的两倍,值得借鉴[5]。

此外,在会计制度、税收、土地使用以及设立风险基金等方面,上述省市的规定亦各有不同,如会计制度,陕西规定,捐资举办的学校和出资举办不要求取得合理回报的学校,适用公办高校会计制度;出资举办要求取得合理回报的学校,在有关部门制定专门会计制度前,参照执行《民间非营利组织会计制度》,营利性学校按规模大小分别适用《企业会计准则》或小企业会计制度;而福建则规定"登记为事业单位法人的民办高校,适用事业单位会计制度。登记为民办非企业单位（法人）的民办高校,执行《民间非营利组织会计制度》。登记为企业法人的民办高校,适用《企业会计准则》"。

二、地方性制度的剖析：障碍渐次消解与制度尚且粗疏

由地方政策推动民办高校分类管理的路径正在形成并逐步清晰,丰富的政策实践中不乏有突破国家层面制度的创新,民办高等教育发展的制度性障碍在逐渐消解。但在予以充分肯定的同时,还应注意到这些地方性规定是在过去长期歧视民办教育政策的背景下形成的,因此,传统思维方式的束缚依然存在,尚有不少因路径依赖所导致的矛盾和不衔接。这也是虽然有很多省市颁布相关政策,但在实践方面却并没有得到较大突破的主要原因。

（一）分类管理的制度模式多为政策主导型有悖于治理能力现代化的要求

如前所述,民办高校分类管理的推进,与目前我国所有领域的改革一样,多采用"政策主导型"的制度模式。这种模式是由多种因素形成的,且可以罗列出种种合理性,如政策具有灵活性、效率性的多重优势,不仅有利于适时弥补国家教育法律制度的不足,还有利于适应区域发展不平衡的现实要求,有利于充分调动地方政府积极性、创造性和责任感等等。但有一点不应忽视,即政策通常是由行政部门单方面制定的,这种行政决策模式体现的理念是决策者居于管理的主体地位,是公共利益的代表,因此,他们往往习惯性地对公众或利益相关者的政策偏好乃至需求进行塑造。可以说,这种政策主导型的制度模式与我们希望通过构建分类管理规则推进民办高等教育健康发展的目标肯定会有差距,因为政策主导模式一则很难摆脱长官意志、惯性思维,有悖于治理能力现代化的要求,二则很难克服民办高校管理"多头性"的弊端,使得改革措施所要达到的预期效果因涉及多个部门,需要协助落实而被消解。同时,政策还因其阶段性和不稳定性而易使民办高校办学行为趋于保守。

---

① 《黑龙江省人民政府关于促进民办教育发展的若干意见》（黑政发[2005]25号）。

(二) 政策文件的内容还带有明显的"过去时"思维惯性

对民办高校分类、法人属性及登记机关的规定依然折射着传统思维惯性，集中表现在不少地方主政者对"合理回报"持有疑虑，尽管法律业已明确定性其为奖励，但宁左勿右，还是要么将之依旧列入民办非企业的"另册"，要么干脆划归为"营利"，其实质是对"民办"基因的疑虑。再如，在分类管理政策实施中，一些地方政府的措施不仅仅是在导向"非营利性"，还可以说有"裹挟"的嫌疑，似乎只有非营利，才能办成让人民满意的教育。

(三) 分类管理政策实施中多数民办高校的选择"口是心非"

从各地分类管理政策实施看，面临营利性与非营利性选择，民办高校掂量再三之后，大多数最终选择了非营利性，其主要原因为思想障碍。在我国公私之分已经内在地包含着褒贬意味、价值评价的现实语境下，对民办高校而言，不仅是"营利性"三个字让他们"望而却步"，就连提出"合理回报"要求也会觉得顿时就"矮人一头"，气短了许多。由我国民办高校发展过程中的资源环境以及与此相适应的规则体系所决定，我国民办高校以滚动发展型和投资举办型为主，而真正出资举办的为数并不多，捐资则更少。滚动发展型主要发轫于民办教育兴起之初，举办者多为并无"资"可投的教育界人士，他们或微薄集资或白手起家，经过殚精竭虑，实现了滚动发展，办学积累的资产多登记在学校名下，其办学动机具有多重性；投资举办型则主要启动于1999年前后，国家政策的鼓励、社会对高教的需求以及经济发展的使然，激发了民间资本投资办学，其中不乏上市公司参与。有关材料显示，"近七成独立学院由房地产等各类投资资本在掌控，因为法律限制，没有一所登记为营利性组织"[6]。这两类民办高校多数选择非营利性且不要求合理回报，无疑是长期歧视民办、公有制思维定势的结果，也可以说是一种面对制度的无奈。

(四) 政策文件规范粗疏、矛盾和不衔接

分析考察各地的分类管理政策，不难看出其中的粗疏、矛盾之处，正所谓初生之物，其形必丑，剖析研究，以期完善。

第一，在法人属性及登记的关键问题上，即使明确了非营利性民办高校为事业单位法人的省市，也依旧规定其登记机关为民政部门，由此使得民办高校仍然处于种种制度性矛盾之中。如只能继续参照非营利组织进行管理，执行《民间非营利组织会计制度》，接受民政部门的监督管理，这使得民办高校在会计制度、年度审计等方面无法与教育行政管理部门的要求对接。更为重要的是，由于在民政部门登记，即使"乌鸡变凤凰"成为"事业单位法人"，民办高校教师也难以获得与公办高校教师同样的"编制"身份。因为在现行管理体制下，只有依照《事业单位登记管理暂行条例》有关规定在机构编制管理机关登记或者说经过机构编制部门核准，才能进入"编制"体系。也就是说，根据浙江等地的政策，民办高校可以登记为事业单位，但这并不意味着就能得到公共财政拨款，其教师就能享受事业编制及与之相应的社会保障、职称等级等待遇。换言之，地方改革虽然有所创新，但制度困境则"庭院深深"。

第二，在产权制度问题上，多数地方政策对民办高校普遍存在的产权归属不明确的问题并没有切实解决，尤其是非捐赠性出资的非营利性高校办学结余归属问题依旧"高悬"，

同时还存在着与社会经济制度相矛盾和不衔接的情况。如浙江就非营利性民办高校的产权问题,在使用了"所有者权益(股权)"、"释股"等术语的同时,又规定:"对非营利性民办学校,在产权流转过程中,一律按账面原值计价。"如是,就形成了自相矛盾。股权是公司法的概念,因投资而获得,其核心是收益权,其价值随企业资产增减而增减,因此是不能按"账面原值计价"的。有类似矛盾规定的还有陕西、重庆等地政策。陕西提出混合制民办高等教育办学模式,支持各类办学主体通过合资、合作、股份制等方式举办民办高等教育,但又规定"举办者、出资者变更,原始出资额须按原值计算"。此外,重庆市也提出"创建民办教育资本运作和投融资体制。支持民办教育举办者进行资本运作,多渠道引进和扩大资金来源。支持民间投资办学主体通过合资、合作、参股的方式投资办学"。地方政策的这些矛盾,不仅源于理论上的混乱,也必然造成实践的无所适从,这是应予以高度重视的问题。

三、完善地方性制度的建议:还原目的与创新制度

分类管理将改变我国民办高校原有的规则和资源体系,是一种制度结构性变革,这一变革的顶层设计、制度模式无疑应当与我国深化改革的总目标保持一致,同时,在路径选择与过程控制方面,还应当顺应高等教育发展规律,引导民办高等教育向"人民满意"的方向发展。

(一)构建分类管理制度的目的是健全高等教育公共性的法治化保障机制

分类管理制度构建的顶层设计和总体规则破题,必须明晰目的,变革理念,以期形成广泛的共识,这也是梳理、解构地方政策矛盾的关键。高等教育具有公共性,不仅关乎民生,影响着社会成员共同的必要利益,更关乎社会进步,强调这一现代理念至关重要。近几十年的社会变迁证明,教育对社会现代化进程的推动具有举足轻重的意义,民办高等教育也不例外,办学资金来源于政府还是私人都不影响这一本质属性。鉴此,民办高校分类管理制度的设计应当以"公共性"为逻辑起点,目的是健全高等教育公共性的法治化保障机制。站在这一角度,我们必须改变过去注重微观的研究范式,从宏观角度研究民办高等教育,摒弃对私人资金的疑虑,改变对民办及营利的偏见,利用分类管理改革契机,为民办高等教育重构一套新的运行规则,既保障非营利性民办高校具有能够与公办高校平等竞争的制度环境,也应给营利性民办高校以合法地位,为其制定公平、稳定、可预期的规范体系。分类管理是要分类、区别以待之,其本意是通过规则重构在结构上引导民办高校的多元化发展,而不是逼迫现有的民办高校都"殊途同归"到非营利道路上,成为"一类"管理。换言之,分类管理意味着也要给投资资本进入教育领域打开"蓬门",让其光明正大地"营利",避免"投资"被规则为"出资",甚至是捐资,名为非营利,实则隐形营利,损坏了真正非营利办学的声誉。民办高校是否具备公共性,是否为人民满意的教育,是否为社会所选择,与其是否营利并无实质上的因果关系,而是取决于其教育功能或者说是否具有选择价值,就此,新东方就是典型。大力发展民办教育的国家政策方向,其理论根基正是教育的公共属性。教育的公共性与营利并不完全冲突,也正因此,国务院法制办公布的《教育法

律一揽子修订草案(征求意见稿)》中删除了关于设立高等学校"不得以营利为目的"的内容。构建分类管理制度的目的是为民办高等教育健康、多元化发展,实现其公共性提供法治保障机制,而不是为分类而分类,甚至"引导"为一类。

(二)构建分类管理的制度模式应当由政策主导型转向法律主导型

在法律越来越成为社会治理规范体系主导型规范的趋势下,尤其是党的十八届三中全会决定提出了国家治理体系的理念,治理能力现代化的要求实质上就是良法善治,这是从制度层面提出的深化改革总目标。毋庸置疑,这一总目标将深刻影响着我国制度体制的价值理念、具体走向乃至模式设计,民办高校分类管理的制度改革,当然也在其中。根据治理能力现代化的要求,民办高校分类管理的相关规则,应该尽可能地由民主代议机构讨论、审议,以地方立法的形式颁布。在效力层次上体现为地方性法规的法治化制度模式,一则体现、符合民意,彰显治理要旨;二则约束、规范政府,使其责任明确;三则稳定、规范,可预测性更强。此外,还有利于避免政策创新突破所面临的违法困境。公共性是高等教育法律之正义,制度目的决定制度模式的选择。

(三)构建合理的分类管理制度需要从逻辑起点上廓清误解

构建合理的分类管理制度,首要的是在逻辑起点上从法律的角度廓清误解。正本才能清源,清源才能水到渠成。

法人属性的错乱是民办高校发展困境的源头性问题,解构其矛盾,是分类管理制度构建的逻辑起点。就民办高校营利性与非营利性的划分,笔者赞同浙江、陕西的标准,即两类四种。如前所述,不少地方政策业已纠正了民办高校为"民办非企业法人"这一不伦不类的定性,明确非营利性民办高校属于民办事业单位法人性质,从逻辑起点消除了与公办高校之间的差别待遇,但依然存在的问题是,由于各地规定登记机关依然为民政部门,故而尚难以切实还其与公办高校同等的法律地位。以三中全会《决定》强调的权利平等、机会平等、规则平等为指向,以立法解释的方式扩大现有事业单位法人的内涵,放宽对举办资金来源的限制,使之能够包容非营利性民办高校,进而按照公益二类事业单位进行法人登记,是走出目前制度性困境的一个最优解。此思路一石多鸟,具有帕累托效应,不仅有利于系统、协同、较低成本地解决上述问题,而且推进了本轮事业单位改革目的的实现,即"放宽准入领域,推进公平准入,鼓励社会力量依法进入公益事业领域"[①]。同时,还可以利用事业单位社会保险制度改革、财政支持方式改进的契机,对准予登记为民办事业单位法人的民办高校采取机构编制备案制,对于符合备案编制条件的教师,逐步建立单位、财政、教师个人三者合理分担社会保险的机制,渐次缩小与公办高校教师的差距,以改革红利带动理顺利益关系。如是,诸如财政扶持、税收政策、会计制度、教师职称评级等问题也就迎刃而解了。

在正确划定法人属性的前提下,笔者赞同温州的做法,即在民办高校选择法人属性时区分全日制和非全日制以必要限定。对于从事学历教育的全日制民办高校,原则上不允许其选择营利性,而非全日制高校则可自由选择。这不仅因为两者设置标准、要求不同,

---

[①]《中共中央、国务院关于分类推进事业单位改革的指导意见》(中发〔2011〕5号)。

更因为前者从事学历教育而具有更多的公共性,乃至学界认为颁发学历证书具有准行政行为的性质,同时,也与现行高等教育管理制度更为契合,如教学评估、专业评价等,全日制民办高校的内外部治理是我国现代大学制度建设的重要组成部分。

此外,还与我国目前的税收管理规范相契合,因为税务部门是以学历教育和非学历教育来区分,从而实行不同政策和登记管理办法的。

(四)构建合理的分类管理制度需要从根基上厘清财产权利

财产权利明晰且归属合理是分类管理制度构建的基础,产权能否得到公平且清晰的界定,很大程度上决定着分类管理改革的成效。综合各地政策,对实践中占多数的非捐赠性出资举办的非营利性民办高校,在其产权归属即办学结余的分配、办学积累资产的归属、举办者的出资和学校终止办学时的权益分配问题上,有误解和欠缺完善之处。基于我国民办高校发展的历程、现状及发展导向,笔者有如下三点思考所得:

1. 确认非营利性民办高校的产权结构为混合所有制,整体产权属性具有公益性

产权是所有制的核心。民办高校形成产权的资金来源包括学费、私人出资、公共财政扶持、政府购买服务、慈善捐赠等。此外,政策优惠如税收、土地等也相当于公共资金的投入。如是,民办高校的产权结构是多元的,并非仅是私有。实际上经过经年累月的办学滚动,在现有民办高校的法人财产中,私人出资的占比已经非常之小,完全可以说,其整体产权属性具有公益性。各地政策对于民办高校终结后剩余财产只能用于教育事业的规定,实际上已经确认了这一点。随着公共财政扶持的到位和政府大量购买社会服务,民办高校产权的公益性质将更为显现。

2. 承认非营利性民办高校举办者的个人产权

对于选择非营利性的民办高校,只要不是自愿捐赠,无论举办者是否要求取得合理回报,政府都不应当强迫其放弃出资所有权,否则,将与我国法律保护私有财产的精神相悖,亦与实践脱离。承认举办者的产权对于非捐资举办的民办高校而言,非常重要。我国民办高等教育产生的特殊背景和发展现状表明,举办者大多是在制度环境熏陶、道德绑架的压力下,逐渐认识、认同教育的公共性,从无奈到自觉,愿意放弃眼前利益,以社会使命为先,但完全放弃对私人出资所有权依然有违其真实诉求。我们的制度设置不能要求进入民办高等教育的私人资金,不仅没有利益,且血本无归。做公益的人就要牺牲个人利益的观念应当改变,否则,非营利性学校就等同于"捐资办学",占据多数的有产权诉求的举办者或出资人就只能是要么急流勇退,要么是"手把红旗旗暗湿"。根据我国立法、《教育规划纲要》及《国务院关于鼓励和引导民间投资健康发展的若干意见[国发〔2010〕13号]》的精神,"出资办学"既非"捐资",亦非"投资",而是允许出资人在举办非营利性高校时保留其出资的个人产权。在分类管理制度设计中,承认出资人享有在学校举办期间的个人产权,允许其在学校清算后的剩余资产中收回其投入部分并合理分享办学积累,既合情理,亦合法度。当然,就具体收回及分享,需要制定与"投资"分红完全不同的具体规则。

3. 认可民办高校创办者、管理者的人力资本

民办高校之所以能实现滚动发展,尤其在早期,其创办者的坚持、艰辛、殚精竭虑,具

有决定性作用。同时,高等教育对于人才的要求高于一般企业,不仅要有才,还须有德,有使命感。举办者、管理者、骨干教师等以知识、技术、管理等方式参与举办民办高校,应该认可其人力资本的投入,给予其高于商业机构的待遇。这种产权关系的认定和合法化,不仅有助于弥补公办、民办的差别待遇,而且有利于形成民办高校的利益共同体,不仅会增进办学效益,而且深含着关乎公平的框架。如前所述,黑龙江等地政策对滚动发展型民办高校的举办者以学校净资产的15%奖励为初始出资额,实际上即认可其人力资本,但笔者以为,认可范围应扩大到其他具有贡献力的从业者。在社会收益为先的前提下,让教育事业的举办者、从业者把社会理想和个人发展的需求(包括经济收益)契合到一起,让公益性事业不仅适合"圣徒",也适合更多有社会理想、有能力的普通人,极具意义。当然,这种人力资本在民办高校产权中的占比应设定有上限,而且因人力资本形成的个人产权收益属于锁定状态,即以一定时点为准,不得随办学积累而升值,以确保办学积累的增长保持其公益属性。

(五)构建合理的分类管理制度需要"摆正"营利性民办高校的位置

分类管理,题中应有之义是营利性民办高校合法化,否则,就是一条道路通罗马。纵观各地政策,几乎无一例外地将营利性民办高校列为一般企业,笔者以为,此乃沿袭传统思维的结果。因为举办的是教育,即使"分配利润于其机构成员",将之完全等同于一般企业亦有不妥,毕竟教育的正外部性要更大些。故此,对于营利性民办高校可以借鉴英美国家的社会企业制度为其框架。社会企业是一种运用市场化手段解决社会问题的机构,"与一般其他私有企业不同的是,它不只是为了股东或者企业的拥有者谋取最大的利润而运作。社会企业的目的是解决社会问题,而不是纯粹为了盈利"①。这种社会企业,是义利并举、公益与商业相融合的投资。引入社会企业制度,探索公益使命和商业模式跨界结合的创新之路,是管理营利性民办高校的可行选择。在社会企业框架下,营利性民办高校可以兼顾股东利益和公共利益,强调对利益相关方的关注,可以吸收教工或管理层持股,其收益可以有限分红,股权可以转让流通,在税收上可等同一般企业,亦可比照高新技术企业享有减免税优惠。如是,既可善用资本,一则激发市场资本进入教育领域,二则有效利用私人资本对于效率的追求,亦可推进教育制度、民办非企业制度改革和教育服务市场化,提高第三产业在国民经济中的比重,拉动内需,扩大就业[7]。

对民办高校分类管理改革会触及很多深层次观念,涉及多重利益关系调整,这一制度变迁既需要坚守,也需要创新,还要讲究程序和策略方法,地方新政及实施难免会存在问题或者矛盾,笔者将相关思考所得笔之成文,以就教于方家。

参考文献:

[1] 刘耀明.民办高校分类管理的制度逻辑[J].复旦教育论坛,2011(3).
[2] 吴华.我国民办教育发展的地方政策主导模式分析[J].教育发展研究,2009(8).

---

① 社会企业资源网(香港):http://www.socialenterprise.org.hk/chi.

［3］张利国.民办高校法人分类制度的立法困境与出路[J].辽宁师范大学学报(社会科学版),2011(4).
［4］巩丽霞.民办高校法人属性的研究——基于"民办非企业单位"法人登记的分析[J].教育发展研究,2010(18).
［5］黄新茂.浙江省民办教育新政策的若干亮点[N].中国教育报,2013-11-09.
［6］李剑平.近七成独立学院由房地产等投资资本掌控[N].中国青年报,2014-04-15(3).
［7］潘懋元,别敦荣,石猛.论民办高校的公益性与营利性[J].教育研究,2013(3).

作者：巩丽霞,辽宁对外经贸学院教授。

（原载《民办教育研究》2015年第2期）

民办高等教育分类管理模式的新思考
——基于公益指数视角的探讨

沈国琪

摘 要：基于办学剩余以及最终产权归属作为判断营利与非营利民办高校的分类管理模式，在目前的试点实践中并没取得较大的突破。基于这样的现实，民办高校可以从办学公益程度的角度来探索分类方式，通过构建公益指数作为表征变量，来动态分析民办高校公益程度的相对大小，据此把民办高校分成若干类，从而给出相应政策优惠，并定期评估公益程度大小和确定类别。以该模式作为民办高等教育分类管理的新思路，可使得民办高校避免被迫一次性选择营利或非营利属性，突破现实困境，促进民办高等教育稳定、有序发展。

关键词：民办高等教育；分类管理；公益指数；灰色关联

自从《民办教育促进法(2002)》及实施条例的颁布，我国民办高等教育在办学规模上已经取得了显著成绩，并业已成为我国高等教育体系的重要组成部分。但是与市场需求的优质高等教育相比，民办高等教育办学质量依然差距明显[1]。而分类管理不仅是促进民办高等教育持续稳定发展的制度保障，促进办学质量提升，更是我国民办高等教育实践改革的突破口[2]。但现有试点的民办高校分类管理模式是基于捐资办学假定以及教育为公益事业的理念而制定，这与我国民办高等教育以投资办学为主要特征的现实基础相背离，随着民办高等教育的进一步发展，国家层面宏观管理与民办高校微观运行之间的冲突进一步激化[3]。因而构建一种符合民办高校办学现实基础的分类模式与实施策略具有明显的理论与现实意义。

一、民办高等教育分类管理模式的相关研究

关于民办高等教育分类管理的相关研究，目前学者主要从民办高等教育分类管理的必要性、分类的种数以及分类的标准等方面进行，对于民办高校分类管理的必要性，多数学者认为，分类管理有利于民办高等教育的健康多元发展，[4]并对于化解制度冲突和突破运行的现实困境起到关键作用[5]，分类管理是必然趋势，已成共识[6]，目前对于分类管理研究的争议，主要集中在以下三个方面：

（一）民办高等教育分类种数的争议

学界对于民办高校分类种数的研究，主要从以下三种视角展开，其一为二分法，即将

民办高校分为营利性以及非营利性两种[7]。研究者从制度规范来解释,认为民办高等教育机构的投入应区分为捐资和投资两类。前者是基于奉献社会而办学,不期望任何有偿回报;后者则基于谋利的目的办学,其目标是获取经济收益[8]。若举办者捐资办学则为非营利性民办高校,若投资办学则为营利性民办高校[9];其二为三分法,有研究人员认为,营利和非营利性的分法,属非此即彼的界定,并不能客观反映我国民办高校复杂的办学现实。邬大光、胡卫、方剑锋等认为民办高校应区别为非营利性、准营利性以及营利性三种类型。捐资举办的无疑是非营利性办学,但在投资举办学中,应依据教育服务类型以及学校盈余分配方式,进一步可分为准营利和营利性。黄新茂提出的捐资型、投资型、出资保值型三分法也与此相似[10]。其三是四分法,潘懋元、周守亮、赵彦志、徐绪卿、王建等一些学者认为,二分法、三分法均未全面、客观反映我国民办高校特征[11],主张现行民办高校至少应划分为四类[12]。第一类是捐资办学,即出资人对所有权及回报均不作要求;第二类是出资人对投资的额外收益不做要求,但主张保留学校初始投入资产的所有权;第三类是民办高校出资人要求合理回报,保留初始资产所有权,但不以营利为目的;第四类是纯营利性民办高校。

(二) 民办学校分类标准争议

应该说,以什么标准来界定、划分民办高校,是分类管理的核心所在,同时也是分类管理的难点。一旦确定了分类标准内容,实际上民办高校分类的种数也就得到明确。目前对于分类标准的研究,主要有两种,一是单一化标准。该标准以"是否追求回报"(即是否以营利为动机)作为唯一分类标准。只要是不追求回报的民办高校,不用考虑办学主体性质,一律归类为非营利性民办学校;否则,视作营利性民办高校。但以是否追求回报作为分类划分的标准,受到部分学者的质疑。作为一种社会现象,高校办学利己与利他行为(外部性)都同时存在,利己行为与利他行为的公益性孰大也不必论证,据此也无法推断举办者的动机与目的[13]。二是多维标准。王善迈等提出分类的标准至少应该包含三个方面[11]。分别为办学所得盈利的支配主体、出资人的初始投入以及追加投入所形成的民办高校固定资产归属、办学终止时剩余资产归谁分配;柯佑祥、徐绪卿等也提出了类似的观点,认为界定营利性和非营利性民办高校应从是否以营利为办学目的、举办者是否享有办学结余资产的所有权及最终剩余资产等三个方面来进行[14]。

(三) 分阶段实施分类管理

中国民办高校的实际运行已超出了营利和非营利两类组织的划分范畴,实践中部分省市在出台的试点方案里,不仅承认非营利性民办学校举办者出资的原始资产权,而且还允许出资者从办学结余中取得合理回报,显然突破了传统"非营利性组织"的概念边界[15]。基于这样的现状,有学者提出,四分法是一种过渡阶段,二分法是最终理想阶段这样的看法,并给出从四分法到二分法的相关政策建议[11]。

二、现实困境与存在的问题

实际上,自《教育规划纲要(2010 颁布)》提出要积极开展营利性、非营利性民办高校分类管理模式的探索后,教育部门便开始在部分省市进行试点工作,但实际效果远低预期。即从试点启动至今,多数省市无论在政策还是在实践方面均流于形式[15]。究其原因,存在以下几点:

首先,目前分类管理实施的基础存在局限性。以非营利和营利性标准对民办高校进行管理,源自西方高教领域。非营利是基于捐资办学的性质,营利则建立在投资办学的基础上;在欧美,捐资办学历史悠久,并且是私立高等教育的主流,投资办学则不然,仅仅出现在20世纪90年代,即这两种划分是基于捐资办学为主流且发展较成熟的情境下。纵观我国现代民办高等教育发展,起步于改革开放之际,受制于彼时的经济条件,捐资办学极少,而高等教育需求市场巨大,民办高校的举办者在这样的情况下,以滚动发展或一次性投资的模式进入高教领域[16]。总体而言,是以投资办学为主,营利意图明显。统计数据也支持这一观点,2011年我国民办高等教育的资产结构中,社会捐资仅为投资办学总额的6%左右,仅占当年高等教育总投入的0.54%,同年民办高校办学经费来源组成中,来自捐赠的收入也仅占0.33%。现有696所民办高校(具备学历颁发资格)中,绝大多数均有要求取得合理回报的意向[9]。

其次,民办高校面临"选边站队"的道德风险。营利与非营利,甚至准营利的分类,实际上是要求民办高校举办者"选边站队"。从目前的试点实践来看,几乎没有民办高校选择营利作为办学属性[17];另外,选择非营利属性的,表面上看确实不少,但实际情况并非真心如此(部分迫于道德的压力而选择的);更多的民办高校则处于观望的状态。显然,多数民办高校之所以不选择营利性,究其原因,在于传统的思想观念中,高等教育的营利性行为始终难以被认同;更进一步,在民办高校目前生存的环境中,其弱势地位非常明显,若选择了营利性,可能会招来更多"有色眼镜"的审视。而且时至今日,政府尚没有出台适用营利性高校的相关法规和政策;同时即便选择了非营利性属性,目前政府相关部门对民办高校在政策保障方面同样非常欠缺。

其三,合理回报和利润的区别有待进一步审视。民办高等教育投资回报多少才算合理范畴,争议较多,有"不超过银行贷款基准利率的一倍"的说法,也有不超过存款利率的150%的说法,也有不超过当年贷款基准利率的2倍,也有学者通过大量历史数据的收集,通过内部收益率方法计算出高等教育的投资回报率为9%左右[15],但普遍被接受、认可的并不多,要确定民办高等教育投资回报率,影响因素多,涉及范围广,真正确定"合理的回报"尚需进一步的研究。

确立营利性和非营利性,甚至准营利性等民办高校的区分标准,从理论层面上而言,是相对比较容易的,但实践中对现有的民办高校如何分类的实践操作,涉及面广,远难以理论分类。营利性、准营利性以及非营利民办高校将面临迥异的土地、税收、财政等公共政策。简而言之,选择不同类型的标准办学,对民办高校举办者来说,标志着一系列显性和隐性利益的重新分配、取舍。因而施行分类管理,需要针对不同类型的民办高校的属性特征,进一步完善目前现有的民办高等教育政策法规和制度创新管理。

三、民办高等教育分类管理模式的新设想

(一) 前提假设

既然面临多数民办高校是基于投资办学这样的现实,那么现阶段进行营利、非营利或者准营利的划分,实施的基础并不具备,为稳步提升民办高等教育质量和突破发展桎梏奠定基础,实施分类管理需要换一种新的思路,分类管理措施应在假定所有民办高等教育均是投资办学的情景下制定(类似于部分法律制定是首先基于人性"恶"的假设,而后再制定相关法律给予约束),而不是基于出资性质、剩余索取以及最终资产的归属来明确,这种理论假设与我国目前民办高校举办属性的现实更加契合。

(二) 基于公益测度的动态分类管理的设想

民办高等教育是具有正外部性,它不仅给教育消费者带来收益,而且使得整个社会受益。同时,民办高等教育增加了公民教育选择的机会,为接受教育群体提供了知识与技能,从而使得该群体获得更高收入和相对较强的职业迁移能力,因此它不仅符合个人利益,同时亦符合社会公共利益。因而即便是营利属性明确的民办高校,也应能够有尊严、体面地办学,民办高等教育分类管理政策制定时应考虑包容性,允许多种发展方式并存,善待通过投资办学获取合理回报的办学模式,将更加有利于促进民办高校的发展。

既然无论是营利还是非营利属性高校,均存在着公益性(正外部性),那么设想以省为区域,测算省内各民办高校公益程度(本研究中命名为公益指数)的相对大小,具体可以根据高校自身教育支出状况(分解成若干指标加以合成)进行评估,再应用聚类分析方法,视实际情况分成若干类,而后根据不同民办高校公益指数的大小,确定在连续分类中不同的区位,给予不同的政策倾斜或财政资助,上限可以与公办高校等同,下限则视情况作出较低的政策优惠及财政补助等措施。

这种分类管理模式,现实意义明显。其一,可以避免民办高校面临"选边站队"的困境,给出缓冲,稳定目前民办高校发展的态势;其二,通过不同的政策优惠和资金扶持,可以鼓励、促进民办高校向捐资办学属性发展,使得民办高等教育属性走向进一步分化、明确;其三,办学公益性程度的大小,视现实情况定期评估,即属性的划分并非终身制,可以是为期一年,也可为期二年,动态管理,从而避免一次就给民办高校在营利、准营利或非营利上给以定性,迫使民办高校举办者面临选择的尴尬境地,同时为促进我国民办高校起到了很好的推动作用。接下来,就这种以公益性程度(用指数的形式表示)分类模式进行探索分析。

四、民办高校动态分类模式的探索——以浙江省为例

教育作为公益事业,正是基于教育的正外部性这一特征,若教育支出大,教育质量便相对较高,公益性愈发突出,这样无论是个人还是社会整体,收益会增加,因此可以把民办高校的公益性作为一个表征变量(即公益指数),来反映民办高校各自营利或非营利程度的大小。但从该角度对民办高校的公益性程度进行度量,并进一步在不同民办高校内进

行比较,需要深入探讨和摸索,表征高校公益程度因素较多,通过怎样的方法方式来反映,笔者在研究中提出了初步的思路,希望能够达到抛砖引玉的效果。首先,确定公益指数测量的指标体系,并分析各个指标的贡献(或权重);其次对各个指标进行综合,量化省域内民办高校的公益性程度相对大小,综合表征变量为教育公益指数;第三,对公益指数进行排序,结合统计分析方法,对民办高校按照实际测算结果进行分类,从而可根据不同的类别,确定相应的优惠政策及制度。

(一) 民办高校公益程度指标体系的分析

公益程度的评价,需考虑多方面的因素,因而属于多目标综合最优化评价问题。为了探讨并确定评价指标体系,在结合文献研究的情况下,基于生均投入、公平性等因素考虑[18],笔者与课题组成员通过向民办高教领域内多位学者发放开放式问卷,征询民办高等教育的公益性可通过哪些指标来反映,同时辅以相关的访谈,最终得到了累计达 40 项指标的评价体系,为客观起见,课题组成员对评价指标进行打分,并采用德尔菲法进行综合分析,反复斟酌,最终对评判民办高校的公益属性程度高低的评价指标确定为 3 个一级指标、8 个二级指标、22 个三级指标,具体见下表 1。

(二) 动态分类管理的应用

以浙江省为例,选取省内 10 所民办高校(有学历颁予高校,但不含独立学院)作为调研对象,并发放调查问卷,问卷回收及访谈中,课题组依据研究的性质以及被访谈者(高校)的要求,依次把高校分别用 GX1~GX10 来代替,获得的数据采用最大-最小法模式进行标准化处理,得到不同民办高校在各个指标上的相对标准值,其中"社会满意度(X20~X22)"以及"决策程序的公正、公开程度(X12)"值通过问卷得到,采用里克特量表法(按照 1~7 分)来给定,其他数据来源于各调研对象高校网站最新信息,或者通过课题组联系高校进行调研等方式得到。

表 1 民办高等学公益指数评价指标体系

一级指标	二级指标		三级指标
资源投入	师资投入	X1	当前专职教师比例(%,↑)
		X2	近五年教师人均工资增幅(%,↑)
		X3	教师平均工资(元)
	生均投入	X4	年学费额度(元,↓)
		X5	生均教育经费投入(元,↑)
		X6	生均校舍面积(平方米,↑)
		X7	生均公共用房面积(平方米,↑)
	教育规模	X8	在校学生总规模(人,↑)

续表

一级指标	二级指标		三级指标
培养现状与管理	公共利益指标	X9	新生录取报到率(%,↑)
		X10	学校助学金等受益学生比例(%,↑)
		X11	教师人均学期学时数(↓)
	管理决策因素	X12	决策程序的公正、公开程度(问卷,↑)
		X13	年度实际教学时间(学生在校天数,↑)
		X14	公共性机构人员所占比例
产出与效益	教育服务效益与质量指标	X15	上年度年经费结余率(%,↓)
		X16	学生就业率(%,↑)
		X17	学生流失率(%,↓)
	社会贡献程度	X18	累计学校承担社会服务项目数(↑)
		X19	累计校际交流与支援、支教项目数量(↑)
	社会满意度	X20	本校教职工满意度(问卷得分,↑)
		X21	学生满意度(问卷得分,↑)
		X22	用人单位满意度(回访问卷得分,↑)

说明：表中↑表示高优项目,值越高表示公益性趋向越高,↓表示低优项目,意义相反。

(三) 评价指标灰色关联权重的确定

以指标值的客观性、可靠性以及可获取性等作为标准,通过课题组的一致性评判,确立"生均教育经费投入(X5)"作为标杆指标,而后利用灰色关联分析方法(限于篇幅,计算过程没在文中罗列)得到各指标的权重,具体计算结果见下表2所示。

表2 评价指标灰色关联权重方法的计算值

变量序号	权重值	变量序号	权重值	变量序号	权重值	变量序号	权重值
X1	0.039	X7	0.04	X13	0.049	X19	0.039
X2	0.044	X8	0.058	X14	0.047	X20	0.048
X3	0.032	X9	0.040	X15	0.053	X21	0.047
X4	0.043	X10	0.053	X16	0.042	X22	0.042
X5	0.071	X11	0.045	X17	0.038		
X6	0.047	X12	0.039	X18	0.044		

(四)公益指数的计算值及其分类

根据上表2得出各指标的权重值,并结合对应标准化计算值,计算各个参与调研的民办高校综合指标,并对其进行排序,具体数值见下表3及图1所示。

从表3可以得知,各民办高校之间的公益指数差异明显,GX2公益指数在调研的高校中最大,说明该高校公益性在10所统计的高校中是最为突出的,也就是相对贴近公益性的理想状态;民办高校GX1的综合指数相对最小,表明在这10所高校里其营利性最为突出,这结论实际跟原始数据也比较吻合,相比其他高校,该校在生均教育经费投入(X_5)、学校助学金收益学生比例(X_{10})等关键指标值均非常低,在统计的10个高校中,位次是最靠后的,而"GX2"高校则正好相反。

表3 各高校的公益指数值及相应位次

民办高校	GX1	GX2	GX3	GX4	GX5	GX6	GX7	GX8	GX9	GX10
公益指数	0.277	0.938	0.609	0.717	0.333	0.641	0.720	0.888	0.573	0.587
位次	10	1	6	4	9	5	3	2	8	7

根据计算得来的综合指数值,运用SPSS 17.0统计软件,对这10所高校进行单因素聚类分析(可以根据实际需要,按照不同省市民办高校的发展情况,可指定聚类分析的类别,本研究中,定为五个类别),并将结果进行整理,见表4所示。GX2作为公益性程度最高的一类,GX8公益性相对较好,相比GX2则公益性程度相对略差,GX7、GX4二所高校的公益指数处于中等这样的类别,而GX6、GX3、GX10这三所高校公益性指数一般,GX5、GX1的公益指数较差,其营利性目的相对较为明显,具体见下表4所示。

表4 民办高校公益指数的聚类分析

等级划分	民办高校类别归属	等级说明
1	GX2	公益性最高
2	GX8	公益性较好
3	GX7、GX4	公益性中等
4	GX6、GX3、GX10	公益性一般
5	GX5、GX1	公益性较差,营利性明显

值得注意的是,从10所民办高校公益综合指数的计算结果可以看出,仅仅有两所院校的公益性相对较好,有8所院校的公益指数在中等或中等以下,甚至有2所院校营利的目的性非常明显,从另一侧面也反映了我国目前民办高校大多是基于投资属性这一事实。

从下图1也可以看出,各民办高校在公益性方面有不同的表现,甚至呈现连续分布的态势,而纵观目前的多数文献研究,直接以营利、准营利或非营利为标准,把民办高校进行分类,这种一刀切的方式,显然不符合实际情况,这种分类模式不仅在操作上存在困难,而且也不利于民办高校的健康发展,民办高等教育分类管理需要更加灵活的制度,需要分阶段实施,更需要深入的创新制度。笔者认为,可以以省为区域,根据公益性程度体现的大小,相应建立一个连续和动态的类别(可根据实际情况确立),来对省内民办高校的公益属性加以辨析,并据此来制定相关的政策。

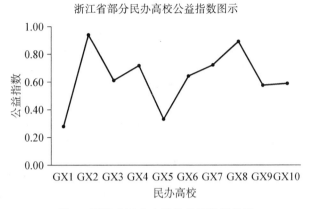

图1 浙江省民办高校公益指数折线图

五、结论与建议

分类管理实施涉及多方面因素,制度建设综合复杂,其配套政策需教育、财政、国资、国土、金融、民政以及工商等多个部门的协调合作,是一项系统性工作。适宜的民办高校分类管理方式,需要在相应多个方面进行制度创新。目前在配套政策及制度出台尚需时日的情况下,对于分类管理模式,更需要设计者提纲挈领,设计分类管理的阶段性策略,明确分类管理制度构建的原则和框架,制定长远的推进计划和实施策略。

论文通过分析,对动态分类管理模式探讨,提出了分类管理新思路,以民办高等教育的公益指数这一表征变量作为判断标准,视公益指数的大小,按地区划分民办高校的类别进而分类管理;若公益指数较高,则相应的政策措施例如土地、税收、财政扶持等给以倾斜,反之,减少倾斜的力度。但需强调的是,无论民办高校是否是营利属性,均不能视其为工商企业性质来对待,就民办高等教育的正外部性而言,国家政策方面也应给以相应的优惠。

论文通过公益指数模式的分类探讨,首先可避免民办高校被迫一次性"选边站队"的尴尬境地,有利于稳定现阶段民办高校的持续发展,从目前分类管理试点实践的情况来看,当前的试点模式对办学秩序造成的冲突是显而易见的;其次,这种分类的确定可以定期进行评估,而不是固定不变的,是属于动态的分类模式,民办高校举办者可以根据评估的结论,逐步调整办学策略和措施,若这次在公益Ⅳ类,那么通过策略的调整,在下期中的评估中可能会被评为公益Ⅱ类;第三,这种分类模式的探索,可以使得民办高校有投资属性向捐资属性发展,若某民办高校在前期的评估中,属于营利比较明显的,那么获得优惠政策、税收难度较大,教育投入会减少,影响培养质量,社会声誉下降,关乎民办高校的生存,这样举办者会调整办学策略,加大教育投入,争取获得有利的生存环境,这样有利于民办高等教育的稳步发展,为分类管理的深化提供良好的基础。

参考文献:

[1] 沈国琪.基于灰色关联定权与TOPSIS方法的民办高校动态分类管理[J].现代教育管理,2014(12):89—94.
[2] 李洁.民办高等教育发展的深层矛盾与破解之道[J].继续教育研究,2014(04):4—7.
[3] 潘懋元.高等教育大众化面临的困难[N].光明日报,2014-09-23(13).
[4] 徐绪卿.关于民办高校分类管理的思考[J].教育发展研究,2011(12):1—5.
[5] 董圣足.民办学校分类管理的制度构架:国际比较的视角[J].教育发展研究,2013(09):14—20.
[6] 李丽丽.民办高等教育分类管理研究[J].继续教育研究,2013(12):95—96.
[7] 柯佑祥.民办高校的属性识别及其调控机制研究[J].教育研究,2012(09):111—118.
[8] 王一涛.对开展营利性民办高校试点的思考[J].教育发展研究,2011(24):23—27.
[9] 王善迈.民办教育分类管理探讨[J].教育研究,2011(12):32—36.
[10] 方建锋.民办学校营利性和非营利性分类管理的实证分析[J].教育发展研究,2011(24):19—22.
[11] 周守亮,赵彦志.民办高等教育分类管理实施路径与策略研究[J].教育研究,2014(05).
[12] 潘懋元,等.民办高教发展需要有更多的路径[N].中国教育报,2012-01-09(05).
[13] 王建.民办学校分类管理——从"四分法"到"二分法"[J].北京大学教育评论,2012(02):21—42.
[14] 徐绪卿.治理背景下我国民办高等教育管理的转型[J].中国高教研究,2014(08):17—20.
[15] 张韦韦,阙明坤.聚焦民办教育分类管理与合理回报[J].教育与职业,2014(31).
[16] 梁燕玲.关系与策略:民办高校质量发展[J].现代大学教育,2008(06):24—29.
[17] 杨银付.深化教育领域综合改革的若干思考[J].教育研究,2014(01):4—19.
[18] 徐国兴.国家奖学金政策和高等教育机会均等[J].现代大学教育,2008(04):89—91.

作者: 沈国琪,浙江湖州师范学院社会发展与管理学院讲师,博士。

(原载《现代大学教育》2015年第5期)

论民办高校社会责任推进中的政府作为

潘留仙 陈文联

摘 要：民办高校社会责任是民办高校对利益相关方责任的综合体。推进民办高校社会责任，有利于增强民办高校竞争力、实现学校持续健康发展。但是，目前市场机制尚不足以推进民办高校自愿承担社会责任，其推进需要政府积极作为，努力扮演好创设者、宣传者、服务者、资助者和监管者的角色，并出台和完善相应政策，引导和激励民办高校积极承担社会责任。

关键词：民办高校；社会责任；政策；角色

近年来，伴随着民办高校的迅速发展，民办高校在我国高等教育和社会发展中的地位与作用愈来愈为人们所认识，有关民办高校社会责任的研究引起了一些学者的关注。总体而言，相关研究成果主要集中在三个方面：民办高校社会责任的范畴与内容、履责的必要性与重要性以及履责的途径等①。在民办高校如何履行社会责任方面，虽有研究涉及民办高校如何构建社会责任的自动促进与自我实施机制，但是，由于民办高等教育产品具有鲜明的"外部性"，市场机制推进民办高校社会责任的动力不足，因此，民办高校社会责任的履行，不仅要有"自律"机制，还需要政府与社会的"他律"机制。尤其是在我国高等教育市场机制发育尚不成熟、民办高校发展仍处于初级阶段的大背景下，政府在民办高校社会责任推进中的角色与作为，更值得关注。

一、民办高校社会责任的界定

高校社会责任是指"高校通过教学、研究和向社会延伸的职能活动，旨在不断追求卓越、增进公共利益、引领社会进步的大学职责"[1]。伴随着知识经济快速增长，高校与社会的关系日益密切，社会对大学的期望值日益提高，高校需要承担的社会责任范围不断扩大，而高校所应承担的社会责任主要集中在人才培养、科学研究和社会服务三大领域。在某种意义上，这三大功能的发挥本质上就是社会责任的履行[2]。

---

① 近年来，有关民办高校社会责任的研究成果具代表性的主要有：陈文联.利益相关者视野中民办高校的责任[J].国家教育行政学院学报,2011(04)；李钊.对社会负责：民办高校必须牢记的使命[J].中国高等教育,2008(02)；文建奇.全球化视角下民办高校的社会责任透视[J].湖南社会科学,2011(09)；马思伟.民办高校道德责任[D].衡阳：南华大学,2011；于洪霜,陈波.论我国民办高校的社会责任[J].传承,2011(18).

作为高等教育事业的重要组成部分,民办高校毫无疑问要承载时代赋予高校的公益责任、教育责任、学术责任、服务并引领社会的责任等;但是,另一方面,我们还要看到,我国民办高校办学模式的特殊性对其社会责任履行的影响。与美、日等国私立大学捐资办学模式不同,我国绝大多数民办高校是由社会力量投资兴办的。而"投资"具有"逐利"性质。这种追求投资经济效益的办学模式,决定了我国民办高校除了应当肩负起公办高校所应肩负的公益责任、教育责任、学术责任、服务并引领社会的责任之外,还应当承担对债权人及股东的责任。值得强调的是,民办高校不仅仅要对投资者、股东的利益负责,更重要的是要承担起对包括学生、教职员工、国家和政府等在内的其他利益相关方的责任[3],民办高校应在投资回报和肩负的社会责任之间保持一种平衡,最大限度地增进其利益相关者的整体利益。

根据民办高校社会责任所涉及的利益相关者的价值指向,结合中国国情和民办高校实际,当前我国民办高校履行社会责任要重点把握好以下7个维度的要求:①公益责任,民办高校要坚持办学公益性,坚持依法办学诚实守信;②国家使命,民办高校要传承人类文化,提高服务国家经济社会的水平,服务并引领社会发展;③学生利益,民办高校有责任提高教育质量与办学水平,促进学生健康成长,维护广大学生的切身利益;④经济责任,民办高校必须通过完善管理体制、优化资源配置,不断提升办学效益,保障投资者利益,实现学校自身可持续发展;⑤员工权益,主要是指关爱员工,维护教职工合法权益,促进教职工的可持续发展;⑥安全责任,即民办高校有责任维护校园稳定,确保广大师生的生命安全;⑦社会责任,即参与社会公益事业,保护和增进社会公益利益。总之,民办高校社会责任是民办高校对利益相关方责任的综合体,并以最大限度地增进其利益相关者整体利益为原则。

二、推进民办高校履行社会责任需要政府的积极作为

1. 推进民办高校社会责任是实现民办高等教育持续健康发展的基础与前提。履行社会责任是我国高等学校合法性存在与持续健康发展的基石。作为高等教育的组成部分,民办高校在其产生与发展过程中离不开对其自身合法性的诉求。民办高校的合法性有两个重要方面:一是政治合法性,即国家对民办高校的承认;二是社会合法性,即民众对民办高校的认可。也就是说,民办高校要想获得充分的合法性,既要对国家和政府负责,依法办学,使自身的教学活动符合国家政治规范;同时,还要对社会民众负责,获得广大民众认可。只有最大限度地增进利益相关者整体利益,切实履行社会责任,民办高校才能获得政府的保护、社会的认可、民众的支持,才能实现持续健康发展。

2. 政府具有推进民办高校社会责任落实的优势与能力。与个人、企业、社团及其他社会组织相比,政府拥有各类重要社会资源,且具有合法的强制力以及高度权威性。因此,在纠正市场失灵方面,政府具有其他社会组织所无法比拟的优势,它能够通过行使征税权、处罚权、禁止权以及降低交易成本等手段较有力地纠正市场失灵[4]。就民办高校社会责任推进而言,政府有能力通过法规政策规范和约束民办高校办学行为,使其承担相应的

社会责任；有能力通过经济、评估等手段引导民办高校履行社会责任；有能力通过监管等方式惩罚社会责任履行状况较差的学校。当然，政府的介入与干预也是有限度的，它必须建立在尊重和维护民办高校办学自主权的基础之上。

3. 完全市场机制不足以推进民办高校自愿承担社会责任。与公办高校相比，民办高校的经营具有更鲜明的市场特征，能较好地利用教育市场进行资源配置与经营。但"市场不是理想的，存在着市场失灵"[5]。就社会责任履行而言，由于民办高校与其利益相关者追求的利益不完全相同，市场机制在推进民办高校承担社会责任方面的动力不足。尤其是在当前我国教育市场机制尚不成熟、社会参与机制不甚完善的背景下，政府的介入就更为必要。

目前，我国一些民办高校为了投资者自身利益盲目追求短期经济效益，忽视、淡化了利益相关者整体利益，民办高校办学公益性与社会责任遭到忽视与过分削弱。突出地表现在3个方面：①教育公益价值观念的消解。公益责任是民办高校最基本的社会责任，公益办学是民办高等教育最核心的价值理念。但是，相当部分民办高校举办者把办学校与办企业等同起来，甚至将办学作为营利性行为来运作，以期通过办学获取丰厚的投资收益。个别民办高校甚至通过现金或关联交易方式将办学结余非法转移到校外，致使办学资产严重不足，影响学校教育教学活动的正常开展。②诚信缺失，虚假招生宣传普遍。诚信招生、依法办学，应是高等学校履行社会责任的基本底线。但是，许多民办高校为了抢夺更多生源，获得较好的经济效益，置诚信办学原则于不顾，大肆进行虚假欺骗招生，或随意夸大学校办学条件，骗取学生信任。这些虚假欺骗行为，极大侵害了广大人民群众的根本利益。③资源投入严重不足，教学质量名不副实。受营利导向的驱使，一些民办高校盲目追求学校规模，忽视教育资源投入与教育服务管理，教育质量名不副实[6]。上述种种表现使我国民办高等教育正在遭受信任危机，民办高校发展进入"一种举步维艰的高原期"[7]。显然，要纠正当前民办高校市场"失灵"现象，就不能完全依靠民办高校的自觉自主，政府的介入就显得更为重要与迫切。政府的适度干预，不仅是政府履行高等教育管理职责、保障社会公共利益的需要，更是促进民办高等教育持续健康发展的现实需要。

三、政府在推进民办高校社会责任中的角色定位与政策选择

(一) 角色定位

如前所述，推进民办高校履行社会责任，政府干预不可或缺，但政府干预也必须是适度而有效的。只有将适度的政府干预与学校自治结合起来，才能够有效地推进民办高校社会责任的实现。而要实现两者的最佳结合，需明确政府职能，切实解决政府职能的缺位、越位和错位的问题。从应然的角度看，当前政府在民办高校社会责任推进中应努力扮演好创设者、宣传者、资助者、监管者和服务者的角色。

1. 创设者。法规制度是影响民办高校行为、决定资源配置与经济绩效的最重要的环境变量。要推进民办高校履行社会责任，离不开健全的法规制度保障。在日本，为有效保障私立大学的公共性及其社会责任的履行，政府充分履行了制度创设者的职能，构建了以

《教育基本法》和《学校教育法》为基础、以《私立学校法》为核心、《私立学校法施行令》等各种实施规则为辅助的私立高等教育立法体系。这一层次分明、条文完备的法规体系,促进了日本政府依法治教、私立高校依法办学,同时,也为有效推进私立高校履行社会责任提供了强有力的法律保障。反观中国,现阶段影响民办教育发展的原因很多,但"民办教育发展的动力和前景最终取决于由法律和政策等因素所营造的制度环境"[8]。因此,在推进民办高校履行社会责任进程中,政府应借鉴发达国家"法律行政"的经验,扮演好法规制度创设者的角色,构建完备的民办高等教育法律法规,为民办高校社会责任的履行提供强有力的法规制度保障。

2. 宣传者。受"官尊民卑"传统心态的影响,不仅民众对民办高等教育的认可度低,相当部分家长及学生把入读民办高校当作是"无奈的选择";同时部分政府官员对民办高等教育的认识还比较模糊,民办高校亦因此遭受体制性的排斥与歧视,难以享受公办高校同等的"国民待遇",一定程度上制约了民办高校的发展。因此,在推进民办高校社会责任中,政府要积极发挥舆论引导作用,通过各种形式对民办高校的地位、价值及其社会责任进行广泛宣传和教育,引导观念变革,为民办高校社会责任的履行与健康发展营造良好的舆情环境。

3. 资助者。政府的财政资助对推进民办高校履行社会责任具有非常重要的意义。公共财政资助不仅有助于减轻民办高校的经费压力,改善办学条件,提升教育质量;而且,政府还可通过财政资助向民办高等教育活动渗透自己的意见,加强对民办高校办学活动的监督,有效推进民办高校更好地履行社会责任。基于此,世界发达国家均十分重视对民办高校的财政资助。日本是私立高校财政资助制度最为完善的国家。从20世纪70年代开始,政府就相继制定了《日本私学振兴财团法》《私立学校振兴助成法》《日本私立学校振兴援助法实行令》《私立大学等经常费补助金分配基准》等系列配套法规制度,对私立大学的资助做出了具体细致的规定。日本私立高校因此获得了大量的政府财政援助金,极大地提高和改善学校办学条件,为私立大学更好履责提供了强有力的基础。更重要的是,日本政府以公费资助为交换条件,加强了对私立高校的监督和管理,巧妙地利用财政资助这一手段将国家意志渗透到私立高等教育活动之中,有效地推进了私立大学社会责任的履行。鉴于此,在推进民办高校履行社会责任进程中,我国政府应借鉴日本政府的做法,积极发挥财政资助者的职能,构建完备的、可操作性强的民办高校公共财政资助制度,积极运用财政拨款、税收、融资优惠及购买服务等财政手段,激励和促进民办高校主动承担社会责任,使那些自愿承担社会责任的民办高校获得应有的"回报"。

4. 监管者。民办高校社会责任的履行,"仅靠'服务者自觉'和'消费者警觉'远远不够,……还必须有赖于强有力且符合逻辑的外部监督机制"[9]。因此,为防止和纠正市场失灵,有效推进民办高校履行社会责任,政府还必须扮演好市场监管者的角色,构建全方位、多层次的监督体系。在这一方面,日本的经验值得我们借鉴。日本是在教育上实行中央集权制的典型代表。为有效推进私立大学更好履行社会责任,日本高等教育局下设私学部专门负责对私立高等教育的行政监督检查,如建立"学校法人管理检查委员制度",每年对私立学校的管理运行状况进行一定数量的调查,并作必要的指导、建议工作,发现违法或不当行为,及时采取停发国家经费补助等强制和制裁措施。除政府监督之外,日本政府还注意发挥"大学基准协会"、私立学校联合会等民间中介组织的职能,充分发挥它们在信息传递和沟通、咨询监督和评价、教育质量评估等方面的作用。有鉴于此,我国政府应充分发挥市场监管者的职能,构建全方位、多层次的监督体系,积极引进多元监督主体,创新监管方式,促使民办高校更好地履行社会责任。

5. 服务者。政府还应积极扮演好服务者的角色。服务型政府是政府行政改革的方向与使命。在推进民办高校社会责任中,政府还要利用自身的资源优势,通过加强信息管理、规范制度建设、搭建合作平台、协调部门关系、培育中介组织等方式,为民办高校提供良好的公共服务。

(二) 政策选择

1. 完善相关法律法规,以法制推进民办高校社会责任。健全的法规制度是推进民办高校履行社会责任的根本保障。近年来,我国相继颁布了《民办教育促进法》(2002年)、《民办教育促进法实施条例》(2004年)和《民办高等学校办学管理若干管理条例》(2007年)等。这些法规制度对规范民办高校办学行为、推进民办高校履行社会责任具有积极意义,但不可否认,仍存在着许多制度缺陷。尤其是现行法规对诸如民办学校的法律主体地位、产权制度、合理回报、财税政策、职工权益保障、会计制度等一系列重大问题,缺乏清晰而可操作的规定。此外,《高等教育法》和《民办教育促进法》也未把强化高校社会责任理念列入总则条款。虽然《高等教育法》第五条规定了高校所应承担的职能,但是没有进一步明确职能与社会责任的关系,这在一定程度上影响了高校责任的履行。当前,政府应发挥制度创设者的作用,加快相关法律体系建设,构建一套以"民办高校法"为核心、以相关部门法为补充的完整的民办高等教育法律体系,使民办高校在办学过程中有法可依。同时,要重视各种法律之间的衔接配套与协调一致,加大执法监管力度,严惩违法违规行为,增强民办高校履责的自觉性。

2. 强化舆论导向,积极引导民办高校更好地履行社会责任。美誉度对民办高校办学活动有着重大影响。在目前民办高校社会认可度依然较低的情况下,政府应积极发挥舆论的作用,引导观念变革,为民办高校社会责任的履行营造良好的舆情环境。首先,政府相关部门应充分认识到民办高等教育发展的重要意义及其政府责任,要带头革除对民办教育的错误观念和歧视陋习,进而以观念的转变促行为的转变,变政策歧视、严格管制为政策支持与财政资助,真正落实民办教育的国民待遇政策。其次,政府要主动承担引导、调控民办高等教育社会舆论导向的重任,积极营造推进民办高校社会责任的氛围。政府要利用自身在宣传媒体方面的优势,积极宣传民办高等教育的地位与作用、成就与贡献、趋势和前景,呼吁全社会关心民办高校。同时,要加强对民办高校社会责任意识的宣传,促使学校将社会责任的理念融入办学活动中。

3. 切实转变政府职能,为民办高校社会责任履行提供更好的公共服务。不断推进政府由全能型政府模式逐步向有限型政府、责任型政府和服务型政府迈进,这是我国政府改革的方向与使命。就推进民办高校社会责任而言,政府当务之急,一是要破除视民办高校为公共管理"另类"的偏见和歧视,公平对待公办、民办高校,为促进民办高校承担社会责任起到表率作用。如,落实民办高校"国民待遇"政策,使民办高校能享受公办高校同等的税收、用地等优惠政策;对民办高校学生一视同仁,确保民办高校学生在享受国家奖助学金、公务员录用等方面的无歧视对待;公平对待民办高校教师,确保他们在职务晋升、社会保障等方面享受与公办高校教师同等待遇。二是转变管理模式,减少不必要的直接干预。要综合应用立法、规划、拨款、政策引导、信息服务等手段,引导民办高等教育发展;要切实落实民办高校办学自主权,尤其是将诸如专业学位设置、招生考试等办学权尽早归还给学校,引导学校办出特色,使之更好地履行社会责任。三是政府部门要与教育部门统筹协调。充分发挥政府收集信息的优势,加强对民办高等教育发展的宏观规划,为民办高等教育持续健康发展提供导向;加强教育行政部门与税收、人事、土地等职能部门间的沟通协调,减少交易成本。总之,在推进民办高校社会责任中,政府应转变职能,积极履行政府责任,打造责任型、服务型政府,为民办高校社会责任履行提供良好的公共服务。

4. 完善公共财政资助制度,激励民办高校积极承担社会责任。民办高校的公益责任、教育责任等社会责任的实现,离不开政府公共财政资助。作为准公共产品,民办高等教育如果没有国家公共财政资助而仅仅依靠学费、银行贷款等融资渠道,必将导致民办高校为了维持生存和发展而不得不牺牲高等教育的公益性和办学质量,片面追求低成本办学。因此,在推进民办高校社会责任中,政府不能无视民办高校的公共利益和对融资发展的渴求,应积极将民办高校纳入国家公共财政资助的框架,通过财政拨款以及税收、融资优惠或设立专门的"民办高校社会责任奖"等方式,引导和激励民办高校主动承担社会责任。当然,对于公共财政性投入,政府必须进行严格管理与绩效跟踪评价,确保民办高校履行自身社会责任。

5. 构建全方位监督体系,推进民办高校社会责任。加强监管是推进民办高校社会责任的重要保障。政府的当务之急,是要克服原有单一化的政府监督模式,引进多元监督主体,形成政府、教职工、公众、新闻媒体和非政府组织参与的多层次、多渠道、全方位的社会责任监督推进体系,推进民办高校社会责任。一是要强化对民办高校的政府约束机制,提升政府监管的有效性。政府要根据"公益性"原则对两类性质的民办高校实施分类监管机制,通过经济手段、法律手段、评估手段及必要的行政手段对民办高校履责情况进行全面的监管,做到既不损害民办高校的自主性,又能推进民办高校承担社会责任。二是重视发挥民办教育协会等中介组织的作用,强化第三方监督。要充分创造条件,大力培育和发展民办教育协会等中介组织,使其在协助行政管理、规范市场秩序、加强行业自律、提供信息服务、制定同业守则等方面发挥作用,使社会中介组织,逐渐成为民办高校履行社会责任的主要推动力量。三是完善信息披露制度,强化公众的监管。依照2010年9月颁布的《高校信息公开实施办法》,结合民办高校发展现状,积极探索符合我国国情的民办高校社会责任的审计监督制度,研究出台操作性强、指标体系简要清晰的民办高校社会责任信息披露标准,鼓励或要求民办高校在规范框架下定期向社会发布社会责任报告,进而使信息披露制度成为社会公众参与高等教育治理、推进民办高校社会责任的重要途径。四是要引导民办高校完善自身治理结构,加强民办高校内部约束。由于缺乏对"公益强制性"的法律规定,我国民办高校的组织很大程度上听任办学者自行决定,形成事实上由"出资人控制"的治理体制。这种治理模式逐利性过强,几乎忽视了其他方面的发展,进而使民办高等教育在社会民众中公信力下降,生存空间变得愈来愈窄。这一问题的解决也需要政府的统筹规范。

为推进民办高校社会责任的落实,政府应指导和规范民办高校的法人治理结构,从准入制度入手对民办高校董事会或监事会的成员组成、产生办法和议事规则等做出"公益强制性"的规定[10]。如在董事任职资格上,可从立法上限制有利益关系的人员在董事会中所占的比重;在民办高校内部监督机制方面,通过建立监事会,监督学校管理者的管理行为;在学校章程的制定方面,教育职能部门可制定具有社会责任内容的章程样本,供民办高校参考。总之,政府要通过立法、监督、财政资助等方式,引导民办高校按照非营利性组织要求完善内部治理结构,从制度上引导民办高校承担社会责任。

参考文献:

[1] 康乐.大学的社会责任及其履行模式[J].中国高等教育,2012(24).
[2] 杨兴林.关于现代大学社会责任的再审视[J].江苏高教,2009(01).
[3] 陈文联.利益相关者视野中民办高校的责任[J].国家教育行政学院学报,2011(04).
[4] [美]斯蒂格利茨.政府为什么干预经济——政府在市场经济中的角色[M].郑秉文,译.北京:中国物资出版社,1998:74.
[5] [美]萨缪尔森,诺德豪斯.经济学[M].萧琛,译.北京:首都经济贸易大学出版社,1997:20.
[6] 杨炜长.防范教育质量风险:民办高等教育快速发展中的迫切需要[J].中国高教研究,2010(08).
[7] 王庆如,司晓宏.民办高校发展面临的"高原现象"探析[J].高等教育研究,2011(11).
[8] 黄藤,阎光才.民办教育引论[M].北京:中国社会科学出版社,2003:215.
[9] 柯佑祥.民办高校定位、特色与发展研究[M].武汉:华中科技大学出版,2013:28.
[10] 陈文联.对构建民办高校法人共同治理结构的现实思考[J].国家教育行政学院学报,2009(04).

作者:潘留仙,湖南涉外经济学院党委书记,教授;陈文联,中南大学政治学院教授。

(原载《中国高教研究》2015年第11期)

民办教育发展政府责任的政策解读
——基于浙江省民办教育改革的思考

徐建平

摘　要：当前，厘清政府发展民办教育的责任及其实现方式对于各地正在开展的民办教育改革非常关键。政府发展民办教育的责任应包括体系构建、公平和秩序维护、财政扶持、举办人激励以及促进发展等内容。

关键词：民办教育；政府责任；政策

《国家中长期教育改革和发展规划纲要》强调，民办教育是教育事业发展的重要增长点和促进教育改革的重要力量。规划要求各级政府要把发展民办教育作为重要工作职责。

应该说，《民办教育促进法》及其实施条例颁布后的十多年中，对民办教育发展形势的判断仍是一个见仁见智的话题。有学者对比了2003年至2009年全国各级各类民办教育的机构数和在校生人数，得出了民办教育已经快速发展的结论。[1]但根据笔者对东部一些地区的资料分析，至少在我国部分地区和部分学段，民办教育发展形势仍不容乐观。如浙江省宁波市2013年与2008年相比，民办学校（含幼儿园、小学、初中、高中和中职学校）从1 224所下降到1 072所，民办幼儿园、小学、中职学校在校生人数在各学段同类学校学生总数所占比分别下降了1.91%、4.4%、2.78%，民办普通初高中比例大致持平。至少在我国部分地区和部分学段，民办教育的发展形势不容乐观。目前，许多围绕民办教育发展的体制性、机制性的问题开始日益凸显。改革进入"深水区"之际，如果没有创新性、深层次的改革，势必难以扭转民办教育发展乏力的困局。

民办教育的重要性已经无需赘述，各级政府发展民办教育的决心也不容置疑。问题在于，究竟政府在民办教育发展过程中应扮演怎样的角色，承担怎样的责任以及如何履行政府责任仍不很明确。国家鼓励各地改革创新，通过试点积累发展民办教育的经验。国家中长期规划颁布后，浙江省作为全国唯一的民办教育发展改革试点省份，各级政府出台了大批具有创新价值和借鉴意义的地方政策。本文拟结合近年来浙江省的民办教育改革，通过现有政策的梳理和分析，以期解构政府发展民办教育责任的类型、属性及责任实现途径。

一、体系构建责任

各级各类民办学校处于整个教育大系统之中，政府应成为这个体系的设计者和搭建者,即根据当地的人口数量、结构和素质,适应当地经济社会发展的要求,从宏观上控制当地各级各类教育机构的数量、质量、位置、结构等,以满足社会的教育要求。在这一体系中,民办教育是重要一极。

民办学校以何种身份加入这一系统是首先要考虑的问题。当前,我国的机构属性只有企业法人和非企业法人之分。《民促法》只规定了学校应当实行法人制度,但何种法人并未明确。出于教育法对教育公益属性和非营利特征的考虑,一般民办学校多注册为民办非企业法人。但这种身份往往并不能为民办学校带来实质性利益。温州市2013年民办教育改革从民办学校法律地位着手,创新性地提出了民办事业单位法人的概念。其政策规定,学校按照是否营利先进行分类,非营利的全日制学校按照民办事业法人登记,营利的全日制学校和非全日制民办学校均按照企业法人登记。在现有体制下,"事业"二字对学校在税收、用地等方面以及教师参加社会保险方面具有明显的现实利益。

如果说温州改革使民办学校在教育系统中相比与公办学校具有更公平的地位的话,宁波市的改革则更多地放在民办学校系统内部的公正与秩序构建上。在我国,名校办名校的方式经常会被批评为"假民办",这些学校的存在使得"纯"民办学校处于更加不利的竞争条件之下。宁波市2008年对体制改革学校做出了较为明确的规定。首先是停止审批新的体制改革学校,对现有的体制改革校按照"进民""退公"的总体思路进行调整和规范,其中"退公"是指改制前是全额拨款事业单位的义务教育段学校,停止招收民办班,逐步退回到公办学校;没有实现"四独立"的改制学校退回到公办学校。"进民"是指建校时明确是差额拨款事业单位、自收自支事业单位或国有民办的义务教育段学校,根据当地实际,可退回公办,也可进到民办。对"进民"的改制校,学校国有教育资源,经过具有评估资格的资产评估机构评估后,进行产权转让,明确投资主体,并妥善处理好涉及教师利益的有关问题。

二、公平维护责任

区域民办教育改革的一个重要目标应当是达到区域教育体制间均衡。区域基础教育体制间均衡,是指地方政府在法律法规的框架下,根据区域教育发展的实际状况,通过适时出台地方性政策,对教育中的人、财、物、信息等要素进行统筹,使公办学校与民办学校在办学条件、师资水平、管理水平和教育质量等方面达到大致相等的发展水平。[2]

均衡目标实现首先要力争使民办学校发展过程中能够享有与公办学校同等的法律地位,惟此政府才能实现维护公平的责任。这里的公平包括不同体制间的学校间公平、教师间公平和学生间公平。国家中长期规划要求清理并纠正对民办学校的各类歧视政策。其实这种歧视是新中国建立以来我国公有制一枝独大占绝对地位的历史中传承下来的,既有制度的,也有观念的;既有显性的,也有隐性的。歧视既贯串于从招生、培养到就业各个教育环节,也涉及了学校、教师、学生等各个教育主体。从制度层面看,不仅是教育行政部门的政策中存在歧视,更多的歧视深藏在人事、编制、财政、税收、建设、社会保障等其他社会管理部门的相关政策中。要想短时间内消弭歧视,其难度可想而知。

学校层面的公平维护主要体现在政府出台的针对民办学校的扶持和优惠政策方面,这部分内容将在后文阐述,这里主要介绍各级政府在民办学校教师队伍建设方面的新的举措。

民办教师在身份、工资、社保、培训、专业发展等方面与公办教师相比处于明显弱势地位。一是明确教师身份,消除各种歧视性政策,贯彻落实《民促法》第二十七、三十和三十一条,保障教师的社会地位。温州的改革以教师资格和人事代理制度为切入点。温州市、县两级教育行政部门均建立了人才中心教育分部,为民办学校教师提供职称评聘、户口迁移、劳动关系衔接、社保关系转移等服务,方便教师合理流动。浙江省德清县更进一步,明确规定为民办中小学单独定编。2010年,在该县7所民办中小学教师中,有在编公办教师201人,这种做法极大地稳定了民办学校教师队伍,相应地提升了民办学校教育教学质量。二是提高教师工资待遇。温州市参照公办学校教师绩效工资标准,制定民办学校教师工资指导线(最低标准),该指导线不得低于同级同类公办学校教师岗位绩效工资的70%。政策要求各民办学校参照公办学校标准发放教师教龄补贴、班主任津贴、校长和学校中层干部岗位津贴。宁波市规定了民办幼儿园教师工资不得低于当地社会平均工资的1.5倍。不足部分由举办人和区县财政按照各50%补助。三是保障教师社会保险待遇。宁波市规定民办学校教师达到一定条件(中级以上职称、符合要求的学历等条件)可按照事业单位参加社保,社保缴纳单位增加部分由举办人和财政各承担1/2。目前,宁波市已经初步建立了民办学校教师可参加与公办学校教师同等待遇的事业单位"五险一金"的社会保险制度。温州规定,参加事业单位养老保险的教师,享受与公办学校同等的退休费。四是落实教师培训。宁波市将民办学校教师培训全面纳入公办中小学校培训体系,实行每5年完成360学时的培训,培训经费由财政支出。温州市要求民办学校按照当年生均公用经费的10%和教职工工资总额的3%足额提取培训经费。按照人均3600元标准完成3年一轮的全员培训。3600元培训经费中,市、县政府分别补助1/3,举办人承担1/3。五是促进教师专业发展。浙江各地细化了《民促法》第二十七条关于民办学校教师同等法律地位的规定。实行民办学校教师在资格认定、业务培训、职称评审、教龄和工龄计算等方面享有与公办学校教师同等的权利。六是鼓励学校人才引进。温州市规定民办学校引进高层次人才在住房安置补助、子女就学、研究经费等方面享受当地人才管理办法规定的同等优惠政策。

三、秩序维护责任

民办学校与公办学校之间以及民办学校之间都存在着竞争,在生源竞争上表现得尤为明显。公办中小学校通常由政府学区划分限定了招生范围,民办学校要生存必须自己找生源。生源的质量和数量往往成为其办学的生命线。随着公办学校政府财政投入的加大和教育质量的改进,更多的家长和学生选择了质美价廉的公办学校,民办学校招生形势日益堪忧。

在公办中小学普遍实行"零择校"的就近入学政策,不得举行文化考试的直升政策是否适用于民办中小学校成为当前争论的关键。《民促法实施条例》第二十七条规定,民办学校可以自主确定招生的范围、标准和方式,行政部门不得实行地区封锁。如果民办学校的确可以突破中小学校的招生规定,则对公办学校生源构成威胁,在一些地方被指定为"干扰了正常的教育秩序和教育生态"。但如果政府不当干预过多,又有违反法律干涉民办学校之嫌。一般规定民办学校具有与公办学校同等的招生权,但民办教育能否比公办学校具有更大的招生自主权在各地做法并不一样。

2004年后逐步发展壮大的名校办民校方式,被批评为"假民办",反而挤压了真正民办学校的生存空间。客观上,各地程度不一地都存在一些原先由于初中与公办高中脱钩后独立设置的国有民营机制运行的"名校办的民校"(2004年后这种办学方式更为普遍),一方面当地百姓因为其资产国有和教师事业编制性质,要求政府将其按照公办学校对待,如小升初不得笔试,将招生名额按比例分至各小学,采取"就近入学"方式招生,采取电脑排位方式招录。2007年《浙江省教育厅关于推进实施素质教育的意见》规定,民办和各类进行办学体制改革的小学、初中在报名人数超过招生计划数一定比例时,应通过"电脑摇号"等随机方式招收新生,不得以考试或变相考试的方式选拔新生。宁波市近年来在招生范围方面开始限制民办学校跨区域招生。从2014年起,规定在跨区域的同一个区县招生超过10人的,必须主动与当期教育行政部门联系,并将招生计划和招生办法备案。提前报市教育局核定。严格禁止民办校跨区域中途插班招生。改制校退回到公办的,则将招生名额分配至对口小学。在招生形式上,规定民办学校小升初时要规范面谈程序和方法,严禁民办学校利用面谈进行任何形式的学科知识考试和测试。在政府调控手段上,强调"学籍"管理方式。严格学籍管理,实行"籍随人走"。招收无学籍材料学生的初中民办校,教育行政部门将核减该校第二年30%招生计划数,并取消当年给予学校的政府专项扶持资金。

另一方面,学校又根据《民促法》规定,要求政府不得干预其招生范围、招生方式,采取行政手段限制学校招生考试等办学自主权。这种介于公办与民办之间的学校在法律和政策上之前一直没有明确的规定。根据教育部2013年下发给湖南省教育厅的答复解释,相比于《义务教育法》,民办学校办学应当优先适用《民办教育促进法》,即认可了民办学校的招生范围自主决定的权利。

四、财政扶持责任

国家中长期规划明确提出了健全公共财政对民办教育扶持政策的要求。目前,在东部经济相对发达的地区,各级政府利用财政手段对民办学校加以扶持越来越成为普遍现象。由于政府财力增强和公共财政制度的建立,对于民办学校的财政扶持力度呈迅猛增长之势。

在理念上,突出了民办中小学校办学的公益属性,因此政府具有促进民办教育发展的职责。改革强调政府向民办学校购买服务的理念。

在资助投向上,浙江省采取了安排生均教育经费、保障教师待遇和专业发展经费、补助学校教学科研经费等形式对民办学校进行公共财政扶持。各市侧重有所不同,有的补学校,如温州市主要用于学校办学奖励、学校贷款贴息等;有的补教师和学生,如宁波市主要用于教师社会保险补助和生均经费拨付。

在资助经费来源上,浙江省建立了省、市、县(市、区)三级民办教育专项资金制度,并将支持民办教育发展的资金列入同级财政预算。通过以政府购买教育服务、安排生均教育经费、保障教师待遇和专业发展经费、补助学校教学科研经费等形式对民办学校进行公共财政扶持。自2014年起,省级财政每年安排专项资金,对市、县(市、区)推进民办教育发展工作进行奖励;专项资金总额根据实际情况,实施动态调整。

在资助标准和资助额度上,温州市《关于公共财政补助民办教育的实施办法》规定,自2011年起,市本级财政每年安排了3 000万专项资金,主要用于民办校办学奖励。民办高中段学校被评为省一、二、三级学校和市普通高中特色示范学校的,分别奖励30万、20万、10万、10万。民办义务教育阶段学校被评为市办学水平一、二、三级学校的,分别奖励20万、10万和5万,被评为省标准化学校的,奖励6万。年检中评为优秀的(10%为优秀),奖励10万~20万。校长和教师被评为市级优秀校长和优秀教师的,分别奖励1万与5 000元。对于民办学校贷款的,财政以贴息方式补助,最高可补贴贷款利息的30%,每年补助贴息额达到300万元。宁波市规定,按照公办同类学校生均经费1/3标准拨付生均教育事业费,具有职称教师社保中学校承担部分由财政补助1/2。在生均经费问题上,温州则强调各级教育的区别对待,规定民办学校生均经费按照公办同类学校的不同比例补助,其中义务段比例是30%~50%,学前教育与高中段是20%~30%,民办高校为15%~20%。

在制度建设上,目前浙江省力图形成差额补助、定额补助、项目补助、奖励性补助等多元化的公共财政资助体系。为了提高补助效率,宁波市还随文下发了《宁波市民办中小学校考核实施细则》,对民办学校的办学行为规范、师生权益保障、招生、收费、财务管理等七个方面进行了具体量化的考核,将考核结果与财政资助挂钩,规定学校实得补助额=按学生数计算而得的补助总金额÷100×考核得分。使得财政补助起到了促进与规范双重作用。

五、举办人激励责任

在我国,一方面国家鼓励捐资办学,但另一方面投资办学也大量存在。构建多元化办学体制需要出台调动举办者积极性的激励政策,才能吸收更多的民间资本进入教育领域。民办学校法人财产该如何定位?举办人投入、财政投入、社会捐助的资产属性如何明确?学校办学积累如何分配和使用?对出资人如何奖励和回报?出资人如何转让权益以及退出后如何实现权益?这些敏感性话题近年来越来越成为各地政策调整无法回避的现实问题。

虽然《民促法》及其实施条例对民办学校法人登记、合理回报以及退出后的清算作出了适当规定,但实际操作时现有法律显得不够具体和明确,这也为地方出台更细化的政策留有了空间。《民促法》规定,民办学校对举办者投入民办学校的资产、国有资产、受赠的财产以及办学积累,享有法人财产权。民办学校在扣除办学成本、预留发展基金以及按照国家有关规定提取其他必需的费用后,出资人可以从办学结余中取得合理回报。各地政策细化了出资方式、财产所有权实现方式、奖励、回报比例和资产过户等操作程序。尤其是当民办学校终止时,如何清算和退出国家法律没有具体规定,各地改革在这方面不乏创新性举措。

对于营利性学校,由于此前并不是政府提倡的办学形式,因而很多政策都规定得很笼统。政策不明确显然不适应当下我国很多投资办学的现状。温州改革中,营利性的民办学校可登记为公司制、个人独资、合伙等企业形式。

由于温州改革中明显加大了财政对民办学校的资助,因此为防止民办学校产权不明晰甚至国有资产流失,温州出台了《关于明确非营利性民办学校法人财产权的实施办法》,其中对举办人出资、国家投入、社会捐赠等形成的学校法人资产进行了列举式规定。其中亮点是对民办学校法人财产权的界定进行了具有可操作性的具体规定,其程序为验资、过户、变更学校章程、登记变更。另一亮点是提出"限定性资产"的政策概念,该类资产包括国家投入的资产、社会捐赠的资产、学校提取的发展基金和风险基金。但限定性资产将来如何规定归属并未明确,现有政策也只是规定其只能用于举办教育事业。对于名校办民校的规定,各地近期也出台了各种不同的政策,原则是做到产权清晰,责任明确,防止国有资产流失,推进教育公平和义务教育均衡发展。

之前的法律法规和政策很多是围绕着学校存续期间的法人财产权保障的,对于学校退出机制缺乏明确规定,尤其是举办人利益如何保障更是少有提及。在这方面,温州明确规定出资财产属于民办学校出资人所有,办学满5年后出资人产(股)权份额可以转让、继承、赠与。明确民办学校办学积累的所有权,依法建立健全民办学校退出机制。民办学校分立、合并、终止办学或变更举办者时,应当成立财务清算机构,在教育主管部门、登记管理部门的监督指导下,对学校的财产、债权、债务等进行全面清理,编制财产目录和债权、债务清单,提出财产作价依据和债权、债务处理。

关于民办学校产权,需要明确的是三个方面的问题,一是学校法人产权和举办人资产的关系,这里主要强调前者的独立性,这方面国家立法已经有明确的规定;二是政府投入和社会捐助形成的资产的归属,一般认为在学校存续期间属于学校法人,但学校终止后需移交至政府,一些地方法规政策也明确了这部分资产不属于出资人资产。如《浙江省人民政府关于促进民办教育健康发展的意见》规定,对民办学校各类投资、捐资、办学积累等形成的土地、房屋、设备等资产,产权均办到学校名下;三是学校的历年办学积累。这部分国家法律规定得不很明确,各地有一些细化的规定。浙江省明确提出对出资人的奖励,规定对社会力量举办的非营利性学校,在扣除办学成本,预留发展基金,以及按规定提取其他有关费用后,在办学有结余的前提下,经学校决策机构决定并报教育、财政部门核准,可按规定比例计提,用于奖励出资人。在合理回报方面,温州规定可以奖励出资人的方式进行回报,年奖励金额按不超过出资人累积出资额为基数的银行一年期贷款基准利率的2倍。

六、促进发展责任

相比公办学校,民办学校仍处于整体性弱势阶段。应当根据差异补偿的原理,政府部门除了规范管理之外,当前情势下适时出台一些能够真正让民办学校得到实惠的促进性政策是改善民办教育发展政策环境的重要举措。为此,各地先后陆续出台了一些优惠扶持政策。

在《民促法》第四十五条规定的扶持条款的基础上,对于法律没有明确的部分,各地在具体政策中加以细化,极大地增强了优惠政策的可操作性,让民办学校真正得到了实惠。目前来看,优惠政策主要集中在土地、税收、收费、融资四个方面。

在土地使用方面,温州规定将民办学校布点纳入教育布局调整规划,国土资源部门优先保障民办学校用地。登记为民办事业单位法人和企业法人的民办学校,分别以行政划拨方式和有偿出让方式获得土地使用权。宁波市要求学校土地及建筑物两证皆在学校名下。

在税收优惠方面,对于非营利性民办学校一般各地都按照公办学校同等优惠对待。而对于营利性民办学校而言,比较关键的问题是企业所得税问题。温州规定企业所得税地方所得部分可以返还,每所民办学校可以享有五年的优惠期。出资人将房产投入民办学校的,免征营业税、土地增值税,企业所得税和契税地方所得部分先征后返还。企业税后利润在本市投资办学的,其投资额对应的企业所得税地方所得部分,由同级财政予以返还。

在收费优惠方面,温州规定登记为民办事业单位的中小学校,收费项目及标准实行政府指导价管理。按不高于当地上年度生均教育事业费3倍的标准自主确定,优质学校可以按照5倍标准收费。民办学校为学生在校学习生活期间提供服务和代办服务而代收代管的费用,应遵循"学生自愿、据实收取、学年结算、学年公布"的原则收取。

在融资优惠方面,地方政府出台了贷款、担保、抵押、融资等各方面的具体规定。其中比较突出的是温州出台的《关于落实民办学校金融支持和优惠政策的实施办法》,包含了不少创新性政策,加大对民办学校的融资支持。在获取贷款的民办学校主体资格方面,为防范风险,温州市将学校的信誉作为获得融资优惠政策的前提,即近三年来学校和学校举办者(股东)没有经济涉诉行为,具有较强的偿还能力。在资金来源方面,政策规定了一些地方性的金融企业为温州民办学校政策性金融服务的支持机构,如温州商业银行、信用社、温州教育发展投资集团等。在服务方面,成立教投集团民办学校金融服务部,为民办学校提供"一站式"金融综合服务,包括短期应急融资服务、民办教育资产管理和融资咨询服务、资产租赁服务等。

温州民办学校融资优惠有五大亮点,一是搭建协会、银行、担保三方对接平台,通过"协会参与,银保互动"方式,以学校作为授信主体,由民办教育协会提供信息和技术支持,银行给予信贷资金支持和现金流管理,温州教育发展投资集团有限公司提供贷款担保服务,三方配合,互动监管。二是民办学校的收费权和办学权都可以用于质押,两权经学校所在地教育行政部门批准后,报市教育局备案登记,其中收费权质押还要在人民银行应收账款质押登记公示系统登记。三是鼓励民办学校利用BT(建设—移交)或BOT(建设—经营—移交)融资工具建设学校,合作建筑企业享受办学优惠政策。四是财政贴息支持,最高额度达到贷款利息的30%。五是成立了温州市民办教育公益基金会,为非营利性民办学校提供资金资助。

七、履行政府责任应协调好的几个关系

近年来浙江省各地围绕民办教育发展的各项政策的出台客观上很好地回应了民办学校举办人、校长、教师等各相关教育主体的利益诉求,目前改革已经初显成效。政府发展民办教育的责任意识明显提升。但要切实提高政府责任履行能力,还需要协调好以下几对关系。

(一) 管理与服务的关系

相比于公办学校,民办学校应当享有更大的办学自主权。传统的事无巨细式的管理导致基层学校丧失了自治能力和办学活力。对民办学校办学的管理模式应善于抓大放小,政府只在民办学校最需要政府出力的时候进行底线式管理。当前来看,特别应强调对审批制的改革,规范审批事项,减少审批环节,压缩审批周期,明确审批责任,突出审批依据,完善审批机制。必要时候可开列政府"权力清单"。在限制自身权力的同时,政府更应该做的是为民办学校健康发展提供服务,如课程、教学方面的指导和帮助,教师人事代理,金融支持服务,区域教育信息提供,等等。发展民办教育,需要政府自身转变为公共服务型政府,建立健全支持民办教育改革和发展的公共教育服务体系,提高服务能力。[3]

(二) 运动员与裁判员的关系

一些地方教育主管部门在处理涉及公办学校与民办学校平等地位的事务时往往容易出现角色偏差的问题。作为公办学校的举办人,政府往往会干涉民办学校举办人的自主权甚至侵犯民办学校的合法权益。这种既是运动员又是裁判员的角色混乱,需要通过变革管理体制的方式消除。近年来"管、办、评"分离的改革在一些地区取得实效,可以为政府发展民办教育提供值得借鉴的思路。

(三) 遵守现有法律规定与改革突破的关系

目前,教育法、民办教育促进法等一些条款并没有修订,很多地方性立法以及区域性政策如何在现有法律框架下取得实质性突破值得深入研究。如教育法对于教育非营利性的规定与地方政策认可营利性学校存在之间是什么关系?民办学校的法律定义是利用非财政性资金举办的学校,财政性经费进入民办学校账户如何实现?义务教育法的就近入学规定与民办学校招生自主权是否存在冲突?教育法规定的学校不得将教育教学设施用于抵押是否制约了民办学校融资的能力?我们认为,应当捋清民办教育改革中的体制性和机制性的障碍。改革允许试错,在一定区域内可以以局部突破的方式进行试点,通过实践来验证传统体制性规定是否合理,为将来上位法的修订提供现实依据。

(四) 政府各部门间的协调关系

民办教育改革涉及政府各个部门,以往以教育行政部门主导的改革难以革除体制性的障碍。近年来浙江省的民办教育改革大多由地方人民政府统筹改革,或由教育行政部门与其他部门联合下文的方式进行,极大地提高了改革的实效。如温州从一开始就在充分研究和酝酿的基础上,提出对民办教育实行综合改革,形成了"1+9"政策文件,涉及分类登记管理、教师队伍建设、社会保险、公共财政补助、法人财产权、财务管理、优惠政策、现代学校制度等,其后温州又继续补充了对最低工资指导线、会计核算办法、收费政策、金融优惠、教师社保、法人登记等问题的规定,将政策文件扩充到了"1+15",从而形成了比较完整的民办教育基本制度体系,实际上对民办教育改革发展做出了一揽子的顶层设计。在实际操作过程中,在一些关键问题上,体现了务实、灵活的改革策略。

(五) 全国统一规定与地方特色的关系

从民办教育规范发展的角度看,需要针对民办教育发展的各类事项做出全国统一规定。但我国民办教育的地区性差异较大,在发展民办教育过程中各地地方性政策应与当地的经济社会发展及教育改革实践相匹配。如杭州、宁波等地重点提高教师工资待遇和社会保险,温州强调分类管理和投融资体制改革。各地不同特色的政府履责方式将为中央政府出台全国性政策或国家立法提供经验。

参考文献:

[1] 胡卫等. 我国民办教育发展的回顾与展望[J]. 教育发展研究,2011(1):18—22.
[2] 徐建平. 区域基础教育的体制间均衡与政府作为[J]. 教育研究,2011(5):60—72.
[3] 褚宏启. 教育公平与教育效率:教育改革与发展的双重目标[J]. 教育研究,2008(6):7—13.

作者: 徐建平,宁波大学教师教育学院副教授,博士。

(原载《宁波大学学报(教育科学版)》2015年第4期)

我国民办高等教育投资政策的调试与嬗变

秦惠民　杨　程

摘　要：《国家中长期教育改革和发展规划纲要(2010—2020年)》明确提出："积极探索营利性和非营利性民办学校分类管理"，这是对民办高等教育管理的突破性进展。教育政策的完善不是一蹴而就的，而是一个循序渐进、曲折发展的过程，本文梳理了改革开放以来我国民办高等教育投资政策的发展历程，研究在这一发展过程中政策与实践的偏离问题。研究发现，在我国民办高等教育投资政策的变迁过程中有三个特别值得关注的问题：一是为什么投资政策与投资实践总是会出现偏离？二是投资政策的目标与政策实践的偏离如何影响了教育投资政策的变迁？三是应该如何调试政策与实践的同向发展，实现投资政策的不断完善？

关键词：民办高等教育；教育投资；投资政策；教育管理

一、引言

改革开放30多年来，我国经济社会持续高速发展，现已跃居于世界第二大经济体。我国教育事业发展也取得了显著的成就，业已成为世界上规模最大的教育体系。但由于我国人口规模巨大，人均国民生产总值还很低，人均可支配收入还十分有限，经费短缺仍然是我国高等教育发展面临的巨大难题，教育投资规模还不能完全满足国家经济社会发展和人民群众接受高等教育的需求。从我国高等教育事业发展的趋势看，一方面高等教育事业的发展空间还很大，另一方面国家对高等教育的投资增长空间是有限的。因此，我国高等教育的发展除了依靠国家对高等教育的投资外，还应积极探索吸引民间资本的投入。随着经济社会的发展，我国民办高等教育取得了一些成绩，在促进高等教育大众化、缓解高等教育升学压力、满足社会发展对人才的需求、促进市场经济发展以及推动我国高等教育体制改革等方面作出了巨大贡献，已经成为我国高等教育体系不可或缺的组成部分。继续大力发展民办高等教育，调整现行的民办高等教育投资政策，建立完善顺畅的投资机制，调动全社会投资办学和捐资办学的积极性，是实现我国高等教育大众化和普及化的必然选择。

目前，我国民办高等教育机构已经发展成为一支独立的教育力量，规模可观、类型多样，可以分为学历文凭教育机构和非学历高等教育机构。本文只研究具有颁发学历文凭资格的民办高校。经过30多年的发展,各地民办高校获得了发展的制度性保障,国家出台了政策法规确立民办高校的法律地位,在一定程度上促进了民办高校的较大发展。但不可否认的是,目前民办高校始终无法与公办高校处于同一竞争平台上,在很多重要方面依然无法得到必要的保障,难以得到社会的高度认可。

为了从根本上解决束缚我国民办高等教育发展的体制性障碍,国家从促进民办高等教育发展出发,积极调整有关政策,探索性地放开高等教育的营利性模式,在《国家中长期教育改革和发展规划纲要(2010—2020年)》中明确提出"积极探索营利性和非营利性民办学校分类管理",这是对民办高等教育管理的突破性进展。2013年9月,国务院法制办公室关于《教育法律一揽子修订草案(征求意见稿)》中提出为完善民办学校管理制度,对民办高等教育进一步调整,拟将《教育法》第二十五条第三款"任何组织和个人不得以营利为目的举办学校及其他教育机构"修改为"以财政性经费、捐赠资金举办或者参与举办的学校或者其他教育机构不得设立为营利性组织"。该项修改将有利于我国民办高等教育投资的"松绑",是促进我国民办高等教育改革发展的重大突破。

二、改革开放以来民办高等教育投资政策的嬗变

民办高等教育是随着改革开放形成和发展起来的,并在社会主义市场经济体制转型后逐渐壮大的。经过30多年的发展,已经在办学规模、办学条件以及办学经费等方面取得了显著的成绩。截至2013年,全国民办高校共有718所(含独立学院292所),招生160.19万人,在校生557.52万人,民办的非学历高等教育机构802所,各类注册学生87.99万人。[①] 根据表1中我国颁布的民办高等教育重要文件及其投资方式的转变,可将民办高等教育投资政策划分为以下四个阶段。

表1 改革开放以来民办高等教育投资重要政策法规一览表

时间	政策法规	主要内容
1982	《宪法》	第一次在宪法中鼓励社会力量参与办学
1987	原国家教委《关于社会力量办学的若干暂行规定》	确定办学经费自行筹集原则,允许收取合理学杂费
1993	《中国教育改革和发展纲要》	"积极鼓励,大力扶持,正确引导,加强管理"的十六字方针
1995	《中华人民共和国教育法》	明确教育不能以营利为目的的宗旨
2002	《中华人民共和国民办教育促进法》	提出民办教育"合理回报"原则
2003	《教育部关于规范并加强普通高校以新的机制和模式试办独立学院管理的若干意见》	民办高校的新模式,实现民办高校跨越式发展

---

① 根据教育部2003年—2013年全国教育事业发展统计公报整理得出。

续表

时间	政策法规	主要内容
2010	《国家中长期教育改革和发展规划纲要（2010—2020年）》	提出探索营利性和非营利性民办学校分类管理
2013	《教育法律一揽子修订草案（征求意见稿）》	民办高校"非营利性或者营利性法人"自主登记原则

1. 民办高等教育投资政策的初始阶段

改革开放初期，没有正式的政策法规规范民办高等教育的投资活动，民办高等教育投资环境相对自由，对办学体制、投资模式的约束条件模糊。这使得社会力量投资民办高校找不到具体的政策依据，一定程度上导致了民办高等教育办学的混乱，产生了各种各样的社会问题。而随着这些问题的扩大并受到重视，国家及政府部门逐渐开始规范民办高等教育投资政策，直接表现是形成了一系列的规范性文件：1982年修改的《宪法》规定"国家鼓励集体经济组织，国家企业事业和其他社会力量依照法律规定举办各种教育事业"。这是我国第一次在宪法中鼓励社会力量参与办学，构成了我国包括民办高等教育在内的所有民办教育的合法性基础。原国家教委1987年7月发布的《关于社会力量办学的若干暂行规定》，对社会力量的主体、社会力量办学的方针、办学资产的所有权等问题进行了说明，规定"社会力量办学的经费自行筹集。学校可向学员收取合理金额的学杂费，但不得以办学为名非法牟利"。以法规形式明确了民办教育经费来源的渠道。

然而，丰富多彩的高等教育实践与高等教育投资政策法规的要求存在很大差距，主要表现为以下几个问题：一是"三无高等教育"的大量涌现。随着我国高等教育制度的恢复和重建，教育的需求迅速增加，公办高等教育的供给与需求产生矛盾。在这样的背景下，在一些大都市出现了一些由退休教师和社会人士利用自己筹集的资金创办的各种高等教育形式，由于当时资源匮乏以及对社会投资办学的限制，这些高等教育形式几乎是无固定的办学场所、无固定的办学经费来源、无专职教师的"三无高等教育"，这种高等教育的人才培养受到很大限制。二是"违规办学"不断发生。民办高校的办学行为与政策法规出现冲突，以"非学历教育"为主的培训机构许诺发放国家承认的学历文凭，导致高等教育市场混乱。三是"非法牟利"现象严重。民办高校利用国家允许社会力量办学收费的规定，乱登招生广告，扩大招生规模，收取高额学杂费，从中牟取暴利。因此，在这样的背景下，政府部门出台了有针对性的政策文件，如1987年12月原国家教育委员会和财政部联合颁布的《社会力量办学财务管理暂行规定》、1988年10月原国家教育委员会颁布的《社会力量办学教学管理暂行规定》等，这些政策措施对社会力量投资教育的经费来源、经费支出、日常财务管理、办学场地等做了明确的规定与限制，加强了对民办高等教育投资的管理。

2. 民办高等教育投资政策的鼓励阶段

1992年10月，党的十四大报告中提出"鼓励多渠道、多形式社会集资办学和民间办学，改变国家包办教育的做法"，大力支持民办教育的发展。次年2月，中共中央、国务院颁布的《中国教育改革和发展纲要》提出了国家对发展民办教育的"积极鼓励,大力扶持,正确引导,加强管理"的十六字方针,确立了教育以政府办学为主、社会各界共同办学的新体制。1993年8月,国家教育委员会颁布《民办高等学校设置暂行规定》,这是我国第一次出台针对民办高校发展的具体政策,明确提出了民办高校"要有与建校相应的建设资金和稳定的经费来源,建校、办学费用由申办者自行筹措"的投资方式,并且规定民办高等学校不得以营利为办学宗旨。1995年颁布实施的《中华人民共和国教育法》明确规定了鼓励企业事业组织、社会团体、其他社会组织及公民个人依法举办学校及其他教育机构,但同时也规定了任何组织和个人不得以营利为目的,即把民办高校定位于非营利性组织。1996年,原国家教委颁布了《关于社会力量办学管理经费问题的意见》,在这个意见中对民办高校投资来源提出了"引入政府支持",因为社会力量办学是我国社会主义教育事业的组成部分,所以鼓励政府通过行政事业费的途径解决管理经费问题,即鼓励政府部门对民办高校进行经费投资。在这一阶段,最能体现国家促进和引导民办高等教育投资积极性的文件应属1997年7月国务院发布的《社会力量办学条例》,其中规定"对在社会力量办学中作出突出贡献的组织和个人,给予奖励",同时,在教育机构解散进行财产清算时,可以返还或者折价返还举办者的投入,在一定程度上减轻了投资民办高等教育者的担心和顾虑,从而起到了鼓励社会力量积极投资办学的作用。

在国家的鼓励政策下,这一阶段民办高等教育得到了发展。但在实践中同时也存在着民办高等教育的发展与政策目标不一致的现象。主要表现在以下几个方面:一是民办高校的"营利"问题。从《教育法》到《社会力量办学条例》都明确规定了教育属于公益事业,不能以营利为目的,民办高校应定位于非营利性的公益组织。但在实践中,民办高校投资者的逐利行为并没有得到有效限制,大部分民办高校投资是谋求营利与回报的投资。由于民办高等教育的投入资金大部分来自商业性资本,其投资的主要目的是对经济利益的追求。一些民办高校的营利目的和行为已经成为教育界"公开的秘密"。二是民办高校投资模式问题。民办教育在积极有利的政策环境中取得了蓬勃的发展,为获得大量资金投入,民办高校探索了不同的投资模式,如:民办公助模式,即由社会人士进行主要投资,政府部门给予土地、税收政策等优惠支持;民办民有模式,即投资主要由民间自行筹资;校企联办模式,即由学校和企业共同投资民办高等教育。这些不同类型、不同方式的投资模式,有些并没有像开始预期的那样使得民办高校按照政策预定的轨道发展,这些投资模式很多是违规操作、暗箱运行,如民办高校出现的"圈地运动"、利用税收优惠发展民办高校产业等。这些做法,实际上不但不利于民办高等教育经费的增加,反而影响了民办高校的正常办学秩序。

3. 民办高等教育投资政策的促进发展阶段

针对我国教育法律政策中关于民办高校投资的"非营利性"规定与"营利性"实践的矛盾,2002年颁布的《民办教育促进法》创造性地规定了民办高校的投资人可以从办学结余中获得"合理回报"的原则,以政府专项资金、政府经费资助、税收优惠政策、捐赠、金融信贷等方式加强对民办高等教育的投资与支持,并且首次规定"民办学校在扣除办学成本、预留发展基金以及按照国家有关规定提取其他的必需费用后,出资人可以从办学结余中取得合理回报",从而使民办高等教育投资者获得回报得到了法律的支持。2004年2月颁布的《民办教育促进法实施条例》对民办高等教育投资的"合理回报"做了更为细化的规定,针对投资者要求或者不要求取得合理回报的民办学校,给予不同的税收优惠政策、信贷政策、资助政策等,进一步规范了民办高校投资与回报之间的关系。

表2 2003年—2013年我国民办高校数量及在校生数

年份	民办高校数(所)	在校生(万)	年份	民办高校数(所)	在校生(万)
2003	175	81	2004	228	139.75
2005	547	212.63	2006	596	280.49
2007	615	349.7	2008	640	401.3
2009	658	446.14	2010	676	476.68
2011	698	505.07	2012	707	533.18
2013	718	557.52			

数据来源:教育部.2003—2013年全国教育事业发展统计公报

在这一时期,我国民办高校不论在发展速度还是在办学规模上都取得了显著的成绩。我国民办高校数量从2003年的175所增加到2013年的718所,取得了较快发展。但与此同时,在实践中也伴随着一些必须通过法律政策的调整才能妥善解决的问题。一是教育投资过分依赖贷款,导致部分民办高校陷入债务危机。随着我国高等教育大众化的发展,民办高等教育也获得了相应的发展机遇,民办高校纷纷扩大学校规模。《民办教育促进法》规定"国家鼓励金融机构运用信贷手段,支持民办教育事业的发展",民办高校纷纷向银行申请贷款,成为其主要经费来源之一。由于这一时期公办高校独立学院的发展以及公办高校的扩招,民办高校的生存空间受到挤压,生源数量减少,投资收益降低,贷款就成了民办高校的沉重负担。二是由于公办高校以独立学院的形式进入民办高等教育领域,产生了不公平竞争的现象。2003年4月,教育部印发《关于规范并加强普通高校以新的机制和模式试办独立学院管理的若干意见》,使独立学院成为公办高校进入民办高等教育的一种新的模式。从表2中可以看出2003年民办高校数只有175所,在校生81万人,到了2005年就达到了547所(其中独立学院295所),在校生212.63万人(其中独立学院107.46万人),实现了民办高校的跨越式发展。2008年2月发布《独立学院设置与管理办法》,进一步巩固了公办高校对民办高等教育的投资与支持。其中,独立学院在文凭发放、土地等政策优惠、名师教学、校园环境等无形资产的投入方面是民办高校所无法比拟的,而人们对民办高校则缺乏认同感,甚至对其不屑一顾。这种强烈的反差使民办高等教育陷入严重的发展困境。三是民办高校出现了新的营利模式,与教育法律政策的规定相冲突——随着我国资本市场的发展,在民办高等教育投资中出现了新的模式,民办高等教育投资人在海外注册公司并上市,规避了我国关于禁止营利性教育的政策法规。通过"海外上市"

实现其营利性,这已经成为我国民办高等教育营利的主要模式,已有的法律政策对这一现象的调控显得乏力。

4. 民办高等教育投资政策的调整阶段

民办高校办学实践中的趋利逻辑和法律政策的非营利性要求并不完全一致。导致这一问题的原因,是关于民办高校不能以营利为目的的法律政策规定,否定或者不认同获得利益是投资的一个重要目的这一市场驱动理论。教育比较发达的美国,同时存在公立大学、私立非营利性大学和私立营利性大学,并由市场机制决定营利性大学的发展,鼓励社会对高等教育进行投资。除此之外,民办高等教育投资中还存在两个比较严重的问题急需解决。一是投资不均衡,这由投资的逐利性导致,也是市场规律的体现。主要表现为民办高等教育投资依赖于地区的经济发展水平、地理位置的优越与否、交通是否便利、人口是否稠密等因素。因此,其区域化发展特征比较明显,具备这些条件的地方往往集中于我国东部沿海城市和中部大中城市,投资资金也向这些地方集中,在这些地方办学可以有较大的招生规模,最大限度地实现投资回报率,而对中西部地区及经济欠发达地区民办高校的投资则极为有限,例如2011年位于东部地区的福建省,民办高校中举办者投入达到39 300万元,而位于中部地区的黑龙江省和位于西部地区的内蒙古分别只有417万和150万,差距十分明显。二是教育投资经费来源渠道单一的问题仍然存在。民办高等教育发展之初走"以学养学"的道路,民办高校的投资主要依靠学费收入。经过几十年的发展,学费依然是民办高校投资的主要来源,民办高校投资结构不合理的障碍依然没有得到解决,捐赠收入、服务收入及政府资助等其他投资渠道的拓展没有重大突破,多元化的教育投资体制没有形成。不改革和创新民办高等教育的投资和管理,民办高等教育就难以持续健康地发展。

针对这种情况,政府部门对如何实现营利性与非营利性分开办学进行了针对性的调研和讨论,如广泛征求民办高校办学者和专家的意见、充分论证法理基础等。以此为基础,国务院法制办于2013年9月提出《教育法律一揽子修订草案(征求意见稿)》,公开征求社会意见,在意见稿中拟将对教育法、高等教育法、民办教育促进法中不以营利为目的的条款进行修订和完善,并在民办教育促进法第十八条中增加规定"民办学校可以自主选择,登记为非营利性或者营利性法人"。如果这些规定能够得以通过和实施,有可能激发我国社会力量投资民办高等教育的热情,使民办高等教育走向市场化,拓展民办高等教育的发展空间。

三、民办高等教育投资实践偏离政策要求的原因探究

从上文的分析可以看出,从1978年到2013年,民办高等教育的投资实践总是偏离民办高等教育法律政策的要求,使得民办高等教育的实际政策诉求与有关法律政策的要求不相吻合或出现偏离。在法律政策无法有效规范和调整民办高等教育投资的情况下,难以不在实践中导致民办高等教育投资的一系列问题,如民办高校在投资过程中资金短缺、资金来源渠道单一、资金使用效率低下、民间资本对民办高等教育投资持观望态度等等。这些问题严重影响了民办高校的持续快速发展,成为民办高校进一步发展的瓶颈。要改

变这一现状,必须针对民办高等教育投资政策与投资实践的问题,分析投资政策与实践发生偏离的根本原因,力求在解决这一问题中做到"标本兼治"。

1. 国家财政性教育投资难以投入民办高等教育

对高等教育的投资主要分为财政性经费投资和非财政性经费投资两大类,其中财政性经费投资主要指各级政府的财政拨款,非财政性教育投资主要来源于社会团体办学经费、学费、捐赠等。1993年《中国教育改革和发展纲要》提出国家财政性教育经费占国内生产总值的比例为4%,但直到2012年才真正实现这一政策目标,导致我国财政性教育经费长期处于短缺状态,公办高等学校资金普遍不足,民办高等学校更是难以得到支持。民办高校只能利用非财政性经费,主要依靠受教育者个人投资和社会团体投资作为其经费的主要来源。

我国民办高等教育初始,限于当时的政治背景和经济条件,国家没有与民办高等教育投资相关的政策,财政性经费对于民办高等教育的支持更是不可能。民办高校只能依靠私人投资。其投资者大多资金短缺,开始以学费滚动的形式开办培训班和助学考试。国家既没有鼓励政策以推动对于民办高等教育的投资,也没有限制个人和社会团体对民办高教投资的规定。在这种情况下,民办高校适应社会需求自生自灭式地缓慢发展。随着我国从计划经济向社会主义市场经济过渡,我国经济发展水平不断提高,国民生产总值及国民收入不断增加。但由于国家缺少对于民办高等教育投资的鼓励政策,使得大量民间资本对民办高校的投资持观望态度。2005年国家出台民办教育投资者可以获得"合理回报"的政策后,社会力量对民办高等教育的投资总量有了较大的增长,民办高校的数量大幅度提升,到2013年普通高等学校2 491所,其中民办高校718所,占比近30%,对民办高校的投资规模逐渐扩大,尤其是在资本市场影响力不断增加的情况下,民办高等教育投资的方式也更加多元,但依然缺少国家财政性经费对于民办高等教育的投入。其中的一个重要原因,是我国民办高等教育的趋利实际,国家的财政性经费不可能投入营利性的民办高等教育。

2. 没有准确把握民办高校的公益性与营利性

由于我国在改革开放前一直处于闭关自守的状态,在高度集中的计划经济体制中几乎不存在市场因素,同时在意识形态中以国家需求为主,不注重个人发展和需要,教育政策的目的主要是满足国家需要的公益性事业,不能以营利为目的。国家出台的教育政策法规也是基于这样的价值基础,即教育事业是支持国家经济和社会发展的公益事业,要以培养国家需要的人才为目的。因此,从民办教育诞生起,针对民办教育公益性与营利性的讨论,一直是影响民办教育发展的重要话题。

民办高校的主要投资来源是社会和个人的投资,其追求投资利益的要求符合理性经济人的假设。正是基于这个原因,民办高校投资办学的公益性总是受到很多人的质疑。但就教育的公益性而言,主要是由教育服务自身的性质和功能决定的,而并不取决于教育的营利与否。民办高等教育对于实现我国高等教育的大众化发挥了不可否认的作用,其取得的成果也是有目共睹的,不仅一定程度地满足了公民接受高等教育的强烈需求,提供了接受高等教育的一种机会选择,实现了一部分学生自身人力资本和自我发展能力的提升,而且也为经济发展和社会进步培养了人才,为实现社会的和谐稳定作出了贡献,从而具有广泛的社会公益性。因此,我们不能认定公立高校所提供的教育就是公益性的,而民办高校提供的教育就是非公益性的,教育的公益性不是由教育提供者的属性决定的,而是由教育的自身价值决定的。民办高校的营利行为受到社会诟病,很大程度上是由于有关法律政策在此问题上的模棱两可造成的。毋庸讳言,当今中国的公办高校和民办高校实际上都有营利行为,而且由于公办高校在资源占有、社会影响力以及对学生的吸引力等方面具有传统优势,事实上为公办高校带来了巨大收益。有所区别的是,公办高校受到更多的监管和审查,而民办高校部分投资者在实际操作中更有可能通过"暗箱操作"中饱私囊,获得《民办教育促进法》规定的"合理回报"以外更多的非法收入,使得办学收益不能用于学校发展,导致债台高筑,甚至影响到学校教育质量的提升和学校秩序的稳定,引起社会公众对民办高校公益性的质疑。社会评价低和舆论不利的状况,也在很大程度上影响到民办高等教育投资的积极性。

3. 法律政策不具体与政府管理行为失范

《民办教育促进法》规定"县级以上各级人民政府可以采取经费资助、出租、转让闲置的国有资产等措施对民办学校予以扶持"和"新建、扩建民办学校,人民政府应当按照公益事业用地及建设的有关规定给予优惠";《民办教育促进法实施条例》则授权省、自治区、直辖市人民政府可以根据实际情况,制定本地区促进民办教育发展的扶持与奖励措施。这些法律政策规定旨在提升地方政府投资民办高等教育的权限和积极性,因地制宜地确定适合本地区民办高等教育投资的方式,创造性地发展具有地方特色的民办高等教育。但在民办高等教育发展实践中,一方面由于政策不具体,导致人为操控的空间很大,给地方政府部门留下了"寻租的空间";另一方面,政府权力运作的不规范以及腐败行为的存在所导致的投资环境问题,导致民办高校之间的竞争出现不公平,使得民办高等教育投资的实际情况并非按照政策规定的方向发展,出现投资实践与政策预期的错位现象。

四、民办高教投资政策与实践的调试

1. 政策法规中明确非营利性与营利性民办高校的分类管理

完善清晰的法律政策规范是民办高等教育投资保障的重要基础。虽然我国民办高等教育的有关法律政策不断健全,初步形成了民办教育政策规范体系,但是部分政策规范特别是一些重要的、关键性的规范仍处于模糊状态,既不利于财政性经费对民办高等教育的支持,亦不利于社会力量对于民办高等教育的投入。其中,关于"合理回报"的规定是一个突破性的进展,对于民办高等教育的投入应该具有重要影响。但从其实施效果来看,大部分民办高校投资者选择将学校登记为"不要求取得合理回报",导致这一政策的实施效果并不理想。从民办高等教育投资的政策走势来看,民办高校走向营利性和非营利性分类管理的格局是妥善解决目前矛盾的有效途径,不仅可以在法理上理顺民办高校的发展问题,维护法律政策的严肃性和权威性,而且可以激发我国民办高等教育投资的积极性,从而使社会力量投资民办高校的制度安排得到保障。具体而言,非营利性民办高校可以在民政部门登记为民办非企业法人,营利性民办高校则在工商行政部门登记为企业法人,并根据不同的法人属性确定不同的法律地位。目前,《教育法律一揽子修订草案(征求意见稿)》提出民办学校与公办学校具有同等法律地位,但根据其法人属性的不同而享受不同的优惠政策,民办高校需在自主选择时确定其营利性法人的性质还是非营利性法人的性质。应该指出,虽然已有的法律政策规定了民办高校与公办高校的平等地位,但在实践中,民办高校实际上并没有获得与公办高校同等的权利,如在土地使用、税收优惠、科研立项及鼓励资助等方面,民办高校与公办高校待遇相差甚远。通过分类管理,非营利性民办高校与营利性民办高校在权利义务上的区别和差异应该是明确的。

2. 正确理解民办高等教育的公益性与合法性

教育,包括民办高等教育,都是社会公益事业。我国人口规模世界第一,高等教育需求量第一,在政府的公共财力难以满足需要的情况下,民办高等教育提供了新的选择渠道,使受教育者获得了高等教育的实体性机会,在促进经济和社会发展,有利于社会和谐稳定的同时,适应公民自我发展、自我完善的学习权利要求,从而实现了民办高等教育的公益性。在民办高等教育实践中,国家为鼓励社会力量投资民办高校而制定了相应的优惠政策,并允许投资者从公益事业中获取回报,我们不能就此判断这些公益事业的性质发生了变化,而否定民办高等教育的公益性。即便将民办高校分为营利性与非营利性进行分类管理以后,民办高校的公益性依然存在。

法律政策所应倡导的应当是构建以公益价值为主导的民办高校价值体系,引导民办高校投资者合理协调各种利益关系,完善民办高校的治理结构,使社会、投资者、办学者都能够认识到公益性是教育的根本属性,任何情况下都不能丧失教育的公益价值。但教育的公益性不等于教育机构行为的合法性,任何公益性机构都应依法举办和运行,并应受到监督。明确民办高等教育的公益性质,就应控制民办高校发展的风险,政府责无旁贷地应当承担一定的监管责任,促进民办高校依法办学、健康发展。在政府对民办高校的监督中,应重点关注教育投资资金的来源、使用及其获得利润的分配,尤其是分配利润时应该在预留教育发展基金以及提取教育发展必要的费用后,才可以进行分红或者用于其他方面的再投资,确保民办高校的教学质量,并将民办高校的财务审计结果进行公开,接受社会和舆论的监督,使民办高校的合法性得到保障。政府部门还应逐步建立针对民办高校的评估体系,引导评估机构根据国家的政策法规,对民办高校的投资情况、教育质量、师资投入情况、营利性、公益性等进行评估,促使民办高校努力提升教学质量,依法保障民办高校的健康持续发展。

3. 准确把握民办高等教育发展的潜在风险

与公办高校相比,民办高校的办学风险更大,尤其是在将民办高校进行营利性与非营利性划分之后,营利性高校的办学风险将更加突出。归入非营利性民办高校的,政府在一定程度上会通过财政补贴、税收优惠、土地支持以及社会捐赠等方法扩大其投资来源;而归入营利性高校的,则只能依靠投资者个人投入以及获取学生的学费维持学校的正常运转,发展过程中会遇到很多方面的风险,诸如投资政策风险、财务风险及生源风险等。投资政策的风险主要是政策不明确,导致投资者在政策规范的实际操作面前深陷两难,例如《民办教育促进法实施条例》规定"在工商行政管理部门登记注册的经营性民办培训机构的管理办法,由国务院另行规定",然而至今没有规定出台。在对民办高校进行分类管理后,相应政策规范的出台仍然具有一定的滞后性,应避免由于政策风险而出现的投资困境。财务风险是由于民办高校出现资金上的问题而导致办学出现难以为继的局面。民办高校自负盈亏,如利用银行贷款来改善办学条件的情况下,当民办高校贷款超过其自身偿还能力时,会出现由于债务负担过重而影响学校正常财务运转的问题,尤其是营利性高校还可能出现投资主体的大规模撤资或者转移投资,这将给民办高校造成无法挽回的损失。学费一直是民办高校经费来源的最主要渠道,生源的数量和质量是民办高校生存和发展的基础,生源争夺战也是民办高校发展中的重要战略。民办高校在与公办高校争夺生源的过程中不具有优势,始终存在生源风险。基于此,民办高等教育应在政策调整过程中,构建投资风险防控体系,降低民办高校投资过程中的风险,加强民办高校投资的预算,合理控制投资规模,避免盲目投资,并根据民办高校内外部环境的发展变化,准确把握民办高校投资的风险趋势,实现民办高校的长远发展。

4. 对现有民办高等教育税收政策加以调整

为了鼓励民办高等教育的发展,给予了民办高校比较优厚的税收政策,部分民办高校也取得了丰厚的回报。在法律政策区分营利性高校和非营利性高校之后,我国税收政策面临新的调整以规范投资者的投资回报。与投资回报直接相关的一个问题便是对民办学校的税务处理,如税收资格的认定、优惠政策以及减免范围等。除此之外,我们还必须坚持民办教育的税收原则,其中比较重要的原则是不论非营利性民办高校还是营利性民办高校都应该享受税收的优惠政策。这在我国民办高等教育发展过程中是有一定理论基础和法律基础的。理论基础缘于民办高等教育的公益性,这与企业的投资营利行为具有本质上的差别,民办高等教育的税收政策就要与企业的税收政策加以区分,应给予民办高校适当的优惠政策。法律基础是《民办教育促进法》及其《实施条例》中的规定,无论出资人是否要求取得合理回报都享有相应的税收优惠政策,这也为营利性民办高等教育享有税收优惠政策奠定了基础。同时,依据公平税赋的原则,应对营利性与非营利性民办高校的税收优惠政策加以区分,非营利性民办高校应该获得与普通高校相同的法律地位及相同的税收优惠政策,而营利性高校应该按照企业法人的性质进行收税,但应该制定征收比例低于企业的营业税和所得税,对获得营利的个人减免部分所得税等。随着相关法律政策的不断完善,税收优惠政策体系也要不断完善,从而为民办高校发展提供更充足的使用资金,鼓励投资者积极参与到民办高等教育事业发展之中。

作者: 秦惠民,中国人民大学教育学院教授;杨程,中国人民大学和加州大学洛杉矶分校联合培养博士生。

(原载《清华大学教育研究》2015年第2期)

如何突破民办高校筹资的困境

周海涛　张墨涵

摘　要：民办高校筹资问题是关系到民办高校能否长足发展的重要问题。本研究从民办高校筹资现状与发展趋势入手，通过分析影响民办高校筹资的经济、政策、文化等因素，提出了民办高校的筹资激励措施，即鼓励多渠道筹资，拓展优质民办高教资源；财税配比组合，引导闲置资金进入民办高教领域；政府搭建桥梁，促进筹资和投资双方的深度合作；完善机制，破解民间投资准入难的问题；转变家族财富传承观，吸引富裕阶层捐资民办高教。

关键词：民办高校；大学筹资；激励机制

经过多年发展，民办高等教育已经成为我国高等教育的重要组成部分。民办高等教育的规模化和高水平发展有赖于充足的办学经费作支撑，卓有成效的资金筹措是实现民办高校可持续发展的关键所在。目前，经费来源是困扰我国民办高校发展的一大难题，其表面原因在于举办者投入不足、社会融资方式单一、自营收入渠道狭窄，如果加以深入分析，则是经济、政策和文化等因素综合影响的结果。

尽管民办高校不是政府的附属部门或不直接隶属于政府，但实际上民办学校与政府有密切相连的关系。在两者的互动过程中，政府能够更好地实现教育服务能力的重建和拓展。[1]因此，加快完善民办学校资金筹措激励政策，不仅对民办高校长远发展有重要作用，对政府推进全面深化改革进程也有重大意义。

一、民办高校筹资现状与发展趋势

近年来，我国民办高校一直面临着发展较快和资金短缺并存的困境。由于我国高教体系庞大，政府财力有所增强但需求广泛，以及相关政策不配套等原因，我国大部分民办高校主要依靠学费收入和自筹经费办学，教育成本分担主体单一，经费来源仍显捉襟见肘。鼓励社会力量参与办学、扩充教育经费渠道，不仅能有效缓解政府教育财政紧张状况，也是政府在教育领域简政放权、借助市场的力量改革高等教育资源配置方式的可行路径。

1. 我国民办高校的筹资方式亟须拓展

从我国民办高等教育发展的历史轨迹来看，20世纪80—90年代的民办高校主要靠自筹经费建立及发展,大多采取"以学养学"的滚动发展模式。1986年,教育经济学家D·布鲁斯·约翰斯通提出的高等教育成本分担理论,可作为这一阶段我国民办高校收费的主要依据之一。1997年全面收费以来,教育成本分担机制在我国得到逐步确立,高校收取的学费逐年上升,学生缴费上学成为常态。20世纪90年代后,大多数民办高校在大众化的扩展政策背景下,开始推行市场生存的规模化发展模式,尽管民办高校的捐赠收入、政府资助、自营收入等有所增加,但总体而言增幅有限,学费收入依然占据绝对核心地位。

对我国民办高校办学资金来源进行分析,从来源渠道上看,进入运营期后的收入主要来自学生交纳的学费,约占民办高校运营收入的80%以上;企业投入是除学费之外的最重要资金来源,约占7%,但企业投入多为过渡资金,最终仍要从学费收入中予以偿还;政府资助性拨款在我国民办高校发展历程中一直占比不高,只有4%;相比于西方发达国家作为重要收入来源的捐赠和学校自营收入,在我国民办高校的日常运营中所占比例很小,几乎可以忽略不计,约只占0.4%和0.2%。从资金分布的发展趋势上看,学生的学杂费、政府拨款呈逐年递增趋势,举办方投入呈递减趋势,捐赠、学校自营收入和其他收入稳定在较低份额(见表1)。

表1 我国民办高校办学资金来源(2008—2012年)

年份	数据类别	学杂费	举办方投入	捐赠	政府拨款	学校自营	其他	合计
2008	数值(亿元)	273.11	31.92	1.25	8.64	0.72	8.99	324.63
	百分比(%)	84.13	9.83	0.39	2.66	0.22	2.77	100
2009	数值(亿元)	362.65	30.17	0.96	16.54	1.41	7.22	418.95
	百分比(%)	86.56	7.20	0.23	3.95	0.34	1.72	100
2010	数值(亿元)	425.69	33.10	1.69	18.97	0.86	7.76	488.07
	百分比(%)	87.22	6.78	0.35	3.89	0.18	1.59	100
2011	数值(亿元)	481.60	26.96	1.23	26.74	0.85	8.42	545.8
	百分比(%)	88.24	4.94	0.23	4.90	0.15	1.54	100
2012	数值(亿元)	522.48	33.29	1.65	43.18	0.74	17.08	618.42
	百分比(%)	84.49	5.38	0.27	6.98	0.12	2.76	100

注:本表根据2008—2012年《中国教育经费统计年鉴》数据整编。

目前,我国民办高校为了在高校竞争中占据有利地位,借贷发展、负债办学的现象比较普遍。由于不少民办高校设立时间不长,大多仍处于发展的初级阶段,举办者的精力全部放在了学校的教育教学上,因此,除少数学校外,民办高校的社会服务收入不多。此外,由于地方政府的政策差异以及民办高校类型的复杂多样性,我国政府对于民办高校的经费资助力度也很不平衡,一般只有部分国有民办和民办公助性质的高校才能得到一些资助。在这种情况下,我国民办高校运转所需资金只能依赖学费,如果学费收取过少,则不能维持高水平的办学和运行;如果收费过高,在市场经济的"用脚投票"中,将失去大量优质生源,被教育市场淘汰。不可忽视的是,单一的筹资渠道也存在巨大的资金调度隐患,尤其是随着近年来我国高等教育适龄人口的回落,民办高校面临着巨大的生源危机。一旦生源大幅减少,资金链就容易发生断裂,部分学校或将面临无法正常运营的风险。

2. 多方筹资已成全球高校经费来源的重要趋势

在西方发达国家,私立高校无论是在总体数量还是在世界一流大学的比例上都占有重要的地位。这些高水平私立大学的一个普遍特征是具有多元的资金筹措渠道,拥有很强的吸附社会资金的能力。以私立大学发达的美国为例,虽然营利性大学经费来源主要依靠学费,但整体而言,经费渠道十分多元且主要来源于非政府财政资金,如社会捐赠、投资增值、企业合作、学校自营收入等。2011—2012财年,美国非营利性大学经费来源主要以学杂费、联邦政府投入、医院收入、捐赠为主,分别占38.93%、14.92%、11.53%和10.61%;这表明,除联邦政府和地方政府拨款之外,83.87%的经费来源于学费、各类服务性收入、捐赠等筹资渠道,非学费比例为61.07%(见表2)。

表2 美国私立高等教育机构经费来源构成(2011—2012年)

教育经费来源渠道	非营利性		营利性	
	收入(亿美元)	比例(%)	收入(亿美元)	比例(%)
学杂费	630.21	38.93	240.35	89.27
联邦政府拨款	241.47	14.92	15.28	5.68
州和地方政府拨款	19.65	1.21	1.03	0.38
合同款项、助学金	44.46	2.75	0.09	0.03
捐赠收入	171.71	10.61	—	—
投资收益	45.45	2.81	0.37	0.14
教育服务收入	50.83	3.14	3.52	1.31
附属企业收入	154.99	9.58	5.11	1.90
医院收入	186.67	11.53	—	—
其他	73.23	4.52	3.47	1.29

注:本表根据美国教育统计中心(NCES)2014年提供的2011—2012年教育统计数据整编。

不仅私立大学的经费来源有变,整个高等教育体系亦不例外。近年来,英、美高校经费来源中的政府财政资金比例逐步下降,通过社会力量筹集资金办大学成为大学发展的重要趋势。据英格兰高等教育基金委员会提供的数据,英国高等学校公共资金由20世纪90年代的70%降到60%左右,学校自筹经费达到了40%。在美国,政府拨款比例也逐年下降,密歇根州政府对密歇根大学的拨款从2002年到2009年下降了10%;联邦政府拨款占大学收入的比例由20世纪60年代的80%减少到2009年的13.5%。[2] 政府资助份额的减弱必然倒逼市场机制作用的增强,高校更多地转向以社会捐赠与自营收入等非政府财政为中心的经费来源,甚至政府的财政资助也引入了市场机制,如政府转向提供学生奖学金、助学贷款等资助形式,市场化程度在高等教育中明显增强。

二、影响民办高校筹资的主要因素

高等教育资金筹措模式与经济、政治、文化传统等密切联系,往往受多种因素的交互影响。我国民办高校资金紧缺,也是多方因素共同作用的结果。就根本而言,民办高等教育自身特点、法规政策的阻滞以及文化观念制约对民办高等教育资金筹措渠道的限制作用是较为明显的。

1. 经济因素：适应新常态和吸引资金投入教育的能力不够强

从国际经济形势看,各行业正在逐渐走向融合与重组,全球经济进入了新的发展阶段。2013年,德国政府提出"工业4.0"战略。在此模式中,各行业由集中式控制向分散增强式控制转变,传统行业界限将消失,[3]全球迎来一个模式调整、结构转型的新阶段。同样,新时期我国经济的增速、结构、模式和动力出现整体性转换,民间投资不断发展,企业出现大量闲置资金,这为拓展教育空间以及民办高校筹资提供了可能。但也应注意到,在经济"新常态"背景下,我国民间资金流动性增强,资金投资风险也在加大。在重组和震荡时期,经济形势呈下行趋势,投资公司的投资战略已大幅收缩,企业资金运作也较为谨慎。

民办教育作为教育的一个部分,具有教育投资的一般特点。教育投资具有先期投资大、组织成本和周期成本大、投资效益相对低等特点,同时与商业活动的单纯"趋利性"不同,教育投资兼具商品性和公益性,不管投资者是否意识到了这一点,教育投资的公益性是不可替代的。民办教育的这些投资特点在一定程度上影响了其对社会资本的吸引力,使教育难以和其他领域争夺具有趋利性的资本。[4]此外,我国部分民办高校存在的家族化管理、运营与财务透明度低、政策延续性差等问题,损及政府和社会资本对民办教育的信任度,限制了民办高校获得投资性资金的渠道和额度。

2013年,党的十八届三中全会明确了市场在资源配置中的决定性作用,提出遵循市场经济规律,推动资源配置依据市场规则、市场价格、市场竞争实现效益最大化和效率最优化。近20年来,我国民间投资在全社会固定资产投资中的比重从30%上升到60%,外商投资也有潜力。目前,通过简政放权、放管结合,可有效调动民间投资力量和企业活力。如何转变企业资金使用观念,有效引导这部分资金进入教育领域,完善相应法律法规和政策势在必行。

2. 政策因素：现行法规政策阻滞了民办教育的投资与融资

公共政策是社会公共权威部门为解决社会公共问题或社会矛盾、调整社会经济关系而建立的社会规则。政府公共政策效果如何,主要看政策效应即政策作用的结果如何,一般用政策效益衡量。对我国民办高校而言,政府需要通过稳定的政策扶持和必要的经费资助对民办高等教育起到质量保障作用,解决进入民办高等教育领域中的民间资本营利性和高等教育公益性的矛盾。同时,政府需要适当控制局部领域的过热发展模式,通过行政力量的适当介入来取得较好的政策效益。

从我国近年来的民办教育筹资政策来看,政府相关法律法规与政策不断完善,为民办教育筹资提供了愈加便捷的政策空间。其中，追求营利是社会资本投入的一个重要目的，若不承认社会资本的营利性，那么社会资本的投资热情就会迅速降低。2002年以前，我国的法律一直明确规定"教育不得以营利为目的"，禁止民办高校的举办者从高校的运营中获取回报或结余，但民办高校如有亏损，却须举办者承担。[5]这一规定把许多社会资金挡在民办教育的门外。2002年，《民办教育促进法》正式承认民办高校举办者获得"合理回报"的权利，极大激发了社会资金投资民办教育的热情。2010年，国务院颁布《关于鼓励和引导民间投资健康发展的若干意见》，鼓励民间资本进入法律法规未明确禁止准入的行业和领域。2015年1月，国务院常务会议讨论通过部分教育法律修正草案，明确对民办学校实行分类管理，允许兴办营利性民办学校，并提请全国人大常委会审议。不言而喻，这一系列政策为民间资本进入我国民办教育领域提供了政策保障，但这些政策大多还缺乏可操作的具体实施细则，相关法律规章也没有随政策及时调整，这些法律法规和政策的不健全影响了民间投资激励政策效应的充分释放。民办高校产权问题也是困扰我国民办高校发展的一个难题，无论是《民办教育促进法》还是《民办教育促进法实施条例》，均未明确规范民办高校的产权问题，这无疑增加了社会资本投资教育的不可预期性和不确定性，由此产生的一系列衍生问题对冲了教育投资动力，阻碍了民办高校的健康发展。

3. 文化因素：传统意识、时代观念的双向影响

文化观念是文化现象在人们头脑中的综合反映，包括对文化现象的形貌、状态及其文化价值的认识。它受民族传统、阶级立场和历史条件的影响，形成自己文化独特的民族性、阶级性和时代性。任何一个民族都有自己特殊的文化性，一个民族的文化多少具有一致性。真正把人联系起来的是他们的文化，亦即他们共同具有的观念和标准。[6]

传统文化对民办高校融资的影响表现在多个方面，财富观念受传统文化影响较为明显。如我们对财产的继承方式仍还受家族代际传承心理影响，"给后代留点家产作念想"的动机较强，捐赠意识比较薄弱。又如民办学校举办者经营管理的家族化、运营与财务透明度低以及偏重经济利益而不看社会效益的问题等，既影响了民办学校的信誉，也影响了政府和社会资本对民办高校的授信与融资。

除传统意识外，时代观念也对民办高校的筹、融资产生一定的影响。如过去民办高校作为一种"民办民营事业"，在性质上不具有优势，容易受到社会的忽视甚至"歧视"。政府在教育投资中的"重国办、轻民办"的政策取向，民间资本投入教育的无意识受限，以及筹资、融资激励政策的不配套，限制了民办高校通过社会渠道获得更多的资金。但在深化改革的今天，人们的观念也在发生改变，政府和社会给予民办高校更多的关注与支持，并希望通过完善政策，鼓励和引导社会资金健康顺畅地进入民办教育领域。

三、强化民办高校筹资激励的对策措施

基于我国民办高校筹资现状与发展趋势的判断，我国需科学把握主要影响因素，使市场在资源配置中起决定性作用，同时更好地发挥政府统筹引导作用，通过政策调整、经济调节、文化引导等手段形成合力，激励社会资金进入民办教育领域，突破民办高校筹资

困境。

1. 鼓励多渠道筹资,拓展优质民办高教资源

拓展优质民办高等教育资源,单凭政府投资难以高效实现,需要充分借助社会力量多渠道筹集资金,促进教育服务能力全面提升。就我国高等教育实际情况来看,相对于国内一流公办大学明显的筹资优势,普通民办高校由于发展历史较短、发展定位模糊、影响力较弱等,导致知名度和筹资能力不强。如何借助我国经济转型和结构调整的契机,通过市场多渠道筹措资金,增加社会捐赠、校友捐赠、投资增值、企业合作等资金来源的比重,尽快摆脱过度依靠学费的经费来源模式,吸引社会资金助力学校发展,成为民办高校发展的重大选择。针对我国民办高校投资运作的意识和能力不强,加之金融市场不健全、风险偏高而限制资金增值空间的现状,政府可以鼓励民办高校建立自己的资金管理机构,通过专门机构筹集和管理资金,将筹得的资金投资运作管理,使资金保值增值。随着市场机制的不断完善与健全,以及政府职能的进一步转变,一部分民办高校可以先行先试,按商业化模式运作学校捐赠资金,通过金融市场大幅增加学校办学资金,为未来建成高水平民办大学解决资金的后顾之忧。

2. 财税配比组合,引导闲置资金进入民办高教领域

从宏观上看,国家鼓励社会力量兴办教育,主要通过财政扶持和税收优惠两种方式。就我国社会可动员资金来看,闲置资金投资或捐赠民办高等教育的可能性很大,这部分资金不会影响企业正常的运营。但应注意社会闲置资金虽然暂时处于闲置状态,却带有逐利的倾向,一旦企业动用闲置资金,大部分要追求保值增值或期待通过税收优惠来获得其他利益。社会闲置资金能否投向教育领域,关键在于政策能否给予适当的激励,可操作的税收优惠政策是最有效的措施。例如,探索对投资民办高校的企业切实落实减免税收的办法,对其中贡献较大的企业可以给予适当形式的专项奖励。这种财政奖励配合税收政策,双管齐下,将会产生政策叠加的效应。这些税收优惠可以补偿企业的经济利益,将有限资金转化为能长远影响国家、社会、个人的教育收益,起到正面激励和引导资金流向的作用。

3. 政府搭建平台,促进筹资和投资双方的深度合作

民办高校筹资方和投资方的合作,也是学校提供服务、企业购买服务的过程。校企合作是双方互选的过程。发达国家学校选择与企业合作的比例非常高,有的国家甚至达到了90%以上。我国民办高校主动寻求合作的意识较为薄弱,多停留在就业层面,且没有通过开展校企合作常态化联络企业寻求合作伙伴与推广科研成果的平台和机制。同样地,企业选择与学校合作的比例偏低,即使有意向,也多选择与国内公办重点大学合作。在参与科技成果转化方面,政府可以运用市场机制为筹资、投资双方搭建合作的平台和桥梁,鼓励民办高校积极拓展校企合作方式。如可借鉴德国职教体系,由高校以"订单式"培养模式为企业输出对口人才,换取企业对学校的投资;或通过产学研合作,以技术参股或同建产业园区的形式实现学校和企业的双赢。

4. 完善准入机制,解决社会资本投资难问题

为激励社会资本顺利进入民办高校,拓展筹资渠道,应进一步深化教育综合改革,明

确高等教育投资开放的领域和政府投资扶持的范围,将民办高校作为社会公共事业的重要补充,通过完善的政策引导民间资金高效、顺畅地进入民办高校。在当前,我国应及时修订《民办教育促进法》、《民办教育促进法实施条例》以及各地民办教育管理制度,细化民办高校的准入规则、政府的监管程序与职责、政府调控权范围、信息披露机制等,同时,明确出资者的职责和禁止性行为、民办高校的职责和禁止性行为、受教育者的受教育权的保障机制,并健全退出规则和平台,消解民间出资者进入教育领域的经营冲动,妥善解决投资难的问题。

5. 转变家族财富传承观,吸引富裕阶层捐资民办高教

转变企业家族财富传承观念,培养公民社会责任感。既要从文化培育入手,也要健全法制规范,正确引导全社会树立新型财富观。研究制定遗产税征收办法,彻底改变富裕阶层家族财富传承观念与模式。设置合理偏高的税率,有可能打消大部分富裕阶层将企业财产或个人财富由家族继承的念头,转而考虑从事慈善事业或捐资教育,进而延续社会影响力。可以想象的是,未来优质民办高校将得到更多的捐助。此外,无论在国内还是国外,也无论捐赠者是学校校友还是企业界的知名人士,捐资群体大多是富裕阶层或成功人士。学校应积极构建社群网络,研究潜在捐资群体,并通过各种社群活动加强与捐资群体长期密切联系,吸引富裕阶层捐资民办高等教育。

参考文献:

[1] 周海涛.民办学校与政府互动合作关系的基础和路径[J].北京大学教育评论,2012(4):56—59.
[2] 刘刚,张海兰.英美高校投资来源及对完善我国高校投资体制的启示[J].中国高教研究,2011(9):59—60.
[3] 高野敦.工业4.0:德国欲掀起第四次工业革命[EB/OL].日经技术在线网,2014-01-09.
[4][5] 贾东荣.民办教育的资金问题与对策思考[J].教育发展研究,2005(20):40—45.
[6] 本尼迪克特.文化模式[M].北京:京华出版社,2000:31.

作者:周海涛,北京师范大学教育学部高等教育研究所教授;张墨涵,北京师范大学教育学部高等教育研究所博士研究生。

(原载《国家教育行政学院学报》2015年第2期)

我国民办高校董事会实际运行及优化路径研究

王一涛　刘继安　王　元

摘　要：董事会制度是我国民办高校内部治理结构的基础与核心，对民办高校的可持续发展起制度保障作用。举办者投资办学的基本动机与民办高校合理回报和所有权归属的法律规定之间的矛盾，易导致举办者对董事会过度控制。完善民办高校内部治理机制，须优化董事会成员结构，加快民办高校信息公开的步伐，增强党委、校长、教代会、学术委员会等治理主体的话语权和决策权，实现对董事会和举办者权力的监督和制约，积极稳妥地推进民办高校分类管理试点。

关键词：现代大学制度；民办高校；董事会；举办者

截至2015年5月，我国共有独立设置的民办高校447所（不包括独立学院和中外合作高校），占我国普通高校总数（2 553所）的17.5%。鉴于董事会①在我国民办高校建立现代大学制度中的重要性，很多学者对民办高校的董事会进行了研究。[1]本研究运用文本分析和深度访谈法，研究我国民办高校董事会的成员结构和决策机制。首先，笔者浏览分析了我国447所民办高校的官方网站，发现只有16所民办高校的官网公布了其董事会的成员构成。其次，通过访谈民办高校的举办者、校领导以及其他知情人等方式，获得了90所民办高校董事会的成员构成和内部运作资料。这106所民办高校包括滚动发展型、企业办学型和国有民办型等三种主要的办学形式，基本反映了我国民办高校董事会的概貌。

一、我国民办高校董事会概况

组织结构和组织运行是理解一个社会组织的两个基本维度，分别从静态和动态视角提供对组织的理性认识。因此，本文把分析董事会成员构成和董事会实际运行作为切入点，探究我国民办高校董事会的基本特征。

（一）我国民办高校董事会的成员结构

一般地，美国私立大学董事会的规模为20～40人。[2]而据笔者调查，我国的民办高校董事会平均规模为8.2（见表1）。

---

① 有的民办高校称之为董事会，有的民办高校称之为理事会，两者无实质区别，本文统称董事会。

表1　106所民办高校董事会人数分布

董事会的人数	频率	百分比	有效百分比
5人	32	30.2%	30.2%
6~10人	52	49.1%	79.2%
11~15人	16	15.1%	94.3%
16~20人	4	3.8%	98.1%
21人以上	2	1.9%	100.0%

国外高校的董事会主要由代表型董事和专家型董事组成,代表型董事可保证各利益相关者的利益诉求,专家型董事可提升董事会的决策质量。[3]"代表性"和"专业性"为分析我国民办高校董事会成员结构提供了新颖的视角。

1. 我国民办高校董事会中各利益相关者代表比例失衡

"大学是一种典型的利益相关者组织,大学的决策必须权衡和兼顾各方利益相关者的利益,不能顾此失彼。"[4]按照弗里曼的理解,利益相关者是指那些能够"影响"组织目标的实现或是被这种实现"所影响"的所有个体或群体。[5]董事会作为民办高校内部最高决策机构,其成员构成的多样性可以使大学的决策权合理地分布于不同治理主体之手,从而提高学校治理的代表性。国外一些大学中,学生、教师、管理人员、校友等利益相关者代表都在董事会中拥有一定席位,但我国民办高校董事中各利益相关者代表的比例失衡。《民办教育促进法》仅笼统规定"学校理事会或者董事会由举办者或者其代表、校长、教职工代表等人员组成",没有规定董事会的产生办法和产生程序。民办高校成立之初,举办者一般担任董事长并推选其他董事。举办者不仅有权推选"举办者代表",而且实际上也有权推选"教职工代表",这样从建校开始就控制了董事会的成员构成。通过与知情人访谈,笔者发现,我国民办高校举办者安排家属成员进入董事会的现象非常普遍。106所民办高校中,至少有46所民办高校董事会中有2人或多人是同一家族成员,比例为43.3%,这些家属关系包括夫妻、兄弟(妹)、父子(女)、母子(女)等。2012年出台的《教育部关于鼓励和引导民间资金进入教育领域促进民办教育健康发展的实施意见》(以下简称《实施意见》)第十六条规定,"规范民办学校董事会(理事会)成员构成,限定学校举办者代表的比例,校长及学校关键管理岗位实行亲属回避制度"。显然,这一规定并没有得到很好实施。

校长和党委书记一般是民办高校董事会的当然成员。多数民办高校的党委书记由政府派驻的督导专员兼任,所以,党委书记可视为政府(公众)代表。党委书记进入董事会体现了我国民办高校的特色,在保证办学方向、保障人才培养质量等方面发挥着一定的作用。作为对《民办教育促进法》的回应,几乎所有民办高校董事会都有1~2位教职工代表。但是,教职工代表既可能是一线教师,也可能是学校中层干部,还有5所民办高校董事会中的教职工代表实际上是校级领导。一线教师代表在董事会中的决策权有限,很难反映教师的真正诉求。106所民办高校中均没有学生代表进入董事会,当然,学生代表是否应该进入学校决策层在国外也存在很大争议。106所民办高校中仅有2所民办高校各吸纳1位校友进入董事会,两位校友均拥有较高经济地位和社会地位。

2. 我国民办高校董事会中各类专家的比例失调

克拉克·克尔指出,董事会的好坏取决于其成员的优劣。[6]国外高校董事会广泛吸收各类专家以保证董事会的决策质量。有学者对美国10所世界一流大学的298名董事进行统计发现,工商界人士150人(占50.3%),其次为律师(占8.4%),其他成员包括学术管理人员、公共事务管理人员、教师、银行家、医生、基金会董事和记者等。[7]笔者从106所民办高校董事会中搜集了455位董事的专业背景信息(见表2)。

表2　455位民办高校董事职业背景信息

	频率	百分比	累计百分比
学校管理专家	177	38.9%	38.9%
工商界人士	119	26.2%	65.1%
行政管理专家	102	22.4%	87.5%
学科或行业专家	21	4.6%	9.2%
其他	36	7.9%	100.0%

学校管理专家主要是民办高校的领导或公办高校退休的领导,若高校领导同时是学科专家,则仅统计为学校管理专家。行政管理专家是指拥有行政管理经验的专业人士,这些专家主要是已退休的政府官员。由于有若干所民办高校属于"国有民办型"或"混合所有制型",所以,多位董事是尚在任的政府官员,其中1位是省部级官员。工商界人士主要是企业高管,也包括财务或金融领域的专家。我国很多民办高校是企业投资举办的,投资方往往派遣多位高管担任民办高校董事。学科专家是在某个学术领域有较大影响的科学家或学者,行业专家是在某个技术领域作出较大成绩的专家。

美国高校的董事一般都是外部专家,即除了担任董事外并不担任学校管理职务。有学者调查发现,高达92.6%的美国高校董事都是校外人员。[8]但我国民办高校的大部分董事都在民办高校或民办高校的投资方任职。455位董事中有268位董事(占58.9%)在民办高校或民办高校的投资方任职,外部独立董事的比例只有41.1%。

(二)我国民办高校董事会的实际运行

1. 我国民办高校董事会的规范性不高

调查发现,约有30%的民办高校每年召开3次或更多次会议,30%的民办高校一年召开1~2次会议。但也有30%的民办高校几乎从来不召开正式的董事会会议,处于"有组织无会议"的状态,这类民办高校董事会实际上不具备决策功能。部分民办高校是否召开董事会会议取决于举办者的意愿,举办者希望召开董事会会议就会临时召开;否则,预定的会议也会被推迟或取消。召开董事会会议的地点也不固定,有一些会议在饭店或举办者家中召开,这些会议的目的往往是举办者请其他董事支持自己的决策。

访谈中,很多民办高校管理者表示,学校成立董事会的主要目的是为了迎接国家的评估检查。《民办教育促进法》规定民办高校需要成立董事会或理事会,很多省级教育行政部门将民办高校是否成立董事会或理事会作为判断其年检是否合格的条件之一。《教育部办公厅关于开展普通高等学校本科教学工作合格评估的通知》进一步明确,"领导体制"是评估民办本科高校的观测点之一,其合格标准包括"学校董事会(或理事会)、校务委员会、党委会机构发挥了各自的职能"。很多民办高校主要为了通过评估而成立董事会,因此,并不要求董事参加学校决策。

2. 董事会民主化弱

民办高校董事会的职权包括聘任和解聘校长、制定或修改学校章程、调整专业、审核预决算、决定教师整体薪酬等重大事项。调查发现,有一些民办高校董事会在遴选校长、调整专业和审核经费预决算等重大事项上能够进行深入讨论。比如,一所民办高校在全球招聘校长,董事会进行了长达半年的酝酿和交流。另一所民办高校的举办者计划建新校区,但多数董事认为学校的资金状况暂不支持大规模基建,举办者最终同意了大多数董事的意见而取消了建新校区的计划。但是总体而言,我国民办高校董事会的民主化程度还很低。一些民办高校的重大决策不经董事会讨论,学校的资金分配、人事任命等重大事项都是举办者说了算,董事会成员的作用只限于提出建议或提示风险,无力否决举办者的决定。

举办者个人集权的决策方式有利有弊。集权可以提高决策效率,通过专业、课程的迅速调整来满足社会的需求。在民办高校规模较小、管理相对简单的阶段有其合理性。随着学校规模的扩大和办学层次的提高,学校需面对的事务越来越多,要处理的问题越来越复杂,个人集权的决策方式潜藏着较大的决策风险。

3. 董事会透明度低

透明与公开是社会组织公信力的根本来源,无论是民办高校董事会的成员构成,还是董事会的实际运作,其透明性都很低。从人员构成来看,由于很多民办高校的董事既不能反映各方利益诉求,也不是在某个领域取得较大成绩的专家,所以,很多民办高校不愿公开其董事会成员名单。全国449所民办高校的官网几乎都有董事长(举办者)的详细信息,但只有16所民办高校的官网公布了董事会成员名单,仅占我国民办高校总数的3.5%。一些受访的民办高校举办者表示,董事会的成员构成是本校的商业秘密,不便透露。一些民办高校的领导甚至连校长都不清楚董事会的成员构成。从决策程序来看,民办高校董事会的透明性有待提高。一方面,因为董事会制度尚在完善中,一些民办高校可能尚未制定董事会的决策程序;另一方面,一些民办高校可能故意模糊董事会的决策程序,以避免学校利益相关者的监督。

董事会作为我国民办高校的决策核心,在民办高校治理中发挥了重要作用,"董事会领导下的校长负责制"为我国民办高等教育的健康发展提供了一定的制度基础。但我国民办高校的董事会存在的举办者过度控制、家族氛围浓厚、成员结构和内部运作透明度低等问题,严重影响了民办高等教育事业的可持续发展。我国法律本希望民办高校董事会能够担负起集体领导的职能,但现实操作和法律期待形成了较大的偏差,一些民办高校董事会沦为举办者控制学校和实现个人权力的工具。

二、我国民办高校董事会现状分析

只有对社会现象作科学的理论诠释,才能提出有效的解决对策。"在用理性考察和解释事实之前,是不可能从事实中学到任何有用东西的。"[9]

(一)投资办学意味着举办者"必须"加强对董事会的控制

我国民办高校和国外私立高校区别之一在于举办者的办学动机不同。美国早期私立大学的举办者往往以宗教动机来办学,以非宗教动机举办的私立高校大都也是非营利性的。改革开放后复兴的民办高校,举办者普遍具有投资和营利的动机。投资办学是我国民办高等教育的基本特征。[10]有学者强调,举办者投资办学应作为我国制定民办教育政策的基本依据。[11]投资办学从两个方面导致举办者加强对董事会的控制。

第一,投资办学意味着很多举办者希望获得合理的办学回报,但我国的《民办教育促进法》是以捐资办学作为基本前提来管理民办高校的,这就导致很多法律规定与民办高等教育基本现实之间存在矛盾。《民办教育促进法实施条例》规定民办高校举办者可以获得合理回报,但同时规定希望获得合理回报的民办学校必须在学校章程中注明这一事实。当前,我国社会公众对民办高校的信任度不高,如果民办高校在章程中注明希望获得合理回报,民办高校将陷入更加不利的社会舆论环境。所以,几乎没有任何一所民办高校在章程中注明希望获得合理回报。这就产生了我国民办教育的一个基本悖论:一方面,大部分民办高校是投资办学;另一方面,几乎所有的民办高校都对外宣称不要求获得回报。举办者处理这个悖论的方法就是通过关联交易、虚报成本等幕后手段来获得适当的经济回报。[12]要通过幕后手段获得收益,就必须获得学校完全的控制权,由于董事会是学校的最高决策机构和权力机构,所以,必须实现对董事会的完全控制。

第二,尽管一些举办者并不希望从办学中获得经济回报,但他们也不希望放弃民办高校的所有权。现代企业制度中的企业举办者可以只拥有企业的所有权而将管理权交给职业经理人,实现所有权和管理权的分离。所有权和管理权实现分离的前提条件是法律承认并保护举办者的所有权。我国相关的法律法规并不承认举办者对民办高校的资产所有权。一些民办高校的初始投资只有几万元甚至更少,随着学校滚动发展,目前资金高达数亿甚至更多,但这些增值资产的所有权不属于举办者。黑龙江和湖北等少数几个省将民办高校增值资产的一定比例(均不超过20%)奖励给举办者,以此激发举办者的办学积极性。但大部分地区民办高校举办者对学校的产权诉求只能限于初始投资额,增值部分不被法律认可。由于法律不承认举办者的所有权,举办者便通过各种方式加强对学校的控制,进而以"实际上拥有的控制权"来弥补"法律规定上的所有权"的缺失。

(二)民办高校的资源依赖途径使得举办者"能够"控制董事会

上述原因可以解释举办者为什么"愿意"或"必须"控制董事会,资源依赖理论则可以解释举办者为什么"能够"控制董事会。该学派认为,在开放的组织环境中,一个组织要生存必须不断从外部环境中获得资源。这些资源包括实物、资金、人力资源、信息、社会和政治的合法性支持等。为了获得资源,一个组织必须与控制资源的其他组织进行交易,拥有资源控制权的外部组织对该组织有一定的控制权。[13] Pfeffer 和 Salancik 应用该理论解释董事会的组成时认为,董事会规模大小和成员结构是组织对外部环境的理性反应,组织从外部获得资源的情况和组织内部权力配置之间存在一定的关系。组织内部的个人或团体从组织外部争取到的资源越多,其在组织内部的影响力就越大。[14]

美国高校的董事会结构在一定程度上反映了美国高校资金来源的结构,美国私立高校董事会一般都为捐赠者(主要是校友)预留席位,因为捐赠资金是学校经费的重要来源之一。美国私立高校董事会人数一般在20人以上,远远超过公办高校董事会,部分原因在于人数太少的董事会无法为捐赠者留出足够多的席位。[15] 我国民办高校的校友捐赠很少,所以,董事会中几乎没有校友代表。我国民办高校的财政资金很少,所以,董事会中政府代表(督导专员)的比例很低。我国民办高校的教师流动性大、水平参差不齐、可替代性强,所以,教师代表在董事会中的席位少、发言权小。学生缴纳的学费虽然是民办高校收入的绝大部分,但学生往往被视为消费者和顾客,被排斥在董事会之外。也就是说,只有能够向大学贡献更多资源的主体,才有更多的资格参与大学的发展过程并控制其运行。我国民办高校是在激烈的市场竞争中实现生存和发展的,每一所民办高校的背后都凝聚着举办者的心血,举办者在学校创建和发展中扮演着"企业家"的关键角色,其办学理念和决策水平,其拥有的人力资本、经济资本和社会资本均在学校发展中发挥着最重要的作用。在带领学校发展和前进的过程中,举办者逐渐成为民办高校的"剩余索取者"和"剩余控制者",实现了对董事会和整个学校的控制,而且其控制地位获得了大多数民办高校管理者和教师的心理认同。

三、完善董事会制度的对策建议

董事会制度不健全导致我国民办高校的发展严重依赖于举办者的办学动机和管理能力等个人因素。当举办者具备卓越的管理能力和良好的办学意愿时,学校就会稳定快速发展;若举办者管理能力不足、办学动机不纯,学校发展就会面临重大风险。由于缺乏现代大学制度的保障和支撑,一些民办高校的发展缺乏持续性和稳定性,举办者去世或变更后,学校便在短期内由盛至衰。建立具有中国特色、符合我国民办高校发展实际的董事会制度,对于完善我国民办高校内部治理结构、建立现代大学制度尤为迫切。

(一) 优化董事会成员结构

董事会成员结构的合理化是提高民办高校决策质量的基础,是民办高校由"个人治理"走向"制度治理"的必要条件,也是民办高校实现基业长青的根本保证。首先,应根据《实施意见》规范民办学校董事会的成员构成,限定举办者及其代表的比例。举办者及其代表的比例可以控制在董事会人数的1/3以内,这样既可以保护举办者的办学积极性,又可提高董事会的代表性。其次,完善董事会成员的遴选办法,提高教育、财务、法律、管理等各类专家在董事会中的比例并赋予其必要的发言权和决策权。再次，适当提高教师代表在董事会中的比例并探索学生和校友等利益相关者代表进入董事会的办法。

(二) 加快董事会信息公开步伐

联合国教科文组织1998年世界高等教育大会通过的宣言明确指出，高等教育机构应该被赋予管理内部事务的自主权，但是这种自主权必须建立在对政府、议会、学生和更广泛社会的清晰而透明的问责基础之上。[16] 2010年开始实施的《高等学校信息公开办法》要求高等学校主动向外界公布"内部管理体制、机构设置、学校领导等基本情况"，很显然，大部分民办高校没有根据该要求实行信息公开。董事会作为民办高校内部治理的核心机构，其成员结构和运行规则必须向外界公开并接受监督。信息公开将形成一种"倒逼机制"，促使民办高校更好更快地建立现代大学制度。

(三) 完善民办高校的现代大学制度

"听任大学决策权力主体'唯一化'，是一个明显的错误。"[17] 完善的大学制度"可以最大限度地减少人治的随意性，""将一些在办学过程中积淀下来的优良传统和大学文化固定下来，使之成为不因个别人的因素就能轻易变动的传统和制度"。[18] 有效的大学治理结构应该"将决策控制权按照实际需要，合理地分布于不同的治理主体手里，并使不同主体之间产生权力依赖和制约关系"。[19] 要增强其他治理主体（包括党委、校长、教代会、学术委员会等）的话语权和决策权，实现对董事会和举办者权力的监督和制约。要坚持和完善党对民办高校的领导，确保民办高校的社会主义办学方向。要赋予校长在教学和科研等事务中的独立决策权。要完善民办高校的教代会制度，关注教职工的切身利益。要加快建立学术委员会制度，使其在专业设置、学科建设、职称晋升等事项中发挥论证、评价和咨询作用。需要注意的是，现代大学制度并没有统一的模式，要赋予民办高校在探索现代大学制度中的自主权，允许民办高校建立符合自身实际特点的现代大学制度。[20]

(四) 积极稳妥地推进分类管理

分类管理有助于完善民办高校董事会，营利性和非营利性民办高校可采用不同的董事会制度设计方案。2015年1月，国务院常务会议审议通过了《〈民办教育促进法〉修正案草案》，决定提请全国人大常委会审议，明确对民办学校实行分类管理，允许兴办营利性民办学校，这在民办教育基本制度建设上迈出了关键一步。对于民办学校分类管理问题，在理论上并没有太大争议，只是在已有法律体系下形成的制度惯性和路径依赖造成了既有的利益格局难以突破。分类管理的关键是，在尊重民办高校举办者历史贡献的前提下，选择务实、灵活的改革策略，统筹兼顾各方利益，向新的制度平稳过渡。营利性民办高校可以参照企业的内部治理结构，保障举办者对民办高校的所有权和控制权。非营利性民办高校必须建立与其非营利属性相对应的治理结构，吸收各利益相关者进入董事会，使董事会的决策公开、透明、科学，为民办高校的健康可持续发展奠定坚实的制度基础。

参考文献：

[1] 阎凤桥,林静.商业性的市民社会：一种阐释中国民办高等教育特征的视角[J].教育研究,2012(4);

[1] 张文国. 中国民办学校法人制度研究[M]. 北京：教育科学出版社，2012：63；董圣足. 民办院校良治之道：我国民办高校法人治理问题研究[M]. 北京：教育科学出版社版，2010：118.

[2] 欧阳光华. 董事、校长与教授：美国大学治理结构研究[M]. 北京：高等教育出版社，2011：134.

[3] Harry de Boer, Jeroen Huisman, Claudia Meister-Scheytt. Supervision in 'modern' university governance: boards under scrutiny[J]. Studies in Higher Education, 2010(3).

[4] 李福华. 利益相关者理论与大学管理体制创新[J]. 教育研究，2007(7).

[5] Freeman, R. Edward. Strategic Management: A Stakeholder Approach[M]. Pitman: Publishing Inc, 1984: 34.

[6] Clark Kerr, Marian L. Gade. The Guardians: Boards of Trustees of American Colleges and Universities[R]. Washington, DC: The Association of Governing Boards of Universities and Colleges, 1989: 39.

[7][8] 张斌贤，张弛. 美国大学与学院董事会成员的职业构成——10所著名大学的"案例"[J]. 比较教育研究，2002(12).

[9] 张五常. 经济解释[M]. 北京：商务印书馆，2002：28.

[10] 邬大光. 我国民办教育的特殊性与基本特征[J]. 教育研究，2007(1).

[11] 潘懋元，等. 我国民办高等教育发展的第三条道路[J]. 高等教育研究，2012(4).

[12] 文东茅. 走向公共教育：教育民营化的超越[M]. 北京：北京大学出版社，2011：55.

[13] Amy J. Hillman, Michael C. Withers, Brian J. Collins. Resource Dependence Theory: A Review[J]. Journal of Management, 2009(6).

[14] Pfeffer, J., Salancik, G. R. The external control of organizations: A resource dependence perspective[M]. New York: Harper & Row, 1978: 245.

[15] James O. Freedman. Presidents and Trustees[A]. Ronald G. Ehrenberg. Governing Academia: Who is in Charge at the Modern University?[C]. Isaac: Cornell University Press, 2005: 9.

[16] UNESCO. World Declaration on Higher Education for the Twenty-first Century: Vision and Action[Z]. Paris: UNESCO, 1998: 9.

[17][18] 龚怡祖. 大学治理结构：现代大学制度的基石[J]. 教育研究，2009(6).

[19] 黄达人. 探讨大学的治理结构[A].//黄达人，等. 大学的治理[C]. 北京：商务印书馆，2013：8.

[20] 程星. 大学制度的精髓在于多样性[A].//黄达人，等. 大学的治理[C]. 北京：商务印书馆，2013：24.

作者：王一涛，博士，浙江树人大学中国民办高等教育研究院副研究员；刘继安，上海交通大学高等教育研究院副教授；王元，中国传媒大学学生。

（原载《教育研究》2015年第10期）

民办高校内部控制权模式形成与变更的影响因素

刘曼琴

摘 要：通过对4所民办高校的案例分析，探讨民办高校内部控制权在形成与变更过程中的影响因素及内在规律。民办高校创建与发展的过程，也是各要素所有者建立契约与分配权力的过程。学校内部控制权在形成过程中受举办者类型、出资目的和政府力量强弱等因素影响，核心要素组建模式对学校内部控制模式起决定性作用。从组织治理的角度看，内部控制模式被认为是基于外部环境、内部战略目标而在各利益相关者之间形成的权力均衡结果。当外部环境、内部战略发生变化时，内部权力配置也会发生变化，当量变积累为质变时，则体现为民办高校内部控制权模式的变更。总体而言，控制权模式呈现出显著的阶段性，从发展的视角来看，民办高校的控制权分享力量呈现出多元化趋势。

关键词：民办高等教育；民办高校；控制权模式；利益相关者；治理机制

在我国民办高校迅猛发展的同时，针对民办高校治理的研究也大量涌现。已有对民办高校治理的研究，总体倾向于以公司治理为参照体系。与公司治理相似，民办高校治理机制也包括内部治理机制与外部治理机制。但相比之下，民办高校的外部治理机制显然弱得多：职业校长市场远不及职业经理人市场成熟；虽然民办高校也有因经营不善而发生兼并或破产的案例，但其控制权市场尚未形成，等等。[1]因此，民办高校的治理更倚重于内部治理机制。

内部控制权模式是民办高校内部治理的本质反映，决定着学校战略决策时的目标利益取向。内部控制的身份决定高校决策的利益目标，民办高校控制权模式在相当程度上反映为民办高校是否为小团体控制，[2]并影响其公益性与否。理论界与政策层认为"民办高校"面临资本逐利性与教育公益性的冲突，[3]对此，《国家中长期教育改革和发展规划纲要（2010—2020年）》提出，遵循"学校自愿选择，政府分类管理"的原则，"积极探索营利性和非营利性民办学校分类管理"。[4]民办高校的内部控制权模式在一定程度上是学校决策时目标利益的组织基础，也将影响着学校未来"营利性"与否的路径选择。

民办高校不像上市公司那样定期披露信息，针对民办高校治理的研究因为资料与数据的不易获取，研究者往往难以作数理性的实证研究。本文遴选了4所典型民办高校作为案例，以期探讨民办高校在创建过程中形成内部控制权模式的影响因素、后续发展过程中导致控制权模式变更的因素以及其所呈现出来的规律性。

一、研究的对象与方法

（一）研究对象的选取

在公司治理研究中，资本结构对公司的控制权起到决定性的作用。[5]民办高校的内部治理模式同样受到出资方的影响，但因其提供的教育服务具有外部性，政府有规制的权力，因此，其治理模式也受到政府制度影响，还被要求符合教育规律。[6]一般认为，组织内部良好而均衡的治理机制有利于组织绩效的改善。因此，组织绩效成为组织治理有效性的标准。[7]在探讨民办高校治理绩效时，作为非营利性组织的民办高校，其绩效体现与企业不同。企业的绩效可以通过利润率、市值、营业额、市场占有率和品牌影响力等指标来测度，但民办高校的治理机制与其所影响的绩效之间存在更长的时滞，度量也更为复杂：招生规模、办学条件、社会美誉度和校友资源等。[8]

尽管存在时滞，民办高校治理无疑会影响到高校的办学水平、办学实力与美誉度。根据2013年中国校友会网对我国具有独立建制的民办高校的评价，[9]并结合资料的可获取性，笔者重点关注了排行前100名民办高校中的58所。需要说明的是，虽然这些民办高校"排名靠前"，但并不意味着他们的内部治理机制优于其他民办高校。现阶段我国民办高校依然面临着激烈的生源竞争、就业竞争，制度环境尚不健全。在这种背景下，具有较大在校生规模与较长办学时间的民办高校，被现实地认为具有较强的生存能力和较好的办学效果，或者可以理解为具有较好的"绩效"，这是毋庸置疑的。因此，在选择案例研究的对象时，考虑以下因素：一是办学年限与办学规模。研究对象是拥有独立建制、办学相对规范、在校生规模1万人以上并具备良好发展前景的民办高校。出于权威与便捷的考虑，笔者以中国校友会网对我国独立建制的民办高校的评估结果为基础。二是建校资本来源与举办人背景。民办高校的创建过程同企业一样，也需要有物质资本、核心人力资本和宽松的政策环境等。我国民办高校创办模式有出资办学、捐资办学和教授办学，采用"以学养学"的方式滚动发展。各校在创建过程中主导力量不同，形成的内部治理模式也各不相同。三是现有的内部控制权模式。从内部治理中的主导力量由谁掌控来看，我国民办高校主要有人力资本主导型、资本主导型与利益相关者综合控制型。[10]

此处的"人力资本"，可能为拥有丰富办学经验和教学管理经验的职业校长或者深谙教育规律的教育家，可能为学科的权威专家或者拥有学校发展重要资源的退休官员。人力资本主导体现为学校的控制权由上述"人力资本"拥有并掌握。资本主导控制型则类似于公司，民办高校的控制权分配近乎按持股比率。人力资本主导型与资本主导型都偏向于一方权力过大，综合控制型的内部权力控制更均衡。鉴于民办高校治理资料的可获得性，对所涉民办高校的相关分类与理论分析，虽力求客观但也难免偏差。

（二）研究方法

同样是组织的治理研究，上市公司有信息披露制度，其财务情况、董事会成员和高管层等信息都需要定期公开，数据可获得性较高。由于难以获取足够的民办高校数据进行统计分析，因此在对前面58所民办高校的资料、信息进行搜集与整理后，选取其中4所进行剖析，以期通过案例研究的方式探寻民办高校控制权在形成与变迁过程中的影响因素与机理。

获取资料的渠道包括：一是学校自身宣传资料，包括学校网络主页信息、已经公开的内部文件。二是外在相关信息，包括政府部门或机构公布的数据、有关该校的相关新闻报道以及相关理论研究中的信息。三是通过电话对学校内部人士进行访谈获得的信息。在使用来自学校内部人士调研信息时，考虑到会受利益、身份所限，甚至带有个人的主观判断，在采纳和处理这些消息时已作必要的甄别，以尽可能地做到客观。

二、内部控制权模式的形成：案例及分析

与企业一样，民办高校的创建也需要相关的"生产要素"，包括建校资金、治校专家、校舍（或土地）以及宽松的政策环境。民办高校的审批、土地的申请、招生的规模以及财政拨款（部分学校有拨款）等，都需要政府的支持。在民办高校兴办初期，相关制度并不完善，政府主管部门操作空间较大，因此民办高校与政府保持良好的关系，并获得了宽松的办学环境。民办高校可能由上述要素中核心要素的拥有者创立，也可能由几个要素持有者共同创立，建校之初的组建力量和要素的结合模式天然地影响着内部控制权模式的形成。

在分析民办高校建立后内部控制权的形成时，可以从举办过程、校长遴选与任职、其他内部治理特征三个方面来分析。这是因为：一是民办高校的创办特征是控制权形成过程的关键影响因素。二是校长的遴选与任命是民办高校内部治理的主要表征。在内部治理全局的细节难以全面获取时，可以从校长的任期时长、此前的行政与学术背景、离任后与该校的互动等判断出校长在学校内部治理中处于强势还是弱势。三是其他内部治理特征，比如政府影响的强弱、行政、学术与资本三方力量的格局与作用模式等。

（一）教授举办、吸引捐资的A校

1. 创办特征。A校成立于1992年，由北京市、上海市一些著名高校的退休教授举办，在政府强有力的支持下获得社会捐赠并得以创建，在"以学养学"模式中不断发展壮大。在创建初期，作为专业力量与教育力量的专家学者、提供政策环境与支持的政府、拥有财力与重教助教的慈善家，三方力量使得该校得以发展，他们分别为学校的发展提供了人力资本与办学经验、宽松的制度环境与政策倾斜以及教育发展所需的前期投入。对于当时民办高校的发展环境来说，这三者是缺一不可的。

2. 校长的遴选与任职。一是从校长任职时间来看，该校主要管理层相对稳定，不存在短期内随意更替的现象，但任期不固定，带有一定的"因人而异"的随意性。二是历任校长在退休前有在公办高校担任校长或副校长等工作经历，有利于为民办高校凝聚资源，并在管理上驾轻就熟。

3. 其他内部治理特征。该校历任校长学术背景深厚，在全国范围内有显著的影响力，且任职时年龄相对较大。具备这类资历与背景的校长，对发展中的民办高校来说是一个重要资源——在专业上具有影响力与号召力，在专业设置、办学指导甚至教师招聘上都具有优势。

(二) 教授举办、政府强力支持的 B 校

1. 创办特征。该校的创建过程有两股显著力量：一是原著名公办高校教师为该校的组织、管理提供人力资本，堪称国内首屈一指的优质教育资源。这在公办高校入学门槛极高、高等教育市场供求缺口极大的20世纪90年代极富吸引力。二是政府提供强有力的政策支持。这些支持体现在：第一，早在20世纪90年代开始就向该校"提供干部配备"，而向民办高校委派党委书记的做法直到2009年前后才在我国民办高校中普遍实施。第二，为该校教师设立"人事编制"。是否具有"事业单位编制"，与民办高校教师收入、预期养老金、身份的自我认同以及社会地位等紧密相关。该校拥有一般民办高校所没有的"政策优惠"，它的实施有助于吸引、储备优质的教师资源。第三，该校在创办初期曾面临资金链濒临断裂的情况，地方政府提供了类似政府担保，使得该校向银行顺利借贷得以摆脱困境，进而存续与发展。

2. 校长的遴选与任期。一是强人治理。该校建校时间已达30多年，共有两任校长。首任校长从建校起至退休掌管学校20多年，无论在我国公办高校还是民办高校中都不多见，反而与我国首代创业的家族企业创始人类似。从该校的校园文化、对外宣传的形象定位等相关资料中，也可见该校的威权治理与强人控制风格。二是内部成长。第二任校长兼任党委书记、校董事，迄今为止已任职8年，表现出典型的权力集中型控制模式。

3. 其他内部治理特征。一是行政力量较强。正因为得到政府强有力的支持，所以在该校的治理模式中，政府不仅仅是外部环境的提供者，也是内部治理的参与者。党委是内部治理者中重要的一极，体现出公办高校常见的"行政"与"学术"的典型二元权力结构。二是整个学校的管理团队体现为内部成长的特征。内生型的选拔与遴选机制，既会对校内青年教师构成强有力的激励，也会因选人机制的相对封闭而对外部优秀人力资源的引进形成壁垒。

(三) 案例分析

上述2所同样由公办高校退休教授举办的民办高校，在创建后形成的内部治理模式不尽相同。从A、B两校现有的内部控制权模式来看：A校体现为教授代表的学术力量、捐资方和政府三方力量较均衡，是一种综合控制模式；B校则体现为典型的强人威权控制模式，其集权、控制权程度甚至高于公办高校校长、党委书记对学校的影响，可归为典型的人力资本控制模式(见表1)。

表1　A、B两校的基本情况及治理特征比较

特征 学校	举办人性质	控制模式	治理特征
A校	公办高校退休教授举办，吸引捐资	教授治校的人力资本控制	稳定的治理模式，校长任期稳定；政府支持作用显现，有综合控制模式的趋势
B校	公办高校退休教授举办，政府支持显著	人力资本控制单边治理特征	个人威权在治理中有显著作用；政府参与力量体现；管理团队呈现出内生性、年轻化的特点

三、内部控制权模式的变更:案例及分析

我国民办高校已有三四十年的发展历史,部分学校在发展过程中经历了内部控制权模式的显著变化。民办高校在创办及发展过程中,会逐步形成相对稳定的控制权模式。下文的案例分析中,笔者选取2所内部控制权模式发生明显变更的民办高校。

控制权模式的变更体现在以下两个方面:第一方面是校董之间的权力分配。学校内部控制权体现为董事会与校长之间的权力分配以及校长的权力边界大小。这种内部治理通常很难在外部观测到,即使身处内部,其隐蔽性也只可"意会"不可"言传"。因此,通过以下指标间接测度:一是校长任职前的社会影响与专业背景。被聘任的民办高校校长不少是公办高校的退休校领导或权威专家,又或教育部门退休的政府官员等。一般而言,退休前职位越高或个人专业影响力越大,带给学校的资源也越多,校长与董事会的议价能力就越强,董事会也倾向于向校长让渡更大的权力。二是校长的任期长短与稳定性。当学校内部治理模式较为成熟时,内部权力配置会较平衡,董事会对校长的遴选与聘用有规定的程序,校长不会被随意撤换,任期相对稳定。反之,若董事会内部一方权力独大,校长可能会被频繁更换或成为"橡皮图章"。因此,校长的任期可以反映内部控制权模式中校长的权力情况。三是校长离职后与该校的关系。常见的有两种情况:一种是卸任后被聘为名誉校长或者诸如理事、顾问的职位,换种方式继续与董事会合作,参与学校的治理;另一种则是不欢而散,甚至需要诉诸法律解决与学校之间的纠纷。通常前者反映出民办高校内部控制权比较均衡,校长任职期间权力边界较清晰。第二方面是学校内部决策的参与者人数与结构。参照公司治理理论,通常内部决策的人数越多,参与决策的成员来源越丰富,该组织的内部控制权模式就更倾向于均衡。

(一)内外共治模式转为内部控制模式的C校

C校由有影响力的港澳地区校友捐资创建,早期校友和社会捐资使学校拥有了办学的基本资金。当时正处我国民办高等教育恢复发展初期,政府相关制度尚不健全,既存在管理制度的"缺位"情况,也存在实际管理中的"越位"情况,但主要创建者政府退休官员的身份、所拥有的人脉资源及其在各级地方政府的影响等,使该校享受到有利的办学政策。在民办高等教育发展态势良好的背景下,该校地处经济发达的东南沿海,凭借"以学养学"和校友捐资迅速发展壮大,办学设施、人才培养、综合声誉以及总体评价等指标都位于我国民办高校前列。

该校内部控制模式发生显著变动是在其升本前后,即建校10周年前后。当时,该校控制权模式发生了一些变化:一是董事会内部控制化。该校原为港澳地区及海外校友捐资创建,董事会成员一半以上为港澳地区董事。但随着外部环境(不再过于依赖捐资办学)与内部战略(提高办学层次)的变化,学校开始在董事会中引入教师代表,而港澳地区董事逐渐退出董事会议,并淡出内部事务决策。[11] 二是内部决策机制使得权力更为集中。学校由原来的"董事会领导下的校务委员会负责制"改为"董事会领导下的校长负责制",校长权力得以加强。三是校长的任期相对固定。创立之初的前10年共有6位校长任职,

平均任期为1.6年,相较于民办高校校长的平均任期,可以说是更迭频繁。而在接下来的10多年间,共有3位校长任职,平均任期为4年。校长任期的相对稳定,保障了学校管理风格与办学模式的连续性,也体现出内部控制权的相对稳定性。

(二) 家族控制模式转为专家治理模式的D校

D校由企业出资创建,企业总裁即为该校的董事长,并在建校之初的3年中一直由董事长或其家属担任校长。投资该校的企业在学校和战略发展等重大事项上拥有决策权。

该校内部控制权在建校第三年,发生了以下变化:一是内部控制权让渡。首任校长为举办者,3年后聘用职业校长进行内部治理。该校外聘的两任校长,均是国内颇具美誉、治校成绩显著的校长。由于两任校长是教育界的知名专家,在全国具有较高的知名度,因此足以形成对资本控制的有效制衡。二是产权多元化。该校在原有独资办校的基础上引进其他投资方,吸纳政府投资和社会资金,引进国际战略投资,使产权结构得以多元化。三是由原来的"家族企业"控制权模式转变为"委托代理制"控制权模式。除聘用职业校长外,学校还设有学术委员会、教学委员会等组织,为各利益相关者参与内部治理搭建了平台,形成了董事会领导下的依靠专家型校长治校的科学有效的现代管理模式。[12]

(三) 内部控制权模式变更的分析

通过对C、D两校的建立情况、控制权模式变更的分析,可以将两校内部控制权模式列为表2。

表2　C、D两校的基本情况及控制模式变更

特征\学校	创办性质	现有控制模式	控制模式变更	控制权模式变更的原因
C校	具关联关系的海外校友捐资办学	内部人控制逐步向综合性控制模式过渡	由早期的资源依赖模式转向委托代理模式,校外董事逐步退出决策,专家力量得以强化	经历了近十年发展初期,学校所需的资源完成积累。为实现申办本科的战略目标,专业治校与友好的专业环境成为新的需要
D校	企业出资办学	均衡的内部人控制模式,典型的委托代理模式	由早期的家族治理模式转向委托代理模式,内部治理模式更为有效	发展初期需要集中权力,实现资金投放,完成基础设施建设。学校继续发展时,专家治校与校外资源成为新的需要

四、内部控制权模式形成与变更的规律

通过对4所民办高校的案例分析发现,在民办高校创建期形成内部控制权模式,在发展过程中内部控制权模式可能会发生变更,呈现出以下规律。

(一) 举办者类型在控制权模式形成中起决定作用

在创建过程中,举办者类型、出资目的与政府力量是民办高校内部控制权形成的重要影响因素。一是举办者类型。我国民办高校的举办者主要有三种类型:学校资产的捐赠者、学校资产的投资者、捐赠者和教育工作者(如教授、校长、教育家和退休官员等)。[13]举

办者是民办高校治理模式形成关键的力量,并成为后续内部制度变迁时所依赖的"路径"。从环境依赖理论来看,学校组建发展的过程也是各要素所有者建立契约与分配权力的过程,学校会尽可能地吸纳生存发展所需的要素,从而提高生存能力。在众多要素所有者中,拥有需求弹性最小的要素所有者更倾向于获得大的权力。换言之,对学校发展而言,拥有核心要素的所有者最可能成为民办高校实质的控制者。如由教育界人士举办的高校,一般发展为人力资本控制模式;而由企业投资办学的民办高校,一般发展为资本控制模式。二是出资目的。笔者考察的民办高校中有1/3属于企业出资办学,属于资本主导控制权模式。由于企业追求利润的最大化与资本的逐利性,这些民办高校易被质疑为具有"营利"性质的学校。他们大部分为委托代理模式,少数为家族控制模式。三是政府力量。政府逐渐成为影响治理模式的重要因素,以指导性政策或优惠税收政策引导民办高校规范内部治理、选择公益办学。政府正慢慢成为直接参与民办高校内部治理的一种权力力量,[14]比如向民办高校委派党委书记、派驻督导专员等。

(二)控制权模式呈现出显著的阶段性

我国绝大多数民办高校经历了创办初期、外延成长期和内涵提升期三个阶段。不同发展阶段所面临的竞争领域与制度环境不同,其内部战略也会不同。民办高校的内部控制权模式是适应上述内外因素变化而形成的一种最优的内部制度安排。因此,在不同的发展阶段,民办高校的内部控制模式会呈现出显著的阶段性:一是创办初期。该阶段学校规模较小、资金积累少、知名度低,面临激烈的竞争,内部治理以节约成本、整合资源为原则,首要战略目标是生存。[15]该阶段影响民办高校治理模式的主要因素是举办者背景和办学资金来源。二是外延成长期。该阶段我国高等教育需求急剧膨胀,民办高校迅速扩张招生规模,并形成相对稳定的在校生规模与教职工规模。民办高校的战略目标是扩大办学规模,获取竞争优势。该阶段新的影响因素会影响到民办高校内部治理,包括新的战略目标以及外部环境的规模与成熟度等。三是内涵提升期。该阶段民办高校从追求办学规模转向追求办学质量。外部制度的进一步完善、新的参与力量的不断涌现以及学校自身发展的要求等,使得民办高校的治理模式进一步变迁。总之,在不同发展阶段,民办高校内部治理控制权由原来的硬实力的提供者(出资者)逐步向软实力的提供者(学术与教师)让渡。

(三)内部战略调整与外部环境变化导致控制权模式变更

从组织治理的视角来看,组织的内部控制模式被认为是基于外部环境、内部战略目标而在各利益相关者之间形成的权力均衡的结果。当民办高校自身的内部战略、外部环境或利益相关者在民办高校中的贡献比重发生变化时,内部控制权在各利益相关者间的分配将发生变化。当量变达到质变时,它可体现为民办高校内部控制权模式的变更。尤其是某些民办高校具有相似的创建起点,在发展过程中由于内部发展战略、外部制度环境等发生变化,导致原有的控制权模式发生显著变化。民办高校治理模式成为服务于发展战略的一种制度安排,在上述的案例分析中也发现,发展战略会对学校治理和董事会治理产生影响。比如,受"升本"、"迎评"等因素影响而对治理模式进行自主规范。

(四) 控制权主体呈现多元化与均衡化趋势

随着民办高校发展的日益成熟,内涵的提升是当下及未来相当长时间的战略目标。与这个目标相适应,民办高校的内部控制权也呈现出如下较明晰的趋势:一是控制权分享力量呈现多元化趋势。在举办者、投资者以及治校的专家、教授之外,教师力量、学生力量以及社区力量将逐步融入民办高校治理机制当中,参与内部控制的利益相关者日益增多。二是控制权分配更趋均衡。早期相对封闭与集约的控制权模式逐步外向化,某些民办高校中一方独占控制权的模式也逐渐发生变化,控制权在利益主体之间分配呈现均衡化趋势。三是从理论分析与我国民办高校治理实践来看,创建早期主要适用于资源依赖理论,外延成长期主要适用于委托代理理论,而在内涵发展及其后阶段,利益相关者理论的适用面更广。四是对一般的民办高校而言,政府对其治理机制的影响从早期提供治理的制度环境或政策导向,逐步向成为民办高校内部治理力量的重要一极演变(派驻督导组或委任党委书记)。

参考文献:

[1] 刘颂.民办高校治理结构的成因分析:内外约束下的结果[J].黑龙江高教研究,2009(3):102.
[2] 周红卫.民办高校控制权私利来源途径和方式的案例研究[J].中国高教研究,2012(4):21.
[3] 李望国.资本的逐利性与教育的公益性——民办高校的"非营利性"探讨[J].中国高教研究,2010(10):47.
[4] 徐绪卿.关于民办高校分类管理的思考[J].教育发展研究,2011(12):2.
[5] 肖作平.所有权和控制权的分离度、政府干预与资本结构选择——来自中国上市公司的实证证据[J].南开管理评论,2010(5):144.
[6] 邬大光.我国民办教育的特殊性与基本特征[J].教育研究,2007(1):3—8.
[7] Hillman A. J., Cannella A. A., Paetzold R. L. The Resource Dependence Role of Corporate Directors: Strategic Adaptation of Board Composition in Response to Environmental Chance [J]. Journal of Management Studies, 2000, Vol. 37, No. 2, pp. 235-255.
[8] 胡文燕.我国民办高校绩效评价研究[D].南京:南京航空航天大学,2008.
[9] 中国校友会网.2013 中国民办大学排行榜[R/OL].2013-01-09,http://learning.sohu.com/20130109/n362908660.shtml.
[10] 李望国,刘曼琴.民办高校治理模式与形成机理:基于发展的视角[J].高教探索,2014(5):151.
[11] 张宏博.民办高校治理结构失衡的制度根源——基于广东 X 学院的个案分析[J].教育发展研究,2012(7):29.
[12] 廖晖.利益相关者视野中民办高校治理结构的重构[J].湖南涉外经济学院学报,2012(3):8.
[13] 董圣足,李尉.民办高校举办者变更问题研究[J].教育发展研究,2008(20):16.
[14] 李望国,刘曼琴.政府职能与民办高校发展研究[J].高教探索,2011(1):113.
[15] Amy J. Hillman, Michael C. Withers, Brian J. Collins. Resource Dependence Theory: A Review [J]. Journal of Management, September 2009, Working paper.

作者:刘曼琴,广东金融学院经济贸易系副教授,博士研究生。

(原载《浙江树人大学学报》2015 年第 6 期)

教育史与比较教育研究

美、日、德私立高等教育特色比较研究

蒋志明

摘　要：中国民办高等教育的发展进入了注重内涵建设、以质量与特色求发展的新时期。然而，无论上级管理部门还是大学的管理层，都对新时期民办大学的发展抱有很高的期望，同时又存在着许多的缺位与错位。如何借鉴西方发达国家私立高等教育发展的相关经验，这是一个重要的研究课题。

关键词：私立教育；美国高等教育；日本高等教育；德国高等教育；比较研究

我国民办高等教育虽然起步较晚，但发展相对较快。从1993年10月原国家教委审批的4所具有学历教育资格的民办高等学校以来，到2012年，全国民办高校达到706所（含民办普通本科院校84所，独立学院303所，中外合作办学学校3所，民办普通专科学院316所），占全国普通高校总数的29%，民办高校计划内学生数达523万人，占全国高校在校生数的22%。经过20多年的实践探索，民办高校办学水平不断提高，办学行为不断规范，办学声誉日益良好，涌现出一批有特色、高质量的民办高校。

但是，客观来看，无论从机构数量、在校生规模，还是办学层次和办学声誉等，我国民办高等教育仍处于初级阶段。当前，一些民办高校生存困难，甚至倒闭，也使许多人误认为我国民办高等教育进入了"冬季"，更有媒体用"哀鸿遍野"来形容时下的民办高等教育，民办高等教育似乎进入了"高原期"，走进了"死胡同"。从世界民办（私立）高等教育的发展经验来看，当前的困境也许只是历史长河中的一朵小小的浪花。但是，如何吸取国际上的成功经验，打造中国民办教育发展的特色之路，这确实是一个非常重要的研究课题。

近十多年来，随着国际教育民营化的发展潮流越来越迅猛，美、日等发达国家更是出现了新一轮的个人、社会团体、公司企业等非政府单位和部门积极参与教育运营的新趋势。在这一国际发展趋势的影响下，中国的民办高校也迅速崛起，成为整个高等教育的重要组成部分。对美、日、德三个国家民办高等教育的特色之路进行比较，必将为我国民办高校的特色化健康发展提供有益的启示。

一、美国民办（私立）高校的特色建设

在美国，从高校数量而言，58%的比例使私立高校在高等教育体系中三分天下有其二。从在校生数量来看，私立约占总数的20%，而公立高校却占80%。究其原因，在其不

同的办学类型与层次：公立高校大部分是二年制初级职业院校，因为初级职业教育的受众面远高于本科、研究生类精英教育的受众面，所以处于办学层次基底部位的二年制公立初级职业教育因为规模庞大而导致整体公立高校在校生占据八成左右的比重。私立高校大部分是研究型或教学研究型大学，同时，美国的世界级大学则主要集中在私立大学领域。

一般而言，私立高校具有普遍规模不大、办学层次高、学校声望好、师资力量极其雄厚、资金来源渠道广、学校运行经费足、办学历史非常悠久以及多数私立大学具有宗教背景等明显的特征[1]。如果综合在校生数量与学校层级来考量，美国私立高校是典型的社会精英教育，在满足社会需要的方面，呈现出典型的"倒金字塔"结构。

（一）深厚的社会根基

作为一个崇尚自由、平等、民主的移民国家，美国极力倡导人人享受平等的政治权利，自由、平等成为整个民族的价值取向，这种政治环境为美国私立高校的发展提供了广阔、自由的发展空间和深厚的政治土壤。美国高度发达的市场经济体制模式促使其私立高等教育完全处在竞争中求发展、求生存，各私立高校之间为师资、学生、资金而竞争，高校必须提高自身的办学质量才能立于不败之地[2]。优胜劣汰的激烈竞争，极大地推动着美国私立高等教育不断向着高质量、高水准方向发展。在美国，多数私立高等教育的特色与质量反而胜过公立高等教育。私立高校的社会口碑好，办学信誉高，完全享有与公立高校平等的地位，学生争相选读私立高校，生源质量的保障也更加促使私立高等教育掌握着独立自主发展的主动权。联邦政府一系列的法律法规，确保了国家对私立高校实行的是宏观引导和间接管理，不介入和干涉私立高校的内部管理事务，让私立高校在董事会体制下拥有充分的办学自主权，自主决定学费标准、招生标准及专业设置等相关标准，使私立高校能始终在政府营造的良好竞争环境下保持与发展自己的竞争优势和办学特色。

（二）适宜的教育体制

宏观来看，美国对私立教育的管理是通过两种途径来实现的：一是靠立法管理。美国的联邦宪法禁止教育部等政府机构直接管理或控制本国的高校，政府对教育的管辖权分散归各州所享有。美国私立学校教育法一般由州制定，内容比较全面，涉及私立学校的办学标准、审批、课程设置、教师队伍诸方面的问题。美国私立学校的审批手续比较简单，申办者只须达到所规定的办学条件，就可到相应的教育部门登记注册。二是私立大学协会与行业认证。为确保与提升私立教育的质量，美国的高等教育认证制度应运而生。认证主要是由非政府的、自愿参加的院校协会或专门职业协会下的独立认证机构负责进行。这些机构制订认证准则，应邀进行院校认证和专业认证，主要的工作是评估学校和专业的质量，协助他们提高质量，并向公众公布所有获得认证的院校和专业的名单。美国的认证同时倡导两种方法，即全国性的和地区性的。认证是一种以自我评估和同行评估为基础的质量保障机制，同时也是美国高校自我管理的重要手段之一[3]。

微观而论，美国私立学校内部的管理体制是一种"董事会领导下的校长负责制"，董事会只负责大学运行的各项规章制度的制定、落实，校长、高级行政职位的任命，终身教授的聘用等,一般私立大学校董事会可能还会有筹措资金的职责。校长全权管理大学的日常行政事务,校长的财权、人权及业务权"三权"是统一的。董事会(Board of Trustees 或 Board of Overseers)作为美国大学的社团法人,依法拥有治理学校的权力。大学的董事会主要由校外非高等教育界人士组成,是一种典型的"外行领导内行"的制度。董事会下设各种常设委员会和非常设委员会。私立大学的日常行政事务由校长和教务长负责。校长是行政首脑,全面负责学校的行政管理,教务长则是学校学术事务的总负责人。大学行政系统建构的基本原则是提高大学运行效能,减少大学的运行成本。以教务长为主席,由各学院院长和研究中心主任组成的委员会,协调大学具体的学术行政事务。大学设有全体教授大会和教授委员会。教授委员会成员包括全体教职人员(指具有正式职位的助理教授、副教授和教授),是全体教授大会的常设机构,具体处理大学有关学术自由、聘任或晋升、预算、课程和学术政策、规划、研究活动、图书资料和后勤服务等事务。每个学院也设有教授委员会[4]。

(三) 多元化的经费筹资机制

美国大多数私立高等学校只能得到州和地方政府的少量资助。平均来看,近年来州和地方政府对公立高校的投入占公立高校总经费收入的40%左右,而对私立高校的投入占其总经费收入的比例4%左右。州政府给予私立大学的经费主要用于学生的助学金或奖学金。自筹经费约占私立高校总经费的90%以上,其中学费和优秀毕业生的捐赠是其办学经费的主要来源及渠道[5]。私立高校的主要经费来源包括学费收入、政府间接资助、创收收入、捐赠收入。1995年,美国1 945所私立高校的经费来源中,来自学费,联邦政府、州政府、地方政府的拨款,联邦政府、州政府、地方政府的赠与合同,捐赠收入,销售与服务收入的百分比分别为41.6%、0.6%、13.2%、13.4%、30.3%[6]。

另外,美国联邦政府特别的政策与项目资金支持也使私立高校得以名副其实地进一步自主发展。特别是美国一流的私立大学,经费来源完全不同于普通的私立大学。以麻省理工学院为例,2002财政年度R&D经费总共为4.478 89亿美元,其中来自美国国防部占17.9%,能源部占14.6%,卫生部占18.6%,美国国家航天局占7.7%,国家科学基金会占11.7%,其他的联邦基金占2.7%,另有2.5%来自地方政府、州政府或外国政府,来自政府R&D经费总共占到75.7%。哈佛大学、哥伦比亚大学和波士顿大学等著名私立大学的经费来源基本上与麻省理工学院相类似[7]。

除了上述直接的资金或项目支持外,美国联邦政府和州政府对非营利性私立高等学校实行免税制度。私立高校用于教学的土地、房屋、设备、学费收入等均享受免税待遇。政府允许美国高等私立高校发行免税债券。同时,社会捐赠给学校的财产、基金以及其收益用于学校发展的产业可以免税,而捐赠的企业或个人可以得到良好的社会声誉。这种税收导向有利于社会组织和个人的财富投向高等教育,大大增加了高等学校的经费收入。政府向有科研能力的私立高等学校(主要是一流的研究性私立大学)提供有关项目的科研经费,这类资助主要采用直接拨款方式或签订研究合同方式进行,利用私立高等学校突出的科研实力解决社会问题和民生问题,开展与国家利益相关的教育活动。美国政府对私立高校中家庭收入低的学生实行奖学金和贷款制度。联邦政府每年约有330亿美元用于教育,其中有一半以上用于学生助学金、奖学金和贷款。各州也有较大数量的教育经费用于这项开支。一般情况下,私立大学享受助学金、奖学金和贷款的学生较公立大学多,如哈佛大学、耶鲁大学等高收费学校,50%—70%的学生享受各种助学金、奖学金和贷款。

(四) 自主化教育理念与开放化教育模式[8]

自主化的教育理念。美国教育当局认为,学生必须自主发展,而且也能够自我教育。因此,美国从高中开始,就不设班主任制度了。美国高校学生的自我管理模式主要有三种:一是学生会及各种社团组织。大学通过专门的预算拨款给学生,委托其组织各类学生活动。二是社区管理。学校对于参与社区管理的高年级学生和教师志愿者,一般都给予免住宿费待遇,学生还可以拿到一定的奖励学分。三是学习辅导和心理辅助机构。在学习上,学生主动性和自觉性也是很强的,学生自行查找资料、自己制作课件、独立开展课题研究,学校很少也没有必要去关心学生的早晚自修情况。遇到学习上困难或心理上的疑难问题,学生可以去找学校或学生会设立的各类 TA 中心或 RA 中心(注:TA 或 RA 一般多由高年级学生或研究生担任)和心理咨询机构进行辅导或治疗。

开放化的教学模式。首先,美国私立高校普遍实行真正的学分制,学习年限弹性化,甚至可以无限期延长。学生也可以根据自己的需要(如先行就业或打工挣钱)半途中断学业,过一段时间再返校继续学习。在完全学分制下,美国私立高校没有班级概念,学生上课也很少有固定教室,而且一年级学生基本都不分专业。学校所有专业和课程的教学目标与要求面向全校学生开放,没有专业对口与不对口之分。其次是开放式的课堂教学模式。美国教授非常重视培养和调动学生的主动精神和参与意识,重视团队精神,培养学生的竞争与合作意识。美国私立高校课堂教学最常见的形式是讨论式教学和演示式教学。这两种教学形式都突出以学生为中心,强调学生的主动性,要求学生学会表达,能够进行批判思维,学会选择参考资料支持自己的论点,并就别人的观点进行有效的提问和争论。课堂讨论围绕教学内容展开,但又不受教学内容的限制。教师在整个教学过程中扮演的是观察员、指导员和主持人的角色,其主要作用在于使学生最大限度地发挥主体性,并通过师生间、学生间的争辩与交流,尽可能加强相互之间的互动关系,从而活跃课堂气氛,改进教学效果。

二、日本私立高校的特色建设

在当今发达国家中,日本私立大学的比重之高令人瞩目。虽说美国的私立大学举世闻名,而在校生只占总数的20%左右。在日本,私立高校和学生数均已占到大学总数和在校生总数的80%左右,私立大学以短期职业教育和综合本科教育为主。值得说明的是,初级职业教育及具有综合分析能力的高一级人才的培养是高等教育的基础和重点,接受此类教育人数最为庞大。

在经济发达的日本,日本私立之门面向广大民众,已经不再是富裕阶层子弟的特权与专利,一些不想去或不习惯国立、公立学校学习生活的学生也乐意报考各级各类的私立学校。从满足社会需要的层面来看,在日本私立高校的层次结构中三个层次是比较分明的,基本呈两头小、中间大的不规则的类似橄榄球形的"纺锤体",全方位地满足社会各界的需要。简单而言,"灵活适应"是日本私立高等教育的典型"特色"。为此,在这里就有必要对支撑特色发展背后的源动力做一解释。

(一)丰富的办学类型

日本的高等教育是国/公/私立并举,以私立高等教育为主的结构体系。国立大学是指日本中央政府设立的作为高等教育机构的学校;公立大学是指地方政府设立的高等教育机构,一般是指都、道、府、县及其下属的市町村政府设立的作为高等教育机构的学校;私立大学指的是由学校法人依法设立的作为高等教育机构的学校。截至2004年8月的数字统计,私立四年制大学和私立短期大学的学校数占日本高校总数的81.6%,学生数占74.8%。

日本私立高等教育结构存在三个特点:其一,在层次结构上,私立高校的学校数都明显高于国、公立高校数。在学生人数上,四年制私立大学和私立短期大学比国、公立大学的人数多,但是在硕士、博士层次上却低于国、公立大学的学生人数;其二,在科类结构上,四年制私立大学以人文社科为主,私立短期大学以教育、家政为主,主要为社会培养实用型人才;其三,在地区分布上,四年制私立大学的分布呈不均衡状态(详见表1)[9]。

表1 日本私立高等教育的结构

层次	类别	学校数(所)					在校学生数(万人)				
		总计	国立	公立	私立	私立占比/%	总计	国立	公立	私立	私立占比/%
第三层次	研究生院	523	83	62	378	72.3	24.4	14.7	1.3	8.4	34.4
第二层次	四年制大学	709	87	80	542	76.4	280.9	62.4	12.3	206.2	73.4
第一层次	短期大学	508	12	45	451	88.8	23.4	0.298	1.65	21.43	91.7
	高等专门大学	63	55	5	3	4.8	5.9	5.2	0.5	0.2	3.9
	专修大学	3 443	15	200	3 228	93.8	79.2	0.1	2.9	76.2	96.2

资料来源:根据文部科学省《平成16年度学校基本调查速报》编制。

审视20世纪下半叶经济与社会发展领域出现的"东亚奇迹",特别是日本奇迹,尽管不同领域学者给予不同解释,然而教育因素却成为大多数人共同关注的一个关键因素。而这关键中的关键就不能不提日本的私立高等教育。日本高等教育的发展,主要是私立院校的发展,日本私立大学在20世纪70年代,学校数及学生数均已占到日本大学总数和在校生总数的80%左右。可以说,正是私立高等教育使日本从"精英教育"阶段跨入"大众教育阶段"(1996年应届高中毕业生的大学升学率达39%)。日本在高速发展经济的同时,抓住时机,积极发展高等教育,特别是私立高等教育的大力发展,使得日本政府对高等教育的投资相对较少,而效益明显,为日本经济、科技、社会的持续发展奠定了人才基础。

（二）完备的法律保障

教育立法是现代国家教育发展的一个重要特征,日本有重视教育立法的传统。在私立学校立法方面,早在 1899 年,日本政府就颁布了《私立学校令》,对私立学校的设置、办学、管理等做出了明确的规定。二战后,日本政府制定了新的《私立学校法》(1949),规定了尊重私立学校的自主性、实现私立学校的公共性和政府资助私立学校这三条私立学校发展的基本原则,从而成为战后包括私立大学在内的日本私立学校办学、发展的基本法律根据。之后,日本政府又相继制定了《关于给予私立大学研究设置国家补助的法律》(1957)、《日本私立振兴财团法》(1970)、《私立学校振兴援助法》(1975)等有关私立学校的法律,文部省也执行《私立学校法》,于 1950 年下发了《私立学校法施行令》和《私立学校法施行规则》[10]。这些法律、法令,构成了战后日本私立学校的教育法规体系,政府依靠立法这一方式,有效地监督和指导着私立大学的办学与发展。

为了适应第三产业的迅速发展,培养各种经过训练的专门实业技术人才,日本政府于 1975 年专门修订《学校教育法》,确定了专修学校的法律地位,在限制四年制大学、短期大学和高等专门学校发展的基础上,大力发展专修学校。专修学校中 80% 以上属于高等教育范畴,其中绝大部分是私立学校。

（三）适当的政府资助

政府的财政资助是日本私立高等教育发展的重要保障。根据日本政府 1975 年颁布《私立学校振兴援助法》,日本政府对私立高等教育开展经费资助,通过其私立学校振兴财团来发放,资助主要包括直接资助（补助金）和间接资助（低息贷款等）两种形式。

直接资助。直接资助的补助金是日本文部科学省（原文部省）用来维持和提高私立高等教育质量的一种财政资助,包括经常费补助金和设施设备补助金。经常费补助金是文部科学省对私立高校的教育、研究所必需的经常性费用（如教职员的工资,教育、研究经费等）进行的补助。设施设备补助金是文部科学省为顺应改善私立高校办学条件、提高办学质量的要求,对私立高校配置相关设施设备所需经费进行的补助。经常费补助金是日本政府对私立高等教育进行资助的主要部分,1970 年设立,1980 年时达到最高峰,占私立高等教育经常费的 29.5%,以后则逐年下降,但基本保持在占 10% 以上的水平。设施设备补助金是从 1983 年起开始实施,主要包括为了提高私立大学的学术研究水平,推进研究基础条件的配备和研究机能的提高,对优秀的研究计划进行重点和综合性补助;为了建设适应高度信息化的多媒体设施、校园网络、计算机等信息通信环境而进行的必要补助。

间接资助。日本私立学校振兴财团为了加强私立学校的教育研究条件,帮助私立学校经营,向私立学校提供了完善设施设备的必需资金,包括长期低息的贷款政策。日本私立学校振兴财团资金的主要来源是国家拨款和财政金融投资,所以对私立高校而言,这种贷款也可以理解为政府的间接财政资助。据 2001 年 8 月的数字,私立高校的一般设施费,贷款率在 80% 以内;贷款期限不超过 20 年的,利息仅为 1.7%。同时,不断完善为振兴私学免税或减免的优惠政策。对私学机构在税收上给予优惠。如法人税、所得税等国家税金以及居民税、固定资产税等地方税金方面原则上不征税,对满足一定条件设置专修学校的准学校法人也实行免税制度[11]。例如,对私立高校的固定资产实行免税,对其附属事业收入收税的税率很低,为26%(一般法人税为42%);当事业收入返回学校时,其收入的50%算在亏损费用内等。再如,为了便于企业、团体对私立高校捐助,日本政府于1962年开始实行指定捐助费制度,即当社会、团体和个人通过私立学校振兴财团进行捐助时,其捐助额作为亏损处理。

(四) 明确的发展定位

日本私立高校在专业设置与调整上,紧紧围绕社会经济发展对人才需求来进行,与国立、公立高校的专业设置形成了相互补充的局面。私立大学主要以人文、社会科学为主,国立、公立大学主要以工学为主;短期私立大学以教育、家政为主。根据2004年日本文部科学省《平成16年度学校基本调查速报》显示,在四年制大学层面,私立大学中社会科学比重最大,占45%;人文科学占18%;第三位是工学占14%。国立大学的工学排第一位,占30%;其次是社会科学,占17%;教育占16%。公立大学的前三位依次是社会科学、人文科学和工学。在短期大学层面,首先是私立短期大学的教育科类比重最大,占29.8%;其次为家政占22.3%;人文和社科,分别占14%和12.3%[12]。

为了适应第三产业的迅速发展,培养各种经过训练的专门实业技术人才,自1975年被明确法律定位后,专修学校在专业设置上,以市场为导向,突出适应性、职业性和灵活性的特点,主要集中在工业、农业、医疗、卫生、教育与社会福利、商务与外语、服务与家政、文化教养等八大类;从发展情况看,工业、医疗和商务专业位居前三位。

三、德国应用型高校的特色建设

德国的高等教育机构基本上全部都是公立大学,私立大学数量少、历史短、门类很有限,基本可以忽略。德国的高等教育机构分为四类:综合性大学及与其同等级的高校、应用科学大学、高等艺术与音乐学院、职业学院。它们在培养目标、办学层次、专业设置、教学、科研、师资、招生等方面均有明确的区分,具有不同的办学定位和特色,并以此为基础形成一种分工合作的合理格局。就办学层次而言,综合性大学可提供学士、硕士和博士三个层次的教育,并且可以授予大学授课资格(即教授资格)。应用科学大学可提供学士和硕士层次的教育,也可以和综合性大学一起联合培养博士,但没有独立授予博士学位的资格。职业学院可提供学士以及低于学士层次的教育。双元制高校在其课程通过认证的前提下可提供学士和硕士层次的教育。从整体上来审视,德国的高等教育一如德国人闻名于世的严谨一样,呈现出"精准策划"的典型特色,整个高等教育被严格地分成不同的"锯齿形"教育板块,板块之间依靠强大的政府力,在社会的支持与发展中共同呈现出一个精美绝伦的"教育时钟"。

在这个精美的教育时钟里,推动现代经济社会发展的最新齿轮要数应用科学大学。这是德国一类具有鲜明办学特色的高等教育机构,其前身为高等专业学院(Fachhochschule 简称FH),成立于20世纪60年代末70年代初。在德国,FH被联邦各州的法律定位为与"研究型综合大学"具有等同价值,但是属于另一种类型的高等教育,根据2010/

2011年冬季学期初步统计结果,德国共有105所综合性大学、6所师范高校、16所神学高校,共有学生1 444 735名,占德国全部在校大学生的比例为64.8%;240所应用科学大学,在校学生人数为716 630名,占德国全部在校大学生的32.1%[13]。以应用科技大学为代表的高等职业教育被称为德国战后经济腾飞的"秘密武器"。应用科技大学的历史虽然不长,但是它培养的应用型人才却深受德国工业界欢迎,为德国经济的腾飞立下了汗马功劳[14]。对于德国的这一类新型应用技术大学(这也是中国民办高校被多方期望发展的方向)的特色化运作,这里加以深度分析,进而揭示出其成功的缘由。

(一) 精准的发展定位

从1998年开始,为了便利国际交流,避免国外将其无视为一种高职教育机构,德国高等专业学院(FH)开始统一使用"应用科学大学"(University of Applied Sciences)的英文称谓。他们培养本科和硕士层次的应用型高等技术人才,这应该与我国大量的二本类高校和即将大量产生的应用型本科相当,但培养目标更加明确,突出技术应用与开发能力的培养,教学过程具有很强的实践性,并且十分注重职业指导。

作为"FH为各州社会经济服务"的产物,德国的每个州都建有若干个FH,这些学院的专业建设与地方经济紧密联系,具有很强的地方经济特色。FH的建立不但充分考虑了地区的合理布局,而且其专业设置也充分考虑了地区性社会和经济的需要,在培养目标、专业及课程设置等方面具有鲜明的地方特色。如德国的传统工业和优势工业是机械制造、汽车制造、电气工程、化学工程、制药工程、环保机械等领域,因此多数FH都设置了上述相关专业。从地理位置上看,它们主要建在离大企业近和生产集中的地方,专业设置与当地经济结构息息相关,教学更注重实际性、经济性,专业性更强。例如,柏林是德国文化发达的地区,电影等行业越来越重要,柏林应用技术大学就开设剧院技术、摄影等专业。再如工程技术类学校,都建在一些历史悠久的著名的大企业或现代化大企业周围,如纽伦堡FH紧靠著名的电气公司西门子公司,曼海姆FH紧邻德国三大化学企业之一的BASF公司。FH主要以企业的需求作为其生存的依托,并随着企业的发展而壮大。

为了实现应用型人才为主的培养目标,不按学科而主要按照工程领域和技术工艺领域划分专业。以工程技术领域为例,其设置的专业包括机械工程、电子技术、环保工程、建筑学、矿山工程、园艺技术、农业技术、材料工程等30多种专业。为了增强毕业生对社会的适应性,FH有针对性地在大专业领域下设置了若干专业方向,体现其专业设置宽窄并存的原则。如电子技术专业领域设有自动化技术、电气自动化技术、通信技术、信息技术(计算机技术)、数字媒体技术、智能化建筑等专业方向[15]。

(二) 完善的师资力量

从师资结构来看,应用技术型大学除了全职教授之外,还有许多来自经济界和事业单位的校外特聘讲师。例如,柏林经济与法律高校(HWR,Berlin)有156名全职教授,495名兼职的校外特聘讲师。校外特聘讲师将实践中的新知识、新技术和新问题融入学校的教学,有助于培养学生的创新能力和实践能力。从教授的聘任要求来看,应用科学大学的教授申请者必须具有博士学位,而且要有5年以上的实际工作经验,其中有3年以上工作经验必须是在学校之外的企业或其他机构获得的。富有实践经验的校外特聘讲师和教授不仅为学生带来了实践性的知识,而且也为学生寻找实习和毕业设计岗位创造了便利条件[16]。

(三) 严格的实践教学

应用技术型大学非常关注实践教学,主要表现在以下三个方面:

首先,从招生要求来看,应用科学大学的许多专业要求申请者在上大学之前先在相关专业领域完成一个学期的实习。也有不少应用科学大学的申请者在申请上大学之前已经接受了职业培训。因为这些学生已在相关专业领域积累了一定的实践经验,所以他们的经验和期待对于提高应用技术型大学教学的实践性具有推动和促进的作用。

其次,就教学内容而言,应用科学大学即使是在理论教学中也表现出明显的实践导向,学校所强调和看重的并不是系统性的学科知识的传授,而更多的是科学知识和方法如何被用来解决实际问题,偏重于传授那些与职业和行业实践密切相关的专业知识。理论教学的形式有课堂教学、习题练习、讨论研讨等等。实践教学的形式主要包括实验教学、实习学期、项目教学、毕业设计和学术旅行(Exkursion)等;考试形式也很多样,根据课程的特点,除了考试/测试之外,还有书面报告、课外作业、实践记录、实验结果、口头汇报等等,从多方面考查学生学习的状况,并且也能从考试中得到相应的能力培养和锻炼。上述特点也得到了学生们的认可——在高校信息系统(HIS)的一项调查中,"应用科学大学的教学内容具有实践性"得到了97%的学生的认可。

最后,专业实习是应用技术型大学教学最重要的组成部分之一,实习期限各州规定不一。例如,巴伐利亚州和巴登-符腾堡州规定实习为两个学期,其余各州为一个学期[17]。实习期间,学生必须要在企业或其他组织机构中完成至少一个实践学期,而且学校通常要求这些校外机构所提供的实践教学和学校所提供的理论教学能够有机地结合起来。另外,应用科学大学的学生一般选择在企业中完成其毕业论文。通常来说,在企业中完成毕业论文的学生比例为60%—70%,在有些学校,这一比例甚至达到90%以上[18]。

(四) 紧密的校企合作

校企合作可以说是应用科学大学实现其培养高层次应用型人才之目标的关键,这也是德国应用技术型大学一个突出的特点。无论是实践性教学,还是应用性科研,都离不开企业的积极参与。与此同时,应用技术型大学十分重视让企业全面参与学校的教学、科研和管理等各项工作,包括企业向学生提供实习岗位和毕业设计岗位,企业委托大学进行科研或与大学开展联合研究,作为培训企业担任大学双元制专业的培训伙伴,参与大学的师资建设(如在大学设立基金教席或者提供兼职教师),资助大学设立实验室、研究机构以及参与高校的管理与决策。学生、教师、学校和政府等分别以各自的方式积极参与或促进高校与企业之间的合作:教师与企业开展联合研究,向企业提供咨询、参与企业的产品开发;学生通过在企业实习、完成企业提供的实践教学项目、完成毕业设计以及参加双元制培养项目等方式参与校企合作;学校方面则通过成立"跨学科的能力中心"将学校的科研实力和服务能力整合起来,为企业提供全面、系统的服务,并为此成立专门的科技转化公司,推动校企合作的开展[19]。

德国的 FH 也在新时期不断探索新的人才培养模式。从 20 世纪 90 年代中期,德国的 FH 积极尝试吸收本国中等职业教育办学体制的长处,将"双元制"的职业教育培养模式纳入高等教育体系中。"双元制"教育是一种国家立法支持、校企合作共建的办学模式,是德国中等职业教育的一大特色。在 FH 设置"双元制"专业需要满足下列基本要求,即除 FH 作为学习的主要场所,企业也是大学生学习的有机组成部分,学生在企业学习产品设计和生产的全部工作流程,大学生和企业要签订工作或培训合同,在许多州上述合同是技术工人进入相关 FH 学习的前提,或是 FH 的学生进入企业工作的前提。乌尔姆应用科技大学就是这样的一所 FH。

四、构建中国特色民办高校的建议

纵观中西方经济与社会大发展过程,无论是飞跃时期还是平稳阶段,教育毫无疑问发挥着人才与智力支持的巨大作用,民办高等教育更是扮演着不可替代的角色。以当今美、日、德三大发达国家为案例进行分析,尽管这三个国家的高等教育呈现出不同的格局和战略,但无一例外地存在着推动民办高等教育发展的三大力量:社会驱动力、市场驱动力、政府驱动力。社会驱动力主要指民办高校利用各种法律与政策,从社会获取各类发展资源;市场驱动力主要指民办高校利用自身的差异化定位与特色,依靠学费来提供发展的动力;政府驱动力主要指民办高校依靠政府的全方位介入,推动学校向前发展,实际上不再是民办学校,而变成了公办学校。

就民办教育而言,美国以社会、市场、政府三大动力相辅相成,在国家人才整体培养上,呈现出典型的倒金字塔结构,集中培养上层精英人才;日本以社会驱动力和市场驱动力为主,在国家整体的人才培养上,呈现出典型的纺锤体结构,几乎支撑其整个高等教育体系;德国以政府驱动力作为唯一动力,在国家整体的人才培养上,呈现出典型的锯齿形结构,在社会需要的各类人才上,均由国家顶层设计,各类高等教育机构定位清晰,似锯齿一样环环相扣(近年来,德国刚刚兴起民办高等教育,因为规模与质量问题,基本上可忽略不计)。反观我国民办高等教育,更多的是依靠市场驱动,依靠举办者自身投入及学费滚动等艰难发展,虽然近几年来政府与社会积极探讨对民办高等教育的资助,各个地方政府都出台了一些鼓励政策,但从国内外对比发现,因为种种主客观因素,政策的不到位与缺失非常严重,整个民办高等教育仍在艰难的探索中一步一步地摸索前进(如图1所示)。

深入挖掘世界发达国家美、日、德在高等教育发展上的成功经验,对我国当前民办高等教育的发展,特别是在如何紧紧迎合经济与社会创新驱动、转型发展上,具有非常有益的借鉴作用。这里从办学体制、运营机制、师资队伍、管理模式等四个方面分别进行探讨,寻找对策。

(一)办学体制,公私二元对立已经或正在消亡

众所周知,社会上有一种流传非常广泛的说法:像医疗卫生、住房、就业、社会保障等其他体制改革都取得了突破性进展,唯独教育成为计划经济的最后堡垒。姑且不说这种

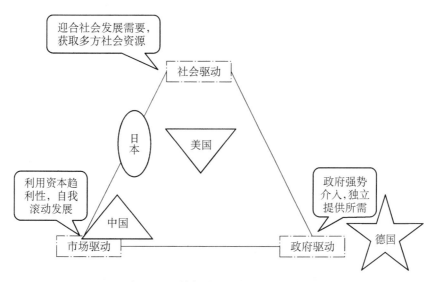

图 1 中、美、日、德推动私立教育发展的力量对比

说法是否妥当,单是这种说法的存在就彰显出一个事实:教育体制改革是一个非常让人关注的问题。实际上,就高等教育来看,特别是办学体制、招生、毕业分配制度、后勤社会化、学校内部人事管理等等一系列制度都取得了非常大的进展。然而,社会上对于教育体制改革存有诸多的不满意,究其原因,借用国家教育发展研究中心张力主任在《现代教育体制创新》中的观点:那是因为(教育体制)改革进深水区了,容易改的都改得差不多了,剩下的是难啃的骨头。浅水区摸着石头就很容易过去了,那现在到了深水区,就不能够有石头可摸了,也摸不着了,你就要设置一个一个的立脚桩。这个深水区的立脚桩靠什么?靠体制改革的试验,把这样一个实验放在深水里头看它能不能站得住,如果能站得住就再往前推。这就是进入新世纪之后我们的现代教育体制创新所面临的困境,也是非常现实的一个状况。

在高等教育体制上,民办高校与公办高校是一个姓"资"姓"社"的大是非问题,涉及国有资产的流失与保值问题,这种观念似乎成了当前许多人头上的"紧箍咒"。倘若以此来推论,德国公办一统天下的局面,足以证明德国是当今最发达的社会主义国家。如果说高等教育必须融合政府与社会一切可用资源的话,那么德国是运用国家法律和政策强力推行,而美日两国则是在消解公立与私立高校的对立中,不断汇集全社会之力来推进。所以,当中国还在姓"资"姓"社"争论不休的时候,在德国,新型应用技术型大学则迎时代而立,推动着德国制造行销全世界。在美国,公立大学和私立大学划分已经失去了意义,许多人已经把私立大学改称为"独立大学"(independent university,来源于 2005 年上海市教委王奇副主任率队的"美国私立大学管理体制考察团"报告),因为 21 世纪以来,美国公立大学和私立大学在经费来源、规模、社会义务等方面的区别越来越小,公立和私立大学之间的区别主要体现在大学的法律地位,以及大学与政府之间的关系——公立大学的董事通常由州长或立法机构任命,而私立大学则是由校友选举或原董事会的自我更新。如果考察一流私立大学(哈佛、麻省理工、哥伦比亚、波士顿等)的 R&D 经费,其 80% 左右更是来自联邦或州政府资助。在日本,特别值得注意的是中央政府最近推行国立大学改革,迈开民营化步伐。从 2004 年 4 月 1 日起,日本《国立大学法人法》生效,全国 89 所国立大学已成为中央政府的"独立法人"。在日本高等教育史上,这无疑是自明治时代以来最巨大的变革。由现在起,新的国立大学法人享有自主和独立的管理,并在教育和研究上发展自己的特色。换言之,文部科学省不再对其严格控制,各国立大学法人都可以自行解决如何完成自己的中期计划和目标,政府逐步削减对他们的资助。这样,大学虽然可以在行政管理上享有更大的自由度,但同时意味着每所大学都必须和私营公司建立较强的联系,以期得到他们的更多经费[20]。

(二)运营机制——多元化投入机制成为必然选择

对比美、日两国私立高等教育的经费来源可以发现,政府投入、学生学费、社会捐赠、学校创收成为四大重要组成部分。具体来看,1995 年,美国 1 945 所私立高校的经费中,来自学费,来自联邦政府、州政府、地方政府的拨款与赠与合同、捐赠收入、销售与服务收入的百分比分别为 41.6%、13.8%、13.4%、30.3%[21]。日本的私立高校,学费收入则是其主要经费来源,学费占其总经费的比重逐年呈上升趋势,从 20 世纪 80 年代中后期开始,一直维持在占 70% 以上的比例。例如,1970 年日本私立高校的学费占其总经费的比例为 56.8%,1975 年为 56.8%,1980 年为 54.3%,1983 年为 66.2%,2003 年为 76.2%[22]。日本政府 1970 年对私立高等教育进行经常费资助基本保持在占 10% 以上的水平(1980 年达到最高峰,占私立高等教育经常费的 29.5%),学校的经营创收一般占 10% 左右,捐款一般占 3% 左右[23]。

构建宽广的融资渠道,且在人力资本、科学研究和教学设施建设上舍得投入巨资,是美日两国民办高等教育能够持续发展并成为"百年老店"的物质基础和根本保证。如何借鉴美国私立高校的做法,面向社会,多管齐下,全方位、多渠道募集发展资金,是我国民办高校可持续发展所面临的一个重大课题,同时也是一个极其错综复杂的难题。其中,既牵涉社会捐赠的免税等法律层面上的问题,又牵涉政府真正落实私立高校同等待遇等政策层面的问题;既关系私立高等教育举办者的办学动机问题(如是否要求经济回报,能否追加教育投入等),又关系到学生及家长的思想观念问题(如是否愿意报考私立高校,能否支付高额学费等)。

借鉴美国经验,从我国实际情况出发,现阶段,我们可以从宏观和微观两个层面上逐步破解上述难题。一是从宏观层面上,政府应该尽快研究制定私人财产捐赠法,出台税收减免和抵扣等措施,引导和鼓励财团法人和社会公众出资捐助民办教育等公益性事业,同时政府还应该进一步明确民办学校资产的产权归属问题,打消投资者的顾虑,吸引更多的社会资金投资民办教育。此外,教育行政部门也应本着与公办教育一视同仁的态度,将对民办教育的资助列入其经常性的教育经费预算中。二是从微观层面上,民办高等教育的举办者和办学者要进一步拓宽融资渠道,不断加大教育经费的投入,在软硬件上下苦功夫,以实现自身更好的发展。在现有的政策框架下,我国民办高校寄希望于通过扩大规模和提高学费来筹集更多经费,这是不现实的。从长远来看,利用院校自身的优势兴办实业或开发知识产品,寻求民办院校之间资产的合并与重组,以及面向海外寻找战略合作者并创造条件谋求在资本市场融资等,都是民办高校解决资金问题可以尝试的举措和努力的方向。在这方面,美国的私立高校值得我们借鉴。

面对我国民办高等教育的现状与问题,并对美、日两国私立高校各类收入开展深入分析,国内民办高校的下一步发展至少可以从以下三个方面展开创新型试点探索,使学费收入稳定在总收入50%的比例,以推动民办高校持续、健康发展。

第一,政府直接投入。吸取美、日政府资助的成功经验,贯彻"分类管理"的原则,创立并稳步提升基于师生数量的基本性经费(人头费、科研费等)拨付制度(10%);适当补贴基建与大额采购项目(1%—5%);以效率效益为准绳的专项拨款的基本额度(优胜劣汰,上不封顶)。

第二,社会资源支持。政府应该尽快研究制定私人财产捐赠法、配套税收减免和抵扣等措施,推进致力于双赢战略的校企合作制度等,引导和鼓励财团法人和社会公众出资捐助民办教育等公益性事业,同时政府还应进一步明确民办学校资产的产权问题,打消投资者的思想顾虑,吸引更多的社会资金投资民办教育。最终,力争使社会资金提供10%左右的收入份额。

第三,学校经营创收。出台相关税收减免政策,鼓励并推动学校举办用于自身发展的各类校办产业。如类似日本私立高等学校的辅助活动收入(食堂、小卖店、宿舍等附属教育活动的事业收入)、附属事业收入(农场等事业收入)、医疗收入(附属医院等收入)、收益事业收入(不妨碍教育活动的收益事业,如出版活动、商业性研究活动)。利用学校条件创收方面,1990年早稻田大学达88.2亿日元,1991年庆应义塾大学112.5亿日元,分别占其办学总经费的18.69%和13.40%。最终,综合对比,希望国内民办高校创收部分,力争提供20%左右的收入份额。

(三)管理模式——抓大放小,实施现代化教育管理

简单而言,民办高校的管理主要包括两个层次,即政府的宏观管理与大学层面的微观管理。在政府层面上,抓大放小的核心是真正下放办学自主权,放掉类似招生计划、专业设置、收费标准等"小"的方面,狠抓类似特色定位、校企合作、学校评价等"大"的方面,真正推动大学从制造大国到创造大国的技术转型,与企业与区域经济共同发展。

在大学层面,所谓"抓大",主要体现在紧紧围绕以技能型人才的培养为中心,以校企深度合作作为平台,找准学校发展的特色与定位,推进从招生、专业与课程方案、双师型人才招聘与培养,到实习实训、就业等一系列人才培养环节。所谓"放小",是指扔掉当下许多民办高校所做的大量的、人为性的、应急性的、花费大量人力财力去做的类似招生大战、封闭式重订大纲、目的不明的教师培训与进修、毕业生就业大会战等活动。借鉴美日德的成功经验,我国民办高校内部管理至少可以在以下两个方面做出比较大的改善。

1. "德日式"大学定位发展

在整个高中后教育系统上,德日两国分别以政府强力介入和学校自主发展两种特色鲜明的模式,共同构建出定位准确、特色鲜明的高等教育体系,在今日中国民办教育发展的关口,具有十分重要的借鉴意义。在德国,应用科学大学享誉德国乃至欧洲,既形成了独具特色的竞争力,赢得了自己应有的地位和声誉,更为完善整个高等教育体系、服务社会和行业企业发挥了重要作用,作出了突出贡献[24]。在日本,私立高等学校包括了三个层次,从专科一直到研究生(硕士、博士)层次,第一层次是目前日本私立高校发展的基础,包括短大、高专、专修三种类型,强调职业的适应性和实用性;第二层次是日本私立高校发展的重点和主体,曾为日本高等教育的大众化发展作出了巨大贡献;第三层次是培养精英的教育,数量较少。这种层次结构满足了人们对高等教育的不同需求,为日本社会培养了各级各类的人才。

我国"政教合一"的传统,使公办学校严重挤压了民办学校的发展空间,直接影响了民办学校的发展基础。唯有"拾遗补缺、创办特色"才是我国民办学校发展的战略选择。这里讲的"拾遗补缺",主要是指民办学校不要与公办学校在办学模式、人才培养规格、学科专业发展、社会服务乃至科技开发及转化上正面竞争,即"你有我也有""你咋办我也咋办"。要在广阔的教育供求领域里,拾公办学校之"遗",补公办学校之"缺",为社会提供不同于公办学校的"另类选择"。与此同时,还必须看到,这个"遗"、"缺"和"另类",并非是公办学校已经把教育市场瓜分得差不多之后的"残羹剩饭",而是一片任你翱翔的广阔天地。作为一种发展战略,"拾遗补缺"并不是说"今天干这,明天干那",没有一定的目标和重点,而是根据学校的定位、发展目标、培养人才规格、培养途径、教学过程、课程结构的特点等问题,真正使自己的学校办出区别于其他学校的特色来[25]。

民办高等院校的定位,从整个高等教育体系的角度来审视,在办学类型上,职业技术教育是绝大多数高等学校毫无疑问的首选和现实,只有极少数高校随着时代的发展,可以朝着国家甚至世界一流综合性高等学府迈进。在办学层次上,要逐步形成比较完整的现代教育体系,包括大专,甚至专修学校,直至研究生各个阶段的学历教育。而从当前中国经济社会的发展需要和民办高等教育的实际来看,积极审慎地提升本科教育的规模,从当前金字塔逐步过渡到纺锤型,提升职业教育的社会地位与声誉,为经济发展转型奠定人才、技术与智力等多方面的基础,实为时代之潮流。

对于具体单个民办高校而言,紧紧抓住社会人才需求和本校优势(包括潜在优势)的交汇点,这就是民办高校的最佳定位。定位要着眼整个国家教育与经济社会发展的宏观形势,参照全国高等教育体系中公办高校与民办高校的情况:一是弄准社会对高等教育、人才培养的需求,何种人才最为紧缺;二是弄清楚民办高校本身的办学条件和主要优势,弄清能为社会提供什么样的教育、培养什么样的人才;三是敢于标新立异,努力避免趋同,以本校培养的人才填补人才市场的空缺,不与其他学校争饭吃、抢通道。

2. "中国式"师资队伍

一流的师资队伍创建一流的大学,这也许是大学发展中最大的共识。在政府对师资队伍发展的支持上,分析美日德三国的经验不难发现,倒金字塔式的美国精英私立大学,政府采用研发经费方式大力支持;纺锤体的日本大众化私立大学,政府采用直接的教师工资补助与间接的大学经营优惠政策;锯齿形的德国高等教育,政府完全大包大揽,教师即是公务员。今日中国之民办高等教育,从政府投入角度,顺应世界发展潮流,逐步消解民办与公办的绝对对立,尝试建立起"中国式"师资队伍激励新机制。

对于大多数民办高校,政府可以创新确立民办高校"生存+激励"绩效工资双轨制。"生存"工资由政府出面制定并完善各类评价标准,为最低数量的教师(如依靠在校生数量与生师比确立)的事业发展提供基本的薪金与福利保障(类似当前缺少绩效工资的事业编制),这更是教师在公办与公办、民办与民办、公办与民办自由流动的根基。"激励"工资则是由政府与学校双管齐下,政府可采用项目研发、政策优惠等形式支持学校,与行业、企业、社会实现四方联动,切实推动经济与社会发展。这样,一方面可以提升政府资金使用的效率与效益,提升民办高校自身的生存与发展能力;另一方面,民办高校在各方面的大力支持与引导下,集中力量投入为特色建设而作出贡献的师资团队身上,充分激励师资队伍发挥主动性与创造性,日积月累,民办高校自然会借助优胜劣汰,在不断的竞争中,逐渐错位发展,从而实现特色鲜明且质量过硬。

对于少部分民办高校(特色鲜明、质量过硬类)或者少部分高校专业(特别是与区域经济与社会发展极为密切的),政府,特别是发达地区财力雄厚与配套政策都比较到位的,可以创新采用与公办高校完全一致的教师待遇支持方案(等同于当前完整的事业编制),推动该类高校或专业实现在教师获得保障的前提下,依靠民办高校的特色与机制加入国内外的竞争,争创国内乃至国际一流。

3. "美式"学生自我成长

首先,民办高校实行真正的学分制,学习年限弹性化,甚至可以无限期延长。学校所有专业和课程的教学目标与要求面向全校学生开放,没有专业对口与不对口之分。学生有充分的自主权,自由选择专业、转换专业、选择课程,乃至转换学校、跨校修学分、做义工拿学分。其次是开放式的课堂教学模式。课堂讨论围绕教学内容展开,但又不受教学内容的限制,突出以学生为中心,强调学生的主动性,要求学生学会表达,能够进行批判思维,学会选择参考资料以支持自己的观点,并就别人的观点进行有效的提问和争论。其次,就是自我生活管理,一是学生会及各种社团组织。大学生通过专门的预算拨款给学生会,委托其组织各类学生活动。二是社区管理。学校对于参与社区管理的高年级学生,视情况给予免住宿费待遇,学生还可以拿到一定的奖励学分。

4. "德式"校企联合培养

借鉴德国应用技术型大学的模式,积极尝试吸收其"双元制"国家立法支持、校企合作共建的办学优势,让企业全面参与学校的教学、科研和管理工作,包括:企业向学生提供实习岗位和毕业设计岗位,企业委托大学进行科研或与大学开展联合研究,作为培训企业担任大学双元制专业的培训伙伴,参与大学的师资队伍建设(如为大学提供兼职教师),资助大学设立实验室、研究机构以及参与高校的管理与决策。让学校与企业均成为学生学习的主要场所,学生在企业学习产品设计和生产的全部工作流程,大学生和企业要签订工作、培训合同,学生既完成学位学习,又完成工种培训,最终获得文凭与技能双证书。

参考文献:

[1][8] 董圣足.美国私立高等教育的特点及启示[J].北京城市学院报,2007(1).
[2] 曹成刚.中国私立高等教育的发展与思考——以美日私立高等教育的发展特色为启示[J].黑龙江高教研究,2004(4).
[3] 陈伟.美国高等教育认证制度及其对我国的启示[J].中国教育经济管理,2005(3).
[4][7] 上海市教育委员会美国私立大学考察团.美国私立大学管理体制[J].教育研究,2005(10).
[5] 李莉.英美两国高等教育财政拨款体制的比较及经验借鉴[J].北京航空航天大学学报(社会科学版),2002(2).
[6][21] 刘易斯,布兰斯科姆.知识产业化:美日两国大学与产业界之间的纽带[M].北京:新华出版社,2003.
[9][12] 唐卫民.日本私立高等教育结构探析[J].黑龙江高教研究,2006(8).
[10] 胡建华.日本私立大学的发展特点及其启示[J].教育研究,2001(8)
[11] 陈永明.日本私学发展五大特色[J].教育发展研究,2005(22).
[13] 孙进.德国高等教育机构的分类与办学定位[J].中国高教研究,2013(1).
[14] 孙晓莉,朱方来.德国应用型人才培养教学特色初探与思考——以乌尔姆应用科技大学为例[J].深圳职业技术学院报,2011(5).
[15] 蔡伟建,车巧巧,郑玉珍.德国应用科技大学培养应用型人才的特色之路[J].中国电力教育,2009(3).
[16] 孙进.德国应用科技大学的办学特色——类型特色与院校特色分析[J].比较教育研究,2011(10).
[17] 周丽华.德国高专的办学特色与发展走向——比较的视角[J].比较教育研究,2004(4).
[18] 克拉克.研究生教育的科学研究基础[M].王承绪,译.杭州:浙江教育出版社,2003.
[19] 孙进.培养高层次应用型人才——德国应用科技大学独具特色的人才培养模式[J].世界教育信息,2012(12).
[20] 渡边聪.私立教育在现代日本教育发展中的角色[J].教育研究,2005(10).
[22] 日本文部科学省.文部科学白奋(平成17年).参考资料[EB/OL].http://www.mext.90.jp/b-menu/hhakusho/html/hpbaZoo501/shiryo/.//唐卫民.日本私立高等教育经费来源探析[J].高等教育研究,2007(5).
[23] 唐卫民.日本私立高等教育经费来源探析[J].高等教育研究,2007(5).
[24] 钟秉林,等.行业特色大学发展的国际化比较及启示[J].高等工程教育研究,2011(4).
[25] 蔡克勇.拾遗补缺 创办特色——我国民办学校发展的战略选择[J].复旦教育论坛,2003(1).

作者: 蒋志明,教授,博士,上海中侨职业技术学院副董事长、院长。

(原载《民办教育研究》2015年第1期)

美国高校捐赠基金管理研究

陈爱民

摘　要：捐赠基金是美国高校特别是私立高校运行收入的重要来源。本文研究美国高校捐赠基金的筹资和投资管理。基于国际学术界关于捐赠基金筹资影响因素的研究，作者在文章中从捐赠文化培养和基础设施构建、学生和校友关系维护、高校社会形象树立以及资金使用责任机制的建立等几个方面剖析美国高校捐赠基金的筹资管理。在投资管理方面，作者的研究发现，美国高校捐赠基金投资整体上体现了较强的分散性和长期性原则，而哈佛大学高度专业化的投资管理则使其取得了高于市场平均水平的回报。

关键词：美国高校；捐赠基金；筹资管理；投资管理

一、引言

美国拥有最多世界一流大学，高等教育支出的民间占比也在发达国家中名列前茅。除学费外，构成美国高校收入重要组成部分的民间投入是高校得到的社会和私人捐赠（包括实物和金融资产）和这些捐赠所形成的基金及其投资回报。从宏观平均水平看，"教育活动、投资回报以及捐赠基金"形成 2009—2010 财年美国私立高校的第一大收入来源（占总收入的 33.6%）和公立高校的第三大收入来源（占总收入的 14.8%）。[①] 而且，随着政府支出，特别是州和地方政府教育支出下降成为"新常态"，美国高校越来越依靠社会捐赠和投资理财来维持学校的运行。2009 年，虽然美国所有金融资产在金融海啸中都大幅缩水，捐赠基金的收入比重在哈佛大学、耶鲁大学、普林斯顿大学的预算中仍然占 35%—45% 的比重，在康奈尔大学也占 11%。[②]

所以，向社会筹资并通过捐赠基金投资管理获得较高长期回报是美国高校特别是私立高校可持续发展的最重要保障条件。捐赠基金的筹资管理和投资管理构成美国高校的

---

① 2009—2010 财年的数据出自 Digest of Education Statistics 2011, Figure 17,18, http://nces.ed.gov/programs/digest/d11/figures/fig_17.asp?referrer=figures；2000—2001 财年的数据出自 Digest of Education Statistics 2006, Figure 16,17, http://nces.ed.gov/pubsearch/pubsinfo.asp?pubid=2006030.

② Ehrenberg. Demystifying Endowments". Cornell Magazine, 2009-03-09.

捐赠基金管理,而美国高校在这方面所做出的努力和取得的成就被视为"先锋和榜样"。[①]

在国内公开发表的有关国外高校投融资和财务管理的学术论文中,尚没有对于高校捐赠基金管理的深入研究。所以,本文基于原始数据和资料的开拓性研究希望能填补这个空白。目前中国大多数高校的收入主要靠学费和财政拨款,高校向社会筹融资的努力和能力都较低,财务管理也主要停留在"会计记账"的小财务水平。本研究希望能为中国高校拓宽筹融资渠道、提高投融资管理水平提供有益的参考。

二、捐赠基金筹资管理

(一)定义

捐赠基金既涉及捐赠,也涉及基金。从严格意义上讲,捐赠的基金或财产指的是高校最初受到捐助的金融或实物资产。美国很多私立大学的创立,比如哈佛、耶鲁等,都起源于私人捐赠,并以捐赠者的名字命名。但在历史演进过程中,学校捐赠者的数量不断增加,捐赠的资产也不断升值并得到投资回报,成为基础资金,或者说基金。同时,随着金融资产运作的发展,很多校内自有的基金也与捐赠的基金归在了一起。所以,在公开发表的报刊上,很多学校的财产包含了大量本校自己建立的投资基金。

(二)影响捐赠的主要因素

美国具有比较盛行的捐赠文化。2000年,90%的美国家庭参与了对非营利机构的慈善捐赠,其平均捐赠值为1 623美元。[②] 高校的捐赠基金来自非政府拨款的各种社会渠道。2011—2012年间,美国高校捐赠基金的各类来源比重为:基金,28.6%—29.5%;校友,25.7%—24.8%;非校友个人,18.6%—18.8%;公司,16.6%—16.95%;非公司、非宗教组织,9.4%—9.0%;宗教组织,1.0%—0.9%。[③] 以个案看,加州伯克利大学2009—2010财年获得来自民间5.68万个捐赠者的捐赠基金市值为3.131亿美元,其中,44.5%来自校友、家长、本校教职员工以及学校的朋友,32.5%来自基金,14.4%来自公司,0.3%来自校内各种组织,8.3%来自其他渠道[④]。以上两组数据显示,校友对母校的捐赠是仅次于基金的第二大捐赠收入来源;如果加上家长和其他非校友个人,来自个人的捐赠占全部捐赠基金的约44%,形成高校捐赠基金的第一大来源。所以,高校必须建立和维护好与校友、非校友个人、基金以及其他社会组织的关系才有可能获得来自社会的捐赠基金。

那么,捐赠基金的筹资受到哪些因素的影响呢?已有研究显示,捐赠基金的成功筹资取决于三个关键因素:一是与捐赠者的长期友好关系,二是透明度和有效的沟通交流,三

---

① G. Cejnek, R. Franz, O. Randl, and N. M. Stoughton. A Survey of University Endowment Management Research. Available at SSRN:http://ssrn.com/abstract=2205207 or http://dx.doi.org/10.2139/ssrn.2205207, 2013-01-22.

② Lise Vesterlund. "Why do People Give?" in The Nonprofit Sector, 2nd ed. Richard Steinberg and Walter W. Powell, 568(Yale University Press:2006).

③ Council for Aid to Education. "Colleges and Universities Raise $31 Billion in 2012:2.3 Percent Increase Is Only Slightly ahead of Inflation," CAE, www.cae.org, 2013-02-20.

④ Berkeley University. http://berkeley.edu/about/fact.shtml, 2013-03-10.

是建立、实施并保持一个很好的捐赠基础设施(比如相关捐赠信息能够有效地传达给潜在捐赠者,捐赠渠道的流畅从而捐赠成本得以降低等)。① 研究发现,人们的捐赠与他们的收入成正比,与捐赠成本成反比;而捐赠的原动力则与社会规范、捐赠者之间的互动、受赠者的产出、捐赠款使用质量的不确定性以及其他捐赠者的情况都相关。② 而且,体验理论和研究认为,捐赠者个人从受赠者产出的公共产品中得到的满足随着受益人数的增加而增加。比如,我们从捐赠给公共电台中得到的满足既与捐赠所带来的公共电台节目的播出质量有关,也与享受公共电台节目的人数有关。除了校友的忠诚度以外,高校获得捐赠基金另一个重要原因是学校能够向潜在的捐赠者显示所捐赠的资金将会得到最有效的管理和使用。③

所以,高校捐赠基金筹资主要取决于三个关键因素:(1)创造和维护良好的捐赠文化和捐赠基础设施,降低捐赠成本;(2)与捐赠者保持长期良好的关系,并使捐赠者之间互相激励、传递正能量;(3)有效使用捐赠资金,产出更多被社会认可的高质量学生和研究成果,并使资金的使用规范、透明。

(三) 捐赠文化培养和基础设施构建

1. 历史传承

向高等教育捐赠在美国有其深厚的历史和文化渊源。美国大多数私立大学的建立或者命名从一开始就是教育慈善家捐赠的结果。比如建立于1636年的哈佛大学是以该校的第一个捐赠者约翰·哈佛牧师的名字命名的,约翰·哈佛在他1638年去世时将自己的图书馆和一半的家产捐给了哈佛大学;耶鲁大学则是在1718年为了感谢捐赠者伊莱休·耶鲁而命名的;著名的小长青藤大学威廉姆斯学院成立于1793年,也是以其遗产捐赠者伊弗雷姆·威廉姆斯的名字命名的。这种由来已久的捐赠文化影响着后人的捐赠意愿,因为人们的捐赠决策往往受到社会行为准则的影响。④ 高校的管理也对捐赠文化的传承起着重要作用,使其成为高校文化的重要组成部分。

2. 机构和服务设置

美国大学的管理突出体现两个重要特点:一是大学校长的最重要职责在于为学校开源和融资,以提供学校可持续发展的物质基础;二是学校往往配备很重要的人力资源在投融资管理和校友关系、社会关系的建立和维护上。大多数美国高校都设有发展副校长,专门负责管理和发展校友和社会关系以及捐赠基金筹资。

在机构设置上,美国大学管理部门的设置一般分为三个板块:一是由校长直接主管的

---

① G. Cejnek, R. Franz, O. Randl, and N. M. Stoughton. A Survey of University Endowment Management Research. Available at SSRN: http://ssrn.com/abstract=2205207 or http://dx.doi.org/10.2139/ssrn.2205207, 2013-01-22.
② Lise Vesterlund, "Why do People Give?" in The Nonprofit Sector, 2nd ed. Richard Steinberg and Walter W. Powell, 568(Yale University Press: 2006).
③ R. G. Ehrenberg, "Demystifying Endowments," Cornell Magazine, 2009-03-09.
④ Lise Vesterlund, "Why do People Give?" in The Nonprofit Sector, 2nd ed. Richard Steinberg and Walter W. Powell, 568(Yale University Press: 2006).

融资、社会关系、法律事务等相关板块,为学校的可持续发展提供物质和法律保障;二是由副校长兼教务长主管的教学和科研板块,这是高校的核心功能;三是由常务副校长或副校长主管的日常运行板块,包括财务、人事、规建、后勤等,为教学和科研提供服务和日常运行管理。比如在哈佛大学,除了全面主持工作以外,校长还直接分管公共事务和信息副校长、校友事务和发展副校长、政策副校长、法律事务副校长,以及负责管理捐赠基金投融资的哈佛管理公司,而学术由副校长兼教务长直接分管,人事、财务、后勤、行政等则由常务副校长直接分管。① 这样,开源的团队努力把学校的蛋糕做大,行政管理和服务团队科学地配置资源,为教学、科研和学生提供优质的服务;教师和研究人员必须专心致志地从事高校的核心功能,负责产出高质量学生和科研成果。各个板块各司其职,同时有机地联系在一起,使学校的核心功能得到保障。美国高校衡量一个校长业绩的重要指标是其在任期间为学校财力所作的贡献,而衡量教授业绩的指标是教学、服务和与商业利益脱钩的学术发表。

高校专业化的机构和服务设置是构建捐赠基础设施的一部分,有助于降低捐赠者的捐赠成本,比如降低捐赠者在捐赠过程中所花费的时间和精力,帮助捐赠者获得税收减免,等等。美国高校投入于捐赠基金筹资和管理的力度要远远大于在校内办企业或经商的力度②。每一个学校的网站上都设有捐赠专区,告知访问者如何以礼物性捐赠、财产遗赠、股票转移、共同基金转移或者计划捐赠等方式对学校进行捐赠,以及各类捐赠的税收豁免相关问题。这样做,使捐赠程序得到简化,信息透明化,从而降低捐赠者的捐赠成本;美国为捐赠者减免税的宏观政策对降低捐赠成本更为重要。捐赠成本的降低是提高社会捐赠意愿、使美国高校获得大量捐赠基金的关键因素。同时,机构和服务设置也必须有利于服务教师和学生,有利于维护以学生为本的校园文化。这一点我们在后面做更详细的分析。

(四) 校友关系管理和以学生为本的校园文化③

对校友关系的管理是筹资管理的一个重要方面。与社会关系的管理一起,这部分职能不管是在公立还是私立大学一般都归于"发展副校长",其主要职责是通过发展与校友、非校友个人、企业以及非企业组织的关系为学校的可持续发展寻找资源。校友关系管理不仅仅是通过记载和宣传名人校友以显示成就和激励在校生,更重要的是让每一位校友感觉到母校的重视和关怀。畅通的沟通渠道和捐赠者的参与感、责任感、荣誉感都是捐赠决策的必要条件。

美国高校比较完整的校友资料大都可以从学校的门户网站查阅;大学都举办年度学

---

① "Central Administration". http://www.provost.harvard.edu/institutional_research/harvard_fact_book_2010-11-web.pdf, 2010-11-20.
② 美国大学管理者认为,直接在校园里或周边进行商业性活动(比如在学校周围设立各种商业设施)不仅会削弱高校的核心功能,还会形成与商业企业的不公平竞争(作者与亚利桑那州立大学主管商业和财务的常务副校长交谈的访问笔记,2006年2月8日,亚利桑那州立大学)。
③ 这部分中没有标明出处的论据均来自作者在美国高校任教和生活时的经历和观察。

生返校日活动;学校(包括学院和系)会主动与校友(特别是研究生和博士毕业生)联系,告知学校的发展近况,包括管理团队的变更、专家的聘请、新招博士生情况、新近毕业生的分配去向,等等,让学生体会到参与感和知情权,从而激发他们对学校的认同感和报恩感。美国大学的校友办公室还会给在校奖学金获得者的学生和家长写信,告知其奖学金的来源,并邀请学生和家长给捐赠者写信表示感谢。这些做法一方面体现了资金使用的透明性,让捐赠者知道捐赠款的去向,感到"物有所值",另一方面体现了正能量的传递,培养了在校生的责任感和报答之心,并且被自然地带进这种文化,成为传承这种文化的一员。很多美国学生,特别是名牌私立大学的学生在毕业前就表示将来挣了钱要为母校捐赠。学生的家长在这一过程中也逐渐成为学校的忠实支持者。校友及其亲人对学校的高度忠诚成为美国高校捐赠文化得以成功传承的主要因素。比如我们在前面提到的伯克利大学,其2009—2010财年获得的捐赠基金来自民间5.68万个捐赠者,构成捐赠基金市值的44.5%。

需要指出的是,可持续发展的校友和筹资管理不仅需要管理者高超的沟通技巧,更需要与学生之间长期的透明、诚信并且有亲和力的关系,包括学生在校时所享受的以学生为本的校园文化。学生对学校的捐赠是对历史捐赠文化的响应和传承,更是出自对母校的感情和忠诚。美国高校以学生为本的实践主要体现在三个方面:学生参与学校管理、频繁的师生互动,以及为学生提供的各种服务。

美国大学在政策制定和管理中通常要吸取学生的意见和建议。在公立大学,学校董事会成员中有学生代表;校级"学生事务委员会"等常设委员会都有学生的参与;就连学院教授委员会也有学生列席。学生还通过对教授教学质量的评判间接影响学校的管理。有些大学(比如普林斯顿大学)的校长还专门为学生设有访问和约谈时间。

学校的机构设置比较透明,且服务性强,教授们必须把办公接待学生的时间(office hours)贴在门上,所以学生在校时有充分的机会和时间与老师和管理者接触,特别是在生师比比较低的名牌私立大学。学生可以在课堂前、课堂上、课堂后与教授互动;课堂上基本见不到教授自顾自照本宣科的情境;下课后,学生可以直接跟着教授去办公室继续请教和讨论问题;每个系设有专门的修课计划指导教授供学生随时前往请教;学校设有心理健康指导办公室;各系圣诞节和辞旧迎新庆祝活动邀请本科生在内的学生参加;校园里到处可见学生穿梭于各个教室和设施之间,或者席地而坐看书,或者三五成群讨论问题,也到处可见教授与学生的互动。而且,这种师生关系的建立是高校文化的一部分,并不与学校的筹资努力直接挂钩。如前所述,筹资是校长、发展副校长及其团队的责任,教授没有筹资的义务,一般也不了解学校管理者的筹资努力,更不需要把筹资带到课堂上或者与学生的接触中。教授领取年薪,其教学和研究活动都与商业活动脱钩,从而保障教学和科研的纯洁性,防范利益冲突。而学生则把这样的师生关系和以学生为本的文化看作是理所当然的高校氛围。美国没有"一日为师、终身为父"或者师道尊严的文化。所以,让美国学生感动要比让中国学生感动困难得多,从而学校付出的努力必须更多。

(五) 信任机制的建立：高校社会形象和资金使用规范

1. 建立良好的社会形象

信任机制的建立是任何捐赠努力得以成功的最主要因素。而信任必须建立在被捐赠者良好的社会形象和对捐赠资金规范有效的管理和使用上。我们先看高校社会形象问题。

高校良好的社会形象必须建立在高校引领社会和服务社会的行为上。要引领社会，高校必须在思想理念、道德标准、行为举止上都站得更高，并将这些理念和标准传输给社会、影响社会。比如在9·11恐怖袭击后美国社会一度出现对阿拉伯人和伊斯兰教徒的"特别"防范行为。于是，美国大学的教授们开始提醒整个社会，特别是提醒校园力戒将正当防范发展成对某一种宗教或种族的歧视。同时，美国社会对大学的社会责任感有着很高的期待和标准。一所高校如果出现种族或其他形式的歧视，出现伤害学生利益或者教师学术舞弊等不道德行为，其社会声誉会立即遭受重创，对其的捐赠也会下降。比如，美国某著名州立大学的一位橄榄球教练几十年来一直是正义和成功的化身，受到学生、家长、社会的爱戴和尊敬，并因此受到商业性广告的追捧。但就在他即将退休之前，队里爆出一位橄榄球运动员学生猥亵幼童的事件。虽然教练本人对事件没有任何责任，而且对事件处理得当，但仍然不得不提前辞职，学校也因此而损失了上亿美元的商业性收入和无法估量的捐赠收入。[①] 再比如，哈佛大学校长萨默斯先生曾经作了这样一个评论，"与生俱来性别上的差别也许可以解释为什么女性在科学和数学领域鲜有成功的现象"。这句话被认为带有严重的性别歧视倾向，并导致了哈佛教授群体对其的"无信心"投票和萨默斯校长的辞职，使其成为哈佛大学历史上任期最短的校长。[②]

作为履行社会责任的一部分，美国高校一般都会为所在社区开放某些服务和设施。比如大学图书馆一般都免费向社会开放，教室也经常免费为社区学术活动提供场所。哈佛大学在其财经报告中宣布，学校2011财年启动新建的哈佛创新实验室将面向学生、教师以及社区开放。[③] 高校还鼓励教授为社区提供专家服务，等等。教授是否对社区和学术界提供了无偿服务是美国高校对教授工作量和工作成绩评判的重要标准之一。

2. 负责任的资金使用机制：以五所高校为例

影响高校获得捐赠的因素包括与捐赠者透明有效的沟通交流[④]和捐赠资金管理、使用的质量，[⑤]如前所述。所以，资金使用的问责制是取得捐赠者信任的重要保障。

---

① Chris Isidore, "Penn State Scandal Will Cost Millions," CNNMoney, money. cnn. com/2011/11/10/news/companies/penn state…/index. htm, 2011-11.-10.

② "Harvard University President to Resign," Associated Press, 2006-02-21.

③ "Harvard University Financial Report, 2011," http://vpf-web. harvard. edu/annualfinancial/.

④ G. Cejnek, R. Franz, O. Randl, and N. M. Stoughton, *A Survey of University Endowment Management Research*, Available at SSRN: http://ssrn. com/abstract=2205207 or http://dx. doi. org/10. 2139/ssrn. 2205207, 2013-01-22.

⑤ R. G. Ehrenberg, "Demystifying Endowments," *Cornell Magazine*, 2009-03-09; Lise Vesterlund, "Why do People Give?" in *The Nonprofit Sector*, 2nd ed. Richard Steinberg and Walter W. Powell, 568(Yale University Press: 2006).

作者选取五所美国高校作为样本，并通过研究剖析他们的年度财经报告探讨美国高校在财务管理中资金使用的透明性和问责制。这五所学校分别为：哈佛大学，代表世界一流私立研究性大学；加州大学伯克利分校（简称伯克利大学），代表世界一流公立研究性大学；亚利桑那州立大学，代表规模最大的、中等级别的公立研究性大学；波尔州立大学，代表较小规模的二线公立研究性大学；威廉姆斯学院，代表一流私立本科大学或者小常青藤大学。作者对这五所高校年度财经报告的研究发现，虽然五所学校在办学的规模、性质、研究性程度、社会知名度以及地理位置上各不相同，但他们的财经报告都体现了与社会沟通、建立良好社会形象的努力以及资金使用的规范性和透明性。这五所学校均属名牌或者公立大学，而研究显示名牌和公立大学更注重在财经报告中比较全面地披露相关信息。[①] 作者将各校年度财经报告的相关重要内容和特点总结分析如下[②]。

（1）沟通的重要手段。《年度财经报告》（以下简称《报告》）在美国高校是最重要、最全面的报告，也是大学与教职工、校友、政府以及社会沟通的最重要手段。虽然叫做财经报告，但报告一般都包含学校董事会/理事会、潜在捐赠者、社会以及家长和学生希望看到的各种资讯，包括大学校长或者副校长的致词，学校情况的总揽，招生和学生毕业状况，学校财政状况和金融、实物资产的经营管理状况，以及学校一般运行和管理状况。比如作为世界一流大学财经报告的开场白，哈佛大学校长亲自向读者"报告"过去一个财年学校的财经状况。在哈佛校长的总结性报告中，首先提到的是学校继续对来自中低收入家庭的学生实行"绿色通道"以吸引最优秀的学生，然后报告国际化办学状况，学校面向学生、教师以及社区开放新建哈佛创新实验室项目的启动，以及新开设的跨学科学术领域，新开工的捐赠建设项目等等。在这个报告中，哈佛大学以最具亲和力的姿态向校园、社会和捐赠人传递学校如何在坚持以学生为本，国际化导向，保持科研领先地位，并引领社会的各项活动中使用捐赠资金的各种信息。

（2）资金使用的规范性。五所学校的《报告》都包含了这样几个部分关于规范及其遵守的情况：相关负责人（或者准备报告的单位和个人）的致词和解说；独立审计单位的报告；所在州的财务会计准则；所有专业术语的注解；各种经费的规定用途说明。

（3）资金使用的透明性。《报告》明确列出所有收入、支出、净资产变化、投资构成和投资效益、折旧、捐赠额度和用途、学费收入和奖学金支付、工资支出、现金流向、基本建设项

[①] T. Gordon, M. Fischer, D. Malone, G. Tower, "A Comparative Empirical Examination of Extent of Disclosure by Private and Public Colleges and Universities in the United States," Journal of Accounting and Public Policy 21,3 (2002): 235-275.

[②] 五所学校的财经报告分别来自：Harvard University Financial Report, 2011, http://vpfweb.harvard.edu/annual-financial/; UC Berkeley: 2010-2011 Financial Report, http://controller.berkeley.edu/FINRPTS/2010-11/Master.pdf; Arizona State University 2011 Financial Report, http://www.asu.edu/fs/documents/annual_reports/ASU_2011_Financial_Report.pdf; Ball State University Financial Report 2011, http://cms.bsu.edu/About/FactBook/Finances.aspx; Williams College Financial Statement 2010-2011, http://vp-finance.williams.edu/background-information-on-college-finances-finances.

目,可以和不可以用于日常经营的捐赠收入,以及捐赠款的指定用途等等①。

(4)管理团队的专业性。除规范透明外,《报告》写得非常清楚、专业,可读性强,可以经得起全世界的阅读和批评,体现管理团队很高的专业素质。

三、捐赠基金投资管理

(一)分散性、长期性原则

美国高校的捐赠基金投资普遍遵循分散的投资组合原则,将金融资产投资分散在国内、国际股市,大宗商品(包括期货)市场,房地产(金融)市场,自然资源(金融)市场。耶鲁大学从20世纪80年代开始就聘用了多渠道(包括对冲基金、私募基金、商品期货)资金管理的领军人物大卫·斯温森管理学校的捐赠基金,并取得了超常的收益。哈佛大学的投资组合也高度分散,并具有长期性。美国高等院校商业事务官协会每年对800多所美国高校进行投资管理的跟踪调查显示,高校普遍遵循风险分散的原则选择投资组合。作者将该组织发布的高校2011年的投资组合情况列入表1中。

表1 美国高校投资组合(截至2011年6月30日)

投资类型	国内股市%	固定收益%	国际股市%	非传统投资产品%	短期证券/现金/其他%
公立高校	15	12	18	49	6
私立高校	15	10	16	56	3
基于市值的平均值	16	10	17	53	4

资料来源:"NACUBO-Commonfund Study of Endowments(NCSE)2011," National Association of College and University Business Officers and Commonfund Institute,http://www.nacubo.org/Research/NACUBO-Commonfund_Study_of_Endowments/Public_NCSE-Tables.html,2012-01-31。

从表1中我们观察到以下几个特点。(1)美国高校的资本市场投资组合分散性较高,包括国内、国际股市,固定收益产品(如债券),短期证券,非传统投资产品。其中,非传统投资产品包括私募基金,对冲基金,风险投资,校外房地产投资,能源和自然资源品投资;(2)美国高校,不管公立还是私立大学,平均53%的捐赠基金投资于非传统的金融产品;而投资于现金、短期证券或者校内房地产等产品的比例平均仅占4%;(3)私立高校的组合相对更加激进,其"非传统投资产品"所占的比例为56%,高于公立高校49%的比例。

这些投资组合给美国高校带来比较丰厚的回报率。表2列出美国高校截至2011年6月30日的捐赠基金平均投资净回报率情况。我们看到:(1)公立大学和私立大学之间的

---

① 资金使用的透明性还在财经报告之外得到体现。比如,ASU在争取捐赠的网页上明确告知捐赠基金的使用由校理事会中的投资委员会决策,并明确承诺捐赠者将收到学校年度报告,以了解他们捐赠资金的使用情况、学校捐赠基金的总体情况以及他们的捐赠对学校所起到的作用(http://www.asufoundation.org/s/1469/foundation/Inner2Columns.aspx?pgid=512&gid=2)。普林斯顿大学在透明性操作上也提供了一个很好的案例补充。普林斯顿大学会给家长写信,告知孩子所获得奖学金的来源,并邀请受益者对捐赠者表示感谢。这样做,一方面培养了学生的感恩心态,另一方面也起到了资金使用的透明性和告慰捐赠者的作用(注:作者的亲身经历)。

投资回报率没有多大区别;(2)大资金的回报率高于小资金,特别是低于2 500万的小资金,而大于10亿美元的资金则呈现出最高的投资回报率;(3)2010年7月1日—2011年6月30日之间的平均回报率大于19%,也大于3年、5年、10年的平均回报,由金融危机后资本市场的报复性反弹所致,但也是由于金融危机的影响,三年期(2008年7月1日—2011年6月30日)的投资回报率则最低;10年期的回报率仅低于金融危机后一年期的超高回报率,显示很高的长期投资回报率;(4)投资回报率的平均水平和中位数没有什么区别,表明投资回报趋于正态分布,体现了资本市场的成熟和有效性。同时,25%最佳投资的学校和基金获得的回报率远远高于25%最差投资的回报率,说明在规范的市场中,学校仍可以通过有效的投资管理获取更高的投资回报。

表2 美国高校捐赠基金平均投资净回报率[①](截至2011年6月30日)

捐赠基金规模（亿美元）	1年期(%)	3年期(%)	5年期(%)	10年期(%)
	N[②]=791	N=700	N=668	N=472
大于10.0	20.1	2.4	5.4	6.9
5.01—10.0	18.8	2.6	4.8	6.0
1.01—5.0	19.7	2.6	4.4	5.3
0.51—1.0	19.3	2.8	4.4	5.1
0.25—0.5	19.4	4.2	4.7	5.0
小于0.25	17.6	4.6	5.2	4.9
高校类别	1年期(%)	3年期(%)	5年期(%)	10年期(%)
	N[②]=791	N=700	N=668	N=472
公立大学	19.1	3.3	4.9	5.4
私立大学	19.3	3.1	4.6	5.6
平均回报率	19.2	3.1	4.7	5.6
中位回报率	19.8	3.1	4.6	5.5
最佳25%	21.8	4.3	5.4	6.4
最差25%	17.8	1.7	3.7	4.9

资料来源:"NACUBO-Commonfund Study of Endowments (NCSE) 2011," National Association of College and University Business Officers and Commonfund Institute, http://www.nacubo.org/Research/NACUBO-Commonfund_Study_of_Endowments/Public_NCSE_Tables.html, 2012-01-31.

注:①即剔除管理成本之后的回报率;②N代表调查学校数。

另外一个值得注意的特点是短期和长期投资回报率的差别。图1给出2002—2011年间美国高校捐赠基金投资的年回报率。从2002到2011年,美国资本市场经历了2002和2008—2009年的两次经济危机,特别是2008—2009年的金融危机使资本市场遭受了比2002年更大的灾难。2008和2009年的年回报率分别为−3.0%和−18.7%,而2011财年

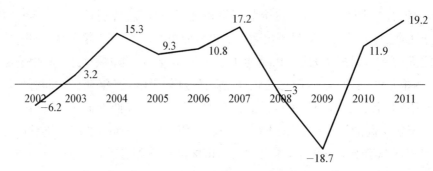

图 1 美国高校捐赠基金投资年回报率(%),2002—2011

资料来源:"NACUBO-Commonfund Study of Endowments (NCSE) 2011," National Association of College and University Business Officers and Commonfund Institute, http://www.nacubo.org/Research/NACUBO-Commonfund_Study_of_Endowments/Public_NCSE-Tables.html, 2012-01-31.

(2010年7月1日—2011年6月30日)则为19.2%,表现出资本市场短期投资回报的巨大波动性。但尽管其间有了这两次危机,2002到2011年的10年投资平均回报率仍然为5.6%,表明长期投资回报率的风险相对较低。这是为什么包括哈佛大学在内的美国高校都强调追求长期高投资回报率的投资策略。

(二) 专业化的捐赠基金投资管理:以哈佛大学为例

1. 哈佛管理公司:理念、战略、投资组合

哈佛大学的捐赠基金规模居世界第一,其市值在2011财年为320亿美元,2012财年为307亿美元,由12 000个不同用途的基金组成。① 这所世界一流研究性大学中这样庞大、复杂并且动态发展中的捐赠基金的投融资管理模式和特点无疑值得深入学习和研究。作者在此的分析主要基于对哈佛大学相关原始资料的学习和研究,包括学校的年度财经报告、哈佛管理公司捐赠基金报告以及各种统计资料和机构设置介绍。

哈佛大学的捐赠基金由隶属于哈佛大学的金融管理公司"哈佛管理公司"实施专业化管理,与美国大多数学校的管理模式不同。美国高校平均雇用约1.6个全职专员管理捐赠基金的投资。80%的高校将捐赠基金委托给校外专业服务机构管理。② 这些高校大都拥有适中的捐赠基金规模,而更多拥有最大或者最小捐赠基金的高校则倾向于自己管理。这是因为,最小基金的管理往往比较简单,学校可以自己胜任,而最大基金的学校则具有财力和规模效益拥有校内的专业管理公司。③ 所以,哈佛大学对其捐赠基金由校内专业化

---

① "Harvard Management Company Endowment Report 2012," http://www.hmc.harvard.edu/docs/Final_Annual_Re-port_2012.pdf, 2012-09.

② "NACUBO-Commonfund Study of Endowments(NCSE) 2012," National Association of College and University Business Officers and Commonfund Institute, http://www.nacubo.org/Research/NACUBO-Commonfund_Study_of_Endowments/Public_NCSE_Tables.html, 2013-02-01.

③ G. Cejnek, R. Franz, O. Randl, and N. M. Stoughton, A Survey of University Endowment Management Research, Available at SSRN: http://ssrn.com/abstract=2205207 or http://dx.doi.org/10.2139/ssrn.2205207, 2013-01-22.

金融公司实施专业化管理有其必要性和可操作性。

哈佛管理公司成立于1974年。公司拥有高度专业化的管理团队从事非常全面的金融管理业务，包括资料分析，模型设计；法律法规遵从和公司内部治理；内部人事、财务服务设施和硬件设施的配套和维修，信息技术的提供和应用；核心业务的投资组合选择和管理、投资操作的实施和监控；中间办公室的合作使投资严格控制在设置的运作、信用以及市场风险限制范围内；风险和量化分析组对公司的投资组合进行风险识别、评估和控制；对馈赠资产的投资和处理，并对信托和馈赠资产进行会计、内部审计，投资分析，税收报告；捐赠者关系维护。其中，投资组合的选择、操作管理以及风险控制是哈佛管理公司的核心业务。

公司投资管理的战略包括投资组合选择、投资团队搭配、投资风险管理三个方面。在投资组合决策上，哈佛管理公司遵循投资组合的多元性、长期性、风险可控性原则进行三大类投资：一是公开市场投资品种组合，包括固定收益产品、股票、信用和期货；二是非传统的投资品种组合，包括私募基金、可转债、风险投资、房地产投资等品种；三是直接投资房地产和自然资源。

在投资团队的选择和搭配上，哈佛管理公司原创了一种独特的"混合投资模式"，即哈佛管理公司内部投资经理人与校外第三方投资经理人的投资管理并行而且合作的投资模式。这种内部顶尖人才与来自世界各地外部专业团队最前沿投资能力的结合可以使投资具有深度和广度。

哈佛管理公司强调"警醒的风险管理"，使投资风险管理贯穿于整个投资过程，并融入多维、动态的风险观。在哈佛管理公司的诸多业务中，很多都与风险管理直接关联，比如在投资组合选择出来后，"风险和量化分析组"必须对投资组合进行风险识别、评估和控制；"中间办公室"必须保障投资严格控制在设置的运作、信用以及市场风险限制范围内；"投资操作组"必须督促投资项目的具体操作和落实，保障所有投资项目得到正确的操作和记录，并对校外第三方投资进行风险评估和投资状况监控。所以，风险管理在整个投资管理过程中是多维、动态的，并贯穿始终。

哈佛管理公司每一项投资标的的选择都必须考虑这样几个标准：质量标准，即投资标的的质量、风险、回报情况都必须符合事先设立的质量标准；创新性，即投资理念和投资策略的不断创新；长期可持续性，即不管是选择投资标的还是投资伙伴都必须考虑长期可持续性，包括投资项目的环境保护、对劳工权益的维护以及良好的治理模式。这样的标准既体现了哈佛投资目光的长远，也体现了哈佛作为世界一流大学的社会责任感。

我们看一下哈佛大学投资组合中的实物投资。学校在对自然资源（包括世界各地蕴含自然资源的森林地、农业地等）的实物投资中，投资标的必须符合三个条件：在供需关系上有利于价格上涨，在经营管理上有利于更专业、更有经验的管理者，在项目特征上更适合长期投资和资金灵活度较大的投资者。哈佛管理公司还通过亲自参与管理这些实物资产、改善其产出率、实现更好的环境保护效果而进一步提升这些资产的价值。这种通过严格筛选和优质管理，并兼顾微观利益和宏观社会责任的投资理念和实践得到了很好的市场回报。哈佛对这个品种的年投资回报率从1997年开始以来为12.7%,而可比市场平均回报率为6.7%。①

2. 专业化管理下的捐赠基金投资回报

哈佛管理公司通过有丰富经验的投资管理团队发现市场上价值与价格偏离的投资机会,然后采用创新的投资管理和操作手段使实现价值挖掘,其结果是多元的投资组合为学校带来风险调整(即除去风险因素)后的高长期投资回报率。

表3给出哈佛管理公司投资的不同类型品种所带来的回报率与市场基准回报率的比较。我们看到,在哈佛大学投资的五类品种中,除私募基金外,其他四类(公募基金、固定收入基金、绝对回报、实物资产)投资都取得了高于市场基准回报率的业绩;五类投资品种的平均回报率也高于市场基准回报率0.98个百分点。

表3 哈佛大学捐赠基金投资组合及回报率比较(截至2012年6月30日)

	哈佛管理公司回报率(%)	市场投资组合基准回报率(%)	与市场相比的相对回报率(%)
公募基金	-6.66	-9.05	2.39
私募基金	1.99	4.04	-2.05
固定收入基金	7.95	7.85	0.10
绝对回报	0.81	-1.15	1.96
实物资产	3.23	1.55	1.68
全部捐赠基金	-0.05	-1.03	0.98

资料来源:"Harvard Management Company Endowment Report 2012," http://www.hmc.harvard.edu/docs/Final_Annual_Report_2012.pdf,2012-09.

注:"绝对回报",这里主要指由校外第三方管理的对冲基金,其追求的目标不是"相对于其他产品的回报率",而是产品自身的高回报率。

表4 哈佛大学捐赠基金投资期限及回报率比较(截至2012年6月30日)

	哈佛大学投资组合回报率(%)	市场投资组合基准回报率(%)	60/40(股票/债券)组合回报率(%)
1年期(2012)	-0.05	-1.03	6.71
3年期	10.42	9.17	12.82
10年期	9.49	7.09	5.86
20年期	12.29	9.23	7.94

资料来源:"Harvard Management Company Endowment Report 2012," http://www.hmc.harvard.edu/docs/Final_Annual_Report_2012.pdf,2012-09.

---

① "Harvard Management Company Endowment Report 2012," http://www.hmc.harvard.edu/docs/Final_Annual_Report_2012.pdf,2012-09.

表4从投资期限的角度比较了哈佛与市场的回报率。我们看到,哈佛的投资组合无论是短期还是长期都取得了高于市场投资组合基准回报率的成绩,而与60/40(股票/债券)组合相比则各有千秋:哈佛1年和3年期的回报率低于60/40组合,但10年和20年期的则高于它。所以从总体上说,哈佛大学的投资取得了高于市场水平的回报,长期投资的成绩更是突出,体现了哈佛大学将长期投资、可持续性投资的理念付诸实施,并取得了高于市场的回报率。这也是哈佛管理公司专业化投资管理的结果。哈佛管理公司的专业化管理程度显然远远高于美国高校平均不到两人管理捐赠基金投资的水平。一项对700多所高校捐赠基金投资管理和回报的研究发现,受到积极管理的捐赠基金得到的回报比疏于管理的基金平均高出3‰—8‰。[1]

四、结语

捐赠基金是美国高校特别是一流私立高校运行收入的重要来源。高校的捐赠基金来自非政府拨款的各种社会渠道,包括基金,校友,非校友个人,公司,非赢利、非宗教性社会组织以及宗教性组织。高校捐赠基金的重要性体现了美国由来已久的捐赠文化,而捐赠基金的可持续发展则必须建立在高校对其筹资和投资的有效管理上。美国高校在这方面的努力和成就被视为"先锋和榜样"。[2]

捐赠理论和实践显示,捐赠基金筹资主要受捐赠成本、与捐赠者关系维护以及捐赠资金管理和使用状况等因素的影响。文章针对这些影响因素对美国高校捐赠基金筹资管理的研究发现,美国高校的捐赠文化不仅是对历史传承的结果,高校专业化的机构设置和服务,校友关系管理和感情培养,以学生为本的办学实践等方面的长期努力也起着重要作用;而高校良好社会形象的树立以及资金使用的规范性和透明性则是资金使用信任机制的关键元素。这些多方面的因素使捐赠基金筹资得到可持续发展。

在捐赠基金投资管理中,美国高校普遍遵循投资组合的多元性和投资期限的长期性原则,体现了投资管理较高的专业化程度。对哈佛大学的案例研究还发现,作为全世界最大捐赠基金的拥有者,哈佛大学以高度专业化的团队和模式管理其捐赠基金,表现在投资伙伴和投资标的选择、风险控制、社会责任以及可持续发展等各个方面,并取得了高于市场平均水平的回报率。

中国高校大多还处于"吃财政饭"的财务状况。在中国市场经济趋于成熟的过程中,高校也开始通过建立捐赠基金扩充财力,以支持学校的长远发展。中国高校发展捐赠文化不仅可以减轻财政的压力,还可以取代目前很多高校通过办企业和收费挣钱的市场化操作,从而使高校能够更加专注于高等教育的核心业务。而且,发展捐赠文化还可以促使

---

[1] K.C. Brown, L. Garlappi, C. Tiu, "Asset Allocation and Portfolio Performance: Evidence from University Endowment Funds," Journal of Financial Markets, 13,2(2010): 268-204.
[2] G. Cejnek, R. Franz, O. Randl, and N.M. Stoughton, A Survey of University Endowment Management Research, Available at SSRN: http://ssrn.com/abstract=2205207 or http://dx.doi.org/10.2139/ssrn.2205207, 2013-01-22.

高校更加注重以学生为本,培养校友爱校情结,培养社会信任感,提高资金使用的规范性和透明度,从而使高校能够更好地实践"办人民满意的大学"。本文希望能为中国高校在捐赠文化培养、校友关系管理、资金使用规范性、透明性、资金管理的专业化等方面提供有益的参考。

作者:陈爱民,西安外事学院院长,博士,教授,博士生导师,四川大学经济学院特聘教授,美国印第安那州立大学文理学院杰出教授。

(原载《清华大学教育研究》2015年第1期)

税收政策与私立高校分类管理
——美国经验及其启示

李 虔

摘 要：在美国，私立高等教育蓬勃发展，营利性与非营利性高校分类有序。税收政策作为美国私立高校分类管理的有力杠杆，主要体现在："自动获取与自动排除"的高校组织分类税制，"义务均等与约束差异"的高校教职工分类税制，以及"合规院校优惠共享"的高校学生统一税制。当前我国民办高校探索分类管理亟须统一税制，研究制定配套政策。具体措施包括：合理定位税率税负，营造整体公平的环境；完善涉及教育的税收制度，实行民办高校税收分类优惠；强化教育捐、融资的税收激励，助力非营利性高校发展；尊重师生基本权益，提高各类主体的获得感。

关键词：民办高校；分类管理；税收政策；美国经验

近年来，民办学校的分类管理成为学术界广泛讨论的热点问题。《国家中长期教育改革和发展规划纲要（2010—2020年）》明确提出要"积极探索营利性和非营利性民办学校分类管理"。党的十八届三中全会通过的《中共中央关于全面深化改革若干重大问题的决定》提出："健全政府补贴、政府购买服务、助学贷款、基金奖励、捐资激励等制度，鼓励社会力量兴办教育。"税收是调节和激励民办高等教育发展的重要政策工具，探寻美国在税收政策上对私立高校分类管理的做法，对于重新审视我国税收政策功能，完善差异化税收政策体系，促进民办高校健康发展具有重要的借鉴意义。

一、美国私立高校分类概况

美国私立高等教育具有悠久的历史，承担着与公立高等教育同样的三大核心功能。就此意义而言，20世纪以前的美国公、私立高校分野并不明显。20世纪以后，营利性私立高等教育迅速崛起，这一方面得益于工业革命以来实践技能培训学校的成长与积累，另一方面是由于《退伍军人权利法案》等联邦资助项目放开，造成营利性高校的扩招与扩张。根据美国教育部最新数据，2012—2013年，全美共有2 609所4年制大学提供学士以上学历教育，另有1 686所2年制大学提供副学士学历教育。其中，公立大学1 581所，比2000—2001年的1 647所下降了4%；私立非营利性高校或学院共1 346所，比2000—2001年的1 383所下降了3%。相反，私立营利性高校从2000—2001年的687所增长到2012—2013年的1 368所。[1]营利性高校成为美国高等教育中的重要组成部分，并仍保持强势的增长。

在营利性高等教育迅速抢占市场份额的同时,非营利性私立高校反而在长时间的发展中模糊了其在公众印象中的私立性质。无论是私立系统发达的美国,还是许多以传统的公立学校为主导的国家,以往对教育机构的公、私立二元划分越来越具有局限性,营利性或非营利性成为高等教育组织更为重要的区分标准。[2]在政府对私立高校的分类管理中,私立高校首先作为"营利性组织"或"非营利性组织"存在,其次才被赋予高等教育组织的意义(见图1)。

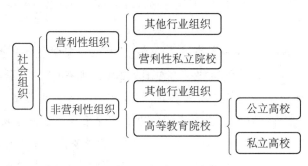

图1 美国私立高校分类体系

二、美国税收政策:私立高校分类管理的杠杆

美国私立高等教育的蓬勃发展,既与市场化的文化渊源有关,又与差别性的制度安排有关。其中,税收政策是美国私立高校分类管理的有力杠杆,根据政策对象不同,可分为面向机构、教职工和学生三类。

1. 高等教育机构的分类税收:自动获取与自动排除

美国法律对营利组织和非营利组织的区分十分简单,其中,不能把扣除成本后的净收入分配给组织的举办者和机构成员的是非营利组织,不受这一限制的是营利组织。学术界把该分界称之为"非分配约束"(Nondistribution Constraint)。美国《国内税收法》的501(c)条款列举了有资格获得联邦所得税减免的社会组织,并规定这些免税组织必须以增进公共利益和非营利为目的,不得为个人谋取利益。教育组织分属于501(c)(3)条款管理,其中的高等教育机构被称为"501(c)(3)院校"。符合上述条款的高校,其"非营利性"身份得到政府认可,自动获得免税身份,否则就被视为营利性组织,自动放弃此类税收优惠。在此甄别中,高等院校的公私属性并不是决定其享有何种税收优惠的关键因素。

私立非营利性高校自动获取的税收优惠(同时也是私立营利性高校自动放弃的优惠),主要有三类:第一,高校组织相关收入税收"豁免/征收"。虽然各州法律存在差异,但基本都以《国内税收法》的界定为依据,对非营利性私立高校免征联邦所得税、联邦失业保险税、州消费税和财产税,对营利性私立高校征缴上述税种。目前,营利性高校近40%的税前收入用于纳税,尤其是经营较为成功的营利性高校,其财产价值随着学校发展规模扩大、投资额增加而不断飙升。虽然营利性高校不断向政府游说要求获得税收优惠,且有些动议已获议会提案,但尚未有取消或减少营利性高校财产税等主要税收的提案被通过。

但是,作为私立高校,无论其营利或非营利性质,都需缴纳增值税、员工工资税、电讯类税、外资预扣所得税等相关税种。其中最具重要意义的是"非相关业务收入税",或称为"非本行业收益税"。当非营利性高校定期开展与其免税目的无关的业务时,就会产生"非相关业务收入"(如校属场馆向公众开放租赁收取的费用、培训项目与社会收费课程收入等)。为消除不公平的市场竞争,税收部门一般按照正规企业税率对此类收入征税。

第二,慈善捐赠税收"减让/征收"。税法规定,私立非营利性高校募集到的捐款收入免于联邦和州所得税;向非营利性高校捐赠的企业和个人,可按赠金额度享有不同程度的所得税减免。虽然私立非营利性高校的组织所得税豁免与非营利性组织税收豁免基本原则一致,但纳税人向教育组织的捐赠,在税收抵税方面可享有更大优惠:向私立非营利性高校及其基金会捐赠的个人,最高可要求对其调整后总收入的50%进行税收减免。实际操作中,由于捐赠物品的性质和捐赠对象不同,税收抵免比例一般在20%—30%。向私立非营利性高校及其基金会捐赠的社会组织(一般是公司),在不考虑资本利亏、股息扣除的情况下,最高抵免应税收入的10%。并且,捐赠抵税可以是现金捐赠,也可以是经过第三方股价的非现金捐赠。在所得税税率较高的美国,这一政策无疑鼓舞了社会各界对非营利性高校的捐赠,使更多的社会资金流向非营利性高等教育系统。

第三,教育活动和设施融资税收"减免/征收"。美国州和地方政府通过发行政府债券和私营活动债券为社会事业融资,利息可不计算在应税净收入内。政府债券只用于公立大学融资,而私营活动债券涉及的融资活动中,有两项与私立高等教育有关:一是"学生贷款债券利息免税",用于为高等院校学生提供低息贷款融资的债券,与"政府债券"一样享有利息免税;二是"'合格的501(c)(3)债券'利息免税",用于为私立非营利性高校筹借运营资金或为之提供无形资产的融资债权,也享受利息免税。营利性高校也可以获得学生贷款债券利息免税,但不能通过"合格的501(c)(3)债券"向社会筹集资金。也就是说,私立非营利性高校适用的免税债权,利率虽低,但容易得到投资者的认可,这使它们能够通过较低的借贷成本快速获得大量融资;而私立营利性高校只能通过吸引直接投资,筹集学校发展所需要的社会资金,且投资者需为此纳税。

2. 高校教职工的分类税收:义务均等与约束差异

第一,教职工纳税义务均等。私立非营利性高校与营利性高校的教职员工有同样的税收义务。主要税种包括:联邦个人所得税、州和地方个人所得税、社会保障税和医疗保险税等。就个人所得税而言,任职单位的性质与个人所得税的缴纳没有特定关系,但各州的税种和税率存在区别。私立非营利性与营利性高校的微弱区别在于,非营利性高校的雇员在团体人寿保险、医疗养老保险方面有一定优惠,但不保证每所学校都提供此类优惠。此外,营利性高校可以为管理层或有特殊贡献的教师提供股权,或者其他非工资形式的补偿/报酬。

具体税项涉及美国税收结构,并不是本文的重点。但计税方法和细则对私立高校分类管理有值得探讨之处。以个人所得税为例,联邦个人所得税是联邦政府财政收入的主要来源,其税基较为宽泛。除税法中明确规定的免税项目外,其余各种渠道的收入均应计入个人所得。个人全部所得减去免税收入,等于净收入。美国国税局假定,教职工从学校得到的任何资金都是应税收入,包括工资、奖金、服务费、学术奖金、专家酬金,甚至非现金形式的服务和不动产补偿。由于美国个税采用申报制,获得此类收入的教职工,需要依据税法条款向国税局申请将此类收入不计算在应税净收入中,从而得到相应的税收减免优惠。

第二,教职工收入约束差异。如上所述,私立非营利性高校和营利性高校都会在正常工资结构之外,为员工提供奖金、补偿金以及额外福利。此部分收入的税收征税政策颇为一致。但对于此部分收入的合理性和金额设定,非营利性高校和营利性高校的约束机制存在较大差异。私立营利性高校可自行设定员工薪酬结构与涨幅,不受税务部门的约束;而私立非营利性高校则受到税务部门的严密监管。

美国税法规定,私立非营利性高校的净收入禁止以任何私人或利益相关者为受益人。这里所指的"私人或利益相关者"指的是参与到高校业务和活动中,高校业务与其私人利益有关联的个人。而税务部门一直警惕私立非营利性高校可能通过给一些教职工(主要是高层)发放不合理的工资和奖金,进行利益分配,从而产生"禁止的私人利益"。美国《国内税收法》将非营利性高校的高薪员工分为两大类:一类被称为"ODTKE",即高薪管理人员、受托人或关键员工。ODTKE 的支付报酬属于免税组织与内部人的交易。如私立非营利性高校可以为学校创建者提供合理的补偿和报酬,但这种交易必须由第三方评估机构认定其具有合理性、控制在适度范围内,且需基于诚信、善意原则。如果有足够的证据认为 ODTKE 的报酬不合理,构成"利益分配",则有权撤销该大学的免税资格,并对不合理回报征收惩罚性税收。另一类被称为"非 ODTKE",即薪酬较高的投资经理、体育教练、院系领导、教师和行政管理人员等。对其监管主要体现在工资结构和数额设定是否合理,以及"额外福利"是否造成"禁止的私人利益",从而影响该高校的非营利性组织身份。

3. 高校学生的统一税收:合规院校的优惠共享

私立高校学生群体享有的税收优惠主要是收入免税、教育抵税和减税。不同税收优惠形式和项目可以组合运用。具体税收优惠项目的差别,与"符合规定的学生群体"和"符合规定的高等教育开支"的限定有关,而与学生就读院校的非营利或营利性质无关。只要是经过认证、有资格颁发高等教育学位证书的高等教育机构,都可以参与到联邦教育部的"学生资助项目",成为"合规的高等教育机构"。合规机构的学生在申请教育费用的税收优惠方面,享有同等地位和待遇。

以时间为划分标准,私立非营利性与营利性高校的学生享有三种税收优惠。第一,对过去已支出的教育费用予以税收优惠。主要包括:学生贷款利息扣除和学生贷款债务免税。即符合规定的教育贷款支付利息的个人,可申请将贷款利息从可纳税收入中减除并免税;学生贷款债务额不计入总收入,不予以征税。第二,高校在校生的学费可从调整后家庭收入中减除并予以免税。主要通过"希望抵税"、"机会抵税"、"终身学习抵税"、"高等教育特定开支的线上减除"等多个项目,实现免税。第三,对未来将要产生的教育费用予以税收优惠。较为著名的包括:"税法 529 条款合格学费项目",即存入各州政府或私立教育机构支持的教育储蓄计划的资金,用于支付符合规定的高等教育支出,则完全免税;"科弗代尔教育储蓄账户",若父母以未成年人名义建立账户,存入的钱用于支付符合规定的高等教育费用,本金和利息都免税;"教育储蓄债券的利息税收豁免",教育储蓄债券的利息收入用于支付符合规定的高等教育费用,利息免税。

综上所述,美国对私立高校的差异化税种、税率政策规定,使得不同机构定分止争、有效分流,起到了四两拨千斤的作用。对私立高校予以税收优惠,是减轻政府财政压力的理性选择,激发社会资金兴办高等教育的积极性。一方面,鉴于私立非营利性高校强公益性特点,税收优惠是认可鼓励、支持发展的最具体行动之一。对这类机构的税收减免和社会捐赠、融资的税收优惠,有力地推动了私立非营利性高校的发展。另一方面,对师生群体的统一税收,又为营利性高校留下了发展空间,使得高等教育系统更加多元和发达,从而整体上推动了私立高等教育的健康发展。

三、对我国民办高校分类管理税收政策的启示

税收是政府对民办教育进行宏观调控和公益引导的重要政策工具,由税收优惠引起的隐形财政支出,对社会经济发展具有广泛影响。我国应借鉴美国的有效做法,明确界定民办高等教育领域的课税或减免税对象,包括作为供给主体的非营利性和营利性高校、作为主要需求主体的学生和家庭、作为主要投资主体的民间资本和捐赠;精细设计非营利性和营利性高校的差异性税收原则,由高校根据其组织定位和目标自主选择、自动站队;准确设置有分有统、统分结合的税收管理办法,引导民办高校自愿选择、有序过渡,顺势实现分类管理,确保我国民办高等教育持续性健康发展等。

1. 合理定位税率税负,营造整体公平的环境

根据税收公平原则,税收调节社会分配,税负应在纳税主体间公平分配。[3]民办非营利性高校和营利性高校都是具有税法权利能力和行为能力的纳税主体,本应赋予相同的税收义务。但由于民办非营利性高校具有非营利性组织的一般特征,即非政府性、非营利性和公益性,可予以税收优惠、减免。一方面,《中华人民共和国企业所得税法》《中华人民共和国企业所得税实施条例》和《财政部国家税务总局关于非营利组织免税资格认定管理有关问题的通知》对符合条件的非营利组织进行免税资格认定,并予以相关收入免税。民办非营利性高校作为非营利组织的一种,应享有与其他行业非营利组织一致的优惠政策。另一方面,国家规定民办高校与公办高校具有同等法律地位,相关教育劳务收入享受备案类营业税减免。

民办营利性高校原则上不享有非营利组织相关收入免税,但教育行业税收具有较强的政策性,如果营利性高校的教育服务具有公益性,应予以有别于一般企业的税率优惠。同时,分配上的正义取决于对纳税主体负担能力的客观判断。应根据民办高等高校所处不同阶段,进行实时评估。如对在创建初期的营利性高校,为区别其营利性与非营利性而施以全额税收,可能导致其税负过重。可通过临时性政策,对营利性高校也予以适当的税收减免,保证明确细分、税负合理、平稳过渡、整体公平。

2. 完善教育税收制度，实行民办高校税收分类优惠

2002年，《民办教育促进法》提出"民办学校享受国家规定的税收优惠政策"。2004年财政部、国家税务总局发布《关于教育税收政策的通知》，规定民办高校免征营业税，但对于所得税问题没有明确说明。2007年全国人大通过新修订的《企业所得税法》，但亦未明确民办高校的纳税资格及优惠政策，民办系统内部的非营利性与营利性税收区别更有待研究。当前，尤其需要在公办高校、民办非营利性和民办营利性高校之间，明确增值税、营业税、企业所得税、城镇土地使用税、房产税、契税等税种和税率的应有区别。

此外，需健全财务监管机制，对非营利性高校的组织收入及其使用方式进行监督。我国对公立高校开办校企、举办社会培训所得收入的企业所得税减免等有所规定，但对民办高校的经营性收入，尤其是可能用于与其非营利性宗旨无关的活动的经营性收入，应有明确的现金流量净额信息和资金使用监管制度。对于利用非营利性身份开展经营性产业，但又未将其所得收入投入学校进一步发展的，应给予适当的惩罚性税收。

3. 强化教育捐融资税收激励，助力非营利性高校发展

社会捐资是美国私立高校经费的主要来源之一，而我国现阶段的民办高校主要以投资办学为主。已有法律法规和政策文件对这一阶段性特征估计不足。[4] 在教育捐资方面，《公益事业捐赠法》、《关于公益救济性捐赠税前扣除政策及相关管理问题的通知》和《中华人民共和国企业所得税法》等对捐赠免税资格和捐赠支出税收优惠进行了清晰的规定，但个人和企业捐赠的税收优惠并未得到较好的执行，且缺乏对高等教育捐资的特殊优惠，导致社会捐资办高等教育的政策动力不足。在教育融资方面，《民办教育促进法》和《民办教育促进法实施条例》鼓励社会基金组织、金融信托机构为民办高校进行贷款担保和资金筹措。但实际操作中，民办高校资产（包括教育用地）无法用于向银行抵押贷款，相当大部分民办高校通过担保贷款获取发展资金，却无法享有与公办高校同等的贴息和无息贷款。

随着经济、社会发展，社会捐、融资办高等教育的意愿和行为不断增加，对非营利性与营利性民办高校实行分类捐、融资税收政策，不仅有利于激励社会资金捐资办学的积极性，也有利于规避非营利性高校借公益之名行营利之实。为此，应鼓励公众对教育进行非营利性捐赠，对捐赠个人或组织给予个人所得税和企业所得税的扣除额优惠；鼓励资金和实物捐资相结合，扩大受捐范围；鼓励社会资本发展非营利性民办高校，探索非营利性民办高校的低成本融资工具，创新融资方式方法；建立银校合作，扩大民办高校可抵押资产范围，探索高校无形资产和收费权质押等形式，拓宽非营利性民办高校的筹资渠道，破解民办高校的融资瓶颈。

4. 尊重师生基本权益，提高各类主体的获得感

《国家中长期教育改革和发展规划纲要（2010—2020年）》提出要"依法落实民办学校、学生、教师与公办学校、学生、教师平等的法律地位"，但实际上，无论是教育内部公、民办高校师生同等待遇，还是教育外部相关税费优惠，都存在着制度性障碍。当前社会经济背景下，允许营利性高等教育办学，实施营利性与非营利性高校分类管理，仍应坚持对选择公办高校、民办非营利性高校、民办营利性高校的教师和学生一视同仁。教育大计，师生

是维系民办高等教育发展的重要因素。一方面,无论是哪类高校的教师,都是纳税人,都为社会主义事业培养人才,而无论是哪类高校的学生,都是纳税人的子女,都是社会主义事业的接班人。另一方面,公平对待师生群体,有助于为各类高校营造公平的发展环境,促进教师就业、学生就读的选择自由。

因此,个体享有的税收优惠,与所在高校的营利性或非营利性属性无关。非营利性与营利性高校的教师和学生,应享有平等的税收政策待遇。教师层面主要体现为,个人所得税的征收一致,教师个人其他收入的减免税政策一致。学生层面主要体现为,教育费用的抵税、减税和免税优惠一致,以及教育贷款利息的税收优惠一致。在依法依规的前提下,应对作出重要贡献的个人予以"合理回报"或"高薪奖励",允许教职工群体内部的收入差异,激发各类主体的从教活力。

参考文献:

[1] U.S. Department of Education. National Center for Education Statistics, Integrated Postsecondary Education Data System (IPEDS). Digest of Education Statistics 2013.
[2] Kevin Kinser & Daniel C, Levy. For-profit higher education: US tendencies, international echoes [M]. International Handbook of Higher Education. Springer, 2007: 7.
[3] 侯作前. 从税收法定到税收公平:税法原则的演变[J]. 社会科学, 2008(9): 112—117, 189—190.
[4] 胡卫, 董圣足. 我国民办教育发展的回顾与展望[J]. 教育发展研究, 2011(1): 18—22.

作者: 李虔,国家教育行政学院讲师,博士。

(原载《国家教育行政学院学报》2015年第8期)

论英国私立高校的内部权力结构

湛中乐 马梦芸

摘 要: 高等学校的内部权力结构通常由学术与行政二元权力结构体系构成。学术权力是一种"松散结合系统",行政权力具有科层制结构。英国私立高校的总体权力结构为学术权力和行政权力并重的双重结合模式。其纵向权力结构分为三个层次,由低至高分别是系、学部和学校;横向权力结构包含掌握学术权力的评议会与掌握行政权力的校务委员会和理事会,以及兼享学术权力与行政权力并作为连接二者桥梁的副校长。民主化的学术权力和中坚化的行政权力正是英国私立高校内部权力结构朝向大学治理的努力结果。

关键词: 英国私立高校;内部权力结构;学术权力;行政权力;大学治理

自近代大学在欧洲产生起,学术权力与行政权力以不同形态存续和相互作用就是高等学校内部权力结构所具有的共性。从比较研究的角度了解国外尤其是独树一帜且成就斐然的英国私立高校内部的学术权力与行政权力的结构和运行机制,对我们从整体上认识和把握高校学术权力与行政权力的历史与现状、探索高校内部的治理大有裨益,同时对改善我国高等学校学术权力和行政权力的关系也有很强的借鉴意义。

一、高校学术权力与行政权力的再界定

高校的内部权力结构通常由学术与行政二元权力结构系统构成。学术权力植根于深厚的学术造诣,是利用知识和能力影响他人或组织行为的权威,其合法性源于学术人员的学术水平和个人魄力,具有分权和民主的特征。而行政权力则来源于科层组织的约束,其合法性源于法律法规的明确授权,具有严格的等级制度和隶属关系,因而具有集权和强制的特征。[1]

1. 学术权力

自知识大规模产生并日益影响到人们的生活起,权力就与知识密不可分、相互蕴含。按照福柯的理论,权力通过建立有关知识领域完成对主体的规训与塑造,而知识通过预设和构成权力关系来维系和发展自身。换言之,知识成为权力最有力的工具。高等学校作为研究和传播高深知识的学术组织,掌握和制造着这个社会中最全面和最专业的知识,因而掌握了基于此的最大的权力。而在学术组织内部,谁掌握了高深知识,谁取得了学科体

系、专业组织的控制权,谁就拥有更大的权力。知识材料,尤其是高深的知识材料,处于高等教育之目的和使命的核心,因此"学术寡头"、"学术权威"就是权力的同义词。[2]这种权力就是学术权力,在高等学校内部主要被教授等学术人员和评议会等学术机构所掌握。

学术权力是国外高等学校内部权力机制中一个重要概念,学者们对它的界定不尽相同。概括而言,学术权力是学者个人或团体依据其学术水平和学术能力对学术事务和学术活动施加影响的权威和力量。[3]由于学术活动的自由性需求,学术权力具有"松散结合系统"的结构本质。学术权力不像行政权力那样表现为一个等级森严的机构体系,它更具有平等性、融合性、协商性。国外高等学校的学术权力通常由教授会、评议会、学术委员会、课程与教材委员会等决策、咨询、审议机构行使,这些机构通常表现为矩阵结构的组织样态,具有非科层制的结构特征。这是因为:首先,高校整体的目标与作为其成员的学术人员的目标既有一致性也有离散性;其次,教授等学术人员研究的独立和自由原则与组织性、约束性的科层制管理格格不入;再次,学术探索的不确定性与科层组织内在要求的确定性之间存在冲突;[4]最后,国外高等学校的学术人员主要集中在系、讲座教授或教研室,因而学术权力主要体现和发挥作用的场所只是这些基层组织机构,这种学术权力的"底部沉重"现象与权威集中于顶层的行政权力具有很大差异。

2. 行政权力

行政权力是组织中的行政机构和行政人员为实现组织目标,按照一定的规则或章程对组织自身及其成员进行管理的权威和能力。高等学校作为一种组织,由履行管理职能的行政机构和行政人员享有和行使行政权力。国外高等学校内部行政权力的主体主要包括董事会、理事会、校务委员会、校长或副校长及其领导下的行政职能部门、学部主任、院长、系主任等。这些机构或职位都是由个人组成或担任的,很多时候这些行使行政权力的个人又同时具备教授等学术人员的身份。因此必须强调的是,判断某一主体行使的权力是行政权力还是学术权力,不仅要以行为主体的职务性质为依据,在行为主体兼具行政和学术身份时还要着重考察该权力所针对事项的性质和所作用的领域。

现代高等学校的行政权力结构是一种金字塔形的科层制结构,居于金字塔顶端的科层领导拥有独一无二的领导权和决策权,强调依照一套系统的规章制度保障组织活动能够按照决策层的要求统一进行。[5]这种结构有稳固而有序的等级制度和原则,有严格的规章制度,有严密的财务制度,有分工明确、各负专责的行政机构和行政人员。在这种权力结构中,存在一种上级对下级的控制关系,下级机关的决策要按照明确规定的方式报上级审核。[6]行政权力的运行是自上而下的,并通过各个中间权力层级向下放射。这种放射一方面能够扩大权力影响的范围,但另一方面也同所有行政权力一样,会由于中间权力层级的传递而发生权力的"衰减"或"折射",[7]导致基层所落实执行的决策已经不是上级机构的政策原意。

二、双重结合模式:英国私立高校的总体权力结构

纵观国外高校内部行政权力和学术权力的运行机制,不同国家、不同类型甚至每一所

高校的内部权力运行机制都各有特色,概括而言,可以分为学术主导模式、行政主导模式和双重结合模式。从整个高等教育系统来看,欧陆国家的公立高校是学术主导模式的代表。其中,法国、意大利、德国、瑞典等国呈现出一种集权的特点,中央教育行政部门直接管理高校的内部事务,因而高校内部行政势力弱小而中央政府的教育管理权力较大。在学校内部,管理权力主要集中在学术人员手中,学术人员在学校决策中居于主导地位。传统的"教授治校"就是在学术主导模式下形成的治理理念,学术的主导地位既可以通过教授的个人统治,也通过学院式的集体统治得以体现。[8]在行政主导模式中,大学的组织较强,董事会和行政部门的权力大于教授的权力;而基层学院和系这一享有学术权力的重要机构仅在涉及学术事务的人事和课程方面有较大的权力。[9]美国的私立高等学校大多偏于行政主导模式,由教授行会与院校董事会及院校行政管理当局相结合,但教授的统治力量较弱而董事会的影响和院校行政官员的权力比较大。双重结合模式则体现为高校的内部权力基本上均衡分布于行政人员与学术人员手中,既不是行政主导,也不是学术人员主持。传统的英国私立高校即属于此模式,教授行会与院校董事会及行政管理人员的适度影响相结合,[10]基层行会权力较大,学术权力与行政权力的配置介于欧陆的学术主导与美国的行政主导模式之间。

英国私立高校的治理结构和理想使命很大程度上来源于牛津大学和剑桥大学的传统。1854年,《牛津大学法》对大学的管理权限作出调整,取消七日理事会,成立大学管理委员会。大学管理委员会涵盖各利益集团的代表,包括校长、副校长、学监、院长、教授和大学高级教职员全体会议成员。后来,这个委员会成为牛津大学的最高管理机构,负责制定规章制度等几乎所有的大学重要事项。[11]1856年,《剑桥大学法》规定学校的最高权力机构是由校长、副校长、博士和全体毕业硕士生组成的高级教职员全体会议。由高级教职员全体会议从行政人员中推选产生评议理事会,以及负责教学考试的学部总委员会,负责管理开支、产业和基础设施建设的财务委员会,和各系的管理委员会与学位委员会。[12]

此后,校外人士所代表的行政权力在学校管理事务中发挥的作用越来越大。虽然英国仍强调将学术自治权保留给教授,但实际上传统的自治观念和自治方式已经改变。"坚持外行控制不能仅仅被看成是正在上升的中产阶级占据着优势,新成立的学院没有一所是员工参与的,甚至在牛津大学新成立的学院中也不例外。完全可以说,在英格兰形成的员工自治的古老传统已经完全没有了,甚至更强劲的苏格兰传统在19世纪下半叶也受到沉重的打击。"[13]

与此同时,学者在高校内部权力结构中的影响也在逐步兴起,出现了新的管理结构模式。1832年,伦敦大学学院建立评议会。1870年,曼彻斯特欧文斯学院建立了由校外人士和本校学者共同参与管理的现代模式:校外人士在校务委员会和执行理事会中占多数,其主要作用是争取私人和当地机构的经费资助;而学术事务由校长和各科教授组成的学术评议会负责。这一模式逐步成为英国现代大学治理的典范。到了20世纪,评议会"开始获得了正式的决策权,而且更重要的是,开始获得了决策方面的广泛的惯例权",[14]英国高校内部将行政权力和学术权力适度影响相结合的双重结合模式逐渐确立并延续下来。

三、英国私立高校内部的纵向权力结构

以牛津、剑桥为典型代表的英国私立高校的纵向权力结构分为三个层次,由低至高分别是系、学部和学校(见图 1)。

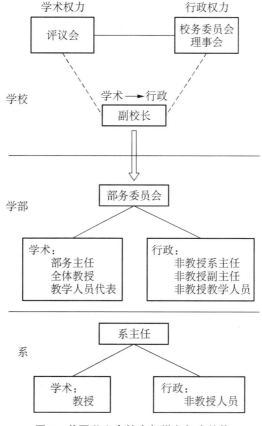

图 1　英国私立高校内部纵向权力结构

1. 系层面

一方面,在系内部,传统英国高校的系主任享有该学科正式的最高权力。英国私立高校系的权力等级不及德国或意大利森严,其决策方式相对民主。绝大多数系都设有系务委员会,由全体教学人员组成,有时也有学生代表参加。[15]简言之,在传统英国私立高校的系中,学术权力享有较高地位,"教授治校"得到了较好的贯彻。此后,新公共管理运动引发了英国私立高校系一级权力结构的重大变化,其目的取向是加强行政权力。[16]改革增强了非教授人员的管理作用,或者虽然仍由教授享有系的最高权力,但其角色已倾向于行政人员的身份;学术人员的权力尤其是学术自治权逐渐缩小,决策权集中于行政人员手中;决策制定由民主参与变为系主任个人决定的集权方式,系主任成为系一级权力的中心。[17]换言之,新公共管理运动后,英国私立高校内部系一级的权力结构由学术权力主导转向了行政权力与学术权力相持平的等级制的系结构(见表 1)。

表 1　新公共管理运动前后英国私立高校系一级的权力结构对比

时期 变化内容	新公共管理运动前	新公共管理运动后
最高权力机构	系委员会	系管理委员会
最高权力机构成员	系里的教授、教师	管理能力高的人员,并非一定是学术人员
最高权力享有者	作为学术领导者角色的系主任	作为管理者角色的系主任
最有权力发言者	学术人员	管理人员
决策制定权	系委员会	系主任和管理人员
学术权力	高:学术人员可自主决定课程的内容、教学方法和科研项目等	下降:课程的开设、教学内容以及科研项目基本上要接受管理者的安排
行政权力	低:只是简单的教务管理	提升:决定课程的开设与否,决定科研项目,对教职工的管理权力加大

另一方面,在系相对高校所承担的角色和职能分配上,高度专业化的院、系、研究所建制使高校各基层部门间更多地存在着分隔与断裂,组织内部的教学科研活动本质上还是由活动主体自作主张。[18] 比如课程设置、教学安排、学业考试、教授任命甚至学术活动预算等学术性事务都在系这一级提出和决定,上级机构审查后只能批准或发回而不能直接更改。可见,系一级在高校内部纵向结构中享有自治性很强的学术权力,体现了学术权力的"底部沉重"现象。

2. 学部层面

学部由相关的系组成,学部的决策机构是由全体教授、非教授系主任和教学人员组成的部务委员会。在现代高校中,非教授教学人员的代表也会参加部务委员会,并占全部成员的一半左右。因此,部务委员会的规模可能很大,在较大的高校中甚至可达 50 到 100 人之众。学部主任由部务委员会选举产生,是部务委员会的执行人员兼主席,通常该主任由教授担任。[19] 这种人员构成体现了学部一级行政权力的上升,也决定了学部中学术权力与行政权力的相持性。

3. 学校层面

在学校一级,权力主要由三个领域分享:一是掌握行政权力的校务委员会和理事会;二是掌握学术权力的评议会;作为高校教学和行政最高领导人的副校长,则是上述两层结构的联系人。校务委员会在形式上是学校的最高权力机构;理事会在很大程度上是其执行机构;评议会是一个由教授组成的管理机构,实际上拥有制定高校学术政策的全部权力。[20] 由理事会和评议会协商产生的副校长是高校"首席学术和行政官员",负责组织实施上述机构对学术权力与行政权力的行使和对二者关系的协调。

四、英国私立高校内部的横向权力结构

高等学校内部的横向权力结构主要是指学校层面的权力分配,英国传统私立高校是

行政权力和学术权力均衡模式的典型代表。尽管大学治理的形态多种多样,但一般来说,英国私立高校内部都分别设有掌握学术权力的评议会与掌握行政权力的校务委员会和理事会,以及兼享学术权力与行政权力并作为连接二者桥梁的副校长。

1. 评议会

根据1963年达拉谟大学和纽卡斯尔法案,除任命学术人员外,评议会是大学所有学术事务的最高管理和执行机构,服从法律保留给董事会和校务委员会的权力,采取措施和行动维护大学作为教育学习和研究地位的利益。[21]评议会通常由大学的全体教授、非教授系主任和某些当然成员以及若干从非教授教学人员中选出的代表组成,由副校长任主席。评议会的规模可能相当大,从50到200人不等,现在的趋势是缩小规模,扩大代表性。评议会通常通过其设置的各种委员会完成大部分工作,其中执行委员会由副校长任主席,由部务委员会主任和评议会选出的其他人员组成,负责准备和处理评议会的各种评议。[22]

在英国,尽管外行的影响对大学治理非常重要,但学术权威并未因此受到严重的挑战,权威属于并且只属于评议会。可以肯定地说,如果没有评议会提议、同意或者授权,学校不能作出任何有关学术事务的决策。对此,英国高教领域存在一些质疑和批评,认为高校过多地由评议会这样一个学术寡头组织来统治,甚至完全不受其他学术同行的影响。

2. 校务委员会和理事会

大多数英国私立高校的最高权力机构是校务委员会。校务委员会对大学的行政事务、财务、学校纪律和商业等事项进行管理。校务委员会由市政官员、企业人士、宗教代表、校友和其他组织的代表组成,近年来学生代表的数量有所增加,其规模从50人到600人不等。校务委员会通常一年举行一次会议,其职能在很大程度上是仪式性的,最重要的作用是确保高校与地方及舆论保持联系。因此在高校的实际管理中,理事会比校务委员会更重要。理事会的通常规模为30人,绝大多数为校外人士,近年来学者的比例正在增加。理事会一年举行六到十次会议,其主要职责是筹划经费、制定计划、维修设备和决定教授的任免。[23]但校务委员会仍是名义上的最高行政权力机构。

作为英国私立高校最高学术权力与最高行政权力的拥有者,校务委员会与评议会之间根据长期的习惯确定了两权分立的原则:纯粹关于学术事务的决策权力在评议会,只要不涉及有可能负债的开支,校务委员会都会无条件地全部接受评议会的建议;非学术性事务的决策权力在校务委员会,校务委员会从来不向评议会开放,也不接纳评议会的代表参加讨论。[24]只有在面临严重危机时,这种严格的权力界分才有可能被打破。当然,权力之间必有制衡,比如:校务委员会有权确定学术人员的任命条例并根据条例进行任命,但该任命必须依据评议会的评议;评议会选派一定数量的代表参加校务委员会会议;二者联合提名副校长候选人等。[25]

3. 副校长

由于英国私立高校正校长多为荣誉性质,通常由女皇、王室成员、地方长官或社会名流担任,所以副校长才是英国私立高校实际工作的主持人。副校长一般由学者担任,主持高校的日常管理工作。副校长通常由掌握学术权力的评议会与掌握行政权力的理事会联合提名,最后由理事会任命。由于副校长必须得到评议会和理事会双方的支持才能当选,因而副校长天然兼具学术性与行政性,扮演着"学者观点代言人"和"行政首脑"的双重角色。这种独特的角色和地位,使其成为学术权力和行政权力的交汇点,并构成两方均衡之势。

总的来说,英国私立高校副校长既不像美国高校校长那样将学术事务交给院长分担而主要掌握行政权力,也不像欧陆高校校长被认为主要是具有仪式功能的"同事中居首位者"。[26]英国私立高校副校长处于这两种模式之间,期望将高校行政领导与学术领导的角色系于一身。在20世纪60年代以前,"副校长的角色和作用不成为问题,可称之为'首席学术和行政官员'",[27]并且其在学术方面所起的作用相较于行政更为重要。这一时期,与美国高校校长相比,英国私立高校副校长更像一名学者而非行政官员。20世纪60年代以后,这一角色的性质发生了变化,罗宾斯报告有关大学成员的列表中将副校长称作"行政人员"就是其明显体现。一方面,通过启事招聘的副校长,其本身可能就并非学术人员。另一方面,随着高校拨款的大幅减少,决策变得紧急,为了调和行政官员的决策和学术团体成员的要求,副校长在某种程度上成了学术团体中行政决策的兜售者和说服者。同时,1988年《教育改革法》使英国私立高校迈入"法人化"的治理结构,许多公司治理措施被借鉴和运用于高校管理,副校长实际上成为公司的首席执行官,其行政色彩日益加强。

五、变革中的英国私立高校内部权力结构

高等学校内部学术和行政"两种控制系统不但在结构上相互分离,而且也是建立在不同的权力系统之上的"。[28]在中世纪,高校内部一开始并没有相对独立的行政系统,除校长或副校长个人外,行政事务完全由学生或教授组成的行会性质的机构负责,高校内部的行政性职位也由教师经选举担任。后来随着发展壮大,高校开始雇用部分员工协助进行一些管理工作。高校内部的行政部门直至15世纪前后才开始正式成型。例如牛津大学,直至1428年才开始出现校长秘书,1447年才建立注册办公室。在这种英国传统私立高校中,学术权力非常集中,体现为对学术作品的质量进行评价,进而对师生的学术能力作出评判的判断权。

这种判断的权力,在学术领域中天然地具备民主性。学术场域是一个强调复多而非一体的秩序,各个主体拥有同等的地位、同等的自由判断能动性,也不预先设置针对特定主体的高低优劣之别。因此,学术权力以自由判断和民主互动为最优行使方式。如果说每种判断都有一定几率接触到真理或有效知识的某些方面,那么让这些判断自由发生并加以深度互动和整合,将最有利于知识体系的发展。所以,学术权力的层级应当很简单,参与判断的主体应样本广泛、结构扁平,人为地强调一致性只能带来更高的一致错误的风险。20世纪60年代以后,英国私立高校内部权力结构的变革扩大了学术管理的参与范围,学术权力在更大程度上实现了民主化。这种变化是治校权从校外人士向校内学者手中转移这一趋势在高校内部产生的影响。虽然20世纪初的特许状几乎完全把学术权力

保留给教授,但随着非教授教学人员的增多和在学校管理活动中活跃度的增强,以及以非教授教学人员为主要成员的教师协会对高校的施压,治校民主化的趋势也在逐渐增长。非教授教学人员开始广泛参与学术权力的运作过程,并在学部一级发挥重大的影响;在学校一级,许多新的高校特许状取消了教授在评议会中当然成员的地位,缩小了评议会的规模,在提高评议会决策效率的同时也很大程度地提高了其民主性。

传统英国私立高校内部的行政权力作为一种事务性的辅助权力,在高校内部治理结构中相对孱弱。然而在迈向现代高等学校的过程中,由于国家主动引导高校发展,高校规模不断膨胀,发展战略呈现复合性、多元性,学术判断与其他领域的判断往往交叉重合并趋于混同,加之新公共管理运动的洗礼,行政权力的触角和影响无论在高校纵向结构抑或横向结构中都逐步延伸扩大,并最终在英国私立高校中成为一股与传统学术权力并驾齐驱、分立制衡的重要力量。

大学兴旺与否,取决于其内部由谁控制。这种控制并非学术权力与行政权力要在高校治理结构中争夺最高地位,而是二者在各自管辖事务范围内都是最高的权力和最终控制者。因此,为了实现大学治理,学术权力与行政权力应相互尊重、各司其职,在历史中汲取经验教训,在实践中不断磨合调整,共同推进完善有序的高校建设。而民主化的学术权力和中坚化的行政权力正是英国私立高校内部权力结构朝向大学治理的努力。

参考文献:

[1] 徐澄.学术参与:中国高校管理亟待建立的制度[J].现代教育科学,2006(3):68—72.
[2][8][11][21][25] 郑文.英国大学权力协调与制衡[M].北京:北京大学出版社,2011:19,36,47,122,209.
[3] 彭欣光.西方大学教授学术权力的比较分析[J].现代教育科学,2006(6):50—54.
[4] 夏民.法学视野中的大学自治——以大学权力为中心的分析[M].镇江:江苏大学出版社,2009:132.
[5] 高见.大学的科层化危机及其改造[J].高教探索,2004(5):33—36.
[6] 斯蒂尔曼.公共行政学[M].北京:中国社会科学出版社,1986:84—87.
[7] 张德祥.高等学校的学术权力与行政权力[M].南京:南京师范大学出版社,2002:27.
[9][10][14][15][19][22][23] 范德拉格夫.学术权力——七国高等教育管理体制比较[M].王承绪,等译.杭州:浙江教育出版社,2001:125,201,92,95,96,97,96.
[12] 梁丽娟.剑桥大学[M].长沙:湖南教育出版社,1990:47.
[13][24] Graeme C. Moodie and Rowland Eustace. Power and Authority in British University [M]. McGill Queen's University Press,1974:28-29,99.
[16] 毕宪顺.国外高等学校的学术权力与行政权力关系模式及其趋势[J].山东省青年管理干部学院学报,2003(6):79—80.
[17] Robert Smith. Departmental Leadership and Management in Chartered and Statutory Universities:A Case of Diversity [J]. London:AGE Publications. 2005,33(4):449-464.
[18] 王乾坤.大学组织特征及管理模式探析[J].武汉理工大学学报,2001(8):77—80.
[20] 谢安邦,阎光才.高校的权力结构与权力结构的调整——对我国高校管理体制改革方向的探索[J].高等教育研究,1998(2):20—24.
[26][27] Mary Henkel and Brenda Little. Changing Relationships Between Higher Education and State [M]. Jessica Kingsley Publishers,1999:285,281.

[28] 伯恩鲍姆.大学运行模式[M].别敦荣,等译.青岛:中国海洋大学出版社,2003:11.

作者: 湛中乐,北京大学宪法与行政法研究中心副主任、教育法研究中心主任,教授,博士生导师;马梦芸,北京大学法学院硕士研究生。

(原载《国家教育行政学院》2015年第3期)

英国私立教育及其财税扶持政策

匡建江　李国强　沈　阳

摘　要：英国学前、中小学、高等教育阶段的私立教育机构各有特点，但中小学和高等教育阶段的私立教育在整个教育体系中的占比不大。本文主要介绍英格兰及威尔士地区学前、中小学、高等教育阶段的私立教育发展及其财税扶持政策。

关键词：英国私立教育；私立教育发展；财税扶持政策

一、私立教育发展情况

（一）学前教育阶段

英格兰早期（early years childhood）或学前（pre-school）教育针对 0—5 岁的儿童。目前，英格兰地区所有 3—4 岁儿童每年享有 570 小时（通常为每学年 38 周，每周 15 小时）的免费学前教育。一些来自低收入家庭或有特殊教育需要的 2 岁儿童也可以获得部分免费的早期教育。

英国早期教育机构种类繁多，主要分为儿童保育员（chlidminders）机构、家庭组织（domestic premises providers）机构、非家庭场所的非政府早期教育机构（non-domestic premises providers，主要为私立和非营利的早期教育机构以及课外活动小组）、地方政府维持的早期教育机构（local authority-maintained，academies and free schools，全部由政府资助）、有幼儿班的独立学校（Independent schools with nursery provision）。

这 5 类早期教育提供者或机构中除了地方政府资助的早期教育机构之外，其他所有的机构或个人服务都需要由家长进行购买，但国家会根据儿童数量进行补助。

2013 年度，在国家督导办注册的儿童保育员有 55 900 名，以小组为基础的全日制早教机构有 17 900 个，部分时间制早教机构 7 100 个，而全日制儿童中心只有 450 个。课后保育机构数量达 13 400 个，课前保育机构达 12 800 个，节假日保育机构有 7 200 个。以学校为基础的早教机构则包括 400 所幼儿学校、7 600 所有附属幼儿班和学前班的小学以及 8 800 所有学前班但无幼儿班的小学。

（二）中小学阶段

英国基础教育阶段以公立学校为主，私立中小学所占比例较小，但其发展历史较长，形成了一批具有良好教育传统和较大规模的私立教育机构，如伊顿公学（Eton College）、哈罗公学(Harrow School)、温切斯特公学(Winchester College)、西敏斯特公学(Westminster School)。这些学校都被视为世界顶级的私立学校。

据英国教育部统计数据,截至2014年10月21日,英格兰共有2 377所私立中小学(其中包括1 600多所小学和700多所中学),约占英格兰24 354所学校总数的10%。此外,英格兰每年新开办约60所私立学校。截至2014年1月,英格兰私立中小学生约57.48万名,约占英格兰830万名中小学生的7%。苏格兰也有少量私立学校,北爱尔兰私立学校则更少。

在英格兰和威尔士,私立学校被称作"独立学校"。英国私立学校的特权性与精英教育特征比较典型,人们所熟悉的英国私立学校的象征——公学,就是明显的例子。严格的新生选拔和考试、学术性的课程、高水平的师资和教学是其精英教育功能的前提与保证。但英国私立学校由于收费昂贵,被视为"上流社会"的学校或进入"上流社会"的跳板。据英国广播公司(BBC)2014年8月报道,英格兰就读私立学校的中小学生比例虽只占7%,但英国50%的议会上院议员、36%的内阁成员、33%的议会下院议员、71%的资深法官、62%的高级军官、55%的高级公务员、53%的资深外交官、45%的公共机构主席、44%的《星期日泰晤士报》富豪榜上榜者都是读私立学校出身。

天主教学校和英国国教学校等教会性质的私立中小学在战后被并入公立教育系统,成为民办受助学校(Voluntary Aid school)或辅助学校(Assisted school)。这些学校虽仍属教会所有,并由半独立的机构管理,但政府对其控制很严,已不是严格意义上的私立学校。

20世纪80年代,为了改变英国公立学校发展不均衡及质量下滑的现象,撒切尔主导下的保守党政府开展了一系列提高教育标准的改革,把市场引入教育领域。《1988年教育改革法》决定创办城市技术学院(CTC),这是实行学校自治的一种尝试。城市技术学院主要是为城市地区的11—18岁学生提供侧重技术类专业特色应用性教育,它独立于地方教育当局,其约80%的办学经费来自中央教育部门,另外约20%由当地企业赞助,因而给予了企业参与学校教育的机会。在2000年,前英国教育与就业大臣大卫·布朗基特(David Blunkett)宣布"城市特许学校计划"(City Academies Programme)作为特色学校的补充项目,用以改变薄弱学校的教学质量并提高此类学校学生的学业成就。城市特许学校接受政府拨款,但由私人或志愿团体运作。2008年,城市特许学校(City Academies)中的"城市"(City)一词被去掉,此举标志着特许学校可以在非城市地区创建。

2010年7月,英国政府出台了《2010年特许学校法》(*Academy Act 2010*),仍将特许学校定位为公立学校,但其办学过程中的自主度较高,经费不通过地方教育行政部门拨付,而直接由教育部拨款。政府积极倡导成立自由学校(free school),自由学校唯一与特许学校的区别在于,后者主要是由已有的学校转变而来,而前者则能为不满意当地教育状况的家长和教师提供申请开设新学校的机会。换句话说,如果家长和教师团体有需求,他们可以通过一定的申请程序来开设自由学校。事实上,不仅家长、教师团体可以申请开设新学校,大学、慈善机构、商业机构、志愿团体等都可以申请开设自由学校。自由学校本质上是一种特殊的公立性质的学校,国家的财政拨款仍然是其最重要的财政来源之一。截至2014年6月,英国教育部已批准331所自由学校招生。

(三) 高等教育阶段

英国有155所具有独立学位授予资格的大学(Recognised Bodies),其中6所私立院校拥有学位授予权,即1976年成立的白金汉大学(University of Buckingham),2012年获得批准的摄政大学(Regent's University)、法律大学(University of Law),2013年获得批准的BPP大学(BPP University,归美国阿波罗集团所有,也是英国目前唯一一所营利性大学)、阿什里奇商学院(Ashridge Business School)和英国金融国际服务协会大学学院(ifs University College)。

英国还有650所提供完整学位课程但不具备单独学位授予权的"指定机构"(Listed Bodies),它们可以通过与具有学位授予权的大学合作来使自己的学生获得大学学位。此外,英国还有一些无法提供完整学位课程的高等教育机构。

近些年,私立高等教育机构的不断兴起也成为英国自主办学的一个新特点。私立大学完全依靠收取学生学费维持,没有政府高等教育拨款委员会的资金支持,这被视为经费削减形势下英国发展高等教育的一个新途径。这种途径既能增加大学生人数,又不需要纳税人负担经费。英国商务、创新与技能部出台的政策鼓励在高等教育领域加大竞争,相关部门正在考虑修改法律、放松限制,以便促进更多私立大学的建立。越来越多的公司也在加入这一行业,如英国著名出版社及教育机构培生集团于2013年2月宣布开设培生学院(Pearson College),通过与公立大学合作的方式开设2年制或3年制的以教授实践技能与动手能力为主的商业课程,颁发与其合作的公立大学的相关文凭。其他诸如英国的剑桥教育集团(Cambridge Education Group)和因图集团(INTO)、澳大利亚的纳维塔斯集团(Navitas)和学习集团(Study Group)、美国的卡普兰集团(Kaplan)和阿波罗集团(Apollo Group)也是比较大的私立教育集团。另外,还有100所左右的海外私立高等教育机构在英国设有分校。

据2013年6月由英国商务、创新与技能部发布的《英国私立高等教育现状》报告显示,英国至少有674所私立高等教育机构,学生总人数约为16万,而英国2013—2014学年本科及以上学生总数达234万。

二、政府对私立教育的财税扶持政策

英国的私立学前教育机构、独立学校和私立高校一般都注册为慈善机构。虽然这样获得的财政扶持较少,但可以在税收方面获得不少优惠。

(一) 财政扶持政策

1. 私立学前教育的财政扶持政策

英国政府根据私立学前教育机构的学生数量确定财政扶持的数额。大部分的私立学校学前教育机构主要通过向学生家长收取费用以维持运营。

2. 私立中小学的财政扶持政策

私立中小学自行承担主要的投资、运营费用,但如果地方政府安排了私立学校接收学生,特别是社区有特殊需要学生(如残障学生),则该学校可获得政府补助。英国教育部2014年9月4日公布的《英格兰特殊教育需求学生统计报告》显示,2014年,由独立学校接收的特殊教育需求学生比例为5.1%,非公立特教学校接收的特殊教育需求学生比例为1.7%。据拥有1 257个私立学校会员的独立学校理事会(Independent School Council,ISC)2013—2014学年度统计报告,其会员接受来自早期教育资助、地方政府补助、"政府音乐舞蹈人才计划"补助以及其他来源的资助金额达1.17亿英镑。据咨询机构牛津经济研究院(Oxford Economics)2014年发布的报告,独立学校理事会会员学校对英国经济的增值(Gross Value Added)贡献额达95亿英镑,相当于利物浦市的经济总量,缴税额达36亿英镑。

英国政府通过的《2010年特许学校法》允许私立学校转变为特许学校,条件是其提供免费教育。同时,政府大力推行自由学校项目以支持企业、私人、民间团体和私立学校开办自由学校。特许学校的办学主体来源广泛,可以是个人、企业、社会团体、宗教团体、大学等,因而形成了多主体的办学格局。

特许学校项目和自由学校项目逐渐打破了私立和公立教育之间的界限,许多独立学校已经在赞助或共同赞助公立学院,与公立学院分享专业知识,推动公立学校的发展。据教育部统计,截至2014年年初,已有16所私立学校通过自由学校和特许学校项目被纳入到公立教育体系中。特许学校项目的发起人、英国教育部前学校事务国务大臣安德鲁·阿道尼斯勋爵在2014年1月表示,预计今后10年中将有100多所独立学校陆续被纳入到公立教育体系中。

3. 私立高等教育的财政扶持政策

私立高等教育机构主要依靠收取学费来维持运营,英国政府支持私立高等教育机构的方式主要是由政府下辖的学生贷款公司(Student Loan Company)向学生提供学费贷款。此外,私立高等教育机构也申请科研经费,但其研究能力一般较弱,因而获得的经费较少。下面主要分析学费贷款对私立高等教育机构的支持情况。

英国政府在2012年将学费标准上限提升至9 000英镑后,学校直接从政府得到的拨款数额减少,而更多收入来自向学生收取学费。大部分学生在入学时都可以向政府申请贷款,学费贷款将直接打入学校账户,等到学生毕业后且年收入达到21 000英镑后再按月偿还,30年后仍未还清的贷款余额将被一笔勾销。不仅像摄政大学和白金汉大学等注册为公益机构的慈善组织的大学中的学生有资格申请学生贷款,像BPP大学这样的营利性高等教育机构中的本科学生也有资格申请学生贷款。据英国大学校长联盟发布的报告,2012—2013学年,私立高等教育机构获得学费贷款的学生人数比2010—2011学年多了21,500人。

2011年颁布的《把学生置于体系的中心》白皮书还提出了一个"核心加边缘"的办法,给私立高等教育机构占有一定市场份额留下了空间。白皮书计划从2012年起,除了优等生的录取不再受名额限制外,给收费在7 500英镑以下的学校预留2万个招生名额。因为大多数大学的收费都超过了这个限额,所以该政策的主要受益者将是私立高等教育机构。2010年公布的《可持续发展技能》报告中还提出,政府从2013—2014学年度起,将为接受继续教育的部分学生提供贷款。

据2014年3月28日《泰晤士报高等教育》道,2013—2014学年,私立学院学生获得的贷款数额为4亿英镑,政府还计划将2014—2015学年的贷款额增至6.5亿英镑,比2010年私立学院学生获得的3 000万英镑的贷款额几乎增长了22倍。2014—2015学年,政府还将为私立学院学生提供2.5亿英镑的生活费贷款。这样,私立学院学生贷款总额将达到9亿英镑。2015—2016学年,私立高等教育机构学生获得贷款额将达8.5亿英镑。

此外,通过签订合作协议,公立大学为私立高等教育机构提供包括英语课程、大学基础课程、一年级教育和研究生预科教育在内的教育服务。虽然政府不直接向私立高等教育机构拨款,但实际上通过公立大学向私立高等教育机构购买服务的方式来支持私立学校的发展。

(二) 税收优惠

允许私立学校注册为公益性"慈善组织"是英国私立教育的一大特点。近半的私立学校注册时登记的是慈善组织,以便把自己和一般私人企业区分开来,从而获得减免税收的待遇。《英国私立高等教育现状》的调查显示,54.6%的私立高等教育机构注册为营利性组织,39%注册为非营利性组织,6.4%归类为"其他"。

英国税法规定,教育是属于"非营利性"的事业,只要是在教育方面的收入均不需要纳税,无论是来自政府财政的投入,还是来自公司、企业、个人的资金,或是通过对外提供技术咨询、技术转让、技术培训和服务性活动所取得的收入。属于公益事业的英国私立教育机构与公立教育机构一样,相关税收优惠范围包括四个方面。

第一,免交资本增值税、所得税以及企业税。例如,不动产增值收入、股票分红、银行存款利息等收入都免税。大学围绕其宗旨(如教育、科研)开展的活动以及其他为了学生利益开展的活动可以免交企业税。例如,英国高校从政府机构、企业、国际组织获得的研究项目经费可以享受免税优惠,学生宿舍、学生与学校员工使用的餐厅可以免交企业税。但是,不在机构宗旨内进行的营业收入需要缴税。根据实际情况,政府会对高等教育学校发生的各种交易降低营业税率。

英国对所有应缴税的供给商品或劳务征收标准税率为17.5%的增值税,但对特定商品实行零税率,如销售捐赠物品、出版图书等;对供给慈善事业的燃料和能源实行5%的税率。此外,还有市政税优惠,如学生免交市政税。学校的房地产印花税、与其关联的公益性公司的营业税等也享有税收优惠。

第二,如学校接受捐赠,可以根据相关契据、合同、收据等要求减免所得税。例如,学校得到英国文化委员会或皇家学会的奖学金、捐赠等则无需纳税,得到一些基金会关于教育方面的捐赠也无需纳税。同时,政府还鼓励个人以提供奖学金名额等方式捐赠,学校对该部分无需纳税。根据英国大学校长联盟的报告,2012—2013学年,119所大学校长联盟的成员得到来自于22.3万名捐赠者的6.81亿英镑赠款。

第三,企业和个人捐赠的税收减免一般通过以下方式运行:当捐赠人是企业时,可以将捐赠的全部款项从其应缴纳税款中扣除相应数额;个人捐赠的税收优惠包括遗产税减免、所得税减免、工资单捐赠减免。

- 遗产税减免:英国法律规定,遗产税税率为40%,若捐赠人向慈善组织捐赠遗产且未获得相关利益,则免征遗产税。例如,捐赠人向慈善组织捐赠的遗产超出该遗产净值的10%,则遗产税税率可降至36%。

- 所得税减免:个人所捐款项按照低税率缴纳所得税,而且受捐赠慈善组织可从税务局取得所征收该部分所得税。例如,个人向慈善团体捐赠100英镑,可按照捐赠125英镑的标准减免所得税,如果当前的基础税率为20%,那么该捐赠人只需缴纳25英镑的税收,慈善组织可向税务局申请返还这25英镑。如果该捐赠人是基础税率纳税人,就不能获得更多的税收优惠。如果他是一个较高税率(40%)的纳税人,125英镑的应税收入要缴纳税收50英镑,而作为捐赠款,这125英镑只需按照优惠税率缴纳税收25英镑,这样该捐赠人就获得了额外25英镑的税收减免。

- 工资单捐赠减免:雇员可授权雇主从其税前工资总收入中扣除一定数额支付给慈善组织,税务局在征收所得税时就会将捐赠额予以减免。

第四,对受教育者实施税收优惠政策。针对儿童的税收抵免政策(Child Tax Credit)是指对16岁以下儿童的家庭,税收抵免额为每周8英镑;对已婚夫妇扣除限额为应税收入的10%,若父母一方应税所得于218英镑时,每超过15英镑,税收抵免额就减1英镑;对离异夫妇,税收抵免额可经协商后由一方享有,也可根据与孩子居住时间长短在双方之间分配。

三、相关财税政策的实施效果和未来走向

近年来,由于英国政府实行财政紧缩政策,政府财政在教育领域的支持力度逐渐减小。在学前教育方面,尽管保育机构和人员的质量都有所提高,但处境不利儿童与一般儿童的学业差距并没有缩小。很多私立保育机构认为缺乏足够的经费以提高质量,并对自身发展的可持续性表达了担忧。

在自由学校项目方面,据2014年10月19日《独立报》报道,政府徒费了5 000万英镑在国家督导办评级为"不合格"或"需要改进"的自由学校上,104.3万英镑花在被取消或是撤回申请的自由学校上。一所自由学校被评为不合格后又重新更名为另一所学校,实际上连校长、办学地点和学生都没有变。另外,第一、二批被批准的79所自由学校中,1/3的学校被评为"不合格"或"需要改进",1/5的英格兰学校被评为"不合格"或"需要改进"。从小学生的毕业考试成绩来看,在地方政府运营的学校中,79%的学生达到了国家对阅读、写作和数学科目规定的要求,而自由学校中的这一比例只有70%。参加2013年国家课程

评估考试的自由学校中,除 1 所自由学校外,其余所有自由学校成绩都低于当地其他学校成绩以及国家平均成绩。

在大学生申请贷款方面,英国商务、创新与技能部在 2013 年 11 月下旬命令 23 所学院停止招收国家高等教育证书(HNC)或国家高等教育文凭(HND)的新学生,并中止了这些私立学院学生申请 2013—2014 学年来自于学生贷款公司的贷款。这主要是因为当时提供给私立学院学生的贷款额度已比政府原来的预算超出 8 000 万英镑。2014—2015 学年,私立高等教育机构的招生人数将设立上限。2015—2016 学年,公立大学的本科生招生人数限制取消后,私立高等教育机构的招生人数会受到控制。此外,目前来自欧盟国家的学生与英国本地学生享受一样的学费和生活费贷款待遇,英国商务、创新与技能部正在咨询意见,拟将欧盟学生申请生活费贷款的在英居住时间要求由 3 年调整为 5 年,但学费贷款要求不变。

在税收政策方面,政府之前允许给予私立学校资质是因为其能明显减轻公立学校的压力。但是,近年来,慈善机构的主管部门慈善机构委员会(Charity Commission)正在根据《2006 年慈善法》(*Charities Act 2006*)重新衡量私立学校究竟能给社会公众带来多少利益,包括是否让社会公众享用其设施、是否让其他公立学校享受其优质教师资源等。据 2014 年 2 月 21 日《独立报》报道,私立学校"预先付费计划"允许家境较好的家庭一次性将学费投入私立学校的信托基金,使学生父母获得的收益不用纳税。

目前,英国各政党正在紧张备战 2015 年 5 月大选,但不管哪个政党执政,预计政府财政紧缩政策将持续较长时期,私立教育机构的财税政策在近期不会有太大变化。

作者:匡建江、李国强、沈阳,中国驻英国大使馆教育处秘书。

(原载《世界教育信息》2015 年第 2 期)

日本私立高等教育公益性的维护及对我国的启示

陈文联

摘　要：合理的制度安排是实现私立高等教育公益性的前提和基础。为有效促进私立高等教育公益性的实现,日本政府一方面构建了完备的私立高等教育法规体系,在私立学校的性质、设立、内部管理体制及其日常运作等方面均从法律上作出了具体而详细的"公益性强制";另一方面通过立法方式明确了政府对私立学校的财政资助责任,为私立高等教育公益性的实现提供了强有力的物质保障。依靠健全的法律法规体系与完善的财政资助制度,日本私立高校的公益性得以有效维护。这些经验对于当前我国民办高等教育的发展具有重要的借鉴意义。

关键词：民办高等教育；私立高等教育；私立大学；教育公益性；日本高等教育

"公益性"是民办高等教育理论和实践中非常重要的一个概念。对于这个概念的含义,学术界尚存有争议。但在民办高等教育分类管理时代,我们可以重新将简单且清晰的含义归还给"公益性"：公益性首先意味着非营利性。据此,坚持非营利性的办学原则,应是民办高校公益性办学的基本准则。[1]

在日本,私立高等教育在整个高等教育发展中占据举足轻重的地位。据日本文部科学省2013年8月发布的报告,私立高校占全部高校总数的77.5%,在校生数占全部在校生总数的73.5%。[2]要探究日本私立高等教育发展所取得的成绩,不能不提及日本健全的法律法规体系与完善的财政资助制度。正是这两大"利器",有效维护了日本私立高校的公益性,使私立高等教育获得了良性发展。基于此,本文拟从上述两方面入手,剖析日本政府在维护私立高等教育公益性方面的制度安排,藉以作为探讨我国民办高等教育公益性保障机制之借鉴。

一、根本保障：健全的法律法规

在日本,私立高等教育立法体系可谓完备、系统。这一体系,以国会于1947年通过的《教育基本法》和《学校教育法》为基础,以《私立学校法》(1949年)为核心,以《私立学校振兴助成法》(1975年)以及由文部科学省制定的《私立学校法施行令》(1950年)、《学校法人会计基准》(1971年)、《私立学校振兴援助法实行令》(1976年)等各种实施规则为辅助。正是依靠这种层次分明、完备严整的私立高等教育立法体系,才使日本政府依法治教,才使私立高校依法办学,也为有效维护私立高等教育公益性提供了强有力的法律保障。

具体来说,在保障私立高等教育公益性方面,日本政府从私立学校的性质、设立、内部管理体制及其经营管理等各方面,均从法律上作出了具体的"公益性强制",以维护私立高等教育的公益性。

(一) 明确私立高等教育的公共属性

日本非常重视私立大学的公益性与公共性。1947年的《教育基本法》首次以教育立法的形式明确规定了私立高校的公共性质。该法第6条明确指出:(学校教育)法律所承认的学校,是具有公共性质的。[3]1950年颁布的《私立学校法》,是指导战后日本私立教育发展的基本法律。该法第1条开宗明义地规定了私立学校的自主性与公共性,明确该法的制定是"以尊重私立学校的自主性、提高私立学校的公共性,使私立学校得以健康发展为目的",[4]再次从法律上明确了私立高等教育的公共属性。

(二) 对私立高校设置作出"公益性"规定

为确保私立高校办学公益目的的实现,提高其公共性与自主性,并促进其稳定健康发展,日本政府还在法律上对学校设立标准作了"公益性"强制规定。日本《私立学校法》明确私立大学属于捐资办学性质,按"学校法人"进行依法登记注册;强调学校法人才能设置私立学校,而学校法人的设置者必须是不以营利为目的的公益法人。[5]该法第30条还规定:欲设立学校法人者,必须以此为目的捐赠其财产,并依据一定程序,申请主管机关批准其捐赠财产的行为。[6]也就是说,作为私立学校设置者的学校法人,是具有公共性质的非营利法人。

(三) 对私立高校法人治理制度作出规定

私立高校法人治理制度应以实现私立高校的公共性为前提。基于此,日本《私立学校法》对私立学校治理结构作了许多明确的"公益性强制",以彰显学校治理的公共性。

1. 理事会。理事会是日本私立大学法人的意志决策机关和最高管理机关。按照日本《私立学校法》要求,学校法人的业务必须由半数的理事来决定。为防止少数理事专断,更多地体现学校法人的公共精神,该法从第35条到第40条对学校法人的成员作了相关规定。第38条对理事产生的范围作了如下规定:(1)私立大学的校长;(2)评议员;(3)学校创建初期的功绩者、有学识的经验者、宗教团体的成员。理事的人数应在5人以上,可视学校规模大小而定。为防止理事会成员家族化,第38条还规定:学校理事会成员中,任何人的配偶和直系亲属都不许超过一人。[7]而且,《学校教育法》第9条(不具备校长及教员资格情由)的规定适用于理事。① 这些强制性规定被认为保证了学校法人的公共性,阻止了私立大学管理上的家族化。

2. 评议员会。为了保障学校法人的公共性,日本《私立学校法》第42条规定,私立学

---

① 《学校教育法》第9条规定:"有下列各项情况之一者,不得担任校长或教员:(1)禁治产者以及准禁治产者;(2)曾被处监禁以上刑罚者;(3)受没收许可证处分未满二年者;(4)自日本国宪法施行之日起,组织或者参加主张以暴力破坏日本国宪法或依据宪法成立之政府的政党及团体者。"出自于邵金荣. 中国民办教育立法研究[M]. 北京:人民出版社,2000:175。

校法人必须内设评议员会,由超过理事人员人数两倍的评议员组成,作为学校法人的咨询机构,但根据捐赠情况,该机构也可成为学校的决议机构。[8]关于评议员会的职能,按照《私立学校法》第42条的规定,理事长在下列情形下必须事先征求评议员会的意见:(1)预算、借款及重要资产处理事项;(2)合并;(3)捐赠行为的变更;(4)营利事业的重要事项;(5)由捐助人决定的重大事项。第43条规定:评议员会可就学校法人的业务、财产状况或理事会成员完成业务的情况,向理事会成员申述意见、回答咨询,或要求理事会成员作出报告。[9]第46条还规定,学校法人决算必须在每个会计年度结束两个月以内,由理事长向评议员会提出报告,征求意见。从以上规定中不难看出,评议员会虽然就性质而言是设置于学校法人内部的会议制咨询机构,但就其职能而言,实际上对学校财产的使用和理事的业务执行行为仍具有一定的监督和制衡作用,从而成为日本学校法人治理结构中特殊的监督机制。[10]

3. 监事会。监事会是学校法人的法定监察机构。按照日本《私立学校法》的要求,私立学校法人必须设置2人以上的监事,其主要任务是监察学校法人的财产使用和理事的履职行为,具体事项包括以下三方面:第一,监察理事执行业务的状况;第二,监察学校法人的财产;第三,发现学校理事或法人有不当问题时,向管辖者或评议员会报告。[11]很明显,学校法人监事对理事会具有一定的监督制衡职能。

(四)对私立高校办学运行监督管理作出规定

对于私立大学法人办学,日本政府和社会有责任监督其非营利性,确保其为公共社会服务,保证办学水平和教育质量,从而维护高等教育的公共性与公益性,防止学生和家长、社会以及国家的利益受损。鉴于此,日本政府立法中对如何有效监督私立大学办学的营利性也作出了许多具体规定,以保障教育公益性的实现。

1. 收益事业监管。日本《私立学校法》第26条规定,学校法人在不影响所设私立学校教育的前提下,可以从事以收益为目的事业,以其收益补充私立学校的经营,但所办营利事业的范畴只能由主管机关在听取审议会的意见后确定,并加以登记、公告;所办营利事业单位的财务必须与学校财务分开,其盈余必须用于学校办学而不得挪作他用。该法第61条还规定,当学校法人将营利事业获得的收益用于私立学校以外的目的,或者该营利事业的继续存在影响到学校教育时,主管机关有权责令停办学校法人的营利事业。[12]显然,这些规定同样保障了教育的公共性与公益性。

2. 会计账务监管。日本《私立学校法》等法律规定,国家可以对私立学校的发展给予资金补助。但是,为了保证补助的公平性和补助金的合理使用,日本文部科学省颁布了《学校法人会计基准》,要求学校法人必须按照该基准规定的会计科目、记录方式和计算方法进行会计处理,对其中违反会计准则的学校,主管部门有权决定减少其补助金额。此外,学校法人还必须按照要求向主管部门提交会计报告并接受审查。《私立学校振兴助成法》还赋予主管机关在是否补助及补助金额上相当大的自由裁量权,并且否认对私立学校进行经费补助是国家的义务。所以,主管机关可以利用补助金制度达到监管私立大学、维护公共利益之目的。

3. 日常事务监督。法律还赋予日本文部科学省对学校日常事务执行中的不当行为进行监管。例如,针对曾经出现的以高额捐赠作为新生录取条件的不公正现象,以及接受了国家经费资助但内部管理中存在明显不当行为的部分私立大学,文部科学省采取了一系列监管措施:停发国家经费补助、要求归还补助额;加强行政监督检查,每年对学校法人内部管理工作组织运行状况进行全面检查;建立"学校法人管理检查委员制度",每年对私立学校的管理运行状况进行一定数量的调查,并作必要的指导、建议工作,一旦发现违法或不当行为,及时采取强制和制裁措施。[13]

从上面的叙述中不难看出,为了保障私立教育的公共性与公益性,日本政府从法律上对私立学校的法人性质、内部管理体制以及办学监督等方面均作了具体的"公益性强制",从而有效地保障私立高校公益性的实现。

二、重要保障:完善的公共财政资助制度

政府公共财政资助对保障私立高校的非营利性与公共性具有非常重要的意义。一方面,公共财政资助不仅有助于减轻私立高校的财政压力,保障教学投入的充足性,促使其集中精力提高教育教学质量,实现公益性办学;另一方面,政府可通过制定获得资助的条件对私立高校进行必要的监督与干预,使私立高校的作为不致偏离公民与社会的期望,保障私立高校办学的公益性。基于此,日本政府从20世纪70年代开始,相继制定了《私学振兴财团法》(1970年)、《私立学校振兴助成法》(1975年)、《私立学校振兴援助法实行令》(1976年)以及《私立大学等经常费补助金分配基准》(1976年)等系列配套法规制度,明确对私立大学的资助办法、方式与条件,为保障私立大学的公益性提供了强有力的财政基础。

具体来说,日本政府对私立大学的资助制度有两大鲜明特色。

(一)直接与间接:政府资助的主要方式

根据《私立学校振兴助成法》的规定,日本政府对私立高校的资助包括直接资助与间接资助两种方式。

1. 直接补助。直接补助主要包括两个方面:(1)私立高校经常性费用的补助。经常性费用的补助包括两项:一是"一般补助",指的是以各校在籍师生数给予的补助;二是"特殊补助",指的是对私立高校学术研究或特定专业和课程的教学所给予的补助。经常性费用补助金是日本政府对私立高校最重要的资助款项,于1980年时达到最高点,占私立高校经常费用总额的29.5%,以后则逐年下降,但基本保持在10.0%以上。[14](2)私立高校学费借贷事业的援助。对学生的资助主要通过育英奖学制度实施。"日本育英基金会"专门负责对学生奖贷资金的筹集和发放工作。[15]根据《日本育英会法实施条例》,私立高校学生不仅可以享受国立、公立高校学生的同等待遇,向育英会申请低息或无息贷款,而且每月的贷款金额还可高于国立、公立高校的学生,偿还期限最长可达20年。[16]

2. 间接补助。日本政府对私立高校的间接补助,主要有税收优惠、长期低息贷款等。(1)税收优惠政策。为保证私立高校的公共性和公益性,日本政府对私立学校实行税收优惠政策,主要包括:一是免税。比如,学校法人经营非营利事业时,免除法人事业税;学校

法人在开具合同时,免除印花税;学校法人直接用于不动产及学生宿舍的,免除不动产所得税等。二是减税或降低税率。如,日本所有以营利为目的的企业法人都必须交纳37.5%的法人税,而学校法人在经营营利事业时,享受减免税待遇,由37.5%的税率减为27.0%。同时,日本政府还根据不同情况实施不同的税率。三是税前捐赠享受优惠税收政策。如,个人向私立高校捐款的可以从所得税中扣除捐款额度,上限额为该个人所得的25.0%。[17] (2)长期低息贷款。日本私立学校振兴会及地方团体对私立学校的校舍维修与新建以及土地、教学设备的购置等项目发放长期低息贷款。贷款经费主要来自国家拨款和财政金融投资,所以对私立高校而言,这种贷款也可以理解为政府的间接财政资助。据统计,2006年至2010年,日本私立大学的长期贷款金约一半来自私立学校振兴会,而短期贷款金3/4来自商业银行。以2010年为例,日本私立大学当年从私立学校振兴会获得的长期贷款总额约为4 180.6亿元,短期贷款仅为489.7亿元。[18]从这一个侧面,反映了私学振兴财团贷款项目对于私立高校改善办学条件起着积极的作用。

(二)公益性与公共性:政府资助的主要目的

对于政府资助私立学校的目的,《私立学校振兴助成法》明确规定:一是提高和改善教育条件,提高私立大学的教育质量;二是减轻学生家庭负担;三是促进私立学校经营的健全化,提升学校的公共性与公益性。为了将上述目的落到实处,该法对政府资助私立高校的条件也作了许多规定:首先,学校法人必须自觉完善自身的财政基础,减轻学生经济负担,不断提升办学水平与教学质量。其次,学校法人必须按照《学校法人会计基准》的要求进行会计处理,定期将学校资产表、收支计算表等有关报表呈送主管部门。第三,受到补助的私立高校必须接受主管部门的强制监督,提供报告并接受质问等。如果私立高校违反或对抗命令、教学条件或管理运营欠佳、财政状况不健全以及超出或未达到限定的办学规模时,该补助金将被削减或取消。[19]从某种程度上说,日本政府对私立学校的财政扶助政策,也是"在切实把握这些私立学校的财政状况及其经济行动的方法后,为了维护社会整体的公共利益与教育公益性,考虑需要公共扶助后才决定的"[20]。显然,更好地维护私立高等教育的公共性与公益性,促进其良性发展,是日本政府资助私立高校最主要的目的。

三、对维护我国民办高等教育公益性的启示

公益性是高等教育的本质属性,是民办高校持续健康发展的战略性问题,起着方向性的作用。但在现实办学中,受制度建设滞后与不足等多重因素影响,我国部分民办高校在办学过程中出现了营利性行为,有些民办高校追求经济利益最大化,只注重教育的经济效益,忽视了教育的社会效益,诸如虚假广告、欺骗招生等各种有悖于教育公益性的现象屡有发生。如何确保民办高等教育的公益性,成为社会各界广泛关注的重要问题。从日本政府维护私立高等教育公益性方面的努力来看,完善的法规体系与健全的公共财政资助制度,是值得我国学习和借鉴的两个抓手。

(一)构建健全的民办高等教育法规体系

完善的法规政策对维护民办高等教育公益性、促进其持续健康发展具有重要意义。

如前所述,日本私立高等教育法规体系相当完备,且具有很强的操作性,而且这些法规秉承教育"公共性"与"公益性"理念,对私立学校的法人性质、内部管理体制和办学监督等各方面,均在法律上作出了具体的"公益性强制"。正是依靠完备的法规制度,日本私立高等教育的公益性才得到了切实、有效的维护。

在我国,民办高等教育法律制度建设相对滞后。直至2002年,《民办教育促进法》才出台;之后,又颁布了《民办教育促进法实施条例》(2004年)和《民办高等学校办学管理若干管理条例》(2007年)。尽管这些法规政策对于促进民办高等教育的发展具有积极意义,但不得不指出,目前民办高等教育法规政策环境尚不健全,法规条例的规定相当模糊、笼统。如,对于民办高校的产权归属、财政资助以及税收优惠等一些重大问题,《民办教育促进法》及其"实施条例"并没有作出具体规定,这种政策的不确定性和模糊性,"致使民办学校发展中的短期行为严重的现象频频发生"[21]。一些民办高校突破立法的公益性强制,行营利性之实。因此,当前政府应借鉴日本政府"法律行政"的经验,尽快完善民办高等教育法律政策体系,从法律上对民办高校的法人性质、产权制度、内部管理体制以及办学监督等方面作出"公益性强制",为我国民办高等教育"公益性"的实现提供法律保障。

(二)健全公共财政资助体系

作为非营利性组织,民办高等教育公益性的实现离不开公共财政的资助。缺少公共财政资助,必将导致一些私立高校为维持生存而不得不牺牲办学质量和高等教育公益精神,片面追求低成本办学。在这方面,日本的经验更值得我们借鉴。为了减轻私立高校的财政负担,提升私立高等教育的公共性,日本政府先后制定了《私立学校振兴助成法》等五个法规制度,从法律上对国家援助资金的来源、援助的范围、计算方法以及援助要求等方面作了详细规定,形成了一整套公共财政资助制度。日本私立高校从而获得了大量的政府财政援助金,极大地减轻了经济负担,有助于学校办学条件的改善与教育质量的提升;而且,政府巧妙地利用财政资助这一手段,将国家意志渗透到私立高校中,有效地遏制了私立高校的营利行为,保证了私立高等教育的公共性与公益性。这一经验对于当前我国民办高校的发展具有借鉴意义。

当前,我国绝大多数民办高校与政府财政拨款基本无缘,导致我国民办高校的办学行为日趋市场化,财务风险不断加剧,甚至出现倒闭危机。同时,由于缺乏财政调控手段,我国民办高等教育的秩序显得较为混乱。一些民办高校为了维持发展,牺牲办学质量和高等教育公益精神,追求低成本办学,导致高等教育的公益性严重受损。因此,我国政府应借鉴日本政府的做法,进一步细化对民办高校的财政资助政策,构建完备的民办高校公共财政资助制度。要通过财政资助手段,减轻民办高校的经费负担,改善办学条件,促使其集中精神提高教育教学质量,实现公益性办学;要通过制定获得资助的相关条件,对民办高校进行必要的监督与有效的干预,使民办高校的作为不致偏离民众与社会的期望,保障民办高校办学的公益性。

参考文献：

［1］陈文联.公益性的持守：民办高校不容放弃的使命［J］.中国高等教育,2010(18)：59—60.
［2］肖念,郭兆龙.探究日本私立高等院校办学监督机制［J］.中国教育报,2013-12-12(4).
［3］国家教委情报室.日本教育法规选编［G］.北京：教育科学出版社,1987：2.
［4］［8］［13］董圣足,黄清云.日本私立高校的治理机制［J］.浙江树人大学学报,2008(11)：26—31.
［5］董圣足.中外学校法人分类比较研究［J］.国家教育行政学院学报,2010(1)：15—18.
［6］邵金荣.中国民办教育立法研究［M］.北京：人民出版社,2000：173.
［7］邵金荣.中国民办教育立法研究［M］.北京：人民出版社,2000：175.
［9］［10］邵金荣.中国民办教育立法研究［M］.北京：人民出版社,2000：176.
［11］吴海升.日本私立学校法对我国民办教育立法的启示［J］.池州师专学报,2001(8)：15—18.
［12］邵金荣.中国民办教育立法研究［M］.北京：人民出版社,2000：180.
［14］胡建华.日本私立大学的发展特点及其启示［J］.教育研究,2001(8)：73—76.
［15］［17］张爱华,于洪波.战后日本资助私立高等教育的策略与模式［J］.山东师范大学学报,2005(3)：141—143.
［16］王康平.高校学费政策的理论与实践［M］.厦门：厦门大学出版社,2001：120.
［18］刘权.日本私立大学借贷融资问题研究［J］.教育与经济,2012(4)：62—67.
［19］吴忠魁.私立学校比较研究［M］.北京：北京师范大学出版社,1999：111.
［20］夏艺.日本私立高等教育行政的特点和启示［J］.大学教育科学,2006(5)：15—18.
［21］徐冬青.从依附性发展走向均衡发展［J］.民办教育研究,2004(4)：4—7.

作者：陈文联,中南大学政治学院、湖南省教育科学民办高等教育研究基地教授,社会学博士后。

（原载《浙江树人大学学报》2015年第3期）

日本私立高校政府资助评析
——基于四所私立大学的调查

李建民

摘　要：日本私立高等教育是高等教育的重要组成部分。该国私立高校在高等教育大众化过程中为满足不断扩大的教育需求，采取借贷扩张等发展方式，在财务安全方面埋下了重重危机。在私立高校、教职员组合和部分议员等的强烈要求下，1970年起日本政府将私立高校经常费补助纳入国家财政预算，并赋予其法律保障。文章以私立高校经常费补助为研究对象，通过考察四所私立大学在教育研究等方面对政府资助的回应，分析政府资助的影响和作用。

关键词：民办高等教育；私立高等教育；私立高校；政府资助；经营行动；日本

私立高等教育是日本高等教育极其重要的组成部分，[1]在日本高等教育大众化的过程中发挥了不可忽视的作用。当然，日本政府对私立高校的财政资助在一定程度上帮助了私立高校顺利完成这一使命。然而，20世纪80年代中期新自由主义改革在日本教育领域悄然升温，虽然其实施过程曾一度受挫，但其主导思想仍对20世纪90年代末掀起的高等教育改革产生了深远影响。大学适龄人口的急剧减少使得日本私立高校面临内忧外患，政府资助的重要性愈发凸显。本文考察四所私立高校在应对政府资助过程中的态度、措施等，分析和阐释政府资助带给私立高校的作用与影响。

一、私立学校的自主性与公共性

经过二战后教育改革的洗礼，日本私学观发生了重大转变。私立学校不再是公共教育体系的补充，而是基于国民教育权原理、与国立和公立学校具有同等作用的公共教育机构。这一重大转变实际上承认和尊重了私立学校的自主性与公共性。由此，必然要求教育行政和私立学校运营管理的民主化。

二战后颁布的《私立学校法》（1946）规定："考虑到私立学校的特性，本法以尊重私立学校的自主性、提高私立学校的公共性、使私立学校健康发展为目的。"私立学校是在私人

---

[1] 根据2011年度日本文部科学省《学校基本调查》结果（速报）显示，四年制大学阶段76.8%的院校为私立，就读于其中的学生占大学生总数的73.5%；短期大学阶段，私立高校的比重高达93.8%，学生数比重则高达94.3%。出自：[日]《文部科学省.学校基本调查——平成23年度（速报）结果の概要》，2011-11-11, http://www.mext.go.jp/component/b_menu/other/_icsFiles/afieldfile/2011/08/11/1309705_3_1.pdf.

捐赠的基础上设立和运营的,由此形成独特的性质,即更加强调办学精神和独特的校风,并要求尽可能限制政府管制。① 对学校运营自律地进行管理即为自主性。同时,作为公共教育体系的一部分,私立学校具有"公共"的性质。为促进和提升私立学校的公共性,日本政府创设了学校法人制度、提供税收优惠和财政资助制度等。

正是由于日本私立学校在享有自主性的同时还要努力实现公共性,在对待政府资助的态度和相应措施上呈现出多种状态。私立大学的态度大致可以分为四种,即积极利用、主动应对、理性应对和消极等待。这种态度上的差异主要受两方面因素的影响:一是私立大学的经营方针,即重视财政还是重视教学;二是私立大学自身的基本现状,包括规模、学科设置和财政状况。② 各私立大学对政府资助的态度呈现以拒绝和极度欢迎为两端的趋势。

二、私立高校政府资助的实施概况

日本现行私立高校政府资助制度始创于1970年,1975年通过《私立学校振兴助成法》实现了法制化,获得了明确的法律依据。根据该法的规定,国家将对私立高校的经常性费用进行补助,补助额度在二分之一以内;除了提供针对经常性费用的补助以外,私立高校还可以享受来自国库的优惠贷款、财产转让以及税制优惠等扶持、资助措施。另外,私立高校还可获得国家对研究设备的补助,③但资助力度有限。

政府资助通过独立行政法人日本私立学校振兴·共济事业团(简称"私学事业团")分配到各个学校。私学事业团根据各项法律法规的要求自主设定分配标准,并采取倾斜分配的手法对私立高校进行调节。经常性经费补助分为两种——以学生数和教师数为主要核算指标的一般补助和以项目为单位进行核算的特殊补助,其中前者占政府补助的七成以上,是政府资助的主体部分。日本政府资助自1970年纳入国家预算以来,已持续拨付四十余载,比率最高时曾达到29.5%(1980年),但2011年该比率已跌至10.5%④(见图1)。

三、若干私立大学的基本状况

为阐明政府资助对私立高校的影响,笔者对十一所日本私立大学的校长或政府资助相关的高层管理人员实施了访谈。访谈内容围绕三个主题展开,即校方对政府的态度、本校政府资助的状况以及所采取的应对措施。笔者选取其中四所典型的私立大学进行案例

---

① 按照日本《私立学校法》的规定,各级私立学校主管部门(文部科学省、都道府县知事等)在行使行政权限时,尤其是私立高校相关问题上,必须要听取大学设置与学校法人审议会或者私立学校审议会的意见。这些审议会包括来自私立学校的成员,是私立学校反映意见的制度化渠道,同时对于私立教育行政来说也是一种限制。
② 一般情况下,规模、学科设置和财政状况之间是相互联系的。规模越大,所设学科数量可能会相对较多,财政状况也可能相对较好。
③ 根据《私立大学研究设备国家补助法》(1957)。
④ [日]《日本私立大学連盟.私立大学等の経常的経費と私立大学等経常費補助金額の推移》,2014-10-10,http://www.shidairen.or.jp/download?file_id=455&ext=.pdf。

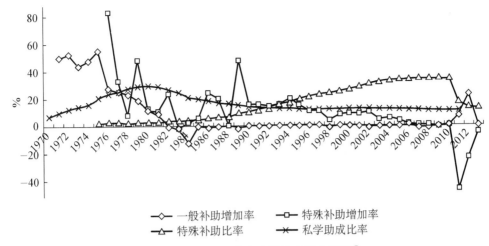

图1 1970—2013 私立高校政府资助情况①

分析,即名城大学(M)、日本福祉大学(NF)、流通科学大学(D)和长冈大学(N)。

首先,建校年代与日本高等教育的主要发展阶段相对应。从表1可见,分别为战后改革(M大学)、大众化(NF大学)、第二次婴儿潮时期(D大学)和新世纪改革期(N大学)。② M大学规模较大、地理位置优越,是学科设置较多的文理综合性大学;NF大学属于中等规模、地理位置相对优越,是以福祉专业为重点的文科综合性大学;D大学则是地理位置相对优越,以物流、经营等学科为重点的文科综合性中等规模大学;相比之下,位于地方城市的N大学则是起步较晚、规模较小的文科单科大学。

表1 四所私立大学的基本信息③

大学名城	建校年	规模/人	所在地	类型
M大学	1949	16 344	核心城市	综合
NF大学	1957	5 267	核心城市郊区	文科综合
D大学	1988	4 044	核心城市周边	文科综合
N大学	2001	500	地方城市	文科单科

其次,学杂费仍是主要收入来源,然后是补助金④,捐赠收入相对较少。从表2来看,

---

① 根据日本私立大学联盟(http://www.shidairen.or.jp)公布的数据编制而成,"私学助成比率"是指私立高校政府资助在私立高校教育经费总额的比重。
② 所谓传统高校是指在二战前已经发展成为高等教育阶段的学校,例如旧制专门学校等。这些教育机构在战后教育改革中升格为新制大学,是二战后日本高等教育的重要组成部分,金子元久称其为"第一代大学"。其后,在20世纪六七十年代,伴随第一次婴儿潮的到来以及日本经济的高速发展,日本高等教育迅速实现了大众化,在这一阶段前后建立的大学称为大众化高校,金子元久称为"第二代大学";此后设立的高校则称为"第三代大学"。出自:[日]金子元久著、刘文君编译:《高等教育的社会经济学》,北京大学出版社2007年版,第4页。
③ 根据各学校主页所提供的信息编制而成,学生规模为2010年度数据。
④ 补助金收入指来自于公共财政的收入,不论是来自中央财政还是地方财政。其具体项目包括经常性经费补助、竞争性资金(例如GP项目)、研究设备补助等。

不同大学的学杂费收入比重存在一定差异,但基本都在75.0%(除长冈大学外)以上。补助金构成私立大学的第二大收入来源,全国平均约为10.4%(2006年)。相比之下,M大学略低于全国平均水平,而NF大学则略高于全国平均水平;与NF大学规模相当的D大学则远远低于全国平均水平;规模小、起步晚的N大学则超出全国水平两倍多。在支出方面,人事费、教育研究经费和管理经费是私立大学的主要支出项目。

表2 2009年度四所私立大学的财务状况[①]/%

类别	M大学	NF大学	D大学	N大学	全国平均(2006)
学杂费收入比重	77.5	76.7	84.2	57.5	54.9
补助金收入比重	10.7	12.6	6.4	36.5	10.4
捐赠收入比重	1.1	0.7	1.6	1.5	2.4
人件费支出比重	48.5	51.6	47.1	65.0	49.9
教育研究费支出比重	31.4	40.7	30.8	23.2	34.3
管理经费支出比重	5.0	11.7	8.4	4.9	7.2

第三,四所私立大学的补助金状况各具特色。从表3来看,2009年度,M大学的补助金收入中64.2%为经常性经费补助,其中特殊补助占44.4%;NF大学的补助金收入中63.6%为经常性经费补助,其中特殊补助占40.0%;D大学的补助金收入基本是经常性经费补助(占89.5%),特殊补助也基本与全国水平持平(占35.3%);而N大学的补助金收入并不以经常性经费收入为主(占22.2%),特殊补助比重相对较高(占44.6%)。[②]

四、调查结果分析

鉴于四所私立大学自身发展以及政府资助现况,私立大学对于政府资助持怎样的态度、实际运营中如何应对?对此下文将分别从组织管理、教育研究和财政等体现日本私立高校公共性和自主性的方面,分析四所高校的应对措施。

(一)名城大学

早在20世纪60年代,M大学曾发生过因教学与经营之间的矛盾而引起的校内纷争,最后通过日本文部科学省调节得以解决。此后的M大学逐渐改善内部管理,大学经营的重点逐渐向教育科研倾斜。在这样的发展背景下,M大学在一定程度上赞同文部科学省通过政府资助(尤其是特殊补助及竞争性资金)促进私立高校功能分化的方针。由此可以看到,M大学不抗拒政府资助,但这并不意味着校方会采取针对性措施争取政府资助。

[①] 归属收入指学校法人通过负债以外的渠道得到的收入总和,主要包括学费、手续费(入学审查费、考试费等)、捐赠、政府财政补助、资产流动收入、资产买卖收入、事业收入(学生宿舍住宿费、公开讲座收入、委托承办等收入)、杂项收入(教材费等)等。数据来自《各私立大学法人2009年度消费收支计算书》,出自:日本私立学校振兴共济事业团:《今日的私学财政》(大学·短期大学编),日本私立学校振兴共济事业团2007年版,第116页。
[②] 根据2009年度私立大学经常性经费补助交付状况及各大学2009年度消费收支计算表计算。

表 3　2005—2009 四所私立大学经常性经费补助状况①/千日元

经费类别	M 大学		NF 大学		D 大学		N 大学		特殊补助比重(全国平均)/%
	经常性经费补助额	特殊补助/%	经常性经费补助额	特殊补助/%	经常性经费补助额	特殊补助/%	经常性经费补助额	特殊补助/%	
2005	1 164 716	53.0	910 610	46.4	341 679	36.7	110 358	25.3	33.4
2006	1 539 191	37.7	909 439	53.6	355 872	41.7	80 590	36.0	33.5
2007	1 568 265	44.5	935 234	52.7	308 664	32.1	102 747	43.5	33.9
2008	1 815 451	43.2	974 683	44.4	285 094	39.0	104 055	44.2	34.3
2009	1 722 739	44.4	771 964	40.0	279 743	35.3	113 941	44.6	34.3

在政府资助具体业务的管理上,经常性经费补助的业务和 GP 等竞争性经费的相关业务分由不同部门处理。经常性经费补助被视为是经营本部中财政分部的业务范畴,其具体管理过程几乎不涉及教师,以大学职员为核心。这种职员主导下的补助金业务管理体制虽然有助于提高大学内部管理效率,但也存在不足。最突出的一点就是难以全面、系统地掌握大学内部政府资助的相关信息,尤其是在组织规模较大的大学中,相关信息的分类、汇总较为复杂。正是出于这样的原因,M 大学 2004 和 2005 年度一般补助有所减少。鉴于此,M 大学将补助金业务管理体制纳入发展战略中,加强对大学内部信息的系统性把握。

在教育研究方面,M 大学从整体状况出发,以教育研究优先发展为前提,应对政府资助。在一般补助上,M 大学主要是依照教育研究质量的要求进行招生管理,兼顾一般补助分配机制的要求,而不是为获取更多的学费和补助金收入一味扩大招生规模。在特殊补助上,M 大学依照校内教育研究现状尽可能申请,而不是为获取补助金而组织开展某特定教育项目。从补助金申请结果来看,多数受资助的项目是与教育研究关系紧密的内容。这种补助金的管理方式使得大学教育研究受政策变动的影响相对较小。

在财政方面,M 大学采取的方针是在综合考虑整体预算和支出平衡的基础上调整补助金应对策略。补助金越多,对于大学的经营可能越有利,但由于其分配受多个因素影响,一旦处理不当,反而会增加支出或不利于教学活动(如学生数过多导致教学质量下降)。因此,补助金并不是 M 大学财政增收的主要努力方向,且 M 大学也不希望在财政上依赖补助金。

(二) 日本福祉大学

与多数私立大学不同,NF 大学内部治理上民主气氛相对较浓,其理事会对政府资助的态度也十分积极。政府资助的未来前景虽不乐观,但 NF 大学并未因此而消极应对,而是努力通过经营层与教学层的合作来获取政府补助。也正是因为拥有这样的组织文化氛

---

① 根据日本私立学校振兴共济事业团公布的 2005—2009 年度私立大学经常性经费补助交付状况编制而成。

围,NF大学不但设有"公费助成推进会议",而且教授会、工会甚至理事会都参与该会议主导的公费助成运动。2009年度NF大学的经常性经费补助大额缩减,对此,理事会表示要"以理事会为先锋挽回损失"。

为此,NF大学的政府资助管理进一步体系化。2009年以前,政府资助业务主要是由非正式组织负责,以业务熟练的职员为中心,依赖特定个人的经验积累来保证相关业务的顺利进行。在这样的管理体制下,一旦这类熟练职员退休或出现其他意外变动、后续类似职员难以补充,政府资助业务则可能受到较大影响,尤其是在大学组织规模扩张、政府资助业务复杂化或紧急情况下。2009年政府资助金额的削减可以说是这种体制隐患的集中体现。鉴于此,NF大学成立了临时性的校内工作组——"补助金特别对策委员会",采取系统性措施促进补助金业务的顺利实施。

在教育研究方面,NF大学在综合考虑补助金总额和教育质量、学生需求的基础上,对补助金相关项目进行调整。例如,在考虑一般补助分配机制的基础上进行学科、专业设置的调整。此外,NF大学为了营造对政府资助比较积极的校内氛围,还面向校内职员组织实施说明会、学习会等。

在财政方面,政府资助的突然变动对于NF大学的影响较大。以2009年度的补助额削减为例,其影响尽管未必会马上显现出来,但从长远来看,势必会恶化大学的经营。为弥补减额所带来的损失,学校只能"开源"或"节流"。NF大学选择了相对可行、效果迅速的"节流"。换句话说,政府资助的突然减额使得NF大学多少有些措手不及,也推动其采取节约经费支出的手段。目前,节约支出主要是在人事费、管理经费方面。然而,节约经费支出是有限度的,一旦达到限度后,若继续缩减,则可能影响到大学教育立足之根本。

(三) 流通科学大学

D大学可以说是另一类大学的典型代表,即由企业介入大学的设立,且大学内部管理受企业管理文化影响较大。调查发现,D大学管理组织设置了学园长、理事长和校长三个重要职务,但实际上学园长和理事长由同一人兼任,且校长的遴选在很大程度上受制于理事会。因此,D大学教育与经营的管理权力相对集中,自上而下的治理模式特征相对明显。D大学对政府资助的前景持不乐观的态度,认为大幅增额的可能性微乎其微,加之政府补助在大学总收入中的比重有限,D大学并不以补助金的增收为主要努力方向,而只是将其视为一种稳定的、无需特别努力就可以获得的财政来源。

鉴于上述对政府资助所采取的态度,D大学在教育研究、组织管理和财政方面基本很少采取积极措施。首先,私立高校经常性经费补助的相关业务主要由研究支援课收集,由经理课和企划课把关,采取以职员为主、教师为辅的管理体制(尤其是特殊补助),没有固定的、跟踪负责的教职员,基本上无异于其他日常业务。其次,在财政方面并没有将政府资助视为增收的努力方向,因此在具体经营管理的过程中未采取任何战略或特别措施,更倾向于开拓其他可替代性财政来源(如区域贡献等)。

(四) 长冈大学

相对于上述三所私立大学,N大学在政府资助问题上的态度十分积极,这一点与其校长的经营理念密切相关。① N 大学采取了灵活利用政府资助来推动大学自身改革和发展的策略。由于学校规模较小、知名度不高等原因，N 大学在利用政府资助时主要将注意力放在注重办学特色、发挥高校自主性的特殊补助以及由文部科学省直接拨付的竞争性资金上。因而，长冈大学的特殊补助比重相对较大，占该校所获政府资助总额的 40.0% 以上；同时，政府补助收入比重远远高出全国平均水平。

在这种姿态下，N 大学对政府资助的应对措施与上述三所私立高校存在较大差异。首先，在政府资助组织管理体制上，与多数以大学职员为主导的补助管理体制不同，N 大学的补助业务，尤其是特殊补助和 GP 等竞争性资金的申请是在以校长为首的大学教师的主导下进行的，所有的信息汇总等事务性工作由总务科的专职人员负责，同时征求学校法人的建议。其次，在大学教育研究方面，N 大学尽量争取更多的政府资助。例如，缩小招生名额，避免一般补助遭到过多的削减；在改革教学、明确自身定位的基础上积极利用政府资助，进一步推动下一轮的教学改革。从某种意义上来说，政府资助与私立大学教育改革之间形成了一种相辅相成的关系。最后，在财政方面，曾从事企业管理的 N 大学校长认为，过高的政府资助比重可能会成为学校经营上的缺陷，因而现阶段正在努力改善大学支出结构，尤其是费用结构。例如，调整教职员工资体系等。

五、政府资助的影响及作用

通过上述分析可以发现，政府资助对不同类型的私立高校产生的影响各异。这与各私立大学对政府资助的态度密切相关，尤其是学校法人、董事会和关键性人物的态度。相对而言，态度较为积极的大学更倾向于将政府资助与大学的教育研究相结合，借助政府资助推动和激励教育研究活动；而在将政府资助视为校内一般工作的大学，政府资助与本校教育研究之间联系较弱，更多的是政府控制私立高校的一种手段。鉴于此，不同类型私立高校在多个层面上展现出多样化的经营行动。

首先，在信息公开方面，私立大学明显呈现两种状态。一是对信息公开较为消极，认为信息公开会有损大学自身利益，尽可能不予公开；二是对信息公开较为积极，认为通过大学联合会、校长恳谈会和经理交流会议等可以与其他私立大学分享政府补助等多方面信息，有利于本地区私立大学整体水平的提高，实现共赢。例如，位于东京附近的私立大学更倾向于充分利用地缘优势获取自己需要的信息（如政府补助分配标准修改信息）。

其次，在教育与经营方面，不同类型的私立大学之间也存在较大差异。地方中小规模、文科院校在地理位置和学科设置等多个方面处于不利地位，这类大学基本上不依靠特定学科吸引学生，而倾向于通过减轻学生经济负担、提供特色教育来吸引学生。地方中小规模、医学或理工学科院校则更倾向于在满足地区需求的同时，利用学科优势开展教育研

---

① N 大学校长原阳一郎受学校法人中越学园理事长的委托于 2004 年出任校长。在原校长看来，国、公、私立大学的竞争并不可怕，可怕的是事实上的不公平竞争，因而主张国家应出台相应的政策、提供比较公平的竞争平台，即主张平等地位论。

究活动。相比之下,位于大都市或经济发达地区的中小规模院校,招生困难相对较小,较为重视学校自身的理念和方针,较少受政府资助的左右,倾向于在计算扩招与政府资助得失的基础上采取相应措施。而位于发达地区、规模较大的私立院校,倾向于在考虑本校整体状况及未来发展规划的基础上,再考虑政府资助问题(政府资助对这些大学的影响较小)。

同时,在分析四所私立大学政府资助状况的基础上反观政府资助的作用,可以发现政府资助的作用实际上未必整齐划一(即援助与控制),而是呈现一种分化的状态。这与西井泰彦提出的政府资助直接性效果和间接性效果[1]既有相同之处,也有不同之处。总的来说,政府资助的作用可以概括为三个方面。

第一,政策性诱导。即政府资助受到私立高校的重视和灵活运用,其所体现的价值观被融入私立高校的教育改革中,从而政府资助制度的变化也会带动私立高校经营行动的变化。

第二,辅助性援助。即在比较注重自身建校精神和经营方针的私立大学,政府资助对教育研究活动有一定的促进作用,但其影响较为有限。换句话说,政府资助所内涵的价值观被淡化,私立大学自身的发展需求成为重中之重。

第三,追加性确认。即政府资助在客观上是高校收入的一个来源,但对于教育研究活动的影响微乎其微,更多的是对私立大学公共性的一种确认。

在私立高校政府资助制度相对比较成熟的日本,政府资助与办学实际之间依然存在各种各样的偏离和错位,尤其是立足于私立高校办学实践的基础上反观资助政策时,更会发现政策对象与政策之间存在某种互动与博弈。在确立资助理念和目的的基础上,为促进政府资助发挥更大效用,如何调整、改进这种关系是日本政府资助未来发展的重要课题。

参考文献:

[1] [日]西井泰彦.日本私立高等教育财政补助制度与私立高校财务管理[J].鲍威,译.教育发展研究,2008(10):1—7.

作者: 李建民,中国教育科学研究院助理研究员,教育学博士。

(原载《浙江树人大学学报》2015年第1期)

德国私立大学人才培养模式探析
——以海德堡应用科学大学为例

姜朝晖

摘　要：德国私立大学创新人才培养模式取得了蓬勃发展，归纳为四点：一是基于社会需求，培养应用型人才；二是紧密联系市场，重视实践课程；三是注重校企合作，多种教学方式并存；四是重视制度建设，多项措施保障。借鉴德国私立大学人才培养模式，我国民办高校应从五个方面入手：一是要避开与公办学校同质发展的误区，培养理论和操作并重的一线应用型人才；二是紧密结合市场需求，依据自身办学积累，发展特色专业，使教学内容能结合行业发展的需求；三是培养方式应根据不同专业和课程特点，采用多种教学方式，凸显实践能力；四是保证教学所需的基本物质条件，重视"双师型"教师的培养和引进；五是政府统筹，加大对民办本科院校发展的规范和支持，以项目形式对民办高校予以奖励扶持，最大程度引导企业参与到民办高校人才培养体系构建中来，使民办高校在新一轮地方高校转型中占得先机，发挥其办学灵活的先天优势，带动我国高等教育人才培养模式的整体变革。

关键词：德国私立大学；人才培养模式；海德堡应用科技大学

德国私立大学发展虽然较晚，但发展势头迅猛。在过去10年中，德国私立大学声誉逐年上升，人们对私立大学的关注也连年加强。虽然私立大学学费昂贵，部分高校每学期的学费接近1万欧元，但仍然受到众多学子的青睐。原因就在于德国大部分私立大学注重应用取向，面向社会、市场的办学，拥有一套健全的人才培养模式。相形之下，我国民办高校经过30多年的发展，人才培养模式创新仍然滞后于社会的发展。在国家大力提倡地方高校转型发展的今天，育人方式的转变和人才培养模式的创新就显得尤为迫切。那么，德国私立大学在人才培养模式上究竟有哪些内涵？具有怎样的特点？我们能够从中获得何种启示？围绕这些问题，本文以德国私立大学海德堡应用科学大学为例，深入探析德国私立大学人才培养模式，以期为我国民办高校的转型发展提供借鉴作用。

一、德国私立大学概览

德国私立大学是伴随着高等教育大众化而出现的。20世纪六七十年代，德国大学生入校人数成倍增加，原有的公办高等教育体系无法承载。在此背景下，作为公立高校的补充，德国第一批私立大学应运而生，比如1968年创立的海德堡应用科学大学和1969年创办的韦德尔高等专科学校等。1975年,德国《高等学校总法》确定了举办私立高校的合法性,然而,直到1979年,得到国家承认的私立大学全德只有8所。但自20世纪80年代末期以来,德国公立高校的规模扩张几乎停滞,而私立高校却得到空前发展[1]。根据相关统计,德国384所高校中98所是私立大学,其中严格意义的有54所(其他44所是教会性质的大学)。在54所中,13所是具有博士学位授予权的综合大学,2所为艺术学院,39所为应用科学大学[2]。由此可见,大部分德国私立大学为应用科学大学,市场导向明显,办学方式灵活,私立大学已成为德国高等教育发展新的增长点。据德国联邦统计局数据显示,2013年私立大学注册入学的学生有13.78万,与2012年相比,学生注册率上升了10个百分点,而相较于2001年仅有2.46万学生注册入学足足增加了5倍[3]。

可以说,德国私立大学的出现,既是德国高等教育大众化发展的需要,反过来,私立大学也积极适应社会,逐渐形成了以应用型为基本导向的办学定位。本文研究的海德堡应用科学大学(The SRH Hochschule Heidelberg)成立于1968年,是德国最早也是规模最大的私立大学之一,同时也是最著名的应用科学大学。

二、德国私立大学人才培养模式的内涵

人才培养模式指的是在一定的教育理念和教育思想的指导下,为了完成人才培养任务而确定的培养目标、内容、方法和保障的系统化、定型化的范型和式样。在对德国私立大学办学阐释的基础上,结合海德堡应用科学大学的案例,分别从培养目标、内容、方式和保障四个方面进行论述。

(一)培养目标

德国私立大学主要是培养行业性质的应用型人才,培养的人才具有很强的实践倾向,而且能灵活调整以适应变化的就业市场。如前所述,德国私立大学主要以应用科学大学为主,在1968年组建应用科学大学的协定中有明确规定:对学生进行一种建立在传统理论知识基础上的教育,最后使学生通过国家规定的毕业考试,能够从事独立的职业活动。它培养具有各种专门职业技术的高级应用型工程师,从事产品开发、质量检验、核算、设计、生产、装配、维修、保养、营销等工作,其毕业生职业定位为大中型企业技术骨干或小型企业管理者及技术骨干。可以说,应用科学大学是以学生未来就业岗位需要为导向的,根据经济与社会的发展变化以及企业的实际需要确定培养毕业生的岗位和目标。1998年之后,应用科学大学更明确地提出培养高层次的应用型人才。除了学士之外,还培养应用型的硕士,甚至和综合性大学联合培养博士[4]。而这些特点,也直接体现在私立大学培养目标中。

作为SRH联盟大学之一,海德堡应用科学大学具有SRH集团的共同使命,即为有天赋的年轻人的未来发展提供国家认可的学位,以便在将来的求职市场谋得一席之地,同时,大学倾向于培养学生的个性和独立自主的能力。此外,利用自身的优势为社会提供应用为导向的研究。海德堡应用科学大学也是遵循这样一个使命,培养个性自由、具有主见、责任心强、国际化、进取心的应用型人才。具体到各个院系,也都体现了这样一种致力

于培养应用型人才的特点,比如商学院的培养目标:培养学生了解商业入门知识及相关理论、懂得操作商业的一线人才;应用心理学院的培养目标:培养运用心理学相关知识,诸如特征归纳、科学描述、心理行为解释等处理文化、社会、经济生活事务的应用型人才;信息学院的培养目标:培养软件行业和公共服务行业的应用型人才;其他学院如护理学院等也是以培养应用型人才为主[5]。

(二) 培养内容

德国私立大学课程设置上服务于应用型人才的培养,特别注重实践教学。与理论教学相比,实践教学在本科人才培养中占了很大的比例。实践教学包括了实验教学、实验学期、项目教学、毕业论文和学术考察等。其中,学校非常重视实验学期,每个学生在学习期间,必须在企业或者相应组织完成一个实践学期,而且需要在实践中有机地把学校所学的理论知识结合起来。此外,应用科学大学非常重视学生的毕业论文设计,而且论文基本上是在企业之中完成的。这一比例达到了60%—70%;在有些学校,甚至高达90%。此外,在教学内容上,主要以实践知识为主,即便是理论知识,也是偏应用型取向。而且这一知识架构,被绝大部分学生所认可。据相关数据,在"对应用型大学教学内容具有实践性"的调查中,97%的学生持赞成态度[6]。这一特点,在应用型私立大学非常凸显。

以海德堡应用科学大学为例,从专业设置到课程设计,都非常注重应用取向。首先从专业设置上看,全校6个学院下设18个学士专业,比如商学院设有工商管理和体育管理两个专业,应用心理学院设有商业心理和健康心理等。同时,还有信息技术、应用信息学、设备管理等13个专业具有硕士授予权,这些专业基本上都是应用性专业(如表1所示)。

表1 海德堡应用科学大学专业设置情况表①

学院	学士专业(18个)	硕士专业(13个)
信息学院	电脑科学;虚拟现实;管理信息系统	信息学;应用信息学
护理学院	音乐理疗;物理治疗	音乐理疗
商学院	工商管理;体育管理	生命科学经营;国际SME管理;体育管理
社会和法律学院	幼儿教育和发展;社会工作;商业法	社会工作;商业心理;国际经贸和合作法
应用心理学院	商业心理;健康心理	
工程建筑学院	建筑学;行业工程;电气工程;机械工程;设备管理;机械电子工程	信息技术;设备管理;国际经贸和工程;建筑工程管理

在课程设置上,海德堡应用科学大学开设有选修课和必修课,而且所有的必修课都是英语教学,绝大部分的选修课也是用英语教授。学校一般还有针对国际学生学习德语的教学,以促进学生全面发展,并了解德国主流文化。每年都有一个国际周研讨(interna-

---

① 参见海德堡应用科学大学官方网站:http://www.fh-heidelberg.de/en/study-programmes/.

tional week),也计入学分,一般会选择一个主题,邀请国内外学生讨论有关社会文化的问题。通常礼拜一到礼拜四参与讨论,礼拜五通过一个考试后,并给予相应的学分。这些丰富的课程安排,有利于学生在交流中得到成长,有利于培养学生的实践能力、人际交往能力以及拓展国际视野。

(三) 培养方式

德国私立大学主要通过校企合作、产学研一体化、跨学科培养、国际联合培养等方式培养学生。通过校企联合培养人才,包括学生参与实践学期,完成毕业论文设计和研究,甚至在学校和企业之间还开展相关的科研项目合作,通过产学研一体化促进学生的专业成长。同时,随着知识经济和社会发展对复合型人才的要求,学校还鼓励学校进行跨学科和跨专业培养人才。在具体教学方法上,除了课堂讲授法之外,应用型大学的课程通常应用实地教学法、案例教学法等方式,培养学生的动手操作能力、分析和解决问题的能力。

在长期的教学探索中,海德堡应用科学大学形成了著名的"海德堡学习模式"(Heidelberg Study Model),即强调理论的应用,把理论知识和实践知识有机地结合,比如使用案例法、管理练习(management exercise)等,具体教学的特色方式有:小班教学、个别交流、商业应用项目、国际实习等。同时,学生从一入学开始,就受益于学校全世界的商业伙伴,海德堡应用科学大学与许多大型的企业建立了合作关系,比如在世界知名企业进行实习,比如SAP、IBM、西门子、奥迪、奔驰等,最大程度地为教学提供了实习机会。此外,学校还与一些中型公司开展项目研究的合作。

培养方式的创新,提升了学校的教育质量。据统计,海德堡应用科学大学90%的学生能够顺利完成学业,85%的学生能够最终找到自己喜欢的工作[7]。这主要归因于两点:一是学校教学中实施的"海德堡学习模式";二是实习中最大程度地实现理论和实践的结合。建校40余年,海德堡应用科学大学一直通过以应用型为导向的科研,重视跨院系的合作,加强和企业的联系,赢得了全社会的赞誉。

(四) 培养保障

1. 制度保障

1975年的德国《高等学校总法》确定了举办私立高校的合法性。同时,联邦政府和各州政府也从立法角度给应用科学大学的研究和开发提供了更大的空间,并给予相应的经费资助。为了协调企业与职业学校之间的协作关系,德国制定了完备的法律法规,如《教育法》、《职业培训条例》、《劳动促进法》等,对双方的职责及相关的激励与制约措施进行了明确规定,实行依法治教。此外,德国政策上支持可以开展以应用为导向的科学研究,并写入了1985年修订的《高等学校总法》,而且德国联邦教育和科研部门专门设立了应用型科学大学科研资助路线,鼓励大学和企业开展以应用为导向的研究。可以说,完备的法律法规体系为德国私立大学的发展提供了坚实保障。

2. 师资保障

在师资结构上,德国私立大学也注重聘请校外的兼职教师,这些教师主要来自企业或行业精英人才,通过他们的实践教学和经验传授,对学生成长富有促进作用。据悉,应用科学大学的教授申请者必须具有博士学位,而且必须有 5 年的工作经验,其中 3 年必须在企业完成[8]。海德堡应用科学大学的教师,包括教授和教学者,大都具有在企业工作的经历。

3. 组织保障

海德堡应用科学大学属于 SRH 联盟大学中的一所,有其独到的优势。SRH 集团主要是以教育、医疗保健为主的一家服务性机构,致力于增进人们的就业能力和健康知识,进而谋求幸福生活为目的。它在全德国办有私立大学、教育培训机构、学校医院等,有 7 400 名员工和 20 万的客户。这为海德堡应用科学大学的发展提供了组织保障,五所 SRH 大学之间始终有着紧密的联系[9]。除此之外,海德堡应用科学大学还和德国私立大学协会也有多方面的合作。

三、德国私立大学人才培养模式的特点

虽然德国私立大学也有综合性大学,但总体上德国私立大学办学都呈现出应用型取向。具体反映在人才培养模式上,都致力于应用型人才的培养。通过对海德堡应用科学大学案例的分析,德国私立大学人才培养模式的特点可以归纳为四个方面。

(一) 基于社会需求,培养应用型人才

培养目标的确定,主要基于国家经济社会发展的需求和产业结构的特点、趋势,并结合院校发展的实际情况而制定。德国私立大学主要通过培养高素质的应用型人才,致力于基层一线工作。近年来,德国私立大学更加重视应用型人才的培养,培养层次上也实现了由学士向专业硕士和专业博士的升级,赢得了广大学子和家长的欢迎。

(二) 紧密联系市场,重视实践课程

在专业设置上,德国私立大学紧密联系市场,根据市场需求培养人才。在实践教学环节上,加强和企业的联系,重视在社会中、企业里进行实际锻炼。比如德国的实践学习、论文设计均要求在企业中完成。同时开展和企业共同研究项目,开发一系列的应用为导向的研究,进而结合项目研究的实施,以项目作为课程,达到培养人才的目的。

(三) 注重校企合作,多种教学方式并存

德国私立大学的培养方式大致有"工学结合"、"校企结合"、"(政)产学研一体化"、"国际联合培养"、"走向社区、服务社会"等方式,在具体教学方法上,根据课程教学内容而进行调整,比如采用实验法、案例法、启发法等方式。可以说,德国私立大学以实践为导向的灵活多样的教学方式,为社会培养了一批高素质的应用型人才。

(四) 重视制度建设,多项措施保障

德国私立大学,既有法律上的保障,通过立法明确私立大学在高等教育体系中的地位和作用;同时,对于人才的培养、经费的来源都给予了明确的规定,为学校人才培养模式的创新提供了经费支持;再者,在师资方面,对应用性、技能型、实践性的教师做了明确的要求;此外,还有相应的组织保障,有一整套健全的资源共享体系。

四、启示

从德国私立大学的发展来看,在20世纪80年代之前它还处于非常边缘的地位,但之后通过创新人才培养模式,取得了蓬勃发展。尤其在近些年来,德国私立大学办学声誉甚至超过了一些传统的公办大学。我国民办高等教育经过30余年的发展,为高等教育大众化作出了巨大的贡献,已经成为我国高等教育事业的重要组成部分。然而,民办高校人才培养的模式及质量与社会经济发展的需求还存在一定的差距,表现为人才培养模式单一,人才培养目标、教学内容、培养方式等与社会需求相脱节,同时,受大的制度环境的影响,如何使企业深度参与到学校的人才培养过程中,既是一个难题,也是影响人才培养模式改革的关键因素,成为制约应用型人才培养的瓶颈。

借鉴德国私立大学人才培养模式,我国民办高校应该从五个方面入手:一是要避开与公办学校同质发展的误区,培养理论和操作并重的一线应用型人才;二是必须紧密结合市场需求,并依据自身办学积累,发展特色专业,同时夯实通识教育基础,加强实践课程力度,教学内容要结合行业发展的需求;三是培养方式应根据不同专业和课程特点,采用多种教学方式,重点要凸显实践能力的教学;四是要保证教学所需的基本物质条件,尤其要重视"双师型"教师的培养和引进;五是要政府统筹,加大对民办本科院校发展的规范和支持,以项目形式对民办高校予以奖励扶持,最大程度引导企业参与到民办高校人才培养体系构建中来。唯有如此,在新一轮地方高校转型中,民办高校才能占得先机,进而发挥其办学灵活的先天优势,带动我国高等教育人才培养模式的整体变革。

参考文献:

[1] 张帆. 德国私立高校的发展和变化——以不来梅雅各布斯大学为例[J]. 国家教育行政学院,2007(11).

[2] Antje Stannek, Frank Ziegele. Private higher education in Europe: a national report on Germany [R]. 2005:7.

[3] 王梦洁. 德国:私立大学学生注册率上升引发学子关注[N]. 中国教育报,2014-09-04.

[4] 孙进. 德国应用科学大学专业设置的特点与启示[J]. 清华教育研究,2011(4).

[5][7][9] 海德堡应用科学大学主页[EB/OL]. http://www.fh-heidelberg.de/en/our-university/.

[6][8] 孙进. 德国应用型大学的办学特色——类型特色和院校特色分析[J]. 比较教育研究,2011(10).

作者: 姜朝晖,中国教育科学研究院高等教育研究中心助理研究员,教育学博士。

(原载《民办教育研究》2015年第3期)

印度私立高等教育财政政策的改革及借鉴
——基于印度"十二五"规划的审视

胡茂波　朱梦玫

摘　要：印度"十二五"规划期间，私立高等教育财政政策的改革措施聚焦于加大财政资助力度、完善资金监管体系、优化筹资渠道以及发展公私合作关系；改革内容贯彻着新公共管理思想与平等主义思想；改革成效包含私立高校数量及入学率的增长，私立高校融资渠道的优化。中国应当进一步调整民办高校分类管理政策、经费保障制度，规范政府在民办高校经费筹措中的职能定位，注重财政政策对民办高校教育质量的杠杆作用。

关键词：印度私立高等教育；财政政策；印度"十二五"规划

印度是拥有世界上最庞大教育体系的国家之一，其中私立高校的发展为高等教育扩张提供了助力。基于私立高校的规模优势，政府为其提供了财政政策支持。当前，经济持续萎靡、人口数量膨胀、劳动力市场供需错位等问题给印度高等教育带来了压力。印度"十二五"规划中私立高等教育财政政策的改革为缓解该现状提供了途径，为民办高校可持续发展提供了机遇。

一、改革的背景

1. 经济增长减缓加剧了公共教育财政压力

印度于20世纪开始实行以私有化、市场化、全球化、自由化为导向的经济改革，改革效果显著。2005—2007年印度国内生产总值增长率超过9%。[①] 2008年全球金融危机的爆发使该数值猛降至6.7%，2011、2012年国内生产总值增长率又降到6.6%、5%左右。[②] 印度"十二五"规划在该背景下制定且实施，高等教育财政计划备受经济增长减缓的影响。2011年印度公共教育支出仅占国内生产总值的3.37%，维持了较低水平。[③] 虽然，"十二五"规划中印度高等教育财政计划支出较前几个"五年"规划有了成倍增加，但其在公共教育经费中所占份额却持续走低。因此，如何在国内经济低迷的情况下满足高等教育经费

---

① University Grants Commission,"Inclusive and Qualitative Expansion of Higher Education 12th Five-Year Plan, 2012-17," University Grants Commission, 2011.

② Ibid.

③ FICCI,"Higher Education in India: Twelfth Five Year Plan (2012-2017) and beyond," Ernst & Young Pvt. Ltd, 2012.

需求,是"十二五"规划需要解决的重要问题之一。

2. 人口、产业结构的变化扩大了高等教育需求

21世纪后,印度农业增加值占GDP比例逐渐减小,在2013年降至18%。同年,工业增加值份额是25%,服务业增加值份额为57%。在工业和服务业逐步主导经济的趋势下,印度农业人口却几乎占据总就业人数的一半,造成就业结构严重失衡。为了将庞大的农业人口转移至现代化产业部门,政府需要调整高等教育结构。同时,印度人口数量增长迅速,人口结构呈年轻化趋势,急需大量的教育机会满足民众需求。政府预测印度人口增长率将在2020年前达到13%,远超世界平均水平4%,其中18—23岁的高等教育适龄人口将达到1.42亿,高等教育市场表现出巨大发展空间。①"十二五"规划中的高等教育政策顺应社会需求与市场趋势,期望将人口红利转变为人才红利,完成高等教育从精英化到大众化再到普及化的转变。

3. 社会背景的复杂性暴露出高等教育体系缺陷

教育在印度被高度政治化及复杂化。印度的高等教育实行分权制,由中央与邦政府共同管理,两者在制定教育政策上拥有平等地位。因此,高等教育政策在制定过程中会受到各邦利益及不同政治倾向的影响,产生额外的博弈点,既影响教育资源分配效率,也阻碍高等教育改革进程。同时,邦政府拥有国家法律允许范围内的教育改革权利,使不同地域的高等教育水平存在较大差异。"十二五"规划作为印度教育的集权决策,指明了高等教育发展的优先事项及财政分配方案,但各邦在执行中央决策时效率低下。规划期间的部分政治事件,如印度大选,也使教育改革法案的批准进程更加缓慢。这些外部因素既阻碍了私立高等教育发展,也暴露出高等教育管理体制的弊端。

4. 高等教育改革推动着私立高校发展

印度私立高等教育作为高等教育的重要组成部分,受到了其改革政策的影响。近年来,印度高等教育改革的主要目标是教育公平、教育质量及其适切性、教育的包容性增长以及教育体系的完善。私立高等教育的发展导向与这四个目标相契合。"十二五"规划制定前夕,印度高等教育改革的成效为私立高校创造了良好的发展环境。高等教育毛入学率从2007年的12.3%增长至2011年的17.9%,非受助私立高校所占比例也从2007年的61.8%提升至2012年的63.9%,比2001年增长了近20%。②"十二五"规划力求建立一个足以支撑印度经济发展及高校增长速度的"卓越"高等教育系统,其中相应的私立高等教育财政政策成为了规划的重点内容之一。

二、改革的措施

1. 加大财政资助力度

2011年印度高等教育经费投入占国内生产总值的1.22%,"十二五"规划预计将该比

---

① FICCI,"Higher Education in India: Vision 2030,"Ernst & Young Pvt. Ltd, 2013.
② FICCI,"Higher Education in India: Twelfth Five Year Plan (2012 - 2017) and beyond,"Ernst & Young Pvt. Ltd, 2012.

值提高0.28%。[①]基于此,高等教育的计划支出会达到"十一五"规划的1.3倍左右,私立高校会从中受益。私立附属学院的数量占高校总数的比例较大,但长期以来却只能获得最小份额的办学资源,"十二五"规划期间这类院校办学自主性及财政资助比例将被提高。政府将会完善学生资助政策,扩大奖学金和学生贷款规模,私立高校经济困难学生也能够享受到所需财政资助。由于印度拥有庞大的高等教育体系,且各邦发展不均衡,政府计划将以邦为单位进行中央拨款,这样既方便统筹管理,也能将拨款作为政策工具刺激各邦竞争。

2. 完善财政资助监管体系

"十二五"规划期间,政府将会以更加务实的方式重新审核私立高校的非营利性,并对所有高校进行资格认证。获得认可资格的私立高校能够以贷款、学生资助、研究资金等方式获得拨款。政府将会构建更为透明的、高效的、基于问责制的管理体系,引入信息管理系统监控财政资助资金,也会制定基于竞争性拨款和业绩合同分配资助金额的各项标准。这将有助于资金妥善分配,提高资源利用效率,实现资源配置均衡,激励更多学术和治理改革。大学拨款委员会(UGC)会被重组为更加现代化、学术性的组织。该委员会将聘请专业学者担任全职顾问,用以提供更好的教育改革方案。私立高校财政资助资金的管理过程将会更加高效化,用以预防筹措资金过程中的不法行为,创造更公平的发展环境。

3. 优化私立高校筹资环境

印度的经济现状带来了巨大的教育财政压力,大部分私立高校面临着经费短缺的风险。私立高校筹资市场化成为了解决问题的路径之一。近年来,政府鼓励私立高校通过各种合法手段扩宽筹措资金渠道,如发行公开债券或股票,提供职业教育培训、远程教育咨询等额外服务项目等。同时,政府积极出台优惠政策鼓励私人部门投资高等教育。政府计划建立"授权委员会",用以管理个人或企业投资资金;给予私人部门权利,允许其在经济落后地区创建私立高校,并获得合理回报。此外,政府开始考虑允许营利性私立高校的建设。但由于研究者及政策制定者对私立高校"非营利性"的界定问题争议较大,因此营利性私立高校相关政策的制定及通过还有待时日。

4. 发展公私合作模式

"十二五"规划期间,印度将继续发展公私合作关系。这种合作模式鼓励私人部门与政府部门在高等教育领域进行共同投资管理,平衡双方权益,改进教育服务。政府通过公私合作逐步促进私有化改革,制定了多种合作方案,如私人部门为高校提供基础设施,政府部门提供财政资金等。公私合作模式令利益相关者共同承担责任和融资风险,有助于教育资源的高效利用,改善私立高校教育资源匮乏现状。同时,公共部门与私人部门在管理方式上的差异,有助于私立高校在合作过程中学习企业管理经验,提升管理效率。然而,配套法律的缺失及制度方面的不足,导致了实施公私合作项目过程中的许多问题。印

[①] "Faster, Sustainable and More Inclusive Growth, An Approach to the Twelfth Five Year Plan (2012-2017)," Government of India Planning Commission, 2011.

度政府将会从法律建设和完善高等教育体制入手,确保私人机构在私立高等教育领域作出更大贡献。

三、改革的价值导向

1. 强化私营部门管理机制的应用

印度政府对私立高校进行市场导向的改革源于新公共管理思想的影响。该思想主张公共部门采用私人部门成功的管理方法,实行更加灵活、高效的运作机制。其在私立高等教育财政政策中的延伸及应用既符合印度国情,也为高等教育体系改革提供了新的思维模式与解决方案。当前,印度面临着高等教育规模急剧扩张带来的公共财政压力,必须依靠市场上的私有资金弥补财政空缺。教育规模的扩张复杂化了高等教育体系与机构设置,需要更全面的管理机制才能保证其运作良好。"十二五"规划中的部分政策将私营部门管理经验应用在高等教育系统中,更加注重效率的提升。政府在私立高校融资模式中引入了市场竞争机制,强调资金来源多元化;在中央资助计划中强调激励手段的运用,建立经费分配多元监控机制,实现教育资源高效利用。

2. 强化中央政府控制下的分权管理

与以往相比,"十二五"规划在财政政策制定上更加强调政府控制下的教育分权。新公共管理思想中的分权管理理念在私立高等教育系统中得到了良好应用。印度的地方教育主要由邦政府负责,拥有高度自治权,为私立高校的蓬勃发展作出了贡献。然而,私立高校的急速扩张加剧了高等教育领域的混乱现象,暴露出中央政府宏观管理的缺失。因此,政府在"十二五"规划期间强化了中央管理职能。其具体措施并非是从邦政府手中收回管理权,而是利用政策和资金进行调控。中央承诺给邦政府更多高等教育发展经费,但邦政府必须建立自治的高等教育局,用以直接负责本地的教育规划、教育质量、教育监管及评估。如此,既可保留原有分权管理的优势,又可逐步完善高等教育管理体系,同步邦级政策和国家规划,解决监管不严、管理乏力等现实问题。

3. 强化对高等教育过程公平的关注

私立高等教育财政政策表现出教育公平的价值导向。印度经济发展不均,社会结构复杂,是世界上拥有最多贫困人口的国家。政府当前引入的市场机制作为实现资源高效配置的手段,理论上赋予了民众自由平等的教育选择机会,实际上却无法顾及到原有社会结构造成的贫富差距。私立高校财政政策的制定,必须将弱势群体的现实处境考虑其中,减轻下层社会人民的经济负担,保证其能够接受到优质教育,实现教育公平和社会公平。当前,私立高校财政政策的关注重点逐渐从起点公平转移为过程公平。具体措施包括继续在私立高校中施行为社会弱势群体升学保留一定比例名额,对不同类别的私立高校进行分类管理,允许各邦依据自身情况制定发展计划,扩大贫困生奖学金和学生贷款规模等。

4. 强化高等教育质量的提升

"十二五"规划期间的高等教育改革,在注重教育扩张及公平的同时,将目标聚焦于教育质量。提升教育质量成为私立高等教育财政政策的指导原则。加大经费投入、扩宽高校筹资渠道、制定绩效标准等,都是为私立高校提升教学质量及文化内涵创造有利环境的措施。在贯彻该原则的过程中,私人部门作为"市场"的代表角色极具争议。部分学者认为私人部门促进了私立高校的扩张,其涉足高等教育领域对提高教学质量有着积极意义。反对者则担忧私人机构的过多介入会产生不良影响,造成学科多样性的丧失、研究质量的降低和师资短缺加剧等。即使在该问题上存在分歧,双方却都认为私人机构进入高等教育领域是不可避免的未来趋势,为此需要更完善的财政政策作为调控的重要手段。私立高等教育财政政策的改革在市场与政府不断的矛盾和合作中进步,最终显示出的是两者追求高等教育质量的共同目标。

四、实施效益

1. 私立高校数量持续增长

印度私立高校在国内经济动荡的背景下保持了扩张趋势。2012—2013年,印度私立大学及私立准大学数量达到201所,占大学总数的30%,其中新建私立大学增加量与往年基本持平(见表1)。同年,私立附属学院占学院总数的比例维持在73%左右,但其数量增量仅为2011年的一半。私立附属学院分为受助和非受助两类,后者占附属学院总数的比例在2012年约为58%,其增量也高于受助私立附属学院。该变化可能源于政府对私人部门采取了更开放的投资政策,也可能是因为政府给了了私立学院更大办学自主权,促进了非受助私立附属学院发展。整体而言,私立高校保持了增长趋势,但增长速度有所减缓,符合印度政府对私立高等教育的发展规划,即逐渐从高校规模扩张转为关注教育质量。

表1 2010—2013年印度高等教育普查数据[①]

年份	大学总数（参与调查数）	私立大学数量	私立准大学数量	附属学院总数（参与调查数）	受助私立附属学院数量	非受助私立附属学院数量
2010—2011	621(554)87	91		32 974(16 499)	2 344	9 735
2011—2012	642(611)	105	90	34 852(23 203)	3 498	13 515
2012—2013	665(633)	122	79	35 829(24 120)	3 584	14 042

2. 私立高校对高等教育入学率贡献增大

"十二五"规划实施前,印度高等教育毛入学率已达到20.8%,随后在2012年增至21.1%(见表2)。参考该增长速度,2017年高等教育毛入学率应该能够达到甚至超过政府制定的25.2%的目标。私立高校对该目标的实现作出了一定贡献。2012年私立大学及私立准大学入学人数与大学入学人数之比比2011年高1.4%,达到了18.12%。同年,私立学院的入学人数占总学院入学人数的62.3%,比以往略有增加。其中,非受助私立学

---

① Ministry of Human Resource Development, Department of Higher Education, "All India Survey on Higher Education 2011-2012," Government of India, 2014; Ministry of Human Resource Development, Department of Higher Education, "All India Surveyon Higher Education 2012-2013," Government of India, 2014; Ministry of Human Resource Development, "Analysis of Budgeted Expenditure on Educayion 2010-11 to 2012-13," Government of India, 2014.

校的入学人数比 2011 年增加了约 43 万人,受助私立学院入学人数则有所减少。该趋势既与两类学院的数量变化有关,也可能是政府调整了财政资助体系所造成的局面。整体而言,私立高校财政政策改善了私立学院发展环境,对高等教育入学率的提高产生了一定促进作用。

表 2　2010—2013 年印度高等教育普查数据①

年份	高等教育毛入学率	私立大学及私立准大学占大学总入学人数比例	私立学院占学院总入学人数比例	受助私立学院占学院总入学人数比例	非受助私立学院占学院总入学人数比例
2010—2011	19.4%	—	61%	23.78%	37%
2011—2012	20.8%	16.66%	62%	23.73%	38.32%
2012—2013	21.1%	18.12%	62.3%	22.6%	39.6%

3. 私立高校财政资助成效还需改善

"十二五"规划期间,政府保持了高等教育整体投入的增长趋势。2012 年高等教育支出占国内生产总值 0.89%,比 2011 年增加了 0.07%(见表 3)。尽管政府意图增加高等教育经费,使高校能够获得最低资助资金,但高等教育支出仍仅为教育总支出的 1/5;尽管政府尝试改革融资模式,使所有大学能够享受到基础保障资金,但私立高校经费的主要来源仍然是私人投资和自身收入。政府对私立高校基本财政资助上的覆盖面依然存在很大不足,这是印度实行高等教育私有化政策的必然结果。印度工商联合会(FICCI)的报告显示,2012 年有资格接受大学拨款委员会资助的附属学院有 6 787 所。虽然其数量较以往增加了近千所,但所占比例相较于 2009 年下降了 10%,与私立高校近年来的快速增长不匹配。

表 3　2010—2013 年印度教育支出与高等教育支出比较②

	教育公共支出占 GDP 百分比	高等教育总支出(卢比/千)	高等教育支出占 GDP 百分比
2010—2011 年	4.05%	84,629,956	0.86%
2011—2012 年	4.18%	104,496,100	0.82%
2012—2013 年	4.29%	144,196,500	0.89%

---

① Ministry of Human Resource Development, Department of Higher Education,"All India Survey on Higher Education 2011-2012,"Government of India, 2014; Ministry of Human Resource Development, Department of Higher Education, "All India Survey on Higher Education 2012-2013,"Government of India, 2014; Ministry of Human Resource Development, "Analysis of Budgeted Expenditure on Education 2010-2011 to 2012-2013," Government of India, 2014.

② Ministry of Human Resource Development, Department of Higher Education,"All India Survey on Higher Education 2011-2012,"Government of India, 2014; Ministry of Human Resource Development, Department of Higher Education, "All India Survey on Higher Education 2012-2013,"Government of India, 2014; Ministry of Human Resource Development,"Analysis of Budgeted Expenditure on Education 2010-2011 to 2012-2013,"Government of India, 2014.

4. 优化私立高校融资渠道的方案逐步实施

2013年9月,国家人力资源开发局提出的中央赞助计划被通过。该计划的目标是提升高校质量,并在2022年将印度高等教育毛入学率提高到32%。① 其具体内容是建立一套规范的、以绩效原则为基础的资金分配模式,确保邦级别的整体规划,增强邦立大学及学院的资金分配额度。受助私立学院在补助资金及基础设施方面也能够享受到这项计划的优惠。② 此外,在公私合作方面,2014年3月印度公私合作项目总数已增至1 339,其中教育领域项目的比例为5.2%,比2011年增加了3.0%。③ 戈恩卡大学等私立大学还与企业建立了长期合作关系。以上两个项目作为当前印度高等教育改革发展的重要部分,有助于改善私立高校筹资环境,弥补高等教育体系缺陷。

五、对中国的启示

1. 完善民办高校分类管理配套法律政策

印度在制定私立高校财政政策时有效地应用了分类管理思想,将私立高校分为私立大学、私立准大学及私立附属学院,每个类别中又界定了院校的受助和非受助特性。《国家中长期教育改革和发展规划纲要(2010—2020年)》指出,要"积极探索营利性和非营利性民办学校分类管理","开展对营利性和非营利性民办学校分类管理试点"。民办高校分类管理的实施具有复杂性,健全的法律是落实该项政策的基本前提和必要条件,而中国却缺乏相关的配套法律政策。许多民办高校发展过程中的关键问题并未解决,营利性的内涵外延、产权界定等在政策法规中未明确规定。因此,完善民办高等教育的法律政策是实行分类管理的首要任务。有法可依能够为私立高校创造良好的政策环境,形成完善的财政体系。

2. 优化民办高校融资环境及经费保障制度

影响印度私立高校财政政策的改革有三个外部因素:一是私人部门良好的发展现状为私立高校市场筹资模式的引入创造了有利条件;二是政府部门不断推进教育改革为私立高校扩宽筹资渠道提供了政策支持;三是国内经济状况起伏不定直接影响到私立高校所得经费。相较于印度,影响中国民办高校筹资渠道的外部因素是前两个。中国大部分私营企业处于初期发展阶段,受经济实力的限制难以与私立高校建立良好合作关系。同时大部分民办高校经费来源单一,缺乏独立筹资的能力,在资助政策上也未获得与公办高校同等的待遇。当前中国加强了对私立高校的财政支持,出台了优惠政策鼓励企业投资民办高校,虽取得了一定成效,但还有很大的改善空间。政府需要在企业与高校间建立更

---

① Ministry of Human Resource Development, Tata Institute of Social Sciences, "Rashtriya Uchchatar Shiksha Abhiyan, National Higher Education Mission,"Ministry of Human Resource Development, 2013(9).
② Ministry of Human Resource Development, Tata Institute of Social Sciences, "Rashtriya Uchchatar Shiksha Abhiyan, National Higher Education Mission,"Ministry of Human Resource Development, 2013(9).
③ Department of Economic Affairs,"Master List of PPP Projects in India as on 31 March 2014,"http://www.pppindiadatabase.com/Uploads/report3.pdf, 2014.

多的合作平台,为私立高校引入市场筹资模式制定配套政策。

3. 规范政府在民办高校经费筹措中的职能定位

印度私立高校的发展历程表明,政府职能定位是完善民办高等教育系统的关键,其在民办高校的不同发展阶段及政策领域会适时调整并具体化。在民办高校财政政策中,政府职能应为财政资助和政策保障。然而现实中,政府在民办高校财政管理上却存在职能错位和缺位现象。错位表现在政府过多干涉民办高校自主管理,部门功能重复,并将国际上普遍由第三方机构担任的评估职能包揽在身;缺位体现在部分地区对民办高校的整体规划不到位,民办高校经费拨款机制的缺陷导致资源分配不均、管理效率低下。政府应当明确自身在民办高校财政政策实施中的职能,通过加大政府补贴、设立资助基金等方式直接资助民办高校,为扩宽民办高校经费筹措渠道提供更多政策支持,设立第三方监管部门,完善民办高校经费拨款机制,引导私立高校发展方向。

4. 注重财政政策对民办高校教育质量的杠杆作用

提高办学质量是政府、市场、学校共同追求的目标,也是印度"十二五"规划的改革重点。私立高等教育财政政策成为了撬动这一轮教育改革的措施之一,其既是政府进行宏观调控的重要手段,也是实现改革目标的制度基础和必要保障。《国家中长期教育改革和发展规划纲要(2010—2020年)》中明确指出,要创新民办学校体制机制,提高民办院校教育质量。政府应当充分发挥民办高校财政政策对提高教学质量的杠杆作用。政府作为施力者,需选择准确的施力方向和支点位置,才能更省力地改善民办高校发展环境,撬动办学水平这一最终受力点。完善民办高校财政政策的过程中,政府需要充分运用绩效评价与奖励机制,建立高校质量评估体系,将其与经费拨款机制相结合,从而为民办高校创造公平的发展环境,激励学校优化管理制度,改善学科结构,发展自身特色,提高办学水平。

作者:胡茂波,湖北工业大学职业技术师范学院副教授,清华大学教育研究院博士后;朱梦玫,湖北工业大学职业技术师范学院硕士研究生。

(原载《清华大学教育研究》2015年第4期)

地区性私立大学作为世界顶尖大学的可能性
——发展中国家可实现的目标

[美]基思·杰·罗伯茨　谢雪莎[译]

摘　要：谈到高等教育,最常被提及的就是世界顶尖大学的认可及其价值。建设世界顶尖大学的压力主要来自两个方面:一是政府不仅将建设世界顶尖大学作为推动经济发展的一个先决条件,更作为提升国家地位和国际声望的重要手段;二是热衷追求世界顶尖院校的家长也期望自己国家拥有同样声誉的大学。高等教育培养的学生不仅要能够工作,也要能够适应社会生活,美国的区域性大学通过服务学习、实习和本科生研究,成功地解决了这一问题。区域性私立大学是大型研究型大学的替代品,是对区域经济和学生两方面都有意义的一项投资,但不能取代大型研究型大学。

关键词：地区性教育；美国私立大学；世界顶尖大学

一、引言

全世界,尤其是亚洲国家,对高等教育的探讨,集中在鉴定和评价世界一流大学。特别是中国,把发展世界级的大学作为其首要任务。其他的小型新兴国家也把发展世界一流大学作为其优先发展目标。例如,越南目前确定河内"新模式"大学的结构和细节,促其最终成为世界一流大学。亚洲的两个"城邦"——新加坡和香港——都在提高它们大学的世界排名并取得了很大的进步。发展世界一流大学的压力,主要来自于两个方面:第一,政府渐渐明白,建设世界一流大学不仅是发展创新经济,从而推动经济发展的重要先决条件,同时,建设世界一流大学也能够提高国家的地位和声望;第二,家长们敏锐地意识到世界院校排名的影响并给本国的大学施加压力,希望它们成为世界名牌大学。中国的父母送他们的孩子到美国留学,希望他们在排名前20、前50或前100名的大学进行学习[1]。

虽然世界一流大学推进了前沿知识的发展,并明显地帮助了其所在国家,同时,研究生院培养了大量科学家和受过教育的专业人士。但是,区域性大学在本科生培养上强调教学法,这样能够更好地培养学生,尤其是本科生[2]。

在2007年曼谷世界大学校长峰会期间,有这样一个反复出现的主题:高等教育培养的学生不仅要能够工作,也要能够适应社会生活。尽管只有少数的美国大学代表出席了会议,但是美国大学本科教育当前的趋势支持这两个目标。这一点在区域综合性大学,包括公立和私立大学中是显而易见的[3]。

本文的目的是提出以下观点：区域性私立大学是一种替代品，是对区域经济和学生两方面都有意义的一项投资，但却不能取代大型研究型大学[4]。

二、高等教育与世界一流大学

美国高等教育无疑是多样性的和多层次性的，其拥有从技术学院、社区学院到综合性大学的各类机构。这些机构大多数有明确的任务，它们根据其所在社区、潜在学生以及劳动力和社会进行了不同的角色定位。这些机构的多样性是美国高等教育系统的重要组成部分。但是，在全世界高等教育中享有盛誉的是世界一流的研究型大学，这在各种试图评判全球最好的大学的排名中是显而易见的。英国将继续教育和高等教育加以区分的做法是另外一个证据。在本文中，高等教育指的是能够授予学士及以上学位的各类高级教育机构。我们还将专门讨论世界一流大学与地方性高校[5]。

我们今天所知道的大学是从中世纪欧洲的机构演变而来的，一些世界伟大的大学是欧洲的传统大学。

但是，多年来，美国许多著名的世界级研究型大学所提供的高质量的研究生教育引起了世界其他地区的嫉妒。根据上海交通大学高等教育研究所统计，世界上最好的20所大学中的17所是美国高校。每年都有成千上万的学生来到美国，进行研究生或本科生阶段的学习和研究[6]。

这些在美国学习的国际学生不仅会受到大学内部所发生事情的影响，也会受到大学外部美国文化的影响。他们开始从一个大学生的角度理解民主、资本主义、自由和宗教的含义。他们"美国的部分"与他们的大学、大学所在的社区和他们的专业一样多样化。但是，从某种程度上讲，他们都会变得美国化[7—8]。

与此同时，新兴国家的大学将美国的高等教育作为他们大学学习的榜样。与美国高等教育相关的大部分专业讨论都与对美国人民的"适用性"相关，但美国高等教育是通过以下几种方法影响世界的。首先，在美国学习的国际学生变得有些美国化，如果他们回国的话，当他们重新融入自己的国家时，美国高等教育对他们的伦理和道德的影响将凸显出来；第二，因为这些国家将美国高等教育作为学习榜样，所以，他们会适应美国的系统，改善系统缺陷，以满足新兴高等教育的需求。这从美国大学国际合作伙伴数量的增加便可以看出。

在本文中，我们将简要地回顾美国高等教育的发展，并讨论美国高等教育当前的问题和其与新兴国家的高等教育的联系。我们认为，美国高等教育的优势不仅在于其拥有世界一流的研究型大学，也在于其高等教育机构的广泛性和多样性。我们还认为，区域综合性大学不仅培养了国际学生，也是值得发展中国家学习的榜样。

上海交通大学高等教育研究所在2003年开始进行世界大学排名，这一举动加速了有关世界一流大学的讨论。自此，关于世界一流大学发展的讨论迅速增加，这一讨论在中国和东南亚地区变得尤为激烈。2010年世界排名前500的大学最新排名出炉。下面列出了排名前20的大学及其所在国和教学语言[9—10]。

三、世界一流大学

正如我们所知,大学的发展已经跳出了西方的传统框架,并作为殖民主义的产物出口到世界各地。虽然高等(大学)教育在每个地区都是不同的,但是由于殖民活动,其总体概念和目标却大体相同。两个重要的结果是显而易见的:第一,目前英联邦国家受到英国系统的影响;第二,英语成为高等教育的基本媒介。目前,国际高等教育紧张局势加剧,不断发展的欧洲博洛尼亚协议的学位课程连同英联邦国家的三年制学士学位,和美国系统的四年制学士学位产生了冲突。

1. 哈佛大学　　　　　　　　　美国　　　英语
2. 加州大学伯克利分校　　　　美国　　　英语
3. 斯坦福大学　　　　　　　　美国　　　英语
4. 麻省理工学院　　　　　　　美国　　　英语
5. 剑桥大学　　　　　　　　　英国　　　英语
6. 加州理工大学　　　　　　　美国　　　英语
7. 普林斯顿大学　　　　　　　美国　　　英语
8. 哥伦比亚大学　　　　　　　美国　　　英语
9. 芝加哥大学　　　　　　　　美国　　　英语
10. 牛津大学　　　　　　　　　英国　　　英语
11. 耶鲁大学　　　　　　　　　美国　　　英语
12. 康奈尔大学　　　　　　　　美国　　　英语
13. 加州大学洛杉矶分校　　　　美国　　　英语
14. 加州大学圣迭戈分校　　　　美国　　　英语
15. 宾夕法尼亚大学　　　　　　美国　　　英语
16. 华盛顿大学　　　　　　　　美国　　　英语
17. 威斯康星大学麦迪逊分校　　美国　　　英语
18. 约翰霍普金斯大学　　　　　美国　　　英语
19. 加州大学旧金山分校　　　　美国　　　英语
20. 东京大学　　　　　　　　　日本　　　日语

以上20所大学中的19所都以英语作为教学语言。因此,全世界的精英接受英语教育的概率很高。这些大学的排名是根据其研究的质量和能力的水平得来的。这些院校不愧是世界上"最好的科研型大学",也是世界上顶尖学者寻求的大学。

这些顶尖的研究型大学中的17所是美国高校。麻省理工学院的校长查尔斯(Charles M. Vest)概述了他认为美国高等教育"卓越和竞争成功"的七大因素:

第一,机构的多样性——从小型的文科学院到大型的公立和私立大学——多样性允许学生选择最适合其需求的学校。

第二,新助理教授能够自由选择他们所教授的内容以及所研究的内容。

第三,美国的研究型大学将教学与研究相结合,其结合方式给教学与研究带来新鲜、强度和创新。

第四,我们欢迎来自国外的学生、学者和教师,他们的知识和文化的多样性帮助构建我们的院校。

第五,支持美国高校前沿的研究一直是联邦政府的重要责任,联邦政府根据研究在充满竞争的市场上的表现给予资助。

第六,美国的税法形成了慈善事业的传统,其鼓励校友和其他人支持我们的学院和大学。他们提供的奖学金、基金允许中等家庭有才华的学生能上得起最昂贵的学校。

第七,教师的公开竞争和学生驱动下的卓越。

上述因素中的两个因素是我们讨论的重点。首先是机构的多样性,尽管许多美国的非研究型院校并不算是"世界上最好的",但是这些机构提供的毕业生的表现通常和排名靠前的研究型大学的毕业生一样好,其中的许多机构都是区域性综合性大学。对于发展中经济体来说,发展这些区域性大学,为研究型大学的研究生课程提供生源,这一点是很重要的;其次是对来自国外的学生、学者和教师的包容,这些国际参与者为美国高校提供了丰富的知识。美国大学的国际合作项目将为国际学校带来多样性[11]。

四、美国的私立大学

那些早期殖民时代创立的美国院校是在不同宗教团体的赞助下,以英国牛津和剑桥大学作为蓝本而建成的。寄宿制大学,即学生和学者们在一起生活和学习的大学,仍然深深印刻在美国人的心中。共同的使命和社会感从殖民时代到现在一直是美国高等教育的重要主题。1781年前创立的、至今仍旧存在的殖民地学院,仍保持着很高的声誉,这部分是因为社会的奥秘。这些大学包括:哈佛大学、威廉玛丽学院、耶鲁大学、普林斯顿大学、哥伦比亚大学、布朗大学、达特茅斯学院、罗格斯大学和宾夕法尼亚大学。这些学校都保持着他们殖民地时期的建筑,作为他们的殖民地历史的标志。从我们现在的理解角度来讲,这些大学都是私立大学[12]。

对于公立大学来说,现有的美国州立大学是从18世纪和19世纪的"政府赠地"发展而来的。西北条例(1787)和莫里尔法案(1862)为大学预留土地,"以建立诸如'实用技术'的农业、机械、矿业和军事指令的大学课程"。这些地方性高校最终成为每个州内研究型大学的佼佼者。发展中国家可能会在"原始"赠地大学后,模仿建立新大学,并将他们发展成同样的"现代"赠地大学。

另一种公立高等教育源自师范学校。19世纪时,为教师提供许可证的师范学校支持着美国教师教育的发展。这些学校最终成为能够授予学士学位的教师学院,之后成为州立学院,最终成为能够授予学士学位、应用领域的硕士学位和一些领域的博士学位的区域性州立大学。美国区域性公立大学大部分都是由这些师范学校发展而来的。

同时，小型教会学校如雨后春笋般在东部、南部和中西部盛行起来。这些学校发展形势各不相同。一些关闭了，一些合并了，而许多则一直延续到了21世纪，成为著名的私立宗教附属大学。

这些趋势在一起构成了美国高等教育机构的多样性，机构的多样性为学生提供了多种选择，允许学生选择最适合其需求的学校。目前美国大约有3 400所高等教育机构，其中有2 200所为攻读学士或学士以上学位的学生提供奖学金。这些机构相互独立，不能被称为是高等教育的"系统"。

这其中最古老的大学建立于20世纪初，代表了最有声望的大学。1900年，美国14所大学的校长组成了美国大学联合会。其创始成员分别来自：哈佛大学、约翰霍普金斯大学、哥伦比亚大学、芝加哥大学、加利福尼亚大学、克拉克大学、康奈尔大学、天主教大学、密歇根大学、小利兰·斯坦福大学（后来成为斯坦福大学）、威斯康星大学、宾夕法尼亚大学、普林斯顿大学、耶鲁大学。几年后，《独立报》的编辑埃德温·斯洛森（Edwin Slosson）出版了《伟大的美国大学》一书，这本书包含了14所早期大学中的12所大学。斯洛森用伊利诺伊大学和明尼苏达大学取代了克拉克大学与天主教大学。

在最新248所美国高校的排名当中，这14所高校中的13所都名列前50，而在全世界研究型大学的排名当中，这14所高校都名列前50。以下列出了埃德温·斯洛森书中包含的14所大学，并在括号中列出了其在2010年美国新闻的排名：

哈佛大学；私立（1美国，1世界）
普林斯顿大学；私立（2美国，7世界）
耶鲁大学；私立（3美国，11世界）
宾夕法尼亚大学；私立（6美国，15世界）
斯坦福大学；私立（5美国，3世界）
哥伦比亚大学；私立（4美国，8世界）
康奈尔大学；私立（15美国，12世界）
约翰霍普金斯大学；私立（13美国，18世界）
芝加哥大学；私立（9美国，9世界）
加州大学伯克利分校；私立（22美国，2世界）
密歇根大学；公立（29美国，22世界）
威斯康星大学；公立（45美国，17世界）
伊利诺伊大学厄巴纳香槟分校；公立（47美国，25世界）
明尼苏达大学双城分校；公立（64美国，28世界）

早期14所大学中的9所私立大学在100年后依旧名列前15名，早期14所大学中的5所公立大学中的4所依旧名列前50名，只有明尼苏达大学跌出了前50名，排名64。这说明了美国高等教育的声誉是不朽的。私立大学排位上升是理所应当的，因为他们通过高学费赋予并维护市场的吸引力。然而,公立大学虽然资金充足,但是生均经费不足。此外,公立大学已在过去的50年里承担了较大的压力,招收各种各样的学生。有趣的是,公立大学在世界大学的排名中位次相对较高。斯洛森清单中的五所公立大学的世界排名都比他们在美国的排名高。这显然是由于这些政府赠地机构拥有资金充足的研究项目,而世界排名也十分看重研究能力。

同时,12所把宗教信仰作为其发展使命的宗教大学在2010年美国新闻的排名中,排名位列全国(博士)前100位。以下列出这些大学的名字及其排名(见括号):

圣母大学(19)
乔治城大学(21)
波士顿学院(31)
叶史瓦大学(50)
佩波戴恩大学(53)
福特汉姆大学(56)
南卫理公会大学(56)
杨伯翰大学-普罗沃(75)
马凯特大学(75)
贝勒大学(79)
圣路易斯大学(86)
得克萨斯基督教大学(99)

五、美国的区域性大学

公立和私立的地方性高校是美国高等教育的支柱,这些高校教育了大量来自于中产阶级家庭的学生。这些区域性大学提供了文科核心课程(通常称为通识教育)以及传统和就业导向的专业。区域性高校经常提供特定职业的硕士学位课程,其直接反映了区域就业市场的需求。这些学校几乎不提供博士学位课程,即使提供,也只在某些专业领域,例如教育。

同美国高等教育的其他部门一样,地方性高校目前关注美国高等教育中的两个重要的趋势,即服务学习和实习。这两种趋势非常巧妙地应对了在世界大学校长峰会中提出的高等教育面临的挑战;在经济中工作(实习),在社会中生活(服务学习)。除了这两个举措,区域性高校在本科生科研中也显得很积极。

地方性高校在培养能适应当地经济工作的学生方面走在了最前沿。收取较高学费的私立院校,尤其关注毕业生职业的适应性。几乎所有的美国大学都设有实习和就业服务办公室。在2010年美国新闻排名中位列美国中西部第二的巴特勒大学,是一所典型的有效的私立区域性高校。巴特勒大学的网站(www.butler.edu/internships/maximize)提供了指南,其通过提供对体验式学习的简要解释,达到充分利用实习的目的[13]。

"体验式学习是将经验转化为知识的过程。它通过实践来学习,并将学习应用成有意义的形式,转化为知识。"

"这种学习需要实习、合作、实践、实地经验和学徒制度。学生沉浸在一个真实的世界中,在经验丰富的专业人员的指导下,开始学习如何在这个行业完成各种任务。为了具有意义,体验式教育主要包括以下四步:

第一,接触经验;

第二,反思经验、检查过程;

第三,以时间、资源和机会的方式支持不断的变化;

第四,将经验转变或转化为适用于真实生活的知识。

这样,它才能够促进并实现实习。"

正如实习和其他形式的体验式学习让学生做好在经济中工作的准备一样,服务学习让学生做好在社会中生活的准备。服务学习是什么样的,请见 www.servicelearning.org。

"如果学生在城市的河床中收集垃圾,他们是作为志愿者为社区提供了有价值的服务。如果学生在城市的河床中收集垃圾,通过分析他们的研究结果来确定可能的污染源,并与附近的居民分享他们的结果,他们就是在进行服务学习。"

"在服务学习的案例中,除了为社会提供重要的服务,学生学习了关于水源质量的知识,进行了实验室分析,加深了对污染问题的理解,并练习了沟通技巧。这还可能反映出他们在科学、环境、公共政策或其他相关领域的个人和职业兴趣。学生和社区都参与进了一个全新的体验。"

中西部地区排名第一的地方性高校,内布拉斯加州奥马哈市的克瑞顿大学,提供了一个很好的案例,来解释服务学习是如何帮助学生和该地区的。克瑞顿大学是这样给服务学习下定义的:

"服务学习是体验式教育的一种,其学习是通过行动和思考进行的,学生通过运用他们学习的解决社区问题的方法与他人合作。同时,当他们要实现真正的社区目标、加深自己的理解和技能时,他们也会反思自己的经验。"

美国高校社区服务总统荣誉榜于 2006 年创立。该荣誉榜认可支持模范学生进行社区服务和服务学习项目的高等教育机构,从而鼓励大学生从事社区服务和服务学习。私立地方性高校克瑞顿大学已经连续四年榜上有名(www.creighton.edu/aea/service-learning)。

北部地区排名第一的维拉诺瓦大学,通过一门三学分的课程强调服务学习的重要性,其课程描述如下:

"服务学习是什么?服务学习课程是一门占了三个学分的课程,其结合了课程目标与社区工作的机会,满足了服务匮乏社区人们的基本需求,或在倡导为穷人服务或爱护环境的公益机构进行工作。理论知识和社会经验的结合,为学生提供了激发评判性和建设性思维和行动的环境,从而促进共同利益的发展。"

据参与维拉诺瓦大学学习服务的学生讲,"社区经验还提供了有意义的反思的机会,这是服务学习的一个必不可少的组成部分。我们的学生和教师将与面临贫困和边缘化挑战的人们和那些保护我们环境的人们一起学习。我们将通过这些关系相互转变。"

服务学习课程是人文科学学院对天主教社会教学内在价值承诺的具体表现。学院将继续加强与机构和其他学校的合作,服务于穷人和我们赖以生存的环境,实现我们的使命,即"培养能够成为民主社会公民的学生,属于国际社会,充满了公共责任"。这是人文科学学院的学术使命(www. villanova. edu/artssci/college/servicelearning)。

由于这种承诺,维拉诺瓦大学已得到了拉美研究所(NHI)的认可,作为 2010 年"年度大学"的组织者。学校因"无与伦比的发展贡献,成为社区意识的领导者"而受到尊重。

除了在实习和服务学习中具有创新精神,区域性大学在给本科生提供研究机会上也表现得引人瞩目。由于区域性大学不大可能提供大量的研究生科研项目,教师大多指导本科生进行科学研究。这是本科生做好准备、迎接研究生阶段的学习。一个有趣的例子是普罗维登斯学院,它是北方地区排名第二的区域性大学。普罗维登斯学院是一所典型的区域性大学,其设有本科研究常务委员会。该委员会以三大职责来促进本科生科研的制度化:

第一,领导学院上下共同实现这一战略目标;

第二,与教学卓越中心、提高学习委员会和学生参与咨询委员会进行协商,确保本科生研究和学习之间的联系;

第三,通过宣扬在大学本科阶段进行科研的好处鼓励学生参与校园社区的拓展活动(www. providence. edu/NR/exeres)。

美国西部排名第一的区域性高校,即得克萨斯州圣安东尼奥的三一大学,使用的是另一种本科生科研的方法。三一大学提供了各种暑期科研机会,详情请见其网站(www. trinity. edu/departments/research/students-index. html)。

"本科生科研是三一大学学术课程的目标和重点所在。在为期 10 周的暑期项目中,学生在教师的密切指导下,全职投入研究项目当中。这些研究经验能够帮助学生发展一个更加完整的研究和学术生涯。"

正是这些类型的活动、实习、服务学习和本科研究,帮助学生做好进入社区、进入劳动力市场、进入研究生和专业教育的准备。

每年美国新闻都会提供新的美国大学排名。2010 年美国新闻评出的四大区域排名前十的美国区域性大学如下,此表还列出了其创建年份和办学模式(私立/公立)。

中西部地区排名前 10 的大学有 9 所是私立大学,其中 6 所是宗教附属大学。所有大学的办学历史都超过了 100 年,平均办学历史为 144 年。

1. 克瑞顿大学,私立/天主教/耶稣会,1878
2. 巴特勒大学,私立,1855
3. 德雷克大学,私立,1881

4. 泽维尔大学,私立/天主教/耶稣会(并列第三),1831
5. 瓦尔帕莱索大学,私立/路德教会,1859
6. 布拉德利大学,私立,1897
7. 约翰卡罗尔大学,私立/天主教/耶稣会,1886
8. 杜鲁门州立大学,公立,1867
9. 哈姆莱大学,私立/卫理公会,1854
10. 伊凡斯维尔大学,私立/卫理公会,1854

北部地区排名前11的大学有10所是私立大学,其中5所是宗教附属大学。8所大学的办学历史都超过了100年。

1. 维拉诺瓦大学,私立/天主教,1842
2. 普罗维登斯大学,私立/天主教,1917
3. 马里兰洛约拉学院,私立/天主教/耶稣会,1852
4. 本特利大学,私立(并列第3),1917
5. 新泽西学院,公共(并列第3),1855
6. 费尔菲尔德大学,私立/天主教/耶稣会(并列第7),1942
7. 伊萨卡学院,私立,1892
8. 罗彻斯特理工学院,私立,1829
9. 昆尼皮亚克大学,私立,1929
10. 玛丽斯特学院,私立,1929
11. 斯克兰顿大学,私立/天主教/耶稣会(并列第10),1888

南部地区排名前10的大学有7所是私立大学,其中4所是宗教附属大学。8所大学拥有超过100年的办学历史。

1. 罗林斯学院,私立,1885
2. 伊隆大学,私人/联合基督教会,1889
3. 杰姆斯麦迪逊大学,公立,1908
4. 史丹森大学,私立(并列第三),1883
5. 贝尔蒙特大学,私立/基督教教会,1890
6. 塞特多大学,公立,1842
7. 新奥尔良洛约拉大学,私立/天主教/耶稣会,1912
8. 莫瑟尔大学,私立/浸信会,1833
9. 阿巴拉契亚州立大学,公立,1899
10. 安柏瑞德航空航天大学,私立,1926

西部地区排名前 11 的大学有 10 所是私立大学,其中 7 所是宗教附属大学。10 所大学的办学历史超过了 100 年,另外一所也有 99 年的历史。

1. 三一大学,私立/基督教长老会,1869
2. 圣塔克拉拉大学,私立/天主教,1851
3. 洛约拉马利蒙特大学,私立/天主教,1911
4. 贡萨格大学,私立/天主教,1887
5. 米尔斯学院,私立(并列第四),1852
6. 加州理工大学,圣路易斯奥比斯波,公立,1901
7. 西雅图大学,私立/天主教/耶稣会(并列第六),1891
8. 查普曼大学,私立/基督门徒教会,1861
9. 波特兰大学,私立/天主教,1901
10. 雷德兰兹大学,私立(并列第九),1907
11. 惠特沃斯大学,私立(并列第九),1890

美国高等教育的优势在于它包容机构的多样性,当机构不断发展、远离最初的使命时,如果有市场的话,其他人将接手继续努力。显然,优秀的区域性高校具有良好的市场前景和发展空间[14]。

六、结语

虽然高等教育讨论的主题始终围绕世界一流大学的认同和价值这一点,新兴国家也已经将发展世界一流大学作为其优先发展目标,但是对于新兴国家来说,最重要的是将发展地方性高校作为其发展的"第一步"。

虽然世界一流大学推进了前沿知识的发展,并明显地帮助了其所在国家。但是,区域性大学在本科生培养上强调教学法,这样能够更好地培养学生,尤其是本科生。

在 2007 年曼谷世界大学校长峰会期间,有这样一个反复出现的主题:高等教育培养的学生不仅要能够工作,也要能够适应社会生活。美国的区域性大学通过服务学习、实习和本科生科研,成功地解决了这一问题。

回顾美国大学的区域排名,我们发现,尽管有很多公立大学都很优秀,但是排名较前的区域性大学大多都是私立的。区域性私立大学是一种替代品,是对区域经济和学生有意义的投资,却不能取代大型研究型大学。

参考文献:

[1] Association of American Colleges and Universities. "Statement on Liberal Learning." About AAC&U, 2005. http://www.aacu-edu.org/About/statements/liberal-learning.cfm.
[2] Astin, Alexander. Keynote address presented at the conference, "Spirituality as a Legitimate Concern for Higher Education," November 5, 2002, SUNY-University at Buffalo.

［3］Byker, Gaylen J. "The Religious and Moral Foundations of Civil Society and Free Market Economy."Journal of Interdisciplinary Studies 13,1/2(2001): 9.

［4］Koh Chin, Hey-Kyunk ed. Open Doors 2004: Report on International Educational Exchange, 2004. New York: Institute of International Education, Inc., 2004.

［5］Latzer, Barry. The Hollow Core: Failure of the General Education Curriculum, Washington DC: American Council of Trustees and Alumni, 2004.

［6］Lugo, Luis E., ed. Religion, Pluralism and Public Life: Abraham Kuyper's Legacy for the Twenty-First Century. Grand Rapids, MI: Eerdmans, 2000.

［7］Princeton University. "General Education Requirements." Princet on University Undergraduate Announcement, 2003－2004 Edition. http://www.princeton.edu/pr/catalog/ua/03/056.htm.

［8］Rhodes, Frank H. T. The Creation of the Future: The Role of the American University. Ithaca, New York: Cornell University Press, 2001.

［9］Roberts, Keith J. "Liberal Education and Education for Work." In Liberal Arts and Professional Growth: Conference Proceedings, edited by David M. Atkinson and Janice C. Barker,78－85. Tacoma, Washington: Pacific Lutheran University, 1988.

［10］Smith, Peter. The Quiet Crisis: How Higher Education is Failing America. Bolton, Ma: Anker Publishing Company, 2004.

［11］Tarbell, Robert W. A History of the Milwaukee Vocational and Adult Schools: From 1912 to 1958. Milwaukee, Wisconsin: The Milwaukee Vocational and Adult Schools Press, 1958.

［12］Thelin, John R. A History of American Higher Education. Baltimore, Maryland: The John Hopkins Universit y Press, 2004.

［13］Vest, Charles M. "World Class Universities: American Lessons."International Higher Education 38 (Winter,2005). 1－2. http://www.bc.edu/bc-org/avp/soe/cihe/newsletter/News38/text004.htm.

［14］Wall Street Journal. Editorial. 14 May 2004.

作者简介：基思·杰·罗伯茨，匹兹堡大学国际教育研究所高级研究员；谢雪莎，西安外事学院国际合作学院教师。

（原载《民办教育研究》2015年第3期）

权力让渡与资源获取：私立南开大学国立化进程中的"府学关系"

金 国 胡金平

摘 要：私立南开大学在其国立化进程中，围绕办学自主权与资源获取，与国民政府展开博弈。一方面，张伯苓顺应形势，迎合蒋介石的拉拢，积极参与政治；迎合政府教育政策，积极调整办学理念。另一方面，针对办学自主权，张伯苓亦有坚持的一面，即坚持南开大学的私立属性。私立南开大学的国立化进程，实际上是国民政府通过办学资源的分配逐渐控制、消解私立大学办学自主权的过程。

关键词：私立南开大学；国立化；权力让渡；资源获取；府学关系

中国近代私立大学是一个"未被系统研究的课题"[1]，近年来越来越受到学者的关注。私立大学虽名为"私"立，但与政府关系密切，政府政策的制定、调整、完善对私立大学的办学规模、办学质量乃至生死存亡都有着至关重要的作用。因此，私立大学与政府之间的关系是研究私立大学绕不开的课题。现有学术成果主要集中在以下两个方面：一是政府的政策法规对私立大学的影响。如宋秋蓉等学者①详细梳理并归纳了近代政府对私立大学办学的影响；二是私立大学校长与政府（或政府领导人）关系的研究。如曾华等人②对这一领域做了概括性的研究。不过这些研究认为，政府在与私立大学的关系中处于绝对主导地位，是"政府-学府"二者关系中的施加者。事实上，在近代社会变革中，私立大学与政府之间存在着双向互动乃至博弈的关系。

私立南开大学（以下简称"私立南开"）作为私立大学的翘楚，具备研究的典型性。私立南开的办学历程大体可分为三个阶段：（1）1919—1928年。这一阶段，私立南开虽历经草创时的举步维艰，但办学环境相当宽松、自由，发展态势良好。因此这一阶段的发展被称为"政治动乱中蓬勃发展的十年"[2]；（2）1928—1937年。这一阶段，随着北伐成功，国家完成了形式上的统一。在教育方面，国民政府推行党化教育，强化教育管控，校长张伯苓

---

① 参见宋秋蓉：《中国近代私立大学研究》，天津人民出版社2002年出版，第118—142页；齐廉允：《民国时期私立教育立法特色及其当代启示》，载于《高教探索》2012年第2期，第97—101页；宋秋蓉：《民国时期私立大学发展的政策环境》，载于《清华大学教育研究》2004年第2期，第99—106页；李志前：《民国时期私立高校的政府监管刍探》，载于《新乡学院学报》（社会科学版）2012年第2期，第73—75页等。
② 相关成果较少，目前所能检索到的文献有：曾华、宋玉霞：《近代中国私立大学校长与政府的关系》，载于《黄河科技大学学报》2009年第2期，第17—19页；江沛：《蒋介石与张伯苓及南开大学》，载于《民国档案》2011年第1期，第69—79页等。

深感办学资源获取的不易,首次萌发"国立"的想法;(3)1937—1946 年。抗战爆发,私立南开被日军轰炸,后与北大、清华举迁南下,共同组建西南联合大学,由此进入学校发展的又一阶段。本文所说的国立化进程,指的即是 1928—1946 年这段时期。1928 年之前,私立南开国立化的议题尚未萌发;1928 年之后,随着国家力量的强势介入,私立南开逐渐被动地走上了国立化的道路。

1946 年 4 月 9 日,教育部正式宣布私立南开大学改为国立,结束了南开大学私立的命运。这样的结果对于张伯苓来说虽难以接受,但在特殊背景之下亦是维系南开大学得以运行的无奈之举。从维持私立到商改国立,私立南开及张伯苓围绕办学资源的获取,与政府展开了深入而持久的互动和博弈。这种互动和博弈主要体现在两个方面:一方面,张伯苓顺应形势作出了相应的策略选择,采取了相对务实、灵活的措施。例如,迎合蒋介石的拉拢,积极参与政治;迎合政府的教育政策,积极调整办学理念;另一方面,在复校阶段,张伯苓在涉及办学自主权的问题上亦有坚持的一面,即坚持南开大学私立的属性。当然,结果并非所愿,为获取办学资源,学校不得不让渡办学自主权。

本文希望通过对私立南开国立化这一民国高等教育领域个案的研究,分析学府与官府之间的互动关系。

一、资源获取的困境:现状及成因

私立南开资源获取的困境主要集中体现在办学经费的筹集上。学校自创办之初至 1927 年,办学经费主要靠个人、非政府组织的捐赠。以 1919—1927 年南开大学捐款统计为例,个人、非政府组织捐款所占比例为 84.11%①(见表 1)。得益于"各界均有意帮忙"[3],私立南开在此阶段得以迅速发展。

表 1 南开大学捐款统计(1919—1927 年)

捐赠来源	捐赠者	捐赠金额(元)	比例(%)
政府机构	交通银行、交通部	20 047	1.32
个人、非政府组织	南洋烟草公司、谭真工厂、徐世昌、李秀山、王仲希、蔡虎臣、袁伯森、阎锡山、陈光远、黎元洪、李炳麟、严范孙、梁士诒、周自齐、王占元、沈庆辉、李组绅、袁述之、靳云鹏、许静仁、金伯平、丁美英、施雷德、何庆成、卢木斋、李兴臣	1 274 793.97	84.11
基金会、学术团体	罗氏基金会(洛克菲勒基金会)、中华教育文化基金会	220 864	14.57

但 1928 年以后,随着政局趋稳,政府对教育的控制力增强,私立南开资源获取的困境得以凸显,对政府的依赖也逐渐增强。以 1928—1935 年间的捐款为例,政府捐赠比例高达 31.45%,个人、非政府组织捐赠比例降至 18.14%(见表 2)。经费来源结构的变化引发

---

① 有学者笼统地认为私立南开受政府资助比较多,这种说法不够严谨,应分开来说,1927 年之前政府补助很少,在 1928 年以后,政府补助才逐渐增多。

了张伯苓对南开大学私立合法性的思考,即"政府补助费过多,何名为私立"[4],这也使张伯苓一度在私立或国立议题上摇摆不定。经费对于私立南开的重要性不言而喻,而对经费来源结构变化的分析有助于我们阐释私立南开何以于1928年后在资源获取上存在困境。

表2 南开大学捐款统计(1928—1935年)

捐赠来源	捐赠者	捐赠金额(元)	比例(%)
政府机构	天津警备司令部、国民政府补助、河北省教育厅、教育部补助等	400 254	31.45
个人、非政府组织	张学良、陈芝琴、E·R·Hickoi	230 800	18.14
基金会、学术团体	罗氏基金会(洛克菲勒基金会)、中华教育文化基金会、太平洋国际学会、中英庚款理事会等	568 450	44.67
其他	未著捐款者(国内捐款)	73 000	5.74

注:表1、表2根据《南开大学校史资料选(1919—1949)》相关内容[5]分类、整理、统计而成。

大体说来,私立南开在1928年后遭遇资源获取困境主要源自三个方面。

其一,民众公共精神的缺失。天津虽是华洋杂处的通商口岸和北方洋务中心,但商业经济的发达对于私立南开的支持非常有限。如表1所示,在个人、非政府组织的捐款中,仅有南洋烟草公司、谭真工厂两家民间组织捐助私立南开,且捐助比例低(约占0.80%)。表2中,未见民间企业捐赠于私立南开。这也印证了当时国内民众公共精神的缺失对于私立高校办学的不利影响。邱椿的研究亦可作一佐证,他认为,"我国资本家在个人享乐上虽然挥金如土,但在社会服务上并无踊跃输将的精神,输资兴学的风气在今日的中国社会尚未养成"[6]。公共精神的缺失导致国内募捐尤为困难,使得私立大学发展步履维艰。

其二,政局动荡带来的不利影响。从表1可知,社会贤达的捐赠是私立南开办学经费的主要来源,但这类建立在私人关系基础之上的捐赠模式具有两个特性:一是不确定性。一旦关系破裂或发生变故,则很难持续;二是具有地域性。私立南开作为地方性大学,想在别处获得办学资源并非易事。1928年以后,由于国民党内部各势力之间争权夺利,导致内战不断,这对办学环境造成了严重破坏。从表1、表2的对比中可以看出,社会贤达的捐赠比例在1928年以后急剧下降(从84.11%降至18.14%),这导致南开大学的办学经费不得不更多地依靠政府补助。此外,由于八年抗战以及日军的蓄意破坏,私立南开的设施设备、图书资源均受到了严重毁坏,这也加剧了南开大学对于政府补助的依赖。

其三,国家力量的强势介入。与北洋政府放任、自由的发展环境相比,国民政府加强了对私立大学的整顿和规范,强调对私立大学的掌控,如相继颁发了《私立大学及专门学校立案条例》、《私立学校条例》等,对私立大学的立案审批、办学目标的设定、学校内部治理结构以及学科、课程等诸多方面作了严格的规定,限制了私立大学的办学自主权,也对其办学经费的获取设置了障碍,增添了难度。比如,政府对私立大学招生人数的限定使得私立大学赖以生存的学费收入锐减。为响应国民政府的教育政策,1930年张伯苓对教育部视察人员说道:"南开在十年之内,大学生决不扩大至500名以上。"[7]

二、学府与官府的互动博弈:顺应与坚持

面对资源获取的困境,为使南开大学得以存续,张伯苓采取了相对灵活的策略,与国民政府展开了持续的互动博弈。

1. 顺应拉拢:从游走政治边缘到积极参与政治

由于众所周知的原因,张伯苓、私立南开与国民政府或蒋介石之间的互动在很长一段时间里被南开大学校史所回避。然而时代在进步,当今社会足以对这段历史有着更为客观、理性的认识。张伯苓参与政治,既有对时代背景的考量,也与国民政府及蒋介石的个人声望和刻意拉拢有关,更与私立南开力图摆脱资源获取的困境有关。就张伯苓参与政治的程度而言,大体可分为两个阶段。

(1) 游走边缘:与政治保持密切关系,但不直接参与(1928—1937年)。

由于严修的原因,私立南开自诞生之日起就与政府(北洋政府)保持着密切关系。创办之初,私立南开的多数捐赠来自有着政府背景的士绅官商,诸如徐世昌、黎元洪、靳云鹏等。张伯苓深知与政府保持密切关系对于办学经费筹集的重要性。1928年北伐之后,随着政权更迭,原来与之维系的"社会关系"随之破裂,办学经费难以维系,为此,张伯苓的"化缘"范围和目标被迫从北转南,主动寻求国民政府的同情和援助。其主要有两种途径。

其一,通过熟人关系寻求政府补助。张伯苓主要通过孔祥熙、张学良、蒋梦麟等熟人关系寻求政府各相关部门在办学经费上的援助。如张伯苓致函工商部部长孔祥熙,期望其在游说政府补助方面"仍恳大力从中多予维持"[8];基于私人关系,私立南开获得了张学良20万元(分十年支付)的捐款[9];得益于教育部长蒋梦麟的帮助,继续维持政府补助的校款[10]等。张伯苓通过熟人关系不仅为私立南开筹集了办学经费,还由于熟人的引荐、游说拉近了与蒋介石之间的距离,为日后两人的频繁互动以及张伯苓参与政治奠定了基础。

其二,直接向蒋介石争取经费援助。蒋介石曾派遣秘书钱昌照考察南开大学,考察期间,张伯苓对蒋称颂有加;回南京后,钱昌照如实禀报,并称赞南开大学办得不差,但经济困难,蒋介石随即让张学良补助南开大学。[11]应该说,此次考察增添了蒋介石对私立南开以及张伯苓的好感,为日后蒋介石在南开办学经费上的关照以及与张伯苓的互动奠定了良好的基础。不久,张伯苓携伉乃如赴南京拜见蒋介石,蒋介石对南开校风以及张伯苓的办学精神尤为钦佩,更为同情南开的经济状况,并且允诺将设法补助。[12]至此,两人之间的互动逐渐密切,在南开大学遭遇困境之时,张伯苓多次"求救"于蒋介石。张伯苓与蒋介石的交往对于私立南开经费援助的影响是巨大的,江沛对此做过详细分析①,此不赘述。

出于办学经费筹集的需要,张伯苓渐以"顺应"国民政府及蒋介石的"拉拢",逐渐加入一些官方色彩较弱的非常设性机构,进行参政议政。比如,1932年2月,张伯苓被聘为北

---

① 参见江沛:《蒋介石与张伯苓及南开大学》,载于《民国档案》2011年第1期,第69—79页。

平国难会议会员;同年7月被教育部聘为全国体育会议筹备委员会委员等。翁文灏更是利用庐山牯岭讲学之际,进一步向蒋介石举荐张伯苓①。蒋介石也深知张伯苓在平津教育界以及社会上的影响力,遂主动邀请张伯苓参与政府一系列的"委员会"。

当然,张伯苓顺应国民政府以及蒋介石的"拉拢",也与国民政府作为唯一合法政府以及蒋介石坐实政权有关。如唐德刚所述,"蒋公(蒋介石)和国民党的声望,全民仰止,真如日中天"[13];亦如胡适所观察,"民十五六年之间,全国多数人心的倾向中国国民党,真是六七十年来所没有的新气象"[14]。对与政府始终保持密切互动关系的张伯苓来说,不可避免地对新政权及蒋介石产生好感和信任。为此,1935年张伯苓表示,"愿把毕生心血结晶的最高教育事业奉之政府,化私为公"[15],即有对政府信任的考量。当然不可否认的是张伯苓对于南开教育事业的无比热忱,确如1946年他在接受哥伦比亚大学荣誉博士时被赞誉的那样:(张伯苓)以无比的信心及毅力献身于教育。[16]为此,张伯苓婉拒张学良邀其就任天津市长一职;电告蒋介石述其心志,"愿终身于南开学校而不稍易其志向"[17];拒绝时任教育部长王世杰拟任其为四川大学校长一职。

综上所述,在1928—1937年间,张伯苓与国民政府和蒋介石保持着密切的互动,但并未实质性地参与政治,更愿意以"教育家"的身份参政议政,与政治保持一定的距离。当然,其背后与张伯苓对于"教育救国"理念的坚持以及办学经费的筹集不无关系。

(2)积极参与:政治背后是教育经费的争取(1937—1946年)。

抗战开始以后,张伯苓积极参与政治,与蒋介石的接触更加频繁,多有互动。1938年7月,张伯苓出席蒋介石的三民主义青年团(简称"三青团")的成立大会,并担任三青团中央监察会常务监察;同年10月,蒋介石登门拜访张伯苓。为表彰张伯苓的教育贡献,国民党政府于1944年授予其一等景星勋章。[18]张伯苓还先后担任过国民参政会第一届第一次大会副议长,第二、三、四届各次大会主席团主席,国民党第六届中央监察委员等。

张伯苓之所以积极参与政治,主要有两种不同的说法。一种认为,张伯苓深受蒋介石允诺(南开为中国而牺牲,有中国即有南开)的感动。[19]另一种认为,张伯苓受到蒋介石的极力拉拢,且蒋介石对其办学在经费上多有支持。尽管两种说法不同,但均涉及一个共同的问题,即教育经费问题。

首先,抗战初期,私立南开已遭日军轰炸,损失惨重,"南开大学已成灰烬"[20]。加之国家动乱,经济萧条,凭借张伯苓一己之力难以使南开大学东山再起。在重建无力之下,张伯苓不得不将恢复办学的希望寄托于蒋介石的"有中国即有南开"的承诺之上。

其次,虽然蒋介石兑现诺言,使得私立南开与北大、清华共同组建国立西南联合大学,但三校之中,私立南开实力最弱。尽管西南联合大学经费由政府负责,但北大、清华和南开大学均保留着原有的行政和教学组织系统,负责管理各自经费和处理各校自身事务。长沙临时大学时期,教育部拨发经费仅为三校原有经费的35%,分别为:北大 27 416.65

---

① 据《翁文灏年谱》记载,翁文灏赴庐山牯岭讲学之际,曾建议蒋介石在延揽人才时不宜过以党政之界限,限制其范围,并随即举荐了胡适、张伯苓等人。蒋介石表示均愿随时延见。

元,清华 35 000 元,南开 9 333.33 元。[21]如此常规经费补助对于谋求将来复校的张伯苓而言不过是杯水车薪。

因此,南开大学若想谋求发展,则需要争取更多的办学经费。而在当时的社会背景之下,张伯苓除了顺应拉拢、参与政治之外,也难有他法。有两件事情可予佐证:一是1936年6月何廉受翁文灏邀请担任行政院秘书长,当何廉征求张伯苓的意见时,张伯苓建议其接受这一任命,因为这样能够通过政治关系协助南开在重庆建立分校[22];二是抗战结束后,张伯苓向蒋介石推荐张廷谔为天津市长,前提是张廷谔答应张伯苓,"如果我当了天津市长,第一件事就是恢复南开,凡日本财产可助南开学校的,都拨给南开"[23]。可见,张伯苓积极参与政治,其背后有着争取办学经费的考量。

那蒋介石为什么要极力拉拢张伯苓呢?概括起来有三个方面的原因:一是可以利用张伯苓的声望,尤其是其在北方教育界的影响力,加强意识形态的控制。对政府来说,意识形态的控制需要借助学校,尤其是高等学府的支持。张伯苓凭借其办学及社会活动在国内外拥有很高的声望,这构成了蒋介石拉拢张伯苓的前提条件之一;二是易于"控制"。私立南开不同于"北大、清华的'得天独厚'",以及"燕大、辅仁的'养尊处优'"[24],办学经费的获取是其维持办学的首要前提。因此,张伯苓必须处理好与政府的关系。比如,在控制"学潮"方面,与北大相比,张伯苓显得相对"积极";三是树立典型,彰显政府兴学之形象。南开大学因属私立,拉拢、扶持其发展,在一定程度上能够彰显政府积极兴学的决心和努力,"倘南开以私立之故,竟因经费无着而停顿,实非政府维护教育之至意"[25]。

综上所述,张伯苓虽精于世故,人情练达,或游走于教育与政治之间,或积极参与政治,但其背后均隐含着对教育救国理念的坚守。

2. 顺应教育政策,积极调整办学理念:从不谋而合到主动靠拢

(1)抗战之前,办学理念与政府教育政策不谋而合。

1937年之前,张伯苓倡导实学教育,在办学理念上与国民政府的政策导向不谋而合,试举两例加以说明。

其一,就办学方针而言,私立南开的实学教育与国民政府极力倡导的实科教育宗旨一致。关于私立南开的实学教育,《张伯苓实学教育思想及其实践》[26]一文已有较为详细的阐述,此不赘述。抗战之前,国民政府针对国内农工医理等学科的学生比例较小而文法科学生比例偏多的情况进行教育改革,力求加强实科教育,为国家建设培养可用之才。1931年,国民政府通过《确定教育设施之趋向案》,强调大学教育应注重自然科学及实用科学。随后,国民政府采取相关措施,包括控制高校录取学生类别的人数和比例、撤销合并相关院系等,以抑制文科,加强实科的发展。何炳棣在1979年归国访问中也证实:20世纪30年代的中国教育界和国民政府的教育部都有一种极其功利的注重理工的看法和政策。[27]尽管其表述带有明显的感情色彩,但在某种程度上也反映了当时国民政府的政策导向。

其二,在学生管理方面,南开重纪律的特点与国民政府强调组织纪律性如出一辙。张伯苓在学生管理中重纪律性,这在《张伯苓教育言论选集》中可见一斑。《张伯苓教育言论选集》所论、所述之事多与学生日常工作紧密相连,诸如"谈戒赌"、"怎样改正错误"、"做事

应以'诚'字为标准""虚心和理解""关于青春期卫生教育问题"等,所谈之事讲求规矩和纪律。私立南开在学生管理当中重组织性、纪律性,以致有人在《京报副刊》撰文批评南开,认为"南开学生向来只能讲服从的"[28]。如以学生自治为例,私立南开像国内多数高校一样,亦倡导学生自治,然差别在于:私立南开除了鼓励学生自治之外,还特设指导老师,一方面指导学生开展自治;另一方面也便于对学生自治予以规束,使之不与学校"唱反调"。同样,国民政府在教育政策导向上亦强调组织和纪律性。在国民政府成立之前,教育界曾弥散着民主、自由的气息,1922年制定的以"发扬平民教育精神、谋个性之发展"等为基础的新学制的推出,更是强化了这一气息,而这些均与国民党重组织、重纪律的观念相背离。因此,国民政府面临的重任即在于"整理学制系统","纠正因新学制而产生的自由与散漫的思潮"[29],以强化组织和纪律。

私立南开的办学实践与国民政府的政策导向存有不谋而合的一面,与张伯苓的实学教育观有关。张伯苓实学教育观的形成主要受三方面因素的影响:一是地域时代背景。随着洋务运动的推进,天津采矿、纺织、航运、电讯、冶炼、铁路等工业得以迅速发展,为私立南开的专业设置、人才培养奠定了现实基础;二是教育背景。张伯苓早年因家庭经济困难,其父勉强送其进入北洋水师学堂,时值刚从英国格林威治海军学院学成归来的严复出任总教习。在北洋水师学堂的学习经历使得张伯苓对西方科学知识有了系统的接触和了解;三是受严修的影响。严修对于应用型、技能型的实学教育"情有独钟",在其担任贵州学政时,即曾奏请朝廷设立"经济特科"。因此,对于"在严先生的指导下作事"[30]的张伯苓而言,势必受其影响。

当然,从节省办学经费的角度而言,对于靠"化缘"为生的私立南开来说,实学教育或实科教育并不是最经济的选择。从私立南开的办学实践来看,张伯苓在教学设施设备、师资引进等方面的经费投入从不吝啬。可见,张伯苓之所以重视实科或实学教育,最根本的原因在于其对办学理念的坚持,及其对教育救国理念的体认。

(2)抗战之后,调整办学理念积极向国民政府主动靠拢。

1937年全面抗战爆发以后,张伯苓积极调整办学理念,主动向国民政府所倡导的教育理念靠拢,主要体现在两个方面。

其一,适时提出"建国教育"的办学理念,主动使学校与国家命运紧密相连。张伯苓多次在公共场合要求南开学子努力向上,为抗战建国奉献才智。1938年7月,张伯苓在重庆南开中学毕业会上,号召学子本着"南开精神"为中华民族的建国事业而努力奋斗[31];1939年3月,张伯苓在昆明校友会上谈及要加强力量,帮助领袖抗战建国[32];1939年10月,张伯苓在教师节聚会上明确提出南开教育的转向,即从抗战前救国的教育转至抗战后建国的教育。[33]1941年,日本轰炸珍珠港以后,建国教育的理念被提及的次数更是明显增多。1943年3月,为配合蒋介石《中国之命运》一书的发行,张伯苓特召集南开同仁商讨建国教育方案[34];1943年10月,在南开学校成立39周年纪念会上,张伯苓重申南开今后的目标在于致力于通过教育协助建国[35];1944年4月,在张伯苓七旬寿辰纪念会上,行政院副院长孔祥熙盛赞张伯苓及南开为国培养大批人才,望再接再厉,为建国以后的人才培养多作贡献,张伯苓致谢道,"本人四十年办学目的即在此"[36]。张伯苓除了号召南开同仁、校友秉承建国教育的理念,还于1944年5月当选中国教育学会理事之际,在《中国教育学会年报》上撰文道,"今后一切教育之理论与实施,要能处处配合国策之需要,时时适应建国之要求,脚踏实地,不尚空论,深信以此'建国教育'之精髓,定可完成'教育建国'之重任"[37];同年,为进一步与《中国之命运》相呼应,张伯苓更是撰写《中国之命运与南开之教育——由"公能教育"进为"建国教育"》一文,从宏观层面阐述了建国教育之必要,并给出建国教育之计划,概述之,即"教育要与三民主义相配合,与国防、文化、经济相协调"[38],如此才能培养大量有用人才。

抗战胜利在望之际,国民政府将工作重心转至经济建设,亟须能服务国民经济建设的有用人才。张伯苓适时提出建国教育的主张,并号召教育工作者以建国为宗旨培养各类人才。张伯苓因此获得了蒋介石的青睐。

其二,积极配合国民政府推行党化教育。推行党化教育是张伯苓主动靠拢的另一主要表现。1939年12月,中央训练团党政训练班编印了张伯苓在该班的演讲录,内容主要为"训育问题",在演讲录的结尾,张伯苓强调,"在教育上使一般学生了解党政的重要性和党与国家的密切关系,一致加入本党……建立三民主义的新中国,完成教育界对国家民族所负的重大使命"[39]。张伯苓的主动靠拢,正"击中要害"。国民政府自成立始,虽然对于教育政策作了一系列的改革,大力推行三民主义教育,但效果不佳,一如蒋介石于1951年3月在《教育与革命建国的关系》一文中所陈述的:"一般主持教育的同志们,不论是教育部长、厅长或各大中小学校长、教职员,都很少能够为革命负责,推行主义,确实的依据本党的教育政策,去从事设计和积极推行,竭尽其党员的本分,大家把决议案看成具文,与实际的教育漠不相关,因为我们国家的教育从来就未能实现本党的教育政策,更没有树立我们三民主义的中心思想。"[40]毫无疑问,张伯苓的积极配合拉近了其与蒋介石及国民政府之间的心理距离,从而为南开大学申请办学经费在一定程度上提供了便利。

从不谋而合到主动靠拢,这是私立南开在社会变革之际进行的一次办学策略的转变。这一转变简单来说,给私立南开带来了直接的好处,即为办学经费的争取提供了便捷:张伯苓多次电请蒋介石、孔祥熙、陈立夫等补助南开大学,并且多能获批,如1942年3月,呈报行政院,请求补助南开大学经济研究所年度经费10万元,并获批[41];1942年7月,蒋介石批准追加南开大学经费10万元[42]等。这些经费的获得为私立南开在战时得以继续发展提供了保障。

3. 私立议题上的坚持:复校阶段的经费争取与舆论力量的利用

面对资源获取的困境,张伯苓对南开大学私立还是国立的问题有过动摇,明确提及的有两次:一次为1935年2月,张伯苓召集董事会,首次提及将私立南开收归国有;一次是1944年6月,张伯苓向蒋介石表达过同样的愿望。此外,1944年7月,张伯苓在与南开同仁的谈话中表达了"大学之为私立、为国立尚待考虑"[43]的想法。1945年以后,张伯苓坚定了维持私立的决心,并在多个场合阐明其态度。为此,在准备复校阶段,张伯苓做了两方面的努力:一方面努力争取政府经费补助,并希望在复校时享受国立大学的待遇;另一方面利用媒体力量,为坚持私立属性以及获取办学经费赢得舆论支持。

(1)争取政府教育经费方面的努力。

从表2中可以看出,相比以往,1928—1935年期间个人、非政府组织的捐赠比例在缩小。除政府经费补助之外,私立南开的经费来源主要有两个方面:一是发动校友会的力量筹集经费。私立南开注重校友会的建设,至1939年4月,南开在全国各地共成立校友会36处之多。[44]随着学校规模的扩大,校友对母校办学的重要性日益凸显。1943年4月南开校友总会发起"伯苓'四七'奖助金"运动即是例证,但这类"运动式"的捐赠难以常规化,虽对增强学校凝聚力能够起到一定作用,但对学校发展的贡献亦是有限;二是争取基金会、学术团体的资助。以1928—1935年的捐款统计为例,基金会、学术团体的资助成为私立南开办学经费的重要来源。然而,基金会、学术团体的捐赠与个人、非政府组织的捐赠一样,都具有不确定性。

因此,为获得稳定来源的办学经费,私立南开不得不将"注意力"转移至政府。为此,张伯苓顺应了蒋介石的拉拢,迎合了政府教育政策,以此来获得维持正常办学的必要经费。总体来说,复校之前的私立南开得益于张伯苓的多方经营,亦能勉强维持办学。但在复校准备阶段,南开大学的私立性质所带来的劣势日益显现,不得不更加依赖政府补助。

1941年12月8日,张伯苓首提复校计划。1942年2月13日,张伯苓拜见蒋介石,谈及复校问题,蒋介石允诺"复校时南开与国立大学同等对待"[45]。同年2月17日,私立南开复校筹备会第一次会议在重庆张伯苓寓所召开,会议汇报了蒋介石"有中国即有南开"与复校后享受国立大学同等待遇的诺言,以及商定复校之后仍维持私立的决议。张伯苓除了自己向政府努力争取经费之外,还利用在政府任职的南开校友之便,积极与政府相关部门斡旋。如1942年3月复校筹备会再次召开,会议提及由何廉与陈布雷接洽,设法使蒋介石的允诺具体化。基于蒋介石的承诺以及校友同仁们的努力,张伯苓对于复校后维持私立的前景充满希望。1944年6月,在南开同仁聚会上,张伯苓发表了《国际大势与南开前途》的演讲,进一步明确南开学校的私立属性,并在经费来源上作初步设想,即"请求政府战后在敌人产业中拨出一部分,作为南开建校费用及教育金",认为"南开为敌人所摧毁,应用敌人财产来复校",并且相信"此种处置办法……想将来不难实现"。[46]

1945年8月,复校在即,张伯苓呈函蒋介石,请求按照北大、清华的补助来支持南开大学的复校重建工作,并且请求指定敌产作为学校永久基金,在指定敌产未能变价拨付之前,恳请政府能予相应之补助。随即,蒋介石给予答复,并通过文官处与张伯苓沟通"可与商改国立"。显然,张伯苓不赞成由私立"商改"为国立,仍愿意以"人民团体立场"[47]继续办学,培养人才,为国服务,为此只好在每年政府拨付的补助费上作出让步,"南开复校第一年所需经费,准照北大、清华两校经费比例,由政府全数补助,嗣后逐年递减十分之一,至十一年,即全由南开自行筹措"[48]。然而政府并未采纳张伯苓的请求。据何廉回忆,教育部部长朱家骅随后正式提出将私立南开收归国有,由张伯苓担任第一任校长的提案。[49]面对南开因战争爆发而造成的人力、物力、财力的破坏,以及学校重建的重重困难,张伯苓只好勉强默认。但基于不管是出于"私人友情"[50],还是迫于"维护教育之至意"[51]的压力,作为妥协或者交换,蒋介石批准"南开在战后十年内暂时改为国立,以后逐渐改为私立"[52],并在复校之际补助南开建校拨款8亿元(北大10亿元,清华12亿元)。[53]

总体来说,尽管张伯苓在办学经费的获取上积极努力,但最终结果并未如其所愿。一方面,相对北大、清华而言,虽然蒋介石兑现了复校后私立南开享有国立大学待遇,但所得经费仍最少;另一方面,虽然蒋介石曾表态"南开为中国而牺牲,有中国即有南开"[54],但未就私立属性给予明确态度,并最终在1946年由教育部决定私立南开大学国立化。

(2)利用媒体力量,创设舆论环境。

办理真正的私立大学是张伯苓的夙愿。如上所说,1945年10月,就在蒋介石有意将私立南开"商改国立"之后,张伯苓包括南开同仁除了在不同场合跟南开校友言说之外,还积极利用报刊媒体制造维持私立的舆论。试举两例:

一是1945年10月21日,张伯苓在接受记者采访时说到,"南开大学决定维持私立,不过战后苍夷满目,经济尚不能独立,仍需请求政府补助……已呈请(蒋)主席,在经费上与北大、清华相等,后年逐年减少十分之一,十年之后,完全自给……"[55]

另一是1945年11月14日,《大公报》载张彭春(张伯苓之弟)阐述南开大学维持私立的愿望,希望南开"仍维持私立立场,以私人力量做公共的事业,……希望各界能够赞助"[56]。

张伯苓包括南开同仁的这一做法值得玩味:一方面,在蒋介石提出"商改国立"的建议后,借助媒体进一步宣告南开维持私立的决心;另一方面,陈述南开复校之困难,以期博取社会同情,为争取政府补助创设舆论环境。

媒体尤其是报业对于民众,特别是上流社会、知识分子的影响是巨大的。对于媒体舆论的"威力",张伯苓并不陌生。1937年7月29日,日军轰炸了南开学校(包括中学、大学),使之损失惨重。这一事件通过包括路透社、《申报》、《大公报》、《中央日报》等在内的国内外媒体的报道,客观上使得南开大学成为战时中国惨痛的象征,引发了教育界、文化界的广泛同情和关注。[57]也基于此,1937年7月31日,蒋介石召见教育界人士座谈,张伯苓应邀其中。席间张伯苓就南开被炸表示,"南开已被日军烧掉了,我几十年的努力都完了。但是只要国家有办法,能打下去,我头一个赞成"[58]。或感召于张伯苓的表态,或出于拉拢、团结教育界人士的需要,蒋介石随即承诺"南开为中国而牺牲,有中国即有南开"。得益于蒋介石的承诺,张伯苓对南开学校南迁复校的信心倍增,为此张伯苓联系《大公报》,欲借"贵报之力,将此意(复校信心)转达全国校友"[59]。此外,蒋介石"有中国即有南开"的口谕也成为张伯苓在校友集会、寿辰典礼等活动时动员师生建校、对未来增强信心的"一剂良药"。同时它也成为私立南开向各政府部门、各政要申请经费支持的"尚方宝剑"。蒋介石除作此承诺之外,还批准了私立南开与北大、清华共同组建西南联大的申请,这大大提升了私立南开的知名度和影响力。得益于媒体的介入和舆论的导向,私立南开开启了办学的新征程,开始了浓墨重彩的一段校史。《大公报》对此更是发表短评,文谓"凶残的敌人,毁了旧南开校舍,却更发扬了新南开精神"[60]。

可见,张伯苓深谙媒体舆论对于办学资源获取的积极作用。对于张伯苓以及南开同仁在私立属性以及经费获取上利用媒体创设舆论的效果暂且不论,事实上其结果也可想而知,但作为一种尝试和努力不应该被研究者所忽视。

三、权力让渡与资源获取:"府学关系"的再认识

在布鲁贝克看来,保护高等教育自治,防止政府过分束缚的堡垒应是私立大学。[61]但通过私立南开这一案例可知,在国民政府统治之下,私立大学并未成为防止政府过分约束的堡垒,恰恰相反,政府通过办学资源的再分配,逐渐消解了私立大学原本享有的自治权,官府与学府之间存在着互动和博弈。私立南开并非个案,在其国立化进程中所展现的"顺应"和"坚持"正是近代私立大学与政府关系的真实写照。

从宏观层面来说,府学关系中呈现的"顺应"与"坚持",与私立大学在国家建设中的重要地位有关,也与国民政府教育经费支绌有关。国民政府统治之前,北洋政府通过一系列的法律法规鼓励私人办学,促进了私立大学的发展和繁荣,一度出现兴办私立大学的热潮。此外,由于北洋政府陷入军阀混战,教育财政支绌,使得政府对私立大学的控制力减弱,客观上给私立大学创造了自由发展的环境,也由此出现了一批办学质量不错的私立大学,作为本文案例的私立南开即是在此阶段得以创办。国民政府初掌政权,认识到教育尤其是高等教育与国家政治、经济、社会文化发展的密切关系,因此,为凝聚力量,巩固政权,建设国家,必然要积极扶植私立大学的发展,以彰显其对于教育的重视。当然,政府大力扶植私立大学的发展,也与其教育经费支绌密切相关。国民政府时期,教育经费欠缺是个不争的事实,蔡元培等所争取的教育经费独立以及其他罢工罢教事件屡有发生即是例证。在教育财政难以为继的前提下,大力鼓励、扶植私立大学是政府弥补国立大学人才培养不足的不二方法。在政府的鼓励、扶植之下,私立大学得到了一定的发展。以1931年为例,全国私立大学(含大学、独立学院及专科学校)为47所,占高校总数的44.8%[62];1941年,私立大学的学系数为296,占总数的45.3%。[63]

对私立大学而言,在公共精神缺失、国家动荡不安的环境下,要获取办学资源,实现办学理想,就不得不顺应国民政府的政策引导。然而,基于私立大学的重要地位,使得私立大学在办学自主权的争夺方面存有互动博弈的可能。虽然互动博弈的结果在多数情况下,非如所愿,正如邱椿所言,"在经济压迫和法令束缚的情形之下,(私立大学)即使有崇高的理想,亦是难以实现的"[64]。其实在"小社会大政府"的背景之下,包括南开大学在内的私立大学均难逃这一命运。但作为一种存在,私立大学与国民政府之间的"顺应"与"坚持"式的互动博弈深化了"府学关系"的理解。

在这种府学关系的互动博弈中,办学资源成为府学关系中的核心和关键因素。事实上,国民政府也采取了多种措施规范和控制私立大学的发展,这主要有两种方式:一是通过颁布法令法规,依法治理私立大学;二是通过经济的手段来控制私立大学的发展。[65]但是,就控制力而言,显然经济手段对于私立大学的控制最为有效。有学者在研究上海大同大学的内部治理机制时发现,面对政府的法令法规,校方总能另外设计出一套新的适应机制。[66]即所谓的"上有政策,下有对策"。但唯有办学资源(尤指办学经费)的获取是私立大

学难以"应付"的。私立大学要想得以持续发展,不得不依赖于国民政府的经费补助。也因此,办学资源的再分配成为国民政府控制私立大学的有效手段,同时也成为国民政府与私立大学关系当中最为重要的考虑因素,这主要体现在两个方面:

其一,政府资源的依赖程度决定了"府学"关系的互动博弈强度。以往学者在探讨府学关系时,对府学之间的互动博弈关注不够。其实从私立南开的案例来看,虽然政府主导府学关系的走向,但二者之间依然存在着生动、具体的互动博弈。但互动博弈的程度随着政府资源依赖程度而有所差异。如抗战之前,考虑到张伯苓在平津教育界的影响力,以及私立南开所取得的成绩,为获得教育界的支持,蒋介石积极拉拢张伯苓。而面对蒋介石的拉拢,张伯苓依然游走于政治与教育之间。但在抗战之后的复校阶段,由于办学经费主要来自政府,因此在私立议题上,虽然张伯苓以及南开同仁希望通过报刊媒体创设维持私立属性的舆论环境,但依然敌不过教育部的一纸决定。于私立大学而言,办学资源越依赖政府,其互动博弈的强度越弱。

其二,政府资源的依赖程度决定着私立大学享有办学自主权的多寡。私立大学之所以称之为私立,其根本原因在于办学资源获取的公共性。相比国立大学,私立大学是政府资源依赖性相对较小的组织,也因此相比国立大学受到政府的束缚相对较少,享有相对的办学自主权。但随着办学环境的恶化,加之国家力量在高等教育领域的强势介入,使得原本政府资源依赖性较低的私立大学转而成为政府资源高度依赖的组织。政府资源依赖程度的提升,势必使得私立大学相应地让渡更多的办学自主权。私立南开的国立化进程对此有直观的体现。北洋政府时期,私立南开办学经费中的政府捐赠或投入的比例如表1所示,仅为1.32%。由于政府干预较小,私立南开办学灵活自主,虽战乱频仍,却得以蓬勃发展。而在国民政府统治之下,在其国立化进程当中,以抗战为界限,在抗战之前,不管是张伯苓本人在处理与政治之间的关系,还是私立南开的办学理念均能大体保持"本色",虽受国民政府的拉拢,但教育与政治大体能保持一定的距离。但在抗战之后,由于办学经费主要依靠政府投入,因此就张伯苓个人而言,则不得不顺应国民政府的拉拢,积极投入政治;就私立南开的办学理念而言,则不得不顺应国民政府的教育政策。如此,也就逐渐丧失和让渡了办学自主权。

参考文献:

[1] 宋秋蓉. 中国近代私立大学研究[M]. 天津:天津人民出版社,2002:1.
[2] [22] [49] 何廉回忆录[M]. 北京:中国文史出版社,1988:45,89—90,270.
[3] 梁吉生. 张伯苓年谱长编(上卷)[M]. 北京:人民教育出版社,2009:234.
[4] [9] [12] [15] [54] [58] [59] 梁吉生. 张伯苓年谱长编(中卷)[M]. 北京:人民教育出版社,2009:349,38,128,375,473,473,485.
[5] 南开大学历年捐款收入表(1919—1935)[M]//王文俊,梁吉生. 南开大学校史资料选(1919—1949). 天津:南开大学出版社,1989:40.
[6] [64] 邱椿. 我国私立大学之前途[J]. 中华教育界,1936(6):103,104.
[7] 教育部视察员对本校之评语[M]//王文俊,梁吉生. 南开大学校史资料选(1919—1949). 天津:南开大学出版社,1989:45—46.

[8] 致孔祥熙[M]//梁吉生,张兰普.张伯苓私档全宗(上卷).北京:中国档案出版社,2009:349.
[10] 致蒋梦麟电[M]//梁吉生,张兰普.张伯苓私档全宗(上卷).北京:中国档案出版社,2009:367.
[11] 全国政协文史和学习委员会.钱昌照回忆录[M].北京:中国文史出版社,2014:37.
[13] 唐德刚.张学良口述历史[M].太原:山西人民出版社,2013:227.
[14] 胡适.惨痛的回忆与反省[J].独立评论,1932(18):11.
[16] [19] 孙彦民.张伯苓先生传[M].台北:台湾中华书局出版社,1971:18,16.
[17] 致蒋介石函[M]//梁吉生,张兰普.张伯苓私档全宗(中卷).北京:中国档案出版社,2009:482.
[18] 张锡祚.张伯苓先生传略[M]//文史资料研究会.天津文史资料选辑(第八辑).天津:天津人民出版社,1980:96.
[20] 中外社.敌故意摧毁我文化机关:南开大学已成灰烬[J].战事画刊,1937(7):16.
[21] 西南联合大学北京校友会.国立西南联合大学校史:1937至1946年的北大、清华、南开[M].北京:北京大学出版社,2006:11—12.
[23] 龙飞,孔延庚.张伯苓与张彭春[M].天津:百花文艺出版社,1997:180.
[24] 陈平原.大学有精神[M].北京:北京大学出版社,2009:67.
[25] [51] 文官处呈蒋主席签呈[M]//梁吉生,张兰普.张伯苓私档全宗(下卷).北京:中国档案出版社,2009:1098,1999.
[26] 金国,胡金平.张伯苓实学教育思想及其践行[J].河北师范大学学报(教育科学版),2013(11):47—53.
[27] 何炳棣.一个可以向全世界挑战的记录[M]//文史资料研究会.天津文史资料选辑(第八辑).天津:天津人民出版社,1980:183.
[28] 祝冷然.南开教育的破产[J].京报副刊,1925(32):53.
[29] [40] 吴家莹.中华民国教育政策发展史(国民政府时期)[M].台北:五南图书出版公司,1990:2—3,4.
[30] 王文俊,杨珣.张伯苓教育言论选集[M].天津:南开大学出版社,1984:185.
[31] [32] 崔国良.张伯苓教育论著选[M].北京:人民教育出版社,1997:291,297.
[33] [34] [35] [36] [38] [41] [42] [43] [45] [46] [47] [52] [56] 梁吉生.张伯苓年谱长编(下卷)[M].北京:人民教育出版社,2009:66,122,130,138,144—145,108,112,155,106,153—154,195,209,202.
[37] 中国教育学会.中国教育学会年报[M].重庆:中华书局,1944:1—3.
[39] 张伯苓.学校训育问题[M]//中央训练团党政训练班.中央训练团党政训练班讲演录,1939:16—18.
[44] 贾樸.南开校友与中国前途[J].南开校友,1939,(6):1.
[48] 致蒋介石函[M]//梁吉生,张兰普.张伯苓私档全宗(下卷).北京:中国档案出版社,2009:1097—1098.
[50] 江沛.蒋介石与张伯苓及南开大学[J].民国档案,2011,(1):69—79.
[53] 何廉、伉乃如致张伯苓电[M]//梁吉生,张兰普.张伯苓私档全宗(下卷).北京:中国档案出版社,2009:1104.
[55] 从昨日之新闻看昨日之南开[N].世界日报,1945-10-21(4).
[57] 南开大学被炸毁 各方深表痛愤[N].申报,1937-07-31(1).
[60] 祝南开[N].大公报,1937-10-17(5).
[61] 布鲁贝克.高等教育哲学[M].杭州:浙江教育出版社,2001:35.
[62] 教育部.第一次中国教育年鉴(丙编 教育概况)[M].上海:开明书局,1934:1—2.
[63] 全国公私立大学及独立学院学系统计[J].高等教育季刊,1941,(1):197.
[65] 宋秋蓉.试述南京国民政府对私立高等学校的管理[J].吉林教育科学(高教研究),2001(1):68—70.

[66] 蒋宝麟.学人社团、校董会与近代中国私立大学的治理机制——以上海大同大学为中心(1912—1949)[J].华中师范大学学报(人文社会科学版),2015,(1):132.

作者简介：金国,南京师范大学教育科学学院博士研究生,南京财经大学学生处助理研究员;胡金平,南京师范大学教育科学学院教授,博士生导师。

(原载《高等教育研究》2015年第12期)

学人社团、校董会与近代中国私立大学的治理机制
——以上海大同大学为中心(1912—1949)

蒋宝麟

摘　要： 大同大学于1912年创办于上海，是近代中国一所办学历史较长，并保持长期稳定的私立大学。立达学社是大同大学的创办者和经营者，对大同大学的内部治理起决定作用。1928年，大同大学在南京国民政府立案，开始设立校董会。但校董会只是为依照国家规定而设，在大学治理中的作用有限。立达学社、校董会形成表里共生关系。大同大学极力保持本校权力结构、制度和经费筹措方式的独特性和适用性，但又能设计出一套适应机制以应付国家权力，以保证学校的生存和发展。

关键词： 大同大学；立达学社；校董会；私立大学；大学治理

近代中国高等教育，直接源于清末时期的新式学堂(含天主教、基督教新教传教士创办的新学堂)。民国成立后，以各种类型的大学、独立学院、专科(专门)学校和高等师范学校为主体的中国高等学制体系逐渐构成并完善。根据办学主体和教育经费配置方式的不同，近代中国的大学(独立学院、专科学校)分为"公立"("国立"及"省立")和"私立"(国人自办和教会创办[①])两类。

近年来，大学史是学界的热门研究领域。在逐渐突破以往通行的各校"校史"编纂模式后，近代中国大学史研究在整体和个案两方面均有相当大的推进。私立大学的研究亦日渐增多。在各地诸多私立大学中，创办于1912年的上海大同大学(初名大同学院，1923年改称大学，1952年全国高校院系调整时被撤并)，办学素久，延续性长，科系较为完整，并保持长期稳定。目前，大同大学校史研究已有一定积累，史实建构较为完整。[②]

大同大学的创办者和经营者是"立达学社"，这是一个民间学人团体，大学与学社相伴而生。大同大学之"私"即由立达学社体现。南京国民政府成立后，私立大学要生存，须向政府立案；而立案的首要条件是先设"负经营学校之全责"的机构——校董会，大同大学在

---

① 因近代中国的教会大学自成体系，且时人指称的"私立大学"一般多指称国人自办的私立大学，故本文所研讨的"私立大学"专指后者。
② 黄婷：《立达学社与大同大学》，《史林》2004年第4期；黄婷：《大同大学研究(1912—1952)》，上海社会科学院历史研究所2004年硕士论文；盛雅萍、马学强主编：《沪上名校——百年大同研究(1912—2012)》，上海：上海辞书出版社，2012年。

此期间亦概莫能外。私立大学的校董会研究仍然很薄弱,大部分研究停留在校董会制度设计,或其对私立学校经费筹集的作用等层面[1]。当然,有研究已注意到,很多私立大学的校董会对于校长更替和职权并无约束力[1]。本文将尝试考察立达学社、校董会,以及二者的关系对该校治理结构的影响。

一、立达学社与大同大学的创办

中国本国私立大学的创办主体分私人和团体(私法人)两类[2]。大同大学的创办主体属后者,为立达学社。立达学社既是大同大学的创办者,又是立法者、经营者,还是教学主体,"社"对"校"介入之深,影响之广,是其他私立大学罕见的。

立达学社成立于1911年6月。其时,任教于北京清华学堂的胡敦复与同校志趣相投的11位中国教员成立"立达学社",以"自立立人,自达达人"为宗旨,胡敦复被推选为社长。据当时的《立达学社简章》显示,该社的主要社务是"教育事业"。立达学社成立后不久,胡敦复因与清华学堂外国主事者教育理念不合,便离开北京来到上海。此后辛亥革命即爆发,其他社员也纷纷南下会聚于上海,积极筹备创立新校。1912年3月,立达学社在上海南市创设大同学院,公推胡敦复为校长,社员华绾言兼教务和庶务,社员朱香晚、郁少华、张季源、平海澜、吴在渊和顾珊臣等任教师。校名"大同",取《礼记·礼运》中"大道之行也,天下为公,选贤与能,讲信修睦。故人不独亲其亲,不独子其子……是谓大同"。另用世界语 La Universitato Utopia 为外文译名,意为"乌托邦大学"[3]。大同学院创办时先设普通科(相当于初中——引者注)和大学预科(相当于高中),1916年增设英文专修科和数理专修科,1921年设大学文科及理科,1922年增设大学商科和教育科[4]。可以说,1921年之后,大同即成为真正意义上的"大学本科院校"。

立达学社初创时,其根本"社务"是教育事业,创办大同后,"教育事业"就着落于斯。立达学社和大同大学的关系,用社员吴在渊的话讲,就是"社为干而校为枝"[5]。1937年立达学社会议通过的《立达学社大同校政会议简章》明确"大同大学由立达学社创立,以社员治校"的办学宗旨[6]。该社建立时(1911年6月),有创社社员11人;同年8月加入1位;1912年3月加入1位,4月加入3位,8月加入1位;1913年1月加入1位。此至1927年

---

① 王炳照主编:《中国私学·私立学校·民办教育研究》,济南:山东教育出版社2002年版,第396—401页;宋秋蓉:《近代中国私立大学发展史》,西安:陕西人民出版社2006年版,第354—357页;熊贤君:《1949年前中国私立学校的董事会组织管理体制》,《教育研究与实验》1998年第3期。
② 《1913年1月16日教育部公布私立大学规程》,朱有瓛主编:《中国近代学制史料》第3辑下册,上海:华东师范大学出版社1992年版,第17页;《私立学校条例(十七年二月六日大学院公布)》,《大学院公报》第1年第3期,1928年3月,第8页。
③ 参见盛雅萍、马学强主编:《沪上名校——百年大同研究(1912—2012)》,第18—21页;黄婷:《立达学社与大同大学》,《史林》2004年第4期。
④ 《大同大学简史》,王仁中等编:《爱国办学的范例:立达学社与大同大学、附中一院史料实录》,上海:上海古籍出版社2002年版,第174页。下文引用,简称《立达学社与大同史料实录》。
⑤ 吴在渊:《大同大学创办记(1925年)》,王仁中等编:《立达学社与大同史料实录》,第129页。
⑥ 《立达学社会议记录选登》,1937年6月11日,王仁中等编:《立达学社与大同史料实录》,第76页。

后,该社才有新社员加入,其中1927年6月胡明复(社长胡敦复的胞弟,大同数学教员)逝世时被追认为社员;1928年2月由5位社员加入,均为大同教员;1931年4月加入1位;1937年4月加入2位,此后再无新社员加入①。1933年11月5日,立达学社召开会员会议时,曾有人推荐6位新社员,但无一人通过②。可见,立达学社的社员十分固定,有较强的封闭性。社员彼此以同乡、同学或同事关系构筑起强大的学社乃至学校的内部认同③。同时,以胡敦复为首的社员自身拥有的人脉和在办学过程中编制的社会网络,使得学社和学校又具有相当的开放性④。

立达学社的核心和灵魂是胡敦复,他既是社长(至1928年),又两任大同校长,"校中学科编制,支配课程,聘请教授,由敦复一手经营"。大同创办之初,校内的教员几乎全部由社员担任;校内所有行政人员,包括校长、教务员、庶务员、庶务赞均由社员兼任⑤。此后,学校虽陆续延聘专任教师,但立达社员一直是师资阵容的中坚力量。历任校长胡敦复、曹惠群、胡刚复和平海澜均为立达社员,校中重要干部也是立达社员。以1936年为例,大同大学校长曹惠群、训育主任关实之、教务主任胡敦复、事务主任平海澜、体育主任孙和宾、女生主任胡若范、文学院院长胡卓与理学院院长曹惠群(兼)、商学院院长胡敦复(兼)、中学部主任平海澜(兼)⑥。这些人,除了孙和宾外,都是立达社员。

1928年新修订的《立达学社社章》规定3项"社务":(甲)监督及补助大同大学之进行;(乙)聘任大同大学校董;(丙)稽查大同大学财产之处置⑦。上海市档案馆现藏1928至1951年立达学社历次会议记录。检视这些资料,我们可以发现,几乎所有重大校政,均由学社社员会议议决。例如,学社组织大同大学校董会并推定校董,校长向社员会议报告学校各方面工作,学社设立经济稽核委员会和校产委员会监管学校财务,学社决定校长任免,决定政局动荡时期学校停续问题等⑧。因此,大同校政的决策者是立达学社,校务执行者是立达社员,这种治理结构使得学校内部治理的制度和组织上下贯通,左右融合。

私立大学的内部治理与外部环境有着密切的关系,国家的教育行政制度是重要影响因素。民国初年,高等教育学制肇造。由于国家财力有限,加之政府权威不强,以及此时激荡的"教育救国"社会思潮,国内出现了兴办私立大学的热潮。据不完全统计,从1912至1916年,中国有私立大学7所(尚有未经教育部认可或立案者,不在其列),公立大学仅3所。[2]

这一时期,北京政府的私立大学制度较为粗放。教育部于1912年10月颁布《大学

---

① 《立达学社社员名单》,王仁中等编:《立达学社与大同史料实录》,第2—5页。
② 《立达学社会议记录选登》,1933年11月5日,王仁中等编:《立达学社与大同史料实录》第76页。
③ 盛雅萍、马学强主编:《沪上名校——百年大同研究(1912—2012)》,第24—28页。
④ 盛雅萍、马学强主编:《沪上名校——百年大同研究(1912—2012)》,第33—45页。
⑤ 吴在渊:《大同大学创办记(1925年)》,王仁中等编:《立达学社与大同史料实录》,第129—134页。
⑥ 王制刚总编辑:《大同大学廿五周年纪念特刊》,廿五庆祝筹备会出版股,1937年,第5—8页。
⑦ 《立达学社社章(十七年二月)》,上海市档案馆藏,大同大学档案Q241-1-2-5。下文引用上海市档案馆藏大同大学档案,迳标档案号。
⑧ 《立达学社会议记录》,Q241-1-2,其中部分内容选入《立达学社与大同史料实录》。

令》，其中第21条规定"私人或私法人亦得设立大学"①，即承认私立大学的合法性。翌年1月16日，教育部颁布《私立大学规程》。从条文看，部方仅规定私立大学设立时须将该校设立之目的、名称、位置、学则、学生定额、地基房舍之所有者及其平面图、经费及维持之方法和开校年月等"呈请教育总长认可"，而对于私立大学的内部组织和科系课程没有特别规范②。同年1月23日，教育部又颁布《私立大学立案办法》，要求3个月之内所有私立大学遵照《私立大学规程》报部备查，一年后由部派员视察，如果成绩良好，准予正式备案③。但是，民初私立大学认可、立案规定的约束力并不强。当年底少有私立大学未经报部，即使有的一两所学校也不符合开办的规程④。大同学院开办之后，在1914至1916年间才经认可，至1922年才在教育部备案⑤，翌年，奉令更名为"大同大学"⑥。

二、校董会、立达学社与大同大学治理结构之表里

1927年南京国民政府成立后，国家对私立大学的规范趋于严格，私立大学的办学随之出现重大变化。从宏观上讲，私立学校被纳入国家的教育体制中，1936年国民政府公布的《中华民国宪法草案》和1947年的《中华民国宪法》均明确规定，全国公私立教育机构均受国家之监督[3]。从制度文本看，1927年12月20日大学院颁布《私立大学及专门学校立案条例》，明确要求"凡私立大学及专门学校须经中华民国大学院立案"，从经费、设备和教职员等方面规定私立大学的开办条件，比北京政府时期细致、严格得多[4]。翌年2月6日，大学院又公布《私立学校条例》，核心精神即私立学校要受教育行政机关的"监督"和"指导"；私立学校必须组织校董会，"负经营学校之全责"，校长须对校董会"完全负责执行校务"⑦。此后，教育部又于1929年8月29日公布《私立学校规程》，1947年5月7日修正[5]。

南京国民政府一方面从严规范私立学校（含教会学校）的立案工作⑧；另一方面严厉取缔办理不合格的私校，仅上海一地，就有群治、东亚、新民等9所私立大学及私立南洋医学院被停办。另外，北平有郁文等3所大学、南京有文化学院、广州有广州法学院、苏州有中山体育专科学校等被先后停办，未立案之私校可随时取缔⑨。

---

① 《1912年10月24日教育部公布大学令》，朱有瓛主编：《中国近代学制史料》第3辑下册，第2页。
② 《1913年1月16日教育部公布私立大学规程》，朱有瓛主编：《中国近代学制史料》第3辑下册，第17—18页。
③ 《1913年1月23日教育部私立大学立案办法布告》，朱有瓛主编：《中国近代学制史料》第3辑下册，第18页。
④ 《1913年12月教育部整顿私立大学办法布告》，朱有瓛主编：《中国近代学制史料》第3辑下册，第19页。
⑤ 教育部编著：《中国第一次教育年鉴》丙编，第14—15页。
⑥ 《大同大学部准备案》，《申报》1923年4月27日第4张第14版。
⑦ 《私立学校条例（十七年二月六日大学院公布）》，《大学院公报》第1年第3期，1928年3月，第8页。按1927年10月1日，南京国民政府成立大学院，行使最高教育行政权。1928年11月1日，大学院取消，教育部成立。
⑧ 例如私立上海法科大学呈请立案，大学院以该校不符私立大学及专门学校立案条例，被批驳。见《大学院否准上海法科大学立案》，《申报》1928年9月22日第3张第12版。
⑨ 《十年来之高等教育（1940年）》，杜元载主编：《革命文献》第56辑，台北：中国国民党中央委员会党史史料编纂委员会，1971年，第195页；《上海高等教育志》编纂委员会编：《上海高等教育志》，上海：上海社会科学院出版社2010年版，第39页。

南京国民政府要求私立大学立案,就是对北京政府之认可、立案政策推倒重来。所有私校要生存和发展,必须(再一次)立案。而且立案程序较之以往要严苛许多,私立学校立案必须经过呈请设立、呈报设立、呈请立案三种程序。1928年9月20日,大同大学在南京国民政府教育部正式立案,成为国内第2所立案的私立大学(厦门大学,1928年3月28日;金陵大学与大同大学同一天立案)[6]。

根据规定,私立大学须设校董会,而且某校校董会的设立要先由主管教育行政机关核准,校董会核准设立后的一个月内,再由该校董会向主管教育行政机关申请该校立案。[7]自创办至1928年初第二次立案前,大同从未设校董会,立达学社一直行使着类似校董会的职权。然而,在南京国民政府的新时期,某私立大学立案,该校必须设校董会,而且校董会必须事先立案。换言之,大同要立案,必须设校董会①。

1928年2月4日的立达学社会议,议决组织大同大学校董会,初步计划校董会成员15至21人,人选由立达学社推举,其中社员要占校董人数的一半,以后如果修订校董会组织大纲和改选校董要征得学社同意②。7月1日,大同大学校董会正式成立并召开第一次会议。该校董会由16位成员组成,其中立达社员占8人,其余8人为马相伯、吴稚晖、蔡元培、杨杏佛、赵晋卿、张謇如、徐新六和谈荔孙。会议推举马相伯为董事长,推举赵晋卿、叶上之和曹梁厦为常务董事③。1946年后,吴稚晖为董事长。

近代中国私立大学校董会成员的来源多为政界要员、知名工商界人士、社会名流和著名学者④。大同大学首届校董就体现了这一特点。马相伯是上海教育界的名宿,和胡敦复有师生之谊,胡敦复还担任过马相伯创办的复旦公学的教务长⑤。蔡元培在大同成立之初多有相助与提携⑥。吴稚晖与胡敦复亦颇有交谊,在1927年大同大学学生驱逐胡敦复风潮中,他坚决站在大同校方一边,批评国民党市党部。

蔡元培、吴稚晖和杨杏佛是教育界的知名人士,蔡、吴又是国民党元老,杨也是国民党的重要干部[8]。而其余4位校董则是沪上金融界的著名人士。从历届董事的名单来看,都体现了这一特点。

根据国民政府的制度设计,校董会是私立大学的代表,在学校治理中负全责,校长应对校董会负责。1928年的《私立学校校董会条例》、1947年的《私立学校规程》,都规定私校的校董会的主要全责在于选聘校长、筹划经费和校务进行计划的审核。大同大学的《校董会组织大纲》规定本校校董的职权所在,符合国家相关条例的精神。

从大同校方公布的3份不同年份的行政系统结构(图1、2、3)可以发现,校董会一直都

---

① 私立大学为应付"立案"而设立校董会在当时是普遍现象,例如大夏大学。参见欧元怀:《大夏大学校史纪要》,中国人民政治协商会议上海市委员会文史资料工作委员会编:《解放前上海的学校》,上海:上海人民出版社1988年版,第149—150页。
② 《立达学社会议记录选登》,1928年2月4日,王仁中等编:《立达学社与大同史料实录》,第72页。
③ 《大同大学校董会会议记录选登》,1928年7月1日,王仁中等编:《立达学社与大同史料实录》,第217—218页。
④ 宋秋蓉:《近代中国私立大学发展史》,第355页。
⑤ 盛雅萍、马学强主编:《沪上名校——百年大同研究(1912—2012)》,第42—43页。
⑥ 《大同大学简史》,王仁中等编:《立达学社与大同史料实录》,第174页。

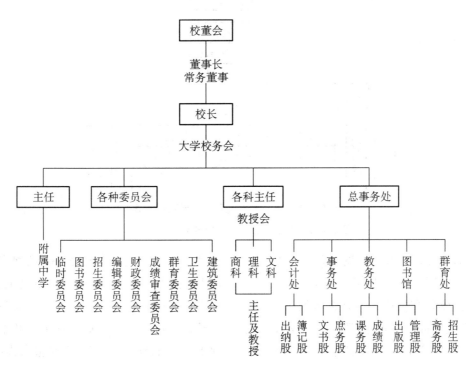

图 1　1931 年大同大学行政管理系统图

资料来源：王仁中等编：《立达学社与大同史料实录》，第 342 页。

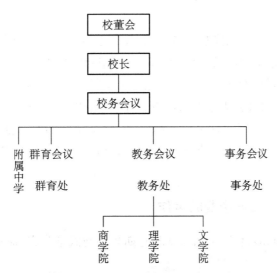

图 2　1934 年大同大学行政系统图

资料来源：王仁中等编：《立达学社与大同史料实录》，第 343 页。

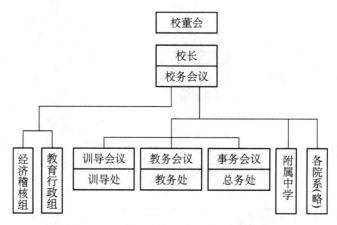

图3　1949年上半年大同大学行政系统表

资料来源：上海市档案馆藏大同大学档案，Q241-1-1-26。

占据行政系统的顶端，却没有立达学社的身影。根据《大同大学校董会组织大纲》规定，校董会是立达学社的"代表"[①]，而且校董人选也由立达学社决定。如果从校政决策的机制来讲，立达学社和校董会似有叠床架屋之嫌。但实际上这两个机构是一种表里共生关系。在面对国家体制时，立达学社有意识被淡化，属"隐"；在校内，立达学社的影响无处不在，是"显"。实质上，立达学社才是大同权力结构中的核心。而校董会，其成立在很大程度上是适应国家政策的"应景"之举，是应对国家的私立大学立案和办学规则的一个门帘，在校内的作用是"虚"的[②]。校董会对大同内部治理无法起到决定性作用，也不是国家权力渗入的体现。当然，部分校董特殊的政治背景也昭示着校董会也起着学校与国家沟通的作用[③]。

施扣柱认为，民国时期（国民政府时期）上海私立学校（中小学）内部管理采取的是"二权分立"模式，即私校董事会与校长两者之间各不相同的权力分管范畴，上海市政府通过这种模式对私校进行间接管理[9]。如果以此机制解释国民政府时期的私立大学的内部管理模式，以及中央政府对私立大学的间接控制，同样适用。但私校的内部的"二权分立"模式更多地体现在国家的制度设计上，而治理的实际结构和实践可能要更加复杂和多元。大同大学就不存在"二权分立"，即校董会"无权"，立达学社"全能"，校长是立达学社的"代表"。

三、立达学社对大同大学经费的运作

近代中国属"穷国办教育"，从清末新政时期兴办新式学堂起，横亘在各级政府和各类

[①] 王仁中等编：《立达学社与大同史料实录》，第207页。
[②] 从历次校董会的记录来看，马相伯只参加过第一次会议，其他几次都是胡敦复代的，蔡元培有时也不与会，后来就不来了，其他几位非政界的校董很多人也常不与会，参加校董会议者主要是立达社员。
[③] 这种"沟通"，除了作为私立学校的大同与体制取得妥协外，还体现在一些具体的公共事务上。例如，1932年上海市政府拓宽马路，路址影响到大同大学图书馆，校董会通过校董蔡元培、杨杏佛和赵晋卿向市政府交涉。参见《大同大学校董会会议记录摘要（1928—1952）》，王仁中等编：《立达学社与大同史料实录》，第172页。

办学者面前一个最窘迫的难题就是缺乏经费。近代中国,国家财政(中央和各级政府)的教育投入不足问题一直没有得到妥善解决。张元济在清末学部任职期间就体认到,"今日财政窘绌,官立学堂断不敷用",故寄希望以"民间私立"作为"政府之助"[10]。自清末至整个民国时代,中国各级私立教育不可谓不盛,但就经费收支状况而言,私立学校,尤其是私立大学的经费丝毫不比公立学校宽裕。正因为各私校普遍存在的经费不足,甚至存在长期负债办学的状况,如何筹措和使用经费成为私立学校治理中之头等要政。前文已及,在南京国民政府时期,私立学校立案后,校董会应负校内财政全责,不过大同大学的实际情况是,无论校董会成立前后,立达学社始终是学校经费筹措和分配的负责者。

以学校为单位的教育经费运作,无外乎把握"进"与"出"两头,即收入和支出。近代中国各私立大学的经费收入来源,主要有三种渠道:一是学生学费及杂费收入;二是各界捐助款;三是政府的补助费。当然,不同学校在不同时期的各项经费来源比例不尽相同①。关于政府补助,就小范围的横向比较,和大同创办的时间、地点及规模较相近的复旦公学(1905年)和中国公学(1906年)在办学初期都有官款的补助②。而私校受社会各界的捐助,更是普遍,例如南开大学。据1925年北京政府教育部派员调查,该校开办20多年来,大部分经费"系私人捐赠"[11]。

1925年大同大学教授、立达学社社员吴在渊在撰写《大同大学创办记》中指出:"大同经费,向持不募捐款,不敢官中津贴之旨。故全侍立达之补助。立达则仰给于社员。"③简言之,大同的经费不仅没有政府补助,而且也不向社会募捐,完全来自于立达学社,而学社的经费又全来自于社员个人。观照吴氏是语上下文,既涵艰辛,又逸自豪之情。1911年立达学社成立之时,《社章》规定社员须缴纳"社金"。社金分4种名目:一是"始纳金",即入社费;二是"常纳金",即每月须缴的社费;三是"量纳金",根据社员不同职业收入而定,有不同的比例设定;四是"特纳金",即社员的捐款,没有定数。在大同的第一个学期,所有立达社员在学校服务的薪金捐出作为社费。此后,社员在校外有兼职者不取或少取校内薪金。

据吴在渊所引1918年7月31日前历次立达学社和大同学院收支统计,可以发现:(1)立达学社创设之初收入是社费,此项一直是主要来源;自第三期社度(截至1913年1月31日)起又有"内债"(社员借贷予学社),自第五社度(截至1914年1月31日)起又有"外债"(学社向外界借款),另外还有一些是大同学院校舍的租金(大同校舍的所有权在立达学社)。(2)立达学社的支出项除了少量留作社内日常运行所用,小部分作为立达图书馆

---

① 王炳照主编:《中国私学·私立学校·民办教育研究》,第414页。
② 马相伯:《从震旦到复旦》,潘懋元、刘海峰编:《中国近代教育史资料汇编·高等教育》,上海:上海教育出版社2007年版,第443页;端方:《筹拨复旦公学经费折(光绪三十三年四月)》,《端忠敏公奏稿》(二),沈云龙主编:《近代中国史料丛刊》第10辑第94号,台北:文海出版社1967年版,第1003—1007页;胡适:《中国公学校史(1929年)》,潘懋元、刘海峰编:《中国近代教育史资料汇编·高等教育》,第437—439页。并可参见叶文心:《民国时期大学校园文化》,冯夏根等译,北京:中国人民大学出版社2012年版,第71—73页。
③ 本段及下段资料,均出自吴在渊:《大同大学创办记(1925年)》,王仁中等编:《立达学社与大同史料实录》,第99—115页。

经费,绝大部分充为大同学院经费。从第一至第十二期社度(截至 1917 年 7 月 31 日),立达经费收入 70 213.176 元加 2 000 两(收支相抵),其中支出大同学院经费 29 200 元,大同院址经费 14 474.003 元,大同院舍经费 19 049.571 元加 2 000 两,即大同部分的支出占总收入(或总支出)的 89%强。(3)大同的收入来源只有两个部分,一是学费,二是立达的投入。以下罗列大同办学初期的几期收支情况,具体见表 1。

表 1　大同学院第 1 期至第 12 期收支一览表(选列)　　单位:元

类别		第 1 期 1912.7.31	第 2 期 1913.1.31	第 4 期 1914.1.31	第 6 期 1915.7.31	第 8 期 1916.1.31	第 11 期 1917.7.31	第 12 期 1918.7.31
收入	立达	1 100.000	3 800.000	4 000.000	4 600.000	200.000	2 800.000	6 929.847
	学费	2 010.000	3 450.438	3 428.000	6 200.500	10 785.000	8 621.500	17 466.500
	膳宿费	1 677.935						
	旧存		5.988	65.000	20.304	71.130	54.569	39.917
	收入总计	4 787.935	7 256.426	7 493.000	10 820.804	11 056.130	11 476.069	24 436.264
支出总计(项目略)		4 781.947	7 170.136	7 429.878	10 784.566	10 985.728	11 436.152	24 423.986

资料来源:吴在渊:《大同大学创办记(1925 年)》,王仁中等编:《立达学社与大同史料实录》,第 116—123 页。

分析该表的各项数据,可以发现,立达学社的拨款在大同办学初期是学校收入的大宗,但随着时间的推移,学费的比重逐渐升高,这与学校招生规模的扩大有关。从 1912 年春大同创办开学到 1918 年春,学生人数从 91 人增加到 141 人,此后每年的增速更快。[①]从表面数据上看,大同历年的收支均平衡,但这并不意味着学校经费充足。据 1915 年 8 月至 1916 年 7 月全国各大学的资料统计,私立大学的年收支经费在总体上要低于公立大学,大同学院的年经费和每学生平均经费又在私立大学中处于中下游水平[②]。到 1925 年时,大同已是负债办学,欠下 15 万元。尤其是限于经费困难,仪器设备"置备未全"[③]。此时,大同曾有一次享受国家补助的机会。北京政府时期,少有私立学校受各级政府财政补助的案例,更无制度化的政府补助私校的政策。1925 年,法国开始向中国退还庚子赔款余额,主要用于教育文化事业。4 月,两国联合成立中法教育基金委员会。6 月,除了将首笔庚款分配给各国立大学外,北京政府还准备先行拨付已立案的上海大同、汉口明德和武昌中华 3 所私立大学各 1 万元,但遭到其他各私立大学的联合抵制[④]。最后,大同没有得到这次补助款[⑤]。

[①]《大同大学学生期数年月及学号对照表》,王仁中等编:《立达学社与大同史料实录》,第 438 页。
[②]《全国大学统计表(1915 年 8 月至 1916 年 7 月)》,潘懋元、刘海峰编:《中国近代教育史资料汇编·高等教育》,第 466—467 页。
[③]《大同大学简史》,王仁中等编:《立达学社与大同史料实录》,第 173—175 页。
[④]《阁议私立三大学各给金款一万元》,《申报》1925 年 7 月 3 日第 3 张第 9 版。
[⑤] 中法教育基金补助各校的名单参阅教育部编著《中国第一次教育年鉴》戊编第 97 页、葛夫平《法国退还庚款与兴学——中法教育基金委员会研究》(《近代史研究》2011 年第 2 期)。

1927年3月北伐军克复上海后,上海的教育界曾一度有新的"革命"面貌。当时,国民政府和上海教育界曾有将上海本地之公、私立各大学改组、联合组建上海"国立中山大学"之议,大同大学就在其中①。若此议付诸实施,大同将改国立,学校的经费配置方式将彻底改变。当然,在上海组建大规模国立大学的计划未能实现,恐怕和南京国民政府初期中央财政窘迫,无法承担国立大学经费有绝大关系[12]。

其实,在鼎革之际,立达学社还曾呈请国民党中央上海政治分会教育委员会拨款并接收大同大学,但未被官方通过②。立达学社自愿改变大同的私立性质本就说明学校经费十分紧张。1928年9月,大同大学在国民政府教育部立案时,教育部指出该校"基金太少",责成从速筹措,巩固学校经济基础③。1932年教育部派员视察上海各大学,他们发现大同大学每年支出都有亏欠。大同的情况在上海并非特例,同为私立的复旦、光华和大夏等各私立大学,不是当年入不敷出,就是历年有积欠款,经费状况都不尽如人意④。1933年10月,大同大学校长曹梁厦向立达学社报告,校中负债共16万元⑤。

经费营生,无外乎开源和节流两项。随着大同大学办学规模的不断扩大,尤其该校以理工科见长,设备、仪器、图书和教师薪资无不需要巨款,节流绝无可能,唯有开源一途。大同的经费来源主要是立达学社和学费。立达的投入来自于社员,不可能无限增加;而大同虽为私立,学费要高出公立大学很多⑥,但亦不能超出其他私立大学太多⑦。除此之外,大同能指望的"源"恐怕只能是政府的补助经费了。大同此项开源的努力是主动的。从1934年起,大同大学开始获得国民政府教育的资助,成为学校经费收入的一个重要组成部分(详另文)。

在1912年至1949年大同大学的发展历程中,经费运作是其办学的生命线。从经费收入项目来看,第一,学费始终是最稳定的收入来源。如表1所列,除了创校初的两三年,立达学社的投入(来源于社员纳费)是学校经费的大宗外,之后学费(含学生所缴的其他各项费用)一直是学校经费最主要也是最稳定的来源。

第二,立达学社是大同大学经费的经营者,也是最初的投资者。不过,在大同办学的中后期,立达的直接现金投入很少。检视抗战时期大同各年度的收支表,其中有"立记往来"一项,有时是收入项,但更多的时候是支出项,"立记"无疑是立达学社。立达学社收支表中也有一项"大中往来",有支出,也有收入,"大"指大同大学,"中"指大同附中。"立记往来"和"大同往来"正好能在同期的校、社收支中对应。此时立达学社收入也不再仰社员

---

① 《改革上海各大学之讨论》,《申报》1927年4月12日第3张第10版。
② 《上海教育委员会之会议》,《申报》1927年5月10日第2张第7版。
③ 《金陵大同复旦国专立案核准》,《申报》1928年9月22日第3张第12版。
④ 《教部发表视察上海六大学报告》,《申报》1933年2月25日第3张第12版。
⑤ 《立达学社会议记录选登》,1933年11月5日,王仁中等编:《立达学社与大同史料实录》,第75页。
⑥ 顾宁先口述、黄婷整理:《回忆大同大学》,《史林》2004年增刊。
⑦ 据林震编纂《增订上海指南》(上海:商务印书馆,1930年)显示,上海的私立大学学费每年在80至100元之间,大同大学较为特殊,按修学分多少收费,但最高者也就一学期51元。见熊月之主编:《稀见上海史志资料丛书》第5册,上海:上海书店出版社2012年版,第114—118页。

各种名目的"社费",而主要通过借贷、抵押、银行利息、地产买卖和股票投资维持本社的收支平衡,并购置大学的校舍或地产(大同校舍和地产的所有者是立达)。这一点,体现出私立大学经费运作中商业性和社会化的一面。

1949年前大同大学经费时时捉襟见肘,长期"负债办学",但学校却从未"破产",其中最重要的原因是立达学社和校方能充分利用私校经费筹措的社会化、商业性和政治性的两个面,确保杠杆的平衡。

四、余论

大同大学是民国时期十分典型的一所私立大学,建校时间较长,办学延续性较强,并形成了本校的特色校园文化。考察该校大学治理的模式,无疑具有一定的学术参照性和现实意义。

大同大学的治理核心是立达学社,除了上文述及各点以为诠释之外,该团体稳定的人事关系和内部认同亦是突出的特点。大同的历任校长均出于立达学社。南京国民政府成立后,胡敦复因"革命"冲击而辞去校长之职,由另一社员曹惠群继任。1941年底太平洋战争爆发,大同所在的上海公共租界沦陷,1942年初曹惠群辞职,由胡敦复"回锅"出任校长,出面与日伪妥协以换取学校在沪继续办学。抗战胜利后,为重新应对国民政府,胡敦复辞职,立达学社推举在重庆的社员,同时也是胡敦复之弟胡刚复继任,胡敦复实际控制校政。显然,大同大学的校长更替史也是学社与大学关系的缩影。

立达学社的成员构成了大同大学师资的基本盘,确保教学秩序的稳定,同时也担负学校的各项事务性工作。他们具有较强的内部认同,在大同的历次学潮中应对的态度颇为一致,不似其他大学,特别是国立大学的教师群体经常出现分裂之态势。作为一个"团体",立达学社需要一个强势的"个人"来维持。胡敦复是立达学社和大同学院(大学)的创始人和大家长,是大同大学治理的决策者,并承担与国家"沟通"的职责。在大同校史中,作为校长或实际校长,胡对学校各方面所起到的作用,是持续性的。张伯苓之于南开大学,马相伯、李登辉之于复旦大学,均属同类情况,这与民国时期绝大部分国立大学校长不同。北京大学、清华大学、中央大学、中山大学和浙江大学等重要的国立大学,在不同时期无不出现过"易长"风潮,并由此引发校内风潮或校内学生、教授群内部的裂痕,此种情况在大同从未发生。同时,胡敦复作为教育界元老辈分人物,与国民党高层保持密切的互动,确保学校在体制内的安定状态。

大学独立于外部"社会",但又无法自外于社会。这种情形既是悖论,又是彼时大学的生存之道。私立大学办学需要向社会获取经费以及各种资源,大同大学亦非例外,而且较为成功。在办学方向上,大同大学极力贴近上海城市社会和经济,以开设实用专业为主。在经费筹措方面,除了向社会募捐以外,立达学社主要通过借贷和投资(投机)产业等商业性方式保持学校的收支平衡。但同时,民国时期动荡的"社会"氛围时刻影响校内,对学校治理造成了极大的挑战。

本文通过几方面的分析论证,可以发现,大同的内部治理,一贯秉持"独立"和"求稳"

的宗旨。校方极力保持本校权力结构、制度和机构的独特性和适用性,但又能设计出一套适应机制以符合国家,特别是南京国民政府强烈的国家建设的需要。换言之,立达学社是大同大学治理的权力之源,又与作为"制度"构成的校董会形成表里共生关系。大学治理结构中的权力和制度各有由致。这或许能为当下编织的学术自由、教授卓立、教育家贤明、校董会管理民主的"民国大学图景"平添另一种色彩。

参考文献:

[1] 李海萍.私立非私有:民国初期私立大学内部职权体系研究[J].高等教育研究,2011(11).
[2] 教育部.中国第一次教育年鉴(丙编)[M].上海:开明书店,1934:14—15.
[3] 中央教育科学研究所.中国现代教育大事记[M].北京:教育科学出版社,1988:343,586—587.
[4] 私立大学及专门学校立案条例(十六年十二月二十日公布)[Z].大学院公报,1928(1):26.
[5] 《私立学校规程》,《教育部公报》第19卷第6期,1947年6月30日,第1—2页。
[6] 教育部成立二年来的工作概况(1930)//中国第二历史档案馆.中华民国史档案资料汇编第5辑第1编:教育(一)[C].南京:江苏古籍出版社,1994:126—128.
[7] 私立学校校董会条例(十七年二月六日大学院公布)[Z].大学院公报,1928,1(3):9—12.
[8] 蒋宝麟."党国元老"、学界派系与校园政治——中央大学首任校长张乃燕辞职事件述论(1928—1930)[J].社会科学研究,2013(3).
[9] 施扣柱.民国时期上海对私立学校的管理模式[J].社会科学,2007(2).
[10] 张人凤,柳和城.张元济年谱长编(上卷)[M].上海:上海交通大学出版社,2011:195.
[11] 教育部视察员来校[N].1925-11-30.//王文俊,梁吉生等.南开大学校史资料选(1919—1949)[M].天津:南开大学出版社,1989:37.
[12] 陈能治.战前十年的中国大学教育(一九二七——一九三七)[M].台北:台湾商务印书馆有限公司,1990:209—222.

作者: 蒋宝麟,上海社会科学院历史研究所副研究员,博士。

(原载《华中师范大学学报(人文社会科学版)2015年第1期》)

图书在版编目(CIP)数据

中国民办教育研究.2016/黄藤主编.—上海:华东师范大学出版社,2016
(七方教育丛书)
ISBN 978-7-5675-5681-2

Ⅰ.①中… Ⅱ.①黄… Ⅲ.①社会办学－中国－文集 Ⅳ.①G522.74-53

中国版本图书馆 CIP 数据核字(2016)第 249261 号

七方教育丛书
中国民办教育研究(2016)

主　　编	黄　藤
策划编辑	彭呈军
审读编辑	单敏月
责任校对	邱红穗
装帧设计	高　山

出版发行　华东师范大学出版社
社　　址　上海市中山北路 3663 号　邮编 200062
网　　址　www.ecnupress.com.cn
电　　话　021-60821666　行政传真 021-62572105
客服电话　021-62865537　门市(邮购)电话 021-62869887
地　　址　上海市中山北路 3663 号华东师范大学校内先锋路口
网　　店　http://hdsdcbs.tmall.com

印刷者　常熟高专印刷有限公司
开　本　787×1092　16 开
印　张　29.25
字　数　633 千字
版　次　2016 年 12 月第 1 版
印　次　2016 年 12 月第 1 次
书　号　ISBN 978-7-5675-5681-2/G·9817
定　价　68.00 元

出版人　王　焰

(如发现本版图书有印订质量问题,请寄回本社客服中心调换或电话 021-62865537 联系)